Die Maßgeblichkeit von Art. 49 EG für nationale rundfunkpolitische Ordnungsentscheidungen unter besonderer Berücksichtigung von Art. 151 EG

Studien zum deutschen und europäischen Medienrecht

herausgegeben von Dieter Dörr

mit Unterstützung der Dr. Feldbausch Stiftung

Bd. 17

PETER LANG
Frankfurt am Main · Berlin · Bern · Bruxelles · New York · Oxford · Wien

Christine Jury

Die Maßgeblichkeit von Art. 49 EG für nationale rundfunkpolitische Ordnungsentscheidungen unter besonderer Berücksichtigung von Art. 151 EG

Eine Untersuchung am Beispiel öffentlich-rechtlicher Spartenkanäle

PETER LANG
Europäischer Verlag der Wissenschaften

Bibliografische Information Der Deutschen Bibliothek
Die Deutsche Bibliothek verzeichnet diese Publikation in der Deutschen Nationalbibliografie; detaillierte bibliografische Daten sind im Internet über <http://dnb.ddb.de> abrufbar.

Zugl.: Mainz, Univ., Diss., 2004

D 77
ISSN 1438-4981
ISBN 3-631-53437-X

www.peterlang.de

Für Leopoldine und Rosa

Vorwort

Die vorliegende Arbeit wurde im Sommersemester 2004 vom Fachbereich Rechts- und Wirtschaftswissenschaften der Johannes Gutenberg-Universität Mainz angenommen. Für die Druckfassung konnten entsprechend Rechtsprechung und Literatur bis Juli 2004 berücksichtigt werden.

Mein besonderer Dank gilt Herrn Prof. Dr. Dieter Dörr. Er hat nicht nur durch seine wertvollen Anregungen sowie sein jederzeit "offenes wissenschaftliches Ohr" sondern auch durch seine unerschöpfliche Geduld während meines anderweitigen beruflichen Engagements den Raum für das Entstehen der Arbeit zur Verfügung gestellt. Herrn Prof. Dr. Udo Fink danke ich für seine Bereitschaft, die Aufgabe des zweiten Berichterstatters zu übernehmen sowie für die zügige Erstellung des Zweitgutachtens.

Danke an alle Freunde, Christine und Christian, Marilies, Annette, Michael, Iris und Hans-Jürgen, die in der einen oder anderen Form einen Beitrag geleistet haben, indem sie für mein geistiges und leibliches Wohl gesorgt oder sich in technischer Hinsicht um meine Arbeit verdient gemacht haben. Dank insbesondere an Dich, Mikel, ohne Deine Formatierungskünste wäre ich verloren gewesen!

Danke an meine Familie, insbesondere meine Eltern, sie sind das Fundament, ohne die dies und alles andere nicht wäre und, last but not least, an meinen wunderbaren Mann.

Königstein, im Oktober 2004 *Christine Jury*

Inhaltsverzeichnis

Abkürzungsverzeichnis

a.A.	anderer Ansicht
a.a.O.	am angegebenen Ort
ABl. EG	Amtsblatt der Europäischen Gemeinschaften
Abs.	Absatz
a.F.	alter Fassung
AfP	Archiv für Presserecht
AJIL	American Journal of International Law
AKW	Arbeitskreis Werbefernsehen der deutschen Wirtschaft e.V.
a.M.	anderer Meinung
Anm.	Anmerkung
AöR	Archiv für öffentliches Recht
ARD	Arbeitsgemeinschaft der öffentlich-rechtlichen Landesrundfunkanstalten der Bundesrepublik Deutschland
Art.	Artikel
BayVBl.	Bayerische Verwaltungsblätter
BBC	British Broadcasting Corporation
Bd.	Band
BDI	Bundesverband der Industrie
BGBl.	Bundesgesetzblatt
BGH	Bundesgerichtshof
BR-Drucks.	Drucksache des Deutschen Bundesrates
bspw.	beispielsweise
BT-Drucks.	Drucksache des Deutschen Bundestages
BVerfG	Bundesverfassungsgericht
BVerfGE	Entscheidungen des Bundesverfassungsgerichts
BVerwG	Bundesverwaltungsgericht
bzw.	beziehungsweise
CMLR	Common Market Law Review
Colm.L.R.	Columbia Law Review
ders.	derselbe
dies.	dieselbe(n)
d.h.	das heißt
DIHT	Deutscher Industrie- und Handelstag
DJT	Deutscher Juristentag
DÖV	Die Öffentliche Verwaltung
Dok.	Dokument

DVBl.	Deutsches Verwaltungsblatt
EA	Europa-Archiv
ebd.	ebenda
EBU	European Broadcasting Union
eds.	editors
EEA	Einheitliche Europäische Akte vom 28.02.1986
EG	Vertrag zur Gründung der Europäischen Gemeinschaft in der Fassung des Vertrags von Nizza vom 26.2.2001
EGMR	Europäischer Gerichtshof für Menschenrechte
EGV	Vertrag zur Gründung der Europäischen Gemeinschaft
EJIL	European Journal of International Law
ELR	European Law Review
EMRK	Europäische Menschenrechtskonvention (Europäische Konvention zum Schutz der Menschenrechte und Grundfreiheiten)
EP	Europäisches Parlament
Epd	Evangelischer Pressedienst
EU	Europäische Union
EuG	Europäisches Gericht Erster Instanz
EuGH	Europäischer Gerichtshof
EuGRZ	Europäische Grundrechtszeitschrift
EuR	Europarecht
EUV	Vertrag über die Europäische Union vom 07.02.1992
EuZW	Europäische Zeitschrift für Wirtschaftsrecht
e.V.	eingetragener Verein
EWiR	Entscheidungen zum Wirtschaftsrecht
EWGV	Vertrag zur Gründung der Europäischen Wirtschaftsgemeinschaft vom 25.03.1957
EWS	Europäisches Wirtschafts- und Steuerrecht
FAZ	Frankfurter Allgemeine Zeitung
f.	folgende
ff.	fortfolgende
Fn.	Fußnote
FS	Festschrift
FR	Frankfurter Rundschau
FTD	Financial Times Deutschland
GA	Generalanwalt
GATT	General Agreement on Trade and Tariffs
GEZ	Gebühreneinzugszentrale
GD	Generaldirektion
GG	Grundgesetz der Bundesrepublik Deutschland

ggf.	gegebenenfalls
GRUR	Gewerblicher Rechtsschutz und Urheberrecht
GRUR Int.	Gewerblicher Rechtsschutz und Urheberrecht, Internationaler Teil
GS	Gedächtnisschrift
Hinz.	Hinzufügung
Hrsg.	Herausgeber
HS.	Halbsatz
i.d.F.	in der Fassung
i.S.d.	im Sinne des
i.V.m.	in Verbindung mit
JA	Juristische Ausbildung
JuS	Juristische Schulung
JURA	Juristische Ausbildung
JZ	Juristenzeitung
KEF	Kommission zur Ermittlung des Finanzbedarfs der Rundfunkanstalten
K&R	Kommunikation & Recht
MMR	Multimedia und Recht
MP	Media Perspektiven
m.w.N.	mit weiteren Nachweisen
n.F.	neue Fassung
NJW	Neue Juristische Wochenschrift
Nr.	Nummer
NuR	Natur und Recht
NVwZ	Neue Zeitschrift für Verwaltungsrecht
RabelsZ	Rabels Zeitschrift für ausländisches und internationales Recht
RdJB	Recht der Jugend und des Bildungswesens
RdMC	Revue du Marché Commun
Rdn.	Randnummer
RGebStV	Rundfunkgebührenstaatsvertrag
RFinStV	Rundfunkfinanzierungsstaatsvertrag
RStV	Rundfunkstaatsvertrag
RIW	Recht der Internationalen Wirtschaft
RMUE	Revue du Marché Unique Européen
Rs.	Rechtssache
Rspr.	Rechtsprechung
RTDE	Revue trimestrielle du droit européen
RuF	Rundfunk und Recht
S.	Seite
s.	siehe

Slg.	Sammlung der Rechtsprechung des Europäischen Gerichtshofs und des Europäischen Gerichts Erster Instanz
sog.	sogenannte(n)
str.	streitig
st. Rspr.	ständige Rechtsprechung
SZ	Süddeutsche Zeitung
TELF	The European Legal Forum
u.a	und andere, unter anderem
UA	Unterabsatz
verb.	verbundene
Verf.	Verfasser
vgl.	vergleiche
Vol.	Volume
VPRT	Verband Privater Rundfunk und Telekommunikation e.V.
VVDStRL	Veröffentlichungen der Vereinigung der Deutschen Staatsrechtslehrer
WuW	Wirtschaft und Wettbewerb
z.B.	zum Beispiel
ZDF	Zweites Deutsches Fernsehen
ZHR	Zeitschrift für das gesamte Handels- und Wirtschaftsrecht
Ziff.	Ziffer
ZLR	Zeitschrift für das gesamte Lebensmittelrecht
ZNER	Zeitschrift für Neues Energierecht
ZRP	Zeitschrift für Rechtspolitik
ZUM	Zeitschrift für Urheber– und Medienrecht

Literaturverzeichnis

Albin, Silke, Daseinsvorsorge und EG-Beihilfenrecht, Mehr Rechtssicherheit durch die neue Mitteilung der Kommission?, DÖV 2001, S. 890 ff.

Ahlt, Michael/Deisenhofer, Thomas, Europarecht, 3. Auflage, München 2003.

Astheimer, Sabine/Moosmayer, Klaus, Europäische Rundfunkordnung – Chance oder Risiko?, ZUM 1994, S. 395 ff.

Baetge, Dietmar, Grundzüge des Vertrags von Maastricht, BayVBl. 1992, S. 711 ff.

Bartosch, Andreas, Das Ferring/ACOSS-Urteil des EuGH – die weitere Beschneidung der EG-Beihilfenkontrolle, in: Der Syndikus, abgedruckt im Internet unter http://www.forumrecht.com/syndicus/briefings/eu/eu_016.htm (Stand 15/12+/2003).

- Das Grünbuch über Konvergenz, Ein Beitrag zur Diskussion auf dem Weg in die Informationsgesellschaft, ZUM 1998, S. 2.
- Neues zum Tatbestandsmerkmal der „Belastung des Staatshaushalts" i.S. des Art. 87 I EG, NVwZ 2001, S. 643 ff.
- Die Kommissionspraxis nach dem Urteil des EuGH in der Rechtssache Altmark – Worin liegt das Neue ?, EuZW 2004, S. 295.
- Neue Transparenzpflichten – eine kritische Analyse des Kommissionsentwurfs einer neuen Transparenzrichtlinie, EuZW 2000, S. 333 ff.
- Das PreussenElektra/Schleswag-Urteil des EuGH – beschneidet der Gerichtshof die Beihilfenkontrolle der EG-Kommission?, Der Syndikus Juli/August 2001, S. 17 ff.
- Öffentlich-rechtliche Rundfunkfinanzierung und EG-Beihilfenrecht – eine Zwischenbilanz, EuZW 1999, S. 176 ff.

Baquero Cruz, Julio/Castillo de la Torre, Fernando, A note on PreussenElektra, E.L.Rev. 26 (2001), S. 489 ff.

Basedow, Jürgen, Zielkonflikte und Zielhierarchien im Vertrag über die Europäische Gemeinschaft, in: Due, Ole/Lutter, Markus/Schwarze, Jürgen (Hrsg.), Festschrift für Ulrich Everling, Bd. 1, Baden-Baden 1995, S. 49 ff.

Bauer, Günter, Wettbewerbsbeschränkungen durch Staaten?: Die Verantwortung der Mitgliedstaaten der Europäischen Gemeinschaft für den Wettbewerb im Gemeinsamen Markt, München 1990 (zit.: Bauer, Wettbewerbsbeschränkungen, S.).

Beckedorf, Ingo/Henze, Thomas, Neuere Entwicklungen in der Bildungspolitik der Europäischen Gemeinschaft, NVwZ 1993, S. 125 ff.

Becker, Ulrich, Von "Dassonville" über "Cassis" zu "Keck" – Der Begriff der Maßnahmen gleicher Wirkung in Art. 30 EGV, EuR 1994, S. 162 ff.

Bekemans, Léonce/Balodimos, Athanassios, Le traité de Maastricht et l'éducation, la formation professionnelle et la culture, Revue du Marché Unique Européen, Paris, No. 2; 1993, S. 99 ff.

Benda, Ernst/Maihofer, Werner/Vogel, Hans-Jochen (Hrsg.), Handbuch des Verfassungsrechts der Bundesrepublik Deutschland, 2. Auflage, Berlin u.a. 1994 (zit.: Bearbeiter, in: Benda/Maihofer/Vogel, §, Rdn.).

Benesch, Rudolf, Die Kompetenzen der EG-Kommission aus Art. 90 Abs. 3 EWG-V, Köln 1993.

Berggreen, Ingeborg, Das Bildungswesen in Europa nach Maastricht, RdJB 1992, S. 436 ff.

Berggreen-Merkel, Ingeborg, Die rechtlichen Aspekte der Kulturpolitik nach dem Maastrichter Vertrag, in: Ress, Georg/Stein, Torsten (Hrsg.), Vorträge, Reden und Berichte aus dem Europa-Institut – Sektion Rechtswissenschaft - Nr. 329, Saarbrücken 1995 (zit.: Bergreen-Merkel, in: Ress/Stein, S.).

Bermann, George A., Taking Subsidiarity Seriously: Federalism in the European Community and the United States, Colm.L.Rev. Vol 94 (1994), No. 2, S. 94 ff.

Bethge, Herbert, Der Grundversorgungsauftrag des öffentlich-rechtlichen Rundfunks in der dualen Rundfunkordnung, Media Perspektiven 2/96, S. 66 ff.

Betz, Jürgen, Die EG-Fernsehrichtlinie – Ein Schritt zum europäischen Fernsehen, Media Perspektiven, 1989, S. 677 ff.

- Spartenkanäle bei ARD und ZDF, Media Perspektiven 1/1997, S. 2 ff.

- Die verfassungsrechtliche Position des öffentlich-rechtlichen Rundfunks in der dualen Rundfunkordnung, Beiträge zum Rundfunkrecht, Heft 47, Baden-Baden 1996,

Beutler, Bengt/Bieber, Roland/Piepkorn, Jörn/Jochen, Streil, Die Europäische Union, Rechtsordnung und Politik, 5. Auflage, Baden-Baden 2001.

Beyer, Thomas, Gemeinschaftsrecht und Umweltschutz nach Maastricht, JuS 1997, S. 296 ff.

Blanke, Hermann-Josef, Europa auf dem Weg zu einer Bildungs- und Kulturgemeinschaft, Köln u.a. 1994 (zit: Blanke, Europa, S.).

- Der Unionsvertrag von Maastricht – Ein Schritt auf dem Weg zu einem europäischen Bundesstaat, DöV 1993, S. 412 ff.

Bleckmann, Albert, Europarecht: Das Recht der Europäischen Union und der Europäischen Gemeinschaften, 6. Auflage, Köln u.a. 1997 (zit.: Bleckmann, Europarecht, Rdn.).

- Staatsrecht, 2. Die Grundrechte, 4. Auflage, Köln 1997 (zit.: Bleckmann, Grundrechte, Rdn.).

- Chancen und Gefahren der europäischen Integration, Zum Demokratieprinzip in der EG, JZ 1990, S. 301 ff.

- Der Vertrag über die Europäische Union, DVBl. 1992, S. 335 ff.

- Öffentlich-rechtliche Spartenprogramme als Bestandteil der Grundversorgung?, Berlin 1996, (zit: Bleckmann, Öffentlich-Rechtliche Spartenprogramme, S.).

- Politische Aspekte der europäischen Integration unter dem Vorzeichen des Binnenmarktes 1992, ZRP 1990, S. 265 ff.

- Zur Zulässigkeit der Veranstaltung von Spartenprogrammen durch öffentlich-rechtliche Rundfunkanstalten, AfP 1997, S. 417 ff.

- Die Freiheiten des Gemeinsamen Marktes als Grundrechte, in: Bieber, Roland/Bleckmann, Albert/Capotorti, Francesco (Hrsg.), Das Europa der zweiten Generation: Gedächtnisschrift für Christoph Sasse, Bd. 2, Baden-Baden 1981, S. 665 ff. (zit.: Bleckmann, in: GS f. Sasse, S.).

- Verfassungsrang der Europäischen Menschenrechtskonvention, EuGRZ 1994, S. 149 ff.

Böhm, Johann, Die Europäische Union – Gefahr oder Chance für den Föderalismus in Deutschland, BayVBl. 1993, S. 545 ff.

Börner, Bodo, Kompetenz der EG zur Regelung einer Rundfunkordnung, ZUM 1985, 577 ff.

Bogdandy, Armin von, Europäischer Protektionismus im Medienbereich, Zu Inhalt und Rechtmäßigkeit der Quotenregelungen der Fernsehrichtlinie, EuZW 1992, S. 9 ff.

- (Hrsg.), Europäisches Verfassungsrecht, Theoretische und dogmatische Grundzüge, Berlin u.a. 2003 (zit.: Bearbeiter, in: v. Bogdandy, Europäisches Verfassungsrecht, S.).

Bohr, Kurt/Albert, Helmut, Die Europäische Union – das Ende der eigenständigen Kulturpolitik der deutschen Bundesländer?, ZRP 1993, S. 61 ff.

Borries, Reimer von, Gedanken zur Tragweite des Subsidiaritätsprinzips im Europäischen Gemeinschaftsrecht, in: Everling, Ulrich/Narjes, Karl-Heinz/Sedemund, Joachim (Hrsg.), Europarecht, Kartellrecht, Wirtschaftsrecht, Festschrift für Arved Deringer, Baden-Baden 1993, S. 22 ff.

- Das Subsidiaritätsprinzip im Recht der Europäischen Union, EuR 1994, S. 263 ff.

Braun, Matthias/Gillert, Olaf/Hoberg, Dominik u.a., Spartenkanäle: Grenzen einer Zukunftsperspektive für den öffentlich-rechtlichen Rundfunk, ZUM 1996, S. 201 ff.

Breier, Siegfried, Der Streit um die richtige Rechtsgrundlage in der Rechtsprechung des Europäischen Gerichtshofes, EuR 1995, S. 46 ff.

Breitkopf, Klaus/Schiwy, Peter/Schneider, Beate, Medien und Telekommunikation; Die Sammlung des gesamten Rechts und der wichtigsten Rechtsprechung, Loseblattsammlung, Stand: August 1999, Starnberg.

Bremer, Eckhard/Esser, Michael/Hoffmann, Martin, Der Rundfunk in der Verfassungs- und Wirtschaftsordnung Deutschlands, Baden-Baden 1992.

Britz, Gabriele, Staatliche Förderung gemeinwirtschaftlicher Dienstleistungen in liberalisierten Märkten und Europäisches Wettbewerbsrecht – Zur Neufassung der Transparenzrichtlinie, DVBl. 2000, S. 1641 ff.

Breuer, Rüdiger, Entwicklungen des europäischen Umweltrechts – Ziele, Wege und Irrwege, Berlin 1993.

Brunner, Manfred, Das Subsidiaritätsprinzip als europäisches Prinzip, in: Merten, Detlef (Hrsg.), Die Subsidiarität Europas, 2. Auflage, Berlin 1994, S. 9 ff.

Bueckling, Adrian, Transnationales Satelliten-TV und nationale Kulturreservate in der EG, EuGRZ 1987, S. 97 ff.

Bullinger, Martin, Rundfunkordnung im Bundesstaat und in der Europäischen Gemeinschaft, AfP 1985, S. 257 ff.

- Satellitenrundfunk im Bundesstaat, AfP 1985, S. 1 ff.

Burgi, Martin, Die öffentlichen Unternehmen im Gefüge des primären Gemeinschaftsrechts, EuR 1997, S. 261 ff.

- Vertikale Kompetenzabgrenzung in der EU und materiellrechtliche Kompetenzausübungsschranken nationaler Daseinsvorsorge, S. 90 ff. in: Henneke, Hans-Günter (Hrsg.), Verantwortungsteilung zwischen Kommunen, Ländern, Bund und Europäischer Union, Stuttgart u.a. 2001.

Bux, Udo, EG-Kompetenzen für den Rundfunk, Frankfurt am Main u.a. 1992.

Calliess, Christian, Der Schlüsselbegriff der "ausschließlichen Zuständigkeit" im Subsidiaritätsprinzip des Art. 3b II EGV, EuZW 1995, S. 693 ff.

- Subsidiaritäts- und Solidaritätsprinzip in der Europäischen Union: Vorgaben für die Anwendung von Art. 5 (ex-Art. 3b) EGV nach dem Vertrag von Amsterdam, 2. Auflage, Baden-Baden 1999.

Calliess, Christian/Ruffert, Matthias (Hrsg.), Kommentar des Vertrags über die Europäische Union und des Vertrags zur Gründung der Europäischen Gemeinschaft, 2. Auflage, Neuwied 2002 (zit.: Bearbeiter, in: Calliess/Ruffert, EUV/EGV, Art., Rdn.).

Charissé, Peter, Die Rundfunkveranstalterfreiheit und das Zulassungsregime der Rundfunk- und Mediengesetze, Eine verfassungs- und europarechtliche Untersuchung der subjektiv-rechtlichen Stellung privater Rundfunkveranstalter, Frankfurt am Main u.a. 1999.

Ciresa, Meinhard, Beihilfenkontrolle und Wettbewerbspolitik in der EG, Köln u.a. 1993.

Classen, Claus Dieter, Die Grundfreiheiten im Spannungsfeld von europäischer Marktfreiheit und mitgliedstaatlichen Gestaltungskompetenzen, EuR 2004, S. 416 ff.

- Maastricht und die Verfassung: kritische Bemerkungen zum neuen „Europa-Artikel“ 23 GG, ZRP 1993, S. 57 ff.

Colneric, Ninon, Der Gerichtshof der Europäischen Gemeinschaften als Kompetenzgericht, EuZW 2002, S. 709 ff.

Constantinesco, Léontin-Jean, Das Recht der Europäischen Gemeinschaften, Baden-Baden 1977, (zit.: Constantinesco, Das Recht der Europäischen Gemeinschaften, S.).

Cox, Helmut, Entscheidungskriterien und Prinzipien für öffentliche Dienste – Thesen zur Zukunft der öffentlichen Dienstleistungen in Europa, in: ders. (Hrsg.), Öffentliche Dienstleistungen in der Europäischen Union, 1996, Baden-Baden.

Damm, Andreas, Gebührenprivileg und Beihilferecht. Zur Vereinbarkeit der Finanzierung des öffentlich-rechtlichen Rundfunks in Deutschland mit Art. 92 EGV, Berlin u.a. 1998.

Dauses, Manfred A., Handbuch des EU-Wirtschaftsrechts, 2 Bde., München, Stand. August 2000 (zit.: Bearbeiter, in: Dauses, Handbuch des EU-Wirtschaftsrecht, Ziff., Rdn.).

Degenhart, Christoph, Der Funktionsauftrag des öffentlich-rechtlichen Rundfunks in der „Digitalen Welt“, Heidelberg 2001.

- Grenzüberschreitender Informationsfluss und grundgesetzliche Rundfunkordnung, EuGRZ 1983, S. 205 ff.
- Medienrecht und Medienpolitik im 21. Jahrhundert, K&R 2000, S. 49 ff.
- Online-Angebote öffentlich-rechtlicher Rundfunkanstalten, Frankfurt am Main 1998.
- Rundfunkordnung im europäischen Rahmen, ZUM 1992, S. 449 ff.

- Wirtschaftliche Betätigungen öffentlich-rechtlicher Rundfunkanstalten: Der Medienpark des ZDF, ZUM 2001, S. 357 ff.

Dehousse, Renaud, Community Competences: Are there Limits to Growth?, in: ders. (Hrsg.), Europe After Maastricht – An Ever Closer Union? München 1994, S. 103 ff.

- From Community to Union, in: ders. (Hrsg.), Europe after Maastricht – An Ever Closer Union?, München 1994, S. 5 ff.

Delbrück, Jost, Die Rundfunkhoheit der deutschen Bundesländer im Spannungsfeld zwischen Regelungsanspruch der Europäischen Gemeinschaft und nationalem

Verfassungsrecht, Frankfurt am Main 1986 (zit: Delbrück, Die Rundfunkhoheit, S.).

- Rundfunkrecht und Wettbewerbsrecht vor dem Forum des europäischen Gemeinschaftsrechts, in: Hoffmann-Riem, Wolfgang (Hrsg.), Rundfunk im Wettbewerbsrecht: der öffentlich-rechtliche Rundfunk im Spannungsfeld zwischen Wirtschaftsrecht und Rundfunkrecht, Baden-Baden 1988, S. 244 ff. (zit: Delbrück, in: Hoffmann-Riem (Hrsg.), Rundfunkrecht im Wettbewerbsrecht, S.).

Deringer, Arved, Europäisches Gemeinschaftsrecht und nationale Rundfunkordnung, ZUM 1986, S. 627 ff.

- Fernsehen ohne Grenzen, ZUM 1985, S. 229 ff.

- Kulturhoheit der Länder und Europäische Union, in: Becker, Jürgen/Lerche, Peter/Mestmäcker, Ernst-Joachim (Hrsg.), Wanderer zwischen Musik, Politik und Recht, Festschrift für Reinhold Kreile, Baden-Baden 1994, S. 135 ff. (zit.: Deringer, in: FS f. Kreile, S.).

Deuster, Jan, Das Weißbuch zu den Dienstleistungen von allgemeinem Interesse, EuZW 2004, S. 526 ff.

Di Fabio, Udo, Werbeverbote – Bewährungsprobe für europäische Grundfreiheiten und Grundrechte, AfP 1998, S. 564 ff.

Dittmann, Armin/Fehrenbacher, Claus, Die bildungsrechtlichen Harmonisierungsverbote (Art. 126 Abs. 4, 127 Abs. 4 EGV) und ihre Bedeutung für die nationale „Bildungshoheit“, RdJB 1992, S. 478 ff.

Dohms, Rüdiger, Die Kompetenz der EG im Bereich der allgemeinen Bildung nach Art. 126 EGV, RdJB 1992, S. 464 ff.

Dörr, Dieter, Der deutsche Föderalismus und die entstehende Medienordnung, EWS 1991, S. 269 ff.

- Die Entwicklung des Medienrechts, NJW 1995, S. 2263 ff.

- Europäische Perspektiven der dualen Rundfunkordnung, ZUM 1995, S. 264 ff.
- Europäische Union: Gefahr oder Chance für den Föderalismus in Deutschland, Österreich und der Schweiz, Aussprache, VVDStRL 53 (1994), S. 125 f.
- Möglichkeiten und Grenzen europäischer Medienpolitik: Konvergenz und Kompetenz, K&R 1999, S. 97 ff.
- Die Rolle des öffentlich-rechtlichen Rundfunks in Europa, Baden-Baden 1997 (zit.: Dörr, Die Rolle des öffentlich-rechtlichen Rundfunks, S.).
- Die Spartenkanäle von ARD/ZDF und das Europarecht, München 1999 (zit: Dörr, Die Spartenkanäle, S.).
- Vielfaltssicherung durch die EU, Chancen und Risiken europäischer Medienpolitik, Media Perspektiven, 1996, S. 87 ff.

Dörr, Dieter/Beucher, Klaus/Eisenbeis, Jochen/Jost, Eberhard, Die Einflüsse europarechtlicher Entwicklungen auf das Bund-Länder-Verhältnis im Rundfunkwesen, München/Berlin 1992.

Dörr, Dieter/Cloß, Wolfgang, Die Vereinbarkeit der Gebührenfinanzierung des Österreichischen Rundfunks mit dem EG-Beihilferecht, ZUM 1996, S. 105 ff.

Dörr, Dieter/Eckl, Judith, Die Entwicklung des Medienrechts, NJW 1999, S. 1925 ff.

Dörr, Dieter/Schiedermair, Stephanie, Die Deutsche Welle: Die Funktion, der Auftrag, die Aufgaben und die Finanzierung heute, Frankfurt a.M. 2003.

Dörr, Dieter/Zorn, Nicole, Die Entwicklung des Medienrechts, NJW 2001, S. 2837 ff.

Dreier, Ralf, Forschungsbegrenzung als verfassungsrechtliches Problem, DVBl. 1980, S. 471 ff.

Eberle, Carl-Eugen, Aktivitäten der Europäischen Union auf dem Gebiet der Medien und ihre Auswirkungen auf den öffentlich-rechtlichen Rundfunk, ZUM 1995, S. 763 ff.

- Das europäische Recht und die Medien am Beispiel des Rundfunkrechts, AfP 1993, S. 422 ff.
- Das Fernsehen im Zugriff des europäischen Rechts, in: Bull, Hans Peter (Hrsg.), Festschrift für Werner Thieme, München 1993, S. 939 ff.
- Neue Übertragungswege und Verfassungsrecht, ZUM 1995, S. 249 ff.
- Die Rundfunkgebühr – Verfassungsrechtlicher Anspruch und gesellschaftspolitische Funktion, in: Stern, Klaus/Eberle, Carl-Eugen/Lück, Peter/Hansmeier, Karl-Heinrich/Oppermann, Thomas: Die Finanzierung des

Rundfunks nach dem Gebührenurteil des Bundesverfassungsgerichts, München 1996, S. 15 ff. (zit.: Eberle, Die Rundfunkgebühr, S.).

Ehlermann, Claus-Dieter, Neuere Entwicklungen im europäischen Wettbewerbsrecht, EuR 1991, S. 307 ff.

Ehlers, Dirk (Hrsg.), Europäische Grundrechte und Grundfreiheiten, Berlin 2003 (zit.: Bearbeiter, in: Ehlers (Hrsg.), S./Rdn.).

Ehmke, Horst, Prinzipien der Verfassungsinterpretation, VVDStRL 20 (1963), S. 89 ff.

Ehricke, Ulrich, Der Art. 90 EWGV – eine Neubetrachtung, EuZW 1993, S. 211 ff.

- Zur Konzeption von Art. 37 I und Art. 90 II EGV, EuZW 1998, S. 741 ff.

Eiselstein, Claus, Verlust der Bundesstaatlichkeit ?, NVwZ 1989, S. 323 ff.

Emmerich, Volker, Rundfunk im Wettbewerbsrecht, AfP 1989, S. 433 ff.

Engel, Christoph, Europarechtliche Grenzen für öffentlich-rechtliche Spartenprogramme? – Beihilfeaufsicht, Wettbewerbsregeln, Grundfreiheiten, Berlin 1996 (zit.: Engel, Europarechtliche Grenzen, S.).

- Die Konkurrenz zwischen den deutschen öffentlich-rechtlichen Rundfunkanstalten und privaten Anbietern, in: Peter, Jörg/Rhein, Kay-Uwe (Hrsg.), Wirtschaft und Recht: Rahmenbedingungen wirtschaftlicher Betätigung, Grenzen der Wirtschaftslenkung, wirtschaftliche Betätigung der Öffentlichen Hand, Zukunft staatlicher Monopole, Osnabrück 1989, S. 243 ff. (zit.: Engel, in: Peter/Rhein (Hrsg.), Wirtschaft, S.).
- Telekommunikationsrecht – Grundstrukturen eines neuen Rechtsgebiets am Gegenstand des Europarechts, ZUM 1992, S. 279 ff.

Epiney, Astrid, Gemeinschaftsrechtlicher Umweltschutz und Verwirklichung des Binnenmarkts – „Harmonisierung“ auch der Rechtsgrundlagen?, JZ 1992, S. 564 ff.

- Umweltrecht in der Europäischen Union, Köln u.a. 1997.

Everling, Ulrich, Abgrenzung der Rechtsangleichung zur Verwirklichung des Binnenmarktes nach Art. 100a EWGV durch den Gerichtshof, EuR 1991, S. 179 ff.

- Brauchen wir „Solange III“? Zu den Forderungen nach Revision der Rechtsprechung des Bundesverfassungsgerichts, EuR 1990, S. 195 ff.
- Zur föderalen Struktur der Europäischen Gemeinschaft, in: Hailbronner, Kay/Ress, Georg/Stein, Torsten (Hrsg.), Staat und Völkerrechtsordnung, Festschrift für Karl Döhring, Berlin u.a. 1989, S. 179 ff.
- Gestaltungsbedarf des Europäischen Rechts, EuR 1987, S. 214 ff.

- Niederlassungsfreiheit und Dienstleistungsfreiheit der Rechtsanwälte in der Europäischen Union, EuR 1989, S. 338 ff.

- Kompetenzordnung und Subsidiarität, in: Weidenfeld, Werner (Hrsg.), Reform der Europäischen Union, Gütersloh 1995, S. 166 ff. (zit.: Everling, in: Weidenfeld (Hrsg.), Reform, S.).

Faber, Markus, Die Vereinbarkeit des Stromeinspeisungsgesetzes und des Erneuerbare-Energien-Gesetzes mit dem primären Europarecht, NuR 2002, S. 140 ff.

Feierabend, Sabine/Klingler, Walter, Was Kinder sehen, Media Perspektiven 4/2003, S. 167 ff.

Fesenmair, Joseph, Öffentliche Dienstleistungsmonopole im europäischen Recht: eine juristisch-ökonomische Analyse unter besonderer Berücksichtigung der Natur der natürlichen Monopole, Berlin 1996.

Feuchthofen, Jörg E./Brackmann, Hans-Jürgen, Berufliche Bildung im Maastrichter Unionsvertrag, RdJB 1992, S. 468 ff.

Fezer, Karl-Heinz/Großhardt, Holger R., Die Buchpreisbindung im Europäischen Binnenmarkt, ZUM 1991, S. 503 ff.

Fiedler, Wilfried, Impulse der Europäischen Gemeinschaft im kulturellen Bereich – Rechtliche Grundlagen und praktische Fortentwicklung, in: Magiera, Siegfried (Hrsg.), Das Europa der Bürger in einer Gemeinschaft ohne Binnengrenzen, Baden-Baden 1990, S. 147 ff.

Folz, Hans-Peter, Demokratie und Integration, Der Konflikt zwischen Bundesverfassungsgericht und Europäischem Gerichtshof über die Kontrolle der Gemeinschaftskompetenzen, Berlin 1999.

Frenz, Walter, Dienste von allgemeinem wirtschaftlichem Interesse – Neuerungen durch Art. 16 EG, EuR 2000, S. 901 ff.

- Grundfreiheiten und Grundrechte, EuR 2002, S. 603 ff.

Frese, Michael, Die Rechtmäßigkeit europäischer Fernsehquoten aus kompetenzieller, grundrechtlicher und welthandelsrechtlicher Sicht, Frankfurt am Main u.a. 1998.

Frey, Dieter, Fernsehen und audiovisueller Pluralismus im Binnenmarkt der EG, Baden-Baden 1999 (zit: Frey, Fernsehen, S.).

- Das öffentlich-rechtliche Fernsehen im Wettbewerbsrecht der EG, ZUM 1999, S. 528 ff.

Frohne, Ronald, Das Spannungsfeld von nationaler Regelungskompetenz und europäischen Wirtschafts- und Wettbewerbsrecht im Bereich des digitalen Fernsehens, in: Schwarze, Jürgen/Becker, Jürgen (Hrsg.), Geistiges Eigentum und Kultur im Spannungsfeld von nationaler Regelungskompetenz und europäischen Wirtschafts- und Wettbewerbsrecht, Baden-Baden

1998, S. 83 ff. (zit.: Frohne, in: Schwarze/Becker (Hrsg.), Geistiges Eigentum, S.).

Gabriel-Bräutigam, Karin, Rundfunkkompetenz und Rundfunkfreiheit: eine Untersuchung über das Verhältnis der Rundfunkhoheit der Länder zu den Gesetzgebungszuständigkeiten des Bundes, Baden-Baden 1990.

Gasse, Dirk, Die Bedeutung der Querschnittsklauseln für die Anwendung des Gemeinschaftskartellrechts, Frankfurt a.M. 2000.

Geiger, Rudolf, EG-Vertrag, Kommentar zu dem Vertrag zur Gründung der Europäischen Gemeinschaft, 2. Auflage, München 1995 (zit.: Geiger, EGV, Art., Rdn.).

Geis, Max-Emanuel, Die „Kulturhoheit" der Länder – Historische und verfassungsrechtliche Aspekte des Kulturföderalismus am Beispiel der Bundesrepublik Deutschland, DÖV 1992, S. 522 ff.

Geißler, Birgit, Staatliche Kunstförderung nach Grundgesetz und Gesetz der EG, Berlin 1995.

Gellermann, Martin, Das Stromeinspeisungsgesetz auf dem Prüfstand des Europäischen Gemeinschaftsrechts, DVBl. 2000, S. 509 ff.

Gersdorf, Hubertus, Multi-Media: Der Rundfunkbegriff im Umbruch, AfP 1995, S. 565 ff.

Gerstner, Stephan/Goebel, Burkhart, Grundrechtsschutz in Europa, Jura 1993, S. 626 ff.

Glaesner, H.J., Die Einheitliche Europäische Akte, EuR 1986, S. 119 ff.

Gornig, Gilbert, Probleme der Niederlassungsfreiheit und Dienstleistungsfreiheit für Rechtsanwälte in den Europäischen Gemeinschaften, NJW 1989, S. 1120 ff.

Grabitz, Eberhard/Hilf, Meinhard (Hrsg.), Das Recht der Europäischen Union, Kommentar, 4 Bde., Loseblattsammlung, München, Stand: 21. Ergänzungslieferung, April 2003 (zit.: Bearbeiter, in: Grabitz/Hilf, EUV, Art., Rdn.).

Grabitz, Eberhard/Zacker, Christian, Die neuen Kulturkompetenzen der EWG, NVwZ 1989, S. 297 ff.

Gramlich, Ludwig, Kommunikations-Grundversorgung zwischen Markt und Staat, ZUM 1998, S. 365.

Grimm, Dieter, Kulturauftrag im staatlichen Gemeinwesen, VVDStRL 42 (1984), S. 46 ff.

Groeben, Hans von der/Schwarze, Jürgen (Hrsg.), Kommentar zum Vertrag über die Europäische Union und zur Gründung der Europäischen Gemeinschaft, Bd. 1 (Art. 1-53 EUV, Art. 1-80 EGV), 6. Auflage, Baden-Baden 2003 (zit.: Bearbeiter, in: Groeben/Schwarze, EUV/EGV, Art., Rdn.).

Groeben, Hans von der/Thiesing, Jochen/Ehlermann, Claus-Dieter (Hrsg.), Kommentar zum EU-/EG-Vertrag, Bd. 2, 5. Aufl. 1999, Bd. 3, 5. Aufl. 1999, Bd. 4, 5. Aufl. 1997, Bd. 5, 5. Aufl. 1997 (zit.: Bearbeiter, in: Groeben/Thiesing/Ehlermann, EUV/EGV, Art., Rdn.).

Groeben, Hans von der /Thiesing, Jochen/Ehlermann, Claus-Dieter, Handbuch des Europäischen Rechts, Systematische Sammlung mit Erläuterungen, Loseblattsammlung, Baden-Baden, Stand: März 2003 (zit.: Bearbeiter, in: Handbuch des europäischen Rechts, Art., Rdn.).

Grunwald, Jürgen, Die Entwicklung des Gemeinschaftsrechts, EuR 1988, S. 91 ff.

Gulich, Joachim, Rechtsfragen grenzüberschreitender Rundfunksendungen: die deutsche Rundfunkordnung im Konflikt mit der Dienstleistungsfreiheit, Baden-Baden, 1990.

Gundel, Jörg, Die Untersagung nationaler Fernsehwerbemonopole durch die EG-Kommission gemäß Art. 86 Abs. 3 EGV: Zur Reichweite der Niederlassungsfreiheit und zu einem "neu entdeckten" Sanktionsmittel der Gemeinschaft im Rundfunkbereich, ZUM 2000, S. 1046 ff.

- Staatliche Ausgleichszahlungen für Dienstleistungen von allgemeinem wirtschaftlichem Interesse: Zum Verhältnis zwischen Art. 86 Abs. 2 EGV und dem EG-Beihilfenrecht, RIW 2002, S. 222 ff.

- Nationale Programmquoten im Rundfunk: Vereinbarkeit mit den Grundfreiheiten und der Rundfunkfreiheit des Gemeinschaftsrechts, ZUM 1998, S. 1002 ff.

Häberle, Peter, Verfassungsrechtliche Fragen im Prozeß der europäischen Einigung, EuGRZ 1992, S. 429 ff.

Hahn, Wilhelm, Europäische Kultur – Aufgaben und Grenzen ihrer Einbeziehung in den politischen Einigungsprozeß, in: ders. (Hrsg.), Europäische Kulturpolitik: Aufsätze über Bildung, Medien und Kirche, Sindelfingen 1987, S. 116 ff.

Hahn, Werner/Vesting, Thomas (Hrsg.), Kommentar zum Rundfunkrecht: Rundfunkstaatsvertrag, Rundfunkgebührenstaatsvertrag, Rundfunkfinanzierungsstaatsvertrag, Jugendschutzmedienstaatsvertrag, München 2003 (zit.: Bearbeiter, in: Hahn/Vesting, §, Rdn.).

Hailbronner, Kay, Der „nationale Alleingang" im Gemeinschaftsrecht am Beispiel der Abgasstandards für Pkw, EuGRZ 1989, S. 101 ff.

- Die deutschen Bundesländer in der EG, JZ 1990, S. 149 ff.

Hain, Karl-E., Die Europäische Transparenz-Richtlinie und der öffentlich-rechtliche Rundfunk in Deutschland, MMR 2001, S. 219 ff.

Hamm, Ingrid/Hart, Thomas (Hrsg.), Kommunikationsordnung 2010, Märkte und Regulierung im interaktiven Zeitalter, Gütersloh 2001, abrufbar unter www.bertelsmann-stiftung.de/documents/560.pdf. (Stand 15/12/2003).

Haneklaus, Winfried, Zur Verankerung umweltpolitischer Ziele im EWG-Vertrag, DVBl. 1990, S. 1135 ff.

Hartstein, Reinhard/Ring, Wolf-Dieter/Kreile, Johannes/Dörr, Dieter/Stettner, Rupert, Rundfunkstaatsvertrag, Kommentar, Loseblattsammlung, München u.a., Stand: März 2004 (19. Aktualisierung).

Heinemann, Andreas, Grenzen staatlicher Monopole im EG-Vertrag, München 1996.

Herbert, Georg, Der Wesensgehalt der Grundrechte, EuGRZ 1985, S. 321 ff.

Herrmann, Günter, Grenzüberschreitende Fernseh- und Hörfunksendungen im Gemeinsamen Markt, GRUR Int. 1984, S. 578 ff.

Herrmann, Günter, Rundfunkfreiheit und Rundfunkordnung im internationalen und europäischen Recht, EWS 1991, S. 269 ff.

Hesse, Albrecht, Zur aktuellen Entwicklung des Rundfunkrechts, BayVBl. 1997, S. 132 ff.

- Rundfunkrecht: die Organisation des Rundfunks in der Bundesrepublik Deutschland, 3. Auflage, München 2003 (zit.: Hesse, Rundfunkrecht, S.).

- Rundfunkrecht zwischen demokratischer Willensbildung und dem Zugriff der EG, JZ 1993, S. 545 ff.

Hesse, Konrad, Grundzüge des Verfassungsrechts der Bundesrepublik Deutschland, 20. Auflage, Heidelberg 1999 (zit.: Hesse, Verfassungsrecht, Rdn.).

Heyde, Wolfgang, Der Regelungsspielraum des Gesetzgebers bei vorbehaltlos gewährten Grundrechten, in: Fürst, Walter/Herzog, Roman/Umbach, Dieter, Festschrift für Wolfgang Zeidler, Berlin u.a. 1987, S. 1429 ff.

Hilf, Meinhard, Europäische Union: Gefahr oder Chance für den Föderalismus in Deutschland, Österreich und der Schweiz, VVDStRL 1994, S. 7 ff.

- Europäische Union und nationale Identität der Mitgliedstaaten, in: Randelzhofer, Albrecht/Scholz, Rupert/Wilke, Dieter (Hrsg.), Gedächtnisschrift für Eberhard Grabitz, München 1995, S. 157 ff. (zit.: Hilf, in: GS. f. Grabitz, S.).

Hirsch, Günter, Die Auswirkungen des Subsidiaritätsprinzips auf die Rechtssetzungsbefugnis der Europäischen Gemeinschaften, in: Ress, Georg/Stein, Torsten (Hrsg.),Vorträge, Reden und Berichte aus dem Europa- Institut der Universität des Saarlandes – Sektion Rechtswissenschaft – Nr. 330, Saarbrücken 1995.

- Die Rechtsprechung des EuGH zum Binnenmarkt im Medien- und Kulturbereich, in: Schwarze, Jürgen/Becker, Jürgen (Hrsg.), Geistiges Eigentum und Kultur im Spannungsfeld von nationaler Regelungskompetenz und europäischen Wirtschafts- und Wettbewerbsrecht, Baden-Baden 1998 (zit.: Hirsch, in: Schwarze/Becker (Hrsg.), Geistiges Eigentum, S.).

Hochbaum, Ingo, Der Begriff der Kultur im Maastrichter und Amsterdamer Vertrag, BayVBl. 1997, S. 641 ff.

Hoffmann, Michael, Die Grundfreiheiten des EG-Vertrags als koordinationsrechtliche und gleichheitsrechtliche Abwehrrechte, Baden-Baden 2000.

Hoffmann-Riem, Wolfgang, Europäisierung des Rundfunks – aber ohne Kommunikationsverfassung?, in: ders. (Hrsg.), Rundfunk im Wettbewerbsrecht, Baden-Baden 1988, S. 201 (zit.: Hoffmann-Riem, in: ders., Rundfunk im Wettbewerbsrecht, S.).

- Pay-TV im öffentlich-rechtlichen Rundfunk, Hamburg 1995 (zit.: Hoffmann-Riem, Pay-TV, S.)

- Rundfunkrecht neben Wirtschaftsrecht: zur Anwendbarkeit des GWB und des EWG-V auf das Wettbewerbsverhalten öffentlich-rechtlichen Rundfunks in der dualen Rundfunkordnung, Baden-Baden 1991, (zit.: Hoffmann-Riem, Rundfunkrecht, S.).

- Der Rundfunkbegriff in der Differenzierung kommunikativer Dienste, AfP 1996, S. 9 ff.

Holzer, Norbert, Deutsche Rundfunkgebühr als unzulässige Beihilfe im Sinne des europäischen Rechts?, ZUM 1996, S. 274 ff.

Holznagel, Bernd, Probleme der Rundfunkregulierung im Multimedia-Zeitalter, ZUM 1996, S. 16 ff.

- Rundfunkrecht in Europa: auf dem Weg zu einem Gemeinrecht europäischer Rundfunkordnungen, Tübingen 1996 (zit.: Holznagel, Rundfunkrecht, S.).

Holznagel, Bernd/Grünwald, Andreas, Meinungsvielfalt im kommerziellen Fernsehen: medienspezifische Konzentrationskontrolle in Deutschland, Großbritannien, Frankreich, Italien, den U.S.A. und auf der Ebene von Europarat und Europäischer Gemeinschaft, Berlin 2001.

Holznagel, Bernd/Vesting, Thomas, Sparten- und Zielgruppenprogramme im öffentlich-rechtlichen Rundfunk, insbesondere im Hörfunk, Baden-Baden 1999.

Hrbek, Rudolf, Der Vertrag von Maastricht und das Demokratie-Defizit der Europäischen Union auf dem Weg zu stärkerer demokratischer Legitimation?, in: Randelzhofer, Albrecht/Scholz, Rupert/Wilke, Dieter (Hrsg.), Gedächtnisschrift für Eberhard Grabitz, München 1995, S. 171 ff. (zit.: Hrbek, in: GS. f. Grabitz, S.).

Immenga, Ulrich/ Mestmäcker, Ernst Joachim (Hrsg.), EG-Wettbewerbsrecht, Kommentar, 2 Bde, München 1997 (zit.: Bearbeiter, in: Immenga/Mestmäcker, EG-Wettbewerbsrecht, Art., Rdn.).

Immenga, Ulrich, Wettbewerbspolitik contra Industriepolitik nach Maastricht, EuZW 1994, S. 14 ff.

Ipsen, Hans Peter, Europäisches Gemeinschaftsrecht, Tübingen 1972, (Zit: Ipsen, Europäisches Gemeinschaftsrecht, S.).

- Grenzen der Dienstleistungsfreiheit, EuR 1978, S. 199 ff.
- Der „Kulturbereich" im Zugriff der Europäischen Gemeinschaft, in: Fiedler, Wilfried/Ress, Georg (Hrsg.), Verfassungsrecht und Völkerrecht, Gedächtnisschrift für Wilhelm Karl Geck, Köln u.a. 1989, S. 339 ff. (zit.: Ipsen, in: GS f. Geck, S.).
- Rundfunk im Europäischen Gemeinschaftsrecht, Frankfurt am Main 1983, (zit.: Ipsen, Rundfunk, S.).

Isensee, Josef/Kirchhof, Paul, Handbuch des Staatsrechts der Bundesrepublik Deutschland, Bd. V (Allgemeine Grundrechtslehren), 1992, Bd. VI (Freiheitsrechte), 1989, Heidelberg (zit.: Bearbeiter, in: HdbStR, §, Rdn.).

Jaeger, Thomas, Grenzen der staatlichen Zurechenbarkeit parafiskalischer Abgabenerhebung durch öffentliche Einrichtungen – zugleich Anmerkung zum EuGH-Urteil Pearle, EuZW 2004, S. 558 ff.

Jahns-Böhm, Jutta/Breier, Siegfried, Die umweltrechtliche Querschnittsklausel des Art. 130r II 2 EWGV, EuZW 1992, S. 49 ff.

Jarass, Hans D., EG-Recht und nationales Rundfunkrecht – Zugleich ein Beitrag zur Reichweite der Dienstleistungsfreiheit, EuR 1986, S. 75 ff.

- Elemente einer Dogmatik der Grundfreiheiten, EuR 1995, S. 202 ff.
- Elemente einer Dogmatik der Grundfreiheiten II, EuR 2000, S. 705 ff.
- EG-Kompetenzen und das Prinzip der Subsidiarität nach Schaffung der europäischen Union, EuGRZ 1994, S. 209 ff.
- Die Kompetenzen der Europäischen Gemeinschaft und die Folgen für die Mitgliedstaaten, Bonn 1997 (zit.: Jarass, Die Kompetenzen, S.).
- Konflikte zwischen EG-Recht und nationalem Recht vor den Gerichten der Mitgliedstaaten, DVBl. 1995, S. 954 ff.

Jayme, Erik, Die Nationalität des Kunstwerks als Rechtsfrage, in: Reichelt, Gerte (Hrsg.), Internationaler Kulturgüterschutz, Wiener Symposium 18./19.Oktober 1990, Wien 1992, S. 7 ff.

Joliet, René, Der freie Warenverkehr: Das Urteil Keck und Mitouard - Neuorientierung der Rechtsprechung, GRUR Int. 1994, S. 979 ff.

Jungbluth, Arnim, Das Niederlassungsrecht der Rundfunkveranstalter in der Europäischen Gemeinschaft, Baden-Baden 1992.

Kanitz, Ralf/Steinberg, Philipp, Grenzenloses Gemeinschaftsrecht? Die Rechtsprechung des EuGH zu Grundfreiheiten, Unionsbürgerschaft und Grundrechten als Kompetenzproblem, EuR 2003, S. 1013 ff.

Karydis, Georges Sp., Le juge communautaire et la préservation de l'identité culturelle nationale, RTDE 1994, S. 551 ff.

Kewenig, Wilhelm A., Die Europäischen Gemeinschaften und die bundesstaatliche Ordnung der Bundesrepublik Deutschland, JZ 1990, S. 458 ff.

Kingreen, Thorsten, Die Struktur der Grundfreiheiten des Europäischen Gemeinschaftsrechts, Berlin 1999.

Kirchhof, Paul, Verfassungsgerichtlicher Schutz und internationaler Schutz der Menschenrechte: Konkurrenz oder Ergänzung, EuGRZ 1994, S. 16 ff.

Kirchner, Christian/Haas, Joachim, Rechtliche Grenzen für Kompetenzübertragungen auf die Europäische Gemeinschaft, JZ 1993, S. 760 ff.

Klaue, Siegfried, Zur Anwendung des Kartellgesetzes auf die öffentlich-rechtlichen Rundfunkanstalten, in: Hoffmann-Riem, Wolfgang (Hrsg.), Rundfunk im Wettbewerb: der öffentlich-rechtliche Rundfunk im Spannungsfeld zwischen Wirtschaftsrecht und Rundfunkrecht, Baden-Baden 1988, S. 84 ff.

Klein, Eckart, Der Verfassungsstaat als Glied einer europäischen Gemeinschaft, VVDStRL 50 (1991), 56 ff.

Klein, Eckart/Beckmann, Martina, Neuere Entwicklungen des Rechts der Europäischen Gemeinschaften, DÖV 1990, S. 179 ff.

Klein, Eckart/Haratsch, Andreas, Neuere Entwicklungen des Rechts der Europäischen Gemeinschaften - 1. Teil, DÖV 1993, 785 ff.

- Neuere Entwicklungen des Rechts der Europäischen Gemeinschaften - 2. Teil, DÖV 1994, S. 133 ff.

Kluth, Winfried, Die demokratische Legitimation der Europäischen Union: eine Analyse der These vom Demokratiedefizit der Europäischen Union aus gemeineuropäischer Verfassungsperspektive, Berlin 1995.

Koch, Oliver, Der Grundsatz der Verhältnismäßigkeit in der Rechtsprechung des Gerichtshofs der Europäischen Gemeinschaften, Berlin 2003.

Koenig, Christian, Öffentlich-rechtliche Anstaltslast und Gewährträgerhaftung als staatliche Beihilfen gemäß Art. 92 EGV?, EuZW 1995, S. 595 ff.

Koenig, Christian/Haratsch, Andreas, Die Rundfunkgebühren auf dem Prüfstand des Altmark Trans-Urteils des Europäischen Gerichtshofs, ZUM 2003, S. 804 ff.

Koenig, Christian/Haratsch, Andreas, Die Wiedergeburt von Art. 86 Abs. 2 EG in der RAI-Entscheidung der Europäischen Kommission, ZUM 2004, S. 122.

Koenig, Christian/Kühling, Jürgen, How to cut a long story short: Das PreussenElektra-Urteil des EuGH und die EG-Beihilfenkontrolle über das deutsche Rundfunkgebührensystem, ZUM 2001, S. 537 ff.

- Grundfragen des EG-Beihilfenrechts, NJW 2000, S. 1065 ff.
- Mitgliedstaatliche Kulturförderung und gemeinschaftliche Beihilfenkontrolle durch die EG-Kommission, EuZW 2000, S. 197 ff.
- Das PreussenElektra-Urteil des EuGH: Freibrief für Abnahme- und Vergütungspflichten in der Energiewirtschaft, NVwZ 2001, S. 768 ff.

Kommission der Europäischen Gemeinschaften, Fernsehen ohne Grenzen. Grünbuch über die Errichtung des Gemeinsamen Marktes für den Rundfunk, insbesondere über Satellit und Kabel vom 14.06.1984, Mitteilungen der Kommission an den Rat, Dok. KOM (84) 300 endg.

Konow, Gerhard, Zum Subsidiaritätsprinzip des Vertrags von Maastricht, DÖV 1993, S. 405 ff.

Kopp, Reinhold, Geistiges Eigentum und Kultur im Spannungsfeld von nationaler Regelungskompetenz und europäischem Wirtschafts- und Wettbewerbsrecht aus Sicht des öffentlich-rechtlichen Rundfunks, in: Schwarze, Jürgen/Becker, Jürgen (Hrsg.), Geistiges Eigentum und Kultur im Spannungsfeld von nationaler Regelungskompetenz und europäischem Wirtschafts- und Wettbewerbsrecht, Baden-Baden 1998, S. 83 ff. (zit.: Kopp, in: Schwarze/Becker (Hrsg.), Geistiges Eigentum, S.).

Kort, Michael, Schranken der Dienstleistungsfreiheit im europäischen Recht, JZ 1996, S. 132 ff.

Koszuszeck, Helmut, Freier Dienstleistungsverkehr und Rundfunkrecht, ZUM 1989, S. 541 ff.

Krämer, Ludwig, The Single European Act And Environment Protection: Reflections On Several New Provisions in Community Law, CMLR 1987, S. 661 ff.

- Einheitliche Europäische Akte und Umweltschutz: Überlegungen zu einigen neuen Bestimmungen im Gemeinschaftsrecht, in: Rengeling, Hans-Werner (Hrsg.), Europäisches Umweltrecht und europäische Umweltpolitik, Köln 1988, S. 137 ff.
- Grundrecht auf Umwelt und Gemeinschaftsrecht, EuGRZ 1988, S. 285 ff.

Kreile, Johannes/Rahn, Stephanie, Das Ende der Tabakwerbung in Deutschland und Europa?, Zum Inhalt und zur Rechtmäßigkeit der neuen EG-Richtlinie betreffend das Verbot der Werbung für und des Sponsoring von Tabakerzeugnissen, ZUM 1998, S. 820 ff.

Kresse, Hermann, Grundversorgung und noch vieles mehr? Eckpunkte zu einer Balance zwischen öffentlich-rechtlichem Integrationsauftrag und der Entwicklung privater Programme, ZUM 1996, S. 59 ff.

Kresse, Hermann/Heinze, Matthias, Rundfunk-Dynamik am Morgen des digitalen Zeitalters, Ein Beitrag zur funktionalen Entwicklung des Rundfunkbegriffs, AfP 1995, S. 574 ff.

Kruse, Eberhard, Das gemeinschaftsrechtliche Beihilfenverbot und die für „Kultur“ und „kulturelles Erbe“ bestehende Befreiungsmöglichkeit, Artikel 92 Abs. 3d) EG-Vertrag, EWS 1996, S. 113 ff.

Kube, Hanno, Die Gleichheitsproblematik des europäischen Wettbewerbsrechts – zur Beihilfenkontrolle staatlicher Ausgleichsleistungen, EuR 2004, S. 230 ff.

Kübler, Bruno M. (Hrsg.), Entscheidungen zum Wirtschaftsrecht, Kurzkommentar, Köln u.a., Stand Mai 2001 (zit.: Bearbeiter, in: Kübler, EWiR, Art., Rdn.).

Kühling, Jürgen, Grundrechtskontrolle durch den EuGH: Kommunikationsfreiheit und Pluralismussicherung im Gemeinschaftsrecht, EuGRZ 1997, S. 296 ff.

- Die Kommunikationsfreiheit als europäisches Gemeinschaftsgrundrecht, Berlin 1999.

Kühne, Gunther, Urteilsanmerkung zu EuGH, Urteil v. 13.3.2001 – C-379/98 PreussenElektra AG ./. Schleswag AG, JZ 2001, S. 759 ff.

Kugelmann, Dieter, Der Rundfunk und die Dienstleistungsfreiheit des EWG-Vertrages, Berlin 1991.

Lambers, Hans-Jürgen, Subsidiarität in Europa – Allheilmittel oder juristische Leerformel?, EuR 1993, S. 229 ff.

Lane, Robert, New Community Competences under the Maastricht Treaty, CMLR 1993, S. 939 ff.

Larenz, Karl/Canaris, Claus-Wilhelm, Methodenlehre der Rechtswissenschaft, 3. Auflage, Berlin u.a. 1995.

Lecheler, Helmut, Das Subsidiaritätsprinzip: Strukturprinzip einer Europäischen Union, Berlin 1993.

Lehnert, Jürgen, Das Demokratiedefizit und die Legitimationskrise der Europäischen Union, Heidelberg 1997.

Lenaerts, Koen, Education In European Community Law After „Maastricht“, CMLR 1994, S. 29 ff.

Lenz, Carl Otto (Hrsg.), EG-Vertrag: Kommentar zu dem Vertrag zur Gründung der Europäischen Gemeinschaft, 2. Auflage, Köln 1999 (zit.: Bearbeiter, in: Lenz, EGV, Art., Rdn.).

- Immanente Grenzen des Gemeinschaftsrechts, EuGRZ 1993, S. 64 ff.

Lerche, Peter, Die Gesetzgebungskompetenzen von Bund und Ländern auf dem Gebiet des Presserechts, JZ 1972, S. 468 ff.

Lietzmann, Kurt, Einheitliche Europäische Akte und Umweltschutz: Die neuen Umweltbestimmungen im EWG-Vertrag, in: Rengeling, Hans-Werner (Hrsg.), Europäisches Umweltrecht und europäische Umweltpolitik, Köln 1988, S. 163 ff.

Loman, J.M.E./Mortelmans, K.J.M./Post, H.H.G./Watson, J.S., Culture and Community Law: before and after Maastricht, Boston 1992.

Mastroianni, Roberto, Sicherung der Meinungsvielfalt – Medienkonzentrationsrecht in Europa, in: Europäisches Medienrecht, Schriftenreihe des Instituts für Europäisches Medienrecht, Band 18, Berlin 1998, S. 61 ff. (zit.: Mastroianni, in: Europäisches Medienrecht, S.).

Maunz, Theodor /Dürig, Günter, Grundgesetz, Kommentar, Loseblattsammlung, München, Stand: Februar 2003 (zit.: Bearbeiter, in: Maunz/Dürig, Art., Rdn.).

Meier, Christoph, Vom öffentlich-rechtlichen Monopol zum globalen Kiosk – Gedankenskizze zur Medienpolitik 2001, ZUM 1997, S. 249 ff.

Meinel, Wulf, Grenzen europäischer Rundfunkrechtssetzung: dargestellt am Beispiel der Fernsehrichtlinie der Europäischen Gemeinschaft vom 3. Oktober 1989, Frankfurt am Main u.a. 1993.

Mestmäcker, Ernst-Joachim, Europäisches Wettbewerbsrecht, München 1974.

- In welcher Weise empfiehlt es sich, die Ordnung des Rundfunks und sein Verhältnis zu anderen Medien – auch unter dem Gesichtspunkt der Harmonisierung – zu regeln? Referat zum 56. Deutschen Juristentag, in: Verhandlungen des 56. Deutschen Juristentages, Bd. 2 (Sitzungsberichte), München 1986, S. O 9 ff.

Mestmäcker, Ernst-Joachim/Engel, Christoph/Gabriel-Bräutigam, Karin/Hoffmann, Martin, Der Einfluß des europäischen Gemeinschaftsrechts auf die deutsche Rundfunkordnung, Baden-Baden 1990.

Middeke, Andreas, Der Kompetenzkonflikt umweltrelevanter Gemeinschaftsakte im Binnenmarkt, DVBl. 1993, S. 769 ff.

Miert, Karel van, La Conférence intergouvernementale et la politique communautaire de concurrence, EC Competition Policy Newsletter 1997, Vol. 3, Nr. 2, S. 3 ff.

Moersch, Wolfram, Leistungsfähigkeit und Grenzen des Subsidiaritätsprinzips, Eine rechtsdogmatische und rechtspolitische Studie, Berlin 2001.

Möschel, Wernhard, Kehrtwende in der Rechtsprechung des EuGH zur Warenverkehrsfreiheit, NJW 1994, S. 429 ff.

- Zum Subsidiaritätsprinzip im Vertrag von Maastricht, NJW 1993, S. 3025 ff.

Möstl, Markus, Grenzen der Rechtsangleichung im europäischen Binnenmarkt, Kompetenzielle, grundfreiheitliche und grundrechtliche Schranken des Gemeinschaftsgesetzgebers, EuR 2002, S. 318 ff.

Mojzesowicz, Karolina, Möglichkeiten und Grenzen einer einheitlichen Dogmatik der Grundfreiheiten, Baden-Baden 2001.

Molkenbur, Gerhard, Umweltschutz in der Europäischen Gemeinschaft – Eine Bestandsaufnahme der Rechtsgrundlagen und Zielsetzungen, DVBl. 1990, S. 677 ff.

Monnier, Lionel, Die Zukunft der öffentlichen Dienstleistungen in der Europäischen Union, in: Helmut Cox (Hrsg.), Öffentliche Dienstleistungen in der Europäischen Union: Zum Spannungsfeld zwischen Service Public und Wettbewerbsprinzip, Baden-Baden 1996.

Mosler, Hermann, Föderalismus als nationales und internationales Ordnungsprinzip, Aussprache, VVDStRL 21 (1964), S. 138 f.

Müller, Joachim A., Dienstleistungsmonopole im System des EWGV, Baden-Baden 1988 (zit.: Müller, Dienstleistungsmonopole, S.).

Müller, Mechthild, Die Mitwirkung der Landesparlamente in Bundesrats- und Europaangelegenheiten, DÖV 1993, S. 103 ff.

Müller-Graff, Peter-Christian, Binnenmarktauftrag und Subsidiaritätsprinzip, ZHR 159 (1995), S. 34 ff.

- Die Verdichtung des Binnenmarktrechts zwischen Handlungsfreiheiten und Sozialgestaltung, EUR 2002/Beiheft 1, S. 7 ff.
- Die Erscheinungsformen der Leistungssubventionstatbestände aus wirtschaftsrechtlicher Sicht, ZHR 152 (1988) S. 403 ff.
- Die Rechtsangleichung zur Verwirklichung des Binnenmarkts, EuR 1989, S. 107 ff.

Nagel, Bernhard, Die Vereinbarkeit des Gesetzes für den Vorrang Erneuerbarer Energien (EEG) mit dem Beihilferecht der EG, ZNER 2000, S. 100 ff.

Nentwich, Michael, Institutionelle und verfahrensrechtliche Neuerungen im Vertrag über die Europäische Union, EuZW 1992, S. 235 ff.

Nettesheim, Martin, Die europarechtlichen Grundrechte auf wirtschaftliche Mobilität (Art. 48, 52 EGV), NVwZ 1996, S. 342 ff.

- Horizontale Kompetenzkonflikte in der EG, EuR 1993, S. 243 ff.

- Die Kompetenzordnung im Vertrag über eine Verfassung für Europa, EuR 2004, S. 511 ff.

- Das Kulturverfassungsrecht der Europäischen Union, JZ 2002, S. 157 ff.

Nicolaysen, Gert, Europarecht I, Die Europäische Integrationsverfassung, 2. Auflage, Baden-Baden 2002 (zit.: Nicolaysen, Europarecht I, S.).

- Europarecht II, Das Wirtschaftsrecht im Binnenmarkt, Baden-Baden 1996 (Nicolaysen).

Niedobitek, Matthias, Kultur und Europäisches Gemeinschaftsrecht, Berlin 1992 (zit.: Niedobitek, Kultur, S.).

- Die kulturelle Dimension im Vertrag über die Europäische Union, EuR 1995, S. 349 ff.

Nolte, Georg, Die Kompetenzgrundlage der Europäischen Gemeinschaft zum Erlass eines weitreichenden Tabakwerbeverbots, NJW 2000, S. 1144 ff.

Nowoczyn, Oliver, Bildungspolitische Kompetenzen der Europäischen Gemeinschaft nach Maastricht, Frankfurt am Main u.a. 1996.

Obergfell, Eva Inés, Zur Zuständigkeitsverteilung in der EU – Die Tabakverbotsrichtlinie auf dem Prüfstand, TELF 2000/01, S. 153 ff.

Oppermann, Thomas, Deutsche Rundfunkgebühren und europäisches Beihilferecht, Berlin 1997, (zit.: Oppermann, Deutsche Rundfunkgebühren, S.).

- Europarecht, 2. Auflage, München 1999 (zit.: Oppermann, Europarecht, Rdn.).

- Zur Finanzierung der öffentlich-rechtlichen Spartenprogramme „Kinderkanal“ (KK) und „Phoenix“ (PH) durch Rundfunkgebühren im Lichte des europäischen Beihilferechts, Tübingen, August 1997 (zit.: Oppermann, Zur Finanzierung, S.).

- Deutsche Rundfunkgebühren und Europäisches Beihilfenrecht, ZUM 1996, S. 656 ff.

- Die deutsche Länderkulturhoheit und EG-Aktivitäten in Bildung, Forschung und technologischer Entwicklung, in: Vogel, Bernhard/Oettinger, Günther H. (Hrsg.), Föderalismus in Bewährung: die deutschen Länder vor der Herausforderung fortschreitender EG-Integration, Köln 1992, S. 73.

Ossenbühl, Fritz, Probleme und Wege der Verfassungsauslegung, DÖV 1965, S. 649 ff.

- Rundfunk zwischen nationalem Verfassungsrecht und europäischem Gemeinschaftsrecht, Frankfurt am Main 1986 (zit.: Ossenbühl, Rundfunk, S.).

Otten, Ralf Gerhard, Die Gebührenfinanzierung der öffentlich-rechtlichen Rundfunkanstalten im Rahmen des Art. 92 EGV, ZUM 1997, S. 790 ff.

Pechstein, Matthias/Koenig, Christian, Die Europäische Union, 3. Auflage, Tübingen 2000.

Pernice, Ingolf, Europäische Union: Gefahr oder Chance für den Föderalismus in Deutschland, Österreich und der Schweiz ?, DVBl. 1993, S. 909 ff.

- Auswirkungen des europäischen Binnenmarktes auf das Umweltrecht – Gemeinschafts(verfassungs-)rechtliche Grundlagen, NVwZ 1990, S. 201 ff.

Pescatore, Pierre, Aspects judiciaires de l' „acquis communautaire", RTDE 1981, S. 617 ff.

- Le commerce d'art et le Marche commun, RTDE, Paris 1985, S. 451 ff.

Petersen, Nikolaus, Rundfunkfreiheit und EG-Vertrag: Die Einwirkungen des Europäischen Rechts auf die Ausgestaltung der nationalen Rundfunkordnungen, Baden-Baden 1994.

Pieper, Karin/Wiechmann, Peter, Der Rundfunkbegriff, Änderungen durch Einführung des interaktiven Fernsehens, ZUM 1995, S. 82 ff.

Pieroth, Bodo/Schlink, Bernhard, Staatsrecht II, Grundrechte, 19. Auflage, Heidelberg 2003 (zit.: Pieroth/Schlink, Grundrechte, Rdn.).

Pollern, Hans-Ingo v., Forum: Immanente Grundrechtsschranken – eine Bestandsaufnahme, JuS 1977, S. 644 ff.

Programmkommission des ARD/ZDF-Kinderkanals, Der Kinderkanal – Ziele und Programmphilosophie, Media Perspektiven 1/1997, S. 17 ff.

Puppe, Heike, Die kulturelle Identität der Deutschen: eine Untersuchung aus verfassungsrechtlicher Sicht, Münster 1990.

Rath-Glawatz, Michael, Das Projekt „ZDF-Erlebnispark" im Spiegel des Rundfunk- und Wettbewerbsrechts, K&R 2000, S. 72 ff.

Reh, Hans-Ulrich, Europäische Sozialpolitik und Subsidiarität. Testfall für die Akzeptanz der Bürger, in: Merten, Detlef (Hrsg.), Die Subsidiarität Europas, 2. Auflage, Berlin 1994.

Reich, Norbert, Binnenmarkt als Rechtsbegriff, EuZW 1991, S. 203 ff.

- Förderung und Schutz diffuser Interessen durch die Europäische Gemeinschaften, Baden-Baden 1987.

- Die Freiheit des Dienstleistungsverkehrs als Grundfreiheit, ZHR 153 (1989), S. 571 ff.
- Rundfunkrecht und Wettbewerbsrecht vor dem Forum des europäischen Gemeinschaftsrechts, in: Hoffmann-Riem, Wolfgang (Hrsg.), Rundfunk im Wettbewerbsrecht: der öffentlich-rechtliche Rundfunk im Spannungsfeld zwischen Wirtschaftsrecht und Rundfunkrecht, Baden-Baden 1988, S. 224 ff. (zit. Reich, in: Hoffmann-Riem (Hrsg.), Rundfunk, S.).

Reimers, Ulrich, Öffentlich-Rechtlicher Rundfunk unter sich wandelnden technischen Bedingungen, ZUM 1995, S. 523 ff.

Ress, Georg, Europäische Gemeinschaften, in: Kimminich, Otto/Lersner, Heinrich Frhr. von/Storm, Peter-Christoph (Hrsg.), Handwörterbuch des Umweltrechts, Bd. 1, 2. Auflage, Berlin 1994, (zit.: Ress, in: Kimminich/Lersner/Storm (Hrsg.), HdUR, Sp.)

- Kultur und Europäischer Binnenmarkt, Stuttgart u.a.1991 (zit.: Ress, Kultur, S.).
- Kultursubventionen und Rundfunkfreiheit in der EU, in: Fechner, Frank (Hrsg.), Prinzipien des Kulturgüterschutzes: Ansätze im deutschen, europäischen und internationalen Recht, Berlin 1996, (zit.: Ress, in: Fechner (Hrsg.), S.).
- Die neue Kulturkompetenz der EG, DÖV 1992, S. 944 ff.
- Die Zulässigkeit von Kulturbeihilfen in der Europäischen Union, in: Randelzhofer, Albrecht/Scholz, Rupert/Wilke, Dieter (Hrsg.), Gedächtnisschrift für Eberhard Grabitz, München 1995, S. 595 ff. (zit.: Ress, in: GS. f. Grabitz, S.).

Ress, Georg/Bröhmer, Jürgen, Europäische Gemeinschaft und Medienvielfalt: die Kompetenzen der Europäischen Gemeinschaft zur Sicherung des Pluralismus im Medienbereich, Frankfurt am Main 1998.

Ricker, Reinhart/Schwiy, Peter, Rundfunkverfassungsrecht, München 1997 (zit: Bearbeiter, in: Ricker/Schiwy, Kapitel, S.).

Ring, Wolf-Dieter, Der Vierte Rundfunkänderungsstaatsvertrag – Rechtsfolge für die Praxis, ZUM 2000, S. 177 ff.

Rohe, Mathias, Binnenmarkt oder Interessenverband? Zum Verhältnis von Binnenmarktziel und Subsidiaritätsprinzip nach dem Maastricht-Vertrag, RabelsZ 61 (1997), S. 1 ff.

Roider, Claudia, Perspektiven einer europäischen Rundfunkordnung, Eine Untersuchung der gemeinschaftsrechtlichen Direktiven unter besonderer Berücksichtigung des Pluralismusgebots, Berlin 2001.

Rolshoven, Michael, „Beschränkungen“ des freien Dienstleistungsverkehrs, Berlin 2002.

Rosenthal, Michael, Die Kompetenz der Europäischen Gemeinschaft für den rechtlichen Rahmen der Informationsgesellschaft, Berlin 1998.

Roth, Wulf-Henning, Grenzüberschreitender Rundfunk und Dienstleistungsverkehr, ZHR 149 (1985), S. 679 ff.

- Grundfreiheiten des Gemeinsamen Marktes für kulturschaffende Tätigkeiten und kulturelle Leistungsträger, ZUM 1989, S. 101 ff.
- Versicherungsmonopole und EWG-Vertrag, in: Bauer, Jürgen F. (Hrsg.), Festschrift für Ernst Steindorff zum 70. Geburtstag, Berlin 1990, S. 1313 ff.
- Rundfunk und Kartellrecht, AfP 1986, S. 287 ff.
- Die Entwicklung der deutschen Fernsehwerbemärkte: EG-Fernsehrichtlinie und deutsches Kartellrecht, AfP 1991, 504 ff.

Ruck, Silke, Zur Unterscheidung von Ausgestaltungs– und Schrankengesetzen im Bereich der Rundfunkfreiheit, AöR 117 (1992), S. 543 ff.

Ruffert, Matthias, Schlüsselfragen der Europäischen Verfassung der Zukunft – Grundrechte –Institutionen – Kompetenzen – Ratifizierung, EuR 2004, S. 165 ff.

Ruge, Reinhard, Das Beihilfe-Merkmal der staatlichen Zurechenbarkeit in der Rechtsprechung des EuGH am Beispiel des Stromeinspeisungsgesetzes, WuW 2001, S. 560 ff.

Rupp, Hans Heinrich, Verfassungsprobleme auf dem Weg zur Europäischen Union, ZRP 1990, S. 1 ff.

Salje, Peter, Die Vereinbarkeit des Stromeinspeisungsgesetzes mit dem EG-Vertrag, RIW 1998, S. 186 ff.

Schäfer, Hermann, Europas Einheit: Herkunft, Ziel, Form, in: Kirchhof, Paul/Schäfer, Hermann/Tietmeyer, Hans (Hrsg.), Europa als politische Idee und als rechtliche Form, Berlin 1993, S. 9 ff.

Schardt, Alois, Programmauftrag und kulturelle Identität, ZDF-Jahrbuch 1984, S. 51 ff.

Schardt, Andreas, Die Sichtweise des privaten Rundfunks, in: Schwarze, Jürgen/Becker, Jürgen (Hrsg.), Geistiges Eigentum und Kultur im Spannungsfeld von nationaler Regelungskompetenz und europäischen Wirtschafts- und Wettbewerbsrecht, Baden-Baden 1998, S. 83 ff. (zit.: Schardt, in: Schwarze/Becker (Hrsg.), Geistiges Eigentum, S.)

Scharf, Albert, Fernsehen ohne Grenzen. Die Errichtung des Gemeinsamen Marktes für den Rundfunk, in: Magiera, Siegfried (Hrsg.), Entwicklungsperspektiven der Europäischen Gemeinschaft, Berlin 1985, S. 147 ff. (zit.: Scharf, in: Magiera (Hrsg.), Entwicklungsperspektiven, S.).

Scheuing, Dieter H., Umweltschutz auf der Grundlage der Einheitlichen Europäischen Akte, EuR 1989, S. 152 ff.

Schindler, Dierk, Die Kollision von Grundfreiheiten und Gemeinschaftsgrundrechten: Entwurf eines Kollisionsmodells unter Zusammenführung der Schutzpflichten- und der Drittwirkungslehre, Berlin 2001.

Schlink, Bernhard, Freiheit durch Eingriffsabwehr – Rekonstruktion der klassischen Grundrechtsfunktion, EuGRZ 1984, S. 457 ff.

Schmahl, Stefanie, Die Kulturkompetenzen der Europäischen Gemeinschaften, Baden-Baden 1996.

Schmidhuber, Peter M./Hitzler, Gerhard, Die Verankerung des Subsidiaritätsprinzips im EWG-Vertrag – ein wichtiger Schritt auf dem Weg zu einer föderalen Verfassung der Europäischen Gemeinschaft, NVwZ 1992, S. 720 ff.

Schmittmann, Michael, Öffentlich-rechtliche Programmexpansion jenseits der Grundversorgung?, K&R 1998, S. 393 ff.

Schmittmann, Michael/Busemann, Jan Rudolf, Die künftige Strategie der EU-Kommission in der audiovisuellen Politik im digitalen Zeitalter, AfP 2000, S. 149 ff.

Schohe, Gerrit/Hoenike, Mark, Die Rechtsprechung von EuGH und EuG zu staatlichen Beihilfen in den Jahren 1996 und 1997, EuZW 1997, S. 741 ff.

Scholz, Rupert, Europäisches Gemeinschaftsrecht und innerstaatlicher Verfassungsschutz, in: Friauf, Karl Heinrich/Scholz, Rupert, Europarecht und Grundgesetz, Betrachtungen zu materiell- und formalrechtlichen Problemen bei Schaffung und Umsetzung sekundären Gemeinschaftsrechts Berlin 1990, S. 53 ff. (zit.: Scholz, in: Friauf/Scholz , Europarecht, S.).

- Wie lange noch bis „Solange III“?, NJW 1990, S. 941 ff.

Schroeder, Werner, Kein Glücksspiel ohne Grenzen. Zugleich eine Besprechung des Lotterie-Urteils des EuGH (EuGRZ 1994, 157), EuGRZ 1994, S. 373 ff.

Schröer, Thomas, Abgrenzung der Gemeinschaftskompetenzen zum Schutz der Gesundheit vor radioaktiver Strahlung, Anmerkung zum Urteil des EuGH vom 4.10.1991 in der Rechtssache C-70/88, EuZW 1992, S. 207 ff.

- Die Kompetenzverteilung zwischen der Europäischen Wirtschaftsgemeinschaft und ihren Mitgliedstaaten auf dem Gebiet des Umweltschutzes, Berlin 1992 (zit.: Schröer, Die Kompetenzverteilung, S.).
- Mehr Demokratie statt umweltpolitischer Subsidiarität, EuR 1991, S. 356 ff.

Schwartz, Ivo E., EG-Rechtssetzungsbefugnis für das Fernsehen, ZUM 1989, S. 381 ff.

- Fernsehen ohne Grenzen. Die Errichtung des Gemeinsamen Marktes für den Rundfunk, in: Magiera, Siegfried (Hrsg.), Entwicklungsperspektiven der Europäischen Gemeinschaft, Berlin 1985, S. 121 (zit.: Schwartz, in: Magiera (Hrsg.), Entwicklungsperspektiven, S.).
- Rundfunk, EG-Kompetenzen und ihre Ausübung, in: Stern, Klaus u.a. (Hrsg.), Eine Rundfunkordnung für Europa – Chancen und Risiken, München 1990, S. 11 ff. (zit.: Schwartz, in: Stern (Hrsg.), S.).
- Rundfunk, EG-Kompetenzen und ihre Ausübung, ZUM 1991, S. 155 ff.
- Rundfunk und EWG-Vertrag, in: Schwarze, Jürgen (Hrsg.), Fernsehen ohne Grenzen, Baden-Baden 1985, S. 45 ff. (zit.: Schwartz, in: Schwarze (Hrsg.), Fernsehen, S.).
- Subsidiarität und EG-Kompetenzen, Der neue Titel „Kultur", Medienvielfalt und Binnenmarkt, AfP 1993, S. 409 ff.
- EG-Kompetenzen für das Verbot der Tabakwerbung, AfP 1998, S. 553 ff.

Schwarze, Jürgen, Daseinsvorsorge im Lichte des europäischen Wettbewerbsrechts, EuZW 2001, S. 334 ff.
- (Hrsg.), EU-Kommentar, 1. Auflage, Baden-Baden 2000 (zit.: Bearbeiter, in: Schwarze, EUV, Art., Rdn.).
- Die Kompetenzen der Europäischen Gemeinschaft auf dem Gebiet der Kultur, in: Schwarze, Jürgen/Becker, Jürgen (Hrsg.), Geistiges Eigentum und Kultur im Spannungsfeld von nationaler Regelungskompetenz und europäischen Wirtschafts- und Wettbewerbsrecht, Baden-Baden 1998 (zit.: Schwarze, in: Schwarze/Becker (Hrsg.), Geistiges Eigentum, S.).
- Die Medien im Spannungsfeld von Wirtschaft und Kultur. Zur Einordnung und Beurteilung der Medien in der jüngsten Rechtsprechung des Europäischen Gerichtshofs, in: ders. (Hrsg.) Rundfunk und Fernsehen im Lichte der Entwicklung des nationalen und internationalen Rechts, Baden-Baden 1986, S. 119 ff. (zit.: Schwarze, in: ders. (Hrsg.), Rundfunk und Fernsehen, S.).
- Rundfunk und Fernsehen in der Europäischen Gemeinschaft – Europarechtliche, staatsrechtliche und völkerrechtliche Grundlagen, in: ders. (Hrsg.), Fernsehen ohne Grenzen, Baden-Baden 1985, S. 11 ff. (zit: Schwarze, in: ders. (Hrsg.), Fernsehen, S.).
- Schutz der Grundrechte in der Europäischen Gemeinschaft – Grundlagen und heutiger Entwicklungsstand, EuGRZ 1986, S. 293 ff.
- Medienfreiheit und Medienvielfalt in der Europäischen Gemeinschaft, ZUM 2000, S. 779 ff.

Schweitzer, Michael, EG-Kompetenzen im Bereich von Kultur und Bildung, in: Merten, Detlef (Hrsg.), Föderalismus und Europäische Gemeinschaften:

unter besonderer Berücksichtigung von Umwelt und Gesundheit, Kultur und Bildung, 2. Auflage, Berlin 1993, S. 147 ff.

Schweitzer, Michael/Hummer, Waldemar, Europarecht: das Recht der Europäischen Union - das Recht der Europäischen Gemeinschaften (EGKS, EG, EAG) - mit Schwerpunkt EG, 5. Auflage, Neuwied u.a. 1996 (zit.: Schweitzer/Hummer, Europarecht, Rdn.)

Seidel, Lore, „Fernsehen ohne Grenzen", Zum Erlaß der EG-Rundfunkrichtlinie, NVwZ 1991, S. 120 ff.

Seidel, Martin, Europa und die Medien, in: Schwarze, Jürgen (Hrsg.), Fernsehen ohne Grenzen, Baden-Baden 1985, S. 121 ff. (zit: Seidel, in: Schwarze (Hrsg.), Fernsehen, S.).

Selmer, Peter/Gersdorf, Hubertus, Die Finanzierung des Rundfunks in der Bundesrepublik Deutschland auf dem Prüfstand des EG-Beihilferegimes, Berlin 1994.

Simma, Bruno/Weiler, J.H.H./Zöckler, Markus C., Kompetenzen und Grundrechte: Beschränkungen der Tabakwerbung aus der Sicht des Europarechts, Berlin 1999.

Simon, Stephan, Die Finanzierung des öffentlich-rechtlichen Rundfunks und die EG-Wettbewerbspolitik, Arbeitspapiere des Instituts für Rundfunkökonomie an der Universität zu Köln, Heft 105, Köln 1998, Das Arbeitspapier kann im Internet eingesehen werden unter: http://www.uni-koeln.de/wiso-fak/rundfunk/index.htm (Stand 15/12/2003).

Simson, Werner von/Schwarze, Jürgen, Europäische Integration und Grundgesetz: Maastricht und die Folgen für das deutsche Verfassungsrecht, Berlin u.a.1992.

Slot, P.J., Comment on Joint Cases C-72/91 and C-73/91 Sloman Neptun Schiffahrts AG v. Seebetriebsrat Bodo Ziesemer der Sloman Neptun Schiffahrts AG, Judgement of 17 March 1993 (Full Court), CMLR 1994, S. 142 ff.

Slotboom, Marco M., State Aid in Community Law. A Broad or Narrow Definition?, in: ELR 20 (1995) S. 289 ff.

Soell, Hermann, Überlegungen zum europäischen Umweltrecht, Zur umweltrechtlichen Situation nach Inkrafttreten der EEA, NuR 1990, S. 155 ff.

Soltész, Ulrich, Die „Belastung des Staatshaushalts" als Tatbestandsmerkmal einer Beihilfe i.S. des Art. 92 I EGV, EuZW 1998, S. 747 ff.

Sparr, Jürgen, Kulturhoheit und EWG-Vertrag: Eine Untersuchung zur Einschränkung des gesetzgeberischen Handlungsspielraums der Mitgliedstaaten in kulturellen Angelegenheiten durch den EWG-Vertrag, dargestellt an Hand des freien Waren- und Dienstleistungsverkehrs, Baden-Baden 1991.

Stauffenberg, Franz Ludwig Graf/Langenfeld, Christine, Maastricht – ein Fortschritt für Europa?, ZRP 1992, S. 252 ff.

Stein, Torsten, Die Querschnittsklauseln zwischen Maastricht und Karlsruhe, in: Due, Ole/Lutter, Markus/Schwarze, Jürgen (Hrsg.), Festschrift für Ulrich Everling, Bd. 2, Baden-Baden 1995, S. 1439 ff.

- Subsidiarität als Rechtsprinzip?, in: Merten, Detlef (Hrsg.), Die Subsidiarität Europas, 2. Auflage, Berlin 1994.

Steinberger, Helmut, Der Verfassungsstaat als Glied einer europäischen Gemeinschaft (1. Bericht), VVDStRL, Heft 50, Berlin u.a. 1991, S. 9 ff.

Steindorff, Ernst, Grenzen der EG-Kompetenzen, Heidelberg 1990.

- Unvollkommener Binnenmarkt, ZHR 158 (1994), S. 149 ff.

- Mehr staatliche Identität, Bürgernähe und Subsidiarität, ZHR 163 (1999), S. 395 ff.

Steiner, Udo, Kulturauftrag im staatlichen Gemeinwesen, VVDStRL 42 (1984), S. 7 ff.

Stern, Klaus, Das Staatsrecht der Bundesrepublik Deutschland, Bd. 3, Allgemeine Lehren der Grundrechte, 2. Halbbd., München 1994 (zit.: Stern, Staatsrecht, S.).

Stein, Torsten, Ohne Rechtsgrundlage: Die Tabakwerbeverbotsrichtlinie der EG, ZLR 1998, S. 209 ff.

Stettner, Rupert, Ist es öffentlich-rechtlichen Rundfunkanstalten, insbesondere dem Zweiten Deutschen Fernsehen (ZDF), gestattet, Pay-TV zu veranstalten?, ZUM 1995, S. 293 ff.

Stiess, Katia/Hellert, Joos, Kein Ende der Tabakwerbung, Zugleich eine Anmerkung zum Urteil des EuGH vom 5. Oktober 2000, Rs. C-376/98, ZUM 2000, S. 1038 ff.

Martin Stock, Medienfreiheit in der EU-Grundrechtscharta: Art. 10 EMRK ergänzen und modernisieren!, Frankfurt am Main 2000.

- Rundfunkrecht und Wettbewerbsrecht im dualen Rundfunksystem, in: Hoffmann-Riem, Wolfgang (Hrsg.), Rundfunk im Wettbewerb: der öffentlich-rechtliche Rundfunk im Spannungsfeld zwischen Wirtschaftsrecht und Rundfunkrecht, Baden-Baden 1988, S. 35 ff. (zit.: Stock, in: Hoffmann/Riem (Hrsg.), S.).

Stoiber, Edmund, Stellungnahme des Staatsministers in der Bayrischen Staatskanzlei, Dr. Edmund Stoiber, zum Beitrag von Prof. Dr. A. Deringer, ZUM 1986, S. 672 ff.

Storr, Stefan, Zwischen überkommener Daseinsvorsorge und Diensten von allgemeinem wirtschaftlichem Interesse, DÖV 2002, S. 357 ff.

Streinz, Rudolf, Europarecht, 5. Auflage, Heidelberg 2001 (zit.: Streinz, Europarecht, Rdn.).

- Vertrag über die Europäische Union und Vertrag zur Gründung der Europäischen Gemeinschaft, Kommentar, München 2003 (zit.: Bearbeiter, in: Streinz, EUV/EGV, Art., Rdn.).

Thieme, Dominik/Rudolf, Beate, PreussenElektra AG v. Schleswag AG. Case C-379/98, Court of Justice of the European Communities, March 13, 2001, AJIL Vol. 96, No.1 (2002), S. 225 ff.

Tomuschat, Christian, Aller guten Dinge sind III: Zur Diskussion um die Solange-Rechtsprechung des BVerfG, EuR 1990, S. 340 ff.

Toth, A.G., The Principle of Subsidarity in the Maastricht Treaty, CMLR Vol. 29/1992, S. 1079 ff.

Trautwein, Thomas, Grenzen der Dienstleistungsfreiheit im Fernsehbereich, ZUM 1995, 324 ff.

- Europarecht, Art. 87 I EG: Begriff der Beihilfe, Anmerkung zum EuGH-Urteil vom 13.03.2001, Rs. C-379/98, JA 2001, S. 929 ff.

Ukrow, Jörg, Auf dem Weg zu einem einheitlichen europäischen Medienrecht ? Zum Verhältnis von EG-Fernsehrichtlinie, Europa-Abkommen und Europäischen Übereinkommen über das grenzüberschreitende Fernsehen, in: Europäisches Medienrecht: Fernsehen und seine gemeinschaftsrechtliche Regelung, Schriftenreihe des Instituts für Europäisches Medienrecht, Bd. 18, München u.a. 1998, S. 95 ff. (zit.: Ukrow, in: Europäisches Medienrecht, S.).

Unruh, Peter, Die Unionstreue – Anmerkungen zu einem Rechtsgrundsatz der Europäischen Union, EuR 2002, S. 41 ff.

Vandermeersch, Dirk, The Single European Act and the Environmental Policy of the European Economic Community, ELR 1987, S. 407 ff.

Veelken, Winfried, Maßnahmen gleicher Wirkung wie mengenmäßige Beschränkungen, EuR 1977, S. 311 ff.

Vormann, Thorsten, Kulturelle Souveränität und Fernsehen: ein Rechtsvergleich der Maßnahmen zur Sicherung der kulturellen Identität in Kanada und den Europäischen Gemeinschaften, Rheinfelden u.a. 1993.

Vorwerk, Axel, Die umweltpolitischen Kompetenzen der Europäischen Gemeinschaft und ihrer Mitgliedstaaten nach Inkrafttreten der EEA, München 1990.

Voß, Ulrike/Wenner, Gregor, Der EuGH und die gemeinschaftsrechtliche Kompetenzordnung – Kontinuität oder Neuorientierung?, NVwZ 1994, S. 332 ff.

Wägenbaur, Rolf, Auf dem Wege zur Bildungs- und Kulturgemeinschaft, in: Randelzhofer, Albrecht/Scholz, Rupert/Wilke, Dieter (Hrsg.), Gedächtnisschrift für Eberhard Grabitz, München 1995, S. 851 ff.

Wägenbaur, Rolf, Werbeverbot für Tabakerzeugnisse: Betrachtungen eines Nichtrauchers, EuZW 1998, S. 33 ff.

Wägenbaur, Bertrand, Das gemeinschaftsweite Verbot der Tabakwerbung: Heiligt der Zweck die Mittel?, EuZW 1999, S. 144 ff.

Wallenberg, Gabriela von, Die Vereinbarkeit der staatlichen Finanzierung öffentlich-rechtlicher Fernsehanstalten mit Art. 92 EGV, in: Randelzhofer, Albrecht/Scholz, Rupert/Wilke, Dieter (Hrsg.), Gedächtnisschrift für Eberhard Grabitz, München 1995, S. 867 ff. (zit: Wallenberg, in: GS f. Grabitz, S.).

Weber, Albrecht, Die Europäische Grundrechtscharta – auf dem Weg zu einer europäischen Verfassung, NJW 2000, S. 537 ff.

- Die Grundrechte im Integrationsprozess der Gemeinschaft in vergleichender Perspektive, JZ 1989, S. 965 ff.

Weidenfeld, Werner, Europa – aber wo liegt es?, in: ders. (Hrsg.), Die Identität Europas, München u.a. 1985.

Weiß, Wolfgang, Nationales Steuerrecht und Niederlassungsfreiheit, EuZW 1999, S. 493 ff.

- Öffentliche Unternehmen und EGV, EuR 2003, S. 165 ff.

Wemmer, Benedikt, Die neuen Kulturklauseln des EG-Vertrages: eine Analyse der Art. 128 EGV und Art. 92 Abs. 3 lit. d) EGV, Frankfurt am Main u.a. 1996.

Wichmann, Anja, Inhalt und Bedeutung des Protokolls zum Amsterdamer Vertrag über den öffentlich-rechtlichen Rundfunk in den Mitgliedstaaten, Seminararbeit 1999, abgedr. im Internet unter: http://www.uni-rostock.de/fakult/jurfak/Gersdorf/Seminar/Seminar_SS99/Wichmann.pdf (Stand: 15/12/2003).

Wilmowsky, Peter von, Mit besonderen Aufgaben betraute Unternehmen unter dem EWG-Vertrag, Ein Beitrag zu Art. 90 Abs. 2 EWGV, ZHR 155 (1991), S. 545 ff.

Witte, Bruno De, Cultural policy: The complementarity of negative and positive Integration, in: Schwarze, Jürgen/Schermers, Henry G. (eds.), Structure and dimensions of European Community policy, Baden-Baden 1988, S. 195 ff.

- (ed.), European community law of education, Baden-Baden 1989.

- The Scope of Community Powers in Education and Culture in the Light of Subsequent Practice, in: Bieber, Roland/Ress, Georg (Hrsg.), Die Dynamik des Europäischen Gemeinschaftsrechts, Baden-Baden 1987, S. 261 ff.

Wittkowski, Bernd, Bildungsrechtliche Folgen des Maastricht Vertrages aus deutscher Sicht, RdJB 1994, S. 317ff.

Woldt, Runar/Dries, Josephine/Gerber, Arnauld/Konert, Bertram, Perspectives of Public Service Television in Europe, Media Monograph 24, The European Institute for the Media, Düsseldorf 1998.

Wuermeling, Joachim, Kalamität Kompetenz: Zur Abgrenzung der Zuständigkeiten in dem Verfassungsentwurf des EU-Konvents, EuR 2004, S. 216 ff.

Wyss, Martin Philipp, Kultur als eine Dimension der Völkerrechtsordnung: vom Kulturgüterschutz zur internationalen kulturellen Kooperation, Schweizer Studien zum Internationalen Recht, Band 79, Zürich 1992.

Zippelius, Reinhold, Allgemeine Staatslehre, 14. Auflage, München 2003.

Zöttl, Johannes, Integrierter Umweltschutz in der neuesten Rechtsentwicklung: Die EG-Richtlinie über die integrierte Vermeidung und Verminderung der Umweltverschmutzung und ihre Umsetzung in deutsches Recht, Baden-Baden 1998.

Zuleeg, Manfred, Anmerkungen zur Fernsehrichtlinien-Entscheidung des Bundesverfassungsgerichts, JZ 1995, S. 673 ff.

- Die föderativen Grundsätze der Europäischen Union, NJW 2000, S. 2846 ff.
- Justiziabilität des Subsidiaritätsprinzips, in: Nörr, Knut Wolfgang/Oppermann, Thomas (Hrsg.), Subsidiarität: Idee und Wirklichkeit. Zur Reichweite eines Prinzips in Deutschland und Europa, Tübingen 1997, S. 185 ff.
- Die Stellung der Länder und Regionen im europäischen Integrationsprozeß, DVBl. 1992, S. 1329 ff.
- Vorbehaltene Kompetenzen der Mitgliedstaaten der Europäischen Gemeinschaft auf dem Gebiete des Umweltschutzes, NVwZ 1987, S. 280 ff.
- Die Rechtsprechung des Europäischen Gerichtshofs zum Europarecht im Lichte des Grundgesetzes und seiner Dogmatik, in: Battis, Ulrich/Mahrenholz, Ernst Gottfried/Tsatsos, Dimitris (Hrsg.), Das Grundgesetz im internationalen Wirkungszusammenhang der Verfassungen: 40 Jahre Grundgesetz, Berlin 1990, S. 227 ff. (zit.: Zuleeg, in: Battis u.a. (Hrsg.), S.)
- Die Verfassung der Europäischen Gemeinschaft in der Rechtsprechung des Europäischen Gerichtshofs, BB 1994, S. 581 ff.

Einleitung

A. Problemaufriss

Die vorliegende Untersuchung beschäftigt sich mit der Frage, inwiefern sich eine auf den ersten Blick rein nationale Rundfunkorganisationsentscheidung an europarechtlichen Vorgaben messen lassen muss und, bejahendenfalls, mit diesen vereinbar ist. Diese auf die unterschiedlichsten mitgliedstaatlichen Maßnahmen übertragbare Fragestellung wird nachfolgend exemplarisch an dem Entschluss, Fernsehzuschauern bestimmte Programminhalte in Form von öffentlich-rechtlichen, gebührenfinanzierte Spartenkanälen zur Verfügung zu stellen, erarbeitet. Die gemeinschaftsrechtliche Bewertung entsprechender Maßnahmen, insbesondere deren seit längerem kontrovers diskutierte EG-beihilfenrechtliche Beurteilung, dürfte infolge der neueren EuGH-Rechtsprechung eine überraschende Wendung nehmen.

Zum besseren Verständnis der durch die Fragestellung aufgerufenen Problemkreise soll der Untersuchungsgegenstand zunächst in den in diesem Zusammenhang relevanten Kontext eingeordnet werden. Hierbei handelt es sich um die medienspezifischen technologischen Umwälzungen auf der einen sowie die seitens der Europäischen Kommission betriebene Liberalisierungspolitik auf der anderen Seite.

Die Kommunikationsindustrien befinden sich bekanntermaßen seit geraumer Zeit in einem nachhaltigen Umwandlungsprozess. Dieser Prozess ist unter anderem gekennzeichnet durch die Zurverfügungstellung immer leistungsfähigerer technologischer Kapazitäten, durch die weltweite Vernetzung der Kommunikationsinfrastrukturen, die Konvergenz der Technik sowie die Möglichkeit von interaktiver Kommunikation. Einzelheiten dieser Entwicklung sind bereits hinreichend beschrieben worden.[1]

---

1 Vgl. hierzu ausführlicher die „Kommunikationsordnung 2010" der Bertelsmann-Stiftung, *Hamm, Ingrid/Hart, Thomas* (Hrsg.), abrufbar unter www.bertelsmann-stiftung.de/documents/560.pdf; weiterhin *Woldt/Dries/Gerber/Konert*, Perspectives of Public Service Television in Europe, S. 13 ff.; *Hesse*, Bay VBl. 1997, S. 132 f.; *Roider*, S. 19, m.w.N.

Ausgelöst und vorangetrieben durch die technologischen Veränderungen sind die tradierten nationalen Rundfunk- und Kommunikationsordnungen spätestens seit Mitte der achtziger Jahre in eine nach wie vor anhaltende Bewegung geraten. Angesichts sich solcherart verändernder Medien- und Kommunikationslandschaften kamen die bestehenden Ordnungssysteme zunehmend in die Kritik.[2] Insbesondere die mit Hilfe von Gebühren oder aus sonstigen öffentlichen Mitteln finanzierte Expansions- und Diversifizierungspolitik, die der öffentlich-rechtliche Rundfunk unter Berufung auf die ihm innerstaatlich zugestandene Bestands- und Entwicklungsgarantie betrieb,[3] führte zu einer intensiven Legitimationsdebatte in Deutschland[4] aber auch in anderen Mitgliedstaaten der europäischen Gemeinschaft.[5] Aktivitäten öffentlich-rechtlicher Sender beispielsweise im Bereich Online-Dienste, Business-TV, Pay-TV, die Tendenz zur Verspartung des Programmangebots oder auch die Auslagerung von Betätigungsfeldern in privatwirtschaftlich agierende Tochtergesellschaften nahmen die Kritiker der Entwicklung zum Anlass, die Frage nach den Grenzen einer zulässigen Expan-

---

2 Vielen erscheint die duale Rundfunkordnung, die sich in Deutschland maßgeblich durch die Rechtsprechung des BVerfG herausgebildet hat, in einer global vernetzten Welt als überholt, vgl. beispielsweise *Gersdorf*, AfP 1995, S. 566; *Reimers*, ZUM 1995, S. 524; *Degenhart*, K&R 2000, S. 49 ff.; vgl. auch die Feststellungen der Monopolkommission, 12. Hauptgutachten 1996/1997, S. 306, Tz. 526 ff., 532 (angesichts der technischen Umwälzungen verliere der klassische Rundfunk seine Rolle als Leitmedium; an die Stelle einer Ausgewogenheitspflege müsse das allgemeine Wirtschaftsrecht zwecks Offenhaltung der Märkte sorgen); ähnlich *Bangemann*, Rede vor dem EP vom 14.06.1995, Protokoll der Sitzung des EP am 14.06.1995, S. 91; vgl. außerdem die heftig umstrittenen „Kommunikations- und Medienordnung 2000" plus, abrufbar unter www.vprt.de/aktuelles/index.html sowie die „Offene Medienordnung" des Wissenschaftlichen Beirats beim Bundeswirtschaftsministerium, vgl. epd medien Nr.91, 20.11.1999, S. 9 ff. und Dokumentation, S. 30; vgl. demgegenüber das ARD-Weißbuch, Chancen, Risiken und Aufgaben des öffentlich-rechtlichen Rundfunks in der digitalen Medienwelt, abgedruckt in epd medien, Nr. 9, 06.02.1999.

3 Vgl. hierzu etwa *Hoffmann-Riem*, Pay-TV, S. 63 ff.; *ders.* AfP 1996, S. 9 ff; *Eberle*, ZUM 1995, S. 254; *Pieper/Wichmann*, ZUM 1995, S. 88; *Hesse*, BayVBl. 1997, S. 135.

4 Deutschland besitze das „teuerste und expansivste öffentlich-rechtliche Rundfunksystem der Welt", *Hans-Joachim Otto*, Vorsitzender der FDP-Medienkommission, Medien Dialog 12.01.2000, S. 31; *Holzer*, ZUM 1996, S. 275, bezeichnet die geforderte Teilhabe öffentlich-rechtlicher Veranstalter an multimedialen Angeboten, Einstieg in Spartenkanäle, Pay-TV etc. als „nachgerade zwanghaft" und „All dies erwecke „den Anschein von Aktionismus und zuweilen gar von Torschlusspanik, so als stünde das Ende des klassischen Rundfunks kurz bevor"; vgl. auch *Schmittmann*, K&R 1998, S. 393 ff.

5 Vgl. beispielsweise *Woldt/Dries/Gerber/Konert*, Perspectives of Public Service Television in Europe, S. 27 ff., 71 ff.

sion des öffentlich-rechtlichen Rundfunks aber auch nach seiner Funktion und Finanzierung überhaupt aufzuwerfen.[6]

Die ursprünglich vornehmlich innerstaatlich ausgetragenen Kontroversen wurden Anfang der neunziger Jahre zunächst durch Beschwerden von spanischen, portugiesischen und französischen Rundfunkveranstaltern beziehungsweise Verbänden bei der Europäischen Kommission[7] auf die europäische Agenda gesetzt.[8] Die Beschwerden sorgten in der Folge sowohl auf Gemeinschaftsebene als auch in den Mitgliedstaaten für eine breite Debatte über die EG-rechtliche Qualifikation und Zulässigkeit der verschiedenen Finanzierungssysteme des öffentlich-rechtlichen Rundfunks.[9] Im Vordergrund der Streitigkeiten standen hierbei ganz überwiegend die Regelungen über das Verbot staatlicher Beihilfen[10]

---

6 Nach *Degenhart*, K&R 2000, S. 55, besteht beispielsweise angesichts der Angebotsvielfalt und der informationstechnischen Voraussetzungen in Rundfunk und Mediendiensten für die primär sozial-staatlich motivierte Grundversorgung kein unabweisbares Bedürfnis mehr. Vielmehr bedürfe es einer Fortschreibung und gegebenenfalls auch Neubestimmung im Hinblick auf veränderte Rahmenbedingungen der Telekommunikation sowie europarechtlicher Entwicklungen; *ders.*, Der Funktionsauftrag des öffentlich-rechtlichen Rundfunks in der „Digitalen Welt", S. 67 m.w.N.; zu den Grenzen einer gebührenhonorierten Ausweitung öffentlich-rechtlicher Rundfunkaktivitäten vgl. beispielsweise *Kresse*, ZUM 1996, S. 59 ff.; für den Bereich des Pay-TV durch den öffentlich-rechtlichen Rundfunk *Stettner*, ZUM 1995, S. 293 ff.; zum Aspekt des klassischen Integrationsauftrags *Meier*, ZUM 1997, S. 253 ff; weiterhin *Rath-Glawatz*, K&R 2000, S. 72 ff.; *Gramlich*, ZUM 1998, S. 376; kritisch zu digitalen Angeboten *Ring*, ZUM 2000, S. 182.; zur Entwicklung auch *Dörr/Zorn*, NJW 2001, S. 2837 f.

7 Am 30. Juli 1993 legte beispielsweise die *Sociedade Independente de Communicacao*, SA, (SIC), Betreiber einer der seit 1992 führenden privaten Fernsehkanäle in Portugal, Beschwerde gegen Art und Weise der Finanzierung gegen den teilweise mit staatlichen Mitteln finanzierten Sender *Radiotelevisao Portuguesa*, SA, (RTP) ein; Kommissionsentscheidung vom 2. Oktober 1996 bezüglich des portugiesischen Rundfunksystems, vgl. Pressemitteilung der Kommission IP/96/882 sowie die nicht veröffentlichte Entscheidung Auxilio estatal NN 141/95 – Financiamento dos publicos de televisao vom 10.02.1998.

8 Beschwerden aus den Mitgliedsstaaten Italien und Griechenland folgten. Vgl. die Darstellungen bei *Frey*, ZUM 1999, S. 531 ff. m.w.N. sowie *v. Wallenberg*, in: GS f. Grabitz, S. 687 ff.; ausführlich *Dörr/Cloß*, ZUM 1996, S. 106.

9 Für einen komprimierten Überblick über die Entwicklungen vgl. *v. Wallenberg*, in: GS f. Grabitz, S. 868 f.; *Bartosch*, EuZW 1999, S. 176 f.

10 Vgl. hierzu auch das Prüfverfahren der Kommission den ZDF-Medienpark betreffend, ABl. Nr. C 174, Entscheidung v. 19/06/2001, S. 24 f.; stellvertretend für das deutsche Schrifttum vgl. beispielsweise einerseits *Selmer/Gersdorf*, Die Finanzierung des Rundfunks in der BR Deutschland auf dem Prüfstand des EG-Beihilfenregimes, 1994; ande-

Fußnote fortgesetzt

gemäß Art. 87 Abs. 1 EG.[11] Seit diesem Zeitpunkt ist es immer wieder zu kontroversen Auseinandersetzungen zwischen der Europäischen Kommission und verschiedenen Mitgliedstaaten über diese Fragen mit zum Teil unterschiedlichen Nuancierungen gekommen.[12]

Die Verlagerung der Auseinandersetzung auf die Gemeinschaftsebene war mit der Hoffnung verbunden, dass die stärkere wirtschafts- und wettbewerbspolitische Akzentuierung des Gemeinschaftsrechts dazu geeignet sei, der kritisierten Programmausweitung der öffentlich-rechtlichen Anstalten mit Hilfe des europäischen Beihilfe- und Wettbewerbsrechts Einhalt zu gebieten und in die als stagnierend empfundenen nationalen Rundfunkordnungen neue Dynamik zu bringen.[13]

Insofern trafen diese Bemühungen hier au f einen zweiten Entwicklungsstrang: Die seitens der Europäischen Kommission im Interesse der Verwirklichung des Binnenmarkts verfolgte Liberalisierungspolitik, die sich auch auf ehedem Mo-

---

rerseits *Dörr/Cloß*, Die Vereinbarkeit der Gebührenfinanzierung des österreichischen Rundfunks mit dem EG-Beihilfenrecht, ZUM 1996, S. 105 ff.

11 Artikel ohne Gesetzesangabe sind künftig solche des Vertrags zur Gründung der Europäischen Gemeinschaft in der Fassung des Vertrags von Nizza vom 26.2.2001, ABl. EG Nr. C 80/1 vom 10.3.2001, der am 1.2.2003 in Kraft getreten ist. Mit Ausnahme von wörtlich zitierten Urteilen und Entscheidungen, die gegebenenfalls auf früheren Versionen beruhen, folgen die im Text verwendeten Artikelangaben der aktuellen Fassung des Gemeinschaftsvertrags.

12 Vgl. insbesondere das 1998 von der Kommission erstellte Diskussionspapier zur Anwendung des EG-Beihilferechts auf die Rundfunkfinanzierung, das auf erheblichen Widerstand der Mitgliedstaaten stieß, Diskussionspapier, Anwendung der Artikel 90 Absatz 2, 92 und 93 EG-Vertrag im Rundfunksektor, abgedruckt in epd medien, Nr. 77 vom 3.10.1998, S. 26 ff. Dem war eine erfolgreiche Untätigkeitsklage des spanischen Privatsenders *Telecinco* vorangegangen (vgl. EuG Rs. T-95/96 (Gestevisión Telecinco/Kommission), Slg. 1998, II-3407. Die Entscheidung des Gerichts ist auf die Klage des französischen Privatsenders *TF 1* hin bestätigt worden, vgl. EuG Rs. T-17/96 (TF 1/Kommission), Slg. 1999, II-1757); vgl. auch die Ausführungen von Staatssekretär *Klaus Rüter*, Leiter der rheinland-pfälzischen Staatskanzlei gegenüber epd medien Nr. 97, 06.12.2000, S. 11 f. („fortdauernde Eingriffsversuche der EU"), weiterhin *Schmittmann/Busemann*, AfP 2000, S. 149 (Gefahr der Allzuständigkeit); zum Vorstoß der Kommission in programmlicher Hinsicht *Dörr/Eckl*, NJW 1999, S. 1928; vgl. auch die Meldungen über mögliche neue Beihilfeverfahren gegen öffentlich-rechtliche Rundfunkveranstalter, die nach Ansicht der Kommission mit Hilfe der Gebühren andere Bereiche quersubventioniert haben könnten, SZ, 21.01.2003, S. 23.

13 Vgl. hierzu beispielsweise die Feststellungen von *Jürgen Doetz*, Präsident des Verbands Privater Rundfunk und Telekommunikation (VPRT), zitiert in epd medien Nr. 53, 10 Juli 1999, S. 8 f.

nopolbetrieben oder sonstigen mit besonderen Rechten ausgestatteten Unternehmen vorbehaltene Leistungen der Daseinsvorsorge[14] bezog.[15] Insbesondere die öffentliche (Mit-) Finanzierung der mit Leistungen der Daseinsvorsorge betrauten Unternehmen war dabei in das Zentrum der Aufmerksamkeit der Kommission geraten.[16] Die Befürworter der Kommissionsaktivitäten begrüßten die Liberalisierungsstrategie, da aus ihrer Sicht unter dem Topos der Daseinsvorsorge nur das Ansinnen verschleiert wurde, sich einer weiteren Öffnung der Märkte zu widersetzen.[17] Deren Kritiker befürchteten demgegenüber, dass hierdurch gewichtige Gemeinwohlbelange gefährdet sowie die Zuständigkeiten der Mitgliedstaaten ausgehöhlt werden könnten.[18]

Für die deutsche Rundfunklandschaft erlangten die geschilderten Entwicklungen in concreto Relevanz durch eine Beschwerde gegen die Errichtung zweier deutscher gebührenfinanzierter Spartenkanäle, den Dokumentations- und Ereigniskanal *Phoenix* sowie den *Kinderkanal*.[19] In Übereinstimmung mit der durch die

---

14 Zum Begriff der Daseinsvorsorge beispielsweise *Schwarze*, EuZW 2001, S. 335 m.w.N.

15 Zu nennen sind beispielsweise die betriebenen Marktöffnungen in den Bereichen Telekommunikation, Strom- und Gasversorgung, Postwesen und Verkehr. Vgl. hierzu beispielsweise *Pernice/Wernicke*, in: Grabitz/Hilf, EUV, Art. 16, Rdn. 7; *Monnier*, S. 41 ff.; *Burgi*, EuR 1997, S. 262 f.

16 Prominentes Beispiel ist neben der Gebührenfinanzierung des öffentlich-rechtlichen Rundfunks auch die Gewährträgerhaftung und Anstaltslast für Landesbanken und Sparkassen, vgl. hierzu *Schwarze*, EuZW 2001, S. 338 m.w.N. sowie *Koenig*, EuZW 1995, S. 595 ff.; umfangreich zum Fragenkreis der Notwendigkeit der Aufrechterhaltung der Strukturen der Daseinsvorsorge beziehungsweise der vorbehaltslosen Durchsetzung des Wettbewerbsrechts, *Cox*, in: ders. (Hrsg.), S. 13 ff.

17 Vgl. hierzu „Deckmantel Daseinsvorsorge – Privatwirtschaft in Bedrängnis", Broschüre des BDI vom 7.12.2000, die Publikation ist im Internet abrufbar unter www.bdi-online.de (Stichworte „Fachbereiche/Europa").

18 Vgl. das Diskussionspapier der Bayrischen Staatsregierung, abrufbar im Internet unter: http://europa.eu.int/futurum/documents/contrib/cont310102_de.pdf (Stand: 20.10.2003), sowie die Entschließung des Deutschen Bundesrats vom 10.11.2000 (BR-Urs. 680/00 – „Sicherung der kommunalen Daseinsvorsorge"), S. 3 f.; vgl. ebenfalls die kontroversen Auseinandersetzungen zwischen der Europäischen Kommission und den Standesorganisationen der freien Berufe, vgl. FAZ v. 24.03.2003, S. 19 („.klare Kampfansage an die freien Berufe"); vgl. ebenfalls die Ausführungen der Kommission in ihrer Mitteilung Leistungen der Daseinsvorsorge in Europa vom 20.9.2000, KOM (2000), 580 endg., S. 11, Rdn. 5; speziell für den Rundfunkbereich *Dörr*, ZUM 1995, S. 265; ebenso *Schwarze*, EuZW 2001, S. 334 m.w.N.

19 Beschwerdeführer waren verschiedene private Rundfunkveranstalter sowie der Verband Privater Rundfunk und Telekommunikation e.V. (im folgenden „Beschwerdeführer").

anderen europäischen Mitgliedstaaten ausgelösten Beihilfediskussion standen auch hier die Frage nach der Vereinbarkeit der Gebührenfinanzierung der Spartenkanäle mit dem europäischen Beihilferecht sowie verschiedene andere wettbewerbsrechtliche Aspekte im Vordergrund. Diese Fragen sind seitens der Europäischen Kommission mittlerweile in dem Sinne entschieden worden, dass sie die Gebührenfinanzierung von *Phoenix* und *Kinderkanal* zwar tatbestandlich als Beihilfe im Sinne von Art. 87 Abs. 1 EG einordnet, im Ergebnis diese jedoch gemäß Art. 86 Abs. 2 EG als mit dem Gemeinschaftsrecht vereinbar ansieht.[20]

Neben den beihilfe- und wettbewerbsrechtlichen Aspekten sahen die Beschwerdeführer in der Gebührenfinanzierung aber zusätzlich einen Verstoß gegen die Grundfreiheit des freien Dienstleistungsverkehrs gemäß Art. 49 EG. Durch die Gebührenfinanzierung würden die Wettbewerbsbedingungen zulasten von Konkurrenzunternehmen, die sich ihrerseits ausschließlich über den Markt finanzieren müssten, verzerrt sowie hierdurch gemeinschaftswidrige Marktzutrittsschranken aufgebaut.[21] Nach den Ausführungen der Beschwerdeführer musste ein mit dem *Kinderkanal* konkurrierender, werbefinanzierter Sender den Betrieb in Folge des verschärften Wettbewerbs auf dem deutschen Markt sogar gänzlich einstellen.[22]

Die Kommission hat hinsichtlich dieses Teils der Beschwerde keine Entscheidung getroffen. Sie musste hierüber auch nicht befinden, da sie die Gebührenfinanzierung tatbestandlich bereits als Beihilfe eingeordnet hatte.[23] Auch wenn somit das Beschwerdeverfahren mit der Kommissionsentscheidung beendet

---

[20] Vgl. die nicht veröffentlichte Kommissionsentscheidung Staatliche Beihilfen Nr. NN 79/98 – Deutschland (Kinderkanal und Phoenix) vom 24.02.1999, Ziff. 6.1.1, 6.3 und die Pressemitteilung der Kommission IP/99/132.; zur Frage der Rechtfertigungsmöglichkeit gemäß Art. 87 Abs. 3, d) EG vgl. unten.Teil 2D.I.2; Neben der Gebührenfinanzierung hatten die Beschwerdeführer ebenfalls den präferenziellen Zugang von *Kinderkanal* und *Phoenix* zum Kabelnetz angegriffen. Die Kommission hat dies im Gegensatz zu der Gebührenfinanzierung bereits nicht als Beihilfe im Sinne des Art. 87 EG erachtet. In den innerstaatlichen Bestimmungen über den Zugang zum Kabelnetz könnten bereits keine "staatlichen Mittel" im Sinne von Art. 87 Abs. 1 EG gesehen werden, Kommissionsentscheidung, ibidem, Ziff. 6.1.2.

[21] Vgl. das den Spartenbeschwerden zugrundeliegende Gutachten von *Engel*, Europarechtliche Grenzen, S. 72; vgl. ausführlicher hierzu Teil 3.

[22] Hierbei handelte es sich um den Kindersender *Nickelodeon*, vgl. Kommissionsentscheidung - Staatliche Beihilfen Nr. NN 79/98 – Deutschland (Kinderkanal und Phoenix) vom 24.02.1999, Ziff. 6.3.; so auch *Schmittmann*, K&R 1998, S. 396.

[23] Zu dem Verhältnis zwischen Beihilfevorschriften und Grundfreiheiten vgl. Teil 1B.

wurde, kann die Frage der Vereinbarkeit nationaler gebührenrelevanter Programm- und Organisationsentscheidungen mit dem Gemeinschaftsrecht nicht als abgeschlossen angesehen werden.

Der lange Streit um die EG-beihilferechtliche Beurteilung der Rundfunkgebühren dürfte vor dem Hintergrund der jüngeren EuGH-Rechtsprechung vielmehr eine überraschende Wendung nehmen.[24] Diese gibt Anlass zu der Annahme, dass der Gerichtshof im Hinblick auf die Gebührenfinanzierung öffentlich-rechtlicher Sender das Vorliegen einer Beihilfe bereits tatbestandlich verneinen würde.[25] Fällt die hier interessierende Gebührenfinanzierung aber nicht unter das Beihilferecht, ist der Anwendungsbereich der Grundfreiheiten, vorliegend insbesondere Art. 49 EG, nicht länger verschlossen. In dem Maße, in dem der Beihilfetatbestand durch den Gerichtshof restriktiver ausgelegt wird, steigt also die Bedeutung der gemeinschaftsvertraglichen Grundfreiheitsgarantien gegenüber mitgliedstaatlichen Fördermaßnahmen.[26] Die Rechtsprechungsentwicklung könnte also dazu führen, dass die Frage der Maßgeblichkeit von Art. 49 EG für gebührenhonorierte Entscheidungen des nationalen Rundfunkgesetzgebers stärker als bislang in das Zentrum der Aufmerksamkeit rückt.

In Ansehung der bisherigen EG-rechtlichen Auseinandersetzung mit der Rundfunkgebührenfinanzierung maßgeblich aus beihilferechtlicher Perspektive stellt dieser Zugriff auf das Thema eine bis dato verhältnismäßig wenig vertiefte Problematik dar.[27] Sie ist nicht zuletzt deshalb von besonderer Bedeutung, da die Grundfreiheiten im Unterschied zum Beihilfeverbot keinen Ermessensspielraum[28] einräumen, sondern vielmehr direkt anwendbar und die mitgliedstaatlichen Maßnahmen somit unmittelbar am Übermaßverbot zu messen sind.[29] Aus

---

24 Ebenso *Koenig/Kühling*, ZUM 2001, S. 537.

25 Vgl. EuGH Rs. C-379/98 (PreussenElektra/Schleswag), Slg. 2001, I-2099; Rs. C-53/00 (Ferring/ACOSS), Slg. 2001, I-9067; vgl. ausführlicher hierzu unter Teil 1C.I.2 und Teil 1C.II.2.

26 So zu Recht *Kühne*, Urteilsanmerkung, JZ 2001, S. 760.

27 Vgl. hierzu aber *Engel*, Europarechtliche Grenzen, S. 72 ff.; *Dörr*, Die Spartenkanäle, S. 41 ff., allerdings mit Schwerpunkt auf der im Rahmen der allgemeinen Debatte mit diskutierten Frage der Vereinbarkeit der Kabelbelegungsentscheidungen mit der Dienstleistungsfreiheit.

28 Die Beihilfevorschriften räumen der Kommission einen weiten Ermessensspielraum ein, vgl. bspw. EuGH Rs. 78/76 (Steinike und Weinlig), Slg. 1977, 595, Rdn. 8.

29 Vgl. *Engel*, Europarechtliche Grenzen, S. 23, der darauf hinweist, dass die Rechtsprechung des EuGH, nach der eine bloße Begünstigung noch nicht den Tatbestand des Art.

Fußnote fortgesetzt

diesem Grunde wurde die Heranziehung des Beihilferechts im Gegensatz zu den Grundfreiheiten auch als vom Grundsatz her vorteilhafter angesehen. Der Kampf der Vertreter der öffentlich-rechtlichen Rundfunkanstalten gegen dessen Anwendung sei somit ein Kampf gegen sich selbst.[30]

Es stellt sich aber die Frage, ob die Anwendung der Dienstleistungsfreiheit im Unterschied zum Beihilferecht für die Mitgliedstaaten tatsächlich ein reduziertes Maß an Spielräumen beinhaltet. Damit fokussiert sich die Untersuchung auf die Problematik, inwieweit die Gemeinschaft im Wege der Durchsetzung der Grundfreiheiten die konkrete Gestaltung der nationalen Rundfunkordnungen und zwar auch im Widerspruch zu der verfassungsrechtlich garantierten Entwicklungsgarantie zu determinieren vermag.[31]

Die Frage nach der Reichweite der Grundfreiheiten macht zugleich eine Untersuchung ihrer Grenzen erforderlich. Am Beispiel der Spartenproblematik soll somit der grundsätzlicheren Frage nachgegangen werden, inwiefern sich die Gemeinschaft mittels ihrer integrationsmotivierten Zuständigkeiten im Grundfreiheitenbereich selbst solche Bereiche erschließen kann, die an sich im mitgliedstaatlichen Souveränitätsbereich verblieben sind.

Die Zuständigkeit der Mitgliedstaaten für den Kultur- bzw. Rundfunkbereich stellt dabei eine in diesem Zusammenhang zu klärende Vorfrage dar.[32] Auch wenn es heute als im wesentlichen unstrittig angesehen werden kann, dass das europäische Recht keine grundsätzliche Bereichsausnahme für den Kulturbereich enthält,[33] bedeutet dies jedoch nicht zwangsläufig, dass sich die Gemeinschaft in Anwendung ihrer funktionalen Befugnisse jeden beliebigen Aspekt des Kultur- beziehungsweise Rundfunksektors erschließen kann.[34] Hiervon ausgehend, muss beantwortet werden, wie den Zielsetzungen der Mitgliedstaaten so-

---

28 bzw. 49 EG erfüllt, die Mitgliedstaaten vor „dem scharfen Schwert der Grundfreiheiten“ schütze.

30 *Engel*, Europarechtliche Grenzen, S. 69; ähnlich *Gellermann*, DVBl. 2000, S. 514.

31 In diesem Sinne beispielsweise *Degenhart*, K&R 2000, S. 52 ff.

32 Vgl. hierzu Teil 2B.

33 Vgl. zu der diesbezüglichen, überholten Kontroverse unter Teil 2A.

34 Vgl. *Dörr*, K&R 1999, S. 98; *Engel*, in: Dauses, Handbuch des EU-Wirtschaftsrechts , E. V, Rdn. 62, weist darauf hin, dass die publizistische Komponente des Rundfunks nicht vergemeinschaftet wurde; *Ossenbühl*, Rundfunk, S. 23 f., bringt dies auf die Formel, der EG ermächtige nicht nach dem Motto „Alles ist Wirtschaft, Wirtschaft ist alles“ in den Kernbereich der Rundfunkkompetenz der Mitgliedstaaten einzugreifen.

wie der Gemeinschaft im Kollisionsfall angemessen Rechnung getragen werden kann.

Die Kontroverse um die Vereinbarkeit nationaler gebührenfinanzierter Verspartungsentscheidungen mit dem Europarecht verkörpert somit letztlich nichts anderes als die im Zusammenhang mit der Europäischen Fernsehrichtlinie[35] intensiv geführte Diskussion um die kulturelle Kompetenzverteilung zwischen Gemeinschaft und Mitgliedstaaten sowie den hieraus folgenden Konsequenzen für den Rundfunksektor. Während sich der Streit um die Fernsehrichtlinie jedoch um die Reichweite der gemeinschaftlichen Regulierungsmöglichkeiten drehte, bezieht sich die vorliegend untersuchte Problematik auf das den EG-rechtlichen Grundfreiheiten innewohnende Deregulierungspotential. Gerade die Anwendung des unmittelbar anwendbaren Gemeinschaftsprimärrechts, d.h. die Tragweite der sogenannten negativen Integration, hat angesichts der grenzüberschreitenden Dimension der Rundfunkmärkte entscheidenden Einfluss darauf, inwieweit die Mitgliedstaaten ihre ordnungs- beziehungsweise rundfunkpolitischen Pluralismuskonzeptionen verwirklichen können.[36]

In dem zuvor skizzierten Rahmen ist zu berücksichtigen, dass im Unterschied zu dem zum Zeitpunkt der Verabschiedung der Fernsehrichtlinie existierenden Normenbestand,[37] dem Gemeinschaftsrecht durch die Maastrichter Vertragsänderungen erstmalig eine ausdrückliche kulturelle Kompetenz hinzugefügt worden ist. Für die Frage der Befugnisse, die den Mitgliedstaaten im Kultur- bzw. Rundfunkbereich zustehen, wird daher der Aussagegehalt des insofern einschlägigen Art. 151 EG von Bedeutung sein. Selbst nach Verankerung der gemeinschaftlichen Kulturkompetenzen im EG gehen die Meinungen über die im Kultur- sowie insbesondere im Rundfunkbereich bestehenden Befugnisse allerdings weiterhin erheblich auseinander.[38] Während manche Stellungnahmen eine poten-

---

35 Vgl. die Richtlinie 89/552/EWG des Rates vom 3. Oktober 1989 zur Koordinierung bestimmter Rechts- und Verwaltungsvorschriften der Mitgliedstaaten über die Ausübung der Fernsehtätigkeit (sog. Fernsehrichtlinie), ABl. Nr. L 298 v. 17/10/1989, S. 23 ff.

36 Zu Recht *Frey*, Fernsehen, S. 71.

37 Vgl. Fn. 35.

38 *Schwarze*, in: Schwarze/Becker (Hrsg.), Geistiges Eigentum, S. 127 und *ders.*, ibidem, S. 10 (Einleitung; „Auch nach der Ergänzung des Vertrages in Form des Art. 128 (a.F., Hinzuf. d. V.) EGV bleibt die Problematik der angemessenen Einordnung kultureller Produkte in das System der Verträge also bestehen.“); *ders.*, ZUM 2000, S. 798 und S.

Fußnote fortgesetzt

eingeschränkte Einwirkungsmöglichkeit auf die nationalen Rundfunkordnungen vermuten lassen,[39] vermitteln andere Äußerungen den Eindruck, der nationale Rundfunksektor sei gegen Gemeinschaftseinflüsse weitgehend immunisiert.[40]

Dieses uneinheitliche Bild ist durch das Amsterdamer Protokoll zum öffentlich-rechtlichen Rundfunk[41] nicht beseitigt worden.[42] Auch vor dem Hintergrund des zuvor zitierten, fortwährend schwelenden Streits zwischen Europäischer Kommission und Mitgliedstaaten verbleiben also Zweifel, ob die mit dem Protokoll beabsichtigte Klarstellung hinsichtlich des Standorts des öffentlich-rechtlichen Rundfunks im europäischen Kontext tatsächlich erreicht worden ist.[43]

B. Untersuchungsverlauf

Ausgehend von dem zuvor umrissenen Untersuchungsgegenstand, soll zunächst festgestellt werden, ob Art. 49 EG für den in Frage stehenden Sachverhalt überhaupt maßgeblich ist. Dies bedeutet zum einen, dass zunächst anhand der neueren EuGH-Rechtsprechung darzulegen ist, dass die vorliegende Problematik der Gebührenfinanzierung nicht bereits durch das Beihilfekapitel erfasst wird (Teil 1).

Zum anderen darf die kulturelle Kompetenzverteilung zwischen Gemeinschaft und Mitgliedstaaten nicht zur Folge haben, dass eine Aktivierung des Gemeinschaftsrechts unter dem Topos der Dienstleistungsfreiheit von vorneherein ausscheidet (Teil 2). Es muss sich also mit anderen Worten ein gemeinschaftsrechtlicher Anwendungsanspruch auf Sachverhalte der vorliegenden Art nachweisen

---

800 (Kompetenzabgrenzung zwischen Gemeinschaft und Mitgliedstaaten im Medienbereich bis heute umstritten).

39 In diesem Sinne beispielsweise das 1998 von der Kommission erstellt Diskussionspapier, Anwendung der Artikel 90 Absatz 2, 92 und 93 EG-Vertrag im Rundfunksektor, abgedruckt in epd medien, Nr. 77 vom 3.10.1998, S. 26 ff.

40 Vgl. beispielsweise die Äußerung des bayrischen Ministerpräsidenten *Edmund Stoiber*, abgedruckt in dpa-Informationen 41/08.10.1998, im Hinblick auf das Diskussionspapier der Europäischen Kommission, ibidem, Fn. 39, „Den europäischen Wettbewerbshütern fehlt hier jede Kompetenz".

41 Abgedruckt in Sartorius II, Ordnungsziffer 151, Protokoll Nr. 32.

42 Teil 4G.

43 *Schardt*, in: Schwarze/Becker (Hrsg.), Geistiges Eigentum, S. 95, nach dem das Amsterdamer Protokoll die Diskussion um die Einordnung des öffentlich-rechtlichen Rundfunks keineswegs beendet, sondern ihr eher neue Nahrung gegeben hat; weiterer Klar-

Fußnote fortgesetzt

lassen. Im Gegensatz zum souveränen Staat besitzt die Europäische Gemeinschaft bekanntlich keine Allzuständigkeit. Sie bedarf für die Legitimierung ihrer Tätigkeit der Übertragung konkreter Aufgaben und Befugnisse seitens der Mitgliedstaaten.[44]

Vor diesem Hintergrund kann nicht unberücksichtigt bleiben, dass der untersuchungsgegenständliche Sachverhalt überwiegend die Frage der Gestaltung der nationalen Rundfunkordnung betrifft. Die Berührungspunkte mit dem Gemeinsamen Markt scheinen demgegenüber von geringerer Bedeutung zu sein. In diesem Zusammenhang ist zu untersuchen, welche Bedeutung die durch die Maastrichter Vertragsänderungen in den EG eingefügten Kulturklauseln für die kulturelle Kompetenzverteilung zwischen Gemeinschaft und Mitgliedstaaten hat (Teil 2B und Teil 2C) und diese wiederum für den Rundfunksektor (Teil 2D).

Ist die These zutreffend, dass die Mitgliedstaaten trotz der kulturellen Befugnisse der Gemeinschaft gemäß Art. 151 EG nach wie vor umfassend zuständig sind, stellt sich mit anderen Worten die Frage, welchen Einfluss dieser Befund für die Operationalisierbarkeit von Art. 49 EG hat (Teil 2E). Da die Problematik der Bedeutung einer anderen Norm des EG, d.h. vorliegend Art. 151, auf die Anwendung einer Grundfreiheit bis dato nur wenig Beachtung gefunden hat, soll hierzu zum einen ein rechtsvergleichender Blick in das nationale Verfassungsrecht geworfen werden (Teil 2E.IV.5). Zum anderen muss die – wenn auch in dogmatischer Hinsicht zurückhaltende – Rechtsprechung des Europäischen Gerichtshofs auf die Auslegung der gemeinschaftsrechtlichen Grundfreiheiten im Zusammenhang mit dem zuvor skizzierten Kontext untersucht werden (Teil 2E.IV.6).

Ist die Heranziehung von Art. 49 EG als Kontrollnorm für die Frage der gemeinschaftsrechtlichen Zulässigkeit der gebührenfinanzierten Spartenkanäle durch die zuvorstehenden Überlegungen nicht bereits *a priori* ausgeschlossen, ist weiter zu prüfen, welche Konsequenz die Anwendung der Dienstleistungsfreiheit vorliegend konkret hat (Teil 3B, insbesondere Ziffer II.2.b) und III.5.b) (2)). Hier geht es folglich darum festzustellen, ob eine Beeinträchtigung von Art. 49 EG tatsächlich anzunehmen ist und ob dessen ungeachtet eine Vereinbarkeit mit dem Gemeinschaftsrecht trotzdem bejaht werden kann. In diesem Zusammenhang ist neben den Auswirkungen von Art. 151 EG zum einen der Frage nach-

---

stellungsbedarf wird ebenfalls von Staatssekretär *Klaus Rüter* gefordert, rheinland-pfälzische Staatskanzlei, abgedruckt in: epd medien Nr. 97, 06.12.2000, S. 12.

44 Vgl. Ausführungen unter Teil 2 A und Teil 2 E.I.

zugehen, welche Bedeutung der demokratiespezifischen Funktion des öffentlich-rechtlichen Rundfunks bei der Anwendung von Art. 49 EG zukommt (Teil 3 B.IV.). Zum anderen wird untersucht, inwiefern dem Subsidiaritätsprinzip gemäß Art. 5 Abs. 2 EG ein kompetenzschützender Charakter bei der Auslegung des Gemeinschaftsprimärrechts entnommen werden kann (Teil 3 B.V.).

Schließlich wird zu untersuchen sein, ob neben den zuvor geprüften Schranken des Gemeinschaftsrechts sich auch Art. 86 Abs. 2 EG dazu eignet, nationale rundfunkpolitische Entscheidungen wie die Vorliegende mit dem EG-Recht in Einklang zu bringen (Teil 4). Angesichts der regelmäßig restriktiven Auslegung der Vorschrift wurde dies von dem einschlägigen Schrifttum bislang überwiegend verneint. Abschließend werden die so gefundenen Untersuchungsergebnisse im Lichte des Amsterdamer Protokolls zum öffentlich-rechtlichem Rundfunk untersucht (Teil 4 G). Da dieses ausweislich seines ausdrücklichen Wortlauts auslegenden Charakter hat, müssen die Ergebnisse der Betrachtung des Gemeinschaftsprimärrechts durch den Inhalt des Protokolls reflektiert werden können.

Teil 1 Die fehlende Relevanz von Art. 49 EG für die Gebührenfinanzierung der Spartenkanäle wegen deren vorrangiger Beurteilung durch das EG-Beihilferecht?

Wie in der Einleitung bereits skizziert, wurde die Tatsache der Gebührenfinanzierung der Spartenkanäle *Phoenix* und *Kinderkanal* von der Europäischen Kommission[45] aber auch von weiten Teilen der einschlägigen Literatur[46] ganz überwiegend aus der Perspektive ihrer Vereinbarkeit mit Art. 87 Abs. 1 EG, d.h. dem grundsätzlichen Verbot staatlicher Beihilfen, betrachtet. Dies geschah ersichtlich unter der Prämisse, dass es sich bei der Gewährung von Rundfunkgebühren für *Phoenix* und *Kinderkanal* um staatliche Beihilfen handelt sowie dass sich eine Überprüfung der Spartenkanäle am Maßstab der Grundfreiheiten erübrigt, sofern Art. 87 EG einschlägig ist.

Insbesondere vor dem Hintergrund der neueren Rechtsprechung des Europäischen Gerichtshofs[47] lässt sich diese Einschätzung jedoch kaum aufrecht erhalten. Ihr lässt sich die Tendenz entnehmen, die durch das EuG sowie durch die Kommissionspraxis in der Vergangenheit erheblich ausgedehnte Beihilfenkontrolle[48] einer Korrektur zu unterwerfen und den Tatbestand des Beihilfeverbots gemäß Art. 87 Abs. 1 EG künftig restriktiver zu interpretieren.[49] Die Betrachtung dieser Rechtsprechung wird zeigen, dass das Beihilferecht hinsichtlich des vorliegenden Sachverhalts bereits nicht eingreift, so dass der Weg für dessen Überprüfung anhand der Grundfreiheiten grundsätzlich eröffnet ist. Um dies nachzuweisen, soll, nach kurzer Darstellung der untersuchungsgegenständlichen Verspartungsentscheidung (hierzu sogleich Teil 1 A), zunächst auf das grundsätzliche Verhältnis zwischen Dienstleistungs- und Beihilfekapitel eingegangen

---

45 Vgl. Kommissionsentscheidung Staatliche Beihilfen Nr. NN 79/98 – Deutschland (Kinderkanal und Phoenix) vom 24.02.1999.

46 Vgl. hierzu die Literaturhinweise in Teil 1 C I.1.a) und II.1.b).

47 Vgl. hierzu insbesondere EuGH Rs C-53/70 (Ferring/ACOSS), Slg. 2001, I-9067 und Rs C-379/98 (PreussenElektra), Slg. 2001, I-2099.

48 Es liegt auf der Hand, dass mit einem extensiv ausgelegten Beihilfenbegriff auch eine ausgedehnte Zuständigkeit der Kommission einhergeht, vgl. hierzu *Schohe/Hoenike*, EuZW 1997, S. 741, 742.

49 Vgl. hierzu *Kühne*, Urteilsanmerkung, JZ 2001, S. 759; *Faber*, NuR 2002, S. 141; *Thieme/Rudolf*, AJIL 2002, S. 229; *Koenig/Kühling*, NVwZ 2001, S. 770; *Bartosch*, Das Ferring/ACOSS-Urteil des EuGH - die weitere Beschneidung der EG-Beihilfenkontrolle, Der Syndikus, abgedruckt im Internet unter http://www.forumrecht.com/ syndikus/briefings/eu/eu_016.htm (Stand 6.10.2003).

werden (Teil 1 B). Im Anschluss hieran wird unter Berücksichtigung der neueren EuGH-Rechtsprechung sodann untersucht, aufgrund welcher Gesichtspunkte eine Einordnung der fraglichen Gebührenfinanzierung als Beihilfe im Sinne von Art. 87 Abs. 1 EG ausscheidet (Teil 1 C).

A. Die Spartenprogramme *Phoenix* und *Kinderkanal*

Im Frühjahr 1997 starteten ARD und ZDF zwei gemeinsam veranstaltete Spartenprogramme, den sogenannten *Kinderkanal* sowie den Dokumentations- und Ereigniskanal *Phoenix*. Rechtliche Grundlage für die Veranstaltung der Spartenprogramme ist § 19 Abs. 2 RStV.[50] Darin heißt es: "Darüber hinaus können die in der ARD zusammengeschlossenen Landesrundfunkanstalten und das ZDF über Satelliten gemeinsam zwei Spartenprogramme als Zusatzangebot veranstalten."[51]

Der Verspartungsentscheidung des Rundfunkgesetzgebers lag die Überzeugung zugrunde, dass die zukünftige Medienlandschaft durch eine zunehmende Bedeutung von Spartenprogrammen bei gleichzeitigem Rückgang der Vollprogramme

---

[50] § 19 Abs. 2 wurde im Zuge des dritten Rundfunkänderungsstaatsvertrags in den RStV aufgenommen.

[51] Die Bundesländer haben zu dem Vorhaben der Durchführung von *Kinderkanal* und *Phoenix* folgende Protokollerklärung abgegeben:

„Die Regierungschefs der Länder nehmen das von ARD und ZDF vorgelegte Konzept für einen Kinderkanal zur Kenntnis.

Sie gehen entsprechend dem Schreiben von ARD und ZDF vom 26.06.1996 davon aus, dass aus dem unter dem Arbeitstitel "Ereignis- und Dokumentationskanal" in Aussicht genommenen Spartenprogramm kein Nachrichtenkanal entsteht.

Die für das Spartenprogramm nach Ziff. 2 vorgesehenen Mittel sind erst freigegeben, sobald die Regierungschefs der Länder nach einer Erörterung mit ARD und ZDF sowie der KEF auf der Grundlage eines konkret vorgelegten und von den jeweiligen Rundfunkgremien gebilligten Programmkonzepts, das auch Organisation und Struktur der Zusammenarbeit zwischen dem ZDF und den beteiligten ARD-Anstalten behandelt, diesem unter Beachtung der Programmautonomie der Rundfunkanstalten zugestimmt haben.

Für den Fall, dass eine Realisierung des Programmvorhabens nicht bzw. nicht in der vorgelegten Konzeption erfolgt, sind die hierfür vorgesehenen Mittel entsprechend dem 10. KEF-Bericht auf Sonderkonten zu führen und werden für die übernächste Gebührenperiode bedarfsmindernd in Ansatz gebracht."

gekennzeichnet ist.[52] Auch für den öffentlich-rechtlichen Rundfunk müssten die Voraussetzung geschaffen werden, um an dieser Entwicklung partizipieren zu können.[53] In der amtlichen Begründung zu § 19 Abs. 2 RStV heißt es entsprechend: „Damit soll auch dem öffentlich-rechtlichem Rundfunk die Möglichkeit eingeräumt werden, mit diesen Fernsehspartenprogrammen an der Ausdifferenzierung des Programmangebots teilzuhaben. Dies trägt der verfassungsrechtlichen Entwicklungsgarantie des öffentlich-rechtlichen Rundfunks Rechnung".[54]

Zielgruppe des *Kinderkanal*s sind Kinder zwischen drei und dreizehn Jahren.[55] Dem Programmkonzept zufolge handelt es sich um ein werbe- und gewaltfreies Programm mit einem hohen Anteil kindergerecht aufbereiteter Informationen.[56] Der ebenfalls werbefreie Ereignis- und Dokumentationskanal *Phoenix* soll ausweislich seines Programmkonzepts der politischen Diskussion dienen, indem er Hintergrundberichte und Informationen aus Politik und Gesellschaft aus Deutschland und dem Ausland liefert.[57] Entsprechend ist er als informatives, dokumentarisches, nicht fiktionales Programm konzeptioniert, in dessen Mittelpunkt wichtige Ereignisse des Zeitgeschehens von gesellschaftspolitischer Bedeutung stehen. Daneben werden Dokumentationen, Features, Reportagen und Gesprächssendungen, zeitgeschichtliche, biographische und bildungspolitische Produktionen beziehungsweise Reihen ausgestrahlt. Musik, Theater, Sport, poli-

---

52 Ausgangspunkt hierfür bildeten einerseits die zur Verfügung stehenden zusätzlichen technischen Verbreitungsmöglichkeiten von Programmen sowie andererseits die Konfrontation mit bedeutenden gesellschaftlichen Änderungen und der damit einhergehenden Änderungen der Konsumgewohnheiten im allgemeinen sowie auch der Nutzung der audiovisuellen Medien im besonderen. Neben einer zunehmenden sozio-kulturellen Heterogenität kann in einem steigenden Maße die Fragmentierung der Gesellschaft festgestellt werden. Diese Entwicklung wurde zunächst durch private Fernsehunternehmen aufgegriffen, die mit der Veranstaltung verschiedener kommerzieller Spartenprogramme, wie beispielsweise *n-tv*, *CNN*, *Viva*, *M-TV*, *Super-RTL*, *DSF* etc., hierauf reagiert haben, ausführlicher hierzu *Holznagel/Vesting*, S. 24 ff.

53 Vgl. *Betz*, Media Perspektiven 1997, S. 2.

54 Zitiert bei *Betz*, Media Perspektiven 1997, S. 2 f.

55 Grundlage der Konzeption des Kinderkanals ist unter anderem die empirische Erkenntnis, dass Kinder vom Vorschulalter bis zum Ende ihrer Schulzeit in hohem Maße fernsehen, vgl. hierzu: Der Kinderkanal: Ziele und Programmphilosophie, Media Perspektiven, 1997, S. 17 ff.

56 So die erklärte Konzeption nach den Ausführungen der Programmkommission des ARD/ZDF- Kinderkanals, Media Perspektiven 1997, S. 17 f.

57 Die empirische Frage, ob sich die senderspezifische Wirklichkeit mit dem rundfunkpolitischen Anspruch tatsächlich deckt, ist nicht Gegenstand dieser Untersuchung.

tische Magazine, Kulturmagazine, Unterhaltung, Filme, Serien und Ratgebersendungen sind ausdrücklich vom Programminhalt ausgenommen.[58] Die beiden werbefreien Spartenprogramme werden vollständig über Rundfunkgebühren finanziert.

B. Das Verhältnis zwischen Beihilferecht und Dienstleistungsfreiheit

Die bisherige Fokussierung der Debatte um die Gebührenfinanzierung des öffentlich-rechtlichen Rundfunks auf das Beihilfeverbot stand in systematischer Hinsicht unter der Prämisse, dass dem europäischen Beihilferecht ein Anwendungsvorrang gegenüber den gemeinschaftlichen Grundfreiheiten zukommt. Dies ist in Ansehung der ständigen Rechtsprechung des Europäischen Gerichtshofs zutreffend.[59]

Der EuGH hat zum Verhältnis der beiden Normenkomplexe zueinander wiederholt festgestellt, dass die Beihilfevorschriften den Grundfreiheiten als *leges speciales* grundsätzlich vorgehen.[60] Dies erkläre sich aus der Struktur des Vertrags. Zwar dienen sowohl die Beihilfevorschriften als auch die Grundfreiheiten gleichermaßen dem Ziel, den freien Verkehr von Waren und Dienstleistungen unter unverfälschten Wettbewerbsbedingungen sicherzustellen.[61] Der Anwendungsbereich der Grundfreiheiten, auch wenn er vom EuGH regelmäßig weit ausgelegt wird, darf jedoch nicht so weit reichen, dass er auch solche Beeinträchtigungen erfasst, für die spezifische Vertragsvorschriften gelten.[62] Zu den spezifischen Vorschriften zählen unter anderem auch die Beihilfebestimmungen.[63]

Andernfalls würde die Tragweite des Beihilfekapitels, so die Erwägungen des EuGH, geändert und die Zuständigkeitsverteilung bei der Beihilfenkontrolle in

---

58 Näheres zu den Programminhalten vgl. beispielsweise bei *Bleckmann/Pieper/Erberich*, AfP 1997, S. 422; *Oppermann*, Zur Finanzierung, S. 5 ff.

59 Vgl. nur *v. Wallenberg*, in: Grabitz/Hilf, EUV, Art. 92, Rdn. 90; *Müller-Graff*, in: Groeben/Schwarze, EUV/EG, Art. 28, Rdn. 171.

60 EuGH Rs. 74/76 (Iannelli und Volpi), Slg. 1977, 557, Rdn. 9 f.; Rs. 249/81 (Kommission/Irland), Slg. 1982, 4005, Rdn. 18 f.; Rs. 18/84 (Kommission/Frankreich), Slg. 1985, 1339, Rdn. 13; Rs. 103/84 (Kommission/Italien), Slg. 1986, 1759, Rdn. 19.

61 Ständige Rspr., vgl. beispielsweise EuGH Rs. 103/84 (Kommission/Italien), Slg. 1986, 1759, Rdn. 19.

62 EuGH Rs.74/76 (Iannelli und Volpi), Slg. 1977, 557, Rdn. 9/10.

63 *Müller-Graff*, in: Groeben/Schwarze, EUV/EG, Art. 28, Rdn. 171.

Frage gestellt.[64] Während nämlich die im Rahmen der Grundfreiheiten festgelegten Verbote unmittelbare Wirkungen und Rechte für die einzelnen Marktteilnehmer erzeugen, ist für die Feststellung der Unvereinbarkeit einer Beihilfe mit dem Gemeinsamen Markt die Kommission vorbehaltlich der Kontrolle durch den Gerichtshof zuständig. Wegen der fundamentalen Bedeutung der Grundfreiheiten für den Gemeinsamen Markt ist deren Anwendbarkeit allerdings dann nicht ausgeschlossen, wenn die Zuordnung der fraglichen Maßnahmen zum Beihilfekapitel unklar ist.[65] Das gleiche gilt, sofern es sich bei der Maßnahme um eine vom Beihilfezweck abtrennbare Modalität handelt.[66]

Vorliegend dient die Finanzierung von *Phoenix* und *Kinderkanal* aus dem Gebührenaufkommen dem Zweck, die Veranstaltung der beiden Spartenprogramme überhaupt erst zu ermöglichen. Der Zweck der Finanzmittel dient somit dem Betrieb der Sender als solchem. Sie können folglich nicht zugleich eine vom Beihilfezweck abtrennbare Modalität darstellen, die den Anwendungsbereich von Art. 49 EG nach der zuvor zitierten Rechtsprechung ungeachtet der Frage der Einschlägigkeit des Beihilferechts eröffnen würde.[67]

An der Einordnung der Spartengebühren als staatliche Beihilfe im Sinne von Art. 87 EG bestanden für die Kommission und die überwiegende Literatur ersichtlich ebenfalls keine Zweifel. Eine Anwendung der Dienstleistungsvorschriften kommt aufgrund der Spezialität von Art. 87 Abs. 1 EG also nur dann in Frage, sofern die Anwendung des Beihilfeverbots bereits tatbestandlich ausscheidet.

---

64 EuGH Rs. 74/76 (Iannelli und Volpi), Slg. 1977, 557, Rdn. 11.

65 Vgl. EuGH Rs.74/76 (Iannelli und Volpi), Slg. 1977, 557, Rdn.9/10; Rs. 249/81 (Kommission/Irland), Slg. 1982, 4005, Rdn. 18; Rs. 18/84 (Kommission/Frankreich), Slg. 1985, 1339, Rdn. 13; Rs. 103/84 (Kommission/Italien), Slg. 1986, 1774, Rdn. 19; Die bloße Möglichkeit, dass eine Maßnahme gegebenenfalls auch nach dem Beihilferecht zu beurteilen ist, schließt die Anwendung der Grundfreiheiten also noch nicht aus, vgl. EuGH Rs. 249/81 (Kommission/Irland), Slg. 1982, 4005, Rdn. 18.

66 Eine Kollision verschiedener Vertragssystematiken liegt in einem solchen Fall nämlich tatsächlich nicht vor, vgl. EuGH Rs.74/76 (Iannelli und Volpi), Slg. 1977, 557, Rdn. 14; Rs. 18/84 (Kommission/Frankreich), Slg. 1985, 1339, Rdn. 13; Rs. 103/84 (Kommission/Italien), Slg. 1986, 1774, Rdn. 19.

67 Vgl. aber die seitens der Beschwerdeführer ebenfalls gerügte bevorzugte Kabeleinspeisung der Spartensender. Diese hat die Kommission in einem vom Beihilfeverfahren abgetrennten Vertragsverletzungsverfahren 95/4521 untersucht, vgl. die Feststellung der Kommission in ihrer Entscheidung Staatliche Beihilfen Nr. NN 79/98 – Deutschland (Kinderkanal und Phoenix) vom 24.02.1999.

C. Die Gebührenfinanzierung der Spartenkanäle als Beihilfe im Sinne von Art. 87 EG?

Nach dem Wortlaut setzt die Erfüllung des Tatbestands von Art. 87 EG voraus, dass es sich um staatliche oder aus staatlichen Mitteln gewährte Beihilfen handeln muss und hierdurch bestimmte Unternehmen oder Produktionszweige begünstigt werden. Weiterhin muss durch den Mittelzufluss der Wettbewerb verfälscht werden oder zumindest die Gefahr einer Verfälschung bestehen. Dieses muss schließlich zu einer Beeinträchtigung des Handels zwischen den Mitgliedstaaten führen.

Sowohl das Gericht erster Instanz als auch die Kommission, insofern der Rechtsprechung des EuG folgend, sahen in der Vergangenheit diese Voraussetzungen im Fall der Finanzierung öffentlich-rechtlicher Rundfunkanstalten aus öffentlichen Mitteln als erfüllt an.[68] Hinsichtlich der beiden Spartensender *Phoenix* und *Kinderkanal* gelangte die Kommission erst über die Anwendung des Art. 86 Abs. 2 EG zu einer Vereinbarkeit deren Gebührenfinanzierung mit dem Gemeinschaftsrecht.[69] Weite Teile der Literatur waren der Einschätzung von EuG und Kommission gefolgt.[70]

Wie zuvor festgestellt, lässt jedoch die Betrachtung insbesondere der jüngeren Rechtsprechung des Gerichtshofs Zweifel daran aufkommen, ob sich die pauschale Bejahung der Beihilfequalität der deutschen Rundfunkgebühren im Allgemeinen sowie der Gebühren für die Spartensender im Besonderen aufrecht erhalten lässt. Zwar existieren bis dato keine Urteile des EuGH, die sich explizit mit der Frage der Vereinbarkeit der Rundfunkgebührenfinanzierung von öffentlich-rechtlichen Sendern unter dem Aspekt des Art. 87 Abs. 1 EG befassen. Die seitens des Gerichtshofs im Rahmen dieser Verfahren vorgenommenen Wertungen lassen sich jedoch angesichts der strukturellen Parallelen auf die vorliegende Fragestellung übertragen, auch wenn jeweils unterschiedliche Lebenssachverhalte zugrunde lagen.[71] Insbesondere die Qualifizierung der deutschen Rund-

---

68 Vgl. hierzu die nachfolgenden Ausführungen unter Teil 1 C I.1.a).

69 Vgl. Kommissionsentscheidung Staatliche Beihilfen Nr. NN 79/98 – Deutschland (Kinderkanal und Phoenix) vom 24.02.1999, Ziff. 6.3.

70 Vgl. hierzu die Nachweise in Teil 1 C I.1.a).

71 So beispielsweise auch *Koenig/Kühling*, ZUM 2001, S. 537, 538; *Bartosch*, Der Syndikus, Juli/August 2001, S. 17 ff. sowie *ders.*, Das Ferring/ACOSS-Urteil des EuGH – die weitere Beschneidung der EG-Beihilfenkontrolle, in: Der Syndikus, Die Urteilsrezensi-

Fußnote fortgesetzt

funkgebühren als staatliche Mittel im Sinne von Art. 87 Abs. 1 EG (Teil 1 C I.) sowie die Bejahung des Vorliegens einer tatbestandlichen Begünstigung (Teil 1 C II.) ist bei sinngemäßer Heranziehung dieser Urteile nicht mehr haltbar.

I. Die deutschen Rundfunkgebühren als staatliche Mittel im Sinne von Art. 87 Abs. 1 EG? Die Voraussetzungen der staatlichen Mittelzurechnung

Nach Art. 87 Abs. 1 EG muss eine Beihilfe als staatlich oder aus staatlichen Mitteln stammend qualifiziert werden können. Das Merkmal erfordert also eine Zurechnung zu einem staatlichen Geldgeber. Dieses Tatbestandsmerkmal hat in der Entscheidungspraxis der europäischen Organe sowie im Schrifttum zu weit von einander abweichenden Auffassungen geführt.

1. Die bisherigen Auffassungen

Die in der Literatur sowie seitens des EuG und der Kommission vertretenen Auffassungen variieren dabei hinsichtlich der Frage der erforderlichen Qualität des durch die staatliche Intervention verursachten Vorteils. Mit anderen Worten ist insbesondere umstritten, ob mit der Vergünstigung überhaupt ein Mittelfluss verbunden sein, sowie, bejahendenfalls, ob dieser zu einer Belastung des Staatshaushalts als solchem geführt haben muss.

a) Grundsätzliches

Eine enge Auffassung verlangt für die Bejahung der staatlichen Zurechenbarkeit, dass die fraglichen Mittel zunächst in einen öffentlichen Haushalt fließen, bevor sie an die Begünstigten weitergeleitet werden. Mit anderen Worten muss hiernach im Ergebnis ein „staatliches Finanzopfer" vorliegen.[72] Von den Befürwortern dieser Auffassung wird zwar nicht verkannt, dass auch von solchen Vorteilsgewährungen, die nicht zu einer Belastung des Staatshaushalts führen, innergemeinschaftliche Wettbewerbsverzerrungen ausgehen können. Hiergegen wird jedoch eingewandt, dass solchen Gefahren auch durch andere Gemein-

---

on ist vollständig abgedruckt im Internet unter http://www.forumrecht.com /syndikus/briefings/eu/eu_016.htm. (Stand 06.10.2003).

72 So beispielsweise unter Berufung auf die EuGH-Rechtsprechung sowie mit weiteren Nachweisen *Gellermann*, DVBl. 2000, S. 511 sowie Fn. 18; vgl. auch *Nagel*, ZNER 2000, S. 109 f.

schaftsregelungen Rechnung getragen werden kann. Der Anwendungsbereich der Beihilfevorschriften müsse also nicht überdehnt werden.[73]

Nach der seitens des Gerichts erster Instanz[74] sowie der Kommission,[75] insbesondere in dem Verfahren *SIC/Kommission* sowie in den Fällen *Kinderkanal und Phoenix* und *BBC News 24* vertretenen Auffassung ist demgegenüber das Staatlichkeitserfordernis schon dann erfüllt, sofern ein wie auch immer gearteter Mittelfluss aufgrund regulatorischer Intervention des Staates zu verzeichnen ist.[76] Auf diese Weise konnten die hier in Frage stehenden Rundfunkgebühren als staatliche Mittel im Sinne von Art. 87 Abs. 1 EG bejaht werden. Allein die gesetzliche Fixierung der Rundfunkgebühr sowie die zwangsweise Heranziehung der Rundfunkteilnehmer qualifizieren die Rundfunkgebühren nach diesem Verständnis somit als staatliche Mittel.[77]

Eine mitunter im Schrifttum vertretene, noch extensivere Interpretation sieht das Staatlichkeitserfordernis bereits bei Vorliegen jeglichen geldwerten Vorteils für bestimmte Unternehmen oder Branchen als gegeben an. Voraussetzung soll dabei nur sein, dass der Vorteil auf einer staatlichen Regulierung beruht, aber unabhängig davon, ob eine Übertragung von finanziellen Mitteln stattgefunden hat oder nicht.[78] Dieses weite Verständnis wird im wesentlichen auf das Argument gestützt, dass bereits der Wortlaut des Art. 87 Abs. 1 EG „Beihilfen gleich welcher Art" eine weite Auslegung der Vorschrift vorschreibe und das von anderer

---

73 Vgl. hierzu *Slot*, CMLR 1994, S. 143 f.; *Soltész*, EuZW 1998, S. 751 f.

74 Beispielsweise EuG Rs. T-46/97 (Sociedade Independente Communicao (SIC/Kommission), Slg. 2000, II-2125, Rdn. 77 ff.

75 Kommissionsentscheidung Staatliche Beihilfen Nr. NN 79/98 – Deutschland (Kinderkanal und Phoenix) vom 24.02.1999, Ziff. 6.1.1 und Staatliche Beihilfe Nr. NN 88/98 – United Kingdom (BBC News 24) vom 14.12.1999, Ziff. 22.

76 Vgl. auch die weiteren Literaturhinweise bei *Gellermann*, DVBl. 2001, S. 512, Fn. 30.

77 So auch *Selmer/Gersdorf*, S. 29 ff.; *Bleckmann*, Öffentlich-rechtliche Spartenprogramme, S. 118; *Damm*, S. 108 ff; *Engel*, Europarechtliche Grenzen, S. 30 ff.; *Holzer*, ZUM 1996, S. 277; wegen der staatsfernen Ausgestaltung eine staatliche Zurechnung ablehnend *Eberle*, Die Rundfunkgebühr, S. 25; *ders.* ZUM 1995, S. 767; weiterhin *Otten*, ZUM 1997, S. 798; *Dörr/Cloß*, ZUM 1996, S. 115 f.; die Staatlichkeit wohl verneinend, im Ergebnis allerdings offen lassend *Oppermann*, Deutsche Rundfunkgebühren, S. 45 ff.; vgl. weiterhin *Degenhart*, ZUM 2001, S. 371 f.

78 Beispielsweise *Salje*, RIW 1998, S. 187 f.; *Slotboom*, ELR 20 (1995), S. 295 ff.; so wohl auch *Ciresa*, S. 57.

Seite verlangte Erfordernis der Belastung des Staatshaushalts die Mitgliedstaaten zu Umgehungskonstruktionen veranlassen könne.[79]

b) Die bisherige EuGH-Rechtsprechung

Der extensiven Auslegung des Staatlichkeitserfordernisses, die potentiell jedweden durch staatliche Regulierung vermittelten finanziellen Vorteil von Art. 87 Abs. 1 EG erfasst, trat der Europäische Gerichtshof bereits in der Rechtssache *Van Tiggele* entgegen.[80] Die Formulierung, dass nur solche Vorteile als Beihilfen im Sinne von Art. 87 Abs. 1 EG angesehen werden können, die unmittelbar oder mittelbar aus staatlichen Mitteln gewährt werden, wurde seitens des Gerichtshofs erstmals in dem vorbezeichneten Urteil verwendet.[81] Er entschied sich damit gegen eine andere mögliche Tatbestandsinterpretation, nach der die „aus staatlichen Mitteln" gewährten Beihilfen als zweite Tatbestandsalternative nur die tatsächlich aus öffentlichen Mitteln finanzierten Maßnahmen betreffen, während die „staatlichen Beihilfen" als erste Tatbestandsalternative alle anderen, d.h. auch nicht aus dem Staatshaushalt finanzierte Maßnahmen erfassen.

In späteren Urteilen rückte der Gerichtshof zwischenzeitlich von dieser Sicht ab und verzichtete auf das Kriterium der Finanzierung aus staatlichen Mitteln als Tatbestandsvoraussetzung.[82] Hier ließ er in Abweichung zu dem in der Rechtssache *van Tiggele* vertretenen Ansatz offenbar bereits die Möglichkeit der staatlichen Kontrolle und Einflussnahme auf die Gewährung von Vorteilen ausreichen.

Mit seinem Urteil in dem Verfahren *Sloman Neptun* kehrte der Gerichtshof jedoch zu seiner ursprünglichen Auslegung zurück.[83] In dem genannten Fall ging es um eine staatliche Regulierung, die es ermöglichte, Staatsangehörigen von Drittstaaten zu schlechteren Vergütungs- und Sozialschutzbedingungen einzustellen als es für die nach deutschem Recht angeheuerten Seeleute galt. Generalanwalt *Darmon* hatte sich in seinen Schlussanträgen dafür ausgesprochen, dass

---

79 Hierzu beispielsweise *Slotboom*, ELR 20 (1995), S. 297 ff.

80 EuGH Rs. 82/77 (Van Tiggele), Slg. 1978, 25.

81 EuGH Rs. 82/77 (Van Tiggele), Slg. 1978, 25, Rdn. 24, 25.

82 Vgl. EuGH Rs. 290/83 (Kommission/Frankreich), Slg. 1985, 439; EuGH verb. Rs. 67, 68, 70/85 (Van der Kooy/Kommission), Slg. 1988, 229, 272.

83 EuGH Rs. C-72/91 und C-73/91 (Sloman Neptun), Slg. 1993, I-887, Rdn. 19; vgl. hierzu auch die Urteilsanm. von *Slot*, CMLR 1994, S. 142.

die Herkunft der Mittel zur Finanzierung einer Beihilfemaßnahme keine Rolle spiele. Nach seiner Auffassung verlange Art. 87 Abs. 1 EG nur, dass die Maßnahme auf einem dem Mitgliedstaat zurechenbaren Verhalten beruhe.[84] Der Gerichtshof wies demgegenüber wie bereits vorher in der Rechtssache *Van Tiggele*[85] darauf hin, dass schon der Wortlaut von Art. 87 Abs. 1 EG wie auch die in Art. 88 EG enthaltenen Verfahrensvorschriften zeigten, „dass die aus anderen als staatlichen Mitteln gewährten Vorteile nicht in den Anwendungsbereich der fraglichen Vorschrift fallen."[86] Entgegen der vom Generalanwalt vertretenen Auffassung sei die Herkunft der Begünstigung gerade aus staatlichen Mitteln entscheidende Voraussetzung des Beihilfetatbestands.[87]

Staatliche Vorteile welcher Art auch immer, die nicht zugleich mit einer Belastung des Staatshaushalts beziehungsweise mit einem staatlichen Mittelfluss verbunden sind, fallen nach diesem Verständnis also bereits nicht in den Beihilfebegriff.[88] Die in Art. 87 EG getroffene Unterscheidung zwischen staatlichen Beihilfen und aus staatlichen Mitteln gewährten Beihilfen diene nämlich nur dem Zweck, „in den Beihilfenbegriff nicht nur unmittelbar vom Staat gewährte Beihilfen, sondern auch jene Beihilfen einzubeziehen, die durch vom Staat benannte oder errichtete öffentlichen oder private Einrichtungen gewährt werden."[89] Nach den insoweit eindeutigen Ausführungen des Gerichtshofs in dem genannten Verfahren sowie in seiner Nachfolgerechtsprechung[90] kommt dem

---

84 Vgl Schlussanträge des Generalanwalts *Darmon*, Rs. C-72/91 und C-73/91 (Sloman Neptun) Slg.1993, I-887, Rdn. 40 f.

85 EuGH 82/77 (Van Tiggele), Slg. 1978, 25, Rdn. 23-25.

86 EuGH Rs. C-72/91 und C-73/91 (Sloman Neptun), Slg. 1993, I-887, Rdn. 19.

87 Generalanwalt *Jacobs* skizziert die Ratio des Beihilfeverbots in der Weise, „dass die Vorschriften über staatliche Beihilfen nur dazu dienen sollen, den Wettbewerb vor aus öffentlichen Mitteln finanzierten staatlichen Maßnahmen und nicht vor jeder Art von staatlichen Maßnahmen" zu schützen, Rs. C-379/98 (PreussenElektra/Schleswag), Slg. 2001, I-2099, Rdn.155.

88 Vgl. hierzu *Soltész*, EuZW 1998, S. 750 ff.

89 EuGH Rs. C-72/91 und C-73/91 (Sloman Neptun), Slg. 1993, I-887, Rdn. 19.

90 EuGH Rs. C-189/91 (Kirsammer-Hack/Sidal), Slg. 1993, I-6185, Rdn. 16 (Freistellung von Kleinbetrieben von strengen deutschen Kündigungsschutzregeln für Arbeitnehmer ist keine Beihilfe); Rs. C-52/97, C-53/97 und C-54/97 (Viscido), Slg. 1998, I-2629, Rdn. 13 (Befreiung des Staatsunternehmens *Ente Poste Italiane* vom grundsätzlichen Verbot befristeter Arbeitsverträge stellt keine Beihilfe dar); Rs. C-200/97 (Ecotrade), Slg.1998, I-7907, Rdn. 35 und Rs. C-295/97 (Piaggio), Slg. 1999, I-3735, Rdn. 35 (Sonderregelung für den Konkursfall, wodurch italienische Unternehmen unter Sonder-

Fußnote fortgesetzt

Tatbestandsmerkmal „staatliche Beihilfe“ also nicht eine Art Auffangfunktion für sämtliche Vorteile zugunsten bestimmter Branchen oder Gruppen zu, die auf einer staatlichen Regulierung beruhen. Vielmehr bezieht sich die genannte Tatbestandsvoraussetzung nur auf eine direkte Finanzierung aus dem Staatshaushalt, während die „aus staatlichen Mitteln“ gewährte Beihilfen die indirekte Finanzierung aus öffentlichen Mitteln erfasst. Insofern differenziert der EuGH zwischen aus staatlichen Mitteln gewährten Beihilfen und einem lediglich durch Gesetz geschaffenen Rahmen, der sich für bestimmte Unternehmen vorteilhaft auswirkt. Unter letztere, d.h. beihilfeirrelevante, Fallgruppe fallen staatliche Maßnahmen selbst dann, wenn dem Staat durch den Wegfall von Steuergeldern Einnahmen entgehen und auf diese Weise eine Haushaltsbelastung eintritt.[91]

Mit den zuvor skizzierten Urteilen war durch die Rechtsprechung noch nicht geklärt, wie eine Konstellation beihilferechtlich zu beurteilen ist, wie sie auch im Fall der Gebührenfinanzierung vorliegt.[92] Diese Situation ist dadurch gekennzeichnet, dass ehedem private Gelder aufgrund staatlicher Intervention einem im öffentlichen Interesse liegenden Zweck zugeführt werden.[93]

2. Das *PreussenElektra/Schleswag*-Urteil des EuGH

Die Frage, ob Mittel allein aufgrund der ihnen zugrundeliegenden staatlichen Steuerung das Staatlichkeitserfordernis im Sinne des Art. 87 Abs. 1 EG erfüllen, hat der EuGH mit seinem Urteil im Fall *PreussenElektra/Schleswag*[94] jedoch nunmehr einer Klärung zugeführt. Hier ging es um den bisher noch nicht entschiedenen Fall, dass der Staat durch Gesetz aus der privaten Sphäre entstammende Mittel auf Unternehmen umleitet, die wichtige öffentliche Interessen wahrnehmen.[95]

---

verwaltung gestellt werden sowie damit verbundene Vergünstigungen wie z.B. staatliche Bürgschaften etc. stellen keine Beihilfe dar).

91 Dies ist allerdings von sogenannten Verschonungssubventionen durch Steuererleichterung zu unterscheiden, *Streinz*, Urteilsanmerkung, JuS 2001, 597; *Soltész*, EuZW 1998, S. 752.

92 So zutreffend *Koenig/Kühling*, ZUM 2001, S. 540; vgl. auch *Gellermann*, DVBl. 2000, S. 512.

93 Anderes gilt allerdings für parafiskalische Abgaben, die nach ständiger Rspr. des EuGH unter den Beihilfebegriff zu fassen sind, vgl. hierzu *Oppermann*, Deutsche Rundfunkgebühren, S. 48 f. m.w.N.

94 EuGH Rs. C-379/98 (PreussenElektra/Schleswag), Slg. 2001, I-2099.

95 Vgl. hierzu auch *Bartosch*, NVwZ 2001, S. 645.

a) Sachverhalt und Entscheidungsinhalt

Inhaltlich ging es bei der Streitigkeit um Abnahme- und Vergütungspflichten nach dem seinerzeit einschlägigen deutschen Stromeinspeisungsgesetz (StromEG). Die fragliche Abnahme- und Vergütungspflicht galt nach § 1 StromEG für die Einspeisung von Strom aus Energieträgern, die als ökologisch besonders wertvoll und daher förderungswürdig eingestuft wurden. Gemäß § 2 StromEG bestand eine Abnahmepflicht für Stromversorgungsunternehmen zugunsten von Erzeugern erneuerbaren Energien. Eine korrespondierende Vergütungspflicht folgte aus § 3 StromEG, wobei sich die Höhe der Vergütung an den Endverbraucherpreisen orientierte und so zu bestimmten Mindestpreisen führte. In § 4 sah das StromEG eine Härteklausel vor, nach der eine Verlagerung der Vergütungskosten an die vorgelagerten Netzbetreiber unter bestimmten Voraussetzungen ermöglicht wurde. Um die Inanspruchnahme dieser Härteklausel bzw. die hierauf beruhende Geltendmachung entsprechender Kostenübernahmen seitens der *Schleswag AG*, ein regionales Elektrizitätsversorgungsunternehmen, zulasten der *PreussenElektra AG*, die Klägerin des Ausgangsverfahrens, ging es im Ausgangsrechtstreit. Die *PreussenElektra AG* machte unter anderem geltend, dass die den beanspruchten Zahlungen zugrundeliegende Härtefallregelung den beihilferechtlichen Regelungen des EG-Vertrags zuwiderliefe.[96] Das vorlegende Gericht wollte vom EuGH im wesentlichen wissen, ob die Regelungen des StromEG eine staatliche Beihilfe im Sinne von Art. 87 Abs. 1 EG zugunsten der Erzeuger von Strom aus erneuerbaren Energien darstellen.

Der Gerichtshof bestätigt in der Entscheidung *PreussenElektra/Schleswag* zunächst seine mit dem Urteil *Van Tiggele* begonnene und seit *Sloman Neptun* bekräftigte Rechtsprechung, nach der eine Beihilfe im Sinne von Art. 87 Abs. 1 EG eine unmittelbare oder mittelbare Finanzierung aus öffentlichen Mitteln voraussetzt, dass damit aber nicht jedweder sonstige durch staatliche Intervention verursachte finanzielle Vorteil, der nicht zugleich mit einem aus öffentlichen Geldern gespeisten Mittelfluss verbunden ist, umfasst ist.[97] Er führt sodann weiter aus, dass die auf einem Gesetz beruhende Verpflichtung privater Elektrizitätsunternehmen zur Abnahme von Strom zu bestimmten Mindestpreisen den

96 Das deutsche Schrifttum ging mehrheitlich - ähnlich wie im vorliegend interessierenden Fall der öffentlich-rechtlichen Rundfunkgebühren – davon aus, dass das die fraglichen Regelungen des Stromeinspeisungsgesetz eine europarechtswidrige Beihilfe darstellen. Vgl hierzu mit weiteren Nachweisen bspw. *Ruge*, WuW 2001, S. 561, sowie *Faber*, NuR 2002, S. 141.

97 Vgl. hierzu die Ausführungen oben Teil 1 C I.1.b).

betroffenen Stromerzeugern zwar unbestreitbar einen wirtschaftlichen Vorteil verschaffe. Diese könnten sich somit ohne jedes Risiko Gewinne sichern, die sie ohne diese Regelung nicht zu erzielen in der Lage wären. Die Verpflichtung führe aber „nicht zu einer unmittelbaren oder mittelbaren Übertragung staatlicher Mittel auf die Unternehmen, die diesen Strom erzeugen".[98] Allein der Umstand, „dass die Abnahmepflicht auf einem Gesetz beruht und bestimmten Unternehmen unbestreitbare Vorteile gewährt, kann damit der Regelung nicht den Charakter einer staatlichen Beihilfe im Sinne von Art. 92 Absatz 1 EG-Vertrag[99] verleihen."[100] Folglich könne auch nicht die Aufteilung der Belastungen zwischen den verpflichteten Unternehmen sowie den nachgelagerten Stromerzeugern eine Beihilfe beinhalten.

Besondere Beachtung verdienen in diesem Zusammenhang die Schlussanträge des Generalanwalts *Jacobs*, die der Entscheidung zugrunde liegen.[101] Er setzt sich insbesondere mit der Argumentation der Kommission auseinander, dass die relevanten Vorschriften des Stromeinspeisungsgesetzes zu einer Umwandlung privater Mittel in staatliche Mittel führen. Insoweit seien sie, so die Kommission, mit einer beihilferechtlich relevanten Steuer oder parafiskalischen Abgabe vergleichbar, als sie der privaten Sphäre Mittel entzögen und sie einem im Allgemeininteresse liegenden Zweck zuführten.[102] Der Generalanwalt räumt demgegenüber zwar ein, dass für das Vorliegen einer staatlichen Beihilfe nicht zwangsläufig sei, dass sich die fraglichen Mittel tatsächlich im Vermögen staatlicher Stellen befänden. Dies läge beispielsweise regelmäßig bei dem als Beihilfe einzustufenden Fall vor, wenn der Staat auf Einkünfte verzichtet, auf die er einen Anspruch hat.[103] Im Ergebnis wies er aber den von der Kommission vertretenen Ansatz mit dem Argument zurück, dass der Staat hinsichtlich der strittigen Mittel zu keinem Zeitpunkt eine Kontrolle ausübe und sie zu keinem Zeitpunkt staatlichen Behörden zur Verfügung stünden. Vielmehr würden sie den privaten

---

98 EuGH Rs. C-379/98 (PreussenElektra/Schleswag), Slg. 2001, I-2099, Rdn. 59.

99 Jetzt Art. 87 Abs. 1 EG.

100 EuGH Rs. C-379/98 (PreussenElektra/Schleswag), Slg. 2001, I-2099, Rdn. 61.

101 Vgl. Schlussanträge des Generalanwalts *Jacobs*, Rs. C-379/98 (PreussenElektra/Schleswag), Slg. 2001, I-2099.

102 So hatte insbesondere die Kommission argumentiert, vgl. Schlussanträge des Generalanwalts *Jacobs*, Rs. C-379/98 (PreussenElektra/Schleswag), Slg. 2001, I-2099, Rdn. 163.

103 Schlussanträge des GA *Jacobs*, Rs. C-379/98 (PreussenElektra/Schleswag), Slg. 2001, I-2099, Rdn. 164.

Sektor niemals verlassen und somit nicht in einen staatlichen oder dem Staat zurechenbaren Haushalt fließen.[104] Dies, d.h. eine in welcher Form auch immer begründete Verfügungsmöglichkeit des Staates über die Beträge sei aber Voraussetzung ihrer Qualifizierung als staatliche Mittel.[105] Andernfalls wären alle Beträge, die eine Person einer anderen aufgrund eines bestimmten Gesetzes schuldet, als staatliche Mittel anzusehen.[106] Dies hätte aber eine unvertretbar weite Auslegung des Beihilfebegriffs zur Konsequenz.[107]

b) Rechtliche Würdigung

Indem sich der Gerichtshof den Schlussanträgen seines Generalanwalts anschließt, weist er die Auffassung zurück, dass allein die Steuerung eines Mittelflusses durch staatliche Regulierung bereits eine staatlichen Zurechenbarkeit der Mittel im Sinne von Art. 87 Abs. 1 EG rechtfertigt.[108] Die für die vorliegende Untersuchung entscheidende Bedeutung des *PreussenElektra/Schleswag* Urteils liegt damit in der Klarstellung, dass die allein in einer staatlichen Regulierung als solcher begründete Kontrolle über bestimmte Finanzströme nicht ausreicht, um von öffentlichen Mitteln im Sinne der Beihilfevorschrift auszugehen. Über das Faktum der Verursachung bestimmter Zahlungen hinaus bedarf es also einer weitergehenden Einwirkungs- und Verfügungsmöglichkeit in Bezug auf die Mittel. Wollte man die Förderung bestimmter Gemeinwohlbelange im Wege staatlicher Regulierung, die zu einem Mittelfluss zwischen privaten Wirtschaftsteilnehmern führt, ausreichen lassen, ersetzte man das nach Art. 87 Abs. 1 EG vorausgesetzte Erfordernis des staatlichen Finanzopfers der Sache nach durch Elemente der staatlichen Veranlassung, Steuerung und Bestimmung und damit

---

104 Schlussanträge des GA *Jacobs*, Rs. C-379/98 (PreussenElektra/Schleswag), Slg. 2001, I-2099, Rdn. 165 ff.

105 Erforderlich ist eine "Budgetwirksamkeit", vgl. hierzu *Jaeger*, EuZW 2004, S. 559; Insoweit hat der EuGH auch den Bestrebungen der Kommission, den Anwendungsbereich des Beihilfeverbots mittels der mitgliedstaatlichen Treuepflicht gemäß Art. 10 EG zusätzlich zu erweitern, eine klare Absage erteilt. Das Beihilfeverbot gemäß Art. 87 EG regele die Materie abschließend, Art. 10 EG könne nicht zu einer Ausdehnung auf von dem Verbot nicht erfasste Handlungen herangezogen werden, EuGH Rs. 379/98 (PreussenElektra/Schleswag), Slg. I-2099, Rdn. 65.

106 Vgl. hierzu auch *Ruge*, WuW 2001, S. 568.

107 Schlussanträge des GA *Jacobs*, Rs. C-379/98 (PreussenElektra/Schleswag), Slg. 2001, I-2099, Rdn. 166.

108 Vgl. *Baquero Cruz/Castillo de la Torre*, E.L.Rev. 26 (2001), S. 493.

letztlich durch bloße Zurechnungsaspekte.[109] Um dem Staatlichkeitserfordernis der Mittel Genüge zu tun, bedarf es also einer über die gesetzliche Steuerung hinausgehenden staatlichen oder staatlich vermittelte Kontrolle über die Mittel als solche, d.h. bestimmter Modalitäten des „wie".[110]

Vom Vorliegen einer entsprechenden Kontrolle kann ausgegangen werden, wenn die Mittel in das Vermögen des Staates oder einer staatlich zurechenbaren Einrichtung übergehen und somit Teil eines öffentlichen Haushalts werden. Das gleich gilt, wenn sie in das staatliche Vermögen hätten übergehen sollen und der Staat nur hierauf verzichtet hat.[111] In den genannten Beispielen stehen die Mittel staatlichen Behörden entweder faktisch zur Verfügung oder aber es existiert zumindest ein rechtlich gesicherter Anspruch. Die Auszahlung an beziehungsweise der Anspruchsverzicht gegenüber begünstigen Unternehmen führt damit stets zu einer Belastung der Staatskasse.[112] Als Faustregel lässt sich festhalten, dass Beihilfen damit nur noch Maßnahmen aus staatlichen Mitteln, nicht aber Zahlungen auf staatliche Veranlassung erfassen.[113] Die Mittel müssen ihren Ursprung in

---

109 Hierauf weist *Gellermann*, DVBl. 2001, S. 513 zu Recht hin.

110 Dieser Ansatz der *PreussenElektra/Schleswag*-Rechtsprechung wird nunmehr bestätigt durch die EuGH-Urteile Rs. C-482/99 (Stardust Marine), Slg. 2002, I-4397 und unlängst EuGH Rs. C-345/02 (Pearle), noch nicht in amtl. Sammlung, abgedruckt in EuZW 2004, S. 572 ff; ebenfalls in diesem Sinne *Jaeger*, EuZW 2004, S. 558 ff.

111 Schlussanträge des GA *Jacobs*, Rs. C-379/98 (PreussenElektra/Schleswag), Slg. 2001, I-2099, Rdn. 165 ff.

112 Vgl. EuGH Rs. C-72/91 und C-73/91 (Sloman Neptun), Slg. 1993, I-887, Rdn. 21 („Die fragliche Regelung...zielt nicht auf die Schaffung eines Vorteils ab, der eine zusätzliche Belastung für den Staat oder für die genannten Einrichtungen darstellen würde..."); EuGH Rs. C-379/98 (PreussenElektra/Schleswag), Slg. 2001, I-2099, Rdn. 62 („...Steuereinnahmen des Staates verringern kann. Diese Folge ist einer derartigen Regelung immanent und kann nicht als Mittel angesehen werden,...auf Kosten des Staates einen bestimmten Vorteil zu gewähren"); ebenso EuGH Rs. C-200/97 (Ecotrade) Slg. 1998, I-7909, Rdn. 36; zu der ähnlich gelagerten Problematik hinsichtlich des Subventionsbegriffs im Rahmen des *GATT* EuGH Rs.187/85 (Fediol/Kommission), Slg.1988, 4155, Rdn. 11.

113 Auf die weit über den konkret zur Entscheidung stehenden Fall hinausragende Bedeutung weist das Schrifttum nahezu einhellig hin, vgl. nur die Urteilsanmerkungen von *Just*, in: Kübler (Hrsg.), EWiR 2001, Art. 87 1/01, S. 424, Ziff. 4; *Kühne*, Urteilsanm., JZ 2001, S. 759; *Streinz*, Urteilsanmerkung, JuS 2001, S. 597; ebenso die Urteilsanm. von *Ruge*, EuZW 2001, S. 248; *Trautwein*, JA 2001, S. 929 ff. sowie *Koenig/Kühling*, NVwZ 2001, S. 769.

einem öffentlichen Haushalt oder zumindest im Haushalt einer staatlich beauftragten privaten oder öffentlichen Einrichtung gehabt haben.[114]

Gemessen an den Vorgaben der *PreussenElektra/Schleswag*-Entscheidung fragt sich, welche Schlussfolgerungen für die beihilferechtliche Beurteilung der Rundfunkgebühren zu ziehen sind. Auch hier werden privaten Haushalten aufgrund eines Gesetzes zur Förderung von Gemeinwohlbelangen Gelder entzogen und dritten Stellen, d.h. den öffentlich-rechtlichen Rundfunkanstalten, zugeleitet. Entscheidend ist damit, ob die konkreten Modalitäten des Mittelflusses eine staatliche Zurechung rechtfertigen.

3. Schlussfolgerungen für die beihilferechtliche Beurteilung der deutschen Rundfunkgebühren

Hinsichtlich der öffentlich-rechtlichen Spartenkanäle erfolgt die Finanzierung ersichtlich nicht unmittelbar aus dem Staatshaushalt sondern im Wege der Erhebung von Rundfunkgebühren. Insofern kann das Vorliegen einer „staatlichen Beihilfe" im Sinne der ersten Alternative von Art. 87 Abs. 1 EG von vornherein ausgeschlossen werden. Es kommt nur die zweite Tatbestandsalternative, d.h. die Finanzierung „aus staatlichen Mitteln" in Betracht. Ausgehend von dem Zuvorgesagten ist damit ausschlaggebend, ob der Staat in irgendeiner Weise Kontrolle über die Rundfunkgebühren ausüben kann, bevor sie an die Rundfunkanstalten weitergeleitet werden.[115]

Bedarf es einer staatlichen Einwirkungsmöglichkeit auf die Mittel, ohne dass diese direkt aus dem Staatshaushalt fließen, müssen die Gelder nach der Rechtsprechung des EuGH dem Begünstigten durch eine vom Staat benannte oder errichtete, öffentliche oder private Einrichtungen gewährt werden.[116] Das Finanz-

---

114 Vgl. *Just*, in: Kübler (Hrsg.), EWiR, Art. 87 1/01, S. 424, Ziff. 4.

115 Für die Frage, ob eine Begünstigung aus staatlichen Mitteln vorliegt, kann die Quelle, aus der die Mittel ursprünglich – beispielsweise von Verbrauchern im Fall der Rundfunkgebühr bzw. von Unternehmen in der Rechtssache *PreussenElektra/Schleswag* - stammen, d.h. bevor sie in einen öffentlichen Haushalt eingehen oder diesen in einer anderen Form belasten, keine Rolle spielen.

116 EuGH Rs. C-72/91 und C-73/91 (Sloman Neptun), Slg. 1993, I-887, Rdn. 19; EuGH Rs. C-189/91 (Kirsammer-Hack/Sidal), Slg. 1993, I 6185, Rdn. 16; EuGH Rs. C-52/97, C-53/97 und C-54/97 (Viscido), Slg. 1998, I-2629, 2641 Rdn. 13; EuGH Rs. C-200/97 (Ecotrade), Slg.1998, I-7907, Rdn. 35; EuGH Rs. C-295/97 (Piaggio), Slg. 1999, I-3735, Rdn. 35; EuGH Rs. C-379/98 (PreussenElektra/Schleswag), Slg. 2001, I-2099, Rdn. 58.

mittel müssen dem Empfänger also gewissermaßen aus einem dem Staat zurechenbaren „Nebenhaushalt" zufließen.

Die Rechtsprechung hat bisher aber weder eine Definition der staatlich eingesetzten Einrichtungen noch einen verbindlichen Kriterienkatalog dafür erstellt, wann eine bestimmte Einrichtung als staatlich eingesetzt gelten soll. Ebenso wenig finden sich explizite Feststellungen dahingehend, wann von einer Mittelgewährung seitens einer entsprechenden Einrichtung auszugehen ist. Für weiterführende Eingrenzungen ist somit eine nähere Betrachtung der Kasuistik des Gerichtshofs erforderlich (vgl. hierzu sogleich Teil 1 C.I.3.a)). Im Anschluss hieran wird das deutsche System der Erhebung und Einziehung der Rundfunkgebühren daraufhin untersucht, ob es die zuvor ermittelten Vorgaben der Rechtsprechung für das Vorliegen öffentlicher Mittel im Sinne der zweiten Tatbestandsalternative des Art. 87 Abs. 1 EG erfüllt. (vgl. Teil 1 C.I.3.b)).

a) Weitere Konkretisierung des Merkmals der staatlich eingesetzten Einrichtung

Auch wenn die Rechtsprechung präzise Kriterien für das Vorliegen von mittelbar gewährten Beihilfen vermissen lässt, können den einschlägigen Urteilen einige weitergehende Eingrenzungen entnommen werden. So verlangt der EuGH stets, dass eine „Zwischeninstanz zwischen den „Abgabepflichtigen" – das heißt der Allgemeinheit der Arbeitnehmer, Verbraucher oder Wirtschaftsteilnehmer, auf denen die Finanzierung der Beihilfe lastet – und den Begünstigten" besteht.[117] Häufig handelt es sich dabei um die Haushalte von Fonds bzw. Sonderkassen[118] oder solche von öffentlichen Unternehmen,[119] die unter staatlicher

---

117 Dies stellt Generalanwalt *Darmon* in seinen Schlussanträgen zu den Rs. C-72/91 und C-73/91 (Sloman Neptun), Slg. 1993, I-887, Rdn. 25, ausdrücklich fest; vgl. auch *Koenig/Kühling*, NVwZ 2001, S. 769.

118 Vgl. bspw. EuGH Rs. C-173/73 (Italien/Kommission), Slg. 1974, 709, Rdn. 33/35 (teilweise Befreiung von Soziallasten zugunsten von Arbeitgebern in Textilsektor); EuGH Rs. C-72/79 (Kommission/Italien), Slg. 1980, 1411, Rdn. 20 ff (teilweise Finanzierung der Lagerkosten für Zucker zugunsten von Zuckerherstellern aus einem besonderen Fonds); EuGH Rs. C-78/76 (Steinike und Weinlig) Slg. 1977, 595, Rdn. 22 (Förderung des Absatzes und der Verwertung der Deutschen Land-, Forst, und Ernährungswissenschaft durch einen entsprechenden Absatzförderungsfonds); EuGH Rs. C-290/83 (Kommission/Frankreich), Slg. 1985, 439, Rdn. 15 (Finanzierung zugunsten bedürftiger Landwirte aus der „Caisse nationale de crédit agricole").

119 Vgl. bspw. EuGH Rs. C- 57/86 (Griechenland/Kommission) Slg. 1988, 2855, Rdn. 12 f. (Zinserstattung für griechische Exportunternehmen unter Einschaltung der „auf diesem Gebiet unter der unmittelbaren Kontrolle des Staates tätig" werdenden „Bank von Grie-

Fußnote fortgesetzt

Kontrolle auf den entsprechenden Gebieten tätig werden. In diesem Zusammenhang hat der EuGH auch entschieden, dass es ohne Belang ist, wenn hinsichtlich der Zwischeninstanz Vorschriften über die interne Organisation existieren, die deren Unabhängigkeit von anderen staatlichen Stellen gewährleisten. Erforderlich ist in der Regel nur, dass sie durch staatlichen Gründungsakt errichtet wurde, ihre Aufgaben in Rechtsvorschriften geregelt und die relevanten Organe durch staatliche Repräsentanten gewählt worden sind.[120] Die per Gesetz garantierte Unabhängigkeit einer Zwischeninstanz steht ihrer staatlichen Zurechnung daher grundsätzlich nicht entgegen.

Weiterhin ist erforderlich, dass die eingeschaltete Instanz als solche die Mittel *gewährt* haben muss.[121] Erfolgt die Finanzierung also nicht direkt aus dem Staatshaushalt sondern über eine entsprechende Zwischeninstanz, muss diese ihrerseits in der Lage sein, die Mittel zu verwalten und über diese zu verfügen, damit von einer Mittelgewährung im Sinne Art. 87 Abs. 1 EG ausgegangen werden kann. Dies bedeutet zugleich, dass der Haushalt der Einrichtung selbst entweder durch Mittelauszahlung oder durch Anspruchsverzicht belastet werden muss. Auch Letzteres kann eine Mittelgewährung konstituieren, da es unerheblich ist, ob die fraglichen Mittel dem Staat beziehungsweise der betreffenden Einrichtung jemals unmittelbar gehört haben. Wie zuvor ausgeführt, reicht es nach der Rechtsprechung aus, dass die Berechtigten, d.h. Staat oder Einrichtung, zugunsten dritter Stellen auf Mittel verzichtet haben, die sonst in den jeweiligen Haushalt gelangt wären. Auch in einem solchen Fall des Verzichts rechtlich gesicherter Ansprüche geht der EuGH davon aus, dass die Beträge ständig unter staatlicher Kontrolle stehen und somit als staatliche Mittel im Sinne von Art. 87 Abs. 1 EG qualifiziert werden können.[122] Gleiches gilt für den Fall, dass be-

---

chenland"); EuGH Rs. 303/88 (Italien/Kommission), Slg. 1991, I-1433, Rdn. 10 ff. (Ausgleich von Betriebsverlusten von auf dem Textilsektor tätigen Unternehmen durch die staatliche Holdinggesellschaft *Ente Nazionale Idrocarburi* (ENI)); Nach Ansicht des EuGH ist belegt, „dass die ENI unter der Kontrolle des italienischen Staats handelt.", ibidem, Rdn. 12.

120 Vgl. hierzu EuG Rs. T-358/94 (Air France) Slg. 1996, II-2109, Rdn. 58 ff. (Finanzierung von Fördermaßnahmen zugunsten der überwiegend im staatlichen Eigentum stehenden Luftverkehrsgesellschaft *Air France* durch die Sonderkasse „Caisse de dépots et consignations").

121 So zu Recht *Koenig/Kühling*, ZUM 2001, S. 544.

122 EuGH Rs. C-83/98 (Ladbroke), Slg. 2000, I-3271, Rdn. 48, 50 (Ausdehnung eines staatlichen Verzichts auf nicht beanspruchte Gewinne aus Wetten für Pferderennen, die an sich an den Staat abzuführen wären, zugunsten eines Interessenverbandes zwecks Finanzierung besonderer Entlassungsentschädigungen für ehemalig Beschäftigte).

stimmte Mittel dem Staat oder der Einrichtung nicht auf Dauer gehören. Ausreichend ist, dass der öffentliche Sektor zur Unterstützung von Unternehmen tatsächlich auf die Geldmittel zurückgreifen kann, unabhängig davon, ob sie dauerhaft zum Vermögen des Staates gehören oder nicht.[123]

Bevor nunmehr festgestellt werden kann, ob das deutsche Rundfunkfinanzierungssystem die zuvorgenannten Voraussetzungen erfüllt (Teil I C.I.3.c)), bedarf es vorab der Darstellung seiner Grundzüge (vgl. Teil I C.I.3.b)).

b) Die Grundzüge des Rundfunkgebühren-Finanzierungssystems

Die deutsche Rundfunkordnung einschließlich ihrer Finanzierung hat ihre wesentliche Prägung durch die Rechtsprechung des Bundesverfassungsgerichts erfahren.[124] Sie ist ohne deren Berücksichtigung nicht verständlich. Zu den grundlegenden Prinzipien der Rundfunkordnung zählt dabei auf der einen Seite der Grundsatz, dass der Staat dafür zu sorgen hat, dass die öffentlich-rechtlichen Rundfunkanstalten für ihre Aufgabenerfüllung mit ausreichenden Finanzmitteln ausgestattet sind.[125] Auf der anderen Seite existiert das verfassungsrechtliche Gebot der Staatsfreiheit.[126] Hieraus folgt, dass die Rundfunkfinanzierung in einer Form erfolgen muss, die eine Einflussmöglichkeit des Staates insbesondere auf die Programmgestaltung ausschließt.[127] Zur Umsetzung des Gebots der Staatsfreiheit bei der Ermittlung des den Rundfunkanstalten zustehenden Finanzbedarfs dienen die Vorschriften des Rundfunkfinanzierungsstaatsvertrags (RFinStV).[128] Wichtigstes Instrument in diesem Zusammenhang ist die Kommission zur Überprüfung und Ermittlung des Finanzbedarfs der Rundfunkanstalten

---

123 EuGH Rs. C-83/98 (Ladbroke), Slg. 2000, I-3271, Rdn. 50 unter Verweis auf EuG Rs. T-358/94 (Air France) Slg. 1996, II-2109, Rdn. 67.

124 Vgl. hierzu die rundfunkspezifischen Entscheidungen BVerfGE 12, 205; E 31, 314; E 57, 295; E 73, 118; E 74, 297; E 83, 238; E 87, 181; E 90, 60.

125 Vgl. BVerfGE 90, 60, 90 ff.; E 87, 181, 199; E 73, 118, 158.

126 Vgl. beispielsweise den Überblick bei *Hesse*, Rundfunkrecht, S. 64 f.; *Libertus*, in: Hahn/Vesting, § 13, Rdn. 23 ff.

127 Entsprechend wurde das vormals geltende Finanzierungssystem, das weder materiellrechtliche noch verfahrensrechtliche Kautelen gegen eine staatliche Einflussnahme vorsah, als verfassungswidrig angesehen, BVerfGE 90, 60, 96 f.

128 Vom 26.8. - 11.9.1996, in der Fassung des 6. Rundfunkänderungsvertrages vom 19.6.2002.

(KEF). Sie stellt als unabhängiges Expertengremium die Gewährleistung der Staatsfreiheit bei der Gebührenbemessung sicher.[129]

Die Rundfunkanstalten melden hierzu in einem ersten Schritt ihren jeweiligen Finanzbedarf bei der KEF an.[130] Die angemeldeten Finanzmittel werden von dem Expertengremium in einem zweiten Schritt geprüft.[131] Vor dem Hintergrund dieser Prüfung gibt die KEF eine Empfehlung ab, die Grundlage für die Festlegung der Rundfunkgebühr durch einen Länderstaatsvertrag ist.[132] Die Festlegung erfolgt durch die Ministerpräsidenten bzw. Landesparlamente.[133] Die Bedarfsfeststellung der KEF entfaltet dabei eine weitgehende Bindungswirkung.[134] Abweichungen dürfen nur vorgenommen werden, sofern Gründe vorliegen, die mit der Rundfunkfreiheit kompatibel sind. Sie bedürfen weiterhin einer besonderen Begründung.[135]

Die Einzelheiten der Erhebung und Einziehung der Rundfunkgebühren sind demgegenüber im Rundfunkgebührenstaatsvertrag (RGebStV)[136] geregelt. Rundfunkgebühren sind grundsätzlich von jedem Rundfunkteilnehmer zu entrichten,

---

129 Vgl. zur sachlichen Unabhängigkeit § 2 RFinStV, insbesondere S. 2, zur personellen Unabhängigkeit § 4 Abs. 3 (funktionelle Inkompatibilität) sowie § 4 Abs. 5 (beschränkte Widerrufsmöglichkeit der Berufung).

130 Vgl. § 1 RFinStV; zu den einzelnen Stufen zur Ermittlung der Gebührenhöhe vgl. die Kommentierung von *Goerlich*, in: Hahn/Vesting, vor § 1 RFinStV, Rdn. 8 ff. und § 1 RFinStV ff. und *Hartstein/Ring/Kreile/Dörr/Stettner*, Rundfunkstaatsvertrag, B5, § 13, Rdn. 26 ff.

131 Gemäß § 3, Abs. 1 RFinStV erfolgt seitens der KEF eine ausschließlich fachliche Prüfung des angemeldeten Finanzbedarfs unter Wahrung der Programmautonomie der Rundfunkanstalten; ausführlich hierzu *Libertus*, in: Hahn/Vesting, § 13, Rdn. 32 ff., 45 ff.

132 Vgl. § 7 Abs. 2 RFinStV, § 14 Abs. 4 RStV (Regelung durch Staatsvertrag); vgl. hierzu *Libertus*, in: Hahn/Vesting, § 13, Rdn. 98 ff.

133 Ein neuer Staatsvertrag ist nur bei Änderung der Rundfunkgebühr erforderlich, so dass nur in diesem Fall die Landesparlamente eingeschaltet werden müssen, *Hartstein/Ring/Kreile/Dörr/Stettner*, Rundfunkstaatsvertrag, B5, § 13, Rdn. 100.

134 *Hartstein/Ring/Kreile/Dörr/Stettner*, Rundfunkstaatsvertrag, B5, § 13, Rdn. 100.

135 § 7 Abs. 2, S. 3 RFinStV.

136 Vom 31. August 1991, in der durch den 7. Rundfunkänderungsstaatsvertrag geänderten Fassung vom 23.-26.September 2003.

der ein Rundfunkempfangsgerät zum Empfang bereit hält.[137] Gemäß § 7 Abs. 1 und 2 RGebStV sind die Landesrundfunkanstalten sowie das ZDF und die Landesmedienanstalten jeweils in dem im Rundfunkfinanzierungsstaatsvertrag bestimmten Umfang Gläubiger der Rundfunkgebühren.[138]

Nach § 7 Abs. 3, S. 2 RGebStV können die Landesrundfunkanstalten andere Stellen mit der Einziehung der Rundfunkgebühren beauftragen. Die Rundfunkanstalten haben jedoch von dieser Möglichkeit keinen Gebrauch gemacht. Diese Aufgaben wird von ihnen vielmehr auf der Grundlage von § 4 Abs. 7 RGebStV selbst wahrgenommen. § 4 Abs. 7 RGebStV ermächtigt die Anstalten unter anderem das Verfahren zur Leistung der Rundfunkgebühren durch übereinstimmende Satzung zu regeln. Gemäß § 2, S. 1 der entsprechend aufgestellten Gebührenverfahrens-Satzungen führt die Gebühreneinzugszentrale (GEZ) „als gemeinsames Rechenzentrum im Rahmen einer nicht-rechtsfähigen öffentlich-rechtlichen Verwaltungsgemeinschaft der ARD-Landesrundfunkanstalten und des Zweiten Deutschen Fernsehens Verwaltungsgeschäfte des Rundfunkgebühreneinzugs durch“.[139] Die bei der GEZ eingehenden beziehungsweise von dieser beigetriebenen Gelder werden von ihr entsprechend den staatsvertraglichen Regelungen an die Landesrundfunkanstalten, das ZDF sowie die Landesmedienanstalten weitergeleitet. Die Rundfunkteilnehmer haben dabei gemäß Art. 5 Abs. 1 der Gebührenverfahrens-Satzung die Rundfunkgebühren an die GEZ „auf das Rundfunkgebührenabwicklungskonto ARD/ZDF“ zu entrichten. Ausgehend von dem Umstand, dass die GEZ lediglich als gemeinsames Rechenzentrum ohne eigene Rechtsfähigkeit fungiert, kann sie also nicht als „andere Stelle“ im Sinne des zuvor erwähnten § 7 Abs. 3, S. 2. RGebStV qualifiziert werden.[140]

---

137 Vgl. § 2 Abs. 2 RGebStV, § 13 Abs. 2 RStV; zu den diesbezüglichen verfassungsrechtlichen Aspekten vgl. *Naujock*, in: Hahn/Vesting, § 1 RGebStV, Rdn. 6 ff.

138 § 7, Abs. 3 RGebStV sieht dabei vor, dass die Gebühren als Schickschuld an die jeweils zuständige Landesrundfunkanstalt zu entrichten sind, die sodann die entsprechenden Anteile an das ZDF, Deutschlandradio sowie die Landesmedienanstalt abführt.

139 Vgl. die Verwaltungsvereinbarung „Gebühreneinzugszentrale“ aller Landesrundfunkanstalten sowie des ZDF vom 2.10.1992/13.1.1993, *Breitkopf/Schiwy/Schneider* (Hrsg.), Medien und Telekommunikation, C.3.1.2.1.14. (Begleit-CD-Rom); vgl. auch *Ohliger*, in: Hahn/Vesting, § 7 RGebStV, Rdn. 17 ff.

140 *Ohliger*, in: Hahn/Vesting, § 7 RGebStV, Rdn. 18; Konsequenterweise wurde ihre Errichtung auch nicht in den amtlichen Verkündungsblättern der Länder öffentlich bekannt gemacht, wie dies § 7, Abs. 3, S. 2, 2. HS andernfalls vorgeschrieben hätte.

Sind in den Prozess der Gebührenerhebung bei den privaten Rundfunkteilnehmern und der Zuleitung der Gelder an die Rundfunkanstalten als Begünstige nur die KEF sowie die GEZ als weitere Instanzen eingeschaltet, fragt sich nunmehr, ob diese als Einrichtung im Sinne der zuvor geschilderten Rechtsprechung in Frage kommen.

c) Die KEF und/oder die GEZ als beihilferechtlich relevante staatliche Einrichtungen?

Hinsichtlich der GEZ ist bereits problematisch, ob ihr überhaupt der Charakter einer „Zwischeninstanz" im Sinne einer, mit welcher Rechtspersönlichkeit auch immer ausgestatteten, eigenen Einrichtung zwischen den Abgabepflichtigen und den Begünstigten beigemessen werden kann. Die GEZ nimmt aus administrativen Gründen als gleichsam ausgelagerte Einheit der Rundfunkanstalten im Auftrag derselben die Annahme, Abrechnung und Weiterleitung der Rundfunkgebühren vor. Aus dem Umstand, dass der Rundfunkteilnehmer die auf ihn entfallenden Gebühren an die GEZ auf ein Rundfunkgebührenabwicklungskonto ARD/ZDF zu überweisen hat, kann geschlossen werden, dass die GEZ als bloße Annahme- und Weiterleitungsstelle für die Rundfunkanstalten tätig wird und noch nicht einmal die bei einem Inkasso grundsätzlich erfolgende Forderungsabtretung zur Einziehung vorliegt. Sie agiert also lediglich als gemeinsames Rechenzentrum im Rahmen einer öffentlich-rechtlichen, nicht-rechtsfähigen Verwaltungsgemeinschaft.[141] Die Gläubigerstellung der Rundfunkanstalten als solche wird somit von dem in der Verwaltungsvereinbarung geregelten Gebühreneinzug nicht tangiert.[142]

Mangels hinreichender organisatorischer bzw. rechtlicher Verselbständigung der GEZ kann diese im Ergebnis also zwar den Rundfunkanstalten nicht aber dem Staat zugerechnet werden.[143] Zwar steht das Gebot der Staatsferne[144] einer staatlichen Zurechnung letzterer nicht entgegen.[145] Auch ist durch die EuGH-

---

141 Vgl. § 2 der Verwaltungsvereinbarung „Gebühreneinzugszentrale".

142 Vgl. § 7 Abs. 1 bis 3 RGebStV; *Ohliger*, in: Hahn/Vesting, § 7 RGebStV, Rdn. 18.

143 Vgl. *Ohliger*, in: Hahn/Vesting, § 7 RGebStV, Rdn. 18 („Teil jeder Rundfunkanstalt"); ebenso *Koenig/Kühling*, ZUM 2001, S. 545.

144 Vgl. hierzu Teil 1 C.I.3.b).

145 Vgl. hierzu EuG Rs. T-358/94 (Air France), Slg. 1996, II-2109, Rdn. 57 sowie 6. Leitsatz („..; dieser öffentliche Charakter kann nicht durch Gesichtspunkte der internen Organisation des öffentlichen Sektors wie die Existenz von Vorschriften, die die Unab-

Fußnote fortgesetzt

Rechtsprechung grundsätzlich geklärt, dass die Begünstigung von Anstalten öffentlichen Rechts unter Art. 87 Abs. 1 EG fällt, da die Mitgliedstaaten andernfalls durch die Rechtsformwahl über die Tragweite des Beihilfetatbestands entscheiden könnten.[146] Die Rundfunkanstalten sind jedoch selbst Begünstigte der Mittel. Als solche können sie nicht zugleich für die Mittelgewährung relevante Zwischeninstanz zwischen Verpflichteten und Begünstigten sein.

Hinzu kommt, dass es sich im Hinblick auf die Gebührengelder nicht um einen eigenen Haushalt der GEZ handeln dürfte. Die wesentliche Funktion der GEZ besteht darin, die Gebührengelder anzunehmen beziehungsweise beizutreiben und an die Berechtigten weiterzuleiten. Die Aufteilung der Gebühren richtet sich dabei ausschließlich nach dem im RFinStV geregelten Verteilungsmodus und liegt nicht im Ermessen der GEZ.[147] Spielräume bei der Verwaltung oder Verteilung der Gelder stehen ihr nicht zu. Insbesondere bezieht sich der ihr zustehende Kostenhaushalt, der gemäß § 4 Abs. 4 der Verwaltungsvereinbarung „Gebühreneinzugszentrale" durch die Rundfunkanstalten getragen wird, ausschließlich auf die bei der Gebührenverwaltung entstehenden Kosten und nicht auf die eingezogenen Gebühren selbst. Die Belastung eines der GEZ zustehenden Haushalts kann hierin kaum gesehen werden. Als zwischen Abgabenpflichtige und Empfänger geschaltete Einrichtung im Sinne der EuGH-Rechtsprechung scheidet die GEZ daher im Ergebnis aus.

Angesichts ihrer Errichtung als unabhängiges Sachverständigengremium handelt es sich bei der KEF im Gegensatz zur GEZ allerdings um eine organisatorisch hinreichend verselbständigte und mithin eigenständige Einrichtung.[148] Das in Bezug auf ihre Tätigkeit geltende Gebot der Staatsferne[149] stünde auch hier einer staatlichen Zurechnung nicht entgegen.[150] Problematisch ist jedoch die Voraussetzung der Belastung eines eigenen Haushalts. Wie zuvor geschildert, besteht

---

hängigkeit dieser Einrichtung von anderen staatlichen Stellen gewährleisten, in Frage gestellt werden.").

146 Vgl. beispielsweise bereits EuGH Rs. 78/76 (Steinike und Weinlig), Slg. 1977, 595, Rdn. 16 ff.; vgl. *Bartosch*, Der Syndikus Juli/August 2001, S. 20; *ders.* NVwZ 2001, S. 645.

147 Vgl. §§ 9, 10 RFinStV.

148 Vgl. zu den Merkmalen einer hinreichend verselbständigten Einrichtung oben Teil 1 C.I.3.a).

149 Vgl. oben Teil 1 C.I.3.b).

150 Vgl. hierzu ebenfalls die Ausführungen unter Teil 1 C.I.3.a).

die wesentliche Aufgabe der KEF darin, die von den Rundfunkanstalten erstellten Bedarfsanmeldungen zu prüfen und den sich hieraus ergebenden angemessenen Finanzbedarf der Anstalten zu ermitteln.[151] Die Gebührengelder gelangen hierbei weder zu irgendeinem Zeitpunkt in den Haushalt der KEF noch kann diese auf sonstige Weise über die Mittel verfügen. Die Rundfunkgebühren stellen folglich keine eigenen Mittel der KEF dar, auf die seitens des öffentlichen Sektors zur Unterstützung bestimmter Unternehmen oder Branchen zurückgegriffen werden könnte.[152]

Wie spätestens im Zuge des *PreussenElektra/Schleswag*-Urteils klargestellt,[153] reicht der Umstand, dass Gebühren oder Zwangsgelder durch einen staatlichen oder staatlich zurechenbaren Akt festgesetzt werden, allein nicht aus, um diese als staatliche Mittel zu qualifizieren. Im Hinblick auf die Ermittlung der Gebührenhöhe ist die Funktion der KEF vorliegend mit der des Gesetzgebers im Fall *PreussenElektra/Schleswag* zu vergleichen.[154] Reicht aber sogar die Bestimmung über die Zahlungspflicht sowie die Festlegung der Vergütungshöhe durch die staatliche Gewalt in Form der Legislative[155] nicht aus, um die hiervon betroffenen Mittel als staatlich zu qualifizieren, kann nichts anderes im Hinblick auf die staatlich unabhängige KEF gelten. Allein die Bestimmung der Höhe der zu entrichtenden Gebühr rechtfertigt also noch nicht die Wertung, dass diese hierdurch Bestandteil eines staatlichen oder dem Staat zurechenbaren Haushalt werden.[156]

Im Ergebnis kann damit festgehalten werden, dass es sich weder im Hinblick auf die KEF noch auf die GEZ um staatliche Einrichtungen im Sinne der EuGH Rechtsprechung handelt. Ebenso wenig ist hinsichtlich der Rundfunkgebühren die Belastung eines öffentlichen beziehungsweise der öffentlichen Hand zure-

---

151 Vgl. Teil 1 C.I.3.b).

152 Gemäß § 6 Abs. 1 RFinStV wird vielmehr auch der Haushalt der KEF aus dem Gebührenaufkommen gespeist.

153 Vgl. hierzu oben Teil 1 C.I.2.a) und b).

154 Entsprechendes gilt im Hinblick auf die Länderinstanzen bei der Festsetzung der Rundfunkgebühr, vgl. hierzu Teil 1 C.I.2.b).

155 Vgl. hierzu Ausführungen des EuGH Rs. C-379/98 (PreussenElektra/Schleswag), Slg. 2001, I-2099, Rdn. 7 ff.

156 Ebenso *Koenig/Kühling*, ZUM 2001, S. 545; anders noch vor der *PreussenElektra/Schleswag*-Entscheidung des EuGH *Koenig/Kühling*, EuZW 2000, S. 199.

chenbaren Haushalts erkennbar. Die deutschen Rundfunkgebühren stellen somit keine öffentlichen Mittel im Sinne des Art. 87 Abs. 1 EG dar.[157]

II. Die Gebührenfinanzierung der Spartensender als eine Begünstigung im Sinne von Art. 87 Abs. 1 EG?

Wie eingangs festgestellt,[158] bestehen weiterhin insofern Zweifel an der Tatbestandsmäßigkeit der fraglichen Gebührenfinanzierung, als das Tatbestandsmerkmal der Begünstigung betroffen ist.

Die staatlichen oder aus staatlichen Mitteln gewährten Beihilfen müssen gemäß Art. 87 Abs. 1 EG bei bestimmten Unternehmen oder Produktionszweigen zu einer Begünstigung führen. Eine verbindliche Definition dieses für den Beihilfetatbestand zentralen Merkmals ist bemerkenswerterweise weder dem Gemeinschaftsvertrag noch der Rechtsprechung des EuGH zu entnehmen.[159] Angesichts der Zielsetzung des Beihilfeverbots, nachteilige Beeinträchtigungen des gemeinschaftlichen Wettbewerbs zu verhindern,[160] besteht allenfalls Einigkeit darüber, dass das Begünstigungsmerkmal weit auszulegen ist und sowohl Leistungsgewährungen als auch verschonende staatliche Maßnahmen erfasst sind.[161] Entsprechend hat der Gerichtshof das Kriterium im Rahmen seiner umfangreichen Rechtsprechung immerhin dahingehend konkretisiert, dass bei „Vergünstigungen", „positiven Leistungen", „Maßnahmen, die die Belastungen vermindern" oder auch nur Maßnahmen mit einer allgemein begünstigenden Wirkung von einer Begünstigung im Sinne des Art. 87 Abs. 1 EG auszugehen ist.[162]

---

157 Im Ergebnis ebenso *Koenig/Kühling*, ZUM 2001, S. 546; *Bartosch*, Der Syndikus Juli/August 2001, S. 20; ebenso *Dörr/Cloß*, ZUM 1996, S. 116 zu den österreichischen Rundfunkgebühren, die durch ein in seiner Entscheidung weisungsfreies Kuratorium festgesetzt werden.

158 Vgl. hierzu oben Teil 1 C.

159 Vgl. hierzu auch die Ausführungen von *Slotboom*, ELR 20 (1995), S. 289 ff.

160 Vgl. EuGH Rs. C-387/92 (Banco Exterior de Espana), Slg. I-877, 907, Rdn. 12 („Artikel 92 EG-Vertrag soll verhindern, dass der Handel zwischen Mitgliedstaaten durch von staatlichen Stellen gewährten Vergünstigungen beeinträchtigt wird, die in verschiedenartiger Weise durch die Bevorzugung bestimmter Unternehmen oder Produktionszweige den Wettbewerb verfälschen oder zu verfälschen drohen.").

161 Vgl. statt vieler *Mederer*, in: Groeben/Thiesing/Ehlermann, EUV/EG, Art. 92, Rdn. 5 m.w.N.; *Bleckmann*, Europarecht, Rdn. 2052.

162 Vgl. EuGH Rs. 30/59 (Steenkolenmijnen), Slg. 1961, 3, 42 f.; EuGH C-387/92 (Banco Exterior de Espana), Slg. 1994, 877, Rdn. 13.

Ob eine Begünstigung vorliegt, wird nach der objektiven Wirkung der betreffenden Maßnahme, nicht jedoch nach den ihr zugrundeliegenden Zielen, Motiven oder ähnlichem beurteilt.[163] Im Hinblick auf die Wirkungen wird regelmäßig eine ökonomische Betrachtungsweise zugrunde gelegt. Die Praxis wendet in diesem Zusammenhang insbesondere bei Zuwendungen der öffentlichen Hand an öffentliche Unternehmen oder Unternehmen mit Mischbeteiligung den sogenannten „private investor test", d.h. das Prinzip des marktwirtschaftlich handelnden Kapitalgebers, an. Hiernach wird die Ist-Situation mit dem hypothetischen Verhalten eines umsichtigen Privatunternehmers verglichen, der in der betreffenden Situation nach sachgemäßen wirtschaftlichen Überlegungen handelt.[164] Bei jedem Vorteil oder jeder Vergünstigung, die ein privatwirtschaftlich Handelnder nicht vorgenommen hätte, ist letztlich von einer begünstigenden Wirkung im Sinne des Beihilferechts auszugehen.[165]

Über die Frage, wie es beihilferechtlich zu bewerten ist, wenn der Staat bestimmten Unternehmen Verpflichtungen im Interesse gemeinwirtschaftlicher Leistungserfüllung auferlegt sowie die Unternehmen für die hieraus resultierenden Lasten entschädigt, gingen die Auffassungen in der Vergangenheit weit auseinander (vgl. hierzu sogleich Teil 1 C II.1.a)-c)). Auch die Einordnung dieser Sachverhalte hat durch die jüngere EuGH Rechtsprechung (vgl. Teil 1 C II.2.) eine entscheidende Wendung erfahren (Teil 1 C II.3.).

1. Die bisherigen Auffassungen

Ob der Kostenausgleich für die Erfüllung bestimmter im öffentlichen Interesse liegender Aufgaben eine Begünstigung im Sinne des Art. 87 Abs. 1 EG beinhaltet, wurde in der Vergangenheit von den europäischen Institutionen unterschiedlich beurteilt. Die Frage ist in der Literatur bis heute lebhaft umstritten.

---

163 Vgl. nur *Koenig/Kühling*, in: Streinz, EUV/EG, Art. 87, Rdn. 29.

164 Siehe näher hierzu *v. Wallenberg*, in: Grabitz/Hilf, EUV, Art. 92, Rdn. 12; *Götz*, in: Dauses, Handbuch des EU-Wirtschaftsrechts, H III, Rdn. 24; *Koenig/Kühling*, NJW 2000, S. 1067.

165 Als erste Anwendungsfälle in der Rspr. gelten EuGH Rs. 234/84 (Meura), Slg. 1986, 2263, Rdn. 14; EuGH Rs. 40/85 (Boch), Slg. 1986, 2321, Rdn. 13 ff; EuGH Rs. 301/87 (Frankreich/Kommission), Slg. I-1990, 307, Rdn. 39; EuGH Rs. C-305/89 (Alfa Romeo), Slg. I-1991, 1603, Rdn. 19 f.; EuGH Rs. C-261/89 (Italien/Kommission), Slg. I-1991, 4437, Tz. 12.; vgl. ebenfalls Kommissionsentscheidung (89/43/EWG), ABl. Nr. L 016 vom 20.01.1989 (ENI/Lanerossi) S. 52 ff., 55.

a) Europäische Kommission und EuG

Die Europäische Kommission hatte zunächst geraume Zeit die Auffassung vertreten, dass finanzielle Vorteile, die die Mitgliedstaaten zum Ausgleich für gemeinwirtschaftliche Sonderlasten gewähren, keine staatlichen Beihilfen darstellen.[166] Aus den Leitlinien der Gemeinschaft für staatliche Beihilfen im Seeverkehr ergab sich beispielsweise, dass die Kommission bei der Bewertung von öffentlichen Dienstleistungsverträgen die Erstattung von Betriebsverlusten bei der Erfüllung bestimmter gemeinwirtschaftlicher Verpflichtungen nicht als Beihilfe im Sinne des EG-Vertrags betrachtete.[167]

In ihrer ersten Entscheidung zur Rundfunkfinanzierung, die sich auf das portugiesische Rundfunksystem bezog, verneinte die Kommission zunächst ebenfalls noch das Vorliegen des Beihilfetatbestands.[168] Nach Ansicht der Kommission lag eine Begünstigung deshalb nicht vor, da die staatlichen Zahlungen an den Sender *Radiotelevisao Portuguesa, SA*, lediglich einen Ausgleich für die Leistung verschiedener Aktivitäten darstellten, die der öffentlichen Rundfunkanstalt im Gegensatz zu den privaten Konkurrenten auferlegt waren.[169] Der aus den Entschädigungszahlungen resultierende Vorteil übersteige nicht den Betrag, der für die Erfüllung der nach den Vertragsbedingungen bestehenden gemeinwirtschaftlichen Verpflichtungen unbedingt erforderlich sei. Insofern war nach ihrer Einschätzung von einem angemessenen Leistungs-Gegenleistungsverhältnis auszugehen. Angesichts der fehlenden Begünstigung führte dies folglich zum Ausschluss des Beihilfetatbestands.

---

166 Darauf weist Generalanwalt *Tizzano* in seinen Schlussanträgen zur Rechtssache C-53/00 (Ferring/ACOSS), Slg. 2001, I-9067, Rdn. 56 hin.

167 Vgl. Leitlinien der Gemeinschaft für staatliche Beihilfen im Seeverkehr, ABl. EG 1997 Nr. C 205, 5.

168 Die *Sociedade Independente de Communicacao*, SA (SIC), Betreiber einer der seit 1992 führenden privaten Fernsehkanäle in Portugal, hatte bei der Kommission Mitte 1993 eine Beschwerde gegen Art und Weise der Finanzierung eines teilweise mit staatlichen Mitteln geförderten Senders (RTP) eingelegt; vgl. die nicht veröffentlichte Kommissionsentscheidung vom 02/10/1996 bzgl. des portugiesischen Rundfunksystems Auxilio estatal NN 141/95 (Financiamento dos publicos de televisao), vgl. hierzu auch die Pressemitteilung der Kommission IP/96/882.

169 Vgl. Kommissionsentscheidung vom 02/10/1996, ibidem, insbesondere Ziff. 5.

Die zitierte Kommissionspraxis wurde durch die neuere Rechtsprechung des Gerichts erster Instanz in Frage gestellt.[170] In der Rechtssache *FFSA u.a./Kommission* beschäftigte sich das EuG mit einer Entscheidung der Kommission, nach der diese den Beihilfecharakter bestimmter Steuerentlastungen zugunsten der französischen Post zum Ausgleich für gemeinwirtschaftliche Sonderlasten wiederum verneint hatte. Das EuG bezog in dem Verfahren jedoch die Gegenauffassung zur Kommission. Es stellte fest, dass die betreffenden Maßnahmen auf jeden Fall staatliche Beihilfen seien, auch wenn sie gemäß Art. 86 Abs. 2 EG des Vertrages mit dem Gemeinsamen Markt für vereinbar erklärt werden könnten.[171]

Diese Auffassung bekräftigte das EuG in dem Verfahren *SIC/Kommission*, in dem sich das Gericht mit der zuvor skizzierten Kommissionsentscheidung das portugiesische Rundfunksystem betreffend auseinander zusetzen hatte.[172] Das EuG judizierte, dass der Umstand, dass staatlichen Stellen einem Unternehmen einen finanziellen Vorteil zum Ausgleich für gemeinwirtschaftliche Sonderlasten gewähren, keine Auswirkungen auf die Qualifizierung dieser Maßnahme als Beihilfe im Sinne von Art. 87 Abs. 1 EG des Vertrages habe.[173] Entsprechende Zielsetzungen könnten erst und allenfalls im Rahmen der Prüfung der Vereinbarkeit einer Beihilfe mit dem Gemeinsamen Markt gemäß Art. 86 Abs. 2 EG berücksichtigt werden.[174] Zur Begründung dieses Ansatzes führte das Gericht aus, dass Art. 87 Abs. 1 EG nicht nach den Gründen oder Zielen der staatlichen Intervention unterscheide, sondern allein auf deren Wirkungen abstelle. Hieraus ergebe sich, dass der Beihilfebegriff einen objektiven Begriff darstelle, der sich nur danach bestimme, ob eine staatliche Maßnahme einem oder einigen Unternehmen einen Vorteil verschaffe.[175]

---

170 Hierauf weist Generalanwalt *Tizzano* in seiner Analyse der Kommissionspraxis sowie der Rechtsprechung im Rahmen seiner Schlussanträge in der Rs. C-53/00 (Ferring/ACOSS), Slg. 2001, I-9067, Rdn. 57, hin.

171 EuG Rs. T-106/95 (FFSA), Slg. 1997, II-229, Rdn. 178, 199.

172 EuG Rs. T-46/97 (Sociedade Independente Communicao (SIC)/Kommission), Slg. 2000, II-2125.

173 EuG Rs. T-46/97 (Sociedade Independente Communicao (SIC)/Kommission), Slg. 2000, II-2125, Rdn. 84.

174 EuG Rs. T-46/97 (Sociedade Independente Communicao (SIC)/Kommission), Slg. 2000, II-2125, Rdn. 84.

175 EuG Rs. T-46/97 (Sociedade Independente Communicao (SIC)/Kommission), Slg. 2000, II-2125, Rdn. 83.

Nach dieser Judikatur ist also der Umstand, dass bestimmte Vorteile gewährt werden, um gemeinwirtschaftliche Sonderpflichten auszugleichen, lediglich Ausdruck der Verfolgung eines bestimmten politischen Ziels. Die Zielsetzung einer Intervention sei jedoch regelmäßig irrelevant für deren Einstufung als Beihilfe.[176]

Als Folge der EuG-Rechtsprechung lässt sich eine Verschärfung der beihilferechtlichen Kontrollpraxis der Kommission konstatieren.[177] Bereits 1998 erstellte die Kommission ein Diskussionspapier zur Anwendung des EG-Beihilferechts auf die Rundfunkfinanzierung, in welchem sie ohne weitere Prüfung grundsätzlich von der beihilferechtlichen Tatbestandsmäßigkeit sämtlicher Finanzierungsmodelle für den öffentlichen Rundfunk ausging.[178] Ebenso nahm die Kommission im Rahmen der etwas späteren Entscheidung über die hier untersuchungsgegenständlichen Spartenkanäle keine Analyse der Angemessenheit von gemeinwirtschaftlichen Kosten und empfangenen Lastenausgleich mehr vor.[179]

Nach dem nunmehr von der Kommission vertretenen Standpunkt ist also von einer angemessenen Gegenleistung, die zum Ausschluss des Tatbestandsmerkmals der Begünstigung führt, nur noch dann auszugehen, wenn diese zu Marktbedingungen festgesetzt wird.[180] Dies sei nur dann der Fall, wenn allen interessierten Unternehmen die Möglichkeit gegeben worden sei, die Höhe der Gegenleistung anzugeben, die sie für die im Auftrag des Mitgliedstaats zu erbringende Dienstleistung fordern würden. Weiterhin müsse das mit der Dienstleistung betraute Unternehmen nach objektiven und geeigneten Kriterien ausgewählt worden sein.[181] Bei Fehlen dieser Voraussetzungen spräche eine Vermutung für

---

176 Gegen diese Einschätzung wenden sich ausdrücklich die Schlussanträge des Generalanwalts *Tizzano* in der Rs. C-53/00 (Ferring/ACOSS), Slg. 2001, I-9067, Rdn.60 ff.

177 Vgl. *Bartosch*, Das Ferring/ACOSS-Urteil des EuGH – die weitere Beschneidung der EG-Beihilfenkontrolle, in: Der Syndikus, Europarecht, S. 2, die Urteilsrezension ist vollständig abgedruckt im Internet unter: http://www.forumrecht.com/ syndikus/briefings/eu/eu_016.htm. (Stand 06/10/2003).

178 Das Papier erlangte angesichts des nachdrücklichen Widerstands der Mitgliedstaaten keinen offiziellen Status. vgl. Kommission, Diskussionspapier, Anwendung der Artikel 90 Absatz 2, 92 und 93 EG-Vertrag im Rundfunksektor (nicht veröffentlicht).

179 Vgl. Kommissionsentscheidung vom 24.2. 1999, Staatliche Beihilfe Nr. NN 70/98 – Deutschland (Kinderkanal und Phoenix), Ziff. 6.1.1.

180 Kommissionsentscheidung vom 24.2. 1999, ibidem, Ziff. 6.1.1.

181 Vgl. Kommissionsentscheidung vom 24.2. 1999, ibidem, Ziff. 6.1.1.; vgl. zu dieser Systematik beispielsweise auch die Transparenzrichtlinie (i.d.F. der Richtlinie 2000/52/EG

Fußnote fortgesetzt

das Vorliegen einer Beihilfe. Da sie in dem Spartenbeschwerde-Verfahren auch die Merkmale der Wettbewerbsverfälschung sowie der Beeinträchtigung des gemeinschaftlichen Handelsverkehrs als gegeben ansah, gelangte sie erst über die Anwendung von Art. 86 Abs. 2 EG zu der EG-rechtlichen Zulässigkeit der Gebührenfinanzierung.[182] In dem Fall *BBC News 24*, in dem es um die Gebührenfinanzierung eines reinen Nachrichtenspartenkanals der BBC ging,[183] sowie in einer Reihe von anderen Verfahren,[184] verfolgte die Kommission die gleiche dogmatische Vorgehensweise.

Die materiell-rechtliche Lösung solcher Fälle, in denen bestimmte Unternehmen mit gemeinwirtschaftlichen Aufgaben betraut sind und hierfür einen finanziellen Ausgleich erhalten, sucht die Kommission, insofern dem EuG folgend, also fortan ausschließlich über Art. 86 Abs. 2 EG, ohne die besonderen Umstände der Kompensationsfunktion der Zahlungen bereits auf der Tatbestandsebene von Art. 87 Abs. 1 EG zu problematisieren.[185] Die Grundlinien dieser Entscheidungspraxis hat die Kommission in ihrer Mitteilung über die Anwendung der Vorschriften über Staatliche Beihilfen auf den öffentlich-rechtlichen Rundfunk vom 15.11.2001 zusammengefasst.[186] Hierin stellt sie noch einmal ausdrücklich fest, dass zum einen eine staatliche Finanzierung von öffentlich-rechtlichen Rundfunkanstalten „im Normalfall als staatliche Beihilfen angesehen werden“

---

der Kommission vom 26.7.2000, ABl. EG 2000 L 193) gemäß Art. 4 Abs. 2 lit. c) auf Unternehmen, die mit den Dienstleistungen im allgemeinen wirtschaftlichen Interesse betraut sind, nicht anwendbar ist, sofern die ihnen gewährten Beihilfen im Rahmen eines offenen, transparenten und nicht diskriminierenden Verfahrens festgesetzt wurden.

182 Vgl. Kommissionsentscheidung vom 24.2. 1999, ibidem, Ziff. 6.3.

183 Kommissionsentscheidung vom 14.12. 1999, State aid No NN 88/98 – United Kingdom (BBC News 24). Die Entscheidung ist im Volltext in englischer Sprache im Internet abrufbar unter http://europa.eu.int/comm/secretariat_general/sgb/state_aids/industrie/nn088-98.pdf.

184 Vgl. beispielsweise die Entscheidungen zur Einleitung des formellen Prüfverfahrens in den Fällen C-62/99 (ex. NN 140/98), ABl. EG 1999 Nr. C 351, 20 (RAI) sowie C-60/99 (ex. NN 167/95), ABl. EG 1999 Nr. C 340, 57 (France 2 und France 3).

185 Beispielsweise in der Rechtssache NN 88/98 – United Kingdom (BBC News 24), ibidem, Fn. 183, zur staatlichen Mittelherkunft Ziff. 22 („The licence fee represents an obligation, imposed by public authorities...“), zur Begünstigung Ziff. 24 ff. („The Commission considers that any financial measure granted by the State to an undertaking which, in various forms, would mitigate the charges normally included in the accounts of the undertaking, has to be considered State aid within the meaning of Article 87...“) sowie zur Anwendbarkeit von Art. 86 Abs. 2 EG: Ziff. 37 ff.

186 Kommissionsmitteilung, ABl. EG 2001 Nr. C 320, Ziff. 5.

muss sowie dass öffentlich-rechtliche Rundfunkanstalten normalerweise „aus dem Staatshaushalt oder über eine vom Eigentümer des Fernsehgeräts zu entrichtende Gebühr finanziert“ werden.[187] Unter Berufung auf die Rechtsprechung des EuG bekräftigt sie, dass „jeder Transfer staatlicher Mittel an ein bestimmtes Unternehmen – auch wenn damit die Nettokosten für die aus dem öffentlich-rechtlichen Auftrag erwachsenden Verpflichtungen gedeckt werden – als staatliche Beihilfe anzusehen“ ist.[188]

b) Die Literatur

Dieser Ansatz traf auch in der Literatur auf beträchtliche Zustimmung.[189] Neben der bereits von dem EuG und der Kommission verwendeten Argumentation, dass Ziele im Rahmen von Art. 87 Abs. 1 EG stets unberücksichtigt zu bleiben hätten[190] und eine berücksichtigungsfähige Gegenleistung nur bei marktgerechtem Bezug,[191] d.h. einer Vergabe des Programmauftrags im Rahmen einer trägerfreien Ausschreibung vorläge,[192] wies das Schrifttum weiterhin darauf hin, dass bereits der Beihilfebegriff keinen Raum für einen wertenden Vergleich von Leistung und Gegenleistung lasse.[193] Da die Marktkräfte als solche weiterhin

---

187 Kommissionsmitteilung, ABl. EG 2001 Nr. C 320, Ziff. 17.

188 Kommissionsmitteilung, ABl. EG 2001 Nr. C 320, Ziff. 19; Diese könne allerdings nach Art. 86 Abs. 2 EG mit dem Gemeinsamen Markt als vereinbar angesehen werden, ibidem, Ziff. 28 ff.

189 Vgl. beispielsweise *Selmer/Gersdorf*, S. 25 ff., *v. Wallenberg*, in: GS f. Grabitz, S. 871 f.; *Engel*, Europarechtliche Grenzen, S. 20 ff.; *ders.*, in: Dauses, Handbuch des EU-Wirtschaftsrechts, E. V, Rdn. 52.

190 *Gundel*, RIW 2002, S. 224, Fn. 22; ähnlich *Hain*, MMR 2001, S. 221 f.

191 Theorien der „nicht marktgerechten Gegenleistung“, *Geiger*, EG, Art. 92 Rdn. 10; der „marktrelevanten“ oder „marktrelativen Gültigkeit“, *Müller-Graff*, ZHR 152 (1988), S. 418; vgl. auch *Selmer/Gersdorf*, S. 26.; ähnlich *Koenig/Kühling*, EuZW 2000, S. 198 („Gelingt daher keine Quantifizierung, kann auf diesem Wege die Begünstigungswirkung nicht ausgeschlossen werden“.); *Koenig*, EuZW 1995, S. 600; *Engel*, Europarechtliche Grenzen, S. 22 („An einer Begünstigung fehlt es nur, wenn der Staat am Markt Güter und Leistungen nachfragt.“); ebenso *Gundel*, RIW 2002, S. 225 („eine marktübliche Gegenleistung ist bei dieser atypischen Form der Nachfrage kaum feststellbar.“) und *Damm*, S. 95.

192 *Gundel*, RIW 2002, S. 227 f.; auch *Koenig/Kühling*, Streinz, EUV/EG, Art. 87, Rdn. 35, 36, scheinen in Richtung des formalen Kriteriums der Ausschreibung zu tendieren.

193 Vgl. *v. Wallenberg*, in GS f. Grabitz, S. 871/872; ähnlich *Koenig*, EuZW 1995, S. 599 f.; *Bleckmann*, Öffentlich-Rechtliche Spartenprogramme, S. 117, nach dem die Gegenleistung nur gegenüber dem Privilegien Gewährenden erbracht werden kann; a. A. *Kru-*

Fußnote fortgesetzt

keinen Rundfunk hervorzubringen in der Lage seien, der den Anforderungen des Art. 5 Abs. 1 S. 2 GG zu entsprechen vermag, könne in der auf der Gebührenfinanzierung beruhenden Grundversorgung durch die öffentlich-rechtlichen Rundfunkanstalten keine marktübliche Gegenleistung erblickt werden.[194] Im übrigen könne das einem pluralistischen Rundfunkwesen verpflichtete öffentliche Interesse ohnehin nicht in eine für das Beihilferecht notwendige ökonomische Wertigkeit transferiert werden.[195]

Die größte Gefahr wurde aber darin gesehen, dass durch eine Berücksichtigung von Gegenleistungen bereits auf Tatbestandsebene ein Loch in die gemeinschaftliche Beihilfeaufsicht gerissen würde. Die Gemeinschaft würde so die Beihilfenaufsicht letztlich der Definitionsmacht der Mitgliedstaaten anheim geben. Diese könnten dann bestimmen, welche Leistungen sie mit einer Gegenleistung am Markt vorbei honorieren wollen.[196] Damit würden auch bisher „klassische Beihilfefälle" künftig von der Anwendung des Beihilfeverbots verschont bleiben.[197]

Von anderen Teilen des Schrifttums wurde das Vorliegen einer Begünstigung demgegenüber abgelehnt.[198] Die ablehnende Haltung wurde von den Vertretern

---

se, EuZW 1996, S. 119; a.A. *Otten*, ZUM 1997, S. 792, nach dem bereits der Wortlaut eine Betrachtung von Leistung und Gegenleistung nahe legt.

194 *Selmer/Gersdorf*, S. 27.

195 Die gesellschaftspolitische Rolle der öffentlich-rechtlichen Sender könne daher nur unzureichend im Rahmen des Beihilfetatbestands berücksichtigt werden, von einer Begünstigung müsse im Falle einer staatlichen oder staatlich veranlassten Finanzierung mithin ausgegangen werden, vgl. *Frey*, ZUM 1999, S. 532 f.; *ders.*, Fernsehen, S. 129.

196 Vgl. hierzu *Engel*, Europarechtliche Grenzen, S. 21 f.; ähnlich *Gundel*, RIW 2002, S. 223 („Eine beihilferechtliche Kontrolle über die vom Staat gewährten Ausgleichszahlungen wäre dann nicht mehr möglich").

197 So *Gundel*, RIW 2002, S. 225 mit Verweis auf EuGH Rs. C-241/94 (Kimberly Clark), Slg. 1996, I-4551 (Bekämpfung der Arbeitslosigkeit durch staatliche Teilfinanzierung von Sozialplankosten); EuGH Rs. C-251/97 (Frankreich/Kommission), Slg. 1999, I-6639 (Kürzung der Sozialabgaben als Gegenleistung für Kosten aus Tarifverträgen über die Neuorganisation und die Verlängerung der Arbeitszeit); ähnlich *Engel*, Europarechtliche Grenzen, S. 21 mit Verweis auf EuGH Rs. 171/83 (Kommission/Frankreich), Slg. 1983, 2621 (Übernahme von Arbeitgeberbeiträgen zur Sozialversicherung gegen Verpflichtung zur Schaffung und Erhaltung von Arbeitsplätzen); vgl. ebenso EuGH Rs. C-75/97 (Belgien/Kommission), Slg. 1999, I-3671 (Verringerung der Sozialversicherungsbeiträge gegen Maßnahmen zum Arbeitsplatzerhalt).

198 Vgl. *Kruse*, EWS 1996, S. 118 f.; *Dörr/Cloß*, ZUM 1996, S. 112; *Eberle*, ZUM 1995, S. 766 f.; *Oppermann*, Deutsche Rundfunkgebühren, S. 34 ff.; *Bartosch*, EuZW 1999, S.

Fußnote fortgesetzt

der sogenannten Tatbestandslösung im wesentlichen damit begründet, dass den betroffenen Unternehmen *per saldo* kein Vorteil verbleibe, wenn den geleisteten Zahlungen eine reine Ausgleichsfunktion für gemeinwirtschaftlich auferlegte Lasten zukäme.[199] Sofern der durch den Zuschuss Begünstigte hierdurch erst in die Lage versetzt werde, die ihm auferlegten Aufgaben zu erfüllen, könne dies keine Beihilfe darstellen.[200] Die Berücksichtigungsnotwendigkeit von Gegenleistungsaspekten ergebe sich auch aus dem Sinn und Zweck des Beihilfeverbots. Wettbewerbsverzerrend könnten nämlich nur diejenigen Leistungen sein, die den Empfänger wettbewerbswidrig besser stellen nicht jene, die lediglich seine Dienste als Wettbewerbsteilnehmer vergüten.[201]

c) Die bisherige Rechtsprechung des EuGH

Zu der Frage der Beihilfequalität von Ausgleichszahlungen für gemeinwirtschaftliche Sonderpflichten hat sich der EuGH in seiner bisherigen Rechtsprechung bislang nur sehr vereinzelt geäußert. Der Gerichtshof hat zwar schon früh anerkannt, dass jedenfalls bei einer angemessenen Vergütung für erbrachte Waren oder Dienstleistungen nicht von einer Beihilfe auszugehen ist.[202] Als Beihilfen im Sinne dieser Rechtsprechung können somit nur diejenigen Geld- oder Sachleistung zugunsten von Unternehmen gelten, die außerhalb marktmäßiger Entgelte gewährt werden.[203] Sie müssen mit anderen Worten jenseits des Wertes der Gegenleistung liegen, welche vom Adressaten der staatlichen Zuwendung mit deren Hilfe erbracht wird. Ist dies der Fall, hat die Zuwendung überkompensatorischen Charakter.[204]

---

178 ff.; *Otten*, ZUM 1997, S. 793; zurückhaltend noch *Astheimer/Moosmayer*, ZUM 1994, S. 400.

199 So beispielsweise *Dörr/Cloß*, ZUM 1996, S. 111 f.; *Oppermann*, Deutsche Rundfunkgebühren, S. 34 ff.; *Bartosch*, EuZW 1999, S. 178 ff.; *Holzer*, ZUM 1996, S. 276; *Ciresa*, S. 198.

200 *Otten*, ZUM 1997, S. 793.

201 *Holzer*, ZUM 1996, S. 276.

202 Vgl. EuGH Rs. 30/59 (Steenkolenmijnen), Slg. 1961, 3, 42; Eine Beihilfe wird hiernach als eine Geld- oder Sachleistung charakterisiert, die einem Unternehmen zu dessen Unterstützung gewährt wird und die außerhalb des Entgelts liegt, welches der Käufer oder Verbraucher für die von dem betroffenen Unternehmen produzierten Güter oder Dienstleistungen entrichtet.

203 *Götz*, in: Dauses, Handbuch des EU-Wirtschaftsrechts, H. III, Rdn. 1.

204 Vgl. *Oppermann*, Deutsche Rundfunkgebühren, S. 35.

Der Problematik, ob die Finanzierung von den Unternehmen, denen aus Gemeinwohlerwägungen Sonderlasten auferlegt sind, eine angemessene Gegenleistung darstellen kann, hatte sich der Gerichtshof in der Vergangenheit, d.h. vor der nachfolgend zu skizzierenden jüngeren Rechtsprechung, allerdings erst einmal im Rahmen der sogenannten *Altöl*-Entscheidung zu widmen.[205] In dem Verfahren ging es um die Altölrichtlinie des Rates, die es den Mitgliedstaaten erlaubte, einzelnen Unternehmen Entsorgungsbezirke zuzuweisen, in denen sie dann sämtliches angefallene Altöl sammeln und beseitigen mussten. Sofern die Mitgliedstaaten von dieser Möglichkeit Gebrauch machten, gestattete ihnen die Richtlinie zwecks Ausgleichs des Kontrahierungszwangs, den betreffenden Unternehmen einen Zuschuss zu gewähren, der nach dem Verursacherprinzip aufzubringen war und der die tatsächlichen Kosten nicht übersteigen durfte. Der Gerichtshof hatte hier entschieden, dass es sich bei den Zuschüssen nicht um Beihilfen, sondern um Gegenleistungen für die von den Abhol- oder Beseitigungsunternehmen erbrachten Leistungen handelte.[206]

In zwei unlängst entschiedenen Fällen hat der Gerichtshof nach längerer Zeit erstmals wieder ausdrücklich auf den in der *Altöl*-Entscheidung gewählten Ansatz Bezug genommen.

2. Die jüngere Rechtsprechung des EuGH zum Begünstigungsbegriff – die Rechtssachen *Ferring/ACOSS* und *Altmark Trans*

Auch in den Rechtssachen *Ferring/ACOSS*[207] und *Altmark Trans*[208] ging es um die Begünstigung bestimmter Unternehmen, die im Allgemeininteresse liegende Verpflichtungen zu erfüllen hatten und die der EuGH im Ergebnis unter bestimmten Voraussetzungen bereits nicht dem Beihilfeverbot unterstellte (Teil 1C.II.2.a)). Ob aus dieser Rechtsprechung Schlussfolgerungen für strukturell ähnlich gelagerte Fälle gezogen werden können, wird teilweise bestritten (Teil 1C.II.2.b)). Für die Qualifizierung der hier interessierenden Finanzierungsgrundlage der Spartenkanäle, gehen von den Ausführungen des Gerichtshofs jedoch entscheidende Weichenstellungen aus (Teil 1C.II.3).

---

205 EuGH Rs. 240/83 (ADBHU), Slg. 1985, 531.

206 EuGH Rs. 240/83 (ADBHU), Slg. 1985, 531, Rdn. 18.

207 EuGH Rs. C-53/00 (Ferring/ACOSS), Slg. 2001, I-9067.

208 EuGH Urteil v. 24.7.2003, Rs. C-280/00 (Altmark Trans), Slg. 2003, I-7747.

a) Sachverhalte und Entscheidungsinhalte

In der Rechtssache *Ferring/ACOSS*[209] ging es um eine Steuererleichterung für die Unternehmen des französischen Pharmagroßhandels. Diese wurden von einer Abgabe verschont, die bei der Direktbestellung von Arzneimitteln beim Hersteller erhoben wurde. Gerechtfertigt wurde diese unterschiedliche Behandlung der beiden Vertriebswege mit dem Umstand, dass den Pharma-Großhändlern im Gegensatz zu den Herstellern die gesetzliche Pflicht zur Bevorratung und zeitnahen Belieferung von Apotheken mit Medikamenten auferlegt war. Dies ermöglichte es wiederum den Apotheken, der ihnen obliegenden gesetzlichen Verpflichtung nachzukommen, den Bedarf ihrer üblichen Kundschaft für mindestens zwei Wochen jederzeit zu decken und jedes zu ihrem Sortiment zählende Arzneimittel innerhalb eines bestimmten Zeitraumes zu liefern. Die Direktverkaufsabgabe zulasten der Arzneimittelhersteller war unter anderem mit dem Ziel eingeführt worden, die Wettbewerbsbedingungen zwischen den beiden Arzneimittelvertriebswegen einander anzugleichen.

In Übereinstimmung mit seiner bisherigen Rechtsprechung stellt der EuGH zunächst fest, dass der Verzicht der französischen Behörden auf Erhebung der Direktverkaufsabgabe eine Abgabenbefreiung zu Gunsten der Großhändler sei und somit vom Grundsatz her zwar eine staatliche Beihilfe darstellen könne.[210] Unter ausdrücklicher Berufung auf seine frühere *Altöl*-Entscheidung[211] verneinte er jedoch vorliegend Art 87 Abs. 1 EG, da die Nichterhebung der Abgabe als Gegenleistung für die seitens der Großhändler erbrachten Leistungen betrachtet werden könne.[212] Unter der Voraussetzung, dass die gewährte Befreiung tatsächlich nur den aus der gemeinwirtschaftlichen Verpflichtung resultierenden Kosten entspräche, d.h. nicht überkompensatorisch sei, genössen die Großhändler nämlich tatsächlich keinen Vorteil im Sinne des Beihilfeverbots. Vielmehr bewirke die Maßnahme nur die Herstellung vergleichbarer Wettbewerbsbedingungen.[213]

---

209 EuGH Rs. C-53/00 (Ferring/ACOSS), Slg. 2001, I-9067.

210 EuGH Rs. C-53/00 (Ferring/ACOSS), Slg. 2001, I-9067, Rdn. 18-22.

211 EuGH Rs. C-53/00 (Ferring/ACOSS), Slg. 2001, I-9067, Rdn. 26.

212 EuGH Rs. C-53/00 (Ferring/ACOSS), Slg. 2001, I-9067, Rdn. 27.

213 EuGH Rs. C-53/00 (Ferring/ACOSS), Slg. 2001, I-9067, Rdn. 27-29; Der Gerichtshof bestätigt damit in vollem Umfang die systematischen Erwägungen des GA *Tizzano*, der für die Nichtanwendbarkeit von Art. 87 Abs. 1 EG im wesentlichen darauf abgehoben hatte, dass der Kostenausgleich von im Allgemeininteresse auferlegten Sonderlasten *de facto* bereits keinen Vorteil verschaffe sondern nur eine Benachteiligung im Wettbe-

Fußnote fortgesetzt

Den zitierten Ansatz hat der EuGH in der unlängst ergangen Entscheidung in der Rechtssache *Altmark Trans* vollumfänglich bestätigt und weiter ausgebaut.[214] In dem Verfahren ging es unter anderem um die Frage, ob die zum Zwecke des Defizitausgleichs gewährten Zuschüsse im öffentlichen Personennahverkehr den begünstigten Unternehmen einen relevanten Vorteil verschafft. Unter wiederum ausdrücklicher Bezugnahme auf seine *Altöl*- sowie die *Ferring/ACOSS*-Entscheidungen[215] bekräftigt der Gerichtshof, dass eine staatliche Maßnahme nicht von Art. 87 Abs. 1 EG erfasst wird, „soweit sie als Ausgleich anzusehen ist, der die Gegenleistung für Leistungen bildet, die von den Unternehmen, denen sie zugute kommt, zur Erfüllung gemeinwirtschaftlicher Verpflichtungen erbracht werden, so dass diese Unternehmen in Wirklichkeit keinen finanziellen Vorteil erhalten und die genannte Maßnahme somit nicht bewirkt, dass sie gegenüber den mit ihnen im Wettbewerb stehenden Unternehmen in eine günstigere Wettbewerbsstellung gelangen."[216]

Um sicherzustellen, dass sich entsprechende Ausgleichszahlungen nicht doch als *de facto* vorteilhaft für die begünstigten Unternehmen erweisen, müssen dabei aber nach den weiteren Ausführungen des Gerichtshofs eine Reihe von Voraussetzungen erfüllt sein. Neben dem Erfordernis, dass erstens die gemeinwirtschaftliche Tätigkeit klar definiert ist und das begünstigte Unternehmen mit deren Erbringung tatsächlich betraut wurde,[217] müssen zweitens objektive und transparente Parameter aufgestellt worden sein, anhand derer der Ausgleich berechnet wird. Darüber hinaus darf drittens der Ausgleich nicht darüber hinausgehen, was zur Kostendeckung im Interesse der gemeinwohlorientierten Leistung erforderlich ist. Werde das fragliche Unternehmen nicht im Rahmen eines Verfahrens zur Vergabe öffentlicher Aufträge ausgewählt, müssten viertens die ausgleichsfähigen Beträge schließlich unter Berücksichtigung der Kosten eines „durchschnittlich, gut geführten Unternehmens", d.h. mit anderen Worten im

---

werb vermeide, vgl. Schlussanträge des GA *Tizanno* in der Rs. C-53/00 (Ferring/ACOSS), Slg. 2001, I-9067, Rdn. 60 f.

214 EuGH Urteil v. 24.7.2003, Rs. C-280/00 (Altmark Trans), Slg. 2003, I-7747, Rdn. 83 ff.; ausführlich hierzu *Koenig/Haratsch*, ZUM 2003, S. 804, 805 ff.

215 EuGH Rs. C-280/00 (Altmark Trans), Slg. 2003, I-7747, Rdn. 85, 86.

216 EuGH Rs. C-280/00 (Altmark Trans), Slg. 2003, I-7747, Rdn. 87.

217 Vgl. zu diesem Merkmal ausführlicher unter Teil 4 C.

Rahmen einer marktorientierten, hypothetischen Kostenrechnung ermittelt werden.[218]

b) Die tatbestandsmäßige Berücksichtigungsfähigkeit von gemeinwirtschaftlichen Sonderlasten als Einzelfalljudikatur?

Die *Altöl*-Entscheidung des EuGH, in deren Rahmen der Gerichtshof erstmals die Berücksichtigung von im Allgemeininteresse erbrachten Sonderlasten bereits auf der Tatbestandsebene des Beihilfeverbots befürwortet hatte, wurde von den Kritikern der Tatbestandslösung als eine Einzelfallentscheidung gewertet.[219] Sie müsse als zwischenzeitlich überholt gelten.[220] Hieran könne auch die ausdrückliche Bezugnahme auf die *Altöl*-Entscheidung in der jüngeren Rechtsprechung nichts ändern, da dieser ihrerseits keine grundsätzliche Aussagekraft im Hinblick auf den Beihilfecharakter von im Allgemeininteresse gewährten Ausgleichsleistungen zuerkannt werden könne.[221] In Ansehung eines besonders gelagerten Sachverhalts müsse insbesondere in der Sache *Ferring/ACOSS* von einer Einzelfallentscheidung ausgegangen werden.[222] Hier sei nicht nur ein bestimmtes Unternehmen durch eine besondere Stellung gefördert worden. Vielmehr kämen die zum Ausgleich für gesetzliche Pflichten gewährten Vergünstigungen sämtlichen Unternehmen der Branche zugute. Insofern wirkten die Maßnahmen innerhalb der Branche wettbewerbsneutral.[223]

Im Hinblick auf die vermeintlich branchenneutralen Auswirkungen der Pflicht zur „Grundversorgung" mit Arzneimitteln in der Rechtsache *Ferring/ACOSS* wird allerdings verkannt, dass relevante Wettbewerbsverzerrungen nicht nur

---

218 Zu den genannten Voraussetzungen vgl. EuGH Rs. C-280/00 (Altmark Trans) Slg. 2003, I-7747, Rdn. 89 bis 93. Diese Kriterien wurden vom EuGH ausdrücklich unlängst in den verb. Rs. C-34/01 bis C-38/01 (Enirisorse), Rdn. 31 ff., noch nicht in amtl. Slg., abgedr. in MMR 2004, S. 86 ff., bestätigt; vgl. hierzu auch *Bartosch*, EuZW 2004, S. 295 ff., 299.

219 Der angebliche Einzelfallcharakter auch der *Altöl*-Entscheidung wird von *Engel*, Europarechtliche Grenzen, S. 20, betont.

220 *Gundel*, RIW 2002, S. 224 mit entsprechenden weiteren Literaturhinweisen in Fn. 27.

221 *Gundel*, RIW 2002, S. 222.

222 *Gundel*, RIW 2002, S. 228.

223 *Gundel*, RIW 2002, S. 224; *Gundel* hebt damit ersichtlich auf die vermeintlich fehlende Selektivität der Maßnahme ab. Von einer nicht hinreichend selektiven und damit allgemeinwirtschaftlichen Maßnahme ist allerdings nur dann auszugehen, wenn alle Unter-

Fußnote fortgesetzt

durch Bevorzugung einzelner Unternehmen verursacht werden können, sondern auch durch die unterschiedliche Behandlung von Unternehmensgruppen, solange diese miteinander in Wettbewerb stehen. Dies ergibt sich bereits aus dem Wortlaut von Art. 87 Abs. 1 EG, der neben Einzelunternehmen ausdrücklich auch die Begünstigung von Produktionszweigen benennt. Dass vorliegend die Arzneimittelhersteller sowie die Pharmagroßhändler im Hinblick auf den Arzneimittelabsatz bei den Apotheken miteinander im Wettbewerb standen und dieser Wettbewerb durch die geschilderten Belastungen der Großhändler verzerrt worden war, war seitens des EuGH[224] sowie den Verfahrensbeteiligten[225] als unstreitige Tatsache vorausgesetzt worden.

Weder der Umstand, dass eine große Zahl von Unternehmen beziehungsweise ganze Wirtschaftszweige in den Genuss einer bestimmten Begünstigung kommen noch die Tatsache der Verschiedenartigkeit oder der Bedeutung der Wirtschaftszweige, zu denen die Unternehmen gehören, steht nach dem EuGH zudem dem Vorliegen einer Beihilfe entgegen.[226] Der Aussagegehalt der EuGH-Feststellungen zum Begünstigungsbegriff im Rahmen der Rechtssache *Ferring/ACOSS* wird somit nicht dadurch relativiert, dass sämtliche Großhändler von den fraglichen Regelungen erfasst worden waren.

Im übrigen hat der EuGH seine Rechtsprechung in der *Altöl*-Entscheidung zu keinem Zeitpunkt aufgegeben.[227] Bereits vor den zitierten jüngeren Urteilen war damit die Auffassung, diese sei überholt, fragwürdig. Spätestens aber seit der Entscheidung in der Sache *Ferring/ACOSS*[228] lässt sich die These vom Einzelfallcharakter der *Altöl*-Entscheidung sowie spätestens mit *Altmark Trans* die Behauptung der Ausnahmerechtsprechung im Rahmen des *Ferring/ACOSS*-Urteils nicht mehr aufrechterhalten.

---

nehmen, die sich in einer objektiv gleichartigen Lage befinden von der Maßnahme betroffen sind, vgl. EuGH Rs. C-75/97 (Belgien/Kommission), Slg. 1999, I-3671, Rdn. 17.

224 EuGH Rs. C-53/00 (Ferring/ACOSS), Slg. 2001, I-9067, Rdn. 19.

225 Vgl. Schlussanträge des Generalanwalts *Tizanno* in der Rs. C-53/00 (Ferring/ACOSS), Slg. 2001, I-9067, Rdn. 40.

226 Beispielsweise EuGH Rs. C-75/97 (Belgien/Kommission), Slg. 1999, I-3671, Rdn. 32, 33 („Nach der Rechtsprechung des Gerichtshofs können zum einen Beihilfen in Form von Beihilfenprogrammen einen ganzen Wirtschaftszweig betreffen und gleichwohl unter Artikel 92 Absatz 1 des Vertrages fallen").

227 Dies wird sogar durch die Kritiker einer Verallgemeinerung selbst eingeräumt, vgl. *Gundel*, RIW 2002, S. 224, Fn. 27.

228 EuGH Rs. C-53/00 (Ferring/ACOSS), Slg. 2001, I-9067, Rdn. 26.

c) Rechtliche Würdigung

Aus dem Umstand, dass der EuGH die entgegenstehende Entscheidungspraxis des EuG sowie der Kommission[229] in den Verfahren *Ferring/ACOSS* und *Altmark Trans* mit keinem Wort erwähnt,[230] sondern sich ausschließlich auf die Grundsätze der früheren *Altöl*-Entscheidungen stützt, kann geschlossen werden, dass er die im Allgemeininteresse auferlegten Kosten bereits im Rahmen des Begünstigungsbegriffs und damit auf der Ebene des Tatbestands von Art. 87 Abs. 1 EG für berücksichtigungsfähig hält.[231] Er hat damit eindeutig bestätigt, dass die pauschale Forderung, gemeinwirtschaftliche Zielsetzungen müssten im Rahmen des wirkungsorientierten Beihilfetatbestands unberücksichtigt bleiben,[232] zu kurz greift. Bekräftigt hat er hingegen das Verständnis, dass erst nach einer Saldierung von Kosten und Nutzen auf Tatbestandsebene festgestellt werden kann, ob eine Begünstigung tatsächlich vorliegt.[233] Wie auch sonst in der Regel der Fall, hat er sich damit der Argumentationslinie seines Generalanwalts angeschlossen. Dieser hatte im Rahmen seiner Schlussanträge in der Sache *Ferring/ACOSS* dargelegt, dass die Belastungen, die aus bestimmten Zielsetzungen für die Unternehmen resultieren, unmittelbar auf die Wirkungen einer Maßnahme durchschlagen.[234]

Die Forderung, gemeinwirtschaftliche Zielsetzungen müssten mangels ökonomischer Quantifizierbarkeit wie auch sonst in der EuGH Rechtsprechung außer

---

229 Vgl. hierzu oben Teil 1 C.II.1.a).

230 Diese Entscheidungspraxis hatte beispielsweise Generalanwalt *Tizzano* allerdings dezidiert in seinen Schlussanträgen in der Rs. C-53/00 (Ferring/ACOSS), Slg. 2001, I-9067, Rdn. 56 dargestellt und analysiert.

231 Ebenso *Bartosch*, Das Ferring/ACOSS-Urteil des EuGH – die weitere Beschneidung der EG-Beihilfenkontrolle, in: Der Syndikus, Europarecht, S. 2, vollständig abgedruckt im Internet unter: http://www.forumrecht.com/syndikus/briefings/eu/eu_016.htm..

232 So *Gundel*, RIW 2002, S. 224, Fn. 22, mit weiteren Rechtsprechungshinweisen; ebenso *Engel*, Europarechtliche Grenzen, S. 21.

233 Ebenso *Dörr/Cloß*, ZUM 1996, S. 111 f.; *Oppermann*, Deutsche Rundfunkgebühren, S. 34 ff.; *Bartosch*, EuZW 1999, S. 178 ff.; *Holzer*, ZUM 1996, S. 276; *Ciresa*, S. 198. Dabei geht es hier gerade nicht um die Berücksichtigung der Ziele bzw. öffentlicher Aufgabenstellungen bereits auf Tatbestandsebene; dies wird verkannt von *Hain*, MMR 2001, S. 222.

234 Schlussanträge des Generalanwalts *Tizzano*, Rs. C-53/00 (Ferring/ACOSS), Slg. 2001, I-9067, Rdn. 61.

Acht bleiben,[235] steht der Berücksichtigung der mit der Zielsetzung zusammenhängenden Leistungen als solcher weiterhin nicht entgegen. Tatsächlich handelt es sich hierbei um zwei voneinander zu trennende Ebenen, nämlich um die Meta-Ebene des verfolgten Politikziels einerseits sowie die Ebene der hieraus resultierenden Folgekosten andererseits.[236] Während sich die gemeinwirtschaftliche Aufgabe als solche in der Tat kaum in ökonomische Daten transferieren lassen dürfte, sind die hiervon ausgehenden Folgelasten einer wirtschaftlichen Bewertung zugänglich.[237]

In der Rechtssache *Ferring/ACOSS* handelte es sich hierbei beispielsweise um zusätzliche Lager- und Vorhaltekosten, Kosten für die notwendigen Überwachungsleistungen, Transportdienste oder ähnliches, die den Großhändlern als Folge des Politikziels „Grundversorgung der Bevölkerung mit Arzneimitteln" entstanden waren.[238] Hinsichtlich dieser Zusatzaufwendungen ist feststellbar, ob sich die seitens der beauftragten Unternehmen aufgebrachten Kosten im Rahmen des Marktüblichen bewegen. Feststellbar ist somit auch der Wert der Kompensationsleistungen, durch die die staatlichen Belastungen ausgeglichen werden sollen.[239] Eine marktgerechte Kostenermittlung ist folglich hinsichtlich dieser Folgekosten grundsätzlich möglich.[240] Der von Art. 87 Abs. 1 EG vorgegebenen ökonomisch-wirkungsorientierten Betrachtungsweise wird auf diese Weise Rechnung getragen.

---

235 Vgl. hierzu die in Teil 1 C.II.1.b) zitierten Quellennachweise.

236 Ähnlich *Kube*, EuR 2004, S. 237, nach dem zwischen Motivations- und Wirkungszusammenhängen streng zu unterscheiden ist.

237 Auf die Existenz von entsprechenden Hilfsgrößen weist beispielsweise *Kruse*, EWS 1996, S. 119, zu Recht hin.

238 Vgl. EuGH Rs. C-53/00 (Ferring/ACOSS), Slg. 2001, I-9067, Rdn. 25 („Die Erfüllung dieser Pflichten verursacht den Großhändlern zusätzliche Kosten, die die Pharmahersteller nicht zu tragen haben.") sowie Generalanwalt *Tizzano*, ibidem, Rdn. 53 („Natürlich führt die Befolgung dieser Pflichten zu Mehrkosten für die Großhändler, die damit im Unterschied zu den Pharmaherstellern Sonderlasten zu tragen haben, die ihnen nicht entstehen würden, wenn die besagten öffentlich-rechtlichen Pflichten nicht bestünden.").

239 Nach dem EuGH ist das Aufgabe des nationalen Gerichts, Rs. C-53/00 (Ferring/ACOSS), Slg. 2001, I-9067, Rdn. 28.

240 Dem steht nicht entgegen, dass hier – wie auch bei sonstigen unternehmerischen Entscheidungen – bestimmte Prognose- und Beurteilungsspielräume zugestanden werden müssen.

Dass der EuGH eine Differenzierung zwischen Politikziel und Folgekosten vornimmt und nur die Quantifizierbarkeit Letzterer für erforderlich hält, lässt sich der *Ferring/ACOSS*-Entscheidung ebenfalls entnehmen. Andernfalls hätte er die Schwierigkeiten der Kostenbestimmung im Hinblick auf das Politikziel der Volksgesundheit[241] ansprechen müssen. Auch dieses Ziel ist im Gegensatz zu den hierdurch verursachten Folgekosten in ökonomischen Ziffern kaum darstellbar. Nur Letztere müssen jedoch nach dem EuGH mit den gewährten Begünstigungen in Beziehung gesetzt werden.[242] Ergibt sich keine Überkompensierung, entfällt bereits das Begünstigungsmoment.

Schon aus den vorgenannten Überlegungen ist das in der Literatur vorgeschlagene sowie seitens der Kommission verwendete Kriterium der Auftragsvergabe im Wege der trägerfreien Ausschreibung, wodurch der marktgerechte Wesenszug der Gegenleistung erst gewährleistet werden könne, zurückzuweisen.[243] Mag ein entsprechendes Verfahrenskriterium auch leichter handhabbar sein, als die unter Umständen schwierigen materiellen Wertungen, findet es jedoch im Gemeinschaftsrecht keine Stütze.[244] Richtigerweise hat der Gerichtshof deshalb auch im Rahmen der Entscheidung *Altmark Trans* das Verfahren der öffentlichen Auftragsvergabe zwar als eine Möglichkeit für die Ermittlung einer angemessenen Ausgleichszahlung angesehen, daneben aber eine unter Hinzuziehung marktwirtschaftlicher Vergleichsdaten ermittelte hypothetische Kostenberechnung gleichermaßen anerkannt.[245]

Die weitere Argumentation der Kritiker der Tatbestandslösung, dass gemeinwirtschaftliche Aufgaben im Rahmen des Beihilfetatbestands nicht berücksichtigungsfähig seien, da der Markt entsprechende Leistungen[246] nicht hervorzu-

---

241 D.h. die optimale Verfügbarkeit beziehungsweise Versorgung der Bevölkerung mit Arzneimitteln, vgl. hierzu die Feststellungen des EuGH Rs. C-53/00 (Ferring/ACOSS), Slg. 2001, I-9067, Rdn. 3 und 4.

242 EuGH Rs. C-53/00 (Ferring/ACOSS), Slg. 2001, I-9067, Rdn. 27.

243 So beispielsweise aber *Gundel*, RIW 2002, S. 227; ebenso *Britz*, DVBl. 2000, S. 1644.

244 Dies wird auch seitens *Gundel*, RIW 2002, S. 227, eingeräumt. Dasselbe gilt für das von der Kommission der ökonomischen Theorie folgend häufig vorausgesetzte Kriterium des Marktversagens als Voraussetzung für die staatliche Interventionen bzw. die Etablierung gemeinwohlorientierter Leistungen, vgl. hierzu die Nachweise bei *Pernice/Wernicke*, in: Grabitz/Hilf, EUV, Art. 16, Rdn. 25.

245 EuGH Rs. C-280/00 (Altmark Trans), Slg. 2003, I-7747, Rdn. 93.

246 Vorliegend also beispielsweise eine dem Verfassungsauftrag entsprechende Grundversorgung.

bringen vermöge,[247] stellt die Dinge auf den Kopf. Leistungen der Daseinsvorsorge, d.h. die durch das Gemeinwesen sicherzustellende Versorgung der Bevölkerung und der Wirtschaft mit essentiellen Gütern und Dienstleistungen einschließlich der erforderlichen Infrastruktur ohne Rücksicht auf die Wirtschaftlichkeit, sind häufig durch sogenanntes Marktversagen gekennzeichnet. Sie sind mit anderen Worten durch die Entfaltung der freien Marktkräfte gerade nicht zu erzielen.[248] Entsprechende Aktivitäten mögen für private Unternehmen unter Rentabilitätsgesichtspunkte nicht attraktiv sein. Für den Staat sind sie als Ausprägung des Sozialstaatsprinzips jedoch legitime Inhalte der von ihm verfolgten Politiken. Gesellschaftspolitische Anliegen als solche dürften sich jedoch – und das ist zu betonen - im Gegensatz zu den hierdurch verursachten Kosten in der Tat in den seltensten Fällen in ökonomische Wertigkeiten transferieren lassen.[249] Vor diesem Hintergrund endet die Forderung nach einer finanziellen Quantifizierbarkeit der gemeinwirtschaftlichen Zielsetzungen als solcher zwangsläufig in der Aporie.[250] Aus dieser Schwierigkeit zu folgern, dass die mit den gemeinwohlorientierten Politikzielen zusammenhängenden Kosten im Rahmen von Art. 87 Abs. 1 EG unberücksichtigt bleiben müssen[251] mit der Konsequenz der pauschalen Befürwortung einer Begünstigung im Sinne von Art. 87 Abs. 1 EG, hieße die Gemeinschaftszuständigkeiten in Form der Beihilfenaufsicht *a priori* auf sämtliche in diesem Zusammenhang in Frage kommenden Politikbereiche auszudehnen.[252]

Diesen Weg hat der EuGH im Rahmen der zitierten jüngeren Rechtsprechung ausdrücklich nicht beschritten, obwohl er, wie gezeigt, durch die Entscheidungspraxis des EuG und der Kommission vorgezeichnet worden war.[253] Der

---

247 Vgl. hierzu oben die Nachweise in Teil 1 C.II.1.b) und *Selmer/Gersdorf*, S. 27 („die Gebührenfinanzierung gewährleistet ein umfassendes und ausgewogenes Leistungsangebot, das nach den reichweitenzentrierten Lebensgesetzen des Marktes keinen Bestand haben könnte.").

248 Sogenannte meritorische Güter; vgl. zum Begriff, *Heinemann*, S. 19 m.w.N.; ausführlicher *Fesenmair*, S. 51 ff.

249 Vgl. *Frey*, ZUM 1999, S. 534.

250 Wie bereits dargestellt werden entsprechende Überlegungen vom EuGH auch nicht angestellt, vgl. Ausführungen und Nachweise unter Teil 1 C.II.2.a).

251 Vgl. *Frey*, ZUM 1999, S. 534.

252 Ein Ergebnis das mit dem Prinzip der begrenzten Einzelermächtigung nicht vereinbar ist, vgl. hierzu näher Teil 2 A.

253 Vgl. oben Teil 1 C.II.1.a).

Gerichtshof trägt damit dem Umstand Rechnung, dass, solange eine harmonisierende Gemeinschaftsregelung fehlt, es grundsätzlich Sache der Mitgliedstaaten ist, selbst die gemeinwirtschaftlichen Aufgaben festzulegen, die sie bestimmten öffentlichen oder privaten Unternehmen zu übertragen gedenken.[254]

Gemeinwirtschaftliche Lasten bereits auf der Tatbestandsebene von Art. 87 Abs. 1 EG in Ansatz zu bringen, bedeutet schließlich nicht, wie mitunter befürchtet,[255] ein Loch in die Beihilfenaufsicht zu reißen oder diese der Definitionsmacht der Mitgliedstaaten anheim zu stellen. Die Mitgliedstaaten können auch nicht in beliebiger Art und Weise Belastungen „erfinden" und die hierdurch verursachten Kosten mit finanziellen oder anderen Leistungen an der Beihilfeaufsicht vorbei honorieren.[256] Hinsichtlich EG-rechtlich harmonisierter Bereiche liegt dies bereits auf der Hand. Eine beliebige Aushebelung des Beihilfeverbots durch die Mitgliedstaaten ist aber auch nicht in Bezug auf die nicht harmonisierten Bereiche möglich. Zum einen behält sich der EuGH stets die Möglichkeit einer Missbrauchskontrolle vor.[257] Dies beinhaltet die Überprüfung, ob die Zielsetzung mit dem EG kompatibel ist, sowie ob sich hinter vermeintlich legitimen Zielen faktisch protektionistische Anliegen verbergen.[258] Zum anderen stellt der überkompensatorische Kostenausgleichs auch bei im übrigen legitimer Zielverfolgung

---

254 Hierauf weist GA *Tizzano* in seinen Schlussanträgen Rs. C-53/00 (Ferring/ACOSS), Slg. 2001, I-9067, Rdn. 51 ausdrücklich hin („...die Gemeinschaftsorgane...sind nicht befugt, über den Umfang der dem öffentlichen Betreiber...obliegenden gemeinwirtschaftlichen Aufgaben, d.h. das Niveau der mit diesem Dienst verbundenen Kosten, über die Zweckmäßigkeit der von den nationalen Behörden insoweit getroffenen politischen Entscheidungen oder über die wirtschaftliche Effizienz dieses Unternehmens zu entscheiden."). Über die verbliebenen nationalen Kompetenzen behält sich der EuGH insoweit nur eine Plausibilitätskontrolle vor, vgl. EuGH Rs. C-75/97 (Belgien/Kommission), Slg. 1999, I-3671, Rdn. 37, 38.

255 So aber die Befürchtung von *Engel*, Europarechtliche Grenzen, S. 21 f. sowie die Schussanträge des Generalanwalts *Léger* in der EuGH Rs. C-280/00 (Altmark Trans), Slg. 2003, I-7747, Rdn. 91; ähnlich *Gundel*, RIW 2002, S. 223.

256 Ibidem, Fn. 255.

257 Unternimmt der Mitgliedstaat beispielsweise Maßnahmen aus in Wirklichkeit industriepolitischen Erwägungen, d.h. Unterstützungsmaßnahmen zugunsten von Unternehmen, um ihnen im Wettbewerb einen Vorteil vor ihren Konkurrenten zu verschaffen, ist ihm die Geltendmachung der hieraus erwachsenden Kosten im Rahmen von Art. 87 Abs. 1 EG selbstverständlich verwehrt, vgl. beispielsweise EuGH Rs. C-251/97 (Frankreich/Kommission), Slg. 1999, I-6639, Rdn.41.

258 Ausführlicher hierzu unter Teil 3 B.III.4.

stets eine verbotene Beihilfe im Sinne von Art. 87 Abs. 1 EG dar.[259] Die Bedeutung des Urteils in der Sache *Altmark Trans* besteht in diesem Zusammenhang gerade darin, Kriterien für eine marktorientierte Wirtschaftlichkeitsrechnung aufgestellt zu haben. Bei deren Zugrundelegung kann ausgeschlossen werden, dass die Mitgliedstaaten bestimmten Unternehmen unter dem Deckmantel der Gemeinwohlorientierung *de facto* wettbewerbsverzerrende Vorteile einräumen.[260]

Die Sorge, dass die Operationalisierung des Tatbestandsansatzes auch für andere Fälle gemeinwirtschaftlicher Leistungserbringung zahlreiche „klassische Beihilfe-Fälle" leicht aus dem Anwendungsbereich von Art. 87 EG entfernen könnte und diese somit künftig von der Anwendung des Beihilfeverbots verschont würden,[261] erweist sich bei näherer Betrachtung angesichts der strukturellen Unterschiede der verglichenen Sachverhalte als ebenfalls unbegründet. Zwar ist zutreffend, dass sich die Mitgliedstaaten in den zum Beleg für diese Gefahr genannten Fällen, auch regelmäßig auf legitime nationale Politikziele berufen hatten. Diese betrafen beispielsweise den Kampf gegen die Arbeitslosigkeit und die Beschäftigungssicherung durch Maßnahmen zur Arbeitsplatzsicherung, Kürzung der Arbeitszeit oder ähnliches.[262] Der EuGH hat jedoch zu keinem Zeitpunkt, auch nicht im Rahmen der zitierten neueren Rechtsprechung, Zweifel daran gelassen, dass eine isolierte Zielbetrachtung allein nicht geeignet ist, einen Sachverhalt gegenüber der Anwendung von Art. 87 Abs. 1 EG zu immunisieren.[263] Beispielsweise hat er in der Rechtssache *Ferring/ACOSS* gerade darauf abgestellt, dass die von der Steuererleichterung ausgehende Begünstigung nur durch die belastenden Wirkungen der Folgekosten der gesundheitspolitischen Zielsetzung, nicht aber bereits durch das Ziel der Volksgesundheit als solches neutralisiert werden kann. Demgegenüber hat er im Rahmen der von den Kritikern angeführten „klassischen" Beihilfefällen im Ergebnis tatsächlich jeweils eine Be-

---

259 So ausdrücklich EuGH, Rs. C-53/00 (Ferring/ACOSS), Slg. 2001, I-9067, Rdn. 29.

260 Im Ergebnis ebenso *Kube*, EuR 2004, S. 246.

261 So *Gundel*, RIW 2002, S. 225.

262 So hatte sich beispielsweise Frankreich darauf berufen, dass die fraglichen Maßnahmen in Verfolgung seiner sozialpolitischen Zielsetzung wirkungsneutral seien, vgl. EuGH Rs. C-251/97 (Frankreich/Kommission), Slg. 1999, I-6639, Rdn. 17.

263 EuGH Rs. C-251/97 (Frankreich/Kommission), Slg. 1999, I-6639, Rdn. 37 mit weiteren Rechtsprechungsnachweisen. Der Gerichtshof legt sein Augenmerk ausschließlich auf die Wirkungen der französischen Politik, EuGH Rs. 53/00 (Ferring/ACOSS) Slg. 2001, I-9067, Rdn. 25.

günstigung der betroffenen Unternehmen festgestellt.[264] Hierbei handelte es sich regelmäßig um Maßnahmen, die die fraglichen Unternehmen selektiv von Lasten befreiten, die sich aus der „normalen Anwendung" eines staatlichen Regulierungssystems ergaben, „ohne dass diese Befreiung durch die Natur oder den inneren Aufbau des Systems gerechtfertigt" gewesen wäre.[265] Der wettbewerbsrelevante Vorteil lag für die Unternehmen damit jeweils in ihrer relativen Besserstellungen gegenüber ihren Konkurrenten, denen die Lasten, die aus der Verfolgung des jeweiligen Politikziels resultierten, nicht abgenommen worden waren.[266] Während sich bei ersteren, d.h. von dem Tatbestandsansatz erfassten Fällen eine selektive Begünstigung letztlich nicht *auswirkt*, da den betroffenen Unternehmen *zugleich* bestimmte Sonderlasten auferlegt worden sind, lag bei letzteren nur eine spezifische Vorteilsgewährung vor, ohne dass diese mit besonderen, d.h. die Konkurrenten nicht treffende Belastungen verbunden gewesen wäre.

Zusammenfassend lässt sich damit feststellen, dass der Europäischen Kommission keine Kontrollkompetenz im Sinne des Beihilferechts zusteht,[267] sofern die Mitgliedstaaten im Bereich der Gemeinwirtschaft Politikentscheidungen fällen, die zum einen die ihnen verbliebenen Kompetenzbereiche betreffen und die zum anderen weder missbräuchlich noch überkompensatorisch sind.[268] Steht damit

---

264 Vgl. EuGH Rs C-251/97 (Frankreich/Kommission), Slg. 1999, I-6639, Rdn. 38 ff., Generalanwalt *Fennelly* bezeichnet die Maßnahme als „einen subventionierten Lohn, den zu zahlen der Staat bestimmten Unternehmen ermöglicht, ibidem, Slg. 1999, I-6639, Rdn. 23; weiterhin EuGH Rs. C-241/94 (Kimberly Clark), Slg. 1996, I-4551, Rdn. 34 ff.; EuGH Rs. C-75/97 (Belgien/Kommission), Slg. 1999, I-3671; Rdn. 38.

265 In entsprechenden Fällen geht der EuGH von dem Vorliegen einer Beihilfe aus, vgl. EuGH Rs. C-251/97 (Frankreich/Kommission), Slg. 1999, I-6639, Rdn. 35 m.w. Rechtsprechungsnachweisen.

266 Im übrigen sollten sie zusätzlich die Wettbewerbsfähigkeit der betroffenen Unternehmen verbessern, hatten also auch industriepolitischen Charakter, so ausdrücklich EuGH Rs. C-251/97 (Frankreich/Kommission), Slg. 1999, I-6639, Rdn. 41.

267 Eine Herausnahme entsprechender Sachverhalte aus dem Anwendungsbereich des Art. 87, Abs. 1 EG hatte bereits Generalanwalt *Fennelly* in seinen Schlussanträge zu EuGH Rs. 251/97 (Frankreich/Kommission), Slg. 1999, I-6639, Rdn. 20, erwogen, ohne allerdings die Frage abschließend zu beantworten. Er wies allerdings darauf hin, dass der Ausschluss von Art. 87, Abs. 1 EG nur in Frage komme, sofern vom betroffenen Unternehmen ein Gut erbracht werde, welches „außerhalb des betroffenen Unternehmens liegt", d.h. außerhalb der Unternehmensinteressen an erhöhter Rentabilität, Fortbestand, verbesserten Arbeitsbeziehungen etc.

268 Beide Szenarien sind gerichtlich überprüfbar und würden daher nicht sanktionslos bleiben.

fest, dass die Kosten einer gemeinwirtschaftlichen Zielverfolgung im Rahmen einer Wirkungsanalyse grundsätzlich berücksichtigungsfähig sind, fragt sich nunmehr, was dies für den behaupteten Beihilfecharakter der hier interessierenden Gebührenfinanzierung bedeutet.

3. Schlussfolgerungen für die gebührenfinanzierten Spartenkanäle

Unter Berücksichtigung der vorstehenden Ausführungen ist das Vorliegen einer Beihilfe bereits tatbestandsmäßig ausgeschlossen, sofern die öffentlich-rechtlichen Rundfunkanstalten im Rahmen der Spartenkanäle Leistungen[269] erbringen, die innerhalb von Art. 87 Abs. 1 EG berücksichtigungsfähig sind (vgl. hierzu nachfolgend Teil 1 C.II.3.a)). Der diesbezüglich aufgebrachten Rundfunkgebühr muss zudem tatsächlich die Funktion einer Gegenleistung zukommen (vgl. Teil 1 C.II.3.b)). Ferner dürfte sich die Gebührenausstattung hinsichtlich ihres Umfangs nicht als überkompensatorisch erweisen (vgl. Teil 1 C.II.3.c)).

a) Veranstaltung der Spartenprogramme als berücksichtigungsfähige Leistungserbringung im Rahmen von Art. 87 Abs. 1 EG

Als Leistung, die vorliegend das Merkmal der Begünstigung gemäß Art. 87 Abs. 1 EG auszuschließen vermag, kommt vorliegend nur die Programmveranstaltung von *Phoenix* und *Kinderkanal* in Betracht. Werden die hiermit verbundenen Kosten durch die Gebühren ausgeglichen, läge nach dem Zuvorgesagten *per saldo* schon kein Vorteil vor. Dem ist entgegengehalten worden, dass die erbrachten Leistungen keine adäquate Gegenleistung für die mit dem Gebührenempfang verbundene Vorteilsgewährung darstellen könnten, da die Spartenkanäle nicht zur Grundversorgung zählten.[270] Begründet wurde dies unter anderem insbesondere damit, dass eine Verspartung der Programminhalte der besonderen Integrationsfunktion des öffentlich-rechtlichen Rundfunks zuwiderlaufe.[271] Von anderer Seite wurden der Grundversorgungscharakter von *Phoenix* und *Kinder-*

---

269 Die Begriffsverwendung von Leistung und Gegenleistung zur Bezeichnung der Rundfunkprogramme einerseits sowie der Rundfunkgebühren andererseits erfolgt im Schrifttum nicht einheitlich. Zur Vereinfachung orientiert sich die nachfolgende Darstellung an der Systematik des EuGH, der hinsichtlich der im öffentlichen Interesse verfolgten Aufgabe von der Leistungserfüllung ausgeht, während die hierfür staatlicherseits gewährte Vergünstigung das Gegenleistungselement darstellt, vgl. beispielsweise EuGH Rs. C-53/00 (Ferring/ACOSS), Slg. 2001, I-9067, Rdn. 26/27.

270 Vgl. *Bleckmann*, Öffentlich-rechtliche Spartenprogramme, S. 117.

271 *Bleckmann*, Öffentlich-rechtliche Spartenprogramme, S. 60 ff.

kanal demgegenüber unter Hinweis auf die verfassungsrechtlich garantierte Entwicklungsgarantie des öffentlich-rechtlichen Rundfunks bejaht.[272]

Die zuvor skizzierte Kontroverse erklärt sich aus dem Umstand, dass sich nach deutschem verfassungsrechtlichem Verständnis die Gebührenfinanzierung des öffentlich-rechtlichen Rundfunks gerade aus der ihm spezifisch übertragenen Aufgabe, d.h. der Erfüllung des öffentlich-rechtlichen Programmauftrags im Sinne der Gewährleistung der Grundversorgung rechtfertigt.[273] Im dualen Rundfunksystem kommt diese, d.h. die Aufgabe der unerlässlichen Grundversorgung, den öffentlich-rechtlichen Rundfunkanstalten zu.[274] Ausgehend von der besonderen Aufgabe des öffentlich-rechtlichen Rundfunks könnte also einem Programm, welches keinen Grundversorgungscharakter aufweist, der Charakter einer berücksichtigungsfähigen Leistung im Sinne von Art. 87 Abs. 1 EG abgesprochen werden.[275]

Allerdings ist zweifelhaft, ob dieser im Kontext des nationalen Verfassungsrechts geführten Debatte für die gemeinschaftsrechtliche Ebene im Allgemeinen sowie für Art. 87 Abs. 1 EG im Besonderen überhaupt eine Bedeutung zu-

---

272 Da sich das Zuschauerverhalten weg von der Rezeption von Vollprogrammen hin zu themenorientierten Sendungen entwickele, müsse das öffentlich-rechtliche Rundfunksystem hierauf reagieren können, so beispielsweise *Betz*, Media Perspektiven 1997, S. 7 f.; vgl. auch *Braun/Gillert/Hoberg*, ZUM 1996, S. 203 ff; *Hoffmann-Riem*, Pay-TV, S. 91.

273 Beispielsweise BVerfGE 73, 118, 158; vgl. auch § 12 Abs. 1 RStV, wonach die Rundfunkgebühr der Aufbringung der Finanzausstattung des öffentlich-rechtlichen Rundfunks dient, damit dieser seine verfassungsmäßigen Aufgaben erfüllen kann; insbesondere soll hierdurch der Bestand und die Entwicklung des öffentlich-rechtlichen Rundfunks gewährleistet werden.

274 St. Rspr., vgl. beispielsweise BVerfGE 73, 118, 157; Auch wenn keine abschließende Definition für den Begriff der Grundversorgung existiert, vgl. hierzu bspw. *Holzer*, ZUM 1996, S. 285, besteht im Hinblick auf die Vorgaben des Bundesverfassungsgerichts zumindest dahingehend Übereinstimmung, dass sich als Eckpunkte eine flächendeckende Verbreitung, ein inhaltlich umfassendes Programmangebot sowie eine demokratie- und kulturstaatliche Funktion zwecks Sicherung gleichgewichtiger Vielfalt ausmachen lassen; vgl. auch BVerfG 74, 297, 326. Die Bereitstellung der Gebühren soll den Anstalten die Erfüllung dieser Aufgaben ohne Rücksicht auf Marktzwänge ermöglichen. Aus dem gleichen Grund unterliegen die öffentlich-rechtlichen Anstalten bestimmten Werbezeitenrestriktionen, vgl. § 16 RStV. Diese dienen zugleich der Sicherung der Finanzierungsgrundlagen für den privaten Rundfunk.

275 In diesem Sinne befürwortend für die seitens der öffentlich-rechtlichen Anstalten verbreiteten Vollprogramme beispielsweise *Holzer*, ZUM 1996, S. 278 ff.; *Otten*, ZUM 1997, S. 794 f.; *Kruse*, EWS 1996, S. 118.

kommt. Wie zuvor gezeigt, ist im Rahmen von Art. 87 Abs. 1 EG nicht die mit einer Maßnahme verfolgte Zielsetzung sondern allein die von ihr ausgehende Wirkung ausschlaggebend.[276] Überträgt man die Differenzierung zwischen Maßnahme, Ziel und Wirkung auf die vorliegende Konstellation, so ist zu konstatieren, dass die Einrichtung der gebührenfinanzierten Spartenkanäle als relevante Maßnahme dem Ziel dient, die Versorgung der Bevölkerung mit bestimmten Programminhalten auch unter veränderten Rezipientenbedingungen sicherzustellen.[277] Ob dieses Anliegen noch unter den Grundversorgungsauftrag fällt oder nicht, hängt also davon ab, wie eng oder weit der Begriff konkret gefasst wird.

Damit bewegt sich die Debatte, ob die Spartensender noch unter den Grundversorgungsauftrag fallen oder nicht, deutlich im Bereich der Zieldefinition. Wie gezeigt, haben Ziele als solche im Rahmen von Art. 87 Abs. 1 EG grundsätzlich außer Betracht zu bleiben.[278] Die seitens der Mitgliedstaaten verfolgten Ziele sind nur insofern von Bedeutung als sie nicht als solche mit dem Gemeinschaftsrecht unvereinbar sein dürfen. Der EuGH hat sich insofern eine Plausibilitätskontrolle dahingehend vorbehalten, ob sich unter dem Deckmantel eines an sich legitimen Ziels nicht tatsächlich ein protektionistisches Ansinnen eines Mitgliedstaats versteckt.[279] Liegt kein vergemeinschafteter Politikbereich vor, sind die Mitgliedsstaaten im übrigen in der Formulierung ihrer Politikziele frei.[280] Dies ist bei dem hier interessierenden Rundfunkbereich, wie im einzelnen noch zu zeigen sein wird, der Fall.[281]

---

276 Vgl. hierzu die Nachweise unter Teil 1 C.II.

277 Vgl. hierzu die amtliche Begründung, zitiert unter Teil 1 A. Die Entwicklungsgarantie soll ihrerseits die Erfüllung des Grundversorgungsauftrags gerade unter Berücksichtigung eines sich ständig weiterentwickelnden Rundfunkwesens gewährleisten.

278 Aus dem gleichen Grund haben die angestellten Überlegungen, dass die seitens der öffentlich-rechtlichen Anstalten erbrachten Leistungen insofern nicht berücksichtigungsfähig sind, als sie massenattraktive Elemente enthalten (so *Selmer/Gersdorf*, S. 24 ff.; a.A. *Otten* ZUM 1997, S. 794) außer Betracht zu bleiben.

279 Eine entsprechende Missbrauchskontrolle hat der EuGH wiederholt ausgeübt, vgl. EuGH Rs. C-179/90 (Porto di Genova), Slg. 1991, I-5889, sowie ausführlicher unter Teil 3 B.III.2.

280 Dies wurde seitens des EuGH wiederholt bestätigt, vgl. EuGH Rs. C-159/94 (Kommission/Frankreich), Slg. 1997, I-5815, Rdn. 56; EuGH Rs. C-75/97 (Belgien/Kommission), Slg. 1999, I-3671, Rdn. 37.

281 Vgl. hierzu näher Teil 2.

Konsequenterweise hat es die Europäische Kommission in ihrer Entscheidung zu den Spartenkanälen ausdrücklich abgelehnt, sich mit dem Begriff der Grundversorgung auseinander zusetzen.[282] Ebenso hat die Kommission in ihrer Mitteilung über die Anwendung der Vorschriften über staatliche Beihilfen auf den öffentlichen Rundfunk[283] in Übereinstimmung mit den obigen Grundsätzen festgehalten, dass sich ihre Rolle, was die Definition des öffentlich-rechtlichen Sendeauftrags anbelangt, auf die Überprüfung offensichtlicher Fehler beschränke. Die Art und Qualität eines bestimmten Programms in Frage zu stellen, stehe ihr nicht zu.[284]

Für die auf europarechtlicher Ebene anzustellenden Plausibilitätsüberlegungen ist somit nicht ausschlaggebend, ob sich eine Maßnahme in einen wie auch immer definierten Grundversorgungsauftrag einfügt, sondern ob sie sich überhaupt innerhalb solcher Ziele bewegt, die anerkanntermaßen im Rahmen einer staatlichen Rundfunkpolitik verfolgt werden können. Vor dem Hintergrund des Amsterdamer Protokolls[285] zum öffentlich-rechtlichen Rundfunk in den Mitgliedstaaten, der den öffentlich-rechtlichen Auftrag in engem Zusammenhang mit der demokratischen, sozialen, kulturellen sowie pluralismuswahrenden Funktion des

---

282 Ebenso hat sie darauf hingewiesen, dass der Begriff auf der Ebene des Gemeinschaftsrecht keine Entsprechung findet, vgl. Kommissionsentscheidung Staatliche Beihilfen Nr. NN 70/98 – Deutschland (Kinderkanal und Phoenix) vom 24.02.1999, Ziff. 6.3. („Es ist nicht Aufgabe der Kommission, den deutschen Begriff der Grundversorgung inhaltlich auszuloten und zu prüfen, inwieweit er dem gemeinschaftsrechtlichen Begriff „Dienstleistung von allgemeinen wirtschaftlichem Interesse“ entspricht. An der Diskussion in Deutschland, ob Spartenprogramme Teil der Grundversorgung sind, wird sich die Kommission nicht beteiligen. Auch wenn fraglich ist, ob bestimmte Dienstleistungen nach innerstaatlichem Recht zu dieser Grundversorgung gehören, können sie nach EG-Recht als „Dienstleistung im allgemeinen wirtschaftlichem Interesse“ angesehen werden.“); Damit erweist sich auch die von *Engel*, Europarechtliche Grenzen, S. 23 f., geäußerte Befürchtung, dass durch die Berücksichtigung der gemeinwirtschaftlichen Leistung bereits auf Tatbestandsebene „die Streitigkeiten um die verfassungsrechtliche Leerformel der Grundversorgung in die europarechtliche Diskussion getragen“ werde, als gegenstandslos.

283 Vgl. Mitteilung der Kommission über die Anwendung der Vorschriften über staatliche Beihilfen auf den öffentlich-rechtlichen Rundfunk, ABl. EG Nr. C 320 vom 15/11/2001, S. 5 ff, ebenfalls abgedruckt in epd medien, Nr. 89, 2001, S. 7 ff.

284 Kommmissionsmitteilung, ibidem, Fn. 283, Rdn. 36.

285 Vgl. ausführlicher hierzu Teil 4 G.

Rundfunks stellt,[286] kann eine Aufgabe, die sich im Rahmen der vorgenannten Ziele bewegt, jedenfalls nicht als missbräuchlich angesehen werden.

Wie bereits ausgeführt, sehen vorliegend die Programmkonzepte von *Kinderkanal* und *Phoenix* zum einen ein gewalt- und werbefreies Kinderprogramm mit einem hohen Informationsgehalt sowie ein ebenfalls werbefreies Programm, das Hintergrundinformationen zu gesellschafts- und kulturpolitischen Themen vermitteln soll sowie politische Debatten *live* überträgt, vor. Hinsichtlich des um die Vermittlung politischer Zusammenhänge und Hintergrundinformationen bemühten Programminhalts des Spartensenders *Phoenix* lässt sich unschwer darlegen, dass sein Betätigungsfeld in einem adäquaten Zusammenhang mit der durch die nationale Rundfunkpolitik verfolgten Zielsetzung steht. Aber auch der *Kinderkanal* kann einen wichtigen Beitrag für die Sicherung von Meinungsvielfalt und Meinungsfreiheit liefern. Zwar wird hiergegen teilweise eingewandt, dass Kinder und Jugendliche zum Zeitpunkt der Rezeption des Programmangebots selbst überhaupt noch nicht unmittelbar an dem gesellschaftlichen Meinungsbildungsprozess teilnehmen.[287] Allerdings lässt sich kaum von der Hand weisen, dass die spätere Teilnahme am Meinungsbildungsprozess auch bereits durch vorherige, d.h. auch medienvermittelte Einflüsse maßgeblich geprägt wird. Dies gilt nicht nur vor dem Hintergrund, dass Kinder vom Vorschulalter bis zum Ende ihrer Schulzeit in hohem Maße fernsehen[288] sondern auch, dass das Fernsehen das wichtigste und meistgenutzte Medium für Kinder in Deutschland überhaupt darstellt.[289] Im Hinblick auf die europarechtlich allein interessierende Fragestellung, ob hinsichtlich der Programminhalte des *Kinderkanals* ein Missbrauch des Rundfunkgesetzgebers im Hinblick auf die ihm zugestandene Definitions- und Ausgestaltungsfreiheit ausgemacht werden kann, ist dies daher

---

286 Angesichts dieser Funktion, der die Rundfunktätigkeit zu entsprechen hat, könnte ein Mitgliedsstaat beispielsweise nicht plausibel darlegen, dass elektronischer Handel dem Ziel der Rundfunkpolitik entsprechen würde. Folglich läge ein offensichtlicher, damit aus europarechtlicher Sicht angreifbarer Fehler vor, vgl. Kommissionsmitteilung, ibidem, Fn. 283, Rdn. 36; vgl. hierzu auch *Bleckmann*, AfP 1997, S. 421 f.

287 Vgl. *Bleckmann*, AfP 1997, S. 422.

288 Empirische Erkenntnisse sprechen dafür, dass die Bindung zu bestimmten Sendern früh aufgebaut wird, vgl. hierzu: Der Kinderkanal: Ziele und Programmphilosophie, Media Perspektiven, 1997, S. 17 ff.

289 *Feierabend/Klingler*, Media Perspektiven 4/2003, S. 167; bei Jugendlichen ab 14 Jahren ist in den letzten Jahren sogar noch eine signifikante Erhöhung ihrer Fernsehnutzungszeiten festzustellen, ibidem, S. 178.

im Ergebnis zu verneinen.[290] Entsprechend hat auch die Kommission in ihrer Entscheidung zu *Phoenix* und *Kinderkanal* in deren Errichtung und Ausgestaltung die Annahme eines Missbrauchs der mitgliedstaatlichen Befugnis zur Bestimmung des öffentlichen Auftrags abgelehnt.[291]

Einer Berücksichtigung der Spartenprogramme könnte schließlich noch im Hinblick auf das Erfordernis einer Betrauung im Sinne der *Altmark Trans*-Rechtsprechung[292] entgegenstehen, dass ihre rundfunkstaatsvertragliche Grundlage gemäß § 19 Abs. 2 RStV nach dem Wortlaut keine Verpflichtung, sondern nur eine Möglichkeit zur Veranstaltung zweier Spartenfensterprogramme vorsieht.[293] Den öffentlich-rechtlichen Rundfunkanstalten könnte also die Programmveranstaltung nicht als hinreichend klar definierte Verpflichtung übertragen worden sein. Allerdings ist anerkannt, dass zur Übertragung einer gemeinwirtschaftlichen Verpflichtung zwar ein hoheitlicher Akt, nicht unbedingt aber in Form eines Gesetzes notwendig ist.[294]

In diesem Zusammenhang ist zum einen die Protokollerklärung der Länder zu § 19 Abs. 2 RStV sowie der sich hierauf beziehende Ministerpräsidentenbeschluss vom 18. Dezember 1996 zu berücksichtigen. Die Protokollerklärung bezieht sich ausdrücklich auf die Veranstaltung eines Kinder- sowie eines Ereignis- und Dokumentationskanals. Die detaillierten Programmkonzepte sowie die hierauf bezogene Mittelfreigabe sind durch entsprechenden Beschluss ausdrücklich von den Ministerpräsidenten gebilligt worden.[295] Diese weiteren Handlungen sind vor dem Hintergrund der amtlichen Begründung zu § 19 Abs. 2 RStV zu betrachten, nach der dem öffentlich-rechtlichen Rundfunk hiermit die Möglichkeit eingeräumt werden soll, an der Ausdifferenzierung des Programmangebots teil-

---

290 Aus denselben strukturellen Gründen ist die Ablehnung der Berücksichtigung öffentlich-rechtlicher Programme im Rahmen von Art. 87 Abs. 1 EG wegen der vorhandenen massenattraktiven Programmelemente zurückzuweisen; vgl. hierzu auch *Dörr/Eckl*, NJW 1999, S. 1929.

291 Vgl. Kommissionsentscheidung Staatliche Beihilfen Nr. NN 70/98 – Deutschland (Kinderkanal und Phoenix) vom 24.02.1999, Ziff. 6.3.

292 Vgl. EuGH Rs. C-280/00 (Altmark Trans), Slg. 2003, I-7747, Fn. 208, Rdn. 89.

293 Vgl. hierzu den Wortlaut, zitiert in Teil 1 A.

294 Vgl. zu Art. 86 Abs. 2 EG: EuGH Rs. C-159/94 (Kommission/Frankreich), Slg. 1997, I-5815, Rdn. 65/66.

295 Zur verfassungsrechtlichen Problematik dieses Vorgehens im Hinblick auf das Gebot der Staatsferne sowie der Programmautonomie, vgl. *Betz*, Media Perspektiven, 1997, S. 14.

zuhaben, um so der verfassungsrechtlich abgeleiteten Entwicklungsgarantie des öffentlich-rechtlichen Rundfunks Rechnung zu tragen.[296] Dabei ist der hier verwendete Begriff der Möglichkeit aus dem Kontext heraus nicht im Sinne einer Wahlfreiheit sondern vielmehr in dem Sinne zu verstehen, dass hiermit für den öffentlich-rechtlichen Rundfunk die Voraussetzung geschaffen werden sollen, d.h. es ihm *ermöglicht* wird, an der Veränderung der Programmlandschaft partizipieren zu können. Erfordert die tatsächliche Entwicklung der Rundfunklandschaft nach Einschätzung des Rundfunkgesetzgebers eine entsprechende Reaktion können Protokoll sowie Beschluss der Ministerpräsidenten als Ausdruck des politischen Willens gewertet werden, die jeweiligen Programmaufträge verbindlich zu übertragen.[297] Von einer hinreichend klaren Verpflichtung kann damit im Ergebnis ausgegangen werden.

Die in Erfüllung des öffentlich-rechtlichen Programmauftrags ausgestrahlten Spartenprogramme *Phoenix* und *Kinderkanals* sind somit als im Rahmen von Art. 87 Abs. 1 EG berücksichtigungsfähige Leistungen anzusehen.[298] Fraglich ist damit nunmehr, ob die für die Spartensender verwendeten Rundfunkgebühren eine entsprechende Gegenleistung darstellen.

b) Die Rundfunkgebühr als geeignete Gegenleistung

Die Rundfunkgebühr stellt gemäß § 13 Abs. 1 RStV die vorrangige Finanzierungsquelle des öffentlich-rechtlichen Rundfunks dar. Gesetzliche Grundlage für ihre Entrichtung ist § 13 Abs. 2 RStV.[299] Hiernach ist die Gebühr an den bloßen Besitz eines empfangsbereiten Rundfunkgeräts und nicht etwa an den tatsächlichen Empfang von öffentlich-rechtlichen Rundfunksendungen gekoppelt sowie schon gar nicht an den Empfang bestimmter Programminhalte wie etwa denen von *Phoenix* oder dem *Kinderkanal*.

---

296 Vgl. die Amtliche Begründung, zitiert unter Teil 1 A.

297 Ebenso die Kommissionsentscheidung Staatliche Beihilfen Nr. NN 70/98 – Deutschland (Kinderkanal und Phoenix) vom 24.02.1999, Ziff. 6.3.

298 Nur der Vollständigkeit halber sei abschließend darauf hingewiesen, dass die Erfüllung des öffentlich-rechtlichen Programmauftrags ausschließlich die öffentlich-rechtlichen Anstalten trifft und eben gerade keine Verpflichtung darstellt, die ohnehin alle Unternehmen obliegt. Unter Berücksichtigung der zuvor zitierten Rechtsprechung tritt also nicht etwa schon aus diesem Grund eine Begünstigung ein, vgl. hierzu oben Teil 1 C.II.2.

299 Zuletzt geändert durch den 7 Staatsvertrag zur Änderung rundfunkrechtlicher Staatsvertrag (Siebter Rundfunkänderungsstaatsvertrag) vom 23.-26.September 2003, in Kraft getreten am 1. April 2004.

Vor diesem Hintergrund wurde der Gegenleistungscharakter der Rundfunkgebühr und somit auch ihre Kompensationsfunktion im Hinblick auf die erbrachten Rundfunkleistungen verschiedentlich in Abrede gestellt. Fehlt es an dem Moment der Gegenleistung, d.h. an einer synallagmatischen Aufeinanderbezogenheit von Leistung und Gegenleistung, sei es, weil der Gebührenverpflichtete die Gebühr zu entrichten hat, ohne die Leistung tatsächlich bezogen zu haben oder weil die Lasten nicht von der Seite ausgeglichen werden, die auch in den Genuss der Leistung kommt,[300] muss nach dieser Ansicht von einer Beihilfe ausgegangen werden.[301] Angesichts des Umstands, dass man sich von der Gebührenschuld noch nicht einmal durch technische Vorkehrungen, die den Empfang öffentlich-rechtlicher Programme überhaupt verunmöglichen, befreien kann, läge abgabenrechtlich keine Gebühr sondern allenfalls ein Beitrag vor.[302] Das Vorliegen einer Gebühr setze nach der finanzrechtlichen Systematik nämlich voraus, dass sie die Gegenleistung für die Inanspruchnahme einer besonderen Leistung der Verwaltung beziehungsweise des Staates darstellt.

Lässt sich möglicherweise der Gebührencharakter der Rundfunkgebühr abgabenrechtlich mit nachvollziehbaren Argumenten in Frage stellen,[303] ist indes wiederum zweifelhaft, ob die Differenzierungen des nationalen Abgabenrechts für die vorliegende Problematik fruchtbar gemacht werden können. Zuvor wurde gezeigt, dass es für die Feststellung des Vorliegens einer Beihilfe gemäß Art. 87 Abs. 1 EG allein auf die Wirkung einer Maßnahme ankommt.[304] Insofern ist es aus europarechtlicher Perspektive allein entscheidend, ob dem betroffenen Unternehmen für eine staatlich übertragene Aufgabe ein korrespondierender Vorteil eingeräumt wird und somit eine gewisse Konnexität zwischen Aufgabenübertragung und Vorteilsgewährung besteht. Für die Annahme eines Vorteils, d.h. für

300 So *Bleckmann*, Öffentlich-rechtliche Spartenprogramme, S. 117, der dabei im Gegensatz zu den Grundlinien der *PreussenElektra/Schleswag*-Rechtsprechung (vgl. Teil 1 C.I.2.) von einer staatlichen Zurechnung der Rundfunkgebühren ausgeht.

301 Vgl. *Engel*, Europarechtliche Grenzen, S. 25 f., mit Verweis auf *Holzer*, ZUM 1996, S. 277f. und *Bleckmann*, Öffentlich-rechtliche Spartenprogramme, S. 117.

302 Überdies komme ein Teil der Gebühren den Landesmedienanstalten, mithin leistungsfremden Empfängern, zugute, vgl. *Engel*, Europarechtliche Grenzen, S. 26.

303 In diesem Sinne beispielsweise auch *Holzer*, ZUM 1996, S. 277.

304 Dafür dass der EuGH allein darauf schaut, ob die mit einer gemeinwirtschaftlichen Zielverfolgung verbundenen Lasten durch die staatlich gewährte Vergünstigung wieder ausgeglichen werden. vgl. hierzu oben Teil 1 II.2.c).

die isolierte Betrachtung der „Haben"-Seite der unternehmerischen Bilanz ist aber dessen Qualifizierung im nationalen Kontext ohne Belang.

Für den Eintritt einer begünstigenden Wirkung bei einem betroffenen Unternehmen spielt es ersichtlich keine Rolle, ob die Vorteilsgewährung direkt aus dem Steueraufkommen, indirekt über eine staatlich eingesetzte Einrichtung, als Anspruchsverzicht oder über parafiskalische Abgaben gewährt wird.[305] Andernfalls hätten es die Mitgliedstaaten in der Hand, mittels entsprechender Ausgestaltungen die Tragweite des Beihilfeverbots zu beeinflussen. Ausgehend vom Sinn und Zweck des Beihilfeverbots, Wettbewerbsverzerrungen zu vermeiden, muss allein der tatsächliche Effekt bei den Unternehmen ausschlaggebend sein. Dass durch die Zurverfügungstellung der Rundfunkgebühr aber eine begünstigende Wirkung bei den betroffenen Unternehmen eintritt, kann nicht ernsthaft in Frage gestellt werden.[306] Auf die mitgliedstaatliche Qualifizierung der Finanzmittel kommt es somit für die gemeinschaftsrechtliche Bewertung aus den genannten Gründen nicht an.[307]

Dass auch der EuGH einen ausreichenden inneren Zusammenhang zwischen den seitens der öffentlich-rechtlichen Rundfunkanstalten erbrachten Rundfunkleistungen einerseits und den hierfür entrichteten Gebühren andererseits anerkennt, lässt sich seiner Rechtsprechung entnehmen. Bekanntermaßen hat er bereits frühzeitig auch die Rundfunksendungen der öffentlich-rechtlichen Rundfunkanstalten als Dienstleistungen im Sinne des Gemeinschaftsrechts angesehen.[308] Diese setzen gemäß Art. 50 EG Entgeltlichkeit voraus. Hat er damit implizit den Entgeltcharakter der Rundfunkgebühr bejaht, geht er zwangsläufig davon aus,

---

305 Wie bereits gezeigt wurde, wird der Begünstigungsbegriff weit ausgelegt. vgl. oben Teil 1 C.II.

306 Dies wird selbstverständlich auch von denjenigen bejaht, die im Hinblick auf die abgabenrechtliche Problematik den Gegenleistungscharakter der Gebühr verneinen, vgl. *Bleckmann*, Öffentlich-rechtliche Spartenprogramme, S. 116; *Engel*, Europarechtliche Grenzen, S. 20 ff.

307 Ebenso *Dörr/Cloß*, ZUM 1996, S. 113 m.w.N.; im Ergebnis ebenfalls *Koenig/Kühling*, NJW 2000, S. 1066 (kein synallagmatisches Austauschverhältnis für die Bejahung des Beihilfebegriffs erforderlich).

308 Vgl. auch Generalanwalt *Warner* in seinen Schlussanträgen in der Rs. 52/79 (Debauve), Slg. 1980, 860, 876, der betont, dass für die Beantwortung der Frage, ob im Hinblick auf die Veranstaltung von Fernsehsendungen Dienstleistungen vorlägen, die Methode der Finanzierung nicht ausschlaggebend sei. Entscheidend sei vielmehr, dass für die Veranstaltung von Fernsehsendungen in der Regel etwas gezahlt werde, d.h. dass sie in der einen oder anderen Weise gegen Entgelt erfolgten.

dass Rundfunksendung und Gebühr im europarechtlichen Sinne hinreichend aufeinander bezogen sind und zwar unabhängig davon, ob die entsprechenden Sendungen tatsächlich rezipiert wurden und ob damit eine Gegenseitigkeit im abgabenrechtlichen Sinne vorliegt oder nicht.[309]

Kann der Rundfunkgebühr im Ergebnis somit der Ausgleichscharakter im europarechtlichen Sinne nicht abgesprochen werden, kommt das Vorliegen einer Beihilfe folglich nur noch unter dem Aspekt in Betracht, dass sich der Ausgleich als überkompensatorisch erweist.

c) Überkompensatorischer Ausgleich?

Nach den Konkretisierungen der *Altmark Trans*-Entscheidung läge eine relevante Überkompensation vor, sofern die durch die Veranstaltung der Spartenprogramme verursachten Kosten durch die bereit gestellte Rundfunkgebühr mehr als ausgeglichen werden oder es an nachvollziehbaren Parametern und Vergleichsbetrachtungen, welche die Marktgegebenheiten berücksichtigen, für die Ermittlung des Ausgleichsbetrags fehlt.[310] Damit fragt sich, ob die Modalitäten der Bestimmung der Gebührenhöhe dazu geeignet sind, die Angemessenheit der Kompensationsleistungen aus EG-rechtlicher Perspektive zu gewährleisten.

Gemäß § 12 Abs. 1 RStV hat die Finanzausstattung den öffentlich-rechtlichen Rundfunk in die Lage zu versetzen, seine verfassungsmäßigen und gesetzlichen Aufgaben zu erfüllen. Wie bereits dargestellt, stellt die KEF als unabhängiges Expertengremium das wichtigste Instrument bei der Ermittlung des tatsächlichen Finanzbedarfs dar.[311] Sie dient der verfahrensmäßigen Sicherstellung des Verfassungsauftrags, dass die Bedarfsermittlung einerseits frei von staatlicher Einflussnahme sowie - im Interesse der Rundfunkteilnehmer - unabhängig von Beeinflussungen durch die Begünstigten selbst erfolgt.[312] Dezidierte Vorschriften über ihre Zusammensetzung sollen zum einen die personelle Unabhängigkeit

---

[309] Ebenso *Dörr/Cloß*, ZUM 1996, S. 113.

[310] EuGH Rs. 280/00 (Altmark Trans), Slg. 2003, I-7747, Rdn. 90 bis 93.

[311] Vgl. hierzu Teil 1 C.I.3.b).

[312] BVerfGE 90, 60, 92; zum Spannungsverhältnis zwischen Programmautonomie der Rundfunkanstalten und externer Wirtschaftlichkeitsbetrachtung vgl. *Hesse*, BayVBl. 1997, S. 141 f.

sowie den für die Tätigkeit erforderlichen Sachverstand gewährleisten.[313] Neben der den KEF-Mitgliedern eigenen fachlichen Kompetenz dient dabei die Einräumung weiterer umfangreicher Befugnisse dazu, die KEF in die Lage zu versetzten, sich über die tatsächliche Situation ein möglichst umfassendes und wirklichkeitsnahes Bild zu verschaffen.[314] Solcherart ausgestattet, übt die KEF vor allem eine fachliche Kontrolle dahingehend aus, ob sich die seitens der Rundfunkanstalten getroffenen Programmentscheidungen innerhalb des rechtlich umgrenzten Rundfunkauftrags halten und ob der aus ihnen abgeleitete Finanzbedarf zutreffend und im Einklang mit den Grundsätzen von Wirtschaftlichkeit und Sparsamkeit ermittelt worden sind.[315] Dabei umfassen die Grundsätze von Wirtschaftlichkeit und Sparsamkeit auch die Frage, inwiefern Rationalisierungs- sowie Kooperationsmöglichkeiten genutzt worden sind.[316]

Für die Überprüfung und Ermittlung des angemeldeten Finanzbedarfs sind darüber hinaus weitere inhaltliche rundfunkstaatsvertragliche Parameter vorgegeben. Hierzu gehören unter anderem die Berücksichtigung der allgemeinen Kostenentwicklung, der besonderen Kostenentwicklung im Medienbereich sowie die Entwicklung der Werbeerträge und sonstigen Erträge der Anstalten.[317] Die Experten sind somit zum einen gehalten, neben gesamtwirtschaftlichen Kennziffern Daten der medienspezifischen Vergleichsmärkte, wie beispielsweise im Bereich Programmkostenentwicklung, Technik- und Übertragungskosten, Personalkosten etc., in ihre Beurteilung über eine funktionsgerechte Finanzausstattung einzustellen. Vor dem Hintergrund, dass der Finanzierungsmix aus Gebühr, Werbeeinnahmen und sonstigen Einnahmen gemäß Art. 13 Abs. 1 RStV insgesamt dazu bestimmt ist, eine kostendeckende Aufgabenerfüllung zu ermöglichen, müssen die Experten zum anderen Werbe– sowie sonstige Einnahmen bedarfsmindernd in Ansatz bringen. Das Ziel, einen hohen Grad an Objektivierbarkeit zu erreichen,[318] unterstreicht die Notwendigkeit, sich bei der Bedarfser-

---

313 § 4, Abs. 3 (funktionelle Inkompatibilität) und Abs. 5 RFinStV (beschränkte Widerrufsmöglichkeit); § 4, Abs. 4 (personelle Besetzung); *Goerlich*, in: Hahn/Vesting, § 4 RFinStV, Rdn. 1 ff.

314 § 3, Abs. 2 RFinStV (Auskunftsrecht); § 4, Abs. 3 RFinStV (Mitwirkungspflichten der Rundfunkanstalten); § 4, Abs. 4 RFinStV (Einholung gutachterlicher Stellungnahmen); vgl. hierzu *Goerlich*, in: Hahn/Vesting, § 3 RFinStV, Rdn. 1 ff.

315 § 3, Abs. 1, S. 1 und 2 RFinStV; § 14 RStV.

316 § 3, Abs. 1, S. 3 RFinStV.

317 § 14, Abs. 2, Ziff. 3 und 4 RStV.

318 § 14, Abs. 3 RStV; vgl. auch *Libertus*, in: Hahn/Vesting, § 13, Rdn. 97.

mittlung nicht von subjektiven Gesichtspunkten der an dem Verfahren Beteiligten leiten zu lassen, sondern methodologisch und inhaltlich möglichst belastbare, d.h. Vergleichsbetrachtungen standhaltende Daten zu erarbeiten.

Insgesamt lässt sich damit feststellen, dass durch die Kombination von personeller Unabhängigkeit und Sachverstand, kompetenzieller Ausstattung und gesetzlichen Zielvorgaben wie Wirtschaftlichkeit und Sparsamkeit ein Maß an verfahrensmäßiger Absicherung implementiert worden ist, das den eingangs zitierten Anforderungen an die Erforderlichkeit der Ausgleichsbeträge sowie an objektive und transparente Parameter sowie an eine marktorientierte Vergleichsbetrachtung im Hinblick auf deren Ermittlung standhält.[319]

Gleichwohl ist kaum abzustreiten, dass die Beurteilung dessen, was zur funktionsgerechten Finanzierung erforderlich ist, schwierig bleibt.[320] Bei genauerer Betrachtung erweist sich dies indessen in erster Linie als ein Problem der genauen Bestimmung dessen, wie viel Programm und welcher Aufwand für die Erfüllung des verfassungsrechtlichen Auftrags tatsächlich erforderlich ist.[321] Die verfassungsrechtlich garantierte Rundfunkfreiheit bedingt, dass der Rundfunk selbst bestimmen darf, was der gesetzliche Rundfunkauftrag in publizistischer Hinsicht verlangt.[322] Weder bieten aber die Rundfunkanstalten Gewähr dafür, dass sie sich stets im Rahmen des Funktionsnotwendigen halten,[323] noch ist überhaupt genau bestimmbar, welchen Programmumfang die Erfüllung der Funktion des öffentlich-rechtlichen Rundfunks erfordert.[324] Wegen der Akzessorietät zwischen Programmaufwand und Finanzausstattung ist deswegen auch nicht die Gefahr von der Hand zu weisen, dass sich die Rundfunkanstalten im Wege von Programmausweitungen im Ergebnis wirtschaftlich selbst bedienen.[325]

---

319 Ausführlich zur Anwendung der Vorgaben der *Altmark Trans*-Rechtsprechung des EuGH auf den deutschen öffentlich-rechtlichen Rundfunk *Koenig/Haratsch*, ZUM 2003, S. 805 ff.

320 Diesbezüglich besteht weitestgehend Einigkeit vgl. *Dörr/Cloß*, ZUM 1996, S. 114; *Holzer*, ZUM 1996, S. 282; *Bartosch*, EuZW 1999, S. 178, der aus diesem Grunde einen weiten Beurteilungsspielraum zugunsten der Mitgliedstaaten bei der Bestimmung der Gegenleistung fordert.

321 *Holzer*, ZUM 1996, S. 282.

322 Vgl. nur BVerfGE 90, 60, 87.

323 So ausdrücklich das Bundesverfassungsgericht in BVerfGE 90, 60, 92.

324 BVerfGE 90, 60, 95.

325 So *Engel*, Europarechtliche Grenzen, S. 26 f.

Nach den Ausführungen des BVerfG in seinem insoweit einschlägigen Gebührenurteil handelt es sich dabei um ein strukturell bedingtes Dilemma, welches vor dem Hintergrund der verfassungsrechtlichen Vorgaben hinsichtlich der Gewährleistung der Rundfunkfreiheit nur durch angemessene Verfahrensregelungen aufgefangen werden kann.[326] Dieses strukturell bedingte Dilemma bewegt sich, wie gezeigt, im Bereich der Spezifizierung dessen, was der Erfüllung des Rundfunkauftrags im einzelnen entspricht. Dabei handelt es sich um einen Bereich, welcher der Entscheidungshoheit der Mitgliedstaaten unterliegt.[327] Die gemeinschaftlichen Organe üben, wie bereits dargestellt, diesbezüglich nur eine Missbrauchskontrolle aus.[328] Wird somit eine Entscheidung über den erforderlichen Programmumfang durch die mitgliedstaatlich hierfür zuständigen Institutionen gefällt und ist diesbezüglich keine missbräuchliche Ausnutzung der Definitionshoheit erkennbar, liegt jedenfalls aus beihilferechtlicher Sicht keine Überkompensation vor, sofern gesichert ist, dass tatsächlich nur die Kosten in dem durch die Programmentscheidung verursachten Umfang ausgeglichen werden. Des weiteren muss sichergestellt sein, dass die aufgerufenen Daten belastbar, d.h. Marktvergleichen standhalten können. Mit dem zuvor geschilderte Verfahren zur Ermittlung des Finanzbedarfs sind die verfahrensrechtlichen Voraussetzungen hierfür geschaffen worden[329] Ein im Sinne der *Altmark-Trans*-Rechtsprechung zu berücksichtigender Vorteil im Sinne von Art. 87 Abs. 1 EG kann damit im Ergebnis ausgeschlossen werden.[330]

---

326 BVerfGE 90, 60, 95 ff.; Das oben beschriebene System zur Überprüfung und Ermittlung der angemessenen Rundfunkgebühr ist insofern das Ergebnis des seitens des Bundesverfassungsgerichts im Gebührenurteil ausgesprochenen Ausgestaltungsauftrags.

327 Vgl. hierzu ausführlicher Teil 2.

328 Vgl. unten Teil 3 B.III.2.

329 Ebenso *Holzer*, ZUM 1996, S. 282 ff.; *Otten*, ZUM 1997, S. 795; *Bartosch*, EuZW 1999, S. 178 ff.; schwerpunktmäßig für das österreichische System der Gebührenermittlung, das indes weitgehend Parallelen aufweist *Dörr/Cloß*, ZUM 1996, S. 113; In der Praxis erweist sich dies im übrigen unter anderem dadurch, dass sich zwischen den ursprünglichen Anmeldungen der Rundfunkanstalten und den Feststellungen des Finanzbedarfs durch die KEF mitunter durchaus deutliche Abweichungen ergeben, vgl. hierzu *Otten*, ZUM 1997, S. 795; *Rainer Conrad*, Die Welt, 25.01.2000; zur Praxis der KEF vgl. auch *Libertus*, in: Hahn/Vesting, § 13, Rdn. 89 ff; a.A. *Engel*, Europarechtliche Grenzen, S. 26; kritisch aus ökonomischer Perspektive vgl. *Simon*, S. 10.

330 Ebenso Kommissionsentscheidung vom 24.2.1999, Staatliche Beihilfe, Nr. NN 70/98 – Deutschland (Kinderkanal und Phoenix), Ziff. 6.3, die in diesem Zusammenhang festgestellt hat, dass die KEF die Finanzbedarfsanmeldungen von ARD und ZDF für die Spartenkanäle *Phoenix* und *Kinderkanal* nicht lediglich zur Kenntnis nimmt, sondern

Fußnote fortgesetzt

D. Ergebnis zu Teil 1

Im Ergebnis zu Teil 1 kann damit festgehalten werden, dass die bloße staatliche Lenkung eines Mittelflusses zwischen Unternehmen beziehungsweise Verbrauchern nicht genügt, um das Tatbestandsmerkmal der staatlichen Zurechnung der Gelder zu bejahen. Ebenso wenig liegt eine gemeinschaftsrechtlich relevante Begünstigung vor, sofern staatlich eingeräumten Vorteilen korrespondierende Kosten gegenüberstehen, die den Unternehmen im Allgemeininteresse auferlegt worden sind.[331] Eine Anwendung von Art. 87 Abs. 1 EG auf den vorliegenden Sachverhalte ist somit ausgeschlossen.[332]

Im Hinblick auf die neuere EuGH-Rechtsprechung ist insofern die Bemühung um eine klarere Konturierung und Eingrenzung der Tatbestandsmerkmale des gemeinschaftsrechtlichen Beihilfeverbots erkennbar sowie das Bestreben, früheren Ausuferungen Grenzen zu setzen. In diesem Sinne können insbesondere die *Ferring/ACOSS* sowie die *Altmark-Trans*-Entscheidungen des EuGH als eine Korrektur des in der Vergangenheit übermäßig ausgeweiteten Beihilfenkontrollstrahls der Kommission sowie als eine Rückführung desselben auf den eigentlich durch den EG intendierten Kompetenzumfang gewertet werden.[333] Hierdurch wird eine Fehlentwicklung des EG-Beihilferechts zu einem alles übergreifenden Meta-Recht korrigiert,[334] die zu einer durch den Vertrag nicht vorgesehenen Kontrollmöglichkeit bzw. Machtausdehnung der Kommission geführt hat.[335]

---

auf ihre Angemessenheit geprüft und im Sinne von Wirtschaftlichkeit und Sparsamkeit entsprechend limitiert hat. Die Europäische Kommission habe daher keine Veranlassung, die Prüfung und Berechnung der unabhängigen KEF in Zweifel zu ziehen.

331 So nunmehr ausdrücklich *Pernice/Wernicke*, in: Grabitz/Hilf, EUV, Art. 16, Rdn. 2 und *diess.*, in: Grabitz/Hilf, EUV, Art. 86, Rdn. 96, 97.

332 Dafür dass sich für das deutsche System der Finanzierung des öffentlich-rechtlichen Rundfunks aus Gebühren darüber hinaus allgemein die Schlussfolgerung ziehen lässt, dass diese fortan nicht mehr als Beihilfen zu qualifizieren sind vgl. *Koenig/Kühling*, NVwZ 2001, S. 770; auf die grundlegende Bedeutung des Urteils für andere Bereiche der Versorgungswirtschaft verweist *Streinz*, Urteilsanm., JuS 2001, S. 597.

333 Ebenso *Bartosch*, Das Ferring/ACOSS-Urteil des EuGH – die weitere Beschneidung der EG-Beihilfenkontrolle, in: Der Syndikus, S. 3, vollständig abgedruckt im Internet unter http://www.forumrecht.com/syndikus/briefings/eu/eu_016.htm.; ähnlich *Jaeger*, EuZW 2004, S. 560.

334 *Koenig/Kühling*, NVwZ 2001, S. 770.

335 Bspw. *Thieme, Dominik/Rudolf, Beate*, Urteilsanmerkung, AJIL 96 (2002), S. 225 ff., 229; vgl. hierzu auch die Befürchtungen der deutschen Bundesländer, dass nach der bisherigen Tendenz der EU-Kommission, den Beihilfebegriff sehr extensiv auszulegen,

Fußnote fortgesetzt

In dem Maße aber wie der Beihilfetatbestand restriktiv ausgelegt wird, steigt für mitgliedstaatliche Maßnahmen die Bedeutung der EG-vertraglichen Grundfreiheiten.[336]

Damit rückt nunmehr die Frage in das Zentrum der Untersuchung, inwiefern die Gemeinschaft mittels der Grundfreiheiten eine Kontrollfunktion im Hinblick auf die untersuchungsgegenständliche beziehungsweise auf ähnlich gelagerte Entscheidungen des nationalen Rundfunkgesetzgebers ausüben kann.

Teil 2 Die Bedeutung von Art. 151 EG für die Maßgeblichkeit von Art. 49 EG für die gebührenfinanzierten Spartenkanäle?

Wie bereits eingangs dargestellt, ist teilweise vertreten worden, dass die Gebührenfinanzierung der Spartenkanäle gegen das Gebot der Dienstleistungsfreiheit verstößt.[337] Voraussetzung hierfür ist zunächst, dass das Dienstleistungskapitel auf Fallkonstellationen der vorliegenden Art überhaupt anwendbar ist. Dies könnte angesichts der kulturellen Aspekte des zugrundeliegenden Sachverhalts zweifelhaft sein. Zu berücksichtigen ist, dass die Europäische Gemeinschaft bekanntlich weder über eine Allzuständigkeit verfügt[338] noch der Kultur- bezie-

---

letztlich jede Entscheidung und jede staatliche Lenkungsmaßnahme von der Gemeinschaft kontrolliert werden könne, dokumentiert in epd medien Nr. 5 vom 22.01.2000, S. 14 f.; vgl. auch *Schmittmann/Busemann*, AfP 2000, S. 149, die die Kommission in der Gefahr einer „Allzuständigkeit für den Rundfunkbereich" sehen; zur Tendenz der exzessiven Ausdehnung ihrer Zuständigkeiten durch die Gemeinschaftsorgane, vgl. *Simma/Weiler/Zöckler*, S. 25 m.w.N.

336 *Kühne*, Urteilsanmerkung zu *PreussenElektra*, JZ 2001, S. 760.

337 Vgl. *Engel*, Europarechtliche Grenzen, S. 71 ff.

338 Vgl. hierzu sogleich Teil 2 A.

hungsweise Rundfunksektor ihr als solcher,[339] jedenfalls bisher nicht,[340] kompetenziell als ganzes übertragen worden ist.[341]

Diese Überlegung bedeutet indessen nicht, dass eine Angelegenheit durch den bloßen Hinweis auf die Topoi Kultur beziehungsweise Rundfunk gegen Einwirkungen des Gemeinschaftsrechts immunisiert werden könnte.[342] Zwar waren Teile des Schrifttums vor der Aufnahme der sogenannten Maastrichter Kulturklauseln von der Existenz einer entsprechenden Bereichsausnahme ausgegangen.[343] Dieses Verständnis entsprach jedoch bereits zum damaligen Zeitpunkt nicht der gemeinschaftsvertraglichen Realität.[344]

Im Gegensatz zu der seinerzeit geführten Diskussion verfügt das Gemeinschaftsrecht zudem heute über ausdrückliche Kulturkompetenzen. Wenn die Gemeinschaft somit aber auch bereits vor deren Aufnahme in das Gemeinschaftsrecht auf den Kultur- und Rundfunkbereich hatte einwirken können, könnte dem vorangestellten Hinweis auf die Kompetenzproblematik entgegengehalten werden, dass entsprechende Aspekte nunmehr erst recht nicht mehr geeignet sein dürfen, eine Anwendung des Gemeinschaftsrechts zu verhindern. Die grundsätzliche Anwendbarkeit des Gemeinschaftsrechts auch für den Bereich Rundfunk und Kultur zu bejahen, bedeutet andererseits nicht, dass hier somit zwangsläufig je-

---

339 Die Wendung „als solche" greift eine Formulierung vom EuGH in seinem *Erasmus*-Urteil, Rs. 242/87 (Kommission/Rat), Slg. 1989, 1425, Rdn. 31, auf, wo der Gerichtshof festgestellt hat, die Bildungspolitik gehöre „als solche" nicht zu den Materien, die der Vertrag der Zuständigkeit der Gemeinschaftsorgane unterworfen habe.

340 In dem Entwurf des Europäischen Parlaments zum „Vertrag zur Gründung der Europäischen Union", vorgelegt am 14.02.1984, ABl. Nr. C 77 vom 19.03.1984, S. 33 ff., war allerdings in Art. 55 ff. ausdrücklich eine konkurrierende Zuständigkeit der Union für die Kultur- und Informationspolitik vorgesehen.

341 Vgl. beispielsweise *Bleckmann*, JZ 1990, S. 306; *Engel*, in: Dauses, Handbuch des EU-Wirtschaftsrechts, E.V., Rdn. 62; *Ipsen*, Rundfunk, S. 40; *ders.*, in: GS f. Geck, S. 341; *Hoffmann-Riem*, in: ders. (Hrsg.), Rundfunk im Wettbewerbsrecht, S. 203 f.; *Schwartz*, ZUM 1989, S. 382; *ders.*, ZUM 1991, S. 155; *Schwarze*, in: ders. (Hrsg.), Fernsehen, S. 24; im Ergebnis auch *Seidel*, in: Schwarze (Hrsg.), Fernsehen, S. 125; *Fezer/Großhardt*, ZUM 1991, S. 510; *Sparr*, S. 29; *Niedobitek*, Kultur, S. 213; *Everling*, EuR 1990, S. 218.

342 Vgl. *Ossenbühl*, S. 21, 23; *Delbrück*, Die Rundfunkhoheit, S. 40; *Koszuszeck*, ZUM 1989, S. 545.

343 Vgl hierzu sogleich die Nachweise unter Teil 2 A.

344 Gleiches gilt hinsichtlich der Auffassung, dass jedweder Binnenmarktbezug für die Begründung einer Gemeinschaftszuständigkeit ausreichend ist, vgl. hierzu ebenfalls Teil 2 A.

der beliebige Aspekt vom Anwendungsanspruch des Gemeinschaftsrechts erfasst ist.[345]

Das wirft die Frage danach auf, wie weit die Einwirkungsbefugnisse der Gemeinschaft im kulturellen Bereich reichen beziehungsweise wie die Kompetenzen zwischen Gemeinschaft und Mitgliedstaaten hier verteilt sind. Kann die Gemeinschaft also mit anderen Worten gestützt auf das Dienstleistungskapitel eine nationale Entscheidung, die wie die vorliegende zumindest *prima vista* einen überwiegend binnenorganisatorischen Charakter aufweist, beeinflussen, oder fallen derartige Sachverhalte in einen wie auch immer gearteten kulturellen Freiraum.

Letzteres würde zum einen voraussetzen, dass die Befugnisse für diesen Bereich auch nach Einräumung ausdrücklicher kultureller Kompetenzen durch den Maastrichter Unionsvertrag[346] im wesentlichen bei den Mitgliedstaaten verblieben sind. Für diese Frage ist folglich der Regelungsgehalt der Maastrichter Kulturklauseln von besonderer Bedeutung (Teil 2 B.). Das genaue Ausmaß der durch die Kulturklauseln für die Gemeinschaft eröffneten Kompetenzen lässt sich dabei um so deutlicher erkennen, wenn über die Untersuchung des diesbezüglich relevanten Vertragstextes hinaus zum Vergleich ein Blick auf die bereits vor Maastricht bestehende Rechtslage geworfen wird (vgl. hierzu Teil 2 A.).[347]

Eine Relevanz der Kulturklauseln für die vorliegende Frage bedingt weiterhin, dass der Rundfunksektor aus gemeinschaftsrechtlicher Sicht ähnlich wie im nationalen Recht überhaupt zum Kulturbereich gezählt werden kann (Teil 2 D.). Selbst wenn diese Vorfragen bejaht werden, stellt sich im Hinblick auf die vorangestellte These sodann die Frage, ob aus diesem Befund Schlussfolgerungen für den Anwendungsanspruch von Art. 49 EG auf Sachverhalte der vorliegenden Art gezogen werden können (Teil 2 E.).

---

345 Darauf weisen bspw. zutreffenderweise hin *Ipsen*, in: GS für Geck, S. 353; *Dörr*, Die Spartenkanäle, S. 44.

346 Vgl. die sogenannten Maastrichter Kulturklauseln Art. 3, Abs. 1, lit. q), Art. 87, Abs. 2, lit. d), Art. 151 EG.

347 So zu Recht *Schwarze*, in: Schwarze/Becker (Hrsg.), Geistiges Eigentum, S. 126.

A. Die spezifische Struktur des EG-Vertrages und dessen Anwendbarkeit auf den Rundfunksektor vor Aufnahme der Maastrichter Kulturklauseln

Als supranationale Gemeinschaft ohne staatlichen Charakter[348] verfügt die Europäische Gemeinschaft bis heute nicht über eine Allzuständigkeit.[349] Dem Gemeinschaftsvertrag liegt vielmehr gemäß Art. 5 Abs. 1 EG der Grundsatz der „begrenzten Einzelermächtigung" als Strukturprinzip zugrunde.[350] Durch die im Zuge des Maastricht-Vertrags erfolgte ausdrückliche Normierung dieses Grundsatzes sollten Zweifel am Umfang der gemeinschaftlichen Befugnisse im Spannungsfeld zu den Kompetenzen der Mitgliedstaaten bereits auf der Ebene des Gemeinschaftsprimärrechts ausgeräumt werden.[351] Die Zuständigkeit der Gemeinschaft ergibt sich somit aus der Summe der ihr in den verschiedenen Bestimmungen des EG gesetzten Aufgaben und Ziele und der ihren Organen zur Verwirklichung der Vertragsziele zugewiesenen Befugnisse.[352]

Da der Gemeinschaftsvertrag bis zu der durch den Maastrichter Unionsvertrag erfolgten Aufnahme der sogenannten Kulturklauseln keinerlei ausdrückliche

---

348 Vgl. BVerfGE 89, 155, 184 ff. (sog. *Maastricht*-Entscheidung) spricht von einem Staatenverbund.

349 Vgl. nur *v. Bogdandy/Nettesheim*, in: Grabitz/Hilf, EUV, Art. 3 b, Rdn. 3; *Zuleeg*, in: Groeben/Schwarze, EUV/EG, Art. 5, Rdn. 2.

350 Vgl. *Schweitzer/Hummer*, Rdn. 335; *Bleckmann*, Europarecht, Rdn. 380 ff.; *Grabitz*, in: Grabitz/Hilf, EUV, Art. 235, Rdn. 1; teilweise wird auch vom „Grundsatz von der eingeschränkten Zuständigkeitsübertragung" gesprochen, vgl. *Beutler/Bieber/ Pipkorn/Streil*, Rdn. 121, oder vom „Prinzip der begrenzten Einzelzuständigkeit", *Oppermann*, Europarecht, Rdn. 513; Ausgehend von der durch den EG bewirkten Teilintegration der öffentlichen Angelegenheiten bezieht sich der Grundsatz nicht nur auf die ausdrücklich geregelten Befugnisse sondern auch auf die Verbandszuständigkeit, d.h. auch auf die Aufgaben und Ziele der Gemeinschaft als solche, vgl. hierzu beispielsweise *Beutler/Bieber/Pipkorn/Streil*, ibidem.

351 Vgl. *v. Bogdandy/Nettesheim*, in: Grabitz/Hilf, EUV, Art. 3b, Rdn. 1; in seinem Urteil zur *Tabakwerbeverbotsrichtlinie* hat sich der EuGH für die von ihm seitens des Gemeinschaftsrechtsgebers festgestellte Kompetenzüberschreitung ausdrücklich auf das Prinzip der begrenzten Einzelermächtigung berufen, vgl. EuGH Rs. C-376/98 (Tabakwerbeverbotsrichtlinie), Slg. 2000, I-8419, Rdn. 83.

352 Nach Art. 7, Abs. 1, S. 1 EG nehmen die dort genannten Gemeinschaftsorgane die „der Gemeinschaft zugewiesenen Aufgaben" wahr. Gemäß Art. 7, Abs. 1, S. 2 EG sind die Organe an die ihnen vertragsgemäß zugewiesenen Befugnisse gebunden. Vgl. auch Art. 5, Abs. 1 EG: Hiernach wird die Gemeinschaft „innerhalb der Grenzen der ihr in diesem Vertrag zugewiesenen Befugnisse und gesetzten Ziele tätig."; vgl. auch Art. 5 EUV; *Grabitz*, in: Grabitz/Hilf, EUV, Art. 235, Rdn. 1.

Kompetenzgrundlage für rundfunkbezogene oder sonstige Aktivitäten mit Kulturbezug enthielt, war eine Befugnis der Gemeinschaft zur Regelung entsprechender Angelegenheiten zunächst vehement umstritten.[353] Zwar bestand dahingehend Übereinstimmung, dass sich die kulturelle Kernkompetenz mangels Regelung im EG bei den Mitgliedstaaten befand.[354] Hieraus wurden jedoch mitunter deutlich voneinander abweichende Schlussfolgerungen gezogen.[355]

Nach Ansicht eines Teils des Schrifttums stand das Fehlen ausdrücklicher Kompetenzen der Anwendung des Gemeinschaftsrechts keinesfalls entgegen. Dieses kenne grundsätzlich keine Bereichsausnahmen und könne mittels seiner integrationspolitischen Instrumentarien auch Bereiche erschließen, hinsichtlich derer der Vertrag keine Aufzählung nach thematischen Sachgebieten aufweise.[356] Nach einer anderen Auffassung war demgegenüber aus diesem Umstand zu schließen, dass die Gemeinschaft überhaupt keine Befugnis zur Regelung von Angelegenheiten besitzt, die rundfunkpolitische Aspekte aufweisen.[357] Da der

---

353 Generalisierende Äußerungen wie beispielsweise, die Gründungsverträge der EG enthielten eine „umfassende Zuständigkeit im Kulturbereich nicht", vgl. *Fiedler*, in: Magiera (Hrsg.), S. 153, „allgemeine EG-Kompetenzen im Bereich der Kultur und Bildung" gebe es nicht, so *Schweitzer*, in: Merten (Hrsg.), S. 147, Art. 3 EWGV erwähne die Kulturpolitik nicht, vgl. *Eiselstein*, NVwZ 1989, 328, die Gemeinschaft besitze „lediglich Sekundärbefugnisse, aber jedenfalls keine Primärkompetenz für die Kultur", vgl. *Tomuschat*, EuR 1990, 341 oder schließlich ein europäisches Rundfunkrecht und Rundfunksystem zu entwickeln, habe die EWG „mit Sicherheit kein Mandat", *Rupp*, ZRP 1990, 2, zeugen von den erheblichen Unsicherheiten hinsichtlich der Frage der Kompetenzverteilung zwischen Gemeinschaft und Mitgliedstaaten; vgl. hierzu auch *Wemmer*, S. 188; *Grunwald*, EuR 1988, S. 101; zu früheren Aktivitäten der Gemeinschaft vgl. *Beutler/Bieber/Piepkorn/Streil*, S. 486 f.

354 Vgl. *Bullinger*, AfP 1985, S. 257 ff.; i.E. ebenso *Sparr*, S. 30; i.E. so wohl auch *Roth*, ZUM 1989, S. 104, der allerdings zwecks Realisierung der kulturellen Besonderheiten ausschließlich auf die geschriebenen oder ungeschriebenen Rechtsfertigungsmöglichkeiten im Rahmen des EG verweist.

355 Die kontroverse Auseinandersetzung fand ihren Höhepunkt im Zuge der Richtlinie 89/552/EWG des Rates vom 3. Oktober 1989 zur Koordinierung bestimmter Rechts- und Verwaltungsvorschriften der Mitgliedstaaten über die Ausübung der Fernsehtätigkeit (sog. Fernsehrichtlinie), ABl. Nr. L 298 v. 17/10/1989, S. 23 ff.

356 *Schwartz*, ZUM 1991, S. 164; *ders.*, ZUM 1989, S. 381 ff.; *Schwarze*, in: ders. (Hrsg.), Fernsehen, S. 24, 25; *Reich*, EuZW 1991, S. 208; *Everling*, EuR 1990, S. 215; *ders.*, EuR 1987, S. 221, 231; *Schmahl*, S. 26, 29; *De Witte*, in: Bieber/Ress (Hrsg.), S. 261; *Ehlermann*, NJW 1992, S. 1858, *Sparr*, S. 30.

357 Diese Meinung wurde unter anderem insbesondere von den deutschen Bundesländern vertreten aber beispielsweise auch von der dänischen Regierung, die die Auffassung vertrat, dass „areas which were clearly and on purpose left outside the Treaty, such as

Fußnote fortgesetzt

Rundfunk eine primär kulturelle Materie darstelle, seien die wirtschaftsorientierten Regelungskompetenzen der Gemeinschaft auf den Rundfunk nicht anwendbar.[358]

Die Ansicht, dass ein Sektor wie der Rundfunkbereich gegen jegliche Einwirkungen des Gemeinschaftsrechts immunisiert sein kann, entsprach jedoch bereits zum damaligen Zeitpunkt nicht der vertraglichen Realität. Die Einwirkungsmöglichkeit der Gemeinschaft auch auf nicht übertragene Sachgebiete ergibt sich vielmehr aus der besonderen Struktur des EG. Im Gegensatz zu der sachgebietsbezogenen Aufteilung aller Gesetzgebungsmaterien des Grundgesetzes ist für die Vertragsstruktur des EG kennzeichnend, dass sich die Tätigkeit der Gemeinschaft nur teilweise auf sachlich abgrenzbare Gebiete bezieht.[359] Im übrigen ist die Gemeinschaft mit finalen beziehungsweise funktionalen Befugnissen ausgestattet.[360] Auch als Zielverwirklichungsbefugnisse bezeichnet, dienen diese der Realisierung bestimmter Integrationsziele,[361] ohne dabei gegen-

---

culture, defence and education in general, cannot be regulated under the Treaty“, zitiert nach *De Witte* (Hrsg.), in: European Community Law of Education, S. 9, Fn. 1.

358 Beschluss der Ministerpräsidentenkonferenz vom 1-10. – 3.10.1986 zum Vorschlag einer EG-Rundfunkrichtlinie, Media Perspektiven Dokumentation I/87, S. 78; Beschluss des Bundesrates zum Vorschlag einer EG-Rundfunkrichtlinie, Media Perspektiven Dokumentation II/87, S. 143; Empfehlungen des Rechtsausschusses des Bundesrates zum Verfahren vor dem Bundesverfassungsgericht auf Antrag der Bayrischen Staatsregierung vom 6.4.1989, Media Perspektiven Dokumentation II/89, S. 8; ARD und ZDF, ZUM 1985, 314 f.; vgl. auch *Ossenbühl*, S. 20, 31 ff, 49, 54, 62 f.; *Scholz*, NJW 1990, S. 942; *ders.* in Friauf/Scholz (Hrsg.), Europarecht, S. 71 f.; *Betz*, Media Perspektiven 1989, S. 684; *Koszuszeck*, ZUM 1989; S. 546; *Scharf*, in: Magiera (Hrsg.), Entwicklungsperspektiven, S. 152; *Seidel*, NVwZ 1991, S. 125; *Stoiber*, ZUM 1986, S. 672; ähnlich auch *Delbrück*, Die Rundfunkhoheit, S. 47, 51; vgl. auch *Blanke*, Europa, S. 95; *Ipsen*, GS f. Geck, S. 346, die darauf hinweisen, dass nahezu jede Tätigkeit einen wirtschaftlichen Aspekt aufweist.

359 Vgl. beispielsweise das Gebiet der gemeinsamen Agrar- und Verkehrspolitik (Art. 3, Abs. 1, lit. e) und f) EG), der Sozial- und Umweltpolitik (Art. 3, Abs.1, lit. j EG) und l)) sowie der Wirtschafts- und Währungspolitik (Art. 4 EG); vgl. hierzu auch *Jarass*, Die Kompetenzen, S. 12 f.; vgl. nunmehr aber auch den von den Staats- und Regierungschefs am 18. Juni 2004 angenommenen Vertrag über eine Verfassung für Europa, die eine Aufteilung in ausschließliche, geteilte und Unterstützungskompetenzen vornimmt, vgl. Art. 11 ff. EG des Verfassungsvertrags; er ist im Internet auf der Website des Europäischen Konvents abrufbar unter http://european-convention.eu.int/ ArticlesTraites.asp?lang=DE.

360 Vgl. „functional powers“, *De Witte*, in: Bieber/Ress (Hrsg.), Die Dynamik, S. 262.

361 Beispielsweise die harmonische und ausgewogene Entwicklung des Wirtschaftslebens innerhalb der Gemeinschaft, ein beständiges, nichtinflationäres und umweltverträgliches

Fußnote fortgesetzt

ständlich, d.h. auf bestimmte Sachgebiete, beschränkt zu sein. Sie müssen daher auch daher relativ, d.h. im Lichte der gesetzten Ziele, ausgelegt werden.[362]

Zu den final bestimmten Tätigkeitsfeldern der Gemeinschaft gehören insbesondere der „Binnenmarkt, der durch die Beseitigung der Hindernisse für den freien Waren-, Personen-, Dienstleistungs- und Kapitalverkehr zwischen den Mitgliedstaaten gekennzeichnet ist“[363] sowie „die Angleichung der innerstaatlichen Rechtsvorschriften, soweit dies für das Funktionieren des Gemeinsamen Marktes erforderlich ist.“[364] Die Vertragszielbestimmungen stellen dabei selbst keine selbstständigen Kompetenznormen dar.[365] Vielmehr bedarf es zu ihrer Verwirklichung jeweils einer besonderen Ermächtigungsgrundlage.[366] Aus diesem Grund ergibt sich eine Zuständigkeit der Gemeinschaft für den Rundfunksektor nicht

---

Wachstum sowie ein hoher Grad an Konvergenz der Wirtschaftsleistungen als Gemeinschaftsziele. Zur Zielerreichung dienen die Errichtung eines Gemeinsamen Marktes, einer Wirtschafts- und Währungsunion sowie die Durchführung der in den Art. 3 und 4 EG genannten gemeinsamen Politiken und Maßnahmen. Vorgenannte Tätigkeitsfelder stellen zugleich selbst Vertragszielbestimmungen dar, vgl. *v. Bogdandy*, in: Grabitz/Hilf, EUV, Art. 3, Rdn. 2; *Zuleeg*, in: Groeben/Schwarze, EUV/EG, Art. 3, Rdn. 2; *Geiger*, EG, Art. 3, Rdn. 1. Die Tätigkeitsfelder gemäß Art. 3, 4 EG werden ihrerseits in den nachfolgenden Einzelbestimmungen weiter spezifiziert. Insofern kann zwischen Endzielen (Art. 2 EG), unmittelbaren Zielen (Art. 3 EG) und sektoriellen, d.h. die in den verschiedenen Einzelbestimmungen des EG enthaltenen Zielen, unterschieden werden; vgl. *Constantinesco*, Das Recht der europäischen Gemeinschaften, S. 274 (Die Mittel, die die Ziele des EG konkretisieren, verdeutlichen zugleich die Gemeinschaftsaufgaben).

362 Vgl. *Ipsen*, Europäisches Gemeinschaftsrecht, S. 556.

363 Art. 3, Abs. 1, lit. c) EG.

364 Art. 3, Abs. 1, lit. h) EG. Hierzu zählt weiterhin die praktisch bedeutsame Kompetenznorm des Art. 95 EG, der zu allen Maßnahmen der Rechtsangleichung, die zur Verwirklichung der Ziele des Art. 14 EG erforderlich sind, ermächtigt.

365 Vgl. Art. 2, 3, 4, 5 Abs. 1 und 7 Abs. 1, S. 2 EG; *Zuleeg*, in: Groben/Thiesing/Ehlermann, EUV/EG, Art. 3 Rdn. 5; *Ipsen*, Europäisches Gemeinschaftsrecht, S. 559 f.; Infolgedessen können auf diese allein auch keine Maßnahmen der Gemeinschaft gestützt werden. Missverständlich insoweit *Mestmäcker/Engel/Gabriel-Bräutigam/Hoffmann*, S. 37, nach denen sich die Anwendbarkeit des Gemeinschaftsrechts auf den Rundfunk insbesondere daraus ergeben soll, dass sowohl nach der Präambel als auch nach Art. 2 EG durch die Integration der Volkswirtschaften ökonomische und außerökonomische Ziele verfolgt werden.

366 Vgl. nur *Zuleeg*, in: Groeben/Schwarze, EUV/EG, Art. 2, Rdn. 5; *Delbrück*, Die Rundfunkhoheit, S. 31; *Ipsen*, in: GS für Geck, S. 345.

etwa bereits[367] aus der Klassifizierung des Rundfunks als eigenständiger Wirtschaftsfaktor „Kulturwirtschaft“,[368] aus seiner integrationspolitischen Bedeutung als unverzichtbaren Bestandteil eines auch auf Gemeinschaftsebene gebotenen, demokratischen Willensbildungsprozesses[369] oder aus der Charakterisierung der Europäischen Union als „Kommunikationsgemeinschaft.“[370]

Zu den relevanten binnenmarktorientierten Regelungsbefugnissen gehören[371] indes vor allem die Gebots- und Verbotsnormen der für die Verwirklichung des Binnenmarkts konstitutiven Grundfreiheiten gemäß Art. 3 lit. c) EG.[372] Diese auch als Querschnittskompetenzen bezeichneten Bestimmungen beziehen sich nicht auf einzelne abgegrenzte Sachbereiche. Sie erstrecken sich vielmehr auf alle Tätigkeiten, Erzeugnisse und Personengruppen innerhalb der Gemeinschaft, die den Tatbestand der jeweils einschlägigen Norm verwirklichen, unabhängig davon, ob der jeweilige Sachbereich der Gemeinschaft als solcher übertragen wurde oder nicht.[373] Insofern handelt es sich hierbei nicht um sektoral definierte, sondern um funktional ausgerichtete Gemeinschaftskompetenzen.[374] Die Struktur der der Gemeinschaft zugewiesenen Zuständigkeiten führt damit dazu, dass nahezu kein Sachbereich von vornherein dem Regelungsanspruch der Gemeinschaft entzogen ist.[375]

---

367 Vgl. *Petersen*, S. 32, *Delbrück*, Die Rundfunkhoheit, S. 30 ff.; *ders.*, Rundfunk und Wettbewerbsrecht, S. 246; *Ossenbühl*, S. 14; *Kugelmann*, S. 60; *Schwarze*, in: ders. (Hrsg.), Fernsehen, S. 24; *Degenhart*, ZUM 1992, S. 453; *Kewenig*, JZ 1990, S. 463.

368 So aber *Schwartz*, in: Magiera (Hrsg.), Entwicklungsperspektiven, S. 131; vgl. auch *Mestmäcker*, in: Verhandlungen des 56. DJT, S. 27.; Faktum der wirtschaftlichen Bedeutung als Anknüpfungspunkt beispielsweise immer noch bei *Roider*, S. 29.

369 Vgl. *Ipsen*, Rundfunk, S. 45 ff.; *ders.* allerdings zurückhaltender in: GS Geck, S. 343.

370 *Seidel*, in: Schwarze (Hrsg.), Fernsehen, S. 121; vgl. zum Vorstehenden ausführlich mit weiteren Nachweisen, *Ossenbühl*, S. 15 ff.

371 Neben dem Art. 95 Abs. 1 EG.

372 D.h. die Freiheiten des Waren-, Personen-, Dienstleistungs- sowie des Kapitalverkehrs. gemäß Art. 28 bis 31 und Art. 39 bis Art. 60 EG.

373 Vgl. aus der jüngeren Literatur beispielsweise *Möstl*, EuR 2002, S. 318 ff.

374 *De Witte*, in: Bieber/Ress (Hrsg.), Dynamik, S. 262; *Schwartz*, AfP 1993, S. 410; *Niedobitek*, Kultur, S. 193; *Ress*, Kultur, S. 28; *Everling*, EuR 1990, S. 215.

375 *Frese*, S. 57; *Zuleeg*, DVBl. 1992, S. 1335.

Da der Vertrag für den Kultur- bzw. Rundfunkbereich weder eine ausdrückliche[376] noch eine stillschweigende[377] Bereichsausnahme vorsieht, waren infolgedessen Einwirkungen auf den Kultur- sowie den Rundfunkbereich auch bereits vor Verabschiedung expliziter kultureller Kompetenzen auf der Grundlage der Querschnittskompetenzen im Grundsatz nicht ausgeschlossen.[378] Einwirkungsmöglichkeiten auf die mitgliedstaatlichen Kompetenzräume bestanden dabei zum einen im Wege der sogenannten „positiven Integration“,[379] d.h. beispielsweise durch Regulierungsmaßnahmen zwecks Vereinheitlichung und Binnenmarktausrichtung von mitgliedstaatlichen Normen, die im Rahmen der grundfreiheitlichen Regelungsvorbehalte gerechtfertigt waren.[380] Zum anderen vermochte die Gemeinschaft mittels „negativer Integration“ auf die mitgliedstaatlichen Rechtsordnungen einzuwirken. Hierdurch ergab sich eine Beschränkung mitgliedstaatlicher Handlungsfreiheit unmittelbar und ohne weiteres Tätigwer-

---

376 Vgl. demgegenüber Art. 223 EG, wonach Maßnahmen der Mitgliedstaaten zur Wahrung ihrer wesentlichen Sicherheitsinteressen dem Vertrag nicht entgegenstehen, „ soweit sie die Erzeugung von Waffen, Munition und Kriegsmaterial oder den Handel damit betreffen“ als Beispiel einer ausdrücklichen Bereichsausnahme.

377 Auch von einer stillschweigenden Bereichsausnahme kann in Ansehung von Art. 30, S. 1 EG nicht ausgegangen werden. Art 30, S. 1 EG gestattet trotz Binnenmarktrelevanz einzelstaatliche Maßnahmen zum Schutz des nationalen Kulturgutes von künstlerischem, geschichtlichem oder archäologischem Wert. Eine solche Ausnahmebestimmung wäre überflüssig, wenn kulturelle Erzeugnisse von vornherein nicht unter den Geltungsbereich des Gemeinschaftsrechts fielen, vgl. *Niedobitek*, Kultur, S. 195; allgemein *Ress*, Kultur, S. 28; *ders.*, Kultursubventionen, 124; *De Witte*, in: Schwarze/Schermers (eds.), Structure, S. 198; *Roth*, ZUM 1989, 101 ff.

378 Vgl. nur *Schwartz*, in: Schwarze (Hrsg.), Fernsehen, S. 46; *Niedobitek*, Kultur, S. 193; *Sparr*, S. 25; *Roth*, ZUM 1989, S. 104; *Seidel*, in: Schwarze (Hrsg.), Fernsehen, S. 132. Aus dem Gedanken der Querschnittskompetenz kann dabei selbstverständlich noch keine generelle Zuständigkeit für den Rundfunk begründet werden, vgl. hierzu *Degenhart*, ZUM 1992, S. 453; vgl. weiterhin die Übersicht zu den kulturellen Gemeinschaftsaktivitäten bei *Fechner*, in: Handbuch des europäischen Rechts, Vorbemerkung zu Art. 128, Rdn. 24 ff.

379 Zu den Begriffen negative und positive Integration vgl. *De Witte*, in: Schwarze/Schermers (eds.), Structure, S. 196 ff.; vgl. auch *Reich*, S. 37 ff.

380 Vgl. *Reich*, S. 42 ff.; Weiterhin können auf diesem Wege Regelungslücken, die durch Anwendung der Grundfreiheiten entstanden sind, durch eine kulturpolitische EG-Regelung kompensiert werden, vgl. *Ress/Ukrow*, in: Grabitz/Hilf, EUV, Art. 151, Rdn. 7. Ohne somit notwendigerweise in einem sachlich-thematischen, sondern lediglich in einem funktionellen Zusammenhang mit der geregelten Materie zu stehen, ist die Gemeinschaft auf diese Weise auch in Gebieten tätig geworden, die nicht ausdrücklich in ihre Zuständigkeit fallen, vgl. *De Witte*, in: Bieber/Ress (Hrsg.), Die Dynamik, S. 267; *Ress*, Kultur, S. 37.

den der Gemeinschaft aus dem Gemeinschaftsprimärrecht selbst.[381] In diesem Sinne wirken sich insbesondere die Grundfreiheiten, aber auch das Wettbewerbs- und Beihilferecht aus.[382] Die kulturpolitischen Handlungsspielräume der Mitgliedstaaten wurden allein durch die Anwendung und Durchsetzung der Grundfreiheiten beschnitten, ohne dass die Gemeinschaft in Ausübung ihrer finalen Befugnisse notwendigerweise selbst kulturpolitisch motivierte Ziele verfolgte.[383]

Dass die kulturellen Kompetenzräume der Mitgliedstaaten nicht vor dem Eindringen des Gemeinschaftsrechts verschlossen waren, hat der EuGH in seiner Rechtsprechung bereits frühzeitig klargestellt.[384] Der Rechtsprechung des EuGH kommt gemäß Art. 220 EG für die Auslegung des Gemeinschaftsrechts entscheidende Bedeutung zu, da die seitens der Mitgliedstaaten auf die Gemeinschaft übertragene Hoheitsgewalt auch die Jurisdiktionshoheit des EuGH umfasst.[385] Diese beinhaltet, dass die Entscheidungen des Gerichtshofs einschließlich seiner Fehlurteile für die seiner Rechtsprechungsgewalt unterworfenen Mitgliedstaaten verbindlich sind.[386]

---

381 Vgl. *Reich*, S. 42 ff.

382 Vgl. zum ganzen *De Witte*, in: Bieber/Ress (Hrsg.), Dynamik, S. 264 ff; *Ress*, Kultur, S. 33; *Niedobitek*, S. 133; *Sparr*, S. 99; *Schwarze*, in: Schwarze/Becker (Hrsg.), Geistiges Eigentum, S. 126.

383 Vgl. hierzu *Ress/Ukrow*, in: Grabitz/Hilf, EUV, Art. 151, Rdn. 5 ff; *Ress*, Kultur, S. 33. Beseitigt wurden auf diese Weise zahlreiche vom innerstaatlichen Recht errichtete Grenzen für den freien Verkehr von Menschen, Gütern, Leistungen und Kapital und zwar auch dann, wenn diese kulturelle Bezüge aufwiesen, vgl. *Schmahl*, S. 30; *Kewenig*, JZ 1990, S. 464; *Everling* EuR 1987, S. 219; *Schwartz*, ZUM 1991, S. 164; *Sparr*, S. 30.

384 Insofern zustimmend, die Grundfreiheiten müssten auch in diesem Bereich verwirklicht werden *Schwartz*, ZUM 1989, 382; *Eiselstein*, NVwZ 1989, 328; *Kewenig*, JZ 1990, S. 464; *Klein*, VVDStRL 1990, S. 62; *Sparr*, S. 250.

385 Nach Art. 220 EG sichert der Gerichtshof die Wahrung des Rechts bei der Auslegung und Anwendung des Vertrags. Da sich die Kompetenzgrenzen der Gemeinschaft allein aus dem Vertrag einschließlich sonstigem relevanten primären Gemeinschaftsrecht sowie dem Vertrag beigefügten Protokolle ergeben, ist es ausschließlich Sache des EuGH, den Anwendungsbereich des Gemeinschaftsrechts zu spezifizieren und eventuelle Kompetenzüberschreitungen der Gemeinschaft bzw. auch die den Mitgliedstaaten verbliebene Kompetenzreservoirs verbindlich festzustellen, vgl. *Dörr/Beucher/Eisenbeis/Jost*, S. 24.

386 Allenfalls in Extremfällen behält sich das BVerfG eine Überprüfungsmöglichkeit vor, ob sich die Gemeinschaft noch in den Grenzen der nach dem Grundgesetz legitimerwei-

Fußnote fortgesetzt

Der Gerichtshof hat mittlerweile in einer Vielzahl von Entscheidungen bestätigt, dass sich der gemeinschaftliche Regelungsanspruch nicht auf wirtschaftliche Sachverhalte im engeren Sinne beschränkt. Er hat in seiner Rechtsprechung die Vertragsvorschriften ohne weiteres auf entgeltliche Betätigungen sowohl beispielsweise im sportlichen,[387] sozialen,[388] religiösen[389] wie auch im kulturellen Bereich angewandt.[390] Bereits in seinem ersten rundfunkrechtlichen Verfahren, der Rechtssache *Sacchi*[391] stellte der Gerichtshof klar, dass die Funktion des Rundfunks als kulturelles Medium und konstituierendes Element der demokratischen Ordnung in den Mitgliedstaaten der Anwendung des Gemeinschaftsrechts nicht entgegensteht. Die italienische Regierung hatte die Nichtanwendbarkeit des Gemeinschaftsrechts damit begründet, dass die betroffenen Fernsehanstalten keine wirtschaftlichen Tätigkeiten ausübten, sondern einen öffentlichen Betrieb mit kultureller, unterhaltender und informativer Zielsetzung führten.[392] Ohne sich mit den vorgebrachten Argumenten in der Sache auseinander zu setzen, judizierte der Gerichtshof lediglich lapidar, dass „in Ermangelung ausdrücklicher entgegenstehender Vertragsbestimmungen „...Fernsehsendungen ihrer Natur

---

se auf eine supranationale Gemeinschaft übertragbare Hoheitsbefugnissen bewegt, vgl. zu der diesbezüglichen Kritik in der deutschen verfassungsrechtlichen Literatur vgl. *Dörr/Beucher/Eisenbeis/Jost*, S. 24 f.

387 EuGH Rs 36/74 (Walrave), Slg. 1974, 1405, 1418.

388 EuGH Rs 65/81 (Reina), Slg. 1982, 33, 44 f.

389 EuGH Rs 196/87 (Steymann), Slg. 1988, 6159, 6173.

390 Prägnant hat der EuGH den Regelungsanspruch für den Kulturbereich beispielsweise in seiner *Casagrande*-Entscheidung bestätigt, in der er feststellte, dass die Bildungs- und Kulturpolitik „als solche“ zwar nicht der Gemeinschaft zugewiesen sei. Hieraus könne aber nicht geschlossen werden, dass die Ausübung der Befugnisse, die der Gemeinschaft in den Bereichen Niederlassungs- und Dienstleistungsfreiheit übertragen worden sind, in irgendeiner Form eingeschränkt seien, vgl. Rs. 9/74 (Casagrande), Slg. 1974, 773, 779; vgl. weiterhin EuGH Rs. 293/83 (Gravier) Slg. 1985, 593, 612; EuGH Rs. 242/87 (Kommission/Rat), Slg. 1989, 1425, 1457.

391 EuGH Rs. 155/73 (Sacchi), Slg. 1974, 409, 408. Gegen Herrn Sacchi, Eigentümer eines nicht genehmigten Unternehmens, dessen Geschäftstätigkeit u.a. in der Übertragung von Programmen bestand, wurde ein Strafverfahren anhängig gemacht, da er für die in öffentlichen Lokalen aufgestellten Fernsehgeräte keine Gebühren gezahlt hatte.

392 Vgl. EuGH Rs. 155/73 (Sacchi), Slg. 1974, 409, Erklärung der italienischen Regierung, ibidem, S. 420; Der Generalanwalt vertrat seinerseits die Auffassung, dass dem gemeinschaftsrechtlichen Anwendungsanspruch jedenfalls Grenzen zu ziehen seien: Es handele sich hierbei nicht nur um ein Massenkommunikationsmittel von großer kultureller und erzieherischer Bedeutung, sondern auch um ein Instrument, das wegen der Intensität seiner Wirkung zur Beeinflussung der öffentlichen Meinung besonders geeignet sei, vgl. GA *Reischel*, Schlussanträge in der Rs 155/73 (Sacchi), Slg. 1974, 409, 445.

nach als Dienstleistungen anzusehen" seien."[393] In den Entscheidungsgründen fehlt noch jede über die Abgrenzung zu den Art. 28 ff. EG[394] hinausgehende positive Subsumtion unter den Dienstleistungsbegriff.[395]

Im Rahmen der Entscheidung *Bond van Adverteerders*[396] setzte sich der EuGH erstmals eingehend mit den einzelnen Tatbestandsmerkmalen des Art. 49 EG auseinander und bejahte im Ergebnis die Anwendbarkeit der Dienstleistungsfreiheit auf den zugrundeliegenden Sachverhalt.[397] Er geht seitdem in ständiger Rechtsprechung davon aus, dass die Ausstrahlung von Fernsehsendung unter die Vertragsvorschriften des Dienstleistungsverkehrs fällt.[398]

Festzuhalten ist damit zunächst, dass die aus dem kulturellen Charakter des Rundfunks gezogenen Schlussfolgerung der Nichtanwendbarkeit des EG an der

---

393 EuGH Rs 155/73 (Sacchi), Slg. 1974, 409, Rdn. 6.

394 Von der Einschlägigkeit der Warenverkehrsfreiheit sei demgegenüber auszugehen beim „Handel mit sämtlichen Materialien, Tonträgern, Filmen und sonstigen Erzeugnissen, die für die Ausstrahlung von Fernsehsendungen benutzt werden...", EuGH Rs 155/73 (Sacchi), Slg. 1974, 409ebd. Rdn. 7/8.

395 Diese zunächst auf die terrestrische Ausstrahlung von Fernsehsendungen beschränkten Feststellungen bestätigte der Gerichtshof in dem Verfahren *Debauve*, vgl. EuGH Rs 52/79 (Debauve) Slg. 1980, 833, Rdn. 8, für den Bereich der Übertragung von Fernsehsendungen via Kabel.

396 EuGH Rs. 352/85 (Bond van Adverteerders), Slg. 1988, 2085, 2130 f. Im dem Rechtsstreit ging es um die nach niederländischem Recht verbotene Verbreitung von Fernsehprogrammen durch die Betreiber von Kabelnetzen, die von Sendern anderer Mitgliedstaaten angeboten wurden und speziell für die niederländische Öffentlichkeit bestimmte Werbemitteilung enthielten.

397 Der Umstand, dass die Entscheidungsgründe der vorstehend aufgeführten Urteile nähere Begründungen für den Dienstleistungscharakter von Rundfunksendungen vermissen ließen, führte in der wissenschaftlichen Auseinandersetzung zunächst dazu, dass ihr Charakter als Grundsatzentscheidungen in Bezug auf die in Frage stehende Problematik teilweise in Abrede gestellt wurde, vgl. beispielsweise *Delbrück*, Die Rundfunkhoheit, S. 40 f.

398 EuGH Rs. C-260/89 (ERT), Slg. I-1991, 2925, 2958, Rdn. 13 f.; EuGH Rs. C 288/89 (Stichting Collectieve Antennenvoorziening Gouda), Slg. I-1991, 4007, Rdn. 9 ff.; EuGH Rs C-353/89 (Kommission/Niederlande), Slg. I-1991, S. 4069, Rdn. 11 ff.; EuGH Rs. C-211/91 (Kommission/Belgien), Slg. I-1992, 6757, Rdn. 5; EuGH Rs. C-148/91 (Veronica Omroep Organisatie), Slg. I-1993, 487, Rdn. 12 f. Die andere für ein Rundfunkunternehmen ggf. noch in Frage kommende Grundfreiheit, d.h. das Recht auf freie Niederlassung gemäß Art. 43 EG, hat dagegen weder in der rundfunkrechtlichen Rechtsprechung noch für die Tätigkeit des Gemeinschaftsrechtsgebers eine große Rolle gespielt, vgl. hierzu *Gundel*, ZUM 2000, S. 1047; vgl. dagegen aber nunmehr aus der jüngeren Vergangenheit das Urteil des EuG Rs. T-266/97 (VTM), Slg. 1999, II-2329.

Konzeption des Vertrages ebenso vorbeiging wie die aus dem Hinweis auf seine wirtschaftliche Relevanz gezogene Konsequenz seiner uneingeschränkten Anwendbarkeit.[399] Beide Ausgangspunkte beruhen auf der Prämisse, dass sich die jeweiligen Kompetenzen eindeutig nach Sachbereichen zuordnen lassen. Auf dieser Basis lässt sich jedoch das Kompetenzgeflecht zwischen gemeinschaftlichen, insbesondere funktionalen Befugnissen und den im mitgliedstaatlichen Souveränitätsbereich verbliebenen Zuständigkeiten nur unzureichend erklären.[400] Wie zuvor dargelegt, finden die Vertragsvorschriften grundsätzlich bereits dann Anwendung, wenn und soweit die relevanten Vorgänge die Voraussetzungen der Grundfreiheiten beziehungsweise der jeweils korrespondierenden Kompetenznormen erfüllen und zwar unabhängig davon, ob der Gemeinschaft ein bestimmter Sachbereich übertragen worden ist oder nicht.[401]

Diese Feststellung gibt ihrerseits allerdings keinen Aufschluss darüber, nach welchen Kriterien sich wiederum Grenzen für die Interpretation der tatbestandlichen Voraussetzungen ergeben. Es liegt auf der Hand, dass gerade sachgebietsunabhängige, funktionale Befugnisse bei großzügiger Auslegung und in Abhängigkeit des Stands des Integrationsprozesses geeignet sind, nahezu jeden Sachverhalt als binnenmarktrelevant aufzugreifen. Fehlt der Europäischen Gemeinschaft aber nicht nur eine Allzuständigkeit, sondern handelt es sich bei dem Kultursektor darüber hinaus um eine im wesentlichen mitgliedstaatliche Ange-

---

399 Vgl. *Petersen*, S. 32 f.; *Degenhart*, ZUM 1992, S. 451 ff.; weiterhin *Schwartz*, in: Stern (Hrsg.), S. 26 (Dienstleistung als „Oberbegriff").

400 Vgl. *Frese*, S. 56.

401 So im Ergebnis *Kewenig*, der diesbezüglich prägnant formuliert hat:„Für die Anwendbarkeit der einzelnen Normen des EWG-Vertrages kommt es darauf an, dass bestimmte Lebenssachverhalte sich als Waren, Personen oder Dienstleistungen darstellen und innerhalb des Geltungsbereichs des Vertrages grenzüberschreitende Bewegungen machen. Es kommt dagegen nicht darauf an, welches Etikett, welche sachlichen Zugehörigkeitsstempel diese Lebenssachverhalte tragen. Ob sich die Dienstleistung als eine wirtschaftliche, wissenschaftliche, künstlerische, soziale oder technische Dienstleistung darstellt, ist für den Geltungsbereich des EWG-Vertrages schlicht gleichgültig.", JZ 1990, S. 464; weiterhin *Herrmann*, EWS 1991, S. 272; *De Witte*, in: Schwarze/Schermers (eds.), Structure, S. 198; *Hoffmann-Riem*, in: ders. (Hrsg.), Rundfunk im Wettbewerbsrecht, S. 202; *Mestmäcker*, in: Verhandlungen des 56. DJT, S. 27 f.; *Seidel*, in: Schwarze (Hrsg.), Fernsehen, S. 132 f.; *Roth*, ZHR 149 (1985), S. 684.

legenheit, kann nicht jeder noch so geringe Binnenmarktbezug zu einer Aktivierung der Gemeinschaftszuständigkeit führen.[402]

Im folgenden ist daher zu untersuchen, welcher Aussagegehalt den Kulturklauseln als solchen (Teil 2 B) sowie in Abgrenzung zu den relevanten Binnenmarktkompetenzen (Teil 2 C) im Hinblick auf die Verteilung der kulturellen Befugnisse entnommen werden kann, ob sich diese Aussagen auf den Rundfunkbereich übertragen lassen (Teil 2 D) sowie schließlich welche Wirkungen hiervon auf die vorliegend interessierende Dienstleistungsfreiheit ausgehen (Teil 2 E).

B. Die Kompetenzverteilung zwischen Gemeinschaft und Mitgliedstaaten im kulturellen Bereich unter besonderer Berücksichtigung von Art. 151 EG

Mit Verabschiedung des Vertrags über die Europäische Union wurde die Kulturpolitik erstmals als Unionsziel aufgenommen. Die Mitgliedstaaten betonen in Absatz 4 der Präambel des EUV ihren Wunsch, die Solidarität zwischen ihren Völkern unter Achtung ihrer Geschichte, ihrer *Kultur* und ihrer Traditionen zu stärken.[403] Die Verankerung der Kultur in Art. 151 EG, dem ein eigener Titel des EG gewidmet ist, unterstreicht die Eigenständigkeit und Bedeutung der Kultur im Gemeinschaftsrecht.[404]

Trotz der zitierten primärrechtlichen Verankerung existieren hinsichtlich der Einordnung kultureller Angelegenheiten in das Kompetenzgeflecht zwischen gemeinschaftlicher und mitgliedstaatlicher Zuständigkeit auch nach Einfügung der Kulturklauseln zahlreiche Unklarheiten.[405] Insbesondere ist strittig, ob der Gemeinschaft hierdurch ein Mehr oder Weniger an kulturellen Handlungsmöglichkeiten im Vergleich zu vorher zusteht. Nach einer teilweise im Schrifttum insbesondere im Hinblick auf das in Art. 151 Abs. 5 EG enthaltene Harmonisie-

---

402 In einer wirtschaftlich orientierten Gesellschaftsordnung habe jede Maßnahme immer einen, wenn auch marginalen Marktbezug, vgl. *Kreile/Rahn*, ZUM 1998, S. 824; *Epiney*, S. 68.

403 Vgl auch Art. 6 Abs. 3 EUV, der bestimmt, dass die Union die nationale Identität ihrer Mitgliedstaaten achtet.

404 *Fechner*, in: Handbuch des Europäischen Rechts, Vorbemerkung zu Art. 128, Rdn. 1; *Ress/Ukrow*, in: Grabitz/Hilf, EUV, Art. 151, Rdn. 1.

405 So *Schwarze*, in: Schwarze/Becker, Geistiges Eigentum, S. 127; *Fechner*, in: Handbuch des Europäischen Rechts, Vorbemerkung zu Art. 128, Rdn. 11, nach dem sich die Kontroverse um den Umfang der Gemeinschaftskompetenzen nunmehr innerhalb der Auslegung des Kulturartikels Art. 151 EG fortsetzt.

rungsverbot vertretenen Auffassung sind nach der Einführung der Maastrichter Kulturklauseln gewisse bisher von der Gemeinschaft ergriffene Maßnahmen nicht mehr zulässig.[406]

Eine häufig anzutreffende Literaturmeinung geht davon aus, dass die wesentliche Funktion der Kulturvorschriften darin besteht, die bisherige Gemeinschaftstätigkeit auf eine klarere Rechtsgrundlage[407] gestellt und weiteren „Wucherungen"[408] durch die präzise Fassung der neuen Vorschriften Einhalt geboten zu haben.[409] Dies bedeute allerdings keine Beschneidung des gemeinschaftlichen Instrumentariums zur Regulierung kultureller Sachverhalte.[410] Auch wenn der

---

406 Beispielsweise *Dehousse*, in: ders. (Hrsg.), Europe after Maastricht, S. 106 („a whole range of activities which were previously possible under Article 235 or other general heads of competence are now explicitly excluded"); für den Bildungsbereich *Wittkowski*, RdJB 1994, S. 323; *Lambers*, EuR 1993, S. 231; *Classen*, ZRP 1993, S, 58; *Bekemans/Balodimos*, RMUE 1993, S. 132 (im Hinblick auf das in den Art. 149-151 EG enthaltene Harmonisierungsverbot: Harmonisierungsmaßnahmen in Bereichen, die thematisch zu den neuen Vorschriften im Kulturbereich gehören, könnten auch nicht auf Art. 94 oder 95 EG gestützt werden: „l'interdiction d'harmonisation primant sur toutes ces articles"); weniger deutlich *Zuleeg*, DVBL 1992, S, 1334 (Der Unionsvertrag begrenze die Kompetenzen der Gemeinschaft im Bildungswesen).

407 Vgl. *Deringer*, in: FS f. Kreile, S. 135 („nachträglich legitimiert").

408 So bezeichnet von *Everling*, in: Weidenfeld (Hrsg.), Reform, S.170.

409 *Blanke*, Europa, S. 65 („normatives Korsett"); *Hilf*, VVDStRL 1994, S. 11 („Benennung und Abgrenzung der Kompetenzen"); *Klein/Haratsch*, DÖV 1993, S. 794 („Schaffung ausdrücklicher Rechtsgrundlagen bei gleichzeitiger Errichtung von Schranken"); ähnlich auch *Loman/Mortelsman/Post/Watson*, S. 195 („an attempt to block the more or less spontaneous further expansion of Community law in this area"); *Niedobitek*, EuR 1995, S. 354, weist darauf hin, dass eine verlässliche Feststellung zur Auswirkung der Kompetenzen erst dann feststellen lässt, wenn sich der EuGH diesbezüglich geäußert hat. Zumindest hält er es aber nicht für ausgeschlossen, „daß die bisherigen Kompetenzen der Gemeinschaft im kulturellen Bereich in der einen oder anderen Weise reduziert worden sind."; vgl. *Dörr*, Die Rolle des öffentlich-rechtlichen Rundfunks, S. 27; *Karydis*, RTDE 1994, S. 559.

410 So *Sparr*, in: Schwarze, EUV, Art. 151, Rdn. 11; *Niedobitek*, EuR 1995, S. 361, jedoch unter ausdrücklicher Differenzierung hinsichtlich Art. 235 EG; *Wägenbaur*, in Randelzhofer/Scholz/Wilke (Hrsg.), GS für Grabitz, S. 859, 865; *Pernice*, DVBl. 1993, 913; *Frey*, Fernsehen, S. 229 ff.; im Ergebnis wohl auch *Schmahl*, S. 288 („insgesamt keine wesentliche Änderung"); vgl. auch *Dittmann/Fehrenbacher*, RdJB 1992, S. 478; *Beckedorf/Henze*, NVwZ 1993, S. 128; *Blanke*, Europa, S. 76; *Ress/Ukrow*, in Grabitz/Hilf, EUV, Art. 151, Rdn. 97; *Ress/Bröhmer*, S. 29 (kein Rückschritt im „Acquis Communautaire").

Gemeinschaft nach wie vor eine allgemeine Kulturkompetenz fehle,[411] seien ihr durch die Maastrichter Kulturklauseln indessen unzweifelhaft zusätzliche Handlungsmöglichkeiten eingeräumt worden.[412]

Vereinzelt wird aber auch die Ansicht vertreten, dass der Gemeinschaft mit den Kulturklauseln eine allgemeine Kulturkompetenz mit der Folge übertragen worden sei, dass die Frage der kulturellen Handlungsbefugnis der Gemeinschaft überhaupt nicht mehr problematisiert werden müsse.[413] Träfe die Auffassung zu, dass dem kulturell-publizistischen Charakter einer Angelegenheit insbesondere nach Maastricht keine Rechnung mehr getragen werden müsste, wäre eine Untersuchung der Auswirkungen von Art. 151 EG auf das Dienstleistungskapitel obsolet. Die Frage des Verstoßes der Gebührenfinanzierung von *Phoenix* und *Kinderkanal* gegen die Dienstleistungsfreiheit wäre ausschließlich an Art. 49 EG zu messen ohne weitere Berücksichtigung gegebenenfalls Art. 151 EG zu entnehmender Vorgaben.

Im folgenden müssen daher zunächst die Kulturklauseln als solche auf ihre Bedeutung für die Verteilung kultureller Befugnisse zwischen Gemeinschaft und Mitgliedstaaten untersucht werden. Da Art. 3 Abs. 1 lit. q) EG lediglich eine Vertragszielbestimmung enthält, die ihrerseits durch die Vorschrift des Art. 151 EG konkretisiert wird und Art. 87 Abs. 3 lit. d) EG einen speziellen Ausnahmetatbestand vom allgemeinen Beihilfeverbot zugunsten kultureller Beihilfen darstellt, wird hierbei Art. 151 EG im Mittelpunkt der Prüfung stehen (vgl. Teil 2 B.) In diesem Zusammenhang liegt es weiterhin auf der Hand, dass die Frage der Kompetenzverteilung nicht allein durch eine isolierte Betrachtung der Kulturklauseln beantwortet werden kann. Angesichts der besonderen Struktur des EG vermag sich die volle Bedeutung einer sektoralen Vorschrift für die Kompetenzverteilungsfrage erst durch ihre Betrachtung im Zusammenspiel beziehungsweise in der Abgrenzung zu anderen, insbesondere binnenmarktorientier-

---

411 *V. Borries*, in: FS f. Deringer, S. 28; *Oppermann*, Deutsche Rundfunkgebühren, S. 84 f.; *Engelhard*, in Lenz, EG, Art. 128, Rdn. 2; *Bohr/Albert*, ZRP 1993, S. 61 ff;. *Dörr*, NJW 1995, S. 2263.

412 *Sparr*, in: Schwarze, EUV, Art. 151, Rdn. 11 („ausschließlich zusätzliche Kompetenzen"); *Zuleeg*, DVBl. 1992, 1335, *Dörr*, VVDStRL 1994, S. 125; vgl. *Niedobitek*, EuR 1995, S. 361.

413 Vgl. *Bleckmann*, Öffentlich-Rechtliche Spartenprogramme, S. 114 unter Bezugnahme auf *Engelhard*, in: Lenz, EG, Art. 128, Rdn. 1, nach dem, soweit wegen der publizistisch-kulturellen Komponente des Rundfunks eine Kompetenz der Gemeinschaft insbe-

Fußnote fortgesetzt

ten Querschnittsbefugnissen, die kulturelle Einflussnahmen ermöglichen, zu erschließen (Teil 2 C.).[414]

I. Art. 151 Abs. 1 EG - Das EG-vertragliche Konzept der kulturellen Kompetenzverteilung

Nach Art. 151 Abs. 1 EG leistet die Gemeinschaft einen Beitrag zur Entfaltung der Kulturen der Mitgliedstaaten unter Wahrung ihrer nationalen und regionalen Vielfalt sowie gleichzeitiger Hervorhebung des gemeinsamen kulturellen Erbes. Die in Art. 3 Abs. 1 lit. q) EG enthaltene allgemeine kulturelle Zielsetzung der Gemeinschaft wird somit durch die Vorgaben des Art. 151 Abs. 1 EG konkretisiert.[415]

1. Der gemeinschaftliche „Beitrag zur Entfaltung der Kulturen der Mitgliedstaaten" bei gleichzeitiger Vielfaltswahrung

Die Verwendung der Formulierung des bloßen „Beitragleistens" gemäß Art. 151 Abs. 1 EG beinhaltet schon begrifflich, dass, was die Entfaltung des Kulturlebens angeht, der Gemeinschaft lediglich eine nachgeordnete Funktion zukommt. Die Konzeption eines Beitrags setzt denknotwendig eine bereits existierende Maßnahme, Politik oder einen sonstigen Gegenstand als primäres Bezugobjekt voraus. Bereits in dieser Wortwahl manifestiert sich also das Fehlen einer ausschließlichen oder auch nur überwiegenden kulturellen Kompetenz zugunsten der Gemeinschaft.[416]

Im Hinblick auf die in Art. 151 Abs. 1 EG verwendeten Formulierungen fällt weiterhin auf, dass der zu leistende Beitrag sich auf die Entfaltung der *Kulturen der Mitgliedstaaten* bezieht.[417] Der hier verwendete Plural markiert zunächst, dass die Gemeinschaft die Existenz von divergierenden nationalen und/oder regionalen Kulturen als Anknüpfungspunkt ihrer eigenen unterstützenden Tätigkeit akzeptiert. Die explizite Nennung der Mitgliedstaaten verdeutlich, dass der

---

sondere auf Basis der Grundfreiheiten in der Vergangenheit umstritten gewesen sei, künftig die Kulturklauseln berücksichtigt werden müssten.

414 Ebenso *Dittmann/Fehrenbacher*, RdJB 1992, S. 485, für die bildungspolitischen Vorschriften des EG.

415 Vgl. *Ress/Ukrow*, in: Grabitz/Hilf, EUV, Art. 151, Rdn. 23.

416 *Ress/Ukrow*, in: Grabitz/Hilf, EUV, Art. 151, Rdn. 23; *Schwarze*, in: Schwarze/Becker (Hrsg.), Geistiges Eigentum, S. 144; *Sparr*, in: Schwarze, EUV, Art. 151, Rdn. 12 („unterstützende, komplementäre Funktion").

417 Hierzu auch *Oppermann*, Zur Finanzierung, S. 19.

seitens der Gemeinschaft geleistete Beitrag gerade der Kulturentfaltung im subgemeinschaftlichen Kontext, d.h. im nationalen beziehungsweise regionalen Rahmen dient. Bereits hier scheint also die Absage an die Förderung oder Herausbildung einer einheitlichen europäischen Kultur durch die gewählte Begrifflichkeit durch.[418]

Dass der bestehende Status quo divergierender Kulturleben nicht mittels gemeinschaftlicher Aktivitäten in Richtung einer zunehmend homogeneren Kultur europäischer Prägung transformiert werden soll,[419] wird zudem nochmals nachdrücklich durch die Formulierung „unter Wahrung ihrer nationalen und regionalen Vielfalt“ unterstrichen. Der Gemeinschaft ist damit ausdrücklich aufgetragen, dafür zu sorgen, dass die bestehenden kulturellen Divergenzen in den Mitgliedstaaten durch geeignete Unterstützungsmaßnahmen gerade auch in Zukunft gewahrt werden.

Dieses ausdrückliche Bekenntnis zu regionaler und nationaler Vielfalt korrespondiert mit der Formulierung in Art. 3 Abs. 1 lit. q) EG, nach der die Gemeinschaft einen Beitrag zur Entfaltung des Kulturlebens in den *Mitgliedstaaten* leistet. Auch hier impliziert die Verwendung des Plurals, dass es gerade nicht um die Herstellung einer einheitlichen europäischen Kultur geht, sondern um das kulturelle Leben in den einzelnen Mitgliedstaaten.[420] Der Gemeinschaftsgesetzgeber erkennt somit nicht nur ausdrücklich an, dass unterhalb der Gemeinschaftsebene unterscheidbare Kulturleben in ihren nationalen beziehungsweise regionalen Referenzräumen existieren sondern bestimmt darüber hinaus, dass die Aufrechterhaltung und Förderung deren Verschiedenheit und Unterscheidbarkeit zentrales Anliegen der Gemeinschaftsaufgabe im kulturellen Bereich ist.

---

418 *Schwarze*, in: Schwarze/Becker (Hrsg.), Geistiges Eigentum, S. 144; ebenso *Kopp*, in: Schwarze/Becker (Hrsg.), Geistiges Eigentum, S. 88.

419 *Engelhard*, in: Lenz, EG, Art. 128, Rdn. 2; *Sparr*, in: Schwarze, EUV, Art. 151, Rdn. 15; *Bekemans/Balodimos*, RMUE 1993, S. 105 f.; *Eberle*, in: FS f. Thieme, S. 949; vgl. hierzu auch *Ress*, DÖV 1992, 947.

420 Die Existenz von homogenen nationalen, d.h. durch Staatsgrenzen vermittelten kulturellen Entitäten ist in der Literatur umstritten, ablehnend bis kritisch hierzu bspw. *Bueckling*, EuGRZ 1987, S. 99; *Zuleeg*, JZ 1995, S. 676; kritisch ebenfalls *Vormann*, S. 118; ausführlich zu dieser Frage *Frese*, S. 18 ff.; eine Abgrenzung nach nationalstaatlichen Kulturen hingegen bejahend bspw. *Puppe*, S. 7 ff; *Stolte*, abgedruckt in epd medien Heft 1/1985, S. 10; wohl ebenfalls *Schardt*, ZDF-Jahrbuch 1984, S. 51. Diese Frage kann im vorliegenden Kontext jedoch dahinstehen.

2. Der Begriff des „gemeinsamen kulturellen Erbes“

Vereinzelt wird die Wendung des „gemeinsamen kulturellen Erbes“ als Ausgangspunkt für eine gewisse kulturelle Vergemeinschaftung aufgefasst. Das gemeinsame kulturelle Erbe könne nicht auf Ebene der Mitgliedstaaten, sondern nur zentral durch die Europäische Gemeinschaft selbst definiert werden.[421] Die Folge hiervon sei, dass der Gemeinschaft neben der Wahrung und Förderung kultureller Vielfalt eine eigenständige Funktion in diesem Bereich zukomme, die im Zusammenspiel mit der kulturellen Querschnittsklausel[422] der Gemeinschaft die Kompetenz zuweist, eigene kulturpolitische Zielsetzungen zu verwirklichen.[423]

Der Versuch, dem Begriff des gemeinsamen kulturellen Erbes einen Hebel für eine eigenständige gemeinschaftliche Kulturpolitik zu entnehmen, vermag jedoch nicht zu überzeugen. Dagegen spricht schon die grammatikalische Erwägung, dass eine eigenständige Politikkompetenz Gestaltungsmöglichkeiten für die Zukunft impliziert. Die Betrachtung des gemeinsamen *Erbes* ist demgegenüber zwangsläufig retrospektiv. Bemerkenswert ist in diesem Zusammenhang zudem, dass die Verwendung des Begriffs der „europäischen Kultur“ überhaupt insgesamt vermieden worden ist.[424] Bereits terminologisch ergibt sich damit, dass der Auftrag der Herausstellung des gemeinsamen Erbes selbst ein gemeinschaftsprimärrechtlich definiertes Ziel der kulturellen Gemeinschaftsaktivitäten darstellt. Es eignet sich hingegen nicht als Ansatz für eine eigenständige europäische Kulturpolitik.

Auch eine weitergehende Betrachtung unter Berücksichtigung systematischer sowie teleologischer Aspekte vermag den zitierten Ansatz nicht zu stützen. Diesbezüglich ist zunächst festzustellen, dass dem Begriff grundsätzlich zwei Konzeptionen zugrunde liegen können. Einer Art Additionstheorie folgend könnte einerseits das gemeinsame Kulturerbe lediglich als Zusammenfassung sämtlicher „Erbgüter“ der einzelnen Mitgliedstaaten verstanden werden. Andererseits ist auch die Vorstellung eines gemeinsamen Erbes spezifisch europäi-

---

421 *Selmer/Gersdorf*, S. 64.

422 Vgl. hierzu auch unten Teil 2 B.IV.3.

423 *Selmer/Gersdorf*, S. 64.

424 Insbesondere da der Begriff noch in früheren Aktionsprogrammen der Kommission verwendet wurde, vgl. hierzu *Wemmer*, S. 19 ff.; *Schwarze*, in: Schwarze/Becker

Fußnote fortgesetzt

scher Prägung denkbar, das über die bloße Addition der einzelnen mitgliedstaatlichen Erben hinausgeht.[425]

Zwar ist zuzugeben, dass sich die Gemeinschaft auf ihrem Weg von einem rein wirtschaftlichen Zusammenschluss zu einer Staatengemeinschaft, die auch durch die kulturell vermittelte Identifizierung ihrer Bürger getragen wird, nicht damit begnügen kann, die nationalen Unterschiede herauszustellen und zu verstärken. Insoweit könnte dem gemeinschaftlichen Auftrag zur Vielfaltssicherung absichtlich die Aufgabe der Herausstellung des gemeinsamen kulturellen Erbes als verbindendes und die nationalen Kontexte überspannendes Element gegenübergestellt worden sein.[426] Auch ist nicht zu verkennen, dass der Herausstellung der gemeinsamen kulturellen Wurzeln die Funktion zukommt, der zu bewahrenden und zu fördernden Vielfalt, einen gemeinsamen Referenzhorizont zu geben.[427] Dies spiegelt das Interesse der Gemeinschaft wieder, die Bedeutung des gemeinsamen kulturellen Erbes als ein Mittel zur Stiftung einer europäischen Identität zu betonen.[428]

Zu berücksichtigen ist jedoch, dass sich im nationalen oder regionalen Kontext der Mitgliedstaaten gewissermaßen fortwährend eigenständige Kulturleben entfalten, die sodann Bestandteil des gemeinsamen Erbes werden. Aufgabe der Gemeinschaft ist es nicht, das gemeinsame Erbe oder auch nur Teile desselben

---

(Hrsg.), Geistiges Eigentum, S. 144; ebenso *Kopp*, in: Schwarze/Becker (Hrsg.), Geistiges Eigentum, S. 86.

425 Für spezifisch europäische Elemente vgl. beispielsweise *Oppermann*, in: Vogel/Oettinger, Föderalismus in der Bewährung, S. 75 (Christentum, Humanismus sowie sozialer Gedanke als Wurzeln einer spezifisch europäischen Kultur); *Weidenfeld*, in: ders. (Hrsg.), Die Identität, S. 20 (Demokratie, Nationalstaat, Wissenschaft und Kapitalismus als das charakteristisch Europäische); vgl. auch *Schäfer*, in: Kirchhof/Schäfer/Tietmeyer, Europa als politische Idee, S. 17 ff. sowie die Außenminister der EG-Mitgliedstaaten, „Dokument über die europäische Identität", angenommen am 14.12.1973, abgedruckt in: EA 1974, S. D 521 („Rechtsstaatlichkeit" sowie „Grundsätze der repräsentativen Demokratie).

426 Kritisch zu der Frage der Existenz eines solchen gemeinsamen Erbes spezifisch europäischer Prägung beispielsweise *Frese*, S. 23 ff. m.w.N. Auch diese Frage kann dahinstehen, da es im vorliegenden Zusammenhang nur darum geht, welches Verständnis dem gemeinschaftsrechtlichen Begriff zugrunde liegt.

427 Zur identitätsstiftender Komponente der Kulturpolitik vgl. auch *Ress*, Kultur, S. 51; *Ress/Ukrow*, in: Grabitz/Hilf, EUV, Art. 151, Rdn. 26; vgl. auch *Berggreen-Merkel*, in: Ress/Stein, S. 5; *Hahn*, in: ders., Europäische Kulturpolitik, S. 119.

428 *Ress/Ukrow*, in: Grabitz/Hilf, EUV, Art. 151, Rdn. 29; *Blanke*, in: Calliess/Ruffert, EUV/EG, Art. 16, Rdn. 3.

zu schaffen. Ausweislich des insoweit eindeutigen Wortlauts von Art. 151 Abs. 1 EG hat sie dieses lediglich hervorzuheben und somit den gemeinsamen Referenzhorizont der europäischen Kulturen als identitätsstiftendes Element zu betonen.[429] Demgegenüber wird in diesem Zusammenhang gerade nicht der Begriff des „europäischen Erbes“ verwendet.

Der Bezug zu den Vielfaltsaspekten impliziert weiterhin, dass sich eine der spezifischen Besonderheiten des gemeinsamen kulturellen Erbes gerade dadurch auszeichnet, dass es die reiche Vielfalt überhaupt erst hervorzubringen vermochte.[430] Zu berücksichtigen ist dabei insbesondere, dass das gemeinsame europäische Erbe letztlich auch mittelbar der Verpflichtung zur Wahrung der nationalen und regionalen Vielfalt untersteht. Der von der Gemeinschaft zu leistende Beitrag, welcher der Hervorhebung eines gemeinsamen europäischen Kulturerbes dient, steht nämlich mittelbar zugleich stets unter der Bedingung der Vielfaltssicherung.[431] Ein gemeinschaftlicher Beitrag kann mit anderen Worten nach der insoweit unmissverständlichen systematischen Verknüpfung („sowie gleichzeitiger“) in keinem Fall dem gemeinsamen kulturellen Erbe dienen, ohne im gleichen Zuge den Auftrag der Vielfaltssicherung außer Acht zu lassen. Entsprechend ist ein Verständnis, nach der dem Begriff ein Ansatz für eine Europäisierung der Kulturen zu Lasten der in den Mitgliedstaaten existierenden Vielfalt entnommen werden könnte, im Ergebnis abzulehnen.[432]

II. Art. 151 Abs. 2 EG - Die Tätigkeitsfelder der Gemeinschaft

Während Art. 151 Abs. 1 EG den allgemeinen Handlungsrahmen für die Gemeinschaft vorgibt, wird dieser durch die Regelungen in Absatz 2 hinsichtlich Art und Umfang konkretisiert.[433] Hiernach fördert die Gemeinschaft durch ihre Tätigkeit die Zusammenarbeit zwischen den Mitgliedstaaten und unterstützt und ergänzt die mitgliedstaatlichen Aktivitäten erforderlichenfalls in einzeln aufgezählten Tätigkeitsbereichen. Während somit der Auftrag der Förderung nicht auf

---

429 Vgl. *Sparr*, in: Schwarze, EUV, Art. 151, Rdn. 19, nach dem ein „gemeinsamer Kern“ zum Zwecke des Bewusstseins der gemeinsamen Basis gefördert werden soll, auf dem das Individuelle überhaupt erst gedeihen kann.

430 Womit nicht zum Ausdruck gebracht werden soll, es handele sich hierbei ausschließlich um eine spezifische Besonderheit des europäischen Kulturkreises.

431 *Schmahl*, S. 202.

432 Ähnlich *Schmahl*, S. 202, *Wemmer*, S. 16 f; *Bleckmann*, DVBl. 1992, S. 338.

433 *Sparr*, in: Schwarze, EUV, Art. 151, Rdn. 21; *Bohr/Albert*, ZRP 1993, S. 64.

spezifische Bereiche beschränkt ist sondern sich nur pauschal auf die Zusammenarbeit zwischen den Mitgliedstaaten bezieht, werden der Gemeinschaft hinsichtlich ihrer Unterstützungs- und Ergänzungsfunktion vier bestimmte Tätigkeitsfelder zugewiesen. Bei diesen Bereichen handelt es sich im einzelnen um[434]

- die Verbesserung der Kenntnis und der Verbreitung der Kultur und Geschichte der Völker (1. Spiegelstrich), also dem Kulturaustausch im weiteren Sinne,[435]
- die Erhaltung und Schutz des kulturellen Erbes von europäischer Bedeutung (2. Spiegelstrich),
- den nichtkommerziellen, d.h. unter wirtschaftlichen Gesichtspunkten nicht lukrativen[436] Kulturaustausch (3. Spiegelstrich),
- sowie schließlich das künstlerische und literarische Schaffen der Mitgliedstaaten, einschließlich im audiovisuellen Bereich (4. Spiegelstrich).

Im Schrifttum ist umstritten, ob es sich bei diesem Katalog um eine abschließende oder lediglich beispielhafte Aufzählung handelt.[437] Die eine Auffassung, nach der es sich um eine abschließende Enumeration der zulässigen Betätigungsfelder der Gemeinschaft handelt, stellt hierzu auf den Wortlauf des Absatzes ab. Ihm seien keinerlei Hinweise auf einen nur beispielhaften Charakter des Katalogs zu entnehmen.[438] Eine andere Ansicht geht davon aus, dass angesichts der „offenen" Formulierungen eine materielle Beschränkung der zulässigen gemeinschaftlichen Betätigungsfelder ohnehin unmöglich ist.[439]

Beide Auffassungen lassen sich durchaus auf nicht leicht zu widerlegende Argumente stützen. Auf der einen Seite weist der Vertrag beispielsweise an ande-

---

434 Zu näheren Einzelheiten und Beispielen hinsichtlich der enumerierten Aktivitäten vgl. *Schmahl*, S. 203 ff.; *Ress/Ukrow*, in: Grabitz/Hilf, EUV, Art. 151, Rdn. 44 ff., *Sparr*, in: Schwarze, EUV, Art. 151, Rdn. 32 ff.

435 Vgl. hierzu *Bekemans/Balodimos*, RMUE 1993, S. 119 f.

436 *Bekemans/Balodimos*, RMUE 1993, S. 121 f.; *Schmahl*, S. 204.

437 Für den abschließenden Charakter vgl. *Loman/Mortelsman/Post*, S. 194; *Geiger*, EG, Art. 128 Rdn. 3; *Bekemans/Balodimos*, RMUE 1993, S. 109; *Wemmer*, S. 40; *von Simson/Schwarze*, S. 49; *Zuleeg*, DVBl 1992, 1334; *Ress*, DÖV 1992, S. 947; a.A. *Bohr/Albert*, S. 64; weitere Nachweise bei *Blanke*, in: Calliess/Ruffert, EUV/EG, Art. 16, Rdn. 7.

438 So *Ress/Ukrow*, in: Grabitz/Hilf, EUV, Art. 151, Rdn. 25.

439 *Bohr/Albert*, S. 64; *Schwarze*, in: Schwarze/Becker (Hrsg.), Geistiges Eigentum, S. 145.

rer Stelle auf den nicht abschließenden Charakter einer Norm durch entsprechende ausdrückliche Formulierungen hin.[440] Demgegenüber genügt auf der anderen Seite die Betrachtung der Formulierung „künstlerisches und literarisches Schaffen, einschließlich im audiovisuellen Bereich“[441] gemäß 4. Spiegelstrich für die Feststellung aus, dass eine materielle Eingrenzung dieses Betätigungsfelds tatsächlich schwer fallen dürfte.

Selbst wenn man von einem nur beispielhaften Charakter des Tätigkeitskatalogs ausginge und der Gemeinschaft somit grundsätzlich weitere Aufgabenbereiche offen stünden, würde sich hieraus jedoch kein relevanter gemeinschaftlicher Kompetenzgewinn und somit keine nennenswerten Auswirkungen für die hier interessierende Frage der kulturellen Kompetenzverteilung ergeben. Angesichts der im Rahmen von Art. 151 EG eingebauten Kautelen zugunsten der mitgliedstaatlichen Souveränitätsreserven ist der kulturelle Aktionsradius der Gemeinschaft ohnehin stark eingegrenzt.[442] Die Begrenzungen ergeben sich hierbei neben der bereits im Rahmen von Abs. 1 erläuterten Komplementarität[443] der Gemeinschaftstätigkeit insbesondere aus den noch zu erörternden inhaltlichen Schranken des Abs. 2 sowie den verfahrensmäßigen Hürden gemäß Abs. 5.[444] Die Frage des abschließenden Charakters des Tätigkeitskatalogs gemäß Art. 151 Abs. 2 EG kann daher dahingestellt bleiben.[445]

1. Die Aufgabe des „Förderns“ und „Unterstützens“

Durch die Wahl der Formulierungen „fördern“ und „unterstützen“ wird der im Rahmen von Art. 151 Abs. 1 EG verwendete Begriff des „Beitragleistens“ näher spezifiziert. Während die „Förderung“ auf die Zusammenarbeit zwischen den

---

440 Vgl. demgegenüber beispielsweise nur Art. 81 Abs. 1 („insbesondere“), Art. 119 Abs. 2 („jeweils insbesondere“) EG.

441 Vgl. zur Auslegung dieses Merkmals ebenfalls unten Teil 2 D.III.1.

442 Im Ergebnis ebenso *Schmahl*, S. 207; vgl. aber *Lenz*, EG, Art. 128 Rdn. 4, der davon ausgeht, dass das Tätigkeitsfeld der Gemeinschaft aufgrund der weiten Bereiche, die die Gemeinschaft fördern, unterstützen und ergänzen darf, praktisch unbegrenzt ist.

443 Vgl. hierzu Teil 2 B.I.

444 Vgl. hierzu Teil 2 B.V.

445 Im Ergebnis ebenso *Schwarze*, in: Schwarze/Becker (Hrsg.), Geistiges Eigentum, S. 145; *Blanke*, in: Calliess/Ruffert, EUV/EG, Art. 16, Rdn. 7.

Mitgliedstaaten ausgerichtet ist, bezieht sich die „Unterstützung“ auf die betreffenden kulturpolitischen Tätigkeiten *in* den einzelnen Mitgliedstaaten.[446]

Ähnlich wie der Begriff des „Beitrags“ gemäß Abs. 1 setzen die Termini „fördern“ und „unterstützen“ bereits begrifflich ein kulturpolitisches Handeln der Mitgliedstaaten voraus, auf das sich dann die Gemeinschaftstätigkeit beziehen.[447] Die Gemeinschaft kann also mit anderen Worten regelmäßig nur dann tätig werden, wenn die Mitgliedstaaten bereits selbst „aktiv“ geworden sind und eigene Maßnahmen ergriffen haben.[448]

Weiterhin richten sich Förder- und Unterstützungsmaßnahmen der Gemeinschaft zwangsläufig nach dem Inhalt der mitgliedstaatlichen Politik.[449] Zwar ist es im Hinblick auf die Förderkompetenz denkbar, dass die Gemeinschaft hier nicht nur darauf beschränkt ist, eine bereits bestehende Zusammenarbeit der Mitgliedstaaten zu fördern. Ausgehend vom Sinn und Zweck dieser Befugnis muss es ihr auch möglich sein, entsprechende Kooperationen zu initiieren.[450] Stets müssen sich die Maßnahmen der Gemeinschaft aber auch dann an den kulturellen Zielsetzungen der Mitgliedstaaten orientieren und diese gleichsam verstärken. Die Begriffswahl unterstreicht damit, dass der Gemeinschaft eine von den Aktivitäten der Mitgliedstaaten deutlich abweichende, eigene Akzentsetzung untersagt ist.[451] Insofern wird das schon Art. 151 Abs. 1 EG zu entnehmende Verständnis, dass der Gemeinschaft lediglich eine komplementäre Zuständigkeit im Kulturbereich zusteht, bestätigt.

---

446 Beide Begriffe sind weit gefasst, eine trennscharfe Abgrenzung erscheint schwierig, im vorliegenden Kontext aber auch nicht erforderlich. Zu Beispielen der Förder- und Unterstützungsaktivitäten vgl. *Ress/Ukrow*, in: Grabitz/Hilf, EUV, Art. 151, Rdn. 38 ff.

447 Zu Recht *Basedow*, in: FS f. Ulrich Everling, S. 61; ebenso *Blanke*, in:: Calliess/Ruffert, EUV/EG, Art. 16, Rdn. 4.

448 *Sparr*, in: Schwarze, EUV, Art. 151, Rdn. 22, 29; *Lenz*, EuGRZ 1993, S. 64; *Geiger*, EG, Art. 128 Rdn. 10; *Schwartz*, AfP 1993, S. 417; *Ress*, DÖV 1992, S. 947, Fn. 23.

449 *Basedow*, in: FS f. Ulrich Everling, S. 61.

450 So *Sparr*, in: Schwarze, EUV, Art. 151, Rdn. 23; *Ress/Ukrow*, in: Grabitz/Hilf, EUV, Art. 151, Rdn. 38.

451 *Ress/Ukrow*, Grabitz/Hilf, EUV, Art. 151, Rdn. 17; *Schwarze*, in: Schwarze/Becker (Hrsg.), Geistiges Eigentum, S. 145; *Nettesheim*, JZ 2002, S. 162.

2. Die Ergänzungskompetenz

Die „Ergänzungsleistungen" beziehen sich ebenfalls auf die kulturpolitischen Aktivitäten der Mitgliedstaaten in den aufgezählten Bereichen. Das Vorgesagte muss daher grundsätzlich auch für diese Kategorie gemeinschaftlicher Beitragsleistungen gelten.[452] Aus dem systematischen Vergleich mit den strukturell ähnlichen Vorschriften der Art. 149 EG und Art. 150 EG, die der allgemeinen und beruflichen Bildung gewidmet sind, ist jedoch teilweise geschlossen worden, dass die Gemeinschaft im Rahmen ihrer Ergänzungsbefugnis eigene kulturpolitische Inhalte setzen und gestaltend tätig werden kann.[453] Auf diesem Wege könnte die Gemeinschaft also wiederum zumindest ansatzweise über die Befugnis zur Gestaltung einer inhaltlich eigenständigen Kulturpolitik verfügen.

Dies soll sich daraus ergeben, dass die Gemeinschaft im Rahmen der Art. 149, 150 EG ihre unterstützende und ergänzende Tätigkeit jeweils nur „unter strikter Beachtung der Verantwortung der Mitgliedstaaten für die Lehrinhalte und die Gestaltung des Bildungssystems" in dem einen Fall, sowie „für Inhalt und Gestaltung der beruflichen Bildung" in dem anderen Fall ausüben darf. Demgegenüber fehlt bei Art. 151 EG eine vergleichbare, ausdrückliche Verpflichtung der Gemeinschaft, die Verantwortung der Mitgliedstaaten für Inhalt und Gestaltung der Kultur zu achten.

Zwar liegt angesichts der systematischen und strukturellen Ähnlichkeiten ein Vergleich zu den zitierten bildungspolitischen Vorschriften nahe. Neben dem vergleichbaren strukturellem Normaufbau[454] korrespondieren sie mit dem Kulturartikel inhaltlich dahingehend, dass die Mitgliedstaaten die Hauptverantwortlichen für die jeweiligen Politiken sind, während sich die Befugnisse der Gemeinschaft auf fördernde und ergänzende Maßnahmen beschränken. Darüber hinaus wurden die Bestimmungen im Zuge der gleichen Vertragsrevision in den Gemeinschaftsvertrag aufgenommen.

---

452 Vgl. Teil 2 B.II.1.

453 *Sparr*, in: Schwarze, EUV, Art. 151, Rdn. 30 f.; *Ress/Ukrow*, in: Grabitz/Hilf, EUV, Art. 151, Rdn. 43; ähnlich, allerdings ohne nähere Begründung und unter ausdrücklichem Hinweis auf die Geltung des Subsidiaritätsprinzips im Kulturbereich *Schwarze*, in: Schwarze/Becker (Hrsg.), Geistiges Eigentum, S. 145; weitere Nachweise bei *Blanke*, in: Calliess/Ruffert, EUV/EG, Art. 16, Rdn. 5.

454 In beiden Fällen fehlt jeweils nur eine Entsprechung zu der Kulturverträglichkeitsklausel des Art. 151 Abs. 4.

Die nähere systematische Betrachtung spricht jedoch gegen den Schluss auf eine autonome kulturelle Ergänzungsbefugnis. Während der Gemeinschaft nämlich im Rahmen der Art. 149, 150 EG in den jeweiligen Absätzen 2 ausdrücklich die Verfolgung *eigener* Ziele und damit von der mitgliedstaatlichen Zielsetzung losgelöste, autonome Handlungsbefugnisse übertragen worden sind,[455] vermeidet Art. 151 Abs. 2 EG sowohl die Verwendung des Begriffs „Ziel" als auch überhaupt einen Katalog genuin gemeinschaftseigener kultureller Ziele. Die Auflistung der Bereiche, in denen gemeinschaftliche Ergänzungsmaßnahmen zulässig sind, bezieht sich vielmehr explizit auf die Tätigkeit der Mitgliedstaaten („deren Tätigkeit"). Angesichts der eigenständigen Zielformulierungen der Gemeinschaft im Rahmen der Art. 149, 150 EG, die nicht notwendigerweise die Politiken der Mitgliedstaaten reflektieren müssen, stellt die gleichzeitige Verpflichtung auf eine strikte Beachtung der mitgliedstaatlichen Verantwortlichkeit das notwendige Korrektiv dar, liegt doch in den Händen der letzteren die Primärverantwortung.

Vor diesem Hintergrund kann aus dem Fehlen der fraglichen Formulierung im Kontext von Art. 151 Abs. 2 EG nicht auf erweiterte Befugnisse der Gemeinschaft geschlossen werden.[456] Im Ergebnis ist daher eine Ergänzungskompetenz, die der Gemeinschaft die Möglichkeit einer in Ansätzen eigenständigen Kulturpolitik, die sich unabhängig und im extremsten Fall im Widerspruch zu den Mitgliedstaaten zu definieren vermag,[457] abzulehnen. Kulturelle Aktivitäten der Mitgliedstaaten können auf der Basis des Art. 151 EG nicht durch einen originär europäischen Maßnahmenkatalog ersetzt werden. Die Mitgliedstaaten bleiben auch insoweit verantwortliche Träger ihrer nationalen Kulturpolitiken.[458] Dieses Verständnis erfährt durch die Formulierung, dass die Gemeinschaft die entsprechenden Aktivitäten nur „erforderlichenfalls" ausübt, eine weitere Stütze.

3. Das Kriterium der Erforderlichkeit

Durch die Bestimmung, dass Unterstützungs- und Ergänzungsmaßnahmen der Gemeinschaft gemäß Art. 151 Abs. 2 EG nur sofern erforderlich („erforderli-

---

455 *Bekemans/Balodimos*, RMUE 1993, S. 106; *Beckedorf/Henze*, NVwZ 1993, S. 127.

456 Im Ergebnis ebenso *Niedobitek*, in: Streinz, EUV/EG, Art. 151, Rdn. 41.

457 Dies gilt unabhängig von der später zu behandelnden Frage, ob sich eine solche verfahrensmäßig in Ansehung der in Art. 151 Abs. 5 EG enthaltenen Kautelen durchsetzen ließe.

chenfalls") zu erfolgen haben, wird ausdrücklich auf das Subsidiaritätsprinzip rekurriert.[459] Nach dem Subsidiaritätsprinzip hält grundsätzlich diejenige Ebene die zur Bewältigung bestimmter Aufgaben benötigte Verbandskompetenz inne, die hierzu besser geeignet ist. Die nächst höhere Ebene ist erst dann berechtigt, selbst tätig zu werden, wenn die Aufgabenbewältigung die Kapazitäten der nachgelagerten Ebene überfordert. Gemäß Art. 5 Abs. 2 EG gilt der Grundsatz der Subsidiarität an sich ohnehin für den gesamten Bereich nicht ausschließlicher gemeinschaftlicher Tätigkeit. Dadurch, dass er an dieser Stelle nochmals explizit aufgriffen wird, wird noch einmal die besondere Bedeutung dieses Grundsatzes gerade für den Bereich der Kultur herausgestellt.[460]

Ergänzende Aktivitäten der Gemeinschaft sind hiernach nur dann zulässig, sofern sie erforderlich, d.h. die mitgliedstaatlichen Maßnahmen in den relevanten Bereichen nicht bereits ausreichend sind. Die Gemeinschaft kann den Mitgliedstaaten Unterstützungs- oder Ergänzungsmaßnahmen mit anderen Worten nicht etwa nach eigenem Belieben „aufdrängen". Vielmehr ist sie als Bedingung für ihr Tätigwerden an das Vorliegen bestimmter justitiabler Voraussetzungen gebunden. Auch hierin manifestiert sich nochmals die Konzeption der gemeinschaftsvertraglichen Kompetenzverteilung dahingehend, dass es den Mitgliedstaaten in erster Linie selbst obliegt, die nach ihrer Einschätzung geeigneten Maßnahmen zur Entfaltung des Kulturlebens durchzuführen. Die Gemeinschaft ist demgegenüber auf eine lediglich nachgeordnete Funktion verwiesen.

Die folgende Betrachtung von Art. 151 Abs. 3 EG zeigt, dass die eingeschränkten Gemeinschaftsbefugnisse im Hinblick auf die interne Kulturpolitik der Mitgliedstaaten mit einer entsprechenden Zurückhaltung in der auswärtigen Kulturpolitik korrespondiert.

---

458 *Ress/Ukrow*, in: Grabitz/Hilf, EUV, Art. 151, Rdn. 17; nach *Nettesheim*, JZ 2002, S. 162, überläßt der Gemeinschaftsvertrag das Kulturpatronat den Mitgliedstaaten.

459 *Calliess*, S. 135 („konkretisiert"). Zum Meinungsstreit hinsichtlich der dogmatischen Einordnung, d.h. lediglich deklaratorischer Hinweis auf Art. 5 Abs. 2 EG oder eigenständiges Subsidiaritätsprinzip mit eigenen Anforderungen vgl. *Schmahl* S. 217 ff.

460 Vgl. *Lenz*, EG, Art. 128, Rdn. 3; *Blanke*, in: Calliess/Ruffert, EUV/EG, Art. 16, Rdn. 6; *Niedobitek*, EuR 1995, S. 359 (Ausprägung des Subsidiaritätsprinzips) m.w.N.; *Schwarze*, in: Schwarze/Becker (Hrsg.), Geistiges Eigentum, S. 145 f.

III. Art. 151 Abs. 3 EG - Die Befugnisse im Rahmen auswärtiger Kulturpolitik

Nach Art. 151 Abs. 3 EG fördern die Gemeinschaft und die Mitgliedstaaten die Zusammenarbeit mit Drittländern und den für den Kulturbereich zuständigen internationalen Organisationen, insbesondere mit dem Europarat.[461] Der Vorschrift ist auf den ersten Blick nicht zu entnehmen, ob die kulturelle Außenkompetenz, d.h. im Verhältnis zu Drittstaaten, über die Gemeinschaftsbefugnisse im Binnenbereich hinausgehen. Im Gegensatz zu einer Reihe von anderen Vertragsvorschriften, die die Gemeinschaftsbefugnisse im Hinblick auf die Zusammenarbeit mit Drittländern und internationalen Organisationen regeln,[462] fehlt im Rahmen von Art. 151 Abs. 3 EG die Klarstellung, dass die Zusammenarbeit nur „im Rahmen ihrer jeweiligen Befugnisse" zu erfolgen habe. Hieraus könnte zu schließen sein, dass die Gemeinschaftsbefugnisse im Rahmen ihrer auswärtigen Kulturpolitik über die im Binnenbereich bestehenden Kompetenzen hinausreichen. Bejahendenfalls könnte die Gemeinschaft über die Instrumentalisierung ihrer Außenkompetenzen beziehungsweise über entsprechende Festlegung im Rahmen völkerrechtlicher Verträge gegebenenfalls die Kulturpolitik der Mitgliedstaaten auf diesem Wege auch im Widerspruch zu diesen inhaltlich beeinflussen.

Gegen eine Ermächtigung zu einer autonomen auswärtigen Kulturpolitik der Gemeinschaft spricht jedoch, dass auch die Mitgliedstaaten als zuständige Akteure auf dem Terrain auswärtiger Kulturpolitik genannt werden. Art. 151 Abs. 3 EG sieht dabei nicht die Möglichkeit eines alternativen Tätigwerdens vor. Vielmehr legt die kumulative Nennung von Mitgliedstaaten und Gemeinschaft ("und") nahe, dass letztere nicht ohne die Mitgliedstaaten nennenswerte Aktivitäten entfalten können soll. Die ausdrückliche Parallelisierung der Verantwortlichen und Verantwortlichkeiten von Gemeinschaft und Mitgliedstaaten, deutet also darauf hin, dass auch im Außenbereich der Grundsatz der Schonung der kulturpolitischen Entscheidungsspielräume der Mitgliedstaaten, der sich bereits

461 Art. 151 Abs. 3 EG ist *lex specialis* zu den Art. 302, 303 EG, nach denen die Gemeinschaft eine allgemeine Rechtsgrundlage für die Zusammenarbeit mit internationalen Organisationen und dem Europarat besitzt.

462 Vgl. beispielsweise im Bereich Umwelt- oder Entwicklungszusammenarbeit gemäß Art. 174, Abs. 4, S. 1, Art. 181, S. 1 EG.

in den vorangegangenen Absätzen manifestiert hat, seinen Niederschlag findet.[463]

Für dieses Verständnis spricht auch eine systematische Betrachtung.[464] Abs. 3 befindet sich im unmittelbaren Anschluss und damit im systematischen Zusammenhang mit den Binnenkompetenzen der Gemeinschaft nach Abs. 1 und 2. Hiernach liegt die kulturelle Primärverantwortlichkeit aber, wie zuvor gezeigt, unzweifelhaft bei den Mitgliedstaaten.[465] Hätte dieser Grundsatz für den Bereich der auswärtigen Politik abweichend geregelt werden sollen, steht zu vermuten, dass dies durch eine unmissverständlichere Formulierung klargestellt worden wäre.

Weiterhin stellt sich im Rahmen des Zusammenarbeitsbegriffs die Frage, ob die betreffenden Organe auf eine Zusammenarbeit unterhalb der Schwelle vertraglicher Abmachungen verpflichtet oder ob sie in diesem Zusammenhang auch zum Abschluss völkerrechtlicher Verträge berechtigt sind. Eine ausdrückliche Vertragsabschlußkompetenz enthält Art. 151 Abs. 3 EG nicht. Der Vergleich mit anderen Vertragsnormen die Zusammenarbeit mit Drittländern betreffend ergibt, dass der Gemeinschaft mitunter durchaus explizite Vertragsabschlußbefugnisse übertragen worden sind.[466]

Aus dem Fehlen einer entsprechender Formulierung könnte zu schließen sein, dass die Gemeinschaft vorliegend keine völkerrechtlichen Verträge abschließen darf.[467] Diese Überlegung könnte durch den Umstand unterstützt werden, dass nach Art. 151 Abs. 5 EG eine Harmonisierung der Rechts- und Verwaltungsvorschriften der Mitgliedstaaten ausgeschlossen ist.[468] Eine Vertragsabschlußkompetenz könnte also der Gemeinschaft deshalb nicht eingeräumt worden sein, damit ihr nicht über den mittelbaren Weg einer völkerrechtlichen Außenkompe-

---

463 *Ress/Ukrow*, in : Grabitz/Hilf, EUV, Art. 151, Rdn. 57; ähnlich *Schwarze*, in: Schwarze/Becker (Hrsg.), Geistiges Eigentum, S. 148.

464 Vgl. *Wemmer*, S. 106; *Ress/Ukrow*, in : Grabitz/Hilf, EUV, Art. 151, Rdn. 57.

465 Vgl. hierzu Teil 2 B.I und Teil 2 B.II.

466 So beispielsweise in Art. 170, UA 2 (Forschung und technologische Entwicklung), Art. 174, Abs. 4, S. 2 (Umwelt), Art. 181, Abs. 1, S. 2 (Entwicklungszusammenarbeit) EG; vgl. allerdings demgegenüber beispielsweise Art. 149 Abs. 3, Art. 150 Abs. 3, Art, 152 Abs. 3, Art. 155 Abs. 3 EG.

467 So beispielsweise *Loman/Mortelsman/Post/Watson*, S. 199.

468 Vgl. hierzu näher Teil 2 B.V.1.c).

tenz Zugriffsmöglichkeiten auf die Rechts- und Verwaltungsvorschriften der Mitgliedstaaten eröffnet wäre.[469]

Diesem Ergebnis, d.h. eine entsprechende Befugnis schlechthin abzulehnen, steht allerdings die *AETR*-Doktrin des EuGH entgegen.[470] Hiernach kann sich die Befugnis der Gemeinschaft zum Abschluss völkerrechtlicher Verträge nicht nur aus ausdrücklichen Vertragsbestimmungen, sondern auch aus sogenannten „implied powers", d.h. stillschweigend mitgeschriebenen Zuständigkeiten ergeben. Der Gerichtshof hat hieraus weiter gefolgert, dass eine Außenkompetenz der Gemeinschaft immer schon dann besteht, wenn sie auch eine Innenkompetenz besitzt und von dieser durch den Erlass von Rechtsakten Gebrauch macht.[471] In diesem Zusammenhang ist zu berücksichtigen, dass trotz der durch die Maastrichter Regierungskonferenz herbeigeführten Vertragsänderungen der gesamte bisherige gemeinschaftliche Besitzstand zu wahren ist.[472] Hierzu zählt auch die Rechtsprechung des Europäischen Gerichtshofs. Die durch den EuGH entwickelte *AETR*-Doktrin muss daher angemessene Berücksichtigung finden.

Wendet man die Rechtsprechung auf die Auslegung von Art. 151 Abs. 3 EG an, müssten der Gemeinschaft angesichts der ihr zustehenden Binnenkompetenzen auch gewisse auswärtige Kompetenzen zukommen. Ferner ist zu berücksichtigen, dass nach dem bereits zitieren Art. 151 Abs. 5 EG eine Harmonisierung der Rechts- und Verwaltungsvorschriften zwar ausdrücklich ausgeschlossen ist, Fördermaßnahmen der Gemeinschaft, die das Harmonisierungsverbot berücksichtigen, aber zulässig sind. Eine Auslegung des Zusammenarbeitungsbegriffs gemäß Abs. 3, die der Gemeinschaft eine Vertragsabschlußkompetenz einräumt, die die restriktive Zuständigkeitsübertragung im Innenverhältnis konterkariert, wäre zwar nicht mit dem Harmonisierungsverbot gemäß Art. 151 Abs. 5 EG vereinbar. Auf der anderen Seite muss der Gemeinschaft in Ansehung der *AETR*-Doktrin eine Befugnis zum Abschluss völkerrechtlicher Verträgen im Kulturbereich insoweit zugesprochen werden, als sich eine entsprechende Ver-

---

469 So *Loman/Mortelmans/Post/Watson*, S. 199.

470 EuGH Rs. 22/70 (Kommission/Rat) Slg. 1971, 263, insbesondere Rdn. 15 ff.

471 Von der zweiten Voraussetzung, d.h. des Gebrauchmachens von der Binnenkompetenz hat der Gerichtshof in einem späteren Urteil abgesehen, EuGH verb. Rs. 3, 4 und 6/76 (Kramer), Slg. 1976, 1279, Rdn. 30/33 ff.

472 Vgl. Art. 2 Abs. 1, 5. Spiegelstrich („volle Wahrung") und Art. 3 Abs. 1 EUV („gleichzeitige Wahrung") EG. Zu den Grenzen interpretatorischer Nutzung der Besitzstandswahrungsklauseln vgl. *Niedobitek*, EuR 1995, S. 356.

einbarung ausschließlich auf Förder-, Unterstützungs- und Ergänzungsmaßnahmen beschränkt.[473] Auf diese Weise bleibt eine mittelbare Einflussnahme auf die kulturpolitischen Souveränitätsreserven der Mitgliedstaaten ausgeschlossen.

Ein solches Verständnis entspricht auch einer am *effet utile* orientierten Auslegung von Art. 151 Abs. 3 EG.[474] Eine Auslegung, die ohne erkennbaren Grund den Radius zulässiger Maßnahmen im Außenverhältnis weiter zieht als im Innenverhältnis, steht im Widerspruch zum Sinn und Zweck einer Vorschrift.[475] Auf der anderen Seite kann die Gemeinschaft ihre Förderkompetenz im Rahmen der Zusammenarbeit mit Drittstaaten oder Internationalen Organisationen ohne eine Vertragsabschlußbefugnis nicht wirksam nützen. Dem trägt die vorstehend skizzierte Interpretation des Zusammenarbeitungsbegriffs ausreichend Rechnung.[476]

Zusammenfassend lässt sich damit im Hinblick auf die auswärtigen Kulturkompetenzen der Gemeinschaft feststellen, dass der im Binnenbereich gezogene schmale kulturelle Aktionsradius der Gemeinschaft seine Entsprechung im Hinblick auf die auswärtigen Handlungsmöglichkeiten gemäß Art. 151 Abs. 3 EG findet. Während somit Art. 151 Abs. 2 EG den Begriff des Beitragsleistens gemäß Art. 151 Abs. 1 EG binnengerichtet spezifiziert, wird der Begriff die auswärtigen Angelegenheiten betreffend durch Absatz 3 ausgefüllt.[477]

IV. Art. 151 Abs. 4 EG – Die kulturelle Querschnittsklausel

Besondere Bedeutung kommt der sogenannten Querschnittsklausel gemäß Art. 151 Abs. 4 EG für die Frage zu, wie sich die kulturellen Befugnisse in das Kompetenzgeflecht zwischen gemeinschaftlichen und mitgliedstaatlichen Zuständigkeiten einfügen.[478] Gemäß Art. 151 Abs. 4 EG trägt die Gemeinschaft

---

473 Vgl. *Ress/Ukrow*, in: Grabitz/Hilf, EUV, Art. 151, Rdn. 59, ähnlich *Sparr*, in: Schwarze, EUV, Art. 151, Rdn. 54 f.

474 Vgl. zu diesem Grundsatz, nach dem Vertragskompetenzen jeweils mit dem Ziel ihrer vollen Sinnentfaltung auszulegen sind *Oppermann*, Europarecht, Rdn. 527 ff.

475 So auch *Ress/Ukrow*, in: Grabitz/Hilf, EUV, Art. 151, Rdn. 59; ähnlich *Schwarze*, in: Schwarze/Becker (Hrsg.), Geistiges Eigentum, S. 148.

476 Vgl. *Loman/Mortelmans/Post/Watson*, S. 200.

477 *Wemmer*, S. 39; *Ress/Ukrow*, in: Grabitz/Hilf, EUV, Art. 151, Rdn. 23.

478 Der Begriff wurde soweit ersichtlich von *Scheuing*, EuR 1989, S.176, für die entsprechende Klausel im Umweltschutzbereich geprägt. Zur Beurteilung der wesentlichen

Fußnote fortgesetzt

den kulturellen Aspekten bei ihrer Tätigkeit aufgrund anderer Bestimmungen des Vertrages Rechnung, insbesondere zur Wahrung und Förderung der Vielfalt der Kulturen. Bereits aus dem Wortlaut ergibt sich zweifelsfrei, dass sich die Gemeinschaft bei ihrer Tätigkeit aufgrund anderer vertraglicher Befugnisse mit kulturellen Belangen auseinandersetzen darf.[479] Insofern findet die zuvor erläuterte, strukturelle Konzeption des Gemeinschaftsvertrags, nach der der bloße Hinweis, dass durch eine Gemeinschaftsmaßnahme mitgliedstaatliche Souveränitätsreserven tangiert werden, nicht ausreicht, um einen Bereich gegen ein Vorgehen der Gemeinschaft zu imprägnieren,[480] in der Querschnittsklausel ihre gesetzgeberische Bestätigung.[481]

Neben Unklarheiten hinsichtlich der rechtlichen Verbindlichkeit von Art. 151 Abs. 4 EG (Teil 2 B.IV.1.) sowie des Begriffsinhalts der „kulturellen Aspekte" (Teil 2 B.IV.2.) ist insbesondere die Frage, ob die kulturellen Kompetenzen der Gemeinschaft durch die Querschnittsklausel eine Ausweitung (Teil 2 B.IV.3.) oder tendenziell eher eine Einschränkung erfahren (Teil 2 B.IV.4.), umstritten.

1. Die rechtliche Verbindlichkeit

Vereinzelt findet sich im Schrifttum die Auffassung, dass Art. 151 Abs. 4 EG lediglich einen politischen Appell an den Gemeinschaftsgesetzgeber beinhaltet. Dieser solle sich hiernach bei seinem Tun etwaiger kulturpolitischer Auswirkungen bewusst sein. Der in der Vergangenheit häufig gerügten Kulturblindheit der Gemeinschaft werde auf diese Weise Rechnung getragen. Eine Einklagbarkeit des Grundsatzes durch Gemeinschaftsorgane oder den Einzelnen wird jedoch abgelehnt.[482] Die Justitiabilität der Querschnittsklausel würde in das Ges-

---

Fragestellungen im Zusammenhang mit der Querschnittsklausel vgl. auch *Stein*, in: FS f. Everling, S. 1444.

479 Vgl. beispielsweise das MEDIA PLUS Programm, Beschluss des Rates vom 20.12.2000, 2000/821/EG, ABl. L 336/82 v. 30.12.2000, welches auf die industriepolitische Gemeinschaftskompetenz gemäß Art. 157 Abs. 3 EG gestützt worden ist und in seinem 14. Erwägungsgrund ausdrücklich auf die Erfordernisse gemäß Art. 151 Abs. 4 EG verweist.

480 Wie zuvor dargestellt, lehnte ein Teil des Schrifttums Gemeinschaftsmaßnahmen mit diesem Argument ab, vgl. oben Teil 2 A.

481 *Dörr*, Die Rolle des öffentlich-rechtlichen Rundfunks, S. 36; *Schwarze*, in: Schwarze/Becker (Hrsg.), Geistiges Eigentum, S. 148; *Schwartz*, AfP 1993, S. 417; *Kresse/Heinze*, AfP 1995, S. 396.

482 Vgl. bspw. *Berggreen-Merkel*, in: Ress/Stein, S. 19; *Bekemans/Balodimos*, RMUE 1993, S. 134 f.; Verbindlichkeit ebenfalls in Frage ziehend *Lane*, CMLR 1993, S. 939

Fußnote fortgesetzt

taltungsrecht des Gemeinschaftsgesetzgebers eingreifen. Wenn der Gemeinschaftsgesetzgeber trotz Kenntnis und Würdigung der kulturellen Bedeutung einer Vorlage anderen Erfordernissen den Vorzug gibt, müsse dies seinem politischen Ermessensspielraum zugeordnet werden.[483] Von der Mehrzahl der Autoren wird demgegenüber der verpflichtender Charakter von Art. 151 EG bejaht.[484]

Zwar ist einzuräumen, dass den Gemeinschaftsorganen ein ausreichender Ermessensspielraum für die von ihnen zu treffenden Maßnahmen zugestanden werden muss.[485] In den seltensten Fällen kann daher wohl tatsächlich von einer „obligation des résultats" gesprochen werden.[486] Bereits die grammatikalische Betrachtung der Vorschrift stellt jedoch klar, dass die gebührende Berücksichtigung der kulturellen Aspekte nicht bloß fakultativer Natur ist. Die Querschnittsklausel ist im juristischen Imperativ („trägt...Rechnung") und damit verpflichtend formuliert.[487] Die Wortwahl spricht daher deutlich gegen eine bloße Appellfunktion und für den Charakter einer verpflichtenden Regelung. Der Vergleich mit anderen Querschnittsklauseln, die wie Art. 6 EG ebenfalls schwierige Abwägungsprozesse implizieren und die dennoch überwiegend als verpflichtend angesehen werden,[488] unterstützt dieses Verständnis. In Ansehung des verbindlichen Wortlauts muss daher im Ergebnis von einem verpflichtenden Charakter von Art. 151 Abs. 4 EG ausgegangen werden.

Enthält Art. 151 Abs. 4 EG den Auftrag, den „kulturellen Aspekten" Rechnung zu tragen ist, liegt es auf der Hand, dass ohne die Klärung des Begriffsinhalts der kulturellen Aspekte in diesem Zusammenhang auch der genaue Inhalt des gemeinschaftlichen Auftrags verschlossen bleiben muss.

---

f.; i.E. wohl auch *Schmahl*, S. 228, die aus Art. 151 Abs. 4 EG lediglich eine Verpflichtung zur Beschäftigung mit kulturellen Belangen ableitet.

483 *Berggreen-Merke*l, in: Ress/Stein, S. 19.

484 *Ress/Ukrow*, in: Grabitz/Hilf, EUV, Art. 151, Rdn. 70; *Sparr*, in: Schwarze, EUV, Art. 151, Rdn. 62; *Schwartz*, AfP 1993, S. 417; *Wemmer*, S. 117; *Dörr*, Die Rolle des öffentlich-rechtlichen Rundfunks, S. 34; *Schmahl*, S. 226; *Niedobitek*, EuR 1995, S. 374; *Kresse/Heinze*, AfP 1995, S. 396.

485 *Wemmer*, S. 117; *Krämer*, EuGRZ 1988, S.89.

486 So zutreffend *Bekemans/Balodimos*, RMUE 1993, S. 135.

487 *Schwartz*, AfP 1993, S. 417.

488 Vgl. statt vieler *Grabitz/Nettesheim*, in: Grabitz/Hilf, EUV, Art. 130r, Rdn. 58 ff.

2. Der Begriff der „kulturellen Aspekte“

Der Begriff der „kulturellen Aspekte“ wird weder im Rahmen von Art. 151 EG noch an sonstiger Stelle definiert. Er war den europäischen Verträgen bis zu den Maastrichter Vertragsänderungen auch nicht bekannt. Die zeitgleich aufgenommenen Art. 3 Abs. 1, lit. q) und Art. 87 Abs. 3, lit. d) EG geben ebenfalls keinen Aufschluss über den Sinngehalt des Begriffs. Während Art. 3 Abs. 1, lit. q) EG als allgemeine Zielbestimmung seinerseits durch Art. 151 EG konkretisiert wird, befindet sich Art. 87 Abs. 3, lit. d) EG als fakultativer Ausnahmetatbestand vom allgemeinen Beihilfeverbot in einem gänzlich anderen normativen Kontext. Insofern können von diesen Vorschriften kaum Rückschlüsse für Art. 151 Abs. 4 EG gezogen werden. Ebenso wenig finden sich andere Bestimmungen im Gemeinschaftsvertrag, auf die hierzu zurückgegriffen werden könnte.[489] Zur Erschließung seines Bedeutungsinhalts muss daher auf eine Betrachtung des Begriffs als solchem unter Heranziehung der üblichen Auslegungsmittel rekurriert werden.

Hierbei vermag die grammatikalische Betrachtung allein noch keinen näheren Aufschluss zu geben. Der Begriff der "Aspekte" ist ein kategorialer jedoch kein inhaltsvermittelnder.[490] Angesichts dieser Bedeutungsoffenheit ist die Berücksichtigung seiner eigenen Inbezugnahmen erforderlich. Hierbei kommt der systematischen Stellung maßgebliche Bedeutung zu. Der Begriff steht im Kontext des Art. 151 EG, der einen eigenen Titel ausfüllt. Dort ist er den Absätzen 1 bis 3 nachgeordnet. Im Rahmen dieser vorangehenden Bestimmungen wird die primäre Kulturzuständigkeit der Mitgliedstaaten festgeschrieben.[491] Ist der Begriff der „Aspekte“, wie zuvor erläutert, im wesentlichen durch die Betrachtung seiner eigenen Inbezugnahmen zu klären und kommt hierfür nur das unmittelbare normative Umfeld der Querschnittsklausel in Frage, müssen sich die "kulturellen Aspekte" zwangsläufig auf die in den voranstehenden Absätzen enthaltenen

---

489 Neben den zitierten Vorschriften befindet sich in dem gesamten Vertragswerk ein einziger weiterer Artikel, der einen den Kulturbereich betreffenden Begriff enthält, i.e. den Begriff des „nationalen Kulturguts“ gemäß Art. 30 EG. Auch diesbezüglich hat sich keine gemeinschaftsrechtlich einheitliche Interpretation herausgebildet. Selbst wenn dies jedoch der Fall wäre, könnte diese angesichts der begrifflichen Unterschiede sowie der unterschiedlichen normativen Einbettung jedoch kaum zum Verständnis des Begriffs der "kulturellen Aspekte" herangezogen werden.

490 Zum Kulturbegriff vgl. nachfolgend Teil 2 D.

491 Vgl. hierzu die Ausführungen unter Teil 2 B I.-III.

Bestimmungen beziehen,[492] d.h. aber auch auf die in den Abs. 1 bis 3 vorgenommene Kompetenzverteilung.[493]

Dieses Verständnis wird durch den Zusatz "insbesondere zur Wahrung und Förderung der Vielfalt ihrer Kulturen" gestützt.[494] Die Sicherung der kulturellen Vielfalt ist wesentlicher Aspekt des Art. 151 Abs. 1 EG, der nach "innen" und "außen" jeweils durch die Abs. 2 und 3 konkretisiert wird. Der Auftrag an die Gemeinschaft nach Art. 151 Abs. 4 EG wird damit zunächst inhaltlich dahingehend determiniert, dass sie bei ihrer Tätigkeit im Rahmen anderer Gemeinschaftspolitiken die Zielsetzungen der gemeinschaftlichen Kulturpolitik gemäß Art. 151 Abs. 1 EG angemessen berücksichtigen muss, wobei dem Aspekt der Vielfaltssicherung und –förderung die Priorität zukommt.

Der Verweis auf die Ziele der gemeinschaftlichen Kulturpolitik gemäß Art. 151 Abs. 1 bis 3 EG beinhaltet jedoch darüber hinaus zwangsläufig zugleich eine mittelbare Bezugnahme auf die in den Abs. 1 bis 3 vorgenommene materielle Kompetenzverteilung. In der Verteilung der materiellen Befugnisse manifestiert sich gerade das Anerkenntnis des Gemeinschaftsgesetzgebers, dass Vielfaltsgaranten letztlich nur die dezentral agierenden Mitgliedstaaten selbst sein können und ihnen daher die Kulturhoheit ganz überwiegend zusteht. Findet aber das Vielfaltsziel durch die materielle Kompetenzverteilung seine gemeinschaftsrechtliche Absicherung, bedeutet die Verpflichtung, den kulturellen Aspekten Rechnung zu tragen zugleich, dass die Gemeinschaft bei ihrer Tätigkeit aufgrund anderer Vertragsvorschriften den ihr gemäß Abs. 1 bis 3 gezogenen Aktionsradius nicht überschreiten darf. Sie muss mit anderen Worten die materielle Kompetenzverteilung zu ihren Lasten respektieren und darf diese nicht mittelbar, d.h. auf dem Umweg über andere Harmonisierungsbefugnisse, zu ihren Gunsten verschieben.

---

492 Ähnlich *Gasse*, S. 47.

493 Da die "kulturellen Aspekte" gemäß Abs. 4 gerade bei Tätigkeiten der Gemeinschaft "aufgrund *anderer* Bestimmungen dieses Vertrages" zu berücksichtigen sind, scheidet eine Bezugnahme auf die in Abs. 5 geregelte Verfahrensvorschrift demgegenüber bereits denknotwendig aus. Da Abs. 5 der Querschnittsklausel nachgelagert ist und seinerseits nur der verfahrensrechtlichen Absicherung der in den Abs. 1 bis 3 vorgenommenen materiellen Bestimmungen dient, liegt sie auch aus systematischen Gründen nicht nahe.

494 Die Hinzufügung ist erst im Zuge der Revision des Gemeinschaftsvertrags durch den Amsterdamer Vertrag vorgenommen worden.

Im Ergebnis lässt sich damit feststellen, dass die Verpflichtung auf die Beachtung der „kulturellen Aspekte" bedeutet, dass die Gemeinschaft in Ausübung ihrer sonstigen, insbesondere ihrer sachgebietsunabhängigen Querschnittskompetenzen neben den inhaltlichen Vorgaben gemäß Art. 151 Abs. 1 bis 3 EG die Souveränitätsreserven der Mitgliedstaaten im kulturellen Bereich berücksichtigen muss. Insofern kennzeichnen die kulturellen Aspekte den materiellen Regelungsgehalt von Art. 151 EG.[495]

3. Die Querschnittsklausel als Grundlage einer Kompetenzerweiterung?

Teilweise wird Art. 151 Abs. 4 EG in der Weise verstanden, dass die Vorschrift die Gemeinschaft dazu berechtigt, im Rahmen ihrer sonstigen Zuständigkeiten, eigenverantwortlich definierte kulturelle Ziele zu verfolgen.[496] Die Gemeinschaft verfüge gemäß Art. 151 Abs. 4 EG zwar über keine eigenständige Kompetenzgrundlage.[497] Der Kulturaspekt „hypostasiere" jedoch zu einer an die entsprechenden Sachkompetenzen anderer Gemeinschaftspolitiken akzessorisch geknüpfte Sekundärkompetenz.[498] Der Gemeinschaft sei durch die Querschnittsklausel somit die Möglichkeit zugewiesen, im Rahmen ihrer sonstigen Zuständigkeiten eigene kulturpolitische Zielsetzungen zu verwirklichen.[499] In eine ähn-

---

495 Im Ergebnis ebenso *Wemmer*, S. 117 („Synonym"); *Schmahl*, S. 228; *Blanke*, Europa, S. 102; i.E. *Fechner*, in: Handbuch des Europäischen Rechts, Art. 128, Rdn. 27; vgl. auch *Schwartz*, AfP 1993, S. 417, der auch ausdrücklich auf Elemente des Art. 151 Abs. 2 EG (Schutz des „künstlerischen und literarischen Schaffens") hinweist; ähnlich das Verständnis der Vertreter eines kulturellen Rücksichtnahmegebots, vgl. hierzu die Nachweise unter Teil 2 B IV.4.; vgl. weiterhin *Heilbronner*, EuGRZ 1989, S. 105 und *Jahns-Böhm/Breier*, EuZW 1992, S. 50, entsprechend für den Umweltschutzbereich, wobei die in diesem Kontext geführte Kontroverse, ob sich die „Erfordernisse" des Umweltschutzes nur auf die in Abs. 1 formulierten Ziele oder zusätzlich auch auf die in Abs. 2 normierten Handlungsgrundsätze beziehen, hier angesichts der insoweit divergierenden Inhalte des Art. 151 EG keine Bedeutung hat.

496 Vgl. bspw. *Selmer/Gersdorf*, S. 63; *Toth*, CMLR 1992, S. 1094 f.; tendenziell kompetenzerweiternd etwa auch *Schwartz*, AfP 1993, S. 417 f.

497 In die Richtung einer eigenen Kompetenzgrundlage muss aber wohl *Wemmer*, S. 119, verstanden werden („Eine solche Regelung ist nach heutiger Gesetzeslage auch auf Art. 128 Abs. 4 EGV zu stützen").

498 *Selmer/Gersdorf*, S. 63.

499 *Selmer/Gersdorf*, S. 64; auch *Stein*, in: FS f. Everling, S. 1452, hält es nicht für ausgeschlossen, dass Art. 151 Abs. 4 EG dafür herangezogen werde, Kulturaspekte dergestalt in andere Gemeinschaftspolitiken zu verpflanzen, dass mit den dort erlaubten Regelungsmöglichkeiten jene Harmonisierung bewirkt wird, die Art. 151 Abs. 5 EG ausdrücklich ausschließt.

liche Richtung geht die Auffassung, nach der der Kulturbereich ungeachtet des ausdrücklichen Harmonisierungsverbots gemäß Art. 151 Abs. 5 EG mittels der Querschnittklausel in andere Politiken transportiert werden könne, die ihrerseits Harmonisierungsmaßnahmen erlauben.[500] Somit könne die Querschnittsklausel herangezogen werden, um „aus den Fesseln ausdrücklicher Handlungsbeschränkungen oder gar Harmonisierungsverbote auszubrechen"[501] oder sogar das Harmonisierungsverbot zu umgehen.[502]

Dem Einwand, dass eine solcherart herbeigeführte Umgehung des Harmonisierungsverbots faktisch zu einer kulturellen Allzuständigkeit der Gemeinschaft führen könnte,[503] wird entgegengehalten, dass die kompetenzerweiternden Gehalte des Abs. 4 nur innerhalb des „der Gemeinschaft zugeordneten Kompetenzbereichs" zum Tragen kämen. Eine Universalzuständigkeit sei insofern nicht zu befürchten.[504] Auch wenn das Harmonisierungsverbot gemäß Art. 151 Abs. 5 EG eine restriktive Auslegung von Art. 151 EG gebiete, könne dies keineswegs im Hinblick auf andere Kompetenzgrundlagen gelten, die durch Art. 151 Abs. 4 EG in Bezug genommen werden. Während dem Handeln nach Art. 151 Abs. 5 EG ausschließlich kulturelle Ziele zugrunde lägen, träten die kulturellen Aspekte im Rahmen der Verwirklichung der binnenmarktgerichteten Primärkompetenzen lediglich neben diese.[505] Angesichts dieser funktionalen Divergenz zwischen dem Topos Kultur und anderen Gemeinschaftskompetenzen könne das aus der systematischen Betrachtung von Abs. 5 gewonnene Argument einer restriktiven Auslegung im Rahmen von Abs. 4 nicht greifen. Eine kompetenzausweitende Interpretation von Art. 151 Abs. 4 EG ergebe sich schließlich auch durch den Begriff des "gemeinsamen kulturellen Erbes" gemäß Art. 151 Abs. 1 EG, auf die kulturellen Aspekte gemäß Abs. 4 ebenfalls Bezug nähmen.[506]

---

500 Vgl. *Stein*, in: FS f. Everling, S. 1452; sowie das Rechtsgutachten des Juristischen Dienstes des Rates vom 19.06.1995, Dok 7958/95, S. 3, zitiert bei *Berggreen-Merkel*, in: Ress/Stein, S. 33.

501 *Stein*, in: FS f. Everling, S. 1444.

502 *Stein*, in: FS f. Everling, S. 1449.

503 Auf das gemäß Art. 151 Abs. 5 EG zu entnehmende Erfordernis einer restriktiven Auslegung der Kulturvorschriften weist beispielsweise *Eberle*, AfP 1993, S. 426 hin; *ders*: in: FS f. Thieme, S. 951.

504 So *Selmer/Gersdorf*, S. 63

505 *Selmer/Gersdorf*, S. 63.

506 *Selmer/Gersdorf*, S. 64.

Dass aus der Inbezugnahme des Begriff der „kulturellen Aspekte" auf das „gemeinsame kulturelle Erbes" gemäß Art. 151 Abs. 1 EG keine kompetenzerweiternden Gehalte gewonnen werden können, wurde bereits dargelegt.[507] Im übrigen priorisiert der Auftrag zur Berücksichtigung der kulturellen Aspekte ausweislich des letzten Halbsatzes („insbesondere zur Wahrung und Förderung der Vielfalt ihrer Kulturen") ausdrücklich den Vielfaltsgrundsatz, während demgegenüber die Aufgabe der Hervorhebung des gemeinsamen kulturellen Erbes im Rahmen der Querschnittsklausel nur eine nachgeordnete Rolle spielt. Zurückzuweisen ist auch das Argument, dass das Art. 151 Abs. 5 EG zu entnehmende Gebot der restriktiven Inanspruchnahme kultureller Kompetenzen zwar für den Kulturartikel selbst gelte, nicht aber für andere Kompetenzgrundlagen, auf die Abs. 4 verweist. Bereits aus Art. 151 Abs. 1 bis 3 EG, d.h. nicht erst aus Abs. 5, ergibt sich die Festschreibung einer äußerst schmalen kulturellen Kompetenz zugunsten der Gemeinschaft. Art. 151 Abs. 5 EG beinhaltet demgegenüber nur die verfahrensrechtliche Absicherung der zuvor getroffenen materiellen Grundentscheidungen.[508] Über das Instrument der Querschnittsklausel wird damit der Aspekt der sachlichen Kompetenzverteilung zugunsten einer mitgliedstaatlichen Primärverantwortlichkeit gleichsam in die anderen Gemeinschaftsbefugnisse transportiert und ist im Zusammenhang mit diesen zu beachten.

Zu berücksichtigen ist ferner, dass der Verweis in Art. 151 Abs. 4 EG auf die Tätigkeit der Gemeinschaft "aufgrund anderer Bestimmungen" keine wie auch immer gearteten Einschränkungen enthält. Gerade die funktional ausgerichteten Zielverwirklichungsbefugnisse eröffnen einen in Abhängigkeit von der Weite der Auslegung potentiell unbegrenzten Aktionsradius zugunsten der Gemeinschaft. Wäre es zulässig, dass die Gemeinschaft quasi als Annex zu der eigentlichen Regelungsmaterie eigene kulturpolitische Zielsetzungen definiert und verfolgt und zwar unabhängig davon, wie gravierend die jeweils kulturellen beziehungsweise binnenmarktbezogenen Fragen betroffen sind, käme dies einer ausufernden gemeinschaftlichen Kulturkompetenz bedrohlich nahe.[509] Diese Möglichkeit würde jedoch die in Art. 151 Abs. 1 bis 3 EG bestimmte Kompetenzverteilung zunichte machen, sieht diese doch gerade keine Gemeinschaftskulturpo-

---

507 Vgl. hierzu Teil 2 B.IV.2.

508 vgl. hierzu nachfolgend Teil 2 B.V.

509 Die Gefahr einer praktisch grenzenlosen Gemeinschaftszuständigkeit hat der EuGH ausdrücklich in dem parallel gelagerten Verfahren zur *Tabakwerbeverbotsrichtlinie* festgestellt, Rs. C-376/98 (Tabakwerbeverbotsrichtlinie), Slg. 2000, I-8419, Rdn. 107, vgl. hierzu ausführlich unter Teil 2 C.IV.

litik vor, die durch eigene, gegebenenfalls sogar von den Mitgliedstaaten abweichende Akzentuierungen gekennzeichnet ist.

Für dieses Verständnis spricht insbesondere auch der nachträglich durch den Amsterdamer Vertrag aufgenommene Zusatz, dass die Gemeinschaft insbesondere den Vielfaltsaspekt zu berücksichtigen hat. Wie bereits erläutert, wird über die Betonung des Ziels, die kulturelle Vielfalt zu bewahren und zu fördern gerade auf die materielle Kompetenzverteilung rekurriert, die ihrerseits im Zeichen der Sicherung und Förderung der mitgliedstaatlichen kulturellen Vielfalt steht.[510] Die nachträglich funktionelle Aufladung des Begriffs der kulturellen Aspekte im Sinne des Vielfaltsziels lässt vermuten, dass der Gesetzgeber das Risiko der Verlagerung kultureller Regulierung in andere Normkontexte gesehen hat und dass er dies durch eine entsprechende Klarstellung verhindern wollte. Dem Ansinnen, sich dem Ausschluss jeglicher Harmonisierungsmaßnahmen durch die Inanspruchnahme anderer Rechtsgrundlagen zu entziehen, hat sich der EuGH im Rahmen seiner neueren Rechtsprechung zudem ausdrücklich entgegengestellt.[511]

Eine kompetenzerweiternde Funktion der Querschnittsklausel ist daher abzulehnen. Soweit Art. 151 Abs. 4 EG auf andere Kompetenzgrundlagen der Gemeinschaft verweist, wird hierdurch lediglich die sich aus den funktionellen Befugnissen ergebende, aber vormals heftig umstrittene gemeinschaftsrechtliche Realität anerkannt, dass sich die binnenmarktorientierten Querschnittsbefugnisse denknotwendigerweise stets in materiellen Sachgebieten verwirklichen müssen, welche der Gemeinschaft häufig nicht übertragen wurden.[512] Insofern hat nicht erst die Querschnittklausel die Gemeinschaft in die Lage versetzt, sich mit kulturellen Aspekten im Rahmen anderer Befugnisgrundlagen auseinander zusetzen.[513]

Der wesentliche Unterschied zu vorher besteht allerdings darin, dass diese Auseinandersetzung nunmehr in einer bestimmten Qualität zu erfolgen hat. Diese ist durch den gemeinschaftlichen Auftrag determiniert, die Kulturentfaltung in den Mitgliedstaaten zu fördern, die Vielfalt in den Mitgliedstaaten zu wahren und

---

510 Vgl. hierzu oben Teil 2 B.IV.2.

511 EuGH Rs. C-376/98 (Tabakwerbeverbotsrichtlinie), Slg. 2000, I-8419, Rdn. 77-79.

512 Vgl. hierzu *Schwartz*, AfP 1993, S. 417; Dazu, dass die funktionalen Befugnisse stets einer materiellen Anreicherung bedürfen, vgl. *Niedobitek*, in: Streinz, EUV/EG, Art. 151, Rdn. 34; *ders.*, EuR 1995, S. 375; *ders.*, Kultur, S. 208 ff.

513 Vgl. *Niedobitek*, in: Streinz, EUV/EG, Art. 151, Rdn. 34; *ders.*, EuR 1995, S. 375.

die mitgliedstaatlichen Primärbefugnisse zu achten. In dem Gebot der Berücksichtigung und Verwirklichung dieser Aspekte manifestiert sich gleichsam die positive Seite des Begriffs „Rechnung tragen."[514] Im Ergebnis ist daher festzuhalten, dass Art. 151 Abs. 4 EG für die Gemeinschaft keinen kulturellen Kompetenzzuwachs im Zusammenspiel und über den Umweg anderer Gemeinschaftsbefugnisse bedeutet.[515] Die Funktion des Abs. 4 liegt vielmehr in der inhaltlichen Ausrichtung der anderen Befugnisnormen.[516]

4. Art. 151 Abs. 4 EG als Ausdruck eines kulturellen Rücksichtnahmegebots

Verschiedentlich wird aus Art. 151 Abs. 4 EG das Gebot der kulturellen Rücksichtnahme hergeleitet. Dies ist jedoch weder unumstritten (vgl. hierzu sogleich Teil 2 B.IV.4.a)), noch besteht Klarheit darüber, welche Konsequenzen aus diesem Gebot konkret für die Anwendung der Querschnittsklausel erwachsen (vgl. Teil 2 B.IV.4.b)).

a) Das Gebots der kulturellen Rücksichtnahme als kulturspezifische Ausprägung des Grundsatzes der Gemeinschaftstreue

Zuvor wurde festgestellt, dass Art. 151 Abs. 4 EG der inhaltlichen Ausrichtung der von der Querschnittsklausel in Bezug genommenen anderen Vertragsvorschriften dient. In weiten Teilen des Schrifttums wird in diesem Zusammenhang vertreten, dass die Gemeinschaft bei ihrem Vorgehen aufgrund ihrer sonstigen vertraglichen Befugnisse auf die mitgliedstaatlichen kulturellen Besonderheiten Rücksicht zu nehmen hat.[517] Das Gebot der kulturellen Rücksichtnahme wird im

---

514 Zur negativen Seite des Begriffs im Sinne der Wirkung einer Schranke für die Ausübung der gemeinschaftlichen Befugnisse vgl. sogleich unter Teil 2 B.4.b)

515 Vgl. *Ress/Ukrow*, in: Grabitz/Hilf, EUV, Art. 151, Rdn. 8; *Ress*, DÖV 1992, S. 947 ff.; *Berggreen-Merkel*, in: Ress/Stein, S. 33; *Dörr*, Die Rolle des öffentlich-rechtlichen Rundfunks, S. 27; *Eberle*, Das Fernsehen, S. 951; *Karydis*, RTDE 1994, S. 567; ähnlich auch *Niedobitek*, EuR 1993, S. 373 und *Schwartz*, AfP 1993, S. 418, nach deren Ansicht durch Art. 151 Abs. 4 EG weder neue Kompetenzen zugunsten der Gemeinschaft geschaffen, noch existierende Kompetenzen beschnitten würden.

516 *Ress/Ukrow*, in: Grabitz/Hilf, EUV, Art. 151, Rdn. 97.

517 *Ress/Ukrow*, in: Grabitz/Hilf, EUV, Art. 151, Rdn. 97; *Blanke*, in: Calliess/Ruffert, EUV/EG, Art. 16, Rdn. 14; wohl auch *Engelhard*, in: Lenz, EG, Art. 128, Rdn. 6; *Ress*, DÖV 1992, S. 948; *Ress/Bröhmer*, S. 61 („kulturspezifischer Verhältnismäßigkeitsgrundsatz, nach dem Eingriffe in kulturelle Belange auf das geringst mögliche Maß zu beschränken sind"); *Ukrow*, in: Europäisches Medienrecht, S. 99; *Schwarze*, in: Schwarze/Becker (Hrsg.), Geistiges Eigentum, S. 149; *Schmahl*, S. 227; *Lo-*

Fußnote fortgesetzt

allgemeinen als ein spezifischer Ausdruck des Grundsatzes der Gemeinschafts- beziehungsweise Unionstreue angesehen.[518]

Das Prinzip der Gemeinschaftstreue ist in Art. 10 EG zwar nur hinsichtlich der Mitgliedstaaten gegenüber der Gemeinschaft geregelt worden. Der EuGH hat den Grundsatz jedoch auch im umgekehrten Verhältnis, d.h. als Verpflichtung der Gemeinschaft gegenüber den Mitgliedstaaten, über den expliziten Wortlaut von Art. 10 EG hinaus entwickelt.[519] Dem Prinzip wechselseitiger Gemeinschaftstreue liegt die Überlegung zugrunde, dass es immer dort, wo sich mehrere Rechtssubjekte – mit welcher Intensität auch immer – assoziieren, eine Pflicht zum wechselseitigen gemeinschaftsfreundlichen Verhalten geben muss, um etwaig konfligierende Interessen und Kompetenzen auszugleichen. Damit ist heute die Existenz eines Grundsatzes der „loyalen Zusammenarbeit“, dem reziprok wirkende Pflichten im Verhältnis von Mitgliedstaaten und Gemeinschaft zu entnehmen sind, allgemein anerkannt.[520]

Nach der zitierten Auffassung findet die spezifische Ausformung des Grundsatzes der Gemeinschaftstreue im Rahmen von Art. 151 Abs. 4 EG im Begriff der „kulturellen Aspekte“ gemäß Art. 151 Abs. 4 EG seinen Niederschlag. Bei der Deutung dieses Begriffes sei insbesondere Art. 151 Abs. 1 EG heranzuziehen, wonach die Gemeinschaft die Kulturen der Mitgliedstaaten unter Wahrung ihrer nationalen und regionalen Vielfalt zu fördern habe. Abs. 4 stelle insofern das

---

man/Mortelsman/Post, S. 195; *Klein/Haratsch*, DÖV 1993, S. 794; *Blanke*, Europa, S. 103; *Eberle*, FS f. Thieme, S. 951; *ders.*, AfP 1993, S. 426; *Rosenthal*, S. 108; in diese Richtung auch *Gasse*, S. 50; für den Umweltschutzbereich vgl. *Jahns-Böhm/Breier*, EuZW 1992, S. 51; *Scheuing*, EuR 1989, S. 176; nach *Frey*, Fernsehen, S. 69, ergibt sich das Gebot der Rücksichtnahme bereits aus dem von ihm ausführlich dargestellten allgemeinen Rechtsgrundsatz des audiovisuellen Pluralismus, so dass Art. 151 Abs. 4 EG nur deklaratorischen Charakter habe. Eine Kompetenzbegrenzung aus dem Gebot der Berücksichtigung kultureller Implikationen lehnt er allerdings ab, vgl. S. 230 ff.

518 Zum Begriff der Unionstreue vgl. *Zuleeg*, NJW 2000, S. 2847; zum Inhalt der Gemeinschafts- bzw. Unionstreue vgl. Teil 2 B.IV.4.a) weiter unten; a.A. *Sparr*, in: Schwarze, EUV, Art. 151, Rdn. 61 („Effektuierung des Verhältnismäßigkeitsgrundsatzes“).

519 Vgl. EuGH Rs. 230/81 (Luxemburg/EP), Slg. 1983, 255, Rdn. 37; EuGH Rs. 44/84 (Hurd), Slg. 1986, 29, Rdn. 38; EuGH Rs. C-2/88 (Zwartveld), Slg. 1990, I-3365, Rdn. 17; ausführlicher zur Herleitung vgl. *Unruh*, EuR 2002, S. 45 f. sowie 58 ff.

520 Vgl. beispielsweise *Geiger*, EG, Art. 5, Rdn. 5; *Lenz*, in: ders. (Hrsg.), EG, Art. 5, Rdn. 7; *Zuleeg*, in: Groeben/Schwarze, EUV/EG, Art. 10, Rdn. 1; *v. Bogdandy*, in: Grabitz/Hilf, EUV, Art. 5, Rdn. 79 ff.; *Streinz*, Europarecht, Rdn. 142; *Oppermann*, Europarecht, Rdn. 486; *Bleckmann*, Europarecht, Rdn. 677 ff.; *Ossenbühl*, Rundfunk, S. 38

Fußnote fortgesetzt

Pendant zu Abs. 1 dar, als durch ihn verhindert werde, dass die Gemeinschaft die Entfaltung der mitgliedstaatlichen Kulturen durch kulturpolitisch blindes Agieren in anderen EG-Aufgabenbereichen einschränkt.[521]

Ein solchermaßen kompetenzschützender Bedeutungsinhalt wird von anderer Seite abgelehnt.[522] Als Ausnahme gegenüber den allgemeinen Regeln des Vertrages müsse Art. 151 Abs. 4 EG restriktiv ausgelegt werden.[523] Die einzige Vorschrift des Gemeinschaftsvertrags, deren Funktion zumindest auch darin bestehe, den mitgliedstaatlichen Kompetenzbereich zu schützen, sei das Subsidiaritätsprinzip gemäß Art. 5 Abs. 2 EG. Sofern das Rücksichtnahmegebot aus der Bezugnahme des Begriffs der „kulturellen Aspekte" auf die „Entfaltung der Kulturen der Mitgliedstaaten" sowie der „Wahrung ihrer nationalen und regionalen Vielfalt" gemäß Art. 151 Abs. 1 EG entwickelt werde, beruhe dies auf der missverständlichen Gleichsetzung dieser Termini mit der „Kulturhoheit" der Mitgliedstaaten.[524] Erst die Gleichung von „Kultur" mit „Kulturpolitik" bzw. „Kulturhoheit" führe zu der irrigen Auffassung, Art. 151 Abs. 4 EG verfolge den Zweck, die Ausübung gemeinschaftlicher Kompetenzen zu beschränken.[525]

Bereits die Forderung, Art. 151 Abs. 4 EG müsse aus methodischen Gesichtspunkten restriktiv ausgelegt werden, kann jedoch nicht überzeugen. Weder ist eine allgemeine Regel erkennbar, von der Art. 151 Abs. 4 EG, insofern dem allgemeinen Regel-Ausnahme-Interpretationsansatz folgend, eine Ausnahme konstituieren könnte. Noch können die mittlerweile in einer Mehrzahl vorhandenen sachbezogenen Querschnittsklauseln[526] weiterhin als dogmatisches Ausnahmephänomene im Gemeinschaftsvertragskontext bezeichnet werden. Zudem stellte eine grundsätzlich restriktive Auslegung den mit der Querschnittsklausel verfolgten Normzweck, nämlich die vertragsstrukturbedingten funktionellen Defizi-

---

ff.; *Klein*, VVDStRL 50 (1991), S. S. 73; *Degenhart*, ZUM 1992, S. 452; *Unruh*, EuR 2002, S. 57 ff.

521 *Ress/Ukrow*, in: Grabitz/Hilf, EUV, Art. 151, Rdn. 97.

522 Vgl. bspw. *Niedobitek*, in: Streinz, EUV/EG, Art. 151, Rdn. 37; *ders.*, EuR 1995, S. 374; kritisch auch *Stein*, in: FS f. Everling, S. 1442 f.

523 *Roider*, S. 71.

524 *Niedobitek*, EuR 1995, S. 374 f. unter Verweis auf *Blanke*, Europarecht, S. 103; ähnlich *Frey*, Fernsehen, S. 231.

525 *Niedobitek*, in: Streinz, EUV/EG, Art. 151, Rdn. 37; *ders.*, EuR 1995, S. 374 f.

526 Vgl. beispielsweise Art. 157 Abs. 3, S. 1; Art. 159, Abs. 1, S. 2 und Art. 178 EG.

te im Rahmen von kulturellen Angelegenheiten auszugleichen, tendenziell auf den Kopf.

Aus dem Fehlen der Termini „Kulturhoheit" oder „Kulturpolitik" der Mitgliedstaaten im Rahmen von Art. 151 Abs. 1 EG kann weiterhin nicht auf das Fehlen eines kompetenzschützenden Gehalts geschlossen werden. Auch wenn Art. 151 Abs. 1 EG die fraglichen Begriffe nicht explizit verwendet, so setzt doch die in Abs. 1 verfügte sowie durch die Abs. 2 und 3 ausgefüllte Kompetenzverteilung gerade solches, d.h. eine unangetastete Kulturhoheit der Mitgliedstaaten, ergänzt durch lediglich komplementäre Gemeinschaftszuständigkeiten, implizit voraus. Der Bedeutungsgehalt von Art. 151 Abs. 1 bis 3 EG besteht insofern weniger in dem, was die Bestimmungen positiv regeln. Die Befugnis, sich mit kulturellen Angelegenheiten zu beschäftigen, besaß die Gemeinschaft, wie eingangs erläutert,[527] ohnehin auch bereits vor Aufnahme der Kulturklauseln in den Gemeinschaftsvertrag. Entsprechend wurde diese Befugnis durch Art. 151 EG lediglich in bestimmter Weise inhaltlich determiniert. Aus kompetenzieller Perspektive besteht die wesentliche Funktion von Art. 151 EG demgegenüber vielmehr in dem, was die Vorschrift *nicht* regelt oder anders ausgedrückt in dem, was die Vorschrift der Gemeinschaft an Zuständigkeiten nicht überträgt, sondern im Hoheitsbereich der Mitgliedstaaten belässt.[528] Auch auf diese Kompetenzsituation bezieht sich folglich der Auftrag, den kulturellen Aspekten Rechnung zu tragen.[529]

Dieses Verständnis wird schließlich auch durch den Grundsatz der Gemeinschaftstreue, aus dem das Gebot zur kulturellen Rücksichtnahme im allgemeinen entwickelt wird, unterstützt. Auch wenn der Gerichtshof den Inhalt der gemeinschaftlichen Pflichten nur vereinzelt ausjudiziert und hieraus bis dato im wesentlichen nur Unterstützungs-, Zusammenarbeits- beziehungsweise Rechtshilfepflichten hergeleitet hat[530] nicht jedoch Schranken für die Kompetenzausübung,

---

527 Vgl. hierzu Teil 2 A.

528 Ähnlich im Ergebnis *Schwarze*, in: Schwarze/Becker (Hrsg.), Geistiges Eigentum, S. 157.

529 Vgl. hierzu Teil 2 B.IV.2.; im Ergebnis ähnlich *Schwarze*, in: Schwarze/Becker (Hrsg.), Geistiges Eigentum, S. 149 („Dies kann nur eine Pflicht zur Rücksichtnahme auf die nationalen kulturpolitischen Ziele bedeuten, da der Gemeinschaft abgesehen von Fördermaßnahmen keine Zuständigkeit zu einer eigenen Kulturpolitik,...übertragen ist.").

530 Vgl. EuGH Rs. 52/84 (Kommission/Belgien), Slg. 1986, 89, Rdn. 16 (Pflichten der Kommission bei Schwierigkeiten der Mitgliedstaaten mit der Umsetzung bzw. Durchführung von Gemeinschaftsrecht); EuGH Rs. C-2/88 (Zwartveld), Slg. 1990, I-3365,

Fußnote fortgesetzt

wird darüber hinaus heute von weiten Teile der Literatur davon ausgegangen, dass das Gebot der Gemeinschaftstreue die Gemeinschaft zu einer pfleglichen und die mitgliedstaatlichen Belange schonenden Inanspruchnahme ihrer Kompetenzen verpflichtet.[531] Es sei Teil der gemeinschaftlichen Loyalitätspflicht, die legitimen Interessen der Mitgliedstaaten zu berücksichtigen sowie eine illegitime Ausweitung von Gemeinschaftskompetenzen zu Lasten von Rechtsetzungs- und Handlungskompetenzen der Mitgliedstaaten zu unterlassen.[532] Es gehört nämlich zu den inneren Strukturprinzipien der Gemeinschaft und ihren Mitgliedstaaten, dass beide Hoheitssphären die Zuständigkeiten der jeweils anderen respektieren. Dies muss umso mehr gelten, wenn man berücksichtigt, dass insbesondere aus den funktionalen Gemeinschaftskompetenzen zwangsläufig Kollisionen mit den mitgliedstaatlichen Rechtsordnungen erwachsen. Da diese Spannungslagen der Gemeinschaftsrechtsordnung immanent sind, muss zur Gewährleistung der Funktionsfähigkeit des Systems ein über einen bloßen politischen Kompromiss hinausgehender, rechtlicher Ausgleich unter Berücksichtigung der allgemeinen Rechtsgrundsätze des Gemeinschaftsrechts möglich sein.[533] Hieraus kann geschlossen werden, dass grundsätzlich alles zu unterlassen ist, was einerseits die Zielverwirklichung der Gemeinschaft, andererseits die Wirksamkeit von Politiken, die in nationaler Zuständigkeit verblieben sind, gefährdet.

Eine gewisser kompetenzschützender Gehalt kann daher dem kulturellen Rücksichtnahmegebot nicht abgesprochen werden. Damit fragt sich nun, wie sich diese Funktion im einzelnen auswirkt.

Rdn. 72 (Pflicht zur Rechtshilfe durch die Kommission für nationale Stellen, die Verstöße gegen das Gemeinschaftsrecht verfolgen) sowie EuGH Rs. 230/81 (Luxemburg/EP), Slg. 1983, 255., Rdn. 37f./53 (Pflicht des Europäischen Parlaments im Rahmen seiner Organisationsgewalt, die Zuständigkeiten der Mitgliedstaaten und deren Beschlüsse zu beachten).

531 *Calliess*, S. 158; *Degenhart*, ZUM 1992, S. 452; *Ipsen*, in: GS f. Geck, S. 352 ff.; *Klein*, VVDStRL 50 (1991), S. 73; *Ossenbühl*, Rundfunk, S. 46; praktisch drückt sich diese Pflicht vornehmlich im Grundsatz der Verhältnismäßigkeit aus, vgl. *Zuleeg*, in: Groeben/Schwarze, EUV/EG, Art. 10, Rdn. 11.

532 *Geiger*, EG, Art. 5, Rdn. 5; *Hailbronner*, JZ 1990, S. 152.

533 *V. Bogdandy*, in: Grabitz/Hilf, EUV, Art. 5, Rdn. 7; zu Recht *Roider*, S. 79, m.w.N.;

b) Die Auswirkungen des Gebots der kulturellen Rücksichtnahme

Teilweise wird vertreten, dass bei einer Abwägung zwischen konfligierenden Vertragszielen der Kultur grundsätzlich der Vorrang zukommt.[534] Beabsichtigt die Gemeinschaft ein Vorgehen auf einer anderen Kompetenzgrundlage und sind hierdurch kulturelle Interessen betroffen, komme dem Kulturschutz bei der dann im Konfliktfall notwendig werdenden Interessensabwägung Priorität zu.[535] zur Begründung wird sowohl auf die Querschnittsklausel selbst als auch auf das in Art. 151 Abs. 5 EG enthaltene Harmonisierungsverbot verwiesen. Ohne eine Priorisierung zugunsten der Kultur bestünde die Gefahr, dass durch die Harmonisierung in anderen Bereichen, die kulturelle Aspekte in sich tragen, die kulturelle Vielfalt in der Gemeinschaft beeinträchtigt werde.[536] Insofern sei der Kulturschutz als immanente Schranke jeder Kompetenzausübung zu verstehen.

Im Hinblick auf die Querschnittsklausel im Umweltschutzbereich wurde dessen Vorrangstellung im Rahmen von Zielkonflikten weiterhin mit der Sonderstellung des Umweltschutzes begründet, die sich daraus ergebe, dass alle anderen Gemeinschaftsbereiche von der Verpflichtung zur Berücksichtigung von Umweltschutzbelangen durchzogen sei.[537] Eine entsprechende Position sei noch nicht einmal den Verkehrsfreiheiten oder dem freien Wettbewerb eingeräumt worden.[538] Angesichts der strukturellen Parallelität zwischen der umweltrechtlichen und kulturellen Querschnittsklausel ließe sich diese Erwägung auch auf Art. 151 Abs. 4 EG übertragen.

Die Annahme einer derartigen Vorrangstellung der Kultur gegenüber anderen Vertragszielen stößt jedoch auf Bedenken. Die grammatikalische Betrachtung von Art. 151 Abs. 4 EG spricht zunächst nicht für eine vorrangige Geltung des

---

534 Vgl. *Schmahl*, S. 227; *Karydis*, RTDE 1994, S. 559; im Ergebnis auch *Eberle*, AfP 1993, S. 426; wohl auch *Niedobitek*, EuR 1995, S. 374 („stärkeres Gewicht einzuräumen); für die Querschnittklausel im Umweltbereich: *Scheuing*, EuR 1989, S. 177 („prinzipieller Vorrang"); *Hailbronner*, EuGRZ 1989, S. 114; *Soell*, NUR 1990, S. 157; *Ress*, in: Kimminich/Lersner/Storm, HdUR, Sp. 567 („...kann Priorität ...genießen").

535 *Schmahl*, S. 227 unter Verweis auf die gleiche Ansicht von *Scheuing*, EuR 1989, S. 176 f.; *Hailbronner*, EuGRZ 1989, S. 101; *Soell*, NuR 1990, S. 155; in abgeschwächter Form außerdem *Ress*, in: Kimminich/Lersner/Storm, HdUR, Sp. 567.

536 Vgl. *Schmahl*, S. 227.

537 Vgl. nur *Scheuing*, EuR 1989, S. 176 f.

538 Für die umweltschutzrechtliche Querschnittsklausel vgl. beispielsweise *Hailbronner* EuGRZ 1989, S. 104.

Kulturschutzes gegenüber anderen Vertragszielen.[539] Die Wendung „Rechnung ....tragen" ist für sich gesehen neutral. Sie impliziert als solche grundsätzlich weder ein Zurücktreten anderer Vertragsziele zugunsten des Kulturschutzes, noch umgekehrt ein Unterliegen der kulturellen Belange zugunsten sonstiger Gemeinschaftsaufgaben.[540]

Eine Priorität lässt sich auch nicht mit der aus dem Bereich des Umweltschutzes entliehenen Argumentation begründen, dass sich die Vorrangstellung bereits aus der Existenz der Querschnittsklausel als solcher und dem hieraus resultierenden Berücksichtigungsgebot in allen anderen Gemeinschaftsbereichen ergibt. Vor dem Hintergrund der spezifischen Struktur des Gemeinschaftsvertrags[541] können die Querschnittsklauseln als Antwort auf die hieraus immer wieder resultierenden Gefährdungen, d.h. der Vernachlässigung anderer Gemeinschaftsziele sowie Eingriffe in mitgliedstaatliche Kompetenzreservoirs, verstanden werden.[542] Methodisch gesehen wird mit den Querschnittsklauseln somit ein durch die EG-rechtlichen Querschnittskompetenzen hervorgerufenes Defizit bei der Anwendung des Gemeinschaftsrechts kompensiert,[543] nicht jedoch eine Vorzugsstellung eingeräumt. Während im übrigen zum Zeitpunkt der Aufnahme der Umweltverträglichkeitsklausel diese ein Novum dargestellt hat, spricht die mittlerweile mehrfache Verwendung von Querschnittsklauseln im EG gegen die Annahme von Präferenzregeln.[544]

Bei der Frage, welcher Stellenwert der Kultur im Falle von Zielkonflikten zukommt, ist schließlich zu berücksichtigen, dass das Kulturziel nach Art. 3 Abs. 1, lit. q) EG gleichrangig neben den anderen Aufgaben und Politiken der Gemeinschaft steht.[545] Der Gemeinschaftsvertrag enthält keinerlei Vorgaben dafür,

---

539 Vgl. *Wemmer*, S. 118.

540 Im Ergebnis ebenso *Gasse*, S. 51 („nicht zugleich eine Vorrangregel").

541 Teil 2A.

542 *Nettesheim*, EuR 1993, S. 248; *Ress/Bröhmer*, S. 6.

543 Vgl. die Ausführungen zu der in der Vergangenheit gerügten „Kulturblindheit" des Gemeinschaftsrecht unter Teil 2 B.IV.1.

544 Diese wurden ebenso wie Art. 151 Abs. 4 auch durch den EUV in den EG eingefügt, vgl. Art. 157 Abs. 3, S. 1; Art. 159, Abs. 1, S. 2 und Art. 178 EG; wie hier *Gasse*, S. 51.

545 *Ress/Ukrow*, in: Grabitz/Hilf, EUV, Art. 151, Rdn. 1; zur Gleichrangigkeit der in Art. 3 EG enthaltenen Ziele und Politiken vgl. *Immenga*, EuZW 1994, S 16; für den Umweltschutz vgl. beispielsweise bereits *Lietzmann*, S. 178; ebenso für die umweltrechtliche Querschnittsklausel *Glaesner*, EuR 1986, S. 141; *Grabitz/Nettesheim*, in: Grabitz/Hilf,

Fußnote fortgesetzt

wie mit Kollisionen zwischen verschiedenen Vertragszielen umzugehen ist.[546] Dem EG kann grundsätzlich keine wie auch immer geartete Vorrangstellung einzelner Zielsetzungen entnommen werden.[547] Insbesondere lässt sich keine Priorität der marktintegrativen Ziele vor den anderen Zielen der Art. 2 und 3 EG im Hinblick auf deren präzisere Formulierung, die diesbezüglich größere Eigenständigkeit der Gemeinschaft sowie die zur Verfügung stehenden Instrumente ableiten.[548] Dies bedeutete einen unzulässigen Schluss von dem Umfang der Kompetenz auf die Gewichtung der Zielsetzung.[549] In einem föderal gegliederten Gemeinwesen[550] kann einem bestimmten Politikziel insgesamt durchaus ein bedeutender Stellenwert zukommen, obwohl dessen Verwirklichung aus der Erkenntnis geeigneterer Zielrealisierung ganz überwiegend nur der einen Ebene zugeordnet ist. Dies ist gerade für die Kulturpolitik zutreffend.[551] Im Konfliktfall muss daher zwischen verschiedenen Vertragszielen ein Ausgleich zwischen den kollidierenden Interessen herbeigeführt werden, wobei der Zielkonflikt weder stets im Zweifel für noch gegen die Kultur zu lösen ist.[552]

EUV, Art. 130 r, Rdn. 59; *Krämer*, EuGRZ 1988, S. 289; wohl auch *Jahns-Böhm/Breier*, EuZW 1992, S. 52.

546 *V. Bogdandy*, in: Grabitz/Hilf, EUV, Art. 2, Rdn. 58.

547 *V. Bogdandy*, in: Grabitz/Hilf, EUV, Art. 2, Rdn. 58 ff., 64; ebenso wohl *Zuleeg*, in Groeben/Schwarze, EUV/EG, Art. 2, Rdn. 12; *Wemmer*, S. 20; auch *Müller*, S. 169 lehnt sowohl eine Vorrangstellung der wirtschaftlichen beziehungsweise wettbewerblichen Ziele gegenüber den nicht kompetitiven Ziele wie auch umgekehrt den Vorrang nicht-kompetitiver Ziele gegenüber den wirtschaftlichen Zielen ab; *Kingreen*, in: v. Bogdandy, Europäisches Verfassungsrecht, S. 649 („kein Primat der ökonomischen Integration“); vgl. auch *Immenga*, EuZW 1994, S. 16.

548 So aber beispielsweise *Basedow*, in FS f. Everling, S. 54; vgl. auch *Ukrow*, in: Calliess/Ruffert, EUV/EG, Art. 2, Rdn. 28.

549 Ähnlich im Hinblick auf die Sozialpolitik *Kingreen*, in: v. Bogdandy, Europäisches Verfassungsrecht, S. 649, der zu Recht darauf hinweist, dass der Verzicht auf die Vergemeinschaftung der Sozialpolitik nicht auf deren Geringschätzung, sondern auf die Uneinigkeit der Protagonisten über deren Einfluss auf das Binnenmarktprojekt unterblieb.

550 Vgl. hierzu unten Teil 2 E.IV.

551 Zur Bedeutung der Kulturpolitik für den Europäischen Integrationsprozess sei beispielhaft nur auf die berühmte Aussage *Jean Monnets* verwiesen „Würde ich nochmals anfangen können, würde ich mit der Kultur beginnen“, zitiert bei *Sparr*, in: Schwarze, EUV, Art. 151, Rdn. 1.

552 Vgl. *Ress/Ukrow*, in: Grabitz/Hilf, EUV, Art. 151, Rdn. 75, die allerdings für die Verkehrsfreiheiten des EG eine ausdrückliche Ausnahme von diesem Grundsatz machen; ebenso *Roider*, S. 71, Fn. 19 (bei dem herzustellenden Ausgleich gelte weder der

Fußnote fortgesetzt

Hierfür spricht auch die Herleitung des Grundsatzes der kulturellen Rücksichtnahme aus dem Prinzip der Gemeinschaftstreue. Einschneidende Beschränkungen bestehender Gemeinschaftskompetenzen, wie sie die Konsequenz einer allgemeinen Vorrangregel wären, sind von einem Grundsatz, der auf einen Ausgleich widersprechender Interessen ausgerichtet ist,[553] kaum zu erwarten. Vielmehr dürfte sich hiervon ausgehend eine rücksichtslose Wahrnehmung der eingeräumten Kompetenzen verbieten.[554] Dies gilt im besonderen Maße im Hinblick auf die funktionalen Gemeinschaftskompetenzen, die bei exzessiver Ausübung eine Aushöhlung der verbliebenen Zuständigkeiten der Mitgliedstaaten nach sich ziehen würde. Dies stünde im Widerspruch zu der dem Integrationsprojekt der Europäischen Union zugrundeliegenden politischen Entscheidung, dass die Mitgliedstaaten als eigenständige politische und rechtliche Entitäten erhalten bleiben. Ausgehend von dem Prinzip der Gemeinschaftstreue bedarf die Auflösung derartiger Konflikte also jeweils einer Betrachtung im Einzelfall, deren Ziel das Erreichen eines optimalen Ausgleichs der konfligierenden Interessen und die Herstellung eines ausgewogenen und harmonischen Verhältnisses darstellen muss.[555] Dies verlangt zugleich eine Interpretation, die dem Bedeutungsgehalt der jeweils betroffenen Interessen möglichst optimal Rechnung trägt.[556]

Bei der in diesem Rahmen vorzunehmenden Güterabwägung sind die allgemeinen Verfahrensgrundsätze, insbesondere der Grundsatz der Verhältnismäßigkeit

---

Grundsatz „in dubio pro arte“ noch „in dubio pro libertate“); zur Erforderlichkeit einer Güterabwägung vgl. auch *Blanke*, in: Calliess/Ruffert, EUV/EG, Art. 16, Rdn. 14; *Schwarze*, in: Schwarze/Becker (Hrsg.), Geistiges Eigentum, S. 149; für den Bereich des Umweltschutzes *Grabitz/Nettesheim*, in: Grabitz/Hilf, EUV, Art. 130r, Rdn. 59; vgl. auch die Ausführungen der Kommission in ihrem „Bericht über die kulturelle Dimension der Tätigkeit der Gemeinschaft“, nach der Art. 151 Abs. 4 als „grundlegende Regelung“ dazu diene, „die Kultur mit den anderen großen Zielen der Union *auf eine Ebene* zu stellen“ (Herv. d. Verf.), KOM (96) 160 endg., S. 2.

553 Vgl. hierzu oben Teil 2 B.IV.4.a).

554 *Degenhart*, ZUM 1992, S. 452 f.; *Roider*, S. 80 f.

555 EuGH verb. Rs. 197-200, 243, 245, 247/80 (Walzmühle u.a./Rat u. Kommission), Slg. 1981, 3211, Rdn. 41.; EUGH Rs. 302/86 (Kommission/Dänemark), Slg. 1988, 4607, Rdn. 11.

556 Vgl. *Ress/Ukrow*, in: Grabitz/Hilf, EUV, Art. 151, Rdn. 75; *Degenhart*, ZUM 1992, S. 452; *Delbrück*, in: Hoffmann-Riem (Hrsg.), Rundfunkrecht im Wettbewerbsrecht, S. 247; *Eberle*, in: FS f. Thieme, S. 948; *Roider*, S. 71.

und das Diskriminierungsgebot zu beachten.[557] Bei der Abwägung wird es dabei in der Regel auf der einen Seite maßgeblich um die Funktionsfähigkeit der Gemeinschaft sowie der einheitlichen und wirksamen Anwendung ihres materiellen Rechts und auf der anderen Seite um den Grundsatz der mitgliedstaatlichen Handlungsfreiheit gehen. Ein Eingriff in die kulturellen Belange der Mitgliedstaaten ist folglich nur dann zulässig, wenn die Maßnahme geeignet ist, das von ihr verfolgte Ziel zu erreichen, sie erforderlich, d.h. kein milderes Mittel zur Zielerreichung zur Verfügung steht und im Hinblick auf die Zielerreichung auch angemessen ist. Sind diese Kriterien erfüllt, kann die Gemeinschaft in Verfolgung der ihr aufgetragenen Ziele und Aufgaben nach wie vor auf den kulturellen Sektor auch außerhalb der Kompetenznorm des Art. 151 EG einwirken.[558]

Im Rahmen der Güterabwägung ist dabei insbesondere zu berücksichtigen, dass die Entfaltung der mitgliedstaatlichen Kulturleben unter Wahrung ihrer Vielfalt im Gegensatz zur Rechtslage vor Maastricht mittlerweile zugleich eine eigene Gemeinschaftsaufgabe darstellt.[559] Soweit die Gemeinschaft in Verfolgung eines anderen Gemeinschaftsziels in den Entfaltungs- und Vielfaltbewahrungsauftrag im Hinblick auf die mitgliedstaatlichen Kulturen eingreift, gerät sie hierdurch in Widerspruch zu ihren *eigenen* Zielen, sofern die Beeinträchtigung nicht verhältnismäßig ist. Bei tiefgreifenden Eingriffen in das mitgliedstaatliche Kulturleben ist es insofern durchaus möglich, dass die Auflösung des Interessenkonflikts nur durch den Erlass einer Maßnahme in anderer Form oder unter Vornahme entsprechender flankierender Maßnahmen erfolgen kann. Letzteres darf jedoch nicht zu der faktischen Inanspruchnahme einer erweiterten Kulturkompetenz führen, die, wie bereits gezeigt, durch Art. 151 Abs. 4 EG nicht eingeräumt wird.[560] Im Extremfall kann den kulturellen Aspekten, insbesondere wenn der durch die Verfolgung des anderen Ziels erreichte Gewinn nur verhältnismäßig

---

557 *Wemmer*, S. 118; in der praktischen Anwendung wirkt sich die Pflicht zur gegenseitigen Berücksichtigung der jeweils anderen Interessen im Rahmen des Verhältnismäßigkeitsprinzips aus vgl. *Zuleeg*, in: Groeben/Schwarze, EUV/EG, Art. 10, Rdn. 11.

558 Insofern bedeutet das Gebot der Rücksichtnahme keine Änderung des gemeinschaftlichen Zuständigkeitsgefüges, sondern nur eine Rückführung der Kompetenzen auf ihren eigentlichen Gehalt. Anders aber *Frey*, Fernsehen, S. 231, der das Rücksichtnahmegebot entsprechend interpretiert und es aus diesem Grunde ablehnt.

559 *Niedobitek*, Kultur, S. 374.

560 Vgl. hierzu oben Teil 2 B.IV.3.

gering ist, sogar nur durch ein Abstandnehmen von den geplanten Aktivitäten realisiert werden.[561]

Die zuvor befürwortete Ablehnung eines prinzipiellen Kulturvorrangs bedeutet also nicht, dass der Kultur nicht im Einzelfall eine Priorität und somit eine beschränkende Wirkung gegenüber anderen Vertragszielen zukommen kann. Die Ausgestaltung eines anderen Politikbereichs darf somit im Ergebnis zumindest nicht dergestalt in Widerspruch zu den kulturellen Aspekten gebracht werden, als hierdurch erhebliche Beeinträchtigungen der mitgliedstaatlichen Kulturen durch die Ausgestaltung anderer Politikbereich verursacht werden.[562] In diesem Sinne stellt Art. 151 Abs. 4 EG das Leitprinzip für die Ausübung aller Kompetenzen der EG im Kulturbereich sowie den Interpretationstopos für einzelne Bestimmungen und EG-Maßnahmen dar.[563] Eine Gemeinschaft, die sich mit den Ergebnissen sonstiger von ihr verfolgten Politiken in erheblichen Widerspruch zu den Grundlinien der Kulturpolitiken in den Mitgliedstaaten setzt und dies nicht aus entsprechend schwerwiegenderen Gründen zu rechtfertigen vermag, trägt den kulturellen Aspekten nicht gebührend Rechnung.[564]

Während Art. 151 Abs. 1 bis 3 EG die der Gemeinschaft im Kultursektor eröffneten Tätigkeitsfelder materiell definiert, Abs. 4 für die Berücksichtigung der so definierten Inhalte im sonstigen Gemeinschaftskontext sorgt, ist Gegenstand des nachfolgend zu betrachtenden Abs. 5 die verfahrensrechtliche Umsetzung der materiellen Inhalte.

V. Art. 151 Abs. 5 EG - Die verfahrensrechtliche Absicherung der materiellen Zuständigkeitsverteilung

Zunächst schränkt die Vorschrift den der Gemeinschaft üblicherweise zur Verfügung stehenden Maßnahmenkatalog beträchtlich ein (Teil 2 B.V.1.). Darüber

---

561 Vgl. *Ress/Ukrow*, in: Grabitz/Hilf, EUV, Art. 151, Rdn. 76; *Ress*, in: Fechner (Hrsg.), S. 125; für den Umweltschutz vgl. *Hailbronner*, EuGRZ 1989, S. 104; *Scheuing*, EuR 1989, S. 177.

562 So für die umweltrechtliche Querschnittsklausel *Jahns-Böhm/Breier*, EuZW 1992, S. 51.

563 *Ress*, DÖV 1992, S. 948; *Calliess*, S. 136; *Schwarze*, in: Schwarze/Becker (Hrsg.), Geistiges Eigentum, S. 156 („Diese Abwägung ist heute ausdrückliches Vertragsgebot"); *Schmahl*, S. 227; *Bekemans/Balodimos*, RMUE 1993, S. 135; *Jahns-Böhm/Breier*, EuZW 1992, S. 50; *Scheuing*, EuR 1989, S. 177.

564 Dafür, dass es das Ziel der Querschnittsnorm ist, die hieraus resultierenden erheblichen Beeinträchtigungen zu vermeiden, *Jahns-Böhm/Breier*, EuZW 1992, S. 51.

hinaus enthält Art. 151 Abs. 5 EG besondere verfahrensmäßige Kautelen (Teil 2 B.V.1.).

1. Die im Kulturbereich zulässigen Gemeinschaftsakte

Bei den Handlungsformen, die im Kulturbereich zugunsten der Gemeinschaft eröffnet sind, handelt es sich zum einen gemäß erstem Spiegelstrich um Fördermaßnahmen (Teil 2 B.V.1.a)). Zum anderen hat der Rat gemäß zweitem Spiegelstrich die Möglichkeit, auf Vorschlag der Kommission einstimmig Empfehlungen zu erlassen (Teil 2 B.V.1.b)). Die Harmonisierung der Rechts- und Verwaltungsvorschriften ist der Gemeinschaft in diesem Zusammenhang explizit untersagt (Teil 2 B.V.1.c)).

a) Fördermaßnahmen

Der Begriff der Fördermaßnahmen wird durch Art. 151 Abs. 5 EG nicht näher bestimmt. Er war auch dem Vertrag bis dato unbekannt. Insbesondere findet er im Rahmen von Art. 249 EG, der den gemeinschaftlichen Maßnahmenkanon spezifiziert keine Erwähnung. Insofern ist der Bedeutungsinhalt des Begriffs nicht unumstritten.

Teilweise wird vertreten, dass sich der Erlass von Fördermaßen nur auf die in Art. 151 Abs. 2 EG geregelte Förder-, nicht jedoch auf die dort ebenso aufgeführten Unterstützungs- oder Ergänzungskompetenzen bezieht.[565] Neben der allenfalls terminologischen Koinzidenz[566] sind den Formulierungen des Art. 151 EG jedoch weder grammatikalische noch systematische Anhaltspunkte für eine entsprechend restriktive Bezugnahme ausschließlich auf die gemeinschaftliche Förderkompetenz gemäß Art. 151 Abs. 2 EG zu entnehmen. Vielmehr verweist Art. 151 Abs. 5 EG pauschal auf "die Ziele dieses Artikels". Diese werden aber im wesentlichen in Art. 151 Abs. 1 EG bestimmt und durch Abs. 2 und 3 weiter konkretisiert.[567] Die in Abs. 2 geregelte Förderkompetenz der Gemeinschaft steht dabei gleichgewichtig neben den dort ebenfalls enthaltenen Unterstützung- bzw. Ergänzungskompetenzen. Die Fokussierung der in Frage stehenden Fördermaßnahmen auf die Förderkompetenz gemäß Art. 151 Abs. 2 EG ist auch in teleologischer Hinsicht nicht überzeugend. Der gesamte Bereich der Unterstützungs- und Ergänzungsmaßnahmen wäre dann zwangsläufig auf das Instrument

---

565 *Berggreen-Merkel*, in: Ress/Stein, S. 15; *Dittmann/Fehrenbacher*, RdJB 1992, S. 484.

566 Vgl. „*Fördert*“ gemäß Art. 151 Abs. 2 EG sowie „*Förder*maßnahmen“ gemäß Abs. 5.

567 Vgl. hierzu die Ausführungen unter Teil 2 B.I.-III.

der Empfehlung verwiesen. Diese Konsequenz kann gerade in Anbetracht der im Rahmen von Fördermaßnahmen auch möglichen finanziellen Aktivitäten aber schwerlich beabsichtigt gewesen sein. Es ist also davon auszugehen, dass die Fördermaßnahmen gemäß Abs. 5 sämtliche materiellen Handlungsbefugnisse der Gemeinschaft nach den vorstehenden Absätzen umfassen.

Weiterhin ist angenommen worden, dass mit „Fördermaßnahmen“ vor allem Beschlüsse über Förderprogramme gemeint sind, die hauptsächlich finanzielle Anreize umfassen und nicht im Maßnahmenkatalog des Art. 249 EG aufgeführt sind. Im Gegensatz zu dem Begriff der Maßnahme, der sämtliche Rechtsakte im Sinne des Art. 249 EG umfasst, sei der Begriff der Fördermaßnahme enger und ließe jedenfalls nur Gemeinschaftsaktivitäten zu, die im Schwerpunkt keinen Regelungscharakter hätten.[568] Gegen den Ausschluss jeglichen regelnden Charakters spricht aber der systematische Vergleich mit Art. 151 Abs. 5 EG, zweiter Spiegelstrich. Die hier enthalten Möglichkeit zum Erlass von Empfehlungen bezieht sich gerade auf die Vornahme von Rechtsakten, denen kein verbindlicher Charakter zukommt. Hinzu kommt der Umstand, dass die Verabschiedung von Fördermaßnahmen einem komplexen Verfahren unterworfen ist, welches die Einbindung der Interessen, die von einer Maßnahme potentiell betroffen sein können, sicherstellt.[569] Dieses wäre eine unverständliche Verkomplizierung, wenn die in Frage stehenden Fördermaßnahmen ohnehin nur unverbindliche Rechtsakte ohne Regelungscharakter darstellten.

Der systematische Vergleich mit den Empfehlungen gemäß zweitem Spiegelstrich sowie die verfahrensmäßigen Einbindungen sprechen somit dafür, dass sich die Fördermaßnahmen grundsätzlich auf alle der Gemeinschaft auch sonst zur Verfügung stehenden verbindlichen Maßnahmen beziehen, solange hierdurch keine Harmonisierung der mitgliedstaatlichen Rechts- und Verwaltungsvorschriften bewirkt wird.[570] In Ansehung der „offenen Formulierung“ müssen diese nicht notwendigerweise auf die in Art. 249 EG aufgezählten Rechtshandlungen beschränkt sein.[571] Vielmehr können hierzu auch sogenannte ungekenn-

---

568 *Ress*, DÖV 1992, S. 947, Fn. 27; *Engelhard*, in: Lenz, EGV, Art. 128, Rdn. 7.

569 Vgl. hierzu sogleich unter Teil 2 B.V.2.

570 Zum ausdrücklichen Ausschluss von Harmonisierungen vgl. unter Teil 2 B.V.1.c).

571 Wie hier *Ress/Ukrow*, in: Grabitz/Hilf, EUV, Art. 151, Rdn. 91.

zeichnete Rechtshandlungen wie zum Beispiel rechtsverbindliche Beschlüsse gehören.[572]

b) Empfehlungen

Neben der Verabschiedung von Fördermaßnahmen besteht des weiteren die Möglichkeit zum Erlass von Empfehlungen gemäß Art. 151 Abs. 5 EG, zweiter Spiegelstrich. Diese erlässt der Rat auf Vorschlag der Kommission. Empfehlungen sind grundsätzlich nur rechtlich unverbindlicher Natur. Schon wegen ihrer Pflicht zur Gemeinschaftstreue gemäß Art. 10 EG werden die Mitgliedstaaten diese jedoch nicht völlig unberücksichtigt lassen können.[573]

Entsprechend hat der EuGH anerkannt, dass Empfehlungen bei der Auslegung innerstaatlicher Rechtsvorschriften nicht völlig außer Acht gelassen werden dürfen.[574] Da dieser Grundsatz allerdings in aller Regel auf nationale Rechtsvorschriften anzuwenden sein wird, die zwecks Durchführung eines verbindlichen Gemeinschaftsakt erlassen worden sind,[575] dürfte eine entsprechende Konstellation im kulturellen Bereich äußerst selten sein.

c) Das Verbot von Harmonisierungsmaßnahmen

Gemäß Art. 151 Abs. 5 EG, erster Spiegelstrich wird die Harmonisierung von Rechts- und Verwaltungsvorschriften der Mitgliedstaaten ausdrücklich ausgeschlossen.[576] Auch wenn der Begriff der Fördermaßnahme die Handlungsform der Verordnung sowie der Richtlinie gemäß Art. 249 EG, wie zuvor erläutert,[577] terminologisch nicht bereits grundsätzlich ausschließt, kann die Gemeinschaft vorliegend also dennoch nicht auf diese Instrumente zurückgreifen, da sie gerade eine Vereinheitlichung des rechtlichen Status quo in den Mitgliedstaaten be-

---

572 Vgl. *Sparr*, in: Schwarze, EUV, Art. 151, Rdn. 66; *Ress*, DÖV 1992, S. 947, Anm. 27; *Schwarze*, in: Schwarze/Becker (Hrsg.), Geistiges Eigentum, S. 150; *Dohms*, RdJB 1992, S. 464; *Bohr/Albert*, ZRP 1993, S. 65.

573 *Ress/Ukrow*, in: Grabitz/Hilf, EUV, Art. 151, Rdn. 94.

574 EuGH Rs. 322/1988 (Grimaldi/Fonds des maladies professionnelles), Slg. 1989, 4407, Rdn. 18 (Empfehlungen könnten „ nicht als rechtlich völlig wirkungslos angesehen werden.“).

575 EuGH Rs. 322/1988 (Grimaldi/Fonds des maladies professionnelles), Slg. 1989, 4407, Rdn. 18.

576 Zu den im einzelnen hierzu zählenden Vorschriften vgl. *Ress/Ukrow*, in. Grabitz/Hilf, EUV, Art. 151, Rdn. 92.

zwecken.[578] Durch diese „negative Kompetenzklausel" wird die Herbeiführung gleicher Standards im Kulturbereich und damit die Möglichkeit zur Beeinflussung der mitgliedstaatlichen Gesetzgebung ausgeschlossen.[579] Gerade derartige Harmonisierungsmaßnahmen beinhalten die zentralen Instrumente, die der Gemeinschaft zur Verwirklichung des Ziels einer sich zunehmend vertiefenden Integration der Mitgliedstaaten zur Verfügung stehen. Ihnen kommt die Schlüsselrolle im Prozess der Europäischen Integration zu.[580] Vor diesem Hintergrund ist die deutliche Absage an die Möglichkeit von harmonisierenden Eingriffen in die Rechtsordnungen der Mitgliedstaaten umso bemerkenswerter.[581] Sie unterstreicht die bereits herausgearbeiteten materiellen Vorgaben der Aufrechterhaltung kultureller Pluralität in formeller Hinsicht.[582] In ihr manifestiert sich einmal mehr, welche zentrale Bedeutung die Mitgliedstaaten der Kulturpolitik für die Wahrung ihrer Identität beimessen.[583]

2. Verfahrensmäßige Eingrenzungen

Neben der Eingrenzung der Handlungsformen, die der Gemeinschaft im Kulturbereich zur Verfügung stehen, werden die mitgliedstaatlichen Souveränitätsreserven in diesem Sektor durch weitere verfahrensmäßige Vorgaben abgesichert. Zum einen kann der Rat Fördermaßnahmen nur im Verfahren gemäß Art. 251 EG (Teil 2 B.V.2.a)) sowie nach Anhörung des Ausschusses der Regionen (vgl. Teil 2 B.V.2.b)) erlassen. Zum anderen darf der Rat sowohl Fördermaßnahmen als auch Empfehlungen nur einstimmig beschließen (vgl. Teil 2 B.V.2.c)).[584]

---

577 Vgl. hierzu Teil 2 B.V.1.a).

578 Vgl. *Loman/Mortelsman/Post/Watson*, S. 196 f.; *Bleckmann*, DVBl. 1992, S. 338; Der Umstand, dass sich der Gemeinschaftsgesetzgeber im übrigen dazu veranlasst sah, diesen Ausschluss ausdrücklich aufzunehmen, stützt im übrigen die zuvor vertretene Auffassung (Teil 2 B.V.1.a)), dass den Fördermaßnahmen ein verbindlicher Charakter zukommt.

579 *Ress/Ukrow*, in: Grabitz/Hilf, EUV, Art. 151, Rdn. 92.

580 *Dittmann/Fehrenbacher*, RdJB 1992, S. 483.

581 Entsprechend *Dittmann/Fehrenbacher*, RdJB 1992, S. 483, für die bildungspolitischen Vorschriften.

582 *Dohms*, RdJB 1992, S. 464, für die Art. 149, 150 EG.

583 *Sparr*, in: Schwarze, EUV, Art. 151, Rdn. 68.

584 Hier wurde insbesondere auf die deutschen Bundesländer Rücksicht genommen, die um den Verlust ihrer Kulturhoheit fürchteten, vgl. hierzu *Ress*, DÖV 1992, S. 945.

a) Das Kodezisionsverfahren

Das gemäß Art. 251 EG vorgesehene sogenannte Kodezisionsverfahren[585] ermöglicht dem Parlament, einen vorgeschlagenen Rechtsakt in jeder Rechtssetzungsphase durch einen Ablehnungsbeschluss zu verhindern.[586] Dies bedeutet im Vergleich zur vorherigen Rechtssituation eine deutlich Verbesserung der parlamentarischen Mitwirkungsrechte. Rechtsakte, die auf dem Weg des Mitentscheidungsverfahrens erlassen werden, benötigen sowohl die Zustimmung des Rates als auch des Parlaments. Bei divergierenden Standpunkten von Rat und Parlament sieht das Verfahren in zweiter Stufe einen Vermittlungsausschuss vor, der sich paritätisch aus Rats- und Parlamentsvertretern zusammensetzt. In dem Ausschuss sollen die am Verfahren beteiligten Gremien Kompromisslösungen zwischen den abweichenden Standpunkten erarbeiten.

Die Zuständigkeit des Rates als zentrales Entscheidungsorgan wird insofern maßgeblich eingeschränkt, als das Parlament eine Vorlage des Rats bei Nichtzustandekommen einer Einigung in letzter Konsequenz verwerfen kann. Der Rat besitzt dann keine Möglichkeit mehr, das Parlament zu überstimmen. Eine kulturell relevante Fördermaßnahme kann somit gegen den Willen des Parlaments, als einzigem unmittelbar demokratisch legitimierten Organ der Europäischen Gemeinschaft,[587] nicht durchgesetzt werden.

b) Der Ausschuss der Regionen

Kulturelle Fördermaßnahmen können weiterhin nur nach Anhörung des Ausschusses der Regionen erlassen werden. Mit der Aufnahme der Anhörungsverpflichtung wurde insbesondere den von den deutschen Bundesländern geäußerten Befürchtungen, der Integrationsprozess könne zu bundesstaatlichen Erosionen im Hinblick auf ihre Kulturhoheit führen, Rechnung getragen.[588]

---

585 Das Kodezisions- oder Mitentscheidungsverfahren wurde erstmals im Zuge des Maastrichter Vertrags in den EG aufgenommen.

586 Mit Inkrafttreten des Amsterdamer Vertrags gilt eine vereinfachte Form des Verfahrens, die das Europäische Parlament gleichberechtigt neben den Rat stellt. Durch den Vertrag von Nizza wurde keine Änderung im Hinblick auf Art. 251 EG bewirkt.

587 Vgl. Art. 190 Abs. 1 EG.

588 Vgl. *Hilf*, VVDStRL 1994, S. S. 15 f.; *Deringer*, in: FS f. Kreile, S. 137 f.; *Berggreen-Merkel*, in: Ress/Stein, S. 25.

Der Ausschuss besteht aus Vertretern der regionalen und lokalen Gebietskörperschaften. Seine Stellungnahmen und der Bericht über die Beratungen werden Rat und Kommission nach Art. 265 EG übermittelt. Obwohl seine Einlassungen für Rat und Kommission nicht verbindlich sind, können durch die unterhalb der Verbindlichkeitsschwelle liegenden Einflussnahmemöglichkeiten die spezifisch regionalen Interessen dennoch stärker als bislang zu Gehör gebracht werden.[589] Im Falle der Missachtung der Anhörungspflicht stellt dies im übrigen eine gemäß Art. 230 Abs. 2 EG angreifbare Verletzung einer wesentlichen Formvorschrift dar.[590] Die Beteiligung des Ausschusses der Regionen ermöglicht somit eine insbesondere aus Sicht der deutschen Bundesländer, als Träger der Kulturhoheit, erwünschte Berücksichtigung dezentraler Interessen im kulturellen Bereich.

c) Das Einstimmigkeitserfordernis

Gemäß Art. 151 Abs. 5 EG erster und zweiter Spiegelstrich bedarf es sowohl für den Erlass von Fördermaßnahmen im Rahmen des Kodezisionsverfahrens als auch von Empfehlungen der Einstimmigkeit im Rat.[591] Den einzelnen Vertretern der Mitgliedstaaten im Rat steht aufgrund des Einstimmigkeitserfordernisses auf diese Weise ein Vetorecht zu. Zum einen können somit Fördermaßnahmen durch die Gemeinschaft nur dann ergriffen werden, wenn dies von allen Mitgliedstaaten unter Beachtung des Gemeinschaftsinteresses[592] tatsächlich gewünscht wird.[593]

Zum anderen können selbst nicht verbindliche Empfehlungen dann nicht ausgesprochen werden, wenn auch nur ein Mitgliedstaat seine Zustimmung hierzu nicht erteilt. Hierdurch wird die Bedeutung der mitgliedstaatlichen Autonomie im Kulturbereich nochmals unterstrichen.[594]

---

589 *Nentwich*, EuZW 1992, S. 240; *Pernice*, DVBl. 1993, S. 917; *Berggreen*, RdJB 1992, S. 444; *Baetge*, BayVBl. 1992, S. 713.

590 *Streinz*, Europarecht, Rdn. 342a.

591 Zur Genese dieses Kriteriums vgl. *Niedobitek*, EuR 1995, S. 372.

592 Eine willkürliche Blockadepolitik ist somit zumindest *de jure* hierdurch nicht eröffnet. De facto dürfte dies die Aufrechterhaltung des „do-ut-des" Prinzips bei EG-Fördermaßnahmen wahrscheinlich machen, vgl. *Geißler*, S. 215.

593 *Wemmer*, S. 128; *Wägenbaur*, in: GS f. Grabitz, S. 855.

594 *Bekemans/Balodimos*, RMUE 1993, S. 131; *Beckedorf/Henze*, NVwZ 1993, S. 128; *Loman/Mortelsman/Post/Watson*, S. 197; *Nentwich*, EuZW 1992, S. 241.

VI. Fazit und weiterer Untersuchungsverlauf

Im Ergebnis lässt sich damit feststellen, dass die mitgliedstaatlichen Kompetenzen im Kulturbereich in materieller Hinsicht durch die Maastrichter Kulturklauseln nicht beschnitten worden sind.[595] Dies gilt auch in Ansehung des Umstands, dass, soweit die Förder-, Unterstützungs- und Ergänzungskompetenz der Gemeinschaft reicht, eine echte Gemeinschaftsaufgabe begründet worden ist.[596] Der Gemeinschaft wurden durch Art. 151 Abs. 1 bis 3 EG aber lediglich komplementäre Befugnisse übertragen. Sie berechtigen diese nicht zu inhaltlich eigenständigen, insbesondere nicht von den mitgliedstaatlichen Zielsetzungen abweichenden Akzentuierungen. Die Gemeinschaft tritt insoweit neben die Mitgliedstaaten, als sie deren kulturellen Aktivitäten gleichsam in der Rolle eines Katalysators unterstützt und verstärkt, während letztere für den Kulturbereich nach wie vor primär verantwortlich sind.

Auch die kulturelle Querschnittsklausel gemäß Art. 151 Abs. 4 EG führt nicht zu erweiterten Gemeinschaftskompetenzen, die über die im Rahmen von Art. 151 Abs. 1 bis 3 EG übertragenen Befugnisse hinausreichen.[597] Auf der einen Seite manifestiert sich in der Querschnittsklausel zwar die Anerkennung der strukturellen Realität des EG in dem Sinne, dass sich Gemeinschaftsaktivitäten aufgrund der sachgebietsunabhängigen Querschnittsbefugnisse auch auf den kulturellen Sektor auswirken können.[598] Insofern lässt sich auch die eingangs

---

595 Vgl. hierzu die Untersuchungen unter Teil 2 B.I.-III.; vgl. hierzu auch die Formulierung des im Rahmen des Europäischen Konvents behandelten Vorentwurfs eines Verfassungsvertrags (Dokument 528/03) zu den Unterstützenden Maßnahmen gemäß Titel III, Art. 10, Abs. 5, zu den nach Art. 15 auch die Kultur gehört („...hat die Union...die Zuständigkeit für die Durchführung von Maßnahmen zur Koordinierung, Ergänzung oder Unterstützung der Maßnahmen der Mitgliedstaaten, ohne dass hierdurch eine Zuständigkeit der Union für diese Bereiche an die Stelle der Zuständigkeit der Mitgliedstaaten tritt.“).

596 Zum einen glaubten die Repräsentanten der Mitgliedstaaten, das Ziel, die Solidarität zwischen ihren Völkern zu stärken, u.a. durch Schaffung einer neuen Kulturpolitik der Gemeinschaft durch Einführung eines Titels IX „Kultur“ erreichen zu können vgl. *Schmahl*, S. 36 f.; *Loman/Mortelsman/Post/Watson*, S. 189; *Bohr/Albert*, ZRP 1993, S. 64; *Bekemans/Balodimos*, RMUE 1993, S. 105.

597 Vgl. hierzu die Ausführungen unter Teil 2 B.IV.

598 Dass kulturellen Belangen im Rahmen der auf Grundlage der Binnenmarktvorschriften zu treffenden Entscheidungen sogar maßgebliche Bedeutung zukommen kann, wird man aus dem strukturell vergleichbar gelagerten Verfahren zur *Tabakwerbeverbotsrichtlinie* entnehmen können, vgl. EuGH Rs. C-376/98 (Tabakwerbeverbotsrichtlinie), Slg. 2000, I-8419, Rdn. 88.

zitierte Auffassung, nach der die Aufnahme der Kulturklauseln zu einer Einschränkung des gemeinschaftlichen Handlungsrepertoirs geführt hat,[599] nicht mit Art. 151 Abs. 4 EG vereinbaren.

Durch die Verpflichtung, den "kulturellen Aspekten" Rechnung zu tragen, erfahren die Tätigkeiten der Gemeinschaft im Rahmen von anderen Kompetenzgrundlagen aber insbesondere zunächst eine inhaltliche Ausrichtung im Sinne der Vorgaben des Art. 151 EG. Diese umfassen das Postulat der mitgliedstaatlichen Kulturentfaltung, der Vielfaltswahrung und der Hervorhebung des gemeinsamen kulturellen Erbes. Darüber hinaus ist der Gemeinschaft hierdurch aufgetragen, die für den Kulturbereich geltende Kompetenzverteilung zu respektieren und nicht über den Umweg anderer Kompetenzen zu Lasten der mitgliedstaatlichen Handlungsspielräume zu verschieben.

In diesem Sinne wohnt der Kulturverträglichkeitsklausel gewissermaßen als materieller Zusatzgehalt der schmalen Kompetenzübertragung auf die Gemeinschaft ein kompetenzschützender Charakter zugunsten der Mitgliedstaaten in Form eines kulturellen Rücksichtnahmegebots inne. Das kulturelle Rücksichtnahmegebot zwingt die Gemeinschaft, kulturelle Aspekte in ihre Entscheidungsfindung einfließen zu lassen und die kollidierenden Interessen gegeneinander abzuwägen. Dabei kommt den kulturellen Aspekten weder *a priori* der Vorrang zu, noch müssen diese grundsätzlich hinter anderen Vertragszielen zurückstehen. Sind Interessenskollisionen nicht auf andere Art und Weise aufzulösen, kann dies im Einzelfall dazu führen, dass die Gemeinschaft eine bestimmte Maßnahme nicht in der geplanten Form durchführen darf. In einem solchen Fall kann sich das kulturelle Rücksichtnahmegebot als Schranke zugunsten der mitgliedstaatlichen kulturellen Souveränitätsreserven und gegen eine zu extensive Inanspruchnahme der gemeinschaftlichen Binnenmarktkompetenzen auswirken.

In diesem Sinne liegt aus kompetenzieller Sicht die Bedeutung von Art. 151 EG weniger in dem, was die Vorschrift positiv regelt, als in dem, was sie *nicht* regelt, anders ausgedrückt in dem, was sie der Gemeinschaft nicht als Kompetenz überträgt sondern den Mitgliedstaaten vorbehält.[600] In dem Umfang, in dem der Gemeinschaft keine Kompetenzen im kulturellen Bereich eingeräumt werden, werden die mitgliedstaatlichen Kompetenzreservoirs gleichsam als Kehrseite der

---

599 Vgl die Nachweise unter Teil 2 B.

600 Dabei soll die durch die gesetzliche Positivierung erfolgte inhaltliche Konditionierung von Gemeinschaftsmaßnahmen nicht verkannt werden.

Kompetenzübertragung geschützt. In Form des Art. 151 EG hat dieser Schutz eine gemeinschaftsprimärrechtliche Ausgestaltung erfahren.[601]

Dieses Verständnis wird durch die Absicht bestätigt, die die Mitgliedstaaten mit Einführung einer Kulturkompetenz im Zuge des Maastrichter Gipfels verfolgt hatten. Durch die Einführung des Art. 151 EG sollten zwar auch die von der Gemeinschaft in der Vergangenheit in Anspruch genommenen Befugnisse auf eine eindeutigere Rechtsgrundlage gestellt werden.[602] Die gemeinschaftsprimärrechtliche Verankerung diente aber auch vor allem dem Interesse des Schutzes der nationalen Kulturvielfalt und der nationalen Kulturpolitik vor zu starken Übergriffen seitens der Gemeinschaft.[603] Vor diesem Hintergrund ist die Auffassung, dass die Frage der kulturellen Handlungsbefugnis der EG seit Aufnahme der Kulturklauseln nicht mehr problematisiert werden müsse, nicht mit Art. 151 EG vereinbar.[604]

Der Schutz der kulturellen Kompetenzräume der Mitgliedstaaten findet seine verfahrensmäßige Entsprechung und Absicherung in Art. 151 Abs. 5 EG. Nicht nur das der Gemeinschaft im kulturellen Bereich zur Verfügung stehende Handlungsinstrumentarium ist außerordentlich gering. Aus dem ausdrücklichen Ausschluss von Harmonisierungsmaßnahmen im Hinblick auf die mitgliedstaatlichen Rechts- und Verwaltungsvorschriften sowie den weiteren verfahrensmäßi-

---

601 *Schwarze*, in: Schwarze/Becker (Hrsg.), Geistiges Eigentum, S. 157 („Kompetenzgarantie zugunsten der Mitgliedstaaten mit einer gemeinschaftsrechtlichen Ausübungskontrolle"); vgl. auch *Puttler*, in: Calliess/Ruffert, EUV/EG, Art. 6 EUV, Rdn. 190 und *Stumpf*, in: Schwarze, EUV, Art. 6 EUV, Rdn. 42, die die Funktion des Art. 151 EG ausdrücklich im Zusammenhang mit der Hervorhebung der Bedeutung der Mitgliedstaaten nennen.

602 *Schmahl*, S. 37 m.w.N.

603 *Schwarze*, ZUM 2000, S. 795; *Ress/Bröhmer*, S. 61; *Beckedorf/Henze*, NVwZ 1989, S. 127; *Stauffenberg/Langenfeld*, ZRP 1992, S. 254; *Wyss*, S. 63; *Lambers*, EuR 1993, S. 231; *Blanke* DÖV 1993, S. 417; *Feuchthofen/Brackmann*, RdJB 1992, S. 469; *von Simon/Schwarze*, S. 49; *Bekemans/Balodimos*, RMUE 1993, S. 105; *Loman/Mortelsman/Post/Watson*, S. 190; *Böhm*, BayVBl. 1993, S. 546; *Bleckmann*, DVBl. 1992, S. 338; hinsichtlich der innerstaatlichen Diskussion in der Bundesrepublik und der Befürchtung der Bundesländer hinsichtlich einer zu extensiven Kompetenzübertragung auf die Gemeinschaft und die Degeneration originärer Länderkompetenzen zu schlichten Beteiligungsrechten vgl. *Berggreen*, RdJB 1992, S. 437; *Pernice*, DVBl. 1993, S. 911; *Häberle*, EuGRZ 1992, S. 433; *Rupp*, ZRP 1990, S. 3; *Ipsen*, GS f. Geck, S. 339; *Müller*, DÖV 1993, S. 103; *Schwartz*, AfP 1993, S. 417; *Geis*, DÖV 1992, S. 529.

604 Vgl. hierzu die Nachweise unter Teil 2 B.

gen Kautelen wie dem Einstimmigkeitserfordernis, dem vorgeschriebenen Kodezisionsverfahren sowie der Einbindung des Ausschusses der Regionen wird deutlich, dass seitens des Gemeinschaftsgesetzgebers keine Integration im Kulturbereich gewünscht wurde.

Zusammenfassend lassen sich Art. 151 EG in diesem Sinne sowohl positive als auch negative Rechtswirkungen entnehmen. In positiver Hinsicht bestehen die Rechtswirkungen in der zuvor beschriebenen inhaltlichen Determinierung sämtlicher Gemeinschaftsakte mit Kulturbezug. Die negativen Rechtswirkungen liegen in dem Schutz zugunsten der mitgliedstaatlichen Kulturzuständigkeit.[605] Der Gemeinschaft ist ein erhebliches Eindringen in die nationale Kulturzuständigkeit bei geringem Integrationsgewinn auch nicht auf der Grundlage anderer Befugnissen, einschließlich der Binnenmarktkompetenzen, gestattet.[606]

Die vorstehenden Feststellungen wurden bisher im wesentlichen anhand der isolierten Betrachtung von Art. 151 EG gewonnen. Wie eingangs festgestellt, lassen sich belastbare Aussagen zu der Bedeutung der Vorschrift für die Einwirkungsbefugnisse der Gemeinschaft auf den Kulturbereich erst im Zusammenspiel mit den anderen relevanten Vertragsvorschriften machen. Die vorherige Analyse des Art. 151 EG würde eine erhebliche Relativierung erfahren, sofern ihm im gemeinschaftsvertraglichen Normenkontext aus expliziten oder impliziten gesetzessystematischen Gründen nur eine nach- beziehungsweise untergeordnete Bedeutung zukäme. Dies könnte nicht nur den Anwendungsradius der Vorschrift entsprechend verkleinern, wodurch der in Art. 151 EG manifestierte Wille, die mitgliedstaatlichen Kulturen keiner Integration zu unterwerfen, zurückgedrängt würde. Eine entsprechende Marginalisierung von Art. 151 EG hätte zwangsläufig auch Auswirkungen auf die zuvor beschriebenen negativen Rechtswirkungen. Dies wiederum bliebe nicht ohne Rückwirkung auf den kulturellen Souveränitätsanspruch, den das EG-Recht den Mitgliedstaaten tatsächlich zugesteht. Zwar müsste die Gemeinschaft auch bei einem vorrangigen Vorgehen auf der Grundlage der Binnenmarktbefugnisse die Kulturverträglichkeitsklausel

---

605 Insofern weist Art. 151 EG den Charakter einer „negativen Kompetenznorm" auf, vgl. zu der ähnlich strukturierten Kompetenzgrundlage im Gesundheitsschutz *Colneric*, EuZW 2002, S. 711.

606 *Ress/Bröhmer*, S. 61 (Art. 151 Abs. 4 EG als „Korrektiv" für die „negative Integrationsmaßnahmen").

gemäß Art. 151 Abs. 4 EG beachten.[607] Insbesondere in Ansehung von Art. 151 Abs. 5 EG besäße sie dort jedoch letztlich mehr Möglichkeiten, in den kulturellen Bereich hineinzuwirken als auf der Basis von Art. 151 EG.

Die materielle und verfahrensmäßige Absicherung der mitgliedstaatlichen Kompetenzbereiche in Form des Art. 151 EG ist mit anderen Worten nur so soviel „wert" wie sie auch durch das Zugeständnis eines entsprechenden Anwendungsbereichs im Gesamtvertragskontext ihre Entsprechung findet.

C. Die Reichweite des Anwendungsbereichs von Art. 151 EG im Kontext der gemeinschaftsrechtlichen Kompetenzabgrenzungsdogmatik

Wie eingangs ausgeführt,[608] wurde in der Vergangenheit regelmäßig mittels binnenmarktrelevanter Querschnittsbefugnisse auf den Kulturbereich eingewirkt.[609] Auch Art. 308 EG als allgemeiner Vorschrift zur Vertragslückenschließung wurde vor Einführung der Kulturklauseln immer wieder für Maßnahmen im Kulturbereich herangezogen.[610] Die Abgrenzung zu diesen Rechtsvorschriften ist daher für die Frage des von Art. 151 EG beanspruchten Anwendungsspielraums von besonderem Interesse.[611]

---

607 Wie gezeigt, kann sie dort neben der inhaltlichen Ausrichtung der Maßnahmen aber nur besonders tief greifende Einwirkungen verhindern beziehungsweise Maßnahmen mit geringem Integrationsgewinn, vgl. hierzu Teil 2 B.IV.4.b).

608 Vgl. oben Teil 2 A.

609 Hierbei handelt es sich im wesentlichen um die einzelnen Grundfreiheiten, aber auch um die Art. 94, 95 EVG als Spezialnormen zur Rechtsangleichung.

610 Vgl. *Engelhard*, in: Lenz, Art. 128, Rdn. 1; vgl. auch *Niedobitek*, Kultur, S. 286; *De Witte*, in: Schwarze/Schermers (eds.), Structure and Dimensions, S. 204; *ders.*, in: Bieber/Ress (Hrsg.), Die Dynamik, S. 271; kritisch zu dieser Praxis *Ress*, Kultur, S. 40 f.

611 Vereinzelt wird im Schrifttum die Notwendigkeit einer Kompetenzabgrenzung mit dem Argument abgelehnt, die Gemeinschaft könne eine Maßnahme auf mehrere in Frage kommende Kompetenzen zugleich stützen. Einer Kollision verschiedener Verfahrensanforderungen könne durch die Anwendung des jeweils strengeren Verfahrens begegnet werden, vgl. zum Umweltbereich beispielsweise *Lietzmann*, in: Rengeling (Hrsg.), Europäisches Umweltrecht, S. 179; *Everling*, EuR 1991, S. 181. Ebenso die ältere EuGH Rechtsprechung, vgl. EuGH Rs. 165/87 (Kommission/Rat), Slg. 1988, 5545, Rdn. 11; als Beispiel einer entsprechenden Doppelabstützung vgl. die Verordnung Nr. 2158/92 des Rates vom 23. Juli 1992 zum Schutze des Waldes in der Gemeinschaft gegen Brände, ABl. EG 1992, N. L 217, S. 3 (Art. 43 und 130s EGV a.F.). kritisch hierzu insbesondere im Hinblick auf nicht kompatible Verfahren, vgl. *Schröer*, EuZW 1992, S. 209; *ders.*, EuR 1991, S. 358 ff.; *Epiney*, JZ 1992, S. 568 f.; *Voß/Wenner*, NVwZ 1994, S. 334; vgl. auch die spätere EuGH-Rechtsprechung, insofern die Kritik aufgreifend und

Fußnote fortgesetzt

In Schrifttum und Rechtsprechung finden sich verschiedene Ansätze zur Abgrenzung von Art. 151 EG zu den Binnenmarktvorschriften. Es existieren sowohl Auffassungen, die jeweils entweder tendenziell Art. 151 EG (vgl. Teil 2 C.I.) oder den Binnenmarktvorschriften (Teil 2 C.II) Vorrang einräumen wollen als auch Modelle, die die Zuordnung eines Sachverhalts im Einzelfall nach Schwerpunktüberlegungen vornehmen (Teil 2 C.III). Auch die Rechtsprechung des Europäischen Gerichtshofs war hinsichtlich der Abgrenzung zwischen funktionalen Binnenmarktbefugnissen und sektoralen Kompetenzen nicht immer einheitlich (vgl. Teil 2 C.IV.). Im Hinblick auf Art. 308 EG stellt sich die Frage, ob nach Einfügung der Kulturklauseln überhaupt noch Raum für dessen Anwendung verbleiben kann (vgl. Teil 2 C.V.).

I. Der Grundsatz der bestmöglichen Kulturentfaltung - Vorrang der gemeinschaftlichen Kulturkompetenz?

Nach einer im Schrifttum vertretenen Auffassung ist in Anlehnung an ein im Bereich des Umweltschutzes geltendes Prinzip der Grundsatz der „bestmöglichen Kulturentfaltung" als Abgrenzungskriterium zwischen Art. 151 EG und sonstigen in Frage stehenden Gemeinschaftskompetenzen heranzuziehen.[612] Dieser Grundsatz wird unter anderem aus der Präambel des EUV hergeleitet, die den Wunsch ausdrückt, „die Solidarität zwischen ihren Völkern unter Achtung ihrer Geschichte, ihrer *Kultur*[613] und ihrer Traditionen zu stärken". Dieser Wunsch werde im Hinblick auf die Kultur durch die Einführung der Art. 3 Abs. 1 lit. q), 30, 87 Abs. 3 lit. d) und 151 EG konkretisiert. Die Gemeinschaft habe es sich damit allgemein zur Aufgabe gemacht, die kulturelle Entfaltung in den Mitgliedstaaten zu fördern und hierzu einen entsprechenden Beitrag zu leisten.[614]

Als übergreifendes Leitmotiv sei der Grundsatz der bestmöglichen Kulturentfaltung im Rahmen des Gemeinschaftsvertrags in mehrfacher Hinsicht zu berück-

---

eine Doppelabstützung verneinend bei Aushöhlung der Rechte eines der beteiligten Organe, EuGH Rs. C 300/89 (Kommission/Rat), Slg. 1991, I-2867, Rdn. 17 ff.; ferner EuGH Rs. C-131/87 (Kommission/Rat), Slg. 1989, 3743, Rdn. 9 ff.; kritisch zur Methode der Doppelabstützung im Kulturbereich auch *Frey*, Fernsehen, S. 227 f. (Widerspruch zum Prinzip der begrenzten Einzelermächtigung).

612 Vgl. *Wemmer*, S. 135 ff.

613 Hervorhebung. d. V.

614 *Wemmer*, S. 136; darüber hinaus sieht *Wemmer* Anhaltspunkte für die Geltung dieses Grundsatzes in den mitgliedstaatlichen Verfassungen, vgl. *ibidem*, S. 137 f. Da diese jedoch kein Kompetenzabgrenzungskriterium auf Gemeinschaftsebene sein können, wird auf diese Punkte hier nicht näher eingegangen

sichtigen. Neben anderen Rechtswirkungen wird ihm insbesondere auch eine *horizontale*[615] Zuständigkeitswirkung entnommen, d.h. die Funktion eines Auswahlkriteriums bei Kollision verschiedener in Frage kommender Gemeinschaftsrechtsgrundlagen. Im Rahmen der Abgrenzung von Normen, die zu einem kulturrelevanten Verhalten ermächtigen, sei diejenige Grundlage zu wählen, die die Umsetzung des Leitmotivs der „bestmöglichen Kulturentfaltung" am besten gewährleiste.[616] Bei Maßnahmen, die neben kulturellen Aspekten gleichgewichtige oder vorrangige andere Ziele verfolgen, sei bei nicht eindeutiger Zuordnung im Zweifel Art. 151 EG heranzuziehen.[617]

Eine Vorrangstellung zugunsten des Kulturbereichs klingt auch in der vereinzelt vertretenen Auffassung durch, nach der Art. 151 Abs. 1 EG im Hinblick auf den „reinen Kulturbereich" als *lex specialis* anzusehen ist.[618] Art. 151 Abs. 4 EG umfasse demgegenüber die gemischten Aktivitäten der Gemeinschaft, die primär wirtschaftlich ausgerichtet seien, aber auch kulturelle Bezüge aufwiesen. Letztere könnten nicht auf Art. 151 EG, sondern auf andere primär- oder sekundärrechtliche Vorschriften als Rechtsgrundlagen gestützt werden[619] Eine ausschließliche Fokussierung auf nicht ökonomische Zwecke als Voraussetzung für die Anwendbarkeit von Art. 151 EG ist aber nicht nur *in praxi* schwerlich durchführbar.[620] Sie trägt auch nicht der EuGH Rechtsprechung zu Gemengelagen von

---

615 Zu den Begriffen der horizontalen bzw. vertikalen Kompetenzabgrenzung vgl. *Nettesheim*, EuR 1993, S. 243ff

616 *Wemmer*, S. 139.

617 *Wemmer*, S. 139.

618 In Art. 151 Abs. 1 und 2 EG sei der „reine Kulturbereich" geregelt. Diesem seien Maßnahmen der Gemeinschaft zuzuordnen, die primär und ausschließlich dazu bestimmt sind, kulturelle Ziel zu verfolgen, *Schmahl*, S. 199 ff., 226 ff.; *Loman/Mortelsman/Post/Watson*, S. 193; auch *Blanke*, in: Calliess/Ruffert, EUV/EG, Art. 16, Rdn. 20, spricht von einer spezialgesetzlichen Norm für das Verhältnis kultureller Kooperation zwischen der EG und den Mitgliedstaaten.

619 *Schmahl*, S. 199.

620 In der Praxis dürften kulturelle Aktivitäten stets zumindest „auch-ökonomische" Ziele verfolgen vgl. *Kruse*, EWS 1996, S. 115; als Ausnahmen nennt *Ress*, Kultur, S. 27, beispielsweise allenfalls Heimatvereine, Volkstanzgruppen und Chöre ohne jede kommerzielle Zielsetzung. Diese würde Art. 151 EG kaum einen eigenen, substantieller Anwendungsbereich belassen, dies wird allerdings auch von *Schmahl* bestätigt, S. 235; außerdem für den Umweltbereich *Epiney*, JZ 1992, S. 567; *Voß/Wenner*, NVwZ 1994, S. 334.

wirtschaftlichen und nicht-wirtschaftlichen Zielen ausreichend Rechnung.[621] Eine Abgrenzung nach dem „reinen“ beziehungsweise „gemischten“ Kulturbereich beantwortet darüber hinaus insbesondere nicht die Frage, wann eine Maßnahme zu dem einen oder anderen Bereich gehört und vermag insofern das eigentliche Zuordnungsproblem nicht zu lösen. Sie ist daher abzulehnen.

Aber auch die Operationalisierung des Grundsatzes der „bestmöglichen Kulturentfaltung“ für die Zwecke der horizontalen Kompetenzabgrenzung erscheint aus verschiedenen Gründen problematisch. Für den Umweltschutz wurde der Grundsatz des „bestmöglichen Umweltschutzes“ erstmals von *Zuleeg* entwickelt.[622] Für den Umweltsektor ist er als allgemeines Prinzip auch mittlerweile anerkannt.[623] Ausprägungen dieses Grundsatzes werden dabei vornehmlich in der durch die EEA eingefügten Optimierungsklausel gemäß Art. 176 EG gesehen, nach der die Mitgliedstaaten trotz existierender Gemeinschaftsregulierung nicht daran gehindert werden, verstärkte Schutzmaßnahmen zu ergreifen sowie in der parallelen Vorschrift gemäß Art. 95 Abs. 4 EG.[624] Unter Berücksichtigung dieser Normen sowie des Umstands, dass *Zuleeg* im Hinblick auf die Rechtswirkungen dieses Grundsatzes von einer „Kompetenzregel zugunsten der Mitgliedstaaten“ spricht,[625] wird bei näherer Betrachtung offenbar, dass sich der Grundsatz des „bestmöglichen Umweltschutzes“ überhaupt nicht auf die Frage der Zuordnung einer Maßnahme zu der richtigen Gemeinschaftsbefugnis bezieht. Vielmehr geht es in diesem Zusammenhang um den EG-vertraglich zugelassenen sowie geförderten Wettbewerb zwischen Aktivitäten der Mitgliedstaaten

---

621 Vgl. beispielsweise EuGH Rs. 118/86 (Nertsvoederfabriek), Slg. 1987, 3883, Rdn. 15 (Zuordnung einer Maßnahme zum nichtwirtschaftlichen Bereich wird nicht dadurch ausgeschlossen, dass die Regelung auch der Erreichung anderer, wirtschaftlicher Ziele dient. Dies gilt erst recht, wenn das wirtschaftliche Ziel das Mittel zur Sicherung des nichtwirtschaftlichen Ziels darstellt); weiterhin EuGH 13/76 (Dona/Mantero), Slg. 1976, 1333, Rdn. 14 ff. und EuGH Rs. C-415/93 (Bosman), Slg. 1995, I-4921, Rdn. 76.

622 Das Bedürfnis für die Entwicklung eines entsprechenden Grundsatzes entsprang für *Zuleeg* aus der Notwendigkeit, dass vor dem Hintergrund immer neuer Umweltkatastrophen eine Kompetenzverteilung zwischen verschiedenen Hoheitsträgern der Verwirklichung des Umweltschutzes, welches ein ebenfalls zentrales Ziel der Gemeinschaft darstellt, nicht hinderlich sein darf vgl. *Zuleeg*, NVwZ 1987, S. 280 ff., S. 283; hierauf beruft sich *Wemmer* auch ausdrücklich, vgl. S. 135, 138.

623 Vgl. nur *Schweitzer/Hummer*, Europarecht, Rdn. 1580; *Jahns-Böhm/Breier*, EuZW 1992, S. 50; *Krämer*, EuGRZ 1988, S. 288; *Haneklaus*, DVBl. 1990, S. 1141; *Molkenbur*, DVBl 1990, S. 679.

624 *Zuleeg*, NVwZ 1987, S. 283 f.

625 D.h. das vertikale Verhältnis betreffend, vgl. *Zuleeg*, NVwZ 1987, S. 283 f.

sowie der Gemeinschaft um die effektiveren Schutzmaßnahmen im Interesse des Umweltschutzes.[626] Eine Kompetenzverteilung in horizontaler Hinsicht, wie sie im vorliegenden Zusammenhang untersucht wird, kann dem Grundsatz hingegen nicht entnommen werden.

Selbst wenn jedoch das Prinzip für die sich im horizontalen Verhältnis stellenden Abgrenzungsfragen in dem Sinne operationalisiert werden könnte, dass der Norm, die den "bestmöglichen Kulturschutz" gewährleistet, in Zweifelsfällen der Vorrang zu geben ist, wäre die Befürwortung eines normativ-zwingenden Gehalts problematisch. Das Prinzip der bestmöglichen Kulturentfaltung könnte nämlich lediglich diejenigen Vorschriften des Primärrechts, welche für die Zwecke der Kulturentfaltung von Relevanz sind, im Wege einer „wertenden Gesamtschau auf den Nenner einer prägnanten juristischen Kurzformel" bringen.[627] Der hieraus abgeleitete Grundsatz kann jedoch nicht weiter gehen als die ihm zugrundeliegenden Normen selbst. Er vermag insbesondere nicht über deren Bedeutung hinaus die relative Gewichtung konfligierender Interessen zu steuern.[628]

Die Bedeutung eines Vorrangs, sei es auch nur für Zweifelsfälle, lässt sich den Kulturklauseln im Vergleich zu den anderen Vertragszielen und –aufgaben aber nicht entnehmen. Wie bereits ausgeführt,[629] ist die Kultur mit ihrer Aufnahme in den Katalog der Aufgaben der Gemeinschaft in Art. 3, Abs. 1, lit. q) EG als gleichwertiges Ziel neben die anderen Gemeinschaftsaufgaben getreten. Auch den anderen Artikeln des EG, die den kulturellen Sektor betreffen, kann keine Vorrangstellung zugunsten kultureller Belange entnommen werden.[630] Sie ergibt sich insbesondere auch nicht aus der Kulturverträglichkeitsklausel. Aus Art. 151 Abs. 4 EG folgt vielmehr zwingend, dass Art. 151 kein genereller Vorrang gegenüber anderen Vertragsvorschriften bei kulturrelevanten Maßnahmen zu-

---

626 Dass es *Zuleeg* um die vertikalen Wirkungen geht, wird auch durch die von ihm aufgeführten „Ausgewählten Anwendungsgebiete" deutlich, in deren Rahmen er jeweils die den Mitgliedstaaten verbleibenden Spielräume angesichts europäischer Regulierungen überprüft, vgl. NVwZ 1987, S. 285 ff.

627 So *Zöttl* für den Grundsatz des bestmöglichen Umweltschutzes, S. 35.

628 So für den Umweltschutz auch *Grabitz/Nettesheim*, in: Grabitz/Hilf, EUV, Art. 130r, Rdn. 56; *Epiney*, S. 112.

629 Vgl. oben Teil 2 B.IV.b).

630 Das wird grundsätzlich auch von *Wemmer* bestätigt, vgl. S. 136.

kommt,[631] indem hiermit anerkannt wird, dass eine Gemeinschaftsmaßnahme nicht bereits deshalb unter Art. 151 EG fällt, weil mit ihr auch kulturelle Ziele verfolgt werden.[632]

Entsprechend vermag eine Zweifelsregelung zugunsten der Kultur zum Zwecke der Kompetenzabgrenzung, die aus der Anwendung des Prinzips des bestmöglichen Kulturschutzes gewonnen wird, im Ergebnis nicht zu überzeugen. Dem fraglichen Grundsatz kann somit allenfalls nur ein heuristisch-informativer Charakter zukommen. Als verbindliche Auswahlmethodik zwischen Art. 151 EG und anderen EG-vertraglichen Handlungsbefugnissen kann der Ansatz dagegen nicht herangezogen werden.

II. Vorrang der Binnenmarktbefugnisse ?

Ein anderer Teil des Schrifttums geht von einer Vorrangstellung der Binnenmarktkompetenzen gegenüber sektoralen Befugnissen wie vorliegend Art. 151 EG aus. Nach dieser Auffassung besteht eine Spezialität zugunsten der Binnenmarktbefugnisse für Maßnahmen mit Binnenmarktbezug gegenüber den Kompetenzen anderer sachbezogener Politikbereiche, die die Befugnisse der Gemeinschaft lediglich ergänzen und flankieren.[633]

Gestützt wird diese Ansicht auf eine Argumentation, die auch schon vor Einfügung der in Frage stehenden sektoralen Ergänzungsbefugnisse durch den Unionsvertrag verwendet wurde.[634] Die Tatsache, dass die Verwirklichung der Grundfreiheiten sich auch auf Bereiche auswirke, die nicht zur Gemeinschaftszuständigkeit zählen, könne die Zielverwirklichungsbefugnisse der Gemein-

---

[631] Vgl. *Ress/Ukrow*, in: Grabitz/Hilf, EUV, Art. 151, Rdn. 97.

[632] Vgl. nur *Schwartz*, AfP, 1993, S. 417; *Kresse/Heinze*, AfP 1995, S. 396; Diese Einschätzung wird allerdings auch von *Schmahl*, S. 226, geteilt.

[633] So für den Bereich der Bildungspolitik bspw. *Nowoczyn*, S. 134; für den Bereich des Umweltschutzes beispielsweise *Bardenhewer/Pipkorn*, in: Groeben/Thiesing/Ehlermann, EUV/EG Art. 100a, Rdn. 51, nach denen Art. 95 gegenüber Art. 175 *lex specialis* sei, die jedoch im Widerspruch hierzu später auch auf das Schwerpunktmodell rekurrieren; *Scheuing*, EuR 1989, S. 185 f.; *Pernice*, NVwZ 1990, S. 206; *Haneklaus*, DVBl. 1990, S. 1135 f.; *Grabitz/Zacker*, NVwZ 1989, S. 301 f.; *Middeke*, DVBl. 1993, S. 771; vgl. hierzu auch die überholte EuGH-Rechtsprechung in der Rs. C-300/89 (Titandioxid), Slg. 1991, I-2867; Zu der Frage des Spezialitätscharakters auch *Ress/Ukrow*, in: Grabitz/Hilf, EUV, Art. 151, Rdn. 97.

[634] Vgl. hierzu vorne Teil 2 A.

schaft nicht begrenzen.[635] Aus dem Umstand, dass zugunsten der Gemeinschaft neue sektorale Befugnisse in den EG aufgenommen worden sind, dürfe mit anderen Worten nicht geschlossen werden, dass der Anwendungsbereich der Binnenmarktbefugnisse, die dem Haupanliegen des Vertrags dienten, eingeschränkt werde. Eine Vorrangstellung der Binnenmarktkompetenzen vor den sachbezogenen Befugnissen wird vereinzelt auch mit den sektoralen Querschnittsklauseln begründet.[636] Hieraus würde sich für Zielgemengelagen ergeben, dass den sektoralen Zielen am besten dadurch Rechnung getragen wird, dass die entsprechenden Belange im Rahmen der Binnenmarktkompetenz verwirklicht werden.[637]

Eine grundsätzliche Priorität der Binnenmarktbefugnisse gegenüber Art. 151 EG ist jedoch fragwürdig. Sie lässt sich jedenfalls nicht mit der Querschnittsklausel gemäß Art. 151 Abs. 4 EG begründen. Wie bereits gezeigt, dient die Querschnittsklausel der inhaltlichen Ausrichtung anderer Gemeinschaftspolitiken. Ihr kann dagegen keine wie auch immer geartete *lex specialis*-Anordnung zugunsten der Binnenmarktkompetenzen in dem Sinne entnommen werden, dass kulturelle Belange im Rahmen der anderen Kompetenznormen gleich miterledigt werden können.[638] Die gebotene Berücksichtigung kultureller Belange im Rahmen anderer Gemeinschaftstätigkeiten, darf nicht dazu führen, dass die Gemeinschaft diese Belange nur noch im Rahmen dieser anderen Tätigkeiten verwirklicht.[639] Dies würde Art. 151 EG und insbesondere das Harmonisierungsverbot nach Abs. 5 in einer Weise marginalisieren, die mit dem von den Vertragspartei-

---

635 *Nowoczyn*, S. 134, der im übrigen auch auf den in Art. B, 5. Spiegelstrich EUV positivierten Grundsatz des „acquis communautaire", wonach der erreichte, gemeinschaftliche Integrations-, bzw. Besitzstand zu wahren ist, abhebt; ähnlich *Möstl*, EuR 2002, S. 327.

636 Vgl. hierzu die *Titandioxidentscheidung* des EuGH, Rs. C-300/89 (Titandioxid), Slg. 1991, I-2867; *Bardenhewer/Pipkorn*, in: Groeben/Thiesing/Ehlermann, EUV/EG Art. 100a, Rdn. 51 m.w.N.; hierzu ausführlicher Teil 2 C.IV.

637 Vgl. auch *Breier*, EuR 1995, S. 51 f., für den Bereich des Umweltschutzes, der ausführt, dass, sofern ein Rechtsakt Ziele mehrerer Politikbereiche regelt, Art. 175 grundsätzlich nicht mehr einschlägig sein kann.

638 Ebenso für die umweltrechtliche Querschnittsklausel, *Zöttl*, S. 65 f.

639 Dies stellt der EuGH für die parallele Problematik im Gesundheitsschutzbereich ausdrücklich in seiner Entscheidung zur *Tabakwerbeverbotsrichtlinie* fest, vgl. Rs. C-376/98 (Tabakwerberichtlinienverbot), Slg. 2000, I-8419, Rdn. 78 und 79.

en verfolgten Zweck einer Souveränitätsschonung im Kulturbereich nicht in Einklang zu bringen wäre.[640]

Einer Vorrangsstellung der Binnenmarktbefugnisse steht weiterhin der Umstand entgegen, dass die Ziele der Errichtung des Binnenmarktes und der Förderung sowie der Entfaltung des Kulturlebens grundsätzlich gleichwertig nebeneinander stehen.[641] Auch die Binnenmarktkompetenzen müssen im Lichte der Art. 2 und 3 EG ausgelegt werden.[642] Unterschiedliche Wertig- oder Gewichtigkeiten lassen sich den Formulierungen in Art. 3 nicht entnehmen. Insbesondere stellt das Ziel freier Märkte und der Schutz des Wettbewerbs kein Metaprinzip dar, welches andere gemeinschaftliche Zielsetzungen grundsätzlich überlagert.[643] Im übrigen stünde dies im Widerspruch zu dem Grundsatz, dass jeder Norm des Vertrages ein eigener, substantieller Anwendungsbereich zukommen muss.[644] Dies muss umso mehr in Anbetracht des Umstands gelten, als die Aufnahme der Kulturkompetenzen in den Vertrag in einem eigens hierfür geschaffenen Titel erfolgte.

Weiterhin darf nicht unberücksichtigt bleiben, dass die Verwirklichung eines Binnenmarkts, der der Kulturförderung und –entfaltung verpflichtet ist, nicht auf denselben Gegenstand zielt wie die gemeinschaftliche Kulturpolitik selbst. Die Schaffung eines Raums ohne Binnengrenzen kann das Ziel der Förderung von divergierenden, vielfältigen Kulturleben in den Mitgliedstaaten immer nur „akzessorisch" verfolgen.[645] Methodisch würde ein Spezialitätsverhältnis voraussetzen, dass Art. 151 EG sowie die jeweilige andere Kompetenznorm jeweils dem gleichen Rechtsgut dient.[646] Eine Vorrangstellung kann daher mangels gleichläu-

---

640 Vgl. *Ress/Ukrow*, in: Grabitz/Hilf, EUV, Art. 151, Rdn. 97.

641 Vgl. Art. 3 lit. c) und q) EG sowie die Ausführungen hierzu unter Teil 2 B.IV.4.b); zur Gleichwertigkeit der in Art. 3 umfassten Ziele beziehungsweise Politiken vgl. auch *Immenga*, EuZW 1994, S. 16.

642 Ständige Rspr., vgl. EuGH Rs. C-202/88 (Telekommunikationsendgeräte), Slg. 1991, I-1223, Rdn. 41.

643 Vgl. *v. Bogdandy*, in: Grabitz/Hilf, EUV, Art. 2, Rdn. 64; *Müller*, Dienstleistungsmonopole, S. 169.

644 *Schmahl*, S. 235; außerdem für den Umweltbereich *Epiney*, JZ 1992, S. 567; *Voß/Wenner*, NVwZ 1994, S. 334.

645 Entsprechend für den Bereich des Umweltschutzes *Zöttl*, S. 66; *Beyer*, JuS 1997, S. 296.

646 Vgl. *Ress/Ukrow*, in: Grabitz/Hilf, EUV, Art. 151, Rdn. 97.

figer Zweckverfolgung aus systematisch-dogmatischen Gründen nicht überzeugen.[647]

Die Ansicht, die den Vorrang der Binnenmarktbefugnisse gegenüber sektoralen Gemeinschaftskompetenzen mit der strukturellen Eigenart ersterer begründet, verkennt schließlich, dass es bei der vorliegenden Frage um eine gänzlich anderes gelagerte Konstellation geht. Der Verweis auf die strukturellen Besonderheiten der Querschnittsklauseln vermag Antwort auf die Frage zu geben, warum die Gemeinschaft auf Sachbereiche einzuwirken vermag, obwohl diese nicht ihrer sektoralen Zuständigkeit unterliegen. Demgegenüber ist vorliegend eine positive Auswahlentscheidung zwischen verschiedenen Rechtsgrundlagen zu treffen. Es geht hier also nicht, zumindest nicht vordergründig[648] um das Hineinwirken in die den Mitgliedstaaten vorbehaltenen Hoheitsbereiche, d.h. um eine *vertikale* Abgrenzung, sondern um die Auswahl zwischen verschiedenen Gemeinschaftskompetenzen und damit um eine *horizontale* Kompetenzverteilung. Die Zuordnung zu der einen oder anderen Rechtsgrundlage muss auf der Basis nachvollziehbarer Kriterien erfolgen. Führt diese Auswahlentscheidung zu Art. 151 EG als der zutreffenden Rechtsgrundlage, kann dieses Ergebnis nicht dadurch in Abrede gestellt werden, dass der Gemeinschaft dann wegen Art. 151 Abs. 5 EG nur ein im Vergleich zu den Binnenmarktbefugnissen eingeschränktes Handlungsinstrumentarium zur Verfügung steht, d.h. dass es sich um eine Norm mit

---

647 Vgl. hierzu *Larenz/Canaris*, Methodenlehre, S. 87 f.; ebenso *Schröer*, Die Kompetenzverteilung, S. 117 f.; *Epiney*, S. 68.

648 Mittelbar natürlich schon, vgl. ausführlich hierzu *Nettesheim*, EuR 1993, S. 244 f. (Sowohl die horizontale als auch die vertikale Kompetenzabgrenzung lässt sich als Feld potentieller Machtkonflikte ausmachen. In dem einem Fall handelt es sich um die Frage, *ob* die Gemeinschaft handeln darf (vertikales Verhältnis). Diese Entwicklungslinie ist gekennzeichnet durch die Bemühungen der Gemeinschaftsorgane, die vertraglichen Befugnisse durch extensive Auslegung von Kompetenznormen, insbesondere durch die Figuren der „*implied powers*" (vgl. *Ipsen*, Europäisches Gemeinschaftsrecht, S. 436 f.; *Bleckmann*, Europarecht, Rdn. 797 ff. m.w.N.), der Kompetenzen kraft Natur der Sache (vgl. *Bieber*, in: GS F. Geck, S. 67) des *effet utile* (*Oppermann*, Europarecht, Rdn. 527 ff.) sowie des Außenbezugs von intern gewährten Kompetenzen (EuGH, Rs. 22/70 (AETR) Slg. 1971, 263) zu erweitern. Als zwangsläufige Konsequenz solcher extensiver vertikaler Kompetenzauslegung bildeten sich in der Folge als zweite Entwicklungslinie Kompetenzstreitigkeiten über die Frage, auf welcher Rechtsgrundlage die Gemeinschaft handeln darf (horizontales Verhältnis). Auch hier ist streitauslösendes Moment das Spannungsverhältnis zwischen mitgliedstaatlicher Souveränität und Integrationsdynamik, welches sich in dem Streit um die Wahl einer mehr oder weniger integrationsfreundlichen Rechtsgrundlage ausdrückt.

nahezu keiner Integrationsdynamik handelt.[649] Hierin manifestiert sich insoweit nur der Wille des Gemeinschaftsgesetzgebers, der für unter Art. 151 EG fallende Angelegenheiten eine nur wenig vertiefte Integrationsstufe vorgesehen hat. Hierdurch wird das den Zielverwirklichungsbefugnissen innewohnende Regulierungspotential nicht beschnitten, aber einer ungebremsten Ausdehnung ihres Anwendungsbereichs Einhalt geboten.

Im Ergebnis vermag somit ein Vorrang der Binnenmarktkompetenzen vor der sektorenspezifischen Kompetenznorm des Art. 151 EG nicht zu überzeugen.

III. Abgrenzung nach Schwerpunktgesichtspunkten

Kann kein ausdrückliches Subordinationsverhältnis zwischen Gemeinschaftsnormen festgestellt werden,[650] sondern stehen sektorale Gemeinschaftskompetenzen gleichberechtigt neben den binnenmarktorientierten Harmonisierungsbefugnissen, sind diese nach einer weiteren Auffassung nach dem Schwerpunkt des zugrundeliegenden Regelungsgegenstands voneinander abzugrenzen und der jeweiligen Kompetenznorm zuzuordnen.[651]

Nach der Schwerpunktmethode ist zu untersuchen, ob Inhalt, Ziel und Zweck der Maßnahme unter objektivierenden Gesichtspunkten in der Rechtsharmonisierung zwecks Herstellung des Binnenmarkts oder aber in dem jeweiligen anderen Bereich begründet liegen.[652] Dabei müssen sich diese Umstände objektiv aus

---

649 Vgl. EuGH, Rs. C-376/98 (Tabakwerberichtlinienverbot) Slg. 2000, I-8419, Rdn. 79, der hierzu festgestellt hat, dass andere Rechtsgrundlagen nicht herangezogen werden dürfen, um einem ausdrücklichen Harmonisierungsverbot zu umgehen.

650 So beispielsweise im Bereich der Agrarpolitik gemäß Art. 32 Abs. 2 („Die Vorschriften für die Errichtung des Gemeinsamen Marktes finden...Anwendung, soweit in den Artikeln 33 bis 38 nichts anderes bestimmt ist."

651 Für den Kulturbereich, *Dörr*, K&R 1999, S. 99; *Dörr/Beucher/Eisenbeis/Jost*, S. 60; *Ress*, Kultur, S. 49; *Klein*, VVDStRL 50 (1991), S. 50 ff.; *Wägenbaur*, EuZW 1999, S. 14; für den Bereich des Umweltschutzes beispielsweise *Hernfeld*, in: Schwarze, EUV, Art. 95, Rdn. 15; *Krämer*, in: Groeben/Thiesing/Ehlermann, EUV/EG, Vorbemerkung Art. 130r-t, Rdn. 84; so auch noch *Langeheine*, in: Grabitz/Hilf, EUV, Art. 100a, Rdn. 94; unklar *Bardenhewer/Pipkorn*, in: Groeben/Thiesing/Ehlermann, EUV/EG Art. 100a, Rdn. 51; *Epiney*, S. 68; *Zöttl*, S. 62; weiterhin *Klein/Haratsch*, DÖV 1994, S. 136; kritisch gegenüber einer Schwerpunktabgrenzung *Tietje*, in: Grabitz/Hilf, EUV, Art. 95, Rdn. 58 ff.

652 *Epiney*, S. 72; *Zöttl*, S. 62.

dem betreffenden Rechtsakt ergeben.[653] Der Schwerpunkt einer Maßnahme hängt dabei sowohl von ihrem materiellen Regelungsgehalt, also ihrer objektiven Sachnähe, als auch von ihren objektiv erkennbaren Zielsetzungen ab.[654] Dass ökonomische Aspekte oder Wettbewerbsgesichtspunkte eine entfernte Rolle spielen, kann hiernach für die Bejahung des Binnenmarktbezugs nicht ausreichen.[655]

Auch dieser Ansatz ist jedoch auf Kritik gestoßen. Gegen eine Kompetenzabgrenzung nach der Schwerpunktmethode wurde dabei wiederum auf den spezifischen Charakter der Binnenmarktvorschriften (Teil 2 C.III.1.) hingewiesen sowie die Unvereinbarkeit der Methode mit dem Grundsatz der Wahrung des *Acquis Communautaire* (Teil 2 C.III.2.) angeführt.

1. Unvereinbarkeit der Schwerpunktabgrenzung mit dem spezifischen Charakter der Binnenmarktkompetenzen ?

Nach einer im Schrifttum vertretenen Ansicht würde die Kompetenzverteilung nach dem Schwerpunkt einer Maßnahme nicht ausreichend berücksichtigen, dass funktionale Gemeinschaftskompetenzen, stets einer materiellen Anreicherung bedürften.[656] Im Bereich funktionaler Gemeinschaftskompetenzen müssten daher Schwerpunkterwägungen versagen, da der inhaltliche Schwerpunkt stets in einem anderen Bereich als dem der „Errichtung des Binnenmarkts" liege, der ja gerade keinen eigenständigen „Sachbereich" darstelle.[657] Die final konstruier-

---

653 Vgl. beispielsweise *Krämer*, in: Groeben/Thiesing/Ehlermannn, EUV/EG, Vorbemerkung zu Art. 130 r-t, Rdn. 84.

654 Für weitere Kriterien zur Ermittlung des „Gravitationszentrums" vgl. *Epiney*, S. 72 f.

655 Für den Bereich des Umweltschutzes *Geiger*, Art. 130s, Rdn. 7 („geringe Sachnähe zum Komplex Abbau von Handelshemmnissen"); *Hailbronner*, EuGRZ 1989, S. 105; *Voß/Wenner*, NVwZ 1994, S. 336.

656 So *Niedobitek*, EuR 1995, S. 375; ähnlich *Tietje*, in: Grabitz/Hilf, EUV, Art. 95 Rdn. 58, 59; Der Einwand, dass Schwerpunktüberlegungen der spezifischen Struktur des EG, insbesondere den binnenmarktorientierten Querschnittbefugnissen nicht gerecht würden, wurde auch bereits vor der Einfügung der Kulturklauseln in den EG im Rahmen der Debatte um die Anwendbarkeit des Vertrages auf den Kulturbereich immer wieder erhoben. Im Rahmen dieser Debatte diente der Einwand der Begründung, warum die Auffassung, dass die gemeinschaftlichen Aktivitäten den mitgliedstaatlichen Kulturbereich nicht beeinträchtigen dürften, nicht zu überzeugen vermochte, vgl. *Everling*, EuR 1987, S. 221; *Schwartz*, ZUM 1989, S. 385.

657 *Niedobitek*, EuR 1995, S. 375 f., unter Verweis auf seine vor dem Maastrichter Unionsvertrag getroffenen Feststellungen in: *ders.*, Kultur, S. 208 ff. und hier unter Bezugnahme auf *Schwartz*, ZUM 1989, S. 385 f., *Everling* EuR 1987, S. 221; so auch aus-

Fußnote fortgesetzt

ten Querschnittskompetenzen, die jede Materie aufgreifen könnten, verliehen der Gemeinschaft die Sachgesetzgebungskompetenz typischerweise gerade in solchen Bereichen, die ihr nicht schon anderweitig durch eine binnenmarktunabhängige, gegenständlich umrissene Kompetenznorm übertragen sind. Eine Abgrenzung nach Schwerpunktgesichtspunkten sei daher schon im Ansatz verfehlt.[658] Binnenmarktziel und Sachziel stünden nicht in einem Verhältnis der Alternativität. Sie stellten nach der Konzeption der Binnenmarktkompetenzen vielmehr zwei notwendig kumulativ zu verfolgende und jeweils auf verschiedenen Ebenen angesiedelte Ziele dar. Harmonisierungsmaßnahmen könnten daher durchaus auch zwei untrennbar miteinander verbundene verschiedenartige Schwerpunkte haben.[659]

Die Kritiker der Schwerpunktabgrenzung verkennen jedoch ebenso wie die zuvor zitierten Befürworter des *lex-specialis* Charakters der Binnenmarktkompetenzen,[660] dass das Argument der Notwendigkeit der „materiellen Anreicherung“ allenfalls im Rahmen der Problematik um die *vertikale* Kompetenzabgrenzung sinnvoll operationalisierbar ist. Die vertikale Kompetenzabgrenzung betrifft die Frage des Verhältnisses zwischen gemeinschaftlichen und mitgliedstaatlichen Befugnissen. In diesem Zusammenhang vermag der Hinweis, dass der Gemeinschaftsvertrag in der ihm zugrundeliegenden Struktur maßgeblich durch die Existenz von „Zielverwirklichungsbefugnissen“ geprägt ist, zu begründen, warum bei den Mitgliedstaaten verbliebene sektorielle Befugnisse nicht *per se* gegen Gemeinschaftsaktivitäten „imprägniert“ sind.[661]

Um diese Frage geht es jedoch bei der Abgrenzung einer EG-rechtlichen Querschnittszuständigkeit von einer sektoralen Gemeinschaftskompetenz nicht. In diesem Zusammenhang ist vielmehr die Abgrenzung zwischen *zwei* Gemein-

---

drücklich Generalanwalt *Fennelly* in seinen Schlussanträgen in der EuGH Rs. C-376/98 (Tabakwerbeverbotsrichtlinie), Slg. 2000, I-8419, Rdn. 58 und 64 ff., der unter Rückgriff auf die *Titandioxid*-Rechsprechung (vgl. hierzu ausführlich unten Teil 2 C.IV.) davon ausgeht, dass sich die Ziele Binnenmarkt und Gesundheitsschutz sich nicht ausschließen, nicht unterschiedlicher Art sind und somit nicht im Wettbewerb stehen, ibidem, Rdn. 69.

658 *Möstl*, EuR 2002, S. 327 ff. sowie S. 337 f.

659 *Möstl*, EuR 2002, S. 327, mit Verweis auf die Schlussanträge des Generalanwalts *Tesauro* in der überholten EuGH-Rechtsprechung Rs. C-300/89 (Titandioxid), Slg. 1991, I-2867, 2884 ff.

660 Vgl. hierzu die Nachweise unter Teil 2 C.II.

661 Vgl. zu diesem Komplex oben Teil 2 A.

schaftskompetenzen vorzunehmen. Auch hier bedarf die sachgebietsunabhängige Binnenmarktkompetenz zwar gleichermaßen der „materiellen Anreicherung“ und kann sich somit auf einen gegebenenfalls den Mitgliedstaaten vorbehaltenen Sachbereich auswirken. Seitens des Gemeinschaftsgesetzgebers ist jedoch angesichts mehrerer in Frage kommender Rechtsgrundlagen *zuvor* eine positive Auswahlentscheidung zu treffen, die die geplante Maßnahme der einen oder anderen Rechtsgrundlage zuordnet. Dies betrifft die Frage der *horizontalen* Kompetenzverteilung.[662] Seitdem die Gemeinschaft nach Maastricht, nunmehr auch über eine eigene Kulturkompetenz verfügt, gilt die Notwendigkeit der Zuordnung kulturell relevanter Rechtsakte auch für den kulturellen Bereich.

Dabei gilt der Grundsatz, dass jeder Norm ein ihr angemessener Anwendungsbereich einzuräumen ist. Ein eigener substantieller Anwendungsbereich würde aber Art. 151 EG schon weitestgehend versagt, wenn für die Einschlägigkeit der Binnenmarktkompetenz der Hinweis ausreichte, dass die Binnenmarktkompetenzen auch kulturelle Sachverhalte zu erfassen vermögen.[663] Erübrigte sich mit dem Verweis auf den Querschnittscharakter der Binnenmarktkompetenzen eine Abgrenzung zu einer ebenfalls einschlägigen Sachnorm, würde auf diese Weise methodisch ein Vorrangverhältnis der Binnenmarktbefugnisse gegenüber den sachgebietsorientierten Kompetenzen eingeführt. Dass dieses nicht auf den Querschnittscharakter der Binnenmarktkompetenzen gestützt werden kann, wurde bereits dargelegt.[664]

Auch das Argument, dass der einer Schwerpunktbeurteilung eigene dichotomische Ansatz zur Beurteilung einer Gemeinschaftsmaßnahme an der strukturellen Realität der Binnenmarktbefugnisse vorbeigehe, vermag nicht zu überzeugen. Zwar ist es zutreffend, dass auf der Grundlage der Binnenmarktkompetenzen integrationistische und sektorale Ziele regelmäßig parallel verwirklicht werden. Dieser Stufe zwangsläufig vorgelagert ist jedoch zunächst die *Wahl* der zutref-

---

662 Dass es auch bei der Frage der horizontalen Kompetenzverteilung mittelbar und damit letztlich um die Machtverteilung zwischen Gemeinschaft und Mitgliedstaaten geht vgl. *Nettesheim*, EuR 1993, S. 244 f. sowie unten, Fn. 648 ; ähnlich *Colneric*, EuZW 2002, S. 711; Diesen Zusammenhang verkennt beispielsweise *Basedow*, in: FS f. Everling, S. 67; Dies ändert jedoch nichts daran, dass die Frage der Auswahlentscheidung zwischen verschiedenen Kompetenzgrundlagen eine dogmatisch-strukturell andere Situation betrifft als die vertikale Kompetenzabgrenzung.

663 Für Art. 151 EG verbliebe dann nur noch der „reine Kulturbereich“; vgl. zu der geringen Praxisbedeutung eines solcherart definierten Anwendungsbereichs oben Teil 2C.I., Fn. 620.

fenden Gemeinschaftskompetenz. Dies macht eine Abgrenzung der Anwendungsbereiche der in Frage kommenden Normen erforderlich.

Dabei darf es für die Abgrenzung nicht darauf ankommen, dass eine der in Frage kommenden Normen ein gemeinschaftliches Vorgehen in einer bestimmten Form kompetenziell ausschließt.[665] Liegt mit anderen Worten der Schwerpunkt einer Maßnahme im kulturellen Sektor, in dem gemäß Art. 151 Abs. 5 EG Harmonisierungsmaßnahmen ausgeschlossen sind, kann nicht eine andere, binnenmarktbezogene Kompetenzgrundlage für eine Harmonisierung mit dem Argument herangezogen werden, Art. 151 EG lasse entsprechendes nicht zu.[666] Dies stellte das seitens des Gemeinschaftsgesetzgebers vorgesehene System abgestufter Handlungs- und Integrationsbefugnisse auf den Kopf und führte die Absicht, der gemeinschaftlichen Integration in bestimmten Bereichen eine ausdrückliche Schranke zu setzen *ad absurdum*.[667] Der Verweis auf den Querschnittscharakter der binnenmarktorientierten Integrationsbefugnisse vermag somit im Ergebnis keine überzeugenden Argumente gegen eine Schwerpunktabgrenzung zu liefern.

2. Unvereinbarkeit mit dem Grundsatz der Wahrung des *Acquis Communautaire*?

Gegen eine Abgrenzung nach dem Schwerpunkt einer Maßnahme wird weiterhin vorgebracht, dass sich hieraus eine Einschränkung der Anwendbarkeit der Grundfreiheiten ergeben könne. Das Schwerpunktmodell könne zu einem Konflikt zwischen der Zielsetzung der Besitzstandswahrung gemäß Art. 2, 5. Spiegelstrich EUV und einer im Vergleich zu früher eingeschränkten Möglichkeit der Inanspruchnahme der Grundfreiheiten bei kulturellen Sachverhalten füh-

---

664 Vgl. hierzu die Ausführungen unter Teil 2 C.II.

665 Vgl. ebenso EuGH Rs. C-84/94 (Vereinigtes Königreich/Rat), Slg. 1996, I-5755, Rdn. 21 (Abgrenzung der Anwendungsbereiche von Art. 100 und 100a EG einerseits und Art. 118a EG anderseits nach dem Hauptziel der beabsichtigten Maßnahme und nicht danach, dass im ersteren Fall allgemeine Maßnahmen, im letzteren aber nur Einzelmaßnahmen erlassen werden können).

666 In diese Richtung gehen allerdings die Ausführungen des Generalanwalts *Fennelly*, wenn er in seinen Schlussanträgen zur Tabakwerbeverbotsrichtlinie ausführt, dass es völlig klar sei, „dass Art. 129 Absatz 4 EG-Vertrag (a.F., d.Verf.) keine Rechtsgrundlage für die Werberichtlinie darstellt, da Harmonisierungsmaßnahmen ausgeschlossen sind.“, EuGH Rs. 376/98 (Tabakwerbeverbotsrichtlinie), Slg. 2000, I-8419, Rdn. 69; ebenso *Möstl*, EuR 2002, S. 338 (bereits kein horizontaler Kompetenzkonflikt).

667 Vgl hierzu EuGH Rs. 376/98 (Tabakwerbeverbotsrichtlinie), Slg. 2000, I-8419, Rdn. 79.

ren.[668] Nach dem in Art. 2, 5. Spiegelstrich EUV positivierten Grundsatz des *acquis communautaire* ist die volle Wahrung und Weiterentwicklung des gemeinschaftlichen Besitzstandes ein Ziel der europäischen Union.[669] Dieses beinhaltet den Auftrag an die Gemeinschaft, den erreichten Status quo gemeinschaftlicher Integration zu wahren. Zumeist wird davon ausgegangen, dass zum gemeinschaftlichen Besitzstand „die Gesamtheit des primären, sekundären und ungeschriebenen Gemeinschaftsrechts in der Auslegung, die es durch den EuGH gefunden hat", gehört.[670] Die durch den Maastrichter Unionsvertrag bewirkte Vertragsänderung habe den Bestand der Gemeinschaftskompetenzen also nicht reduzieren wollen.[671]

Wie zuvor ausgeführt, enthält Art. 151 EG als Kehrseite der Kompetenzübertragung zwar tatsächlich einen kompetenzschützenden Gehalt zugunsten der kulturellen Hoheitsbereiche der Mitgliedstaaten.[672] In Anbetracht des Umstands, dass einzelnen Kompetenznormen unterschiedliche Integrationspotentiale innewohnen, dreht es sich bei der Frage der Auswahl zwischen mehreren Gemeinschaftskompetenzen, das heißt bei der horizontalen Kompetenzverteilung, letztlich mittelbar immer auch um die Frage der Machtverteilung zwischen Gemeinschaft und Mitgliedstaaten.[673] Auf der Grundlage der einen und nicht einer anderen Befugnis vorzugehen, kann für die Gemeinschaft wie beispielsweise im Fall von Art. 151 EG *in concreto* bedeuten, sich mit einem reduzierten Handlungsinstrumentarium begnügen zu müssen.[674]

---

668 *Novoczyn*, S. 134; vgl. auch *Sparr*, in: Schwarze, EUV, Art. 151, Rdn. 8; Von Teilen der Literatur werden in Ansehung des wahrgenommenen Konflikts rein ergebnisorientierte Schlussfolgerungen gezogen. Es könne nicht angehen, dass die durch den EUV bewirkten Vertragsänderungen im Hinblick auf den *acquis communautaire* relativiert würden beziehungsweise dass dieser zu einer derart unveränderlichen Größe gemacht werde, dass selbst eine Vertragsänderung ihn nicht mehr tangieren könne, *Berggreen*, RdJB 1992, S. 442; *Habitzel*, S. 22.

669 Ausdrückliche Erwähnung dieses Ziels auch in Art. C Abs. 1 EUV und in der Präambel zum Protokoll über die Sozialpolitik.

670 *Dohms*, RdJB 1992, S. 452; vgl. *Niedobitek*, EuR 1995, S. 354 f. m.w.N.

671 *Dohms*, RdJB 1992, S. 459; vgl. auch für Art. 149, 150 EG *Lenaerts*, CMLR 1994, S. 8 („that at least the corpus of legislation prepared on the basis of Article 128 EEC should fall under, and should be able to be built upon pursuant to, the new provisions").

672 Vgl. hierzu die Untersuchungen oben unter Teil 2 B.IV.4.b).

673 Vgl. hierzu *Nettesheim*, EuR 1993, S. 244 f. und Fn. 648.

674 Vgl Teil 2 B.V.

Bei Vorliegen eines ausreichenden Anknüpfungspunkts[675] stehen der Gemeinschaft die binnenmarktbezogenen Handlungsbefugnisse aber nach wie vor zur Verfügung, auch wenn hiervon mitgliedstaatliche Kulturkompetenzen betroffen sind, die der Gemeinschaft nach Art. 151 EG nicht mitübertragen wurden. Binnenmarktorientierte Maßnahmen mit Relevanz für den Kulturbereich bleiben bei Vorliegen der entsprechenden Voraussetzungen also nach wie vor möglich. Sofern geplante Maßnahmen kulturellen Bezüge aufweisen, ist die Gemeinschaft in Ansehung von Art. 151 EG jedoch nunmehr gezwungen, sich mit der Frage der zutreffenden Kompetenzgrundlage positiv auseinander zusetzen und die Gründe für die Auswahl aufzudecken. Hierdurch wird der Status quo des gemeinschaftlichen Regulierungsinstrumentariums nicht grundsätzlich beschnitten. Einem ungebremsten Regulierungsdrang auf der Grundlage der Binnenmarktkompetenzen wird jedoch durch Art. 151 EG, da dieser einen eigenen Anwendungsradius beansprucht, Einhalt geboten.[676] Die hierdurch bewirkte Grenzziehung gegenüber einer extensiven Auslegung der Querschnittskompetenzen führt im Ergebnis zu einer tendenziellen Rückführung dieser Befugnisse auf ihren eigentlichen Sinn- und Zweckgehalt.

Letztlich werden somit durch Art. 151 EG und dessen Aktivierung nach Schwerpunktkriterien im Grunde aber keine Grenzen für den Anwendungsbereich der Grundfreiheiten errichtet, denen diese *de iure* nicht auch schon vor Einführung von Art. 151 EG unterlegen hätten.[677] In Art. 151 EG haben diese Grenzen jedoch im Unterschied zu früher ihre unzweideutige gemeinschaftsprimärrechtliche Positivierung für den Kulturbereich erfahren. Im Ergebnis führt die Schwerpunktabgrenzung also nicht zu einer Erschwerung der Realisierung des Binnenmarktes. Die Gemeinschaft wird hierdurch aber auf die Verwirklichung dieses Ziels beschränkt.[678] Führt das Resultat der Abgrenzung zu Art. 151 EG als einschlägiger Grundlage und damit zu eingeschränkten Handlungsmög-

---

675 Ein irgendwie gearteter Reflex auf den Binnenmarkt reicht aber nach den insoweit ausdrücklichen Feststellungen des EuGH nicht aus, vgl. Rs. 376/98 (Tabakwerbeverbotsrichtlinie), Slg. 2000, I-8419, Rdn. 83 und 107.

676 Andere Rechtsgrundlagen dürfen gerade nicht herangezogen werden, um ein sektorales Harmonisierungsgebot zu umgehen, vgl. EuGH, Rs. 376/98 (Tabakwerbeverbotsrichtlinie), Slg. 2000, I-8419, Rdn. 77 bis 79.

677 *Ress/Ukrow*, in Grabitz/Hilf, EUV, Art. 151, Rdn. 68 f.; *Niedobitek*, EuR 1995, S. 373.

678 *Rosenthal*, S. 81.

lichkeiten, manifestiert sich hierin insofern nur der Wille des Gemeinschaftsgesetzgebers, der für diesen Bereich keine vertiefte Integration gewünscht hat.[679]

Weiterhin ist zu berücksichtigen, dass der gemäß Art. 2, 5. Spiegelstrich EUV erstmals im primären Gemeinschaftsrecht verwendete Begriff des "gemeinsamen Besitzstands" aus dem Zusammenhang der Beitrittssituation neuer Mitgliedstaaten stammt. In diesem Kontext sollte er den für die beitretenden Mitglieder verbindlichen, vollständigen Bestand primär- und sekundärrechtlicher sowie ungeschriebener Rechtsvorschriften, aber auch sonstige auf die Gemeinschaft bezogene Äußerungen des Rates und der Mitgliedstaaten sowie Urteile des Gerichtshofs kennzeichnen.[680] Die beitretenden Staaten sollten sich, vorbehaltlich etwaiger Übergangsbestimmungen, in jeder Hinsicht in der gleichen Situation wie die anderen Mitgliedstaaten befinden. Mag eine derart überwiegend quantitative Besitzstandsbestimmung für das skizzierte Beitrittsszenario nachvollziehbar sein, erscheint ein solches Verständnis im Zusammenhang mit der durch den Unionsvertrag geschaffenen neuen Kompetenzordnung als nicht zwangsläufig. Im Kontext der Vertragsänderung zwischen den der Gemeinschaft bereits angehörenden Mitgliedstaaten erscheint ein auch in qualitativer Hinsicht zu definierender Begriff angemessener, der auch Korrekturen im Hinblick auf überdehnte Kompetenzinanspruchnahmen zulässt und somit ein qualitatives Wachstum ermöglicht. Dies zeigt sich zum einen schon darin, dass gemäß Art. 2, 5. Spiegelstrich EUV der Union nicht nur die Wahrung sondern auch die *Weiterentwicklung* des Besitzstands aufgetragen worden ist. Der Begriff der Entwicklung spricht aber gegen eine rein quantitativ verstandene Vermehrung von Gemeinschaftsakten.[681] Zudem war die Besitzstandsklausel eingeführt worden um zu verdeutlichen, dass dem mit der zweiten und dritten Säule[682] eingeführten Verfahren der Zusammenarbeit auf dem Weg zu einer weiteren Integration ein bloßer Übergangscharakter zukommen sollte.[683] Insoweit sollte der Begriff des gemeinsamen Besitzstands die „Philosophie des Systems“, die wesentlichen

---

[679] Vgl. EuGH, Rs. 376/98 (Tabakwerbeverbotsrichtlinie), Slg. 2000, I-8419, Rdn. 79; vgl. auch EuGH Rs. C-84/94 (Vereinigtes Königreich/Rat), Slg. 1996, I-5755, Rdn. 21.

[680] Vgl. hierzu *Niedobitek*, EuR 1995, S. 356 m.w.N.

[681] So auch *Niedobitek*, EuR 1995, S. 357.

[682] D.h. der gemeinsamen Außen- und Sicherheitspolitik einerseits sowie der Zusammenarbeit in den Bereichen Justiz und Inneres andererseits.

[683] Vgl. *Dehousse*, in: *ders.*, Europe after Maastricht, S. 10.

Grundsätze und Merkmale des Gemeinschaftsrechts bezeichnen, nicht hingegen jedweden Gemeinschaftsakt.[684]

Vor diesem Hintergrund kann die durch eine Schwerpunktabgrenzung verursachte Rückführung der Binnenmarktkompetenzen auf ihren eigentlichen Sinn und Zweck nicht als Verstoß gegen den Grundsatz der Wahrung des *acquis communautaire* gewertet werden.

IV. Die Rechtsprechung des Europäischen Gerichtshofs

Der EuGH geht in ständiger Rechtsprechung davon aus, dass die Zuordnung einer Maßnahme zu einer Kompetenznorm auf objektiven, gerichtlich nachprüfbaren Umständen beruhen muss. Abzustellen ist hierzu auf das Ziel und den Inhalt des fraglichen Rechtsakts, wobei die Erwägungsgründe maßgeblich zu berücksichtigen sind.[685]

Was die horizontale Abgrenzung zwischen sektorenspezifischen Kompetenzen und binnenmarktorientierten Querschnittsbefugnissen anbelangt, war seine Rechtsprechung nicht immer einheitlich.[686] Zwar liegt im Hinblick auf die hier interessierende Kulturklausel keine nennenswerte Rechtsprechung vor. Angesichts der vergleichbaren Problematik ist für die vorliegende Frage jedoch die Rechtsprechung des Gerichtshofs insbesondere zu den Zielkonflikten zwischen

---

684 *Pescatore*, RDTE 1981, S. 620.

685 Ausführlich zum seitens des EuGH in st. Rspr. angewendeten zweistufigen Modell, vgl. *Schröer*, Die Kompetenzverteilung, S. 99 f., m.w.N.; *ders.*, EuZW 1992, S. 208 f. (1. Stufe: Existenz eines expliziten oder stillschweigend vorausgesetzten, methodischen Konkurrenzverhältnisses der in Frage kommenden Normen; bspw. EuGH, Rs. 45/86 (Kommission/Rat), Slg. 1987, 1493, 1520; 2. Stufe: Bei Fehlen eines methodischlogisches Konkurrenzverhältnisses Ermittelung der einschlägige Rechtsgrundlage nach dem Ziel und Inhalt der gemeinschaftlichen Regelung; Maßgeblichkeit der objektiven Umstände, insbesondere Ziel und Inhalt des Rechtsakts, vgl. bspw. EuGH, Rs. 45/86 (Kommission/Rat), Slg. 1987, 1493, Rdn. 11; Rs. 68/86 (Vereinigtes Königreich/Rat), Slg. 1988, 892, Rdn. 24; Rs. C-268/94 (Portugal /Rat), Slg. 1996, I-6177, Rdn. 22; vgl. auch die eingehende Rechtsprechungsanalyse von *Breier*, EuR 1995, S. 47 ff. sowie zu den noch problematischen Fragen *Schröer*, ibidem, S. 142 ff.

686 Generalanwalt *Fennelly* bezeichnet in seinen Schlussanträgen zur *Tabakwerbeverbotsrichtlinien*-Entscheidung die gerichtliche Überprüfung der Ausübung einer Querschnittszuständigkeit als „ein delikates und komplexes Unterfangen", vgl. Rs. C-376/98 (Tabakwerbeverbotsrichtlinie), Slg. 2000, I-8419, Rdn. 4.

Binnenmarkt- und Umweltschutzbelangen aufschlussreich.[687] Die dort entwickelten Grundsätze sind auch vor dem Hintergrund von Interesse, dass sich der Gerichtshof in diesem Zusammenhang mit der Bedeutung der umweltrechtlichen Querschnittsklausel[688] für die Frage der Abgrenzung zwischen Binnenmarkt und Umweltschutz auseinander zusetzen hatte.

In dem bekannten und weithin auf Kritik[689] gestoßenen *Titandioxid*-Urteil[690] ging der Gerichtshof zunächst noch von einer klaren Vorrangstellung[691] der Harmonisierungsvorschrift gemäß Art. 95 EG gegenüber der Umweltschutzkompetenz nach Art. 175 EG aus. Er begründete dies unter anderem mit der umweltrechtlichen Querschnittsklausel. Die dem Verfahren zugrundeliegende *Titandioxidrichtlinie* diene zwar einerseits dem Umweltschutz und damit den Belangen des Art. 174 EG. Umweltrechtliche Vorschriften seien jedoch auch in der Lage, die von ihnen betroffenen Unternehmen zu belasten, so „dass mangels einer Angleichung der einschlägigen nationalen Bestimmungen der Wettbewerb spürbar verfälscht werden könnte."[692] Bei dem vom EuGH hierbei zugrunde gelegten weiten Binnenmarktbegriff, zu dem auch die Schaffung unverzerrter Wettbewerbsbedingungen gehört, war somit auch Art. 95 EG einschlägig. Da angesichts divergierender Verfahren eine Doppelabstützung der Richtlinie auf beide Normen nicht in Frage kam, musste sich der Gerichtshof zwischen beiden Vorschriften entscheiden. Hierzu nahm er Bezug auf die Querschnittsklausel gemäß Art. 6

---

687 Insbesondere zu der Abgrenzung zwischen Art. 175 und Art. 95 EG. Zwar räumen die Umweltschutzklauseln der Gemeinschaft im Ergebnis umfangreichere Kompetenzen ein als die Kulturklauseln. Auch in dem im Umweltschutzbereich ausgetragenen Streit handelt es sich aber letztlich – vermittelt durch die Wahl der jeweiligen Rechtsgrundlage - um die Förderung bzw. Vermeidung einer kompetenziellen Schieflage zwischen der Gemeinschaft und den Mitgliedstaaten, *Voß/Wenner*, NVwZ 1994, S. 335; *Everling*, EuR 1991, S. 182; zur Kompetenzabgrenzung im Umweltbereich vgl. auch *Breuer*, S. 19 ff.

688 Art. 6 EG, vor der Neufassung durch den Amsterdamer Vertrag ehedem Art. 130r Abs. 2, S. 3 EG, wurde bereits durch die Einheitliche Europäische Akte vom 28. Februar 1986, in Kraft seit dem 1.7.1987, ABl. EG 1987 Nr. L 169/29 und damit als erste Querschnittsklausel überhaupt in den Vertrag inkorporiert. Im Umgang mit einer Querschnittsklausel liegt diesbezüglich insofern die längste Erfahrung vor.

689 Vgl. beispielsweise *Everling*, EuR 1991, S. 179, 182; *Epiney*, JZ 1992, 564, 569; *Schröer*, EuR 1991, S. 356; *Ress*, in Kimminich/Lersner/Storm (Hrsg.) HdUR, Sp. 576 f.

690 EuGH Rs C-300/89 (Titandioxid), Slg. 1991, I-2867.

691 Vgl. *Ress*, in: Kimminich/Lersner/Storm (Hrsg.), HdUR, Sp. 576, spricht von einer „Spezialvorschrift".

692 EuGH Rs. C-300/89 (Titandioxid), Slg. 1991, I-2867, Rdn. 23.

EG,[693] wonach die Erfordernisse des Umweltschutzes Bestandteil der anderen Gemeinschaftspolitiken sind. Hieraus könne geschlossen werden, so der Gerichtshof, dass eine Maßnahme nicht bereits deshalb unter Art. 175 EG falle, weil mit ihr auch Ziele des Umweltschutzes verfolgt werden. Insofern hätte die Richtlinie auf Art. 95 EG gestützt werden müssen.[694] Die solchermaßen als „Verweisvorschrift" interpretierte Querschnittsklausel führte somit *de facto* zu einem Vorrang der Binnenmarktkompetenz vor der sachbereichsspezifischen Befugnis des Art. 175 EG. Für letztere verblieb hingegen nur ein reduzierter Anwendungsbereich für genuin und ausschließlich umweltbezogene Maßnahmen.[695]

Das zitierte Judikat im *Titandioxid*-Fall verfestigte sich indessen nicht zu einer ständigen Rechtsprechung. Im *Tschernobyl II*-Urteil[696] entschied der Gerichtshof, dass ein marginaler Wettbewerbsbezug für die Anwendung des Art. 95 EG nicht ausreicht. Bewirke ein Rechtsakt „nur nebenbei eine Harmonisierung der Bedingungen für den freien Warenverkehr innerhalb der Gemeinschaft", habe er nicht den Charakter einer Harmonisierungsmaßnahme im Sinne von Art. 95 EG.[697]

Mit dem *Abfallrahmenrichtlinien*-Urteil[698] schlug das Pendel sogar in die entgegengesetzte Richtung aus. Ausgangspunkt für diesen Rechtsstreit war die Richtlinie 91/156/EWG[699] über Abfälle des Rats der Europäischen Gemeinschaften.[700] Nach Ansicht des Rates stellte Art. 175 EG als spezifische Umweltkompetenz die einschlägige Rechtsgrundlage für die Richtlinie dar. Die Kommission, die ihren Vorschlag für die Änderungsrichtlinie auf Art. 95 EG gestützt hatte, klagte daraufhin gemäß Art. 230 Abs. 2 EG auf Nichtigerklärung der Richtlinie. Der

---

693 Art. 130r Abs. 2, S. 2 a.F. EGV.

694 EuGH Rs. C-300/89 (Titandioxid), Slg. 1991, I-2867, Rdn. 25.

695 *Klein/Haratsch*, DÖV 1994, S. 136.

696 Gegenstand dieses Streits war Art. 31 als Kompetenzgrundlage für die Verordnung (Euratom) Nr. 3954/87 des Rates vom 22.12.1987 zur Festlegung von Höchstwerten an Radioaktivität in Nahrungsmitteln und Futtermitteln im Falle eines nuklearen Unfalls oder einer anderen radiologischen Notstandssituation, ABl. EG 987, Nr. L 371, S. 11.

697 EuGH Rs. C-70/88 (Parlament/Rat), Slg. 1991, I-4529, Rdn.. 17.

698 EuGH Rs. C-155/91 (Kommission/Rat), Slg. 1993, I-939.

699 ABl. EG 1991 Nr. L 78, S. 32.

700 Durch die die Rahmenrichtlinie über Abfälle 75/442/EWG, Richtlinie vom 15.7.1975, ABl. EG 1975 Nr. L 194, S. 47, geändert werden sollte.

Gerichtshof führte aus, dass „die strittige Richtlinie ihrem Ziel und Inhalt nach darauf gerichtet“ sei, „die Bewirtschaftung von Industrie- und Haushaltsabfällen im Einklang mit den Erfordernissen des Umweltschutzes sicherzustellen.“[701] Zwar sei einzuräumen, dass einige Bestimmungen der Richtlinie Auswirkungen auf den Binnenmarkt hätten.[702] Doch rechtfertige diese Binnenmarktrelevanz allein noch nicht die Anwendung des Art. 95 EG. Unter Verweis auf seine frühere Rechtsprechung[703] stellt der EuGH fest, dass Art. 95 EG nicht herangezogen werden könne, sofern der zu erlassende Rechtsakt nur *nebenbei* eine Harmonisierung der Marktbedingungen innerhalb der Gemeinschaft bewirke.[704] Dies sei jedoch bei einer Richtlinie der Fall, deren Hauptzweck darin liege, eine im Interesse des Umweltschutzes notwendige effiziente Bewirtschaftung von Abfällen in der Gemeinschaft sicherzustellen.[705] Art. 175 Abs. 1 EG soll mit anderen Worten hiernach sogar dann für eine Umweltschutzmaßnahme heranzuziehen sein, wenn ein Rechtsakt – und dies heißt unmittelbar wettbewerbsrelevant – die Bewirtschaftung von Waren regelt, während die Vorschrift nur dann ausscheidet, wenn der in Frage stehende Rechtsakt gerade der Verwirklichung des freien Warenverkehrs dient.[706]

Auch im *Abfallverbringungs*-Urteil hielt der Gerichtshof das bloße Betroffensein der Errichtung oder des Funktionierens des Binnenmarktes für eine Instrumentalisierung von Art. 95 EG nicht für ausreichend.[707] Zweck der angefochtenen Verordnung sei vielmehr die Sicherstellung des Umweltschutzes mit Hilfe eines harmonisierten Systems von Verfahren.[708] Bemerkenswert ist, dass der EuGH seiner Entscheidung in den zitierten Verfahren anders als in dem früheren *Titandioxid*-Urteil eine andere Prämisse zugrunde legte. Während er dort implizit vorausgesetzt hatte, dass die in Frage stehende Richtlinie zwei untrennbare

---

701 EuGH Rs. C-155/91 (Kommission/Rat), Slg. 1993, I-939, Rdn. 10.

702 EuGH Rs. C-155/91 (Kommission/Rat), Slg. 1993, I-939, Rdn. 18; hier bezog sich der Gerichtshof insbesondere auf den fünften Erwägungsgrund der Richtlinie, in dem ausdrücklich die Beeinträchtigung des Binnenmarkts durch unterschiedliche Rechtsvorschriften im Bereich der Abfallbeseitigung und –verwertung erwähnt wird.

703 Vgl. EuGH Rs. C-70/88 (Parlament/Rat), Slg. 1991, I-4529, Rdn. 17.

704 EuGH Rs. C-155/91 (Kommission/Rat), Slg. 1993, I-939, Rdn. 19.

705 EuGH Rs. C-155/91 (Kommission/Rat), Slg. 1993, I-939, Rdn. 20.

706 *Zöttl*, S. 61.

707 EuGH Rs. C-187/93 (Parlament/Rat), Slg. 1994, I-2874, Rdn 25.

708 EuGH Rs. C-187/93 (Parlament/Rat), Slg. 1994, I-2874, Rdn. 26.

Ziele mit gleicher Intensität verfolgt, die Ziele also nicht gewichtet hatte, untersuchte er im Abfallverbringungsfall, welches der verfolgten Ziele überwiegt. Bewirkt die vorzunehmende Handlung nur nebenbei eine Harmonisierung der Rechtsgrundlagen ist der Rückgriff auf die Binnenmarktkompetenz verwehrt.[709]

Diese Rechtsprechung hat der Gerichtshof auch in seiner späteren, andere Sektoren betreffenden Rechtsprechung bekräftigt.[710] Von besonderem Interesse ist vorliegend die Entscheidung zur *Tabakwerbeverbotsrichtlinie*.[711] Der von der Richtlinie unter anderem betroffene Gesundheitsschutz gemäß Art. 152 EG ist ebenso wie der untersuchungsgegenständliche Kulturbereich originäre Aufgabe der Mitgliedstaaten geblieben. Eine Harmonisierung der Rechts- und Verwaltungsvorschriften ist gemäß Art. 152, Abs. 4, lit. c) EG ausgeschlossen.[712] Nach Art. 3 Abs. 1 bis 3 der in Frage stehenden Richtlinie 98/43/EG[713] wurde jede Form der Werbung und des Sponsoring für Tabakerzeugnisse sowie die indirekte Tabakwerbung mittels sogenannter Diversifizierungsprodukte[714] verboten.[715]

---

709 *Zöttl*, S. 61 f., m.w.N.

710 Vgl. beispielsweise die sogenannte *EDICOM*-Entscheidung, die die Umstellung mitgliedstaatlicher Meldesysteme gemäß Art. 155 EG betraf, EuGH, Rs. C-271/94 (Europäisches Parlament/Rat), Slg. 1996, I-1689. In diesem Verfahren hatte die Kommission vorgebracht, dass Maßnahmen zur Umstellung mitgliedstaatlicher Meldesysteme für Daten über den Warenverkehr auf gemeinschaftsweit operable Systeme nicht auf Art. 155 EG gestützt werden könnten, sondern als Harmonisierungsmaßnahmen nach Art. 95 Abs. 1 EG erlassen werden müssten. Der EuGH bestätigte indessen seine Haltung, dass ein nur marginales Betroffensein des Binnenmarktes nicht ausreiche, um Art. 95 EG zur Anwendung zu bringen, vgl. ibidem, Rdn. 32; vgl. auch EuGH Rs. C-84/94 (Vereinigtes Königreich/Rat), Slg. 1996, I-5755, Rdn. 22 („Hauptziel") und Rdn. 45ff., in dem es um die Sicherheit und Gesundheit von Arbeitnehmern ging; ebenso EuGH Rs. C-42/97 (Europäisches Parlament/Rat), Slg. 1999, I-869, Rdn. 40 (industrielle oder kulturelle Komponente als von „wesentlicher" bzw. „überwiegender" oder „untergeordneter" Bedeutung).

711 EuGH Rs. C-376/98 (Tabakwerbeverbotsrichtlinie), Slg. 2000, I-8419; vgl. ausführlich hierzu *Simma/Weiler/Zöckler*, Kompetenzen und Grundrechte: Beschränkung der Tabakwerbung aus der Sicht des Europarechts, Berlin 1999.

712 In Anbetracht der Nichtigerklärung des *Tabakwerbeverbotsrichtlinie* durch den EuGH hat die Kommission einen neuen Richtlinievorschlag zum Verbot von Tabakwerbung vorgelegt, KOM (2001) 283. Die deutsche Bundesregierung hat abermals angekündigt, Klage wegen Kompetenzüberschreitung vor dem EuGH einzureichen, vgl. *FTD* vom 24.01.2003, S. 16.

713 Richtlinie des Europäischen Parlaments und des Rates vom 6.7.1998, ABl. EG 1998 L 213, S. 9; zur Entstehungsgeschichte vgl. *Kreile/Rahn*, ZUM 1998, S. 820, 821 f.

714 Bspw. Camel Boots, Davidoff Parfum etc.

Die Richtlinie war auf der Grundlage binnenmarktspezifischer Harmonisierungskompetenzen erlassen worden.[716] Die Kläger gingen hingegen davon aus, dass der tatsächliche Schwerpunkt der Richtlinie nicht im Bereich des Binnenmarkts sondern im Bereich des Schutzes der öffentlichen Gesundheit liege.[717] In diesem Bereich verfüge die Gemeinschaft allerdings nicht über eine geeignete Kompetenzgrundlage.[718] Die Kommission und auch der Generalanwalt argumentierten demgegenüber unter Berufung auf die *Titandioxid*-Entscheidung, dass die Ziele des Binnenmarkts und des Gesundheitsschutzes nebeneinander stünden und daher letztere auch im Rahmen der Binnenmarktkompetenzen verwirklicht werden könnten.[719]

Der EuGH hat die Frage, ob die Maßnahme tatsächlich den Gesundheitsschutz als Hauptziel verfolgt, zwar ausdrücklich dahinstehen lassen.[720] Er musste jedoch auch keine Abgrenzungserwägungen zwischen den relevanten Binnenmarkt- sowie Gesundheitsschutzvorschriften anstellen, da Art. 152 EG[721] angesichts des dort enthaltenen ausdrücklichen Harmonisierungsverbots als mögliche Rechtsgrundlage für die Richtlinie ohnehin nicht in Frage kam.[722] War der

---

715 Abgesehen von der Fernsehwerbung sowie geringfügiger Ausnahmen gemäß Art. 3 Abs. 5 EG. Erstere war bereits aufgrund der sog. *Fernsehrichtlinie* 89/552/EWG vom 3.10.1989, ABl. EG 1989 L 298, S. 23, verboten worden.

716 Art. 57 Abs. 2 a.F. i.V.m. Art. 66 a. F. EGV (Art. 47 Abs. 2 n. F. i.V.m. Art. 55 n. F. EG) sowie Art. 100a a.F. EGV (Art. 95 n. F. EG).

717 EuGH Rs. C-376/98 (Tabakwerbeverbotsrichtlinie), Slg. 2000, I-8419, Rdn. 32 ff.; vgl. hierzu auch *Obergfell*, TELF 2000/01, S. 157 m.w.N.

718 Hiervon ging auch die h. M. in der wissenschaftlichen Diskussion aus, vgl. beispielsweise *Wägenbaur*, EuZW 1999, S. 147; *Schwartz*, AfP 1998, S. 561; *Kreile/Rahn*, ZUM 1998, S. 828; *Di Fabio*, AfP 1998, S. 570; *Stein*, ZLR 1998, S. 213; *Obergfell*, TELF 2000/01, S. 154 m.w.N.; *Simma/Weiler/Zöckler*, S. 50 ff., 52.

719 Schlussanträge des Generalanwalts *Fennelly* in der Rs. C-376/98 (Tabakwerbeverbotsrichtlinie), Slg. 2000, I-8419, Rdn. 43 und 69, wobei der Generalanwalt im Ergebnis allerdings trotzdem zu dem Schluss kommt, dass der Gemeinschaftsgesetzgeber seine Kompetenzen überschritten hat, ibidem, Rdn. 113.; vgl. zum Rückgriff auf die *Titandioxid*-Rspr. *Obergfell*, TELF 2000/01, S. 157 m.w.N.; ebenso *Nolte*, NJW 2000, S. 1147 f.

720 EuGH Rs. C-376/98 (Tabakwerbeverbotsrichtlinie), Slg. 2000, I-8419, Rdn. 112.

721 Art. 129 a. F EGV.

722 Dies hat der Gerichtshof gleich zu Beginn seiner Würdigung ausdrücklich festgestellt, vgl. Rs. C-376/98 (Tabakwerbeverbotsrichtlinie), Slg. 2000, I-8419, Rdn. 76/77; Dafür, dass entgegen der Auffassung der Kommission auch Art. 100a Abs. 3 a.F. EGV, der für Gemeinschaftsmaßnahmen ein hohes Schutzniveau vorschreibt, selbstverständlich keine

Fußnote fortgesetzt

EuGH somit nicht gezwungen, eine positive Auswahl zwischen mehreren zur Verfügung stehenden Rechtsgrundlagen zu treffen, konnte er sich damit begnügen, die Voraussetzungen der Kompetenznormen, auf die die Richtlinie tatsächlich gestützt worden war, zu prüfen und deren Vorliegen im Ergebnis zu verneinen.[723] Zwar hielt es der Gerichtshof in Anbetracht divergierender nationaler Rechtsvorschriften durchaus für möglich, dass Hemmnisse für den freien Warenverkehr und die Dienstleistungsfreiheit bestehen oder wahrscheinlich entstehen, sowie dass Unternehmen in Mitgliedstaaten mit weniger restriktiven Werbevorschriften begünstigt sein könnten.[724] Weder beträfen diese Hindernisse aber große Teile der bestehenden Formen von Tabakwerbung noch führten die Begünstigungen zu Wettbewerbsverzerrungen, die als spürbar betrachtet werden könnten.[725]

Trotz ausdrücklicher Bejahung der Binnenmarktrelevanz reichte es dem Gerichtshof folglich nicht aus, dass der Binnenmarkt nur entfernt oder mittelbar betroffen ist. Indem er die Voraussetzung für die Bejahung der Binnenmarktkompetenzen durch ein Spürbarkeitskriterium beziehungsweise durch Kriterien der Nähe oder der Unmittelbarkeit ergänzt,[726] wendet er Elemente der Gewichtung von Ziel und Inhalt der Maßnahme an, die im Ergebnis nichts anderes darstellen als eine Schwerpunktabwägung.[727] Andernfalls, d.h. ohne entsprechende wertende Kriterien bestünde – und das stellt der Gerichtshof mit bemerkenswerter Klarheit fest – die Gefahr einer Allzuständigkeit des Gemeinschaftsgesetzge-

---

eigene Kompetenzgrundlage darstellt, vgl. *Obergfell*, TELF 2000/01, S. 157; *Kreile/Rahn*, ZUM 1998, S. 828 m.w.N.; ebenso wie die gesundheitsschutzrechtliche Querschnittsklausel gemäß Art. 129 Abs. 1, UA 3 a.F. EGV ist Art. 100a Abs. 3 a.F. EGV nur einschlägig, wenn die Voraussetzungen der Binnenmarktkompetenz erfüllt sind.

[723] EuGH Rs. C-376/98 (Tabakwerbeverbotsrichtlinie), Slg. 2000, I-8419, Rdn. 105/114 und 115.

[724] EuGH Rs. C-376/98 (Tabakwerbeverbotsrichtlinie), Slg. 2000, I-8419, Rdn. 96/97 und 109; vgl. zur vorliegenden Binnenmarktrelevanz auch *Nolte*, NJW 200, S. 1146.

[725] EuGH Rs. C-376/98 (Tabakwerbeverbotsrichtlinie), Slg. 2000, I-8419, Rdn. 99 und 109.

[726] EuGH Rs. C-376/98 (Tabakwerbeverbotsrichtlinie), Slg. 2000, I-8419, Rdn. 109.

[727] So zum Tabakwerbeverbotsurteil *Stiess/Hellert*, ZUM 2000, S. 1039; wohl auch *Simma/Weiler/Zöckler*, S. 57 (Frage der Gewichtung); *Nolte*, NJW 2000, S. 1145; vgl. weiterhin *Dörr*, Die Spartenkanäle, S. 44 f.; befürwortend auch *Stein*, ZLR 1998, S. 217; auch schon unter Mitberücksichtigung der Kulturklauseln *Dörr/Beucher/Eisenbeis/Jost*, S. 61; vgl. auch *Breier*, EuR 1995, S. 51; *Schröer*, EuZW 1992, S. 209; *Klein/Haratsch*, DÖV 1994, S. 136; *Voß/Wemmer*, NVwZ 1994, S. 336, 337.

bers.[728] Die Einhaltung des Grundsatzes der beschränkten Einzelermächtigung könne auf diese Weise nicht gewährleistet werden.[729] Wie sich aus der seitens der Kommission vertretenen Rechtsauffassung ergibt, die sich ausdrücklich auf die gesundheitsrechtliche Querschnittsklausel gemäß Art. 129 Abs. 1 UA 3 a.F. EGV berufen hatte,[730] besteht diese Gefahr insbesondere für die mit Querschnittsklauseln ausgestatteten Sektoren. Insofern ist das Urteil auch als eine deutliche Absage an die auf die *Titandioxid*-Entscheidung gestützte Auffassung zu verstehen, dass der Gemeinschaftsgesetzgeber auf der Grundlage der Binnenmarktkompetenzen sektorale Belange wie den Gesundheits-, Umwelt- oder Kulturschutz mitregeln kann, ohne die relevanten Binnenmarktinteressen vorher entsprechend zu gewichten.[731]

Zusammenfassend kann aus der zitierten Rechtsprechung also geschlossen werden, dass bei Vorliegen einer Gemengelage von Binnenmarktaspekten sowie anderen sektorenspezifischen Gesichtspunkten nicht schon *per se* der betreffenden Binnenmarktbefugnis der Vorrang zusteht, nur weil ökonomische Aspekte oder Wettbewerbsgesichtspunkte auch eine Rolle spielen.[732] Ein Vorrang lässt sich insbesondere auch nicht anhand von bereichspezifischen Querschnittsklauseln, wie beispielsweise Art. 6 EG oder Art. 151 Abs. 4 EG begründen. Indem der Gerichtshof untersucht, ob eine Maßnahme nur „nebenbei" bestimmte Wirkungen erzielt beziehungsweise zu welchem Bereich eine Maßnahme die größeren Anknüpfungspunkte aufweist, stellt er faktisch nichts anderes als Schwerpunktüberlegungen an.[733]

---

728 EuGH Rs. C-376/98 (Tabakwerbeverbotsrichtlinie), Slg. 2000, I-8419, Rdn. 107.

729 EuGH Rs. C-376/98 (Tabakwerbeverbotsrichtlinie), Slg. 2000, I-8419, Rdn. 83.

730 Schlussanträge des Generalanwalts *Fennelly* in der Rs. C-376/98 (Tabakwerbeverbotsrichtlinie), Slg. 2000, I-8419, Rdn. 43.

731 Anders muss wohl der Generalanwalt verstanden werden, der ausdrücklich zu dem Ergebnis kommt, dass der Gemeinschaftsgesetzgeber seine binnenmarktorientierte Harmonisierungskompetenz hätte ausüben können, Schlussanträge des Generalanwalts *Fennelly* in der Rs. C-376/98 (Tabakwerbeverbotsrichtlinie), Slg. 2000, I-8419, Rdn. 108; vgl. in diesem Sinne auch *Nolte*, NJW 2000, S. 1147.

732 Für den Bereich des Umweltschutzes *Geiger*, EG, Art. 130s Rdn. 7 („geringe Sachnähe zum Komplex Abbau von Handelshemmnissen"); *Hailbronner*, EuGRZ 1989, S. 105; *Voß/Wenner*, NVwZ 1994, S. 336.

733 So beispielsweise *Dörr*, Die Spartenkanäle, S. 45; befürwortend auch *Stein*, S. 1452; auch schon unter Mitberücksichtigung der Kulturklauseln *Dörr/Beucher/Eisenbeis/Jost*, S. 61; *Ress/Ukrow*, in: Grabitz/Hilf, EUV, Art. 151, Rdn. 98; vgl. auch *Breier*, EuR 1995, S. 51; *Schröer*, EuZW 1992, S. 209; *Klein/Haratsch*, DÖV 1994, S. 136;

Fußnote fortgesetzt

V. Die Möglichkeit fortgesetzter Instrumentalisierung von Art. 308 EG?

Wie eingangs erwähnt, wurde auch Art. 308 EG immer wieder für Maßnahmen im Kulturbereich herangezogen. Art. 308 EG ermächtigt den Rat, die geeigneten Vorschriften zwecks Erreichung eines gemeinschaftlichen Ziels zu erlassen, für das im EG keine ausdrückliche Handlungsermächtigung vorgesehen ist. Damit fragt sich, ob die Vorschrift auch noch nach Einführung der Kulturklauseln für Maßnahmen im kulturellen Bereich aktiviert werden und damit das in Art. 151 Abs. 5 EG enthaltene Harmonisierungsverbot faktisch umgangen werden kann.[734]

Mit Art. 3 Abs. 1 lit. q) EG wurde das Ziel der Kulturentfaltung als Gemeinschaftsaufgabe in den Katalog des Art. 3 EG aufgenommen.[735] In Ansehung dieser gemeinschaftseigenen Zielsetzung wird von einem Teil der Literatur die Operationalisierung von Art. 308 EG für kulturelle Ziele nach wie vor für möglich gehalten.[736] Das in Art. 151 Abs. 5 EG enthaltene Harmonisierungsverbot sei gerade der Beweis dafür, dass die „erforderlichen Befugnisse nicht vorgesehen"

Voß/Wemmer, NVwZ 1994, S. 336, 337; a.A. *Möstl*, EuR 2002, S. 337 f., der sich für seine Auffassung allerdings auf die – wie oben ausgeführt - in der Sache überholte *Titandioxid*-Rechsprechung des EuGH Rs. C-300/89 (Titandioxid), Slg. 1991, I-2867, stützt.

734, Wegen der Gefahr für die mitgliedstaatlichen Kompetenzreservoirs hat die Landtagspräsidentenkonferenz unter dem Vorsitz von Thüringen die komplette Streichung von Art. 308 EG gefordert, vgl. den Beitrag von *Christine Lieberknecht*, FAZ vom 23.09.2002, S. 10. Hiergegen wurde zwar teilweise eingewandt, dass den Mitgliedstaaten wegen des Einstimmigkeitsprinzips ein Vetorecht zustünde, vgl. *Bohr/Albert*, ZRP 1993, S. 65. Auch einstimmige Ratsbeschlüsse können jedoch rechtswidrig sein, zutreffend *Dörr/Beucher/Eisenbeis/Jost*, S. 53. Die Frage nach der Möglichkeit einer Inanspruchnahme von Art. 308 EG kann daher auch nach Einführung von Art. 151 EG nicht dahinstehen.

735 Titel 1, Art. 3, Abs. 3 des vom Europäischen Konvents erarbeiteten sowie von den Staats- und Regierungschefs am 18. Juni 2004 angenommenen Vertrags über eine Verfassung für Europa nennt als Ziel der Union die Achtung des Reichtums ihrer kulturellen Vielfalt. Der Verfassungsvertrags Dokument CONV 528/03, kann im Internet auf der Website des Europäischen Konvents unter http://european-convention.eu.int/ ArticlesTraites.asp?lang=DE abgerufen werden.

736 Beispielsweise *Sparr*, in: Schwarze, EUV, Art. 151, Rdn. 11; *Bohr/Albert*, ZPR 1993, S. 65; *Schmahl* für den „gemischten Kulturbereich", S. 234; *Niedobitek*, in: Streinz, EUV/EG, Art. 151, Rdn. 32; *ders.*, EuR 1995, S. 363; *Klein/Haratsch*, DÖV 1993, S. 794, die allerdings in diesem Zusammenhang eine restriktive Anwendung durch Übernahme der Schranken von Art. 151 befürworten.

seien, wie es Art. 308 EG voraussetzt.[737] Teilweise wird auch versucht, die Problematik der divergierenden Handlungsinstrumentarien durch eine restriktive Auslegung von Art. 308 EG zu entschärfen. Die Schranken von Art. 151 EG sollten hiernach kurzerhand in Art. 308 EG „mithineingelesen" werden.[738] Dem wurde von anderer Seite entgegengehalten, dass sich ein Tätigwerden der Gemeinschaft im Bereich der Kulturentfaltung nicht mehr „im Rahmen des Gemeinsamen Marktes" gemäß Art. 308 EG bewege mit der Folge, dass die Vorschrift für kulturelle Maßnahmen nicht mehr zur Verfügung stehe.[739] Das Tatbestandsmerkmal des Gemeinsamen Marktes in Art. 308 EG rekurriere auf den Marktbegriff des Art. 2 EG. Letzterer werde ersichtlich in einer Weise benutzt, die keine vollständige Identität zwischen der Errichtung des Marktes und der in den Artikeln 3 und 4 EG genannten, gemeinsamen Politiken oder Maßnahmen beinhaltet. Diese Trennung dürfe nicht über den Marktbegriff in Art. 308 EG verwischt werden.

Art. 308 EG dient ausweislich der Überschrift bei unvorhergesehenen Fällen als Kompetenzgrundlage zur Schließung von Vertragslücken. Sowohl das Gemeinschaftsziel der Kulturentfaltung gemäß Art. 3 Abs. 1 lit. q) EG als auch Art. 151 EG, der dieses Ziel konkretisiert, wurden gemeinsam im Zuge des Maastrichter Unionsvertrags in den EG aufgenommen. Allein aus diesem Umstand ergibt sich, dass im Zusammenhang mit kulturellen Zielsetzungen jegliche Harmonisierung absichtsvoll ausgeschlossen wurde. Von einem unvorhergesehenen Fall im Hinblick auf eine fehlende kulturelle Harmonisierungsmöglichkeit kann daher schwerlich ausgegangen werden. Konsequent angewendet führte dieser Ansatz, die Existenz eines Gemeinschaftsziels nach Art. 2 und 3 EG jeweils vorausgesetzt, letztlich überall dort, wo der Vertrag Kompetenzbegrenzungen zugunsten der Mitgliedstaaten vorsieht im Wege der Instrumentalisierung von Art. 308 EG zu umfassenden gemeinschaftlichen Handlungsbefugnissen.[740] Dies stellte die differenzierte Vertragssystematik zwischen Zielen, Aufgaben sowie

---

737 So aber *Dittmann/Fehrenbacher*, RdJB 1992, S. 489; undeutlich *Wägenbaur*, in: GS f. Grabitz, S. 855.

738 *Klein/Haratsch*, DÖV 1993, S. 795, unter Berufung auf *Bohr/Albert*, ZRP 1993, S. 65 sowie *Ress*, DÖV 1992, S. 947, denen sich entsprechende Ansätze jedoch nicht wirklich entnehmen lassen; weiterhin *Blanke*, Europa, S. 79.

739 *Ress/Ukrow*, in: Grabitz/Hilf, EUV, Art. 151, Rdn. 111 m.w.N.; *Dohms*, RdJB 1992, S. 461.

740 Im Ergebnis ebenso *Niedobitek*, EuR 1995, S. 364 (...."die schon sophistisch zu nennende Auffassung").

den hierzu eingeräumten Befugnissen auf den Kopf und wäre mit dem Prinzip der begrenzten Einzelermächtigung nicht vereinbar.[741]

Auch eine Verknüpfung von Art. 308 EG mit den verfahrensrechtlichen und sonstigen Schranken nach Art. 151 EG vermag nicht zu überzeugen. Hierdurch würden die jeweils normspezifischen Anwendungsvoraussetzungen verwischt. Im Wege der Auslegung würden somit neue, vom Gemeinschaftsgesetzgeber nicht vorgesehene Normenstrukturen geschaffen.[742]

Aber auch der zuvor zitierte Ansatz der Kritiker einer Anwendbarkeit von Art. 308 EG, der auf den in der Vorschrift verwendeten Marktbegriff rekurriert, lässt sich bei näherer Betrachtung nicht halten. Ausweislich des Wortlauts von Art. 308 EG liegt der Hebel für dessen Operationalisierung in den Gemeinschaftszielen.[743] Auch die Entfaltung des Kulturlebens gemäß Art. 3 Abs. 1 lit. q) EG verkörpert ein Gemeinschaftsziel, auf das sich Art. 308 EG grundsätzlich bezieht.[744] Ist der Gemeinsame Markt ausweislich Art. 2 EG selbst nur Instrument zur Erreichung der dort aufgeführten, auch nicht-ökonomischen Ziele wie beispielsweise die Hebung der Lebenshaltung oder der soziale Zusammenhalt, kann eine Ausgrenzung von nicht-ökonomischen Zielen aus dem Marktbegriff zum Zwecke der Bestimmung des Anwendungsbereichs von Art. 308 EG nicht überzeugen.[745] Die Bezugnahme auf den „Gemeinsamen Markt" gemäß Art. 308 EG muss vor diesem Hintergrund vielmehr dahingehend verstanden werden, dass dieser den Rahmen im Sinne eines gemeinsamen Wirtschaftsraum darstellt, innerhalb dessen die – auch nicht-ökonomischen - Ziele der Gemeinschaft verwirklicht werden.

Für die Frage, ob für Art. 308 EG ein Anwendungsraum verbleibt, muss daher bei der Betrachtung der Zielsetzung nach Art. 3, Abs. 1, lit. q) EG selbst angesetzt werden. Für die Anwendbarkeit der Befugnis zur Vertragslückenschlie-

---

741 Zum Prinzip der begrenzten Einzelermächtigung vgl. oben Teil 2 A. und Teil 2 E.I.

742 Ebenso ablehnend *Niedobitek*, EuR 1995, S. 364.

743 Vgl. die Formulierung „*um*...eines ihrer Ziele *zu* verwirklichen," (Hervorhebung d. V.), während der Gemeinsame Markt nur den „Rahmen" für die Zielverwirklichung darstellt.

744 Nach der Systematik des EG stellen die in Art. 3 EG enumerierten Gemeinschaftspolitiken zugleich Ziele an sich als auch Mittel zur Verwirklichung der in Art. 2 EG formulierten Aufgaben und Ziele dar, vgl. die Ausführungen oben unter Teil 2 A.

745 Im Ergebnis ebenso *Niedobitek*, EuR 1995, S. 363; offengelassen von *Wägenbaur*, in: GS f. Grabitz, S. 855.

ßung könnte sprechen, dass auch Art. 308 EG eine „Maßgabe dieses Vertrages“ darstellt, nach der die in Art. 3 Abs. 1 lit. q) EG genannten Tätigkeiten auszuüben sind.[746] Der EG-rechtliche Aufgabenbereich darf jedoch mittels Art. 308 EG nicht erweitert werden, da ihr insofern eine Kompetenz-Kompetenz fehlt. Mangels beliebiger Integrationskompetenz darf auf die Vorschrift also nicht zum Ausgleich eines Mankos zurückgegriffen werden, das im Bereich anderer Ermächtigungsgrundlagen besteht.[747] Damit ist ausschlaggebend, ob der Art. 3 Abs. 1 lit. q) EG ein Anwendungsfeld für Art. 308 EG eröffnet, das neben Art. 151 EG tritt beziehungsweise über diesen hinausreicht. Voraussetzung für die Operationalisierung von Art. 308 EG ist mit anderen Worten das Vorliegen einer Ziel-Befugnis-Disparität.

Nach Art. 3 Abs. 1 lit. q) EG leistet die Gemeinschaft einen Beitrag zur Entfaltung des Kulturlebens in den Mitgliedstaaten. Auch wenn das so umschriebene Gemeinschaftsziel im Kultursektor als recht vage und inhaltlich offen bezeichnet werden muss, können hieraus gleichwohl Schlussfolgerungen für die vorliegend interessierende Frage gezogen werden. So findet der in Art. 151 EG zur Beschreibung der Gemeinschaftskompetenz benutzte Begriff des "Beitrags" auch in Art. 3 Abs. 1 lit. q) EG Verwendung. Wie im Rahmen von Art. 151 EG manifestiert sich die bloße Komplementarität der gemeinschaftlichen Kulturpolitik darin, dass sie den eigentlichen Primärverantwortlichen „zuarbeitet“, d.h. im eigentlichen Wortsinne *bei-trägt*. Bezugspunkt ist damit regelmäßig die Kulturpolitik der Mitgliedstaaten.[748] Der in dem Begriff „Mitgliedstaaten“ verwendete Plural deutet weiterhin darauf hin, dass die Entfaltung des Kulturlebens in dem jeweiligen mitgliedstaatlichen Kontext zu bewirken ist. Indem sich der gemeinschaftliche Beitrag hierauf bezieht, macht sich die Gemeinschaft zum Verstärker der mitgliedstaatlichen Vielfalt und nicht zum Motor einer Vereinheitlichung.

Die in Art. 3 Abs. 1 lit. q) EG benutzten Formulierungen korrespondieren somit in erheblichen Maße mit Art. 151 Abs. 1 EG. Bereits die Parallelisierung der wesentlichen Koordinaten der gemeinschaftlichen Kulturpolitik spricht dafür, dass es sich bei Art. 151 EG um eine abschließende Konkretisierung im Hin-

---

746 Vgl. die Formulierung in Art. 3 Abs. 1 EG: "Die Tätigkeit der Gemeinschaft ...umfasst nach Maßgabe des Vertrags..."; in diesem Sinne *Ress/Ukrow*, in: Grabitz/Hilf, EUV, Art. 151, Rdn. 111; *Niedobitek*, EuR 1995, S. 363.

747 *Klein*, VVDStRL 50 (1991), S. 62; *Steindorff*, S. 22 ff.; *Stein*, ZLR 1998, S. 217.

748 *Ress/Ukrow*, in: Grabitz/Hilf, EUV, Art. 151, Rdn. 23 f..

blick auf die Zielbestimmung gemäß Art. 3 Abs. 1 lit. q) EG handelt.[749] Dass die in Art. 151 Abs. 1 EG verwendeten Formulierungen spezifischer und entsprechend auch enger sind, ist letztlich nur die zwangsläufige Konsequenz der Konkretisierungsfunktion des Art. 151 EG.

Weiterhin ist zu berücksichtigen, dass die Bezugsobjekte für gemeinschaftliche Beiträge angesichts der offenen Formulierungen in Art. 151 Abs. 2 EG jedenfalls in materieller Hinsicht recht weit ist.[750] Demgegenüber wird der mitgliedstaatliche Hoheitsbereich durch strenge, verfahrensmäßige Kautelen geschützt.[751] Während also die breiten, materiellen Bezugsfelder die Schlussfolgerung zulassen, dass hierdurch das gesamte gemeinschaftliche Betätigungsfeld umrissen sein sollte,[752] implizieren die verfahrensmäßigen „Fesseln", dass die mitgliedstaatliche Souveränität im Kulturbereich unbedingt zu achten ist. Eine entsprechende Normkonzeption lässt aber für die Heranziehung einer Kompetenz zur Lückenschließung keinen Raum.

Schließlich kann nicht unberücksichtigt bleiben, dass die Zielbestimmung des Art. 3 Abs. 1 lit. q) EG im Rahmen der Maastrichter Regierungskonferenz zeitgleich mit Art. 151 EG konzipiert und in den Vertrag aufgenommen wurde. Auch dieser Umstand spricht gegen das Vorliegen einer Lücke und für die Absicht, die gemeinschaftliche Kulturpolitik im Rahmen von Art. 151 EG abschließend zu regeln.[753] Ein Rückgriff auf Art. 308 EG zur Regelung kultureller Angelegenheiten erscheint nach alledem nach Einfügung von Art. 151 EG im Ergebnis nicht mehr möglich.[754]

---

749 A.A. allerdings ohne nähere Begründung *Niedobitek*, in: Streinz, EUV/EG, Art. 151, Rdn. 32.

750 Vgl. *Ress*, DÖV 1992, S. 947; Dies gilt ungeachtet der Frage, ob der Maßnahmenkatalog in Art. 151 Abs. 2 EG abschließenden oder enumerativen Charakter hat, vgl. hierzu oben Teil 2 B.II.

751 Teil 2 B.V.

752 Vgl. *Berggreen-Merkel*, in: Ress/Stein, S. 18 („Was Art. 128 EGV nicht zulässt, ist eben nicht gewollt").

753 Vgl. *Berggreen-Merkel*, in: Ress/Stein, S. 18.

754 Vgl. *Zuleeg*, in: Groeben/Schwarze, EUV/EG, Art. 5, Rdn. 21; *Wemmer*, S. 147; *Berggreen-Merkel*, in: Ress/Stein, S. 18; *Blanke*, Europa, S. 73; *Lenaerts*, CMLR 1994, S. 36; *Geiger*, EG, Art. 128, Rdn. 10; im Ergebnis ebenso *Ress/Ukrow*,: Grabitz/Hilf, EUV, Art. 151, Rdn. 111; a.A. *Niedobitek*, EuR 1995, S. 363; *Bohr/Albert*, ZRP 1993, S. 65; *Klein/Haratsch*, DÖV 1993, S. 794 (allerdings restriktive Anwendung durch Übertragung der Schranken des Art. 151 EG); *Schmahl*, S. 234 für den „gemischten Kul-

Fußnote fortgesetzt

VI. Fazit und weiterer Untersuchungsverlauf

Die vorstehenden Untersuchungen haben ergeben, dass es weder explizite noch implizite methodische Gesichtspunkte gibt, die ein bestimmtes Konkurrenzverhältnis zwischen Art. 151 EG und den Binnenmarktbefugnissen anordnen. Das Verhältnis zwischen dem sektorenspezifischen Art. 151 EG und den binnenmarktorientierten Kompetenzen ist vielmehr weder durch einer Vorrangsstellung zugunsten der einen noch der anderen Normkategorie gekennzeichnet. Die prinzipielle Gleichrangigkeit der Binnenmarkt- sowie der Kulturkompetenzen macht es vielmehr erforderlich, kulturell relevante Maßnahmen jeweils im Einzelfall der einschlägigen Kompetenznorm zuzuordnen. Unter Berücksichtigung des Grundsatzes einer objektivierenden Betrachtung von Inhalt und Ziel einer Maßnahme bietet sich hierfür die Abgrenzung nach dem Schwerpunkt einer Maßnahme an.[755]

Auch der EuGH grenzt sektorale Kompetenzen und Querschnittszuständigkeiten der Sache nach letztlich nach Schwerpunktgesichtpunkten ab, wobei die von ihm in diesem Zusammenhang verwendete Terminologie allerdings uneinheitlich ist. Im Schrifttum finden sich gleichermaßen Vorschläge, die für die Abgrenzung auf Kriterien der objektiven Sachnähe,[756] des Hauptziels[757] oder der

---

turbereich", im „reinen Kulturbereich" seien hingegen keine Harmonisierungen möglich; vgl. auch *Lambers*, EuR 1993, S. 231; *Zuleeg*, DVBl. 1992, S. 1334; vgl. für den Bildungsbereich *Dittmann/Fehrenbacher*, RdJB 1992, S. 482; vgl. nunmehr auch Art. I-17 Abs. 3 des Vertragsentwurfs einer Europäischen Verfassung, nach dem es versagt ist, auf der Grundlage der Flexibilitätsklausel (d.h. gegenwärtig Art. 308 EG) in der Verfassung enthaltene Harmonisierungschranken der Rechts- und Verwaltungsvorschriften zu überspielen, vgl. hierzu auch *Nettesheim*, EuR 2004, S. 520 f.

755 *Dörr*, K&R 1999, S. 99; *Reich*, Schutz diffuser Interessen, S. 300; für den Umweltschutzbereich *Klein/Haratsch*, DÖV 1994, S. 136; *Epiney*, S. 72 ff.; *Zöttl*, S. 69; für den Kultur- und Rundfunkbereich beispielsweise *Dörr*, EWS 1991, 259, 265; *Degenhart*, ZUM 1992, S. 453; *Klein*, VVDStRL 50 (1991), S. 56, 65.

756 Bspw. *Sparr*, in: Schwarze, EUV, Art. 151, Rdn. 10, 11 („objektiv sachnähere Rechtsgrundlage"); *Grabitz/Nettesheim*, in Grabitz/Hilf, EUV, Art. 130s, Rdn. 28 f.; *Nettesheim*, in: v. Bogdandy, Europäisches Verfassungsrecht, S. 476 f.; *Bardenhewer/Pipkorn*, in Groeben/ Thiesing/Ehlermann, EUV/EG, Art. 100a, Rdn. 24 f. („objektiver Wirkungsbereich"); *Krämer*, CMLR 1987, S. 684; *ders.* in; Rengeling (Hrsg.), Europäisches Umweltrecht, S. 159; *Grabitz/Zacker*, NVwZ 1989, S. 301; *Molkenbur*, DVBl. 1990, S. 682.

757 So *Glaesner*, EuR 1986, S. 131; *Müller-Graff*, EuR 1989, S. 133; *Lietzmann*, in: Rengeling (Hrsg.), Europäisches Umweltrecht, S. 178; *Vandermeersch*, ELR 1987, S. 418; *Vorwerk*, S. 92.

Intensität[758] der in Frage stehenden Maßnahme zu bestimmten Materien rekurrieren.[759] Zu divergierenden Ergebnissen im Vergleich zu einer Abgrenzung nach dem Schwerpunkt einer Angelegenheit führen jedoch auch diese Ansätze nicht.

Gegen Schwerpunktgesichtspunkte wurde zwar weiterhin eingewandt, dass sie keine Stütze im Vertrag fänden und somit letztlich willkürlich seien.[760] Daran ist zutreffend, dass die Ermittlung des Schwerpunkts einer Maßnahme stets ein gewisses Maß an Unsicherheit sowie ein Moment der Wertung beinhaltet.[761] Deterministische Festlegungen, d.h. Zuordnungskriterien, die ohne ein gewisses Wertungsmoment auskommen, mögen dem Postulat der Rechtssicherheit genügen, sind aber weder durch den Gemeinschaftsvertrag selbst vorgegeben, noch tragen sie dem komplexen Wirkungsgeflecht der final programmierten EG-Zuständigkeiten Rechnung.[762] Mit Ausnahme der vom EG selbst explizit oder implizit vorgegebenen Normenhierarchie dürften sie dessen Gefüge auch kaum gerecht werden. Überschneidungsbereiche und damit ein gewisses Spannungsverhältnis zwischen sachbereichsunabhängigen Querschnittskompetenzen und sektorenspezifischen Zielverwirklichungsbefugnissen sind vielmehr in der dem Vertrag zugrundeliegenden Struktur selbst angelegt.[763] Eine gewisse Unsicherheit, die aus der am Einzelfall orientierten Suche nach einer angemessenen Abgrenzung resultiert, ist daher durchaus systemimmanent.

Ist eine Maßnahme folglich auf diejenige Rechtsgrundlage zu stützen, auf der ihr Schwerpunkt liegt, reichen jedenfalls nur marginale Integrationsvorteile bezie-

---

758 *Schröer*, Die Kompetenzverteilung, S. 136; *ders.*, EuR 1991, S. 368.

759 Vgl. *Dörr*, K&R 1999, S. 99.

760 *Nettesheim*, EuR 1993, S. 257 ff., deshalb sei eine Unterscheidung zwischen Binnenmarktprodukt- und produktionsnormen bzw. Umweltprodukt- und produktionsnormen durchzuführen. Auch diese Unterscheidung bleibt aber letztlich unklar und ist daher abzulehnen, so zu Recht *Epiney*, S. 72, Fn. 109.

761 So hat beispielsweise der Generalanwalt *Tesauro* im dem Verfahren um die *Titandioxidrichtlinie* herausgearbeitet, dass die unterschiedlichen Auffassungen zwischen Kommission und Rat in dem Rechtsstreit letztlich nicht auf der Anwendung einer unterschiedlichen Zuordnungsmethode basierten, sondern in der Bewertung der Regelungsschwerpunkte der streitgegenständlichen Richtlinie begründet lagen. Obwohl beide Organe von der *„centre-de-gravité“* Kriterium ausgingen, kamen Rat und Kommission zu unterschiedlichen Ergebnissen, vgl. Schlussanträge des GA *Tesauro*, Rs. C-300/89, Slg. 1991, I-2878, 2881.

762 Vgl. auch *Zöttl*, S. 69.

763 *Voß/Wenner*, NVwZ 1994, S. 337; *Degenhart*, ZUM 1992, S. 453.

hungsweise mittelbare Auswirkungen auf den Binnenmarkt oder dessen Wettbewerbsbedingungen nicht aus, um ein Vorgehen der Gemeinschaft auf dieser Grundlage zu legitimieren.[764] Die Gemeinschaft kann also zwar nach wie vor auf der Basis anderer Ermächtigungsgrundlagen kulturell relevante Maßnahmen ergreifen, allerdings nur soweit deren funktionale Ausrichtung im Hinblick auf die Errichtung des Binnenmarkts reicht.[765] Daneben existieren kulturelle Freiräume der Mitgliedstaaten, die nicht durch Gemeinschaftsrechtssetzung "wegreguliert" werden dürfen.[766] Durch die Einfügung von Art. 151 EG ist die Gemeinschaft gezwungen, bei Maßnahmen mit Kulturrelevanz eine echte Auswahlentscheidung zu treffen. Liegen keine hinreichenden Anknüpfungspunkte zum Binnenmarkt vor, ist sie auf das nach Art. 151 EG eröffnete, reduzierte Instrumentarium verwiesen. Auf diese Weise ist gewährleistet, dass Art. 151 EG im Vertragskontext, insbesondere im Hinblick auf die binnenmarktrelevanten Querschnittskompetenzen, ein angemessener Anwendungsbereich zukommt mit der Folge der von der Norm ausgehenden Schutzwirkungen zugunsten der mitgliedstaatlichen Kulturhoheit.[767] Jedenfalls in gesetzessystematischer Hinsicht handelt es sich bei der Kulturklausel somit keinesfalls nur um eine wohlmeinende Ab-

---

764 Vgl. hierzu auch die Ausführungen von *Frey*, Fernsehen, S. 226.

765 Vgl. zur Notwendigkeit der strengen Beachtung der Funktionalität einer Maßnahme im Hinblick auf die Errichtung des Binnenmarkts *Simma/Weiler/Zöckler*, S. 27.

766 Vgl. *Dörr*, Die Rolle des öffentlich-rechtlichen Rundfunks, S. 36; *Fechner*, in: Handbuch des Europäischen Rechts, Art. 128, Rdn. 29; vgl. auch *Schwartz*, AfP 1993, S. 417; a.A. wohl *Roider*, S. 53, nach der die Koordinierungsbefugnis der Gemeinschaft gemäß Art. 47 Abs. 2 EG so weit reicht, wie die im Rahmen nationaler Kulturpolitik zwingenden Gründe des Allgemeininteresses Beschränkungen des Dienstleistungsverkehrs zu rechtfertigen vermögen.

767 Dieser Ausstrahlungswirkung kann nicht mit dem Verweis auf die Rs. C-11/95 (Kommission/Belgien), Slg. 1996, I-4115, Rdn. 50, entgegen getreten werden, nach der das Vorbringen der belgischen Regierung, Art. 151 EG erlaube es den Mitgliedstaaten in Abweichung von den Regelungen der Fernsehrichtlinie Sendungen aus anderen Mitgliedstaaten einer erneuten Kontrolle zu unterwerfen, zurückgewiesen wurde. A.A. *Frey*, Fernsehen, S. 230, der hieraus geschlossen hat, dass, wenn Art. 151 EG schon nicht den Anwendungsbereich eines Sekundärakts beschränken, die Vorschrift dann erst recht nicht die Grenzen einer primärrechtlichen Rechtssetzungsbefugnis einschränken könne. Die Problematik der Abweichungsmöglichkeit für Mitgliedstaaten von bereits harmonisierten Rechtsbereichen zu der Frage der Abgrenzung mehrerer Gemeinschaftskompetenzen und dem gegebenenfalls mittelbar vermittelten Schutz zugunsten der Mitgliedstaaten, sind jedoch dogmatisch streng von einander zu trennende Fragen.

sichtserklärung.[768] Dieser Befund wird dadurch erhärtet, dass sich die Gemeinschaft auch nicht durch einen Rückgriff auf Art. 308 EG dem Anwendungsanspruch von Art. 151 EG entziehen kann.[769]

Der zunächst aus der isolierten Betrachtung von Art. 151 EG gewonnene Grundsatz der Schonung kultureller Hoheitsräume der Mitgliedstaaten wird somit nicht etwa durch eine nur nachrangig gebotene Berücksichtigung im Hinblick auf andere Gemeinschafskompetenzen wieder zunichte gemacht. Ihnen stehen mit anderen Worten hier Gestaltungsspielräume zu, innerhalb derer sie ihre Kulturpolitik eigenständig definieren dürfen. Eine Vergemeinschaftung des Kultursektors ist nicht erfolgt.[770]

Bisher wurde im Rahmen der Untersuchung davon ausgegangen, dass die für den Kulturbereich aufgezeigten Ergebnisse auch für den Rundfunksektor von Bedeutung sind. Diese Prämisse ist jedoch nur dann zutreffend, sofern die Subsumtion des Rundfunks unter den Begriff der Kultur gemeinschaftsrechtlich zulässig ist. Damit die zuvor entwickelten Schlussfolgerungen auch auf den Rundfunksektor übertragen werden können, muss also sichergestellt sein, dass dem EG-rechtlich nichts entgegensteht. Für die Zwecke der untersuchungsgegenständlichen Fragestellung ist daher zwar eine umfassende und erschöpfende Beschäftigung mit dem Kulturbegriff und seinen Konturen nicht notwendig.[771] Erforderlich ist aber die Klärung, ob der Kulturbegriff nach Art. 151 EG auch den Rundfunksektor umfasst beziehungsweise zumindest für ein solches Verständnis offen ist.

D. Der Kulturbegriff des Art. 151 EG

Zunächst stellt sich damit die Frage, ob überhaupt eine verbindliche Definition des Kulturbegriffs im Sinne von Art. 151 EG existiert, die darüber Auskunft zu

---

768 Ob der EuGH die Vorschrift entsprechend aktiviert bleibt abzuwarten; Wenig zuversichtlich, dass sich die EG im Rundfunkbereich nach Einfügung der Kulturklauseln größere Zurückhaltung auferlegen wird, *Hesse*, JZ 1993, S. 548

769 Vgl. hierzu Teil 2 C.V.

770 So im Ergebnis *Oppermann*, Deutsche Rundfunkgebühren, S. 78; *Dörr*, Die Rolle des öffentlich-rechtlichen Rundfunks, S. 26 ff.; *ders.*, Die Spartenkanäle, S. 39; *Bohr/Albert*, ZRP 1993, S. 61; *Engelhard*, in: Lenz, EG, Art. 128, Rdn. 2; *Geiger*, EG, Art. 128, Rdn. 10.

771 Auf die diesbezüglich bestehenden erheblichen Unsicherheiten wird allenthalben verwiesen, vgl. *Kruse*, EWS 1996, S. 113; *Ress*, Kultur, S. 24 f.; *Ipsen*, in: GS f. Geck, S. 340 f.

geben vermag, ob das Gemeinschaftsrecht den Rundfunksektor dem Kulturbereich zuordnet oder nicht (Teil 2 D.I.). Sofern dies zu verneinen ist, muss untersucht werden, auf wessen Verständnishorizont für die Frage der Zulässigkeit einer entsprechenden Zuordnung abzustellen ist (Teil 2 D.II). Vor dem Hintergrund, dass Einheitlichkeit und effektive Durchsetzung des Gemeinschaftsrechts gewahrt werden müssen, sind Vorgaben desselben, soweit vorhanden, angemessen zu berücksichtigen (Teil 2 D.III.). Auf der anderen Seite kann der Umstand, dass keine Vergemeinschaftung des Kulturbereichs stattgefunden hat, auch bei der Begriffsbestimmung nicht außer Acht bleiben (Teil 2 D.IV.).

I. Existenz eines gemeinschaftsautonomen normativen Kulturbegriffs?

Zunächst stellt sich also die Frage nach der Existenz eines gemeinschaftsautonomen normativen Kulturbegriffs.

1. Grundsätzliches

Weder das geschriebene Gemeinschaftsrecht noch die Rechtsprechung des EuGH weisen eine Definition für den Begriff der Kultur auf.[772] Vor Einfügung der Kulturvorschriften durch den Maastrichter Unionsvertrag tauchte der Begriff der „Kultur" oder ein mit diesem im Zusammenhang stehender Ausdruck in den Gemeinschaftsverträgen überhaupt nicht auf. Dies gilt mit Ausnahme des in Art. 30 EG verwendeten Terminus des „nationalen Kulturguts".[773] Hinsichtlich der zuvorgenannten Bezeichnung liefert aber ebenfalls weder das sekundäre Gemeinschaftsrecht noch die Rechtsprechung des EuGH Formulierungen, auf die im vorliegenden Zusammenhang zurückgegriffen werden könnte.[774] Da der Vertrag im übrigen von Anfang an keine Bereichsausnahme zugunsten der Kultur vorgesehen hatte,[775] die eine Begriffsbestimmung zwecks Abgrenzung der Sou-

---

[772] *Hochbaum*, BayVBl. 1997, S. 642 m.w.N. („gemeinschaftsrechtlich ungeklärter Rechtsbegriff"); vgl. auch *Sparr*, in: Schwarze, EUV, Art. 151, Rdn. 5 („wird von ihm (d.h. vom EG, d. V.) vorausgesetzt").

[773] Dies allerdings auch nur in der deutschen Fassung; Die gleichermaßen verbindlichen übrigen Fassungen verwenden andere Begriffe, z.B. „trésors nationaux" in der französischen Fassung, „national treasures" im englischen Text, „patrimonio artistico" in der italienischen und spanischen Fassung, vgl. hierzu *Ress*, Kultur, Fn. 36.

[774] Dazu, dass der Gemeinschaftsvertrag vielmehr die nationalen Kulturgütervorschriften voraussetzt, vgl. *Jayme*, in Reichelt, S. 13; *Pescatore*, RTDE 1985, S. 456; vgl. weiterhin hierzu ausführlich für das geschriebene und ungeschriebene primäre Gemeinschaftsrecht sowie für das sekundäre Gemeinschaftsrecht *Schmahl*, S. 43 ff.

[775] Vgl. hierzu eingangs Teil 2 A.

veränitätssphären erforderlich gemacht hätte,[776] ist es nicht zur Entwicklung eines einheitlichen Kulturbegriffs gekommen.[777] Der Herausformung verlässlicher Kriterien auf europäischer Ebene war weiterhin wenig zuträglich, dass die Kulturpolitik erst Anfang der siebziger Jahre für die Gemeinschaft schrittweise relevant wurde.[778] Der Umgang mit dem Begriff der Kultur ist somit durch Unsicherheiten gekennzeichnet.[779]

Diese Schwierigkeiten bei der Formulierung einer einheitlichen Kulturdefinition sind aus dem nationalen Recht wohl bekannt.[780] Sie hängen zum einen damit zusammen, dass es sich bei dem Begriff der Kultur um einen unbestimmten Rechtsbegriff handelt, der je nach in Bezug genommenem Sachverhalt unterschiedliche Bedeutungsinhalte erlangen kann.[781] Zum anderen müsste eine Definition die Entwicklungsoffenheit und Dynamik der zugrundeliegenden Bezugsgegenstände und damit des Begriffs als solchem widerspiegeln.[782] Schließlich führt die der Kultur immanente Eigengesetzlichkeit, sich in ihrem Selbstverständnis im wesentlichen außerhalb hoheitlicher Räume zu entwickeln, zu reflektieren und zu kommunizieren zu einer gewissen Definitionsfeindlichkeit an sich.[783] All diese bereits aus dem nationalen Kontext bekannten Erschwernisse

---

776 Darauf weist zutreffend *Ress*, Kultur, S. 27, hin.

777 *Ress/Ukrow*, in: Grabitz/Hilf, EUV, Art. 151, Rdn. 11; weiterhin *Gasse*, S. 48 m.w.N.; vgl. zu den Ansätzen auch auf europäischer Ebene sich dem Kulturbegriff durch eine Aufzählung der hierunter gefassten Bereiche zu nähern *Wemmer*, S. 13 f.; *Ress*, DÖV 1992, S. 950; *ders.*, Kultur, S. 25 f.

778 *Ress*, Kultur, S. 25.

779 So *Blanke*, in: Calliess/Ruffert, EUV/EG, Art. 151, Rdn. 2; *Kruse*, EWS 1996, S. 113; *Ress*, Kultur, S. 24 f.; *Ipsen*, in: GS f. Geck, S. 340 f.; *Ress/Bröhmer*, S. 59.

780 *Fiedler*, in: Magiera (Hrsg.) Europa der Bürger, S. 153; *Ress*, Kultur, S. 24; *Fechner*, in: Handbuch des europäischen Rechts, Vorbemerkung zu Art. 128, Rdn. 14; Den auf innerstaatlicher Ebene auftretenden Schwierigkeiten bei der Begriffskonkretisierung, wurde vielfach durch bloßes Aufzählen von Sachbereichen zu begegnen versucht, vgl. beispielsweise die Aufzählungen bei *Grimm*, VVDStRL 42 (1984), S. 59 und *Steiner*, VVDStRL 42 (1984), S. 8; vgl. hierzu weiterhin *Wemmer*, S. 11 m.w.N. Aufzählend für den europäischen Bereich beispielsweise *Ipsen*, in: GS für Geck, S. 341 („Rundfunk und Fernsehen, Buch- und Zeitschriftenwesen, Bildungswesen"); zu verschiedenen Kulturdefinitionen vgl. auch *Roider*, S. 58 und *Geis*, DÖV 1992, S. 524 f.

781 Vgl. BVerfG NJW 1992, S. 2584; *Hochbaum* BayVBl. 1997, S. 642; *Oppermann*, Deutsche Rundfunkgebühren, S. 83 („sinnvariierende" Begrifflichkeiten).

782 *Ress/Ukrow*, in: Grabitz/Hilf, EUV, Art. 151, Rdn. 13 („dynamischer Kulturbegriff").

783 Vgl. hierzu *Sparr*, in: Schwarze, EUV, Art. 151, Rdn. 6; *Wemmer*, S. 12 m.w.N.; ebenfalls *Hirsch*, in: Schwarze/Becker (Hrsg.), Geistiges Eigentum, S. 167, nach dem „Kul-

Fußnote fortgesetzt

für eine verbindliche Begriffsbestimmung treffen für die europäische Ebene in verstärkter Form zu.

Das Vorgesagte bedarf allerdings einer Relativierung im Hinblick auf Kulturbeihilfen gemäß Art. 87 Abs. 3 lit. d) EG.

2. Bedeutung der begrifflichen Konturierung gemäß Art. 87 Abs. 3 lit. d) EG?

Im Hinblick auf Art. 87 Abs. 3 lit. d) EG lässt sich in der Entscheidungspraxis der Kommission eine gewisse Konturierung eines Kulturbegriffs ausmachen.[784] Unter Hinweis auf die Grundregel, dass der sachliche Anwendungsbereich einer Ausnahmevorschrift grundsätzlich eng auszulegen ist, hat sich die Kommission daran gemacht, sich dem Kulturbegriff des Art. 87 Abs. 3 lit. d) EG fallweise zu nähern.[785] Von der Grundregel der restriktiven Auslegung ausgehend, soll nach Auffassung der Kommission der Begriff der Kultur im Sinne von Art. 87 Abs. 3 lit. d) EG auf Bereiche beschränkt werden, die nach allgemeiner Auffassung der Kultur zugeordnet werden.[786] So hat es die Kommission in diesem Zusammenhang abgelehnt, den hier interessierenden Rundfunkbereich pauschal der Kulturförderung zu unterstellen. In ihrer Entscheidung zu den Spartenkanälen *Phoenix* und *Kinderkanal* hat sie dies damit begründet, dass die Mittelbereitstellung in Form von Gebühren erzieherischen (*Kinderkanal*) oder demokratischen (*Phoenix*) Bedürfnissen diene, nicht aber der Förderung der Kultur.[787]

---

tur – wie übrigens auch Wissenschaft – geradezu das Gegenteil von Normierung bedeutet."

784 Auch hier fehlt es allerdings an einem gemeinschaftsautonomen normativen Kulturbegriff. Die Dringlichkeit herausstellend, *Koenig/Kühling*, EuZW 2000, S. 201.

785 Vgl. *Koenig/Kühling*, EuZW 2000, S. 201.

786 Kommission, Entscheidung vom 24.2.1999, Staatliche Beihilfe, Nr. NN 70/98, Ziff. 6.2 – Deutschland (Kinderkanal und Phoenix); vgl. auch die Mitteilung der EU-Kommission zum öffentlich-rechtlich Rundfunk, abgedruckt in epd medien v. 21.7.2001/Nr. 57, S. 21 ff., Ziff. 30 („Deshalb sollte der Begriff „Kultur" im Sinne von Art. 87 Absatz 2 Buchstabe d) entsprechend dem *üblichen Sinn* des Wortes definiert werden."); *Koenig/Kühling*, EuZW 2000, S. 201, verstehen hierunter die „klassischen Kultursparten" wie Literatur, Musik (Oper, Operette, Konzerte etc.), bildende Kunst (Malerei, Architektur etc.) und darstellende Kunst (Schauspiel, Tanz, audiovisuelle Kunst).

787 Kommission, Entscheidung vom 24.2.1999, Staatliche Beihilfe, Nr. NN 70/98, Ziff. 6.2 – Deutschland (Kinderkanal und Phoenix).

Selbst wenn man sich den von der Kommission vorgenommenen Differenzierungen anschließen wollte,[788] ist es allerdings zweifelhaft, ob der zitierte Ansatz Auswirkungen auf den im Rahmen von Art. 151 EG verwendeten Kulturbegriff haben kann. Hierfür könnte zwar die zeitgleiche Einfügung der Kulturklauseln nach Art. 87 Abs. 3 lit. d) und 151 EG sprechen. Ausgehend von der gemeinsamen Redaktion der Vorschriften ließe sich argumentieren, dass ihnen auch ein einheitlicher Kulturbegriff zugrunde liegt. Zu berücksichtigen ist jedoch, dass sich die Regelung zu den Kulturbeihilfen in einem völlig anderen normativen Kontext befindet als die Kulturklausel nach Art. 151 EG. Während sich das Gebot der engen Auslegung von Art. 87 Abs. 3 lit. d) EG im Hinblick auf dessen Ausnahmecharakter von dem allgemeinen Verbot staatlicher Interventionen zwecks Verhinderung von Wettbewerbsverzerrungen rechtfertigt, verbieten sich entsprechende systematische Erwägungen im Hinblick auf Art. 151 EG. Im Unterschied zu der Vorschrift zu den Kulturbeihilfen steht Art. 151 EG gleichberechtigt neben den anderen Gemeinschaftskompetenzen. Wie bereits gezeigt, muss Art. 151 EG im Hinblick auf andere Gemeinschaftsbefugnisse ein eigener substantieller Anwendungsbereich zugestanden werden.[789] Selbst wenn also der von der Kommission im Zusammenhang mit den Kulturbeihilfen gewählte Ansatz im Kontext von Art. 87 EG zutreffend sein sollte,[790] kann angesichts der systematischen Unterschiede nicht zwangsläufig daraus geschlossen werden, dass hierdurch die Grenzen des Kulturbegriffs im Rahmen von Art. 151 EG präjudiziert werden.

Dass die Kommission die kulturelle Relevanz des Rundfunks ersichtlich auch nicht schlechthin sondern nur im Zusammenhang mit der Ausnahmevorschrift des Art. 87 Abs. 3 lit. d) EG negiert, ergibt sich im übrigen aus ihren Ausführungen an anderer Stelle, wo sie immer wieder auf die kulturelle Bedeutung des Rundfunks rekurriert. So hat die Kommission den audiovisuellen Sektor beispielsweise als die „Kulturindustrie par excellence" bezeichnet.[791] Der audiovi-

---

788 Kritisch zu Recht *Wichmann*, S. 45 f.

789 Vgl. die Ausführungen unter Teil 2 C.

790 Insbesondere die deutschen Bundesländer haben dagegen eingewandt, dass eine Unterscheidung zwischen den bildungsmäßigen und demokratischen Bedürfnissen eines Mitgliedstaates einerseits und der Förderung der Kultur andererseits weder EG-rechtlich gefordert noch tatsächlich durchführbar sei, vgl. hierzu die rundfunkfachliche Stellungnahme der Länder zu der Kommissionsmitteilung zum öffentlich-rechtlichen Rundfunk, abgedruckt in epd medien v. 25.7.2001/Nr. 58, S. 20 ff., Ziff.11.

791 Vgl. die Mitteilung der Kommission zu den Grundsätzen und Leitlinien für die Audiovisuelle Politik der Gemeinschaft im digitalen Zeitalter vom 14.12.1999, KOM (1999),

Fußnote fortgesetzt

suellen Industrie komme eine entscheidende Funktion bei der Vermittlung, Entwicklung und sogar beim Aufbau kultureller Identität zu.[792] Verbindliche Vorgaben lassen sich aus den im Rahmen von Art. 87 Abs. 3 lit. d) EG vorgenommenen Eingrenzungen für die hier interessierende Frage mithin nicht herleiten.

Existiert also keine gemeinschaftsrechtlich verbindliche Kulturdefinition und kann nicht auf die sich im Zusammenhang mit Art. 87 Abs. 3 lit. d) EG abzeichnenden Konturierungen zurückgegriffen werden, stellt sich die Frage, auf wessen Verständnishorizont zum Zwecke der weiteren inhaltlichen Auffüllung des Kulturbegriffs abzustellen ist. Eine nähere Beschäftigung mit dessen Konturen ist unverzichtbar. Es liegt auf der Hand, dass sowohl die der Gemeinschaft eingeräumten Befugnisse als auch die mittelbar hierdurch geschützten Kompetenzsphären der Mitgliedstaaten nicht nur durch die in Art. 151 EG aufgeführten Handlungsmöglichkeiten als solche, sondern auch unmittelbar über die Definition des Kulturbegriffs selbst gesteuert werden.[793] Die Frage nach dem, *was* unter den Begriff der Kultur gefasst werden kann, ist notwendigerweise eng mit der Frage verknüpft, *wem* die Definitionshoheit hierfür zusteht.

II. Autonom gemeinschaftsrechtliche oder mitgliedstaatlich determinierte Begriffsbestimmung?

Ausgangspunkt für die Zuordnung der Definitionsmacht muss sein, dass Vertragsbegriffe grundsätzlich nach gemeinschaftsrechtlichen Grundsätzen auszulegen und einheitlich zu definieren sind.[794] Dieser Grundsatz leitet sich aus der Überlegung ab, dass durch die Möglichkeit unterschiedlicher Definitionen andernfalls die Reichweite gemeinschaftsrechtlicher Bestimmungen in das Belie-

---

657 endg., S. 9; im Internet abrufbar unter http://europa.eu.int/eur-lex/de/com/cnc/1999/com 1999_0657de01.pag.

792 Ibidem, Fn. 791.

793 So zu Recht *Ress/Ukrow*, in Grabitz/Hilf, EUV, Art. 151, Rdn. 11; vgl. auch *Wemmer*, S. 13 m.w.N.

794 Ständige Rspr., vgl. EuGH Rs. 75/63 (Bedrijfsvereniging voor Detailhandel), Slg. 1964, 379, 395 f.; verb. Rs. 9 und 10/77 (Eurocontrol), Slg. 1977, 1517, Rdn. 4; so ausdrücklich zum Kulturbegriff *Niedobitek*, in: Streinz, EUV/EG, Art. 151, Rdn. 25; *Dörr*, Die Rolle des öffentlich-rechtlichen Rundfunks, S. 28; *ders.*, K&R 1999, S. 99; *Ress*, Kultur, S. 25 ff.; *Sparr*, in: Schwarze, EUV, Art. 151, Rdn. 5; kritisch *Blanke*, in: Calliess/Ruffert, EUV/EG, Art. 151, Rdn. 2.

ben der Mitgliedstaaten gestellt wäre.[795] Auf diese Weise könnte die Einheitlichkeit und effektive Durchsetzung des Gemeinschaftsrechts gefährdet werden.[796] Allerdings wurde ebenfalls festgestellt, dass eine Vergemeinschaftung des Kulturbereichs gerade nicht erfolgt ist.[797] Diese Tatsache legt die Schlussfolgerung nahe, dass die inhaltliche Konkretisierung dessen, was im einzelnen zum Kulturbereich zu zählen ist, den Mitgliedstaaten selbst zustehen muss.

Hierfür spricht auch der Wortlaut von Art. 151 EG. Wie bereits herausgestellt, spricht die Vorschrift ausdrücklich von *Kulturen,* d.h. von einer Mehrzahl von Kulturleben.[798] Diese sind über die Verknüpfung „Kulturen der *Mitgliedstaaten*" ausdrücklich „einzelstaatlich" determiniert. Indem die Gemeinschaft die Verortung von Kultur in ihren jeweiligen nationalen und regionalen Referenzräumen nicht nur ausdrücklich anerkennt, sondern es sich sogar zur Aufgabe gemacht hat, deren Vielfalt zu fördern, hat sie eine gemeinschaftsrechtliche Realität geschaffen, der eine unitarische, d.h. zentral gemeinschaftsgelenkte Begriffskonzeption widerspräche. Das Anerkenntnis der Existenz vielfältiger Kulturen beinhaltet zugleich das Anerkenntnis ihrer Verschiedenheit. Die Verschiedenheit impliziert ihrerseits, dass es von Kultur zu Kultur divergieren kann, was zu diesem Bereich überhaupt zählen soll. Während ein singuläres Bezugsobjekt mit anderen Worten einer einheitlichen Definition zugänglich ist, dürfte die inhaltliche Auffüllung durch einen einzigen Hoheitsträger für sämtliche Mitgliedstaaten vor dem Hintergrund ihrer kulturellen Verschiedenartigkeit nur schwerlich gelingen.[799]

---

795 Nach dem EuGH muss verhindert werden, "daß der Vertrag durch einseitige Maßnahmen der Mitgliedstaaten seiner Wirksamkeit beraubt wird", Rs. 2/74 (Reyners), Slg. 1974, 631, Rdn. 48/50.

796 Darauf weist *Dörr*, Die Rolle des öffentlich-rechtlichen Rundfunks, S. 29, zu Recht hin.

797 Teil 2 B.VI. und Teil 2 C.VI.

798 Hierauf weist auch *Kopp*, in: Schwarze/Becker (Hrsg.), Geistiges Eigentum, S. 87, hin.

799 Wie hier *Hochbaum*, BayVBl. 1997, S. 641; ebenso im Hinblick auf die Begriffe des Art. 46 *Randelzhofer/Forsthoff*, EUV, Art. 46, Rdn. 18; *Roider*, S. 57 ff., bleibt eines überzeugenden Ansatzes, wie das Vielfältigkeitspostulat bei zentraler Definitionszuständigkeit erfüllt werden kann, schuldig; Gerade die „Ansiedlung" der kulturellen Bezugsgrößen auf ein unterhalb der gemeinschaftlichen Ebene befindliches Niveau, spricht gegen eine Kompetenz der Gemeinschaft, den Inhalt des Begriffs der „nationalen und regionalen Vielfalt" im Hinblick auf die Kultur selbst festzulegen, vgl. insofern hinsichtlich des Begriffs „nationales Kulturgut" in Art. 30 EG: *Schmahl*, S. 68.

Weiterhin stützt die Berücksichtigung von Sinn und Zweck der Vorschrift die Annahme, dass den Mitgliedstaaten die Einschätzung dessen obliegen muss, was im einzelnen unter Kultur zu verstehen ist. Gesteht die Gemeinschaft den Mitgliedsstaaten grundsätzlich kulturelle Autonomie zu, muss dies konsequenterweise beinhalten, dass die gewährten Freiheitsräume nicht mittelbar auf dem Weg einer „Vergemeinschaftung der Begriffsbestimmung" wieder entzogen werden. Diese Gefahr wäre aber bei einer zentralen Inhaltsbestimmung durch die Gemeinschaft nicht von der Hand zu weisen. Auch dies spricht dafür, dass die Einschätzungsprärogative hinsichtlich dessen, was im einzelnen von dem Kultursektor umfasst ist, bei den Mitgliedstaaten liegt.[800]

Auf der anderen Seite führt jedoch das Ziel der Verwirklichung und Aufrechterhaltung eines funktionierenden Binnenmarktes sowie das Gebot der Gemeinschaftstreue nach Art. 10 EG dazu, dass eine solcherart eingeräumte Einschätzungsprärogative nicht dazu verwendet werden darf, sich den Pflichten des EG zu entziehen.[801] Auch wenn Vertragsbegriffe primär durch die Mitgliedstaaten ausgefüllt werden, kontrolliert der EuGH, ob die durch den Vertrag gesetzten Grenzen eingehalten werden.[802] Das Gemeinschaftsrecht bildet mit anderen Worten gewissermaßen den Rahmen, innerhalb dessen die Mitgliedstaaten die im Vertrag verwendeten Begriffe ausfüllen.[803] Spielräume für protektionistische Absichten, die unter dem Vorwand der mitgliedstaatlichen Kulturhoheit verfolgt werden, werden durch die vorstehend geschilderten Möglichkeiten nicht eröffnet

---

800 Im Ergebnis ebenso *Ress/Ukrow*, in: Grabitz/Hilf, EUV, Art. 151, Rdn. 13, nach denen hierbei im Rahmen einer „pragmatischen Lösung" auf die kulturellen Bereiche abzustellen ist, in welchen die EG-Länder nationale Kulturpolitik seit eh und je betreiben; *Dörr*, Die Rolle des öffentlich-rechtlichen Rundfunks, S. 30; *ders.* K&R 1999, S. 99; *Loman/Mortelsman/Post/Watson*, S. 3; vgl. hierzu in Bezug auf Art. 87 Abs. 3 d) EG: *Ress*, in: GS f. Grabitz, S. 602; *Dörr/Cloß*, ZUM 1996, S. 114 f.; *Selmer/Gersdorf*, S. 59 ff.; *Oppermann*, Deutsche Rundfunkgebühren, S. 85; *ders.* ZUM 1996, S. 658; *Hochbaum*, BayVBl 1997, S. 641; nach *Gasse*, S. 48 f., scheitert die Begriffsbestimmung durch die Mitgliedstaaten nicht an der Eigenständigkeit des Gemeinschaftsrecht sondern an der Undefinierbarkeit des Begriffs als solchen, so dass auf eine gemeinschaftsrechtskonforme Aufzählung kultureller Kernbereiche abzustellen sei; a.A. *Niedobitek*, in: Streinz, EUV/EG, Art. 151, Rdn. 25 (keine „Definitionsprärogative"); *Roider*, S. 57 ff., *Engel*, Europarechtliche Grenzen, S. 42 f.

801 Darauf weisen zu Recht hin *Dörr*, Die Rolle des öffentlich-rechtlichen Rundfunks, S. 30; hinsichtlich des „Kulturgut"-Begriffs des Art. 30 EG weiterhin *Müller-Graff*, in: Handbuch des europäischen Rechts, Art. 36, Rdn. 55 f.

802 Vgl. EuGH Rs. 41/47 (van Duyn), Slg. 1974, S. 1337, Rdn. 18 f.

803 So zutreffend *Kingreen*, S. 158, für den Vertragsbegriff der „öffentlichen Ordnung".

oder gedeckt.[804] Die von den Mitgliedstaaten vorgenommene Ausfüllung des Begriffs muss sich folglich innerhalb der vom Gemeinschaftsrecht gesetzten Grenzen und Vorgaben bewegen.[805] Da sich die Gemeinschaft jedoch ausdrücklich zur kulturellen Vielfalt bekennt und die Ausfüllung dessen, was unter „Kultur" zu verstehen ist, offenkundig nicht ohne außerjuristisches Werturteil möglich ist, muss auch umgekehrt die Gemeinschaft bei der Ausübung ihrer Missbrauchskontrolle auf die den Mitgliedstaaten verbliebenen Freiheitsräume Rücksicht nehmen.[806]

Dieses Ergebnis ist im übrigen im EG-Vertragskontext keineswegs ungewöhnlich. Auch in anderem Zusammenhang bedient sich das Gemeinschaftsrecht dieser Technik, den Mitgliedstaaten die Auffüllung inhaltsoffener Begriffe in den Grenzen der vertraglichen Vorgaben zu überlassen, sofern der in Frage stehende Vertragsbegriff auf Kompetenzbereiche der Mitgliedstaaten rekurriert.[807]

Festzuhalten ist daher, dass den Mitgliedstaaten mangels eines gemeinschaftlichen Kulturbegriffs die Beurteilung dessen, was sie zum Bereich der Kultur zählen, selbst zusteht. Diese Einschätzungsprärogative existiert allerdings in den Grenzen der gemeinschaftlichen Vorgaben und darf nicht rechtsmissbräuchlich

---

804 Der EuGH hat sich in seiner Rechtsprechung stets vorbehalten, die mitgliedstaatlichen Maßnahmen auf ihre wirklichen, u.U. versteckten Absichten zu überprüfen, ausführlicher hierzu unter Teil 3 B.III.2.

805 Dies wird durch eine Betrachtung des Begriff des „nationalen Kulturguts" gemäß Art. 30 EG bestätigt. Insofern ist anerkannt, dass solange keine Harmonisierung der im mitgliedstaatlichen Kompetenzbereich verbliebenen Angelegenheiten erfolgt ist, den Mitgliedstaaten in den Grenzen des gemeinschaftsrechtlich gesteckten Rahmens ein Beurteilungs- und Konkretisierungsspielraum zusteht, vgl. nur *Müller-Graff*, in: Groeben/Schwarze, EUV/EG, Art. 30, Rdn. 41 ff.

806 Vgl. wiederum zum Begriff des „Kulturguts" *Müller-Graff*, in: Handbuch des europäischen Rechts, Art. 36, Rdn. 56; *Schmahl*, S. 53.

807 Vgl. zu einer ähnlichen Problematik hinsichtlich des Begriffs der „öffentlichen Ordnung" gemäß Art. 46 EG, hinsichtlich dessen die Definitionshoheit bei den Mitgliedstaaten innerhalb der von dem Gemeinschaftsrecht gesetzten Grenzen liegt, *Randelzhofer/Forsthoff*, in: Grabitz/Hilf, EUV, Art. 46, Rdn. 17 ff., die vor diesem Hintergrund darüber hinaus die Sinnhaftigkeit der Annahme eines gemeinschaftsrechtlichen Begriffs überhaupt in Frage stellen; zu den Begriffen der „öffentlichen Gewalt", der „öffentlichen Sicherheit" und „öffentlichen Ordnung" vgl. *Rolshoven* jeweils m.w.N.; auch die Konkretisierung des Begriffs des Allgemeininteresses erfolgt im Einzelfall durch die jeweiligen nationalen Behörden bei gleichzeitiger gemeinschaftsrechtlicher Überprüfungsmöglichkeit, vgl. *Pache*, in: Ehlers (Hrsg.), S. 287, Rdn. 57.

eingesetzt werden.[808] Damit ist nachfolgend zu prüfen, ob die durch das Gemeinschaftsrecht gezogenen Vorgaben die Zurechnung des Rundfunks zum Bereich der Kultur zulassen.

III. Zulässige kulturelle Inhalte - Vorgaben des Gemeinschaftsrechts

Auch wenn das Gemeinschaftsrecht, wie zuvor ausgeführt, keine Kulturdefinition kennt, lassen sich dem EG einige wichtige Aussagen für eine weitere Konturierung entnehmen (Teil 2 D.III.1.). Auch der Gerichtshof hat zu der hier interessierenden Frage der Kulturqualität des Rundfunksektors wiederholt Stellung genommen (Teil 2 D.III.2.). Schließlich lassen sich der Praxis der anderen Gemeinschaftsorgane ebenfalls einige Anhaltspunkte dahingehend entnehmen, wie das Gemeinschaftsrecht von ihnen in dem fraglichen Punkt verstanden wird (Teil 2 D.III.3.).

1. Gemeinschaftsprimärrechtliche Vorgaben

Die Betrachtung des Kulturartikels im Kontext des Gemeinschaftsvertrags ermöglicht eine gewisse Profilierung des Begriffs sowohl in negativer als auch in positiver Hinsicht: Die Regelung der allgemeinen und beruflichen Bildung sowie Teile des Wissenschaftsbereich jeweils in gesonderten Titeln[809] deutet beispielsweise darauf hin, dass der Bildungs- und Wissenschaftssektor aus EG-rechtlicher Perspektive nicht zum Bereich der Kultur zählt.[810] Auf der anderen Seit fällt auf, dass der audiovisuelle Bereich in Art. 151 Abs. 2, 4. Spiegelstrich EG ausdrückliche Erwähnung findet. Hiernach unterstützt und ergänzt die Gemeinschaft erforderlichenfalls die Tätigkeit der Mitgliedstaaten im Bereich des künstlerischen und literarischen Schaffens „einschließlich im audiovisuellen Bereich".

Dieser Zusatz wird im Schrifttum teilweise in der Weise gedeutet, dass angesichts der hierin zum Ausdruck gebrachten expliziten Einbeziehung medialer

---

808 *Dörr*, K&R, 1999, S. 99; *Kopp*, in: Schwarze/Becker (Hrsg.), Geistiges Eigentum, S. 87; a. A. wohl *Roider*, S. 57, obwohl sie zunächst auch das Fehlen eines vergemeinschafteten Kulturbereichs konstatiert; Vgl. hierzu auch das Interview mit dem EU-Wettbewerbskommissar *Mario Monti*, FR v. 13.7.2000 und mit *Viviane Reding*, FR v. 30.6.2000.

809 Art. 149, 150 (Allgemeine und berufliche Bildung), Art. 163 ff (Wissenschaftsbereich) EG.

810 *Ress/Ukrow*, in: Grabitz/Hilf, EUV, Art. 151, Rdn. 13; *Dörr*, Die Rolle des öffentlich-rechtlichen Rundfunks, S. 642; *Hochbaum*, BayVBl 1997, S. 642, *Blanke*, Europa, S. 6.

Hervorbringungen geschlossen werden kann, dass der Rundfunk als solcher von dem gemeinschaftlichen Kulturbegriff erfasst wird.[811] Hiergegen wird von anderer Seite eingewandt, dass der fragliche Zusatz lediglich akzessorisch an die Fördergegenstände der Kunst und Literatur geknüpft sei,[812] ohne dass dabei die elektronischen Medien als solche Erwähnung fänden. Hieraus sei zu folgern, dass der audiovisuelle Sektor selbst nicht zu einem eigenständigen, neben dem künstlerischen und literarischen Schaffen stehenden Fördergegenstand gemacht werden könne.[813] Weiterhin ergebe sich daraus, dass Art. 151 EG im Hinblick auf audiovisuelle Inhalte allenfalls die Einbeziehung einer sogenannten *high culture*, nicht jedoch auch die Hervorbringungen einer *low culture* zulasse.[814] Im übrigen würden sich ein weiter Anwendungsbereich sachgegenständlich mit dem Anwendungsbereich der Binnenmarktkompetenzen überschneiden mit der Folge schwieriger Abgrenzungsfragen.[815]

Die zuletzt genannte Erwägung, dass der Kulturbegriff deshalb eng gefasst werden müsse, um Überschneidungen mit den wirtschaftlichen Binnenmarktbefugnissen zu vermeiden, vermag keinesfalls zu überzeugen.[816] Hierdurch würden zwei methodologisch streng von einander zu trennende Fragen der inhaltlichen Begriffsbestimmung durch Auslegung einerseits mit der Problematik der dog-

---

811 Vgl. *Oppermann*, Deutsche Rundfunkgebühren, S. 84; *Frey*, Fernsehen, S. 69; *Schwartz*, AfP 1993, S. 413; *Dörr*, K&R 1999, S. 99; *Kopp*, in: Schwarze/Becker (Hrsg.), Geistiges Eigentum, S. 86 ff.; so wohl auch *Blanke*, in: Calliess/Ruffert, EUV/EG, Art. 16, Rdn. 11; vgl. auch die weite Auslegung der Europäischen Kommission, die in ihrer Mitteilung vom 27.07.1994 an das Europäische Parlament und den Rat der Union – Die Aktion der Europäischen Gemeinschaft zugunsten der Kultur, KOM (94) 356 endg. davon ausgeht, dass Art. 151 EG es erlaube „praktisch den gesamten Kulturbereich zu erfassen".

812 Vgl. "künstlerisches und literarisches Schaffen, *einschließlich im audiovisuellen Bereich*".

813 Primärer Fördergegenstand sei daher ausschließlich das künstlerische und literarische Schaffen als solches, das auch dann förderungswürdig sei, sofern es im audiovisuellen Bereich stattfände, so *Selmer/Gersdorf*, S. 60; ebenfalls kritisch *Eberle*, in: FS f. Thieme, S. 949f.; *ders.*, AfP 1993, S. 425.

814 Vgl. *Roider* S. 59, unter Verweis auf die Argumentation von *Selmer/Gersdorf*, S. 60; ohne nähere Begründung gegen einen weiten Kulturbegriff, der auch Fragen der Pluralismussicherung umfasst, *Ress/Bröhmer*, S. 59, die dabei jedoch Fragen der inhaltlichen Begriffskonkretisierung mit Fragen der Zuordnung vermengen.

815 *Roider*, S. 59; weitere Nachweise zur Frage der Zugrundelegung eines „engen" oder „weiten" Kulturbegriffs bei *Hochbaum*, BayVBl. 1997, S. 642.

816 So aber *Roider*, S. 59

matischen Abgrenzung kollidierender Kompetenznormen andererseits in unzulässiger Art und Weise vermischt.

Zu berücksichtigen ist weiterhin, dass die Fragestellung, auf welche Tätigkeitsfelder sich die Förderkompetenz der Gemeinschaft zulässigerweise zu beziehen vermag von der Problematik, welche EG-rechtlichen Grenzen der mitgliedstaatlichen Begriffsbestimmung gezogen sind, streng zu trennen ist. Art. 151 EG beinhaltet gerade keine inhaltliche Bestimmung des Kulturbegriffs.[817] Dies wird von den Befürwortern eines aus Art. 151 Abs. 2 EG zu schließenden restriktiven Kulturbegriffs verkannt. Die Vorschrift eröffnet vielmehr lediglich eine Reihe von Handlungsmöglichkeiten, die aus EG-Perspektive wegen ihrer besonderen Bedeutung für den europäischen Zusammenschluss förderungswürdig sind.[818] Aus dem Umstand, dass der Gemeinschaftsgesetzgeber aus dem Feld kultureller Betätigungsmöglichkeiten bestimmte Gegenstände zwecks Konkretisierung des gemeinschaftlichen Förderauftrags herausgegriffen hat, kann also nicht im Umkehrschluss geschlossen werden, dass das, was nicht aufgezählt ist, aus mitgliedstaatlicher Sicht nicht zur Kultur gerechnet werden darf. Selbst wenn aus der akzessorischen Erwähnung des audiovisuellen Bereichs zu schließen wäre, dass Art. 151 Abs. 2, 4. Spiegelstrich EG nur Elemente der *high culture* umfasst, bedeutete dies mit anderen Worten lediglich, dass sich die Förderaktivitäten der Gemeinschaft nicht auch auf Elemente der *low culture* erstrecken dürften. Es rechtfertigt jedoch nicht zugleich die Schlussfolgerung, dass entsprechende Rundfunkinhalte seitens der Mitgliedstaaten nicht zum Kulturbereich gezählt werden dürften.[819]

Dagegen spricht der Umstand, dass der audiovisuelle Bereich überhaupt explizit in den Zusammenhang kultureller Aktivitäten gestellt worden ist, dafür, dass sich das Gemeinschaftsrecht einem Verständnis, das den Rundfunksektor mit kulturellen Angelegenheiten eng verknüpft und daher dem Kulturbereich als zu-

---

817 Zutreffend *Fechner*, in: Handbuch des europäischen Rechts, Vorbemerkung zu Art. 128, Rdn. 14, der ausführt, dass die Aufzählung des Art. 151 Abs. 2 EG keine Umschreibung des Kulturbegriffs darstellt, sondern diesen gerade voraussetzt.

818 Wegen der Entwicklung einer gemeinsamen Identität der Völker (1. Spiegelstrich), wegen des transnationalen Charakters der Aktivitäten (2. und 3. Spiegelstrich) oder wegen einer aus Sicht aller Vertragsstaaten bestehenden Förderungswürdigkeit auch auf übernationaler Ebene an sich (4. Spiegelstrich).

819 A.A. *Selmer/Gersdorf*, S. 60; *Roider*, S. 59 f.

gehörig ansieht, nicht verschließt.[820] Im Hinblick auf die gemäß Art. 151 Abs. 2, 4. Spiegelstrich EG verwendete Formulierung kann vielmehr festgehalten werden, dass die Gemeinschaft als kulturelle Aktivität nicht nur das künstlerische und literarische Schaffen *außerhalb* des audiovisuellen Bereichs, *dessen* medialer Verbreitung sie zu fördern beabsichtigt, versteht sondern zugleich den schöpferischen Prozess *im* audiovisuellen Bereich selbst. Der Gemeinschaftsgesetzgeber erkennt damit die kulturelle Bedeutung des Rundfunksektors an. Eine Differenzierung zwischen schöpferischer und nicht schöpferischer Tätigkeit im Rundfunkbereich dürfte angesichts der Komplexität und Aufeinanderbezogenheit der einzelnen Schritte eines solchen Prozesses im Bereich audiovisueller Produktionen tatsächlich aber auch kaum durchführbar sein. Die Unterteilung in „künstlerisches" Schaffen und „nicht-künstlerisches" Schaffen im Rundfunksektor wurde daher im nationalen Recht abgelehnt.[821] Angesichts der im Kern gleichgelagerten Problematik kann für die gemeinschaftsrechtliche Ebene nichts anderes gelten.

Im Ergebnis lässt sich damit feststellen, dass ein Verständnis der Mitgliedstaaten, nach dem auch der Rundfunk zum kulturellen Bereich gehört, nicht gegen gemeinschaftsrechtliche Vorgaben verstößt. Dies wird auch durch die Rechtsprechung des Europäischen Gerichtshofs bestätigt.

2. Rundfunkpolitik als Bestandteil mitgliedstaatlicher Kulturpolitik – Die EuGH-Rechtsprechung

Der EuGH hat sich zwar, soweit ersichtlich, mit der Auslegung und inhaltlichen Präzisierung des Kulturbegriffs noch nicht explizit befassen müssen. Dessen ungeachtet hat er in seiner Rechtsprechung immer wieder Freiräume für national-

---

820 Vgl. im Ergebnis ebenso *Oppermann*, Zur Finanzierung, S. 19; *Dörr*, Die Rolle des öffentlich-rechtlichen Rundfunks, S. 29; *Kopp*, in: Schwarze/Becker (Hrsg.), Geistiges Eigentum, S. 88; *Eberle*, in:, FS f. Thieme, S. 939 ff.

821 Vgl. in diesem Zusammenhang die Rechtsprechung. des BVerfG, das in ständiger Rspr. betont, dass der Rundfunk hinsichtlich der Gewährleistung von Meinungsvielfalt zugleich „Medium und „Faktor" dieses Prozesses ist, gleiches muss insoweit für das „kulturelle Schaffen" gelten; Im Rundfunk repräsentiert sich damit nicht nur das Kulturleben des Gemeinwesens, sondern der Rundfunk nimmt auch selbst auf dieses Kulturleben Einfluss, vgl. hierzu *Ossenbühl*, Rundfunk, S. 25. Zu dem weiten Kulturbegriff des BVerfG weiterhin *Dörr*, Die Rolle des öffentlich-rechtlichen Rundfunks, S. 32, sowie *Oppermann*, ZUM 1996, S. 658; vgl. die ähnliche Problematik hinsichtlich des Kunstbegriffs im innerstaatlichen Verfassungsrecht, der angesichts der Untrennbarkeit der betreffenden Kategorien ebenfalls, d.h. sowohl in seinem Werk- als auch in seinem Wirkbereich verfassungsrechtlichen Schutz genießt.

staatliche kulturelle Interessen im allgemeinen[822] und für medienspezifische Belange im besonderen abgesteckt. So stellt er mittlerweile in ständiger Rechtsprechung fest, dass eine Kulturpolitik, die der Meinungsfreiheit der verschiedenen gesellschaftlichen, kulturellen, religiösen und geistigen Strömungen in einem Staat dient, wie sie sich in der Presse, im Hörfunk und im Fernsehen müsse entfalten können, einen zwingenden Grund des Allgemeininteresses darstellen könne, der die Beschränkung einer Grundfreiheit im Sinne des EG zu rechtfertigen vermag.

In den Urteilen *Stichting Collectieve Antennevoorziening Gouda*[823] und *Kommission/Niederlande*[824] hat sich der Gerichtshof erstmals zu dieser Frage geäußert. Beide Urteile betrafen eine im niederländischen Mediengesetz verankerte Genehmigungsregelung, die eine Weiterverbreitung ausländischer Programme mit speziell an das niederländische Publikum gerichteten Werbemitteilungen nur bei Vorliegen von jeweils drei auf die Struktur der ausländischen Rundfunkveranstalter bezogenen und drei die Werbung betreffenden Voraussetzungen erlaubte. In dem Urteil *Kommission/Niederlande* ging es darüber hinaus um die den niederländischen Rundfunkveranstaltern durch die *Mediawet* auferlegte Verpflichtung, sich bei der Produktion von Hörfunksendungen in vollem Umfang und bei Fernsehproduktionen zu 75 Prozent der technischen Mittel (z.B. Aufnahmestudios, Techniker, Dekorationsateliers etc.) bei einem niederländischen Unternehmen, dem *Nederlandse Omroepproduktie Bedrijf* (*NOB*) zu bedienen. Die niederländische Regierung hatte in beiden Verfahren vor dem Gerichtshof geltend gemacht, dass die Beschränkungen der Dienstleistungsfreiheit, die von der *NOB*-Vorzugsregelung sowie den veranstalterstrukturbezogenen Bedingungen der *Mediawet* ausgingen, durch die zwingenden Erfordernisse ihrer Kulturpolitik im Rundfunksektor gerechtfertigt seien. Diese Politik bezwecke den Schutz der Meinungsfreiheit der verschiedenen gesellschaftlichen, kulturellen, religiösen und geistigen Strömungen in den Niederlanden, wie sie sich unter anderem im Fernsehen müsse entfalten können.[825] Der EuGH stellt in beiden Urteilen zu die-

---

822 Hierzu ausführlich *Hochbaum*, BayVBl. 1997, S. 650 ff.

823 EuGH Rs. C-288/89 (Stichting Collectieve Antennevoorziening Gouda), Slg. I-1991, 4007 ff.

824 EuGH Rs. 353/89 (Kommission/Niederlande), Slg. I 1991, 4069 ff.

825 EuGH Rs. C-288/89 (Stichting Collectieve Antennevoorziening Gouda), Slg. 1991, I-4007, Rdn. 22; EuGH Rs. C-353/89 (Kommission/Niederlande), Slg. 1991, I-4069, Rdn. 29.

ser Argumentation recht lapidar fest, dass „eine so verstandene Kulturpolitik einen zwingenden Grund des Allgemeininteresses darstellen" könne.

Diese grundlegende Feststellung zur Kulturrelevanz einer zum Zwecke der Aufrechterhaltung einer pluralistischen und nicht-kommerziellen Medienlandschaft betriebenen Rundfunkpolitik hat der Gerichtshof in einem weiteren das niederländische Mediengesetz betreffenden Verfahren, der Rechtssache *Vereniging Veronica Omroep Organisatie*, bestätigt.[826] Auch hier erkennt der Gerichtshof an, dass Regelungen der mitgliedstaatlichen Rundfunkordnungen, die bestimmte medienpolitische Zielsetzungen verfolgen, Bestandteil der Kulturpolitik eines Mitgliedstaats darstellen, die sogar Beschränkungen gemeinschaftsrechtlicher Grundfreiheiten rechtfertigen können.[827] In seinen neueren Urteilen hat der EuGH ebenfalls die kulturelle Bedeutung des Rundfunks unterstrichen. Im Rahmen der sogenannten *TV 10*-Entscheidung gestattete er beispielsweise den Niederlanden, eine in Luxemburg ansässige Fernsehgesellschaft nicht als ausländische Sendeanstalt im Sinne des niederländischen Mediengesetzes, sondern als Inländerin zu behandeln und sie folgerichtig den inländischen, d.h. den für Inländer geltenden strengen Vorschriften zu unterwerfen.[828] Der Gerichtshof verschließt sich auch hier nicht dem mitgliedstaatlichen Anliegen, mit Hilfe der *Mediawet* ein pluralistisches und nichtkommerzielles Hörfunk- und Fernsehwesen zu schaffen. Das Gesetz füge sich damit in eine Kulturpolitik ein, die die Meinungsfreiheit der verschiedenen gesellschaftlichen, kulturellen, religiösen und geistigen Strömungen im audiovisuellen Bereich in den Niederlanden schützen soll.[829]

Somit lässt sich feststellen, dass sich der Gerichtshof einem Verständnis, wonach die in einem bestimmten Sinne verstandene Rundfunkpolitik einen Bestandteil der nationalen Kulturpolitik darstellt, nicht verschließt. Vielmehr erkennt er die Kulturrelevanz einer zum Zwecke der Aufrechterhaltung einer plu-

---

[826] EuGH Rs. C-148/91 (Veronica Omroep Organisatie) Slg. 1993, I-487 ff.

[827] EuGH Rs. C- 148/91 (Veronica Omroep Organisatie) Slg. 1993, I-487, Rdn. 9 f.

[828] Vgl. EuGH Rs. C-23/93 (TV 10), Slg. 1994, I-4795 ff., vgl. zu dieser Entscheidung auch *Trautwein*, ZUM 1995, 324; *Dörr*, NJW 1995, 2265.

[829] EuGH Rs. C-23/93 (TV 10), Slg. 1994, I-4795, Rdn. 18.

ralistischen und nicht-kommerziellen Medienlandschaft betriebenen Rundfunkpolitik ausdrücklich an.[830]

3. Praxis der sonstigen Gemeinschaftsorgane

Auch in der Praxis der sonstigen Gemeinschaftsorgane wird immer wieder die kulturelle Relevanz des audiovisuellen Sektors hervorgehoben.[831] So sieht beispielsweise die Kommission, wie bereits festgestellt, den audiovisuellen Sektor als „Kulturindustrie par excellence“ an.[832]

Im Rahmen seiner Aktionsprogramme zur Förderung der Entwicklung der europäischen audiovisuellen Industrie betont auch der Rat immer wieder die Bedeutung des audiovisuellen Sektors für die europäische Kultur.[833] Die zielgerichtete Förderung der audiovisuellen Industrie erscheint ihm dabei insbesondere im Interesse der europäischen *kulturellen* Vielfalt als wünschenswert.[834] Entsprechend wird die Wahrung und Förderung der sprachlichen und kulturellen Vielfalt in Europa, welches gerade durch die Unterstützung des audiovisuellen Bereichs erreicht werden soll, als ausdrückliches Ziel der Aktionsprogramme genannt.[835] Zugleich verweist er im Rahmen der Erwägungsgründe des Programms, welches er auf die industriepolitische Gemeinschaftskompetenz gemäß Art. 157 Abs. 3 EG stützt, ausdrücklich auf die Erfordernisse aus der kulturellen Querschnitts-

---

830 Aus den zitierten Feststellungen wird zutreffend geschlossen, dass der EuGH den medialen Kulturbegriff mittlerweile in dem umfassenden Sinne der Gesamtheit der verschiedenen gesellschaftlichen, kulturellen, religiösen und sonstigen geistigen Strömungen versteht, Nachweise bei *Oppermann*, Zur Finanzierung, S. 19.

831 Ausführlich zu den Positionen einschließlich historischer Abrisse *Hochbaum*, BayVBl. 1997, S. 644.

832 Vgl. die Mitteilung der Kommission zu den Grundsätzen und Leitlinien für die Audiovisuelle Politik der Gemeinschaft im digitalen Zeitalter vom 14.12.1999, KOM (1999), 657 endgültig, S. 9; im Internet abrufbar unter http://europa.eu.int/eur-lex/de/com/cnc/1999/com 1999_0657de01.pag.

833 Vgl. bspw. bereits das erste Aktionsprogramm zur Förderung der audiovisuellen Industrie (MEDIA/1990-1995), Beschluss des Rates vom 21.12.1990, 90/685/EWG, ABl. Nr. L 380 v. 21/12/1990, S. 37 ff., 1. Erwägungsgrund („...um die audiovisuelle Kapazität Europas..., in der der Reichtum und die Vielfalt der europäischen Kultur zum Ausdruck kommen können.“).

834 Vgl. das MEDIA PLUS Programm, Beschluss des Rates vom 20.12.2000, 2000/821/EG, ABl. L 336/82 v. 30.12.2000, 2. Erwägungsgrund.

835 MEDIA PLUS Programm, Beschluss des Rates vom 20.12.2000, 2000/821/EG, ABl. L 336/82 v. 30.12.2000, Artikel 1, Abs. 2, lit. c).

klausel gemäß Art. 151 Abs. 4 EG.[836] Auch wenn der Schwerpunkt der Förderungsmaßnahme im Bereich der Industriepolitik liegt, wird somit zugleich ihr kultureller Charakter anerkannt und diesem Umstand ausdrücklich Rechnung getragen. Der gleiche Ansatz, d.h. die Betonung der besonderen Rolle des audiovisuellen Sektors bei der Erhaltung des kulturellen Pluralismus, wird seitens des Europäischen Parlaments verfolgt.[837]

Angesichts der vorgenannten Beispiele lässt sich feststellen, dass neben dem Europäischen Gerichtshof auch die anderen Gemeinschaftsorgane die kulturelle Bedeutung des audiovisuellen Sektors anerkennen.[838] Kann nach den zuvorstehenden Ausführungen davon ausgegangen werden, dass es aus der Perspektive des Gemeinschaftsrechts zulässig ist, den Rundfunksektor dem Kulturbereich zuzurechnen, muss in einem nächsten Schritt festgestellt werden, ob das deutsche Recht eine entsprechende Zuordnung vornimmt.

IV. Die deutsche Perspektive - Rundfunk als „auch-kulturelles Phänomen"

Bekanntlich kommt der Rechtsprechung des Bundesverfassungsgerichts im Hinblick auf die deutsche Rundfunkordnung zentrale Bedeutung zu.[839] Für das Verständnis der Medienordnung in Deutschland ist sie grundlegend. Wer die Frage beantworten will, welchem Sachbereich der Rundfunk zuzuordnen ist, muss deshalb beim Verfassungsrecht sowie dessen Auslegung ansetzen, die es durch die insoweit verbindliche Rechtsprechung des BVerfG erfahren hat.

Das BVerfG hat frühzeitig herausgestellt, dass der Rundfunk einen wichtigen Bestandteil des kulturellen Bereichs darstellt.[840] Bereits in seinem ersten Rund-

---

836 MEDIA PLUS Programm, Beschluss des Rates vom 20.12.2000, 2000/821/EG, ABl. L 336/82 v. 30.12.2000, 14. Erwägungsgrund.

837 Vgl. hierzu den besonderen Verweis im 16. Erwägungsgrund des MEDIA PLUS Programms, Beschluss des Rates vom 20.12.2000, 2000/821/EG, ABl. L 336/82 v. 30.12.2000.

838 Vgl. außerdem Entschließung Hahn des Europäischen Parlaments vom 10.10.1985, Erwägungsgrund N, in *Schwarze*, Rundfunk, S. 322; Schlussfolgerung der Tagung der Staats- und Regierungschefs der EG am 8. und 9.12.1989 in Straßburg; Bulletin des Presse- und Informationsamts der Bundesregierung Nr. 147 vom 19.12.1989, S. 1241, 1242; vgl. auch *Schwartz*, ZUM 1991, S. 156.

839 Vgl. hierzu oben Teil 1 C.3.b).

840 Laut *Kresse*, ZUM 1996, S. 60, hat das BVerfG die kulturelle Verantwortung des öffentlich-rechtlichen Rundfunks auffallend stark betont.

funkurteil charakterisiert es den Rundfunk beispielsweise als ein „in seiner politischen und *kulturellen*[841] Bedeutung kaum zu überschätzendes Massenkommunikationsmittel".[842] In derselben Entscheidung bezeichnet es den Rundfunk neben seiner wirtschaftlichen und technischen Komponenten jedenfalls als „auch kulturelles Phänomen".[843] In dem darauf folgenden Rundfunkurteil führt das BVerfG aus, dass der Rundfunk eine Angelegenheit der Allgemeinheit darstellt, die überparteilich und unter Mitwirkung aller gesellschaftlich relevanten Kräfte zu organisieren und entsprechend dem kulturellen Bereich zugerechnet werden muss.[844]

In seiner anschließenden Entscheidungspraxis zur Rundfunkordnung geht das BVerfG in ständiger Rechtsprechung von der Rundfunkfreiheit gemäß Art. 5, Abs. 1, S. 2 GG als einer dienenden Freiheit aus.[845] In ihren subjektiv- und objektiv-rechtlichen Elementen komme ihr die Erfüllung des klassischen Rundfunkauftrags zu. Dieser bestehe neben seiner Funktion für die individuelle und öffentliche Meinungsbildung in seiner *kulturellen* Verantwortung. Um sicherzustellen, dass diese Funktionen erfüllt würden, bedürfe es der Schaffung einer positiven Ordnung.[846] Die zu schaffende positive Ordnung habe zu gewährleisten, „dass der klassische Auftrag des Rundfunks erfüllt wird, der neben seiner Rolle für die Meinungs- und politische Willensbildung, neben Unterhaltung und über laufende Berichterstattung hinausgehender Informationen seine *kulturelle* Verantwortung umfasst."[847] Dem Rundfunk komme im Hinblick auf diesen ver-

---

841 Hervorhebung d. Verf.

842 BVerfGE 12, 205, 226; („Deutschland-Fernsehen").

843 BVerfGE, ibidem, Fn. 842, 229.

844 BVerfGE 31, 314 („Mehrwertsteuerurteil").

845 Vgl. bspw. BVerfGE 57, 295, 319 f.; E 74, 297, 323; E 83, 238, 295.

Wie der bundesdeutsche Gesetzgeber dem Ausgestaltungsauftrag zwecks Erfüllung der vorstehend genannten Aufgaben nachkommt, obliegt grundsätzlich seiner eigenen Entscheidung. Ihm ist durch die Verfassung keine bestimmte Form der Rundfunkorganisation vorgegeben. BVerfGE 57, S. 295, 321. Es kommt allein darauf an, dass der klassische Auftrag im dargelegten Sinn gewährleistet wird, BVerfGE 83, 238, 296; E 74, 297, 324; E 73, 118, 152 f.; E 57, 295, 321. In dieser seither vom BVerfG als „Grundversorgungsauftrag" bezeichneten und den öffentlich-rechtlichen Rundfunkanstalten obliegenden Aufgabe gehen der politisch-demokratische sowie der kulturelle Auftrag eine Symbiose ein, hierzu *Oppermann*, Deutsche Rundfunkgebühren, S. 82; vgl. auch *Dörr*, Die Rolle des öffentlich-rechtlichen Rundfunks, S. 32.

847 BVerfGE 73, 118, 158, in der gleichen Entscheidung spricht das Verfassungsgericht ebenso von den „essentiellen Funktionen des Rundfunks" für – neben der demokrati-

Fußnote fortgesetzt

fassungsrechtlich geschützten Prozess die Rolle von zugleich „Medium" und „Faktor" zu.[848] Neben seiner Verbreitungsfunktion obliegt ihm also auch selbst eine schöpferische Funktion. Auch in seinen nachfolgenden Urteilen zur Rundfunkverfassung rekurriert das Verfassungsgericht immer wieder auf den „klassischen Auftrag" des Rundfunks, der neben seiner Funktion für das demokratische Staatswesen auch „seine kulturelle Verantwortung umfasst."[849] Seine gängige Qualifizierung des Rundfunks als „jedenfalls auch ein kulturelles Phänomen" wiederholt das BVerfG nochmals in seiner vielbeachteten Entscheidung zur EG-Fernsehrichtlinie.[850]

Auch wenn das BVerfG nicht die wirtschaftliche Bedeutung und damit die ökonomisch-publizistische Doppelnatur des Rundfunks verkennt, betont es in ständiger Rechtsprechung doch gerade dessen kulturelle Bedeutung. Hieraus zieht es die Konsequenz, dass der Rundfunk in seinem Kernbereich den Trägern der kulturellen Hoheitsbefugnisse kompetenziell zugeordnet werden muss. Deutlich wird dies beispielsweise, wenn das Gericht in der zuletzt zitierten Entscheidung zur europäischen Fernsehrichtlinie ausführt, dass die Regelungen der Richtlinie, die den Gegenstand eines Bund-Länderstreits bildeten, „obzwar für die Veranstalter von Fernsehsendungen von erheblicher *wirtschaftlicher* Bedeutung, den Kernbereich der Landeskompetenz zur Regelung der organisatorischen sowie politisch-*kulturellen* Materien des Rundfunkwesens nicht berührten".[851]

---

schen Ordnung – ebenso das kulturelle Leben in der Bundesrepublik, BVerfGE, ibidem, 157 f.; vgl. auch BVerfGE 57, 295, 320; E 83, 238, 296.

848 BVerfGE 12, 205, 260; E 57, 295, 319; E 73, 118, 152, („...Meinungsbildung vollzieht sich nicht nur durch Nachrichtensendungen, politische Kommentare oder Sendereihen über Probleme der Vergangenheit, der Gegenwart oder der Zukunft, sondern ebenso in Hör- und Fernsehspielen, musikalischen Darbietungen oder Unterhaltungssendungen..."); E 74, 297, 323 f.

849 Vgl. bspw. BVerfGE 74, 297, 324; E 83, 238, 299, wo das Gericht auf den „klassischer Rundfunkauftrag" verweist unter Bezugnahme auf die bereits zitierte Entscheidung E 73, 118, 155 ff., in der das Gericht erstmals detailliertere Ausführungen zu der kulturellen Funktion des Rundfunks macht, vgl. in derselben Entscheidung die Formulierung „...im Rahmen des gesetzlichen Auftrags eine Aufgabe übergreifender Meinungsverbreitung und Kulturpflege erfüllen soll..."; E 87, 181, 199 („klassischer Rundfunkauftrag..., wie ihn das Bundesverfassungsgericht mehrfach definiert hat", wobei das Gericht auf die entsprechenden, d.h. auch die kulturelle Funktion hervorhebenden Passagen verweist); weiterhin E 90, 60, 90, („der klassische Auftrag des Rundfunks..., der neben...seine kulturelle Verantwortung umfasst...".).

850 Vgl. BVerfGE 92, 203 = ZUM 1995, S. 405, 415.

851 BVerfGE, ibidem, Fn. 850, S. 416

Die Charakterisierung des Rundfunks als „auch-kulturelles Phänomen" wird auch im Schrifttum, soweit ersichtlich ohne Ausnahme, vorgenommen. Lediglich die Gewichtungen und Schlussfolgerungen, die aus dem Befund einer kulturellen Seite des Rundfunks gezogen werden, divergieren. Die grundsätzliche Zuordnung zum Bereich der Kultur wird aber nicht grundsätzlich in Frage gestellt.[852] Im Ergebnis kann daher festgehalten werden, dass der Rundfunksektor nach deutschem Verständnis als Teil des kulturellen Bereichs angesehen wird.

V. Fazit und weiterer Untersuchungsverlauf

Die vorstehenden Untersuchungen haben ergeben, dass mangels Existenz eines einheitlichen gemeinschaftsrechtlichen Kulturbegriffs den Mitgliedstaaten selbst ein Beurteilungsspielraum hinsichtlich dessen zusteht, was sie zum Bereich der Kultur zählen. Sie besitzen mit anderen Worten hierfür eine Einschätzungsprärogative. Das Gemeinschaftsrecht steht dabei einem Verständnis, wonach der Rundfunk zum kulturellen Sektor gehört, nicht entgegen.[853] Die deutsche Sicht, nach der das Rundfunkwesen maßgeblich zum Kulturbereich gerechnet wird, ist somit mit dem Gemeinschaftsrecht vereinbar.

Kann aber zur Kultur im Sinne des Art. 151 EG auch der Rundfunksektor gerechnet werden, gelten die zuvor für den Bereich der Kultur getroffenen Aussagen hinsichtlich der mittelbaren Schutzfunktion von Art. 151 EG[854] auch für den Rundfunk. Die Mitgliedstaaten besitzen daher Gestaltungsspielräume, innerhalb derer sie die ihnen vorbehaltenen Souveränitätsbereiche organisieren, ausformen, bestimmte Zielsetzungen definieren und gewichten können. Es ist daher auch grundsätzlich Sache der Mitgliedstaaten, Aufgabe und Rolle des Rundfunks im Hinblick auf seinen kulturellen Auftrag zu bestimmen und entsprechend auch im Hinblick auf seine Finanzierung zu gestalten.[855] Definitionshoheit und Gestaltungsspielraum stoßen dort an ihre Grenzen, wo sie missbräuchlich

---

852 Beispielsweise kennzeichnet *Ipsen,* GS f. Geck, S. 352, die Rundfunkordnung als "überwiegend kulturpolitisch determiniert; vgl. auch *Ossenbühl*, Rundfunk, S. 24 ff.; *Schmahl*, S. 111; *Kopp*, in: Schwarze/Becker (Hrsg.), Geistiges Eigentum, S. 89 f.

853 Vgl. *Oppermann*, Deutsche Rundfunkgebühren, S. 84; *Frey*, Fernsehen, S. 69; *Schwartz,* AfP 1993, S. 413; *Dörr*, Die Rolle des öffentlich-rechtlichen Rundfunks, S. 29 ff.; a.A. *Roider*, S. 72, nach der wegen des von ihr vorgenommenen engen Kulturbegriffs Art. 151 Abs. 4 EG keine die nationalen Rundfunkordnungen schützende Funktion zukommt.

854 Vgl. hierzu die Ausführungen unter Teil 2 B.VI. und Teil 2 B.C.VI.

855 *Kopp*, in: Schwarze/Becker (Hrsg.), Geistiges Eigentum, S. 90.

eingesetzt werden, um sich den Pflichten, Vorgaben und den wesentlichen Strukturprinzipien des Vertrages zu entziehen oder wo unter dem Deckmantel der Kulturpolitik protektionistische Ziele verfolgt werden.

Damit fragt sich nunmehr, welche Bedeutung das vorstehend erläuterte, EG-primärrechtlich verankerte Bekenntnis zu „gemeinschaftsfreien“ mitgliedstaatlichen Gestaltungsräumen im Rundfunkbereich auf die Anwendung des Dienstleistungskapitels hat: So wenig wie die Feststellung, die Gemeinschaft besitze keine allgemeine Kulturkompetenz, die Schlussfolgerung zulässt, dem Rundfunk komme eine Bereichsausnahme im Hinblick auf die Anwendbarkeit des Gemeinschaftsrechts zu, so wenig kann auf der anderen Seite die Feststellung dessen grundsätzlicher Anwendbarkeit,[856] bedeuten, dass damit sämtliche Aspekte nationaler Rundfunkpolitik dem Zugriff des Gemeinschaftsrechts unterliegen.

Angesichts der vertraglich spezifizierten Zielsetzungen und Befugnisse der europäischen Gemeinschaft können die Bestimmungen des EG zwar einzelne Aspekte des Rundfunks erfassen. Es liegt jedoch keine Unterordnung des gesamten Rundfunkbereichs mit seinen Grundelementen unter den EG vor.[857] Der Gemeinschaft ist es damit auch – und zwar auch nach Einfügung von Art. 151 EG - verwehrt, über ihre binnenmarktmotivierten Handlungsbefugnisse die allgemeine Kompetenz der Mitgliedstaaten zur Ordnung ihres Rundfunkwesens an sich zu ziehen.[858] Die grundsätzliche Anwendbarkeit der Grundfreiheiten auch im Bereich kultureller, audiovisueller Tätigkeiten sagt also noch nicht notwendigerweise etwas über das Verhältnis beider Bereiche zueinander aus. So wie die Schaffung von Bereichsausnahmen die greifbare Gefahr von Missbräuchen in sich birgt, so kann eine extensive, unterschiedslose Anwendung der Ordnungspolitiken des Gemeinsamen Marktes zu einer Aushöhlung der im Bereich der Mitgliedstaaten verbliebenen Kompetenzen führen.[859] Das Gefüge der auf die

---

856 Insbesondere der seitens des EuGH in ständiger Rechtsprechung bestätigte Dienstleistungscharakter von Rundfunksendungen im Sinne von Art. 49 EG.

857 Vgl. auch *Engel*, in: Dauses, Handbuch des EU-Wirtschaftsrechts, E. V, Rdn. 62, der ebenfalls darauf hinweist, dass die publizistische Komponente des Rundfunks nicht vergemeinschaftet wurde; *Ossenbühl*, Rundfunk, S. 23 f., bringt dies auf die Formel, der EG ermächtige nicht nach dem Motto „Alles ist Wirtschaft, Wirtschaft ist alles“ in den Kernbereich der Rundfunkkompetenz der Mitgliedstaaten einzugreifen.

858 *Ossenbühl*, Rundfunk, S. 33; *Dörr/Eckl*, NJW 1999, S. 1928.

859 Vgl. hierzu beispielsweise die Befürchtungen der deutschen Bundesländer, dass nach der jetzigen Tendenz der EU-Kommission, den Beihilfebegriff sehr extensiv auszule-

Fußnote fortgesetzt

Gemeinschaft übertragenen sowie den Mitgliedstaaten vorbehaltenen Zuständigkeiten und damit auch der Grundsatz beschränkter Einzelzuständigkeit liefe im Ergebnis leer.

Vor dem Hintergrund der vorstehenden Ausführungen der kulturellen Kompetenzverteilung sowie der Rolle von Art. 151 EG, insbesondere der kulturellen Querschnittsklausel gemäß Art. 151 Abs. 4 EG, stellt sich daher im folgenden die Frage, welche Konsequenzen sich hieraus für die Anwendung des Dienstleistungskapitels im Hinblick auf die untersuchungsgegenständliche Versparungsentscheidung ergeben.

E. Auswirkungen der materiellen Zusatzgehalte von Art. 151 EG auf den Anwendungsbereich von Art. 49 EG?

Wie bereits festgestellt, stellt Art. 151 EG trotz aller Restriktionen eine echte Gemeinschaftskompetenz dar.[860] Gleichwohl geht es bei der hier interessierenden Frage des Verhältnisses zwischen dem Dienstleistungskapitel und der Kulturklausel letztlich nicht um die Abgrenzung zwischen mehreren in Frage kommenden Gemeinschaftskompetenzen im eigentlichen Sinne.[861] Die Abgrenzung zwischen mehreren Gemeinschaftskompetenzen ist, wie zuvor ausgeführt,[862] nach dem Schwerpunkt der betreffenden Gemeinschaftsmaßnahme vorzunehmen.

Im vorliegenden Kontext der Frage nach der Vereinbarkeit einer nationalen Maßnahme mit dem Gemeinschaftsrecht geht es jedoch um die Frage der Abgrenzung zwischen mitgliedsstaatlichen und gemeinschaftlichen Hoheitssphären

---

gen, letztlich jede Entscheidung und jede staatliche Lenkungsmaßnahme von der Gemeinschaft kontrolliert werden könne, epd medien Nr. 5 vom 22.01.2000, S. 14 f.

860 Vgl. Teil 2 B.VI.

861 Zu der grundsätzlich anderen Fragestellung der Inanspruchnahme von Gemeinschaftsbefugnissen gegenüber der Tragweite einer Grundfreiheit ausdrücklich EuGH Rs. C-415/93 (Bosman), Slg. 1995, I-4921, Rdn. 78 („Auch dem auf angebliche Parallelen zwischen Sport und Kultur gestützten Argument kann nicht gefolgt werden, da sich die Frage des vorlegenden Gerichts nicht auf die Voraussetzungen für die Ausübung von Gemeinschaftsbefugnissen beschränkten Umfangs bezieht, wie sie sich aus Art. 128 Absatz 1 (Art. 151 n. F., Hinzuf. d. V.) ergeben, sondern auf die Tragweite der durch Artikel 48 garantierten Freizügigkeit der Arbeitnehmer, die im System der Gemeinschaften eine grundlegende Freiheit darstellt...").

862 Vgl. hierzu Teil 2 C.VI.

und damit um eine *vertikale* Kompetenzabgrenzung.[863] Die Bedeutung von Art. 151 EG besteht in diesem Zusammenhang darin, dass durch die Kulturklausel Schutzräume zugunsten der mitgliedstaatlichen Kulturhoheit im primären Gemeinschaftsrecht positiv verankert worden sind. Art. 151 EG stellt mittelbar eine Schranke zugunsten der Mitgliedstaaten gegen eine zu extensive Inanspruchnahme anderer Kompetenzgrundlagen mit nachhaltigen kulturellen Auswirkungen dar.[864]

Aus diesem Befund ergibt sich die Frage, wie sich die materiellen Zusatzgehalte von Art. 151 EG im vertikalen Kompetenzverhältnis konkret auswirken, beziehungsweise wie die Integration mitgliedstaatlicher Belange in das Gemeinschaftsrecht vor dem Hintergrund fehlender Bereichsausnahmen sichergestellt werden kann. Dies macht zunächst eine Untersuchung darüber erforderlich, nach welchen Kriterien sich die Abgrenzung zwischen gemeinschaftlichen und nationalen Hoheitssphären grundsätzlich gestaltet. Erst danach kann geklärt werden, ob und, bejahendenfalls, wie sich die im Zusammenhang mit Art. 151 EG festgestellte Schutzfunktion in diese Abgrenzungssystematik einbetten lässt.

I. Grundsätzliches zur Abgrenzung zwischen gemeinschaftlicher und mitgliedstaatlicher Hoheitssphäre

Dem gemeinschaftlichen Kompetenzbestand liegt, wie eingangs festgestellt, der Grundsatz der begrenzten Einzelermächtigung gemäß Art. 5 Abs. 1 EG als Strukturprinzip zugrunde.[865] Hiernach ergibt sich die Zuständigkeit der Gemeinschaft aus der Summe der ihr in den verschiedenen Vertragsbestimmungen gesetzten Aufgaben und Ziele sowie der ihren Organen zur Verwirklichung der Vertragsziele zugewiesenen Befugnisse.[866]

Selbst wenn man Art. 5 Abs. 1 EG in Ansehung seines Grundsatzcharakters[867] entgegen der nahezu ausnahmslos im Schrifttum vertretenen Auffassung[868] auch

---

863 Zu den Begriffen der vertikalen und horizontalen Kompetenzabgrenzung vgl. *Nettesheim*, EuR 1993, S. 243 ff. und Fn. 648.

864 Vgl. hierzu Teil 2 B.IV. und Teil 2 B.VI.

865 Teil 2 A.

866 Vgl. nur *Streinz*, in: Streinz, EUV/EG, Art. 5, Rdn. 7 f.

867 *Streinz*, in: Streinz, EUV/EG, Art. 5, Rdn 3.

868 Die meisten Autoren setzen, ohne dass sie dies häufig als solches ausdrücklich benennen, die Anwendbarkeit von Art. 5 Abs. 1 EG ausschließlich auf sekundärrechtliches

Fußnote fortgesetzt

auf das Gemeinschaftsprimärrecht Anwendung finden lassen wollte, könnte die Vorschrift kaum einen hinreichenden Aufschluss über die Begrenzung der hier interessierenden Grundfreiheiten geben.[869] Zu berücksichtigen ist, dass auch die Grundfreiheiten durch ihren sachgebietsunabhängigen Zielverwirklichungscharakter gekennzeichnet sind.[870] Gerade im Bereich der gemeinschaftsvertraglichen Zielvorgaben ist aber eine Abgrenzung der Gemeinschaftsbefugnisse von den Kompetenzen der Mitgliedstaaten außerordentlich schwierig.[871] Der integrationsorientierte Normcharakter[872] der Grundfreiheiten ermöglicht es der Gemeinschaft je nach Weite der Auslegung der tatbestandlichen Voraussetzungen, nahezu jeden Sachverhalt aufzugreifen.[873] Die unter anderem an ihren Aufgaben und Zielen orientierte Kompetenzerschließung der Gemeinschaft hat deshalb auf der einen Seite bekanntermaßen zu der besonderen Dynamik des Gemeinschaftsrechts geführt.[874] Auf der anderen Seite hängt der Verlauf der Grenzen der gemeinschaftlichen Verbandskompetenz von der inhaltlichen Präzision der vertraglichen Zielbestimmungen sowie der Intensität der richterlichen Kontrolle durch den EuGH ab. Vor diesem Hintergrund vermag Art. 5 Abs. 1 EG hierzu

---

Gemeinschaftshandeln voraus, vgl. beispielsweise *Lienbacher*, in: Schwarze, EUV, Art. 5, Rdn. 7; *Zuleeg*, in: Groeben/Schwarze, EUV/EG, Art. 5, Rdn. 1 ff.; *Streinz*, in: Streinz, EUV/EG, Art. 5, Rdn. 7 ff.; *Calliess*, in: Calliess/Ruffert, EUV/EG, Art. 5, Rdn. 9 ff.; *Nettesheim*, in: v. Bogdandy, Europäisches Verfassungsrecht, S. 421 ff.

869 Hinzu kommt, dass der EuGH das Prinzip der begrenzter Einzelermächtigung ohnehin nicht als einen der Dynamik des Gemeinschaftsrecht entgegenwirkenden Wert angesehen hat, der eine Abwägung mit konkurrierenden Interessen der Mitgliedstaaten, insbesondere im Interesse des Schutzes ihrer verbleibenden Kompetenzen ermöglicht hätte, vgl. hierzu *Jarass*, DVBl. 1995, S. 961.

870 Vgl. hierzu oben Teil 2A.

871 *Lienbacher*, in: Schwarze, EUV, Art. 5, Rdn. 8.

872 Vgl. hierzu ausführlicher oben Teil 2 A.

873 Vgl. *Wuermeling*, EuR 2004, S. 219 ("unbegrenzte Interpretationsmöglichkeiten"); zu dieser Problematik sowie der vor diesem Hintergrund bestehenden Notwendigkeit der Entwicklung einer brauchbaren Dogmatik *Jarass*, EuR 1995, S. 202 ff.; kritisch im Hinblick auf den finalen Charakter der Unionskompetenzen als spezifischer Ursache einer Kompetenzproblematik *Ruffert*, EuR 2004, S. 190 f.

874 Vgl. beispielsweise *v. Bogdandy/Nettesheim*, in: Grabitz/Hilf, EUV, Art. 3 b, Rdn. 7; auch *Beutler/Bieber/Pipkorn/Streil*, Rdn. 120, weisen auf die in diesem Zusammenhang bestehende Problematik einer trennscharfen Abgrenzung hin.

und somit auch für die untersuchungsgegenständliche Konfliktlage keine hinreichenden Abgrenzungskriterien zu liefern.[875]

Neben der Kompetenzverteilungsregel des Art. 5 Abs. 1 EG existieren zwar weiterhin den nationalen Rechtsordnungen entlehnte Ansätze zur Einteilung der Gemeinschaftskompetenzen in ausschließliche, konkurrierende und parallele Zuständigkeiten.[876] Diese Klassifizierung soll Auskunft darüber geben, zu welchem Zeitpunkt und in welchem Umfang das gemeinschaftsrechtliche Verbot entsteht, die entsprechenden nationalen Kompetenzen auszuüben.[877] Der Gemeinschaftsvertrag bestimmt aber im Unterschied zum deutschen Grundgesetz zumindest zum gegenwärtigen Zeitpunkt regelmäßig noch nicht, wann von einer ausschließlichen oder konkurrierenden Kompetenz auszugehen ist.[878] Die Vorgaben des Gemeinschaftsrechts sind in dieser Hinsicht unvollständig.[879]

Zwar enthält nunmehr der unlängst von den Staats- und Regierungschefs angenommene[880] Entwurf eines Europäischen Verfassungsvertrags[881] entsprechende

---

875 So ausdrücklich für die EG-vertraglichen Zielvorgaben *Lienbacher*, in: Schwarze, EUV, Art. 5, Rdn. 8; weiterhin *Lecheler*, S. 99; ebenso *Folz*, S. 272; zur Unbrauchbarkeit der Kompetenzverteilungsregeln für die Frage der Grenzen bei der Auslegung der Grundfreiheiten vgl. *Kingreen*, S. 90 ff.

876 Vgl. Übersichten bei *Streinz*, in: Streinz, EUV/EG, Art. 5, Rdn. 14 ff. und *Zuleeg*, in: Groeben/Schwarze, EUV/EG, Art. 5, Rdn. 7 ff.; weiterhin *Calliess*, in Calliess/Ruffert, EUV/EG, Art. 5, Rdn. 21; ebenfalls *v. Bogdandy/Nettesheim*, in Grabitz/Hilf, EUV, Art. 3b, Rdn. 11; nach *Burgi*, in: Henneke (Hrsg.), S. 96, sind sie als Ordnungsfaktoren weitgehend anerkannt.; vgl. weiterhin *Schweitzer/Hummer*, Europarecht, Rdn. 342 ff.; weiterhin *Geiger*, EG, Art. 5, Rdn. 24 ff.; *Beutler/Bieber/Pipkorn/Streil*, Rdn. 125 ff.; kritisch zur Existenz konkurrierender Zuständigkeiten *Nettesheim*, in: v. Bogdandy, Europäisches Verfassungsrecht, S. 449 ff.

877 V. *Bogdandy/Nettesheim*, in: Grabitz/Hilf, EUV, Art. 3 b, Rdn. 11.

878 Die Einordnung ist selbst in dem wichtigen Bereich der Grundfreiheiten umstritten, vgl. hierzu unten Teil 3 V.1.

879 So *Colneric*, EuZW 2002, S. 709; vgl. auch *Ipsen*, Europäisches Gemeinschaftsrecht, S. 212, der darauf hinweist, dass keine Grundsatzregel für die Zuständigkeitsverteilung, wie dies beispielsweise gemäß Art. 30 GG für die Bundesrepublik Deutschland vorgesehen ist, existiert; ebenso *Burgi*, in: Henneke (Hrsg.), S. 96.

880 Vgl. den zunächst gescheiterten Versuch, den Verfassungsentwurf im Rahmen der Brüsseler Regierungskonferenz vom 12./13.12.2003 zu verabschieden, Frankfurter Allgemeine Sonntagszeitung v. 14.12.2003, S. 1.

881 Der "Vertrag über eine Verfassung für Europa" wurde vom Europäischen Konvent, der mit dessen Ausarbeitung beauftragt worden war, am 18. Juli 2003 verabschiedet und von den Staats- und Regierungschefs am 18. Juni 2004 angenommen. Noch auf der Ta-

Fußnote fortgesetzt

Einteilungen der Gemeinschaftskompetenzen in ausschließliche Zuständigkeiten, Bereiche mit geteilter Zuständigkeit sowie in Bereiche, in denen die Gemeinschaft unterstützende, koordinierende und ergänzende Maßnahmen ergreifen kann.[882]

Selbst wenn der Verfassungsvertrag infolge eines erfolgreichen Ratifikationsprozesses in dieser Form künftig in Kraft treten sollte, darf aber bezweifelt werden, ob hierdurch die mit den funktionellen Befugnissen einhergehende Kompetenzabgrenzungsproblematik abschließend gelöst sein wird.[883] Beispielsweise ist die Gewährleistung des freien Dienstleistungsverkehrs dem Verfassungsentwurf entsprechend nunmehr zwar eindeutig als Bereich mit geteilter Zuständigkeit qualifiziert.[884] In Bereichen mit geteilter Zuständigkeit können die Mitgliedstaaten nur tätig werden, sofern und soweit die Gemeinschaft ihre Zuständigkeit

---

gung des Europäischen Rates in Nizza wurde die Kompetenzabgrenzungsthematik als wichtig bewertet und in den sogenannten Post-Nizza-Prozess überwiesen, in dessen Verlauf die erforderlichen Vertragsänderungen im Rahmen eines vorbereitenden Konvents bis zu einer weiteren Regierungskonferenz vorbereitet werden sollen, vgl. *Burgi*, in: Henneke (Hrsg.), S. 101; Die geschilderten Unklarheiten bei der Verteilung der Zuständigkeiten haben dazu geführt, dass die Forderungen nach einer klaren Kompetenzabgrenzung zwischen der gemeinschaftlichen und den mitgliedstaatlichen Rechtsordnungen einen zentralen Gegenstand im Rahmen des Europäischen Konvents gebildet haben, vgl. hierzu die Berichterstattung in der SZ vom 5.02.2003, S. 7; Die im Rahmen des Europäischen Konvents behandelten Gegenstände können abgerufen werden unter http://european-convention.eu.int/bienvenue.asp? (Stand: 23.12.2003).

882 Vgl. Teil I, Titel III, Art. 11 (Arten von Zuständigkeiten), Art. 12 (Ausschließliche Zuständigkeiten), Art. 13 (Bereiche mit geteilter Zuständigkeit), Art. 16 (Unterstützungs-, Koordinierungs- und Ergänzungsmaßnahmen). Der Vertrag über eine Verfassung für Europa, Dokument CONV 850/03, kann im Internet auf der Website des Europäischen Konvents unter http://european-convention.eu.int/docs/Treaty/cv00850.de03.pdf (Stand: 23.12.2003) abgerufen werden.

883 Auch *Streinz*, in: Streinz, EUV/EG, Art. 5, Rdn. 13 m.w.N., stellt in Frage, inwiefern ein entsprechender Kompetenzkatalog zielführend ist; ebenfalls kritisch *Nettesheim*, EuR 2004, S. 517 ("...im Hinblick auf die Binnenmarktkompetenz keine wesentlichen Einschränkungen") und S. 518 ("Die bewährten Strukturen des Binnenmarkts bleiben...erhalten") sowie *Wuermeling*, EuR 2004, S. 228 f. ("Die Schaffung von mehr Transparenz durch die Kategorisierung bietet ...keinen ausreichenden Fortschritt zur Eindämmung des schleichenden Kompetenztransfers.").

884 Vgl. Teil I, Titel III, Art. 13 (Bereiche mit geteilter Zuständigkeit) Abs. 2: Binnenmarkt; gemäß Teil III, Titel III, Kapitel I, Abschnitt I, Art. III-14 Abs. 2 des Verfassungsvertrags, ibidem, Fn. 882, gehört die Gewährleistung des freien Dienstleistungsverkehrs zur Verwirklichung des Binnenmarkts.

nicht ausgeübt hat oder entschieden hat, diese nicht mehr auszuüben.[885] Die Zuordnung der Dienstleistungsfreiheit zu einer bestimmten Kompetenzkategorie ändert jedoch nichts an dem Umstand, dass die Gemeinschaft, je nachdem wie weit der Anwendungsbereich von Art. 49 EG gezogen wird, wegen dessen Querschnittscharakters tief in Bereiche vorzudringen vermag, die nach anderen Vertragsvorschriften den Mitgliedstaaten vorbehalten sind.[886] Insofern ist zu erwarten, dass die Abgrenzung der mitgliedstaatlichen und gemeinschaftlichen Rechtsordnungen im Hinblick auf die vorliegend fokussierte Kollisionslage auch nach Inkrafttreten des Verfassungsvertrags weiterhin einer überzeugenden und auch in der Praxis belastbaren Abgrenzungsdogmatik bedarf.

Das Phänomen der Existenz von Abgrenzungsschwierigkeiten mag sich zum Teil aus dem Umstand erklären, dass das Schwergewicht der Bemühungen der europäischen Organe, insbesondere des Europäischen Gerichtshofs, in der Vergangenheit dadurch gekennzeichnet war, der europäischen Rechtsordnung zur Durchsetzung zu verhelfen und die mitgliedstaatlichen Rechtsordnungen auf dem Weg einer immer tieferen Integration voranzutreiben.[887] Die Sicherung der den Mitgliedstaaten vorbehaltenen Kompetenzräume hatte gegenüber diesem Integrationsanliegen nur wenig „Konjunktur".[888] Entsprechend ist das Verhältnis zwischen den Rechtsordnungen in der Vergangenheit deutlich ausgiebiger unter dem integrationistischen Topos des „Vorrangs des Gemeinschaftsrechts" und den hieraus resultierenden Rechtswirkungen für die innerstaatlichen Rechtsord-

---

885 Teil I, Titel III, Art. 11 (Arten von Zuständigkeiten) Abs. 2, S. 2 des Verfassungsvertrags, ibidem, Fn. 882.

886 Vgl. *Colneric*, EuZW 2002, S. 712 („Wie der EuGH die Grundfreiheiten auslegt, ist für die verbleibenden Handlungsmöglichkeiten der Mitgliedstaaten von großer Bedeutung").

887 Vgl. *Everling*, EuR 1987, S. 234 f.; Eine entsprechende Integrationsdynamik war sowohl hinsichtlich der vertikalen als auch der horizontalen Kompetenzverteilung festzustellen, vgl. *Nettesheim*, EuR 1993, S. 243 ff. und vorangehende Fn. 648.; *ders.*, in: v. Bogdandy, Europäisches Verfassungsrecht, S. 426 ff.; zu den politischen Hintergründen dieser Entwicklung vgl. *Kingreen*, in: v. Bogdandy, Europäisches Verfassungsrecht, S. 636.

888 Entsprechend enthielt auch die Rechtsprechung des EuGH beträchtliche Zeit kaum Ausführungen zu den Grenzen der Gemeinschaftskompetenzen, vgl. *Dörr/Beucher/Eisenbeis/Jost*, S. 48, 51, nach denen "sich aus der Rechtsprechung des EuGH bisher keine klaren Begrenzungen für die Kompetenzen auf dem Gebiet des Rundfunkrechts ergeben"; ebenso *Jarass*, DVBl. 1995, S. 961 f.; kritisch zur Rolle des EuGH ebenfalls *Brunner*, in: Merten, S. 19.

nungen[889] thematisiert worden als unter dem Aspekt der gegenseitigen Abgrenzung.[890] Zudem erfolgte die Kompetenzverteilung zwischen Gemeinschaft und Mitgliedstaaten ursprünglich „ohne Orientierung an irgendwelchen Denkmodellen". Für die Regelung dieses Problemkreises waren „rein pragmatische Gesichtspunkte“ maßgeblich.[891] Klare, objektive Abgrenzungsmaßstäbe wurden durch den Gemeinschaftsvertrag nicht an die Hand gegeben.[892] Der Umstand, dass der Vertrag selbst hinsichtlich verschiedener Abgrenzungsfragen explizite Vorgaben vermissen ließ und nach wie vor vermissen lässt, war der Herausbildung einer klaren Dogmatik somit wenig zuträglich.

Dem mittlerweile bereits weit fortgeschrittenen Integrationsstand der Gemeinschaft entsprechend, mehren sich jedoch in der jüngeren Vergangenheit Stimmen, die fordern, dass die Gemeinschaft sensibler für die Einhaltung ihrer Kompetenzen werden, der EuGH seine Rolle als Motor der Integration aufgeben und ein neues Selbstverständnis als Hüter des Gemeinschaftsrechts sowie dessen

---

889 D.h. Nichtigkeit oder bloß Unanwendbarkeit kollidierenden innerstaatlichen Rechts, vgl. EuGH Rs. 106/77(Simmenthal), Slg. 1978, 629, Rdn. 17/18 (keine Nichtigkeit entgegenstehender nationaler Vorschriften); vgl. auch BVerfGE 31, 145, 174 ff.

890 Vgl. beispielsweise nur *Schweitzer/Hummer*, Europarecht, Rdn. 845 ff; *Oppermann*, Europarecht, Rdn. 615 ff.; *Streinz*, Europarecht, Rdn. 171 (Ablösung der Fokussierung auf die Rangfrage durch zunehmendes Bewusstsein der „Verzahnung“), 179 ff (Vorrang); *Bux*, S. 29 ff.; Das Prinzip des Vorrangs des Gemeinschaftsrechts hat in Titel III, Art. 9, Abs. 1 Eingang in den Vorentwurf eines Europäischen Verfassungsvertrags gefunden, ibidem, Fn. 882.

891 So *Constantinesco*, Das Recht der Europäischen Gemeinschaften, S. 235; vgl. auch *Everling*, EuR 1987, S. 231, der hierzu feststellt, dass sich angesichts der "Formulierung der Ziele und Aufgaben der Gemeinschaft in den Verträgen praktikable Abgrenzungen kaum herleiten lassen. Sie sind so weit gefasst, daß besonders vor dem Hintergrund der politischen Finalität der Integration, die für die Auslegung von Bedeutung ist, Grenzen schwer zu bestimmen sind" sowie "..., daß Strukturüberlegungen nicht weiter führen, denn sie müssen notwendig an Sachbereiche anknüpfen, was aber beim gegenwärtigen Stand der Entwicklung schwerlich möglich ist".

892 *Dörr/Beucher/Eisenbeis/Jost*, S. 51 vgl. hierzu auch die Feststellung *Everlings*, EuR 1987, S. 232, "die Abgrenzung (zwischen dem gemeinschaftlichen und mitgliedstaatlichen Kompetenzbereich) bleibt unbestimmt und unklar". Dies mag insofern überraschen, als die Achtung der jeweils zugestandenen Hoheitsräume im Hinblick auf die gegenseitige Akzeptanz außerordentlich wichtig ist. Eine Gemeinschaft mit verschiedenen Kompetenzträgern ohne klare Kompetenzgrenzen ist notwendigerweise instabil, so zu Recht *Dörr/Beucher/Eisenbeis/Jost*, S. 68.

Grenzen finden müsse.[893] Erste Ansätze in diese Richtung sind in der Rechtsprechung des EuGH bereits auszumachen.[894]

Mit dieser Entwicklung korrespondiert die Flut von Beiträgen, die insbesondere zu der Kompetenzausübungsregel des Subsidiaritätsprinzip veröffentlicht worden sind.[895] Das Konzept einer Ausübungsschranke impliziert jedoch bereits das Bestehen einer Gemeinschaftszuständigkeit. Kompetenzausübungsschranken beschränken mit anderen Worten nicht die Verbandskompetenz der Gemeinschaft, sondern setzen diese voraus.[896] Dabei liegt es auf der Hand, dass eine erst auf der Kompetenzausübungsebene erfolgende Grenzziehung den Anwendungsbereich der Grundfreiheiten erweitert und damit deren Maßgeblichkeit für die Mitgliedstaaten und deren Normsetzungstätigkeiten erhöht.[897] Mitgliedstaatliche

---

893 So beispielsweise *Klein*, VVDStRL 50 (1991), S. 72; *Steindorff*, ZHR 163 (1999), S. 399; *Hailbronner*, JZ 1990, S. 154; *Bleckmann*, ZRP 1990, S. 265; *Reh*, in: Merten (Hrsg.), S. 75; *Everling*, in: FS für Doehring, S. 195 ff.; Vgl. auch *Jean-Luc Dehaene*, Vizepräsident des EU-Reformkonvents (Nach einem halben Jahrhundert habe sich die Methode erschöpft, der Dynamik den Vorzug zu geben), FAZ vom 20.02.2003, S. 7.

894 Vgl. die deutlichen Worte des EuGH im Zusammenhang mit seinem Urteil zur *Tabakwerberichtlinie*, Rs. C-376/98, Slg. 2000, I-8419, (vgl. hierzu Teil 2 C.IV) die wohl dahingehend aufgefasst werden können, dass der Gerichtshof der Frage der Schranken der Grundfreiheiten verstärkt Aufmerksamkeit widmen wird; nach *Burgi*, in: Henneke (Hrsg.), S. 90 f., liegt die herausragende Bedeutung der EuGH Entscheidung zur *Tabakwerberichtlinie* darin, dass sie einen vertikalen Kompetenzkonflikt zugunsten der Mitgliedstaaten gelöst hat; vgl. hierzu auch *Möstl*, EuR 2002, S. 319 f. m.w.N.; zu den EuGH Bemühungen um Kompetenzbegrenzung vgl. auch *Dörr/Eckl*, NJW 1999, S. 1928.; ähnlich *Kühne*, Urteilsanm., JZ 2001, S. 759; *Baquero Cruz/Castillo de la Torre*, ELRev. 2001, S. 500 („effet utile is no longer the order of the day"); *Dörr*, Media Perspektiven 1996, S. 91, stellt eine entsprechende Tendenz bereits im Rahmen der *TV 10*-Rechtsprechung (Rs. C-23/93, Slg. 1994, I-4795) fest.

895 Vgl. beispielsweise die Nachweise bei *v. Bogdandy/Nettesheim*, in: Grabitz/Hilf, EUV, Art. 3b; *Zuleeg*, in: Groeben/Schwarze, EUV/EG, Art. 5 sowie *Müller-Graff*, ZHR 159 (1995), S. 35 f. mit zahlreichen Nachweisen.

896 *V. Bogdandy/Nettesheim*, in: Grabitz/Hilf, EUV, Art. 3 b, Rdn. 19; zu dieser Unterscheidung ebenso bereits *Klein*, VVDStRL 50 (1991), S. 73.

897 Fällt eine Angelegenheit erst gar nicht in den Anwendungsbereich einer Grundfreiheit, braucht diese nicht daraufhin überprüft werden, ob der Eingriff in den Schutzbereich der Grundfreiheit im konkreten Fall über das Vorliegen von Rechtfertigungsgründen rechtfertigbar ist. Das Maß der potentiellen gemeinschaftlichen Kontrolle hinsichtlich einzelstaatlicher Maßnahmen wächst mit der Weite der Anwendungsbereiche der Grundfreiheiten. Zu der Kompetenzausübungsregeln inhärenten Schwierigkeit bei der Kompetenzabgrenzung kommt hinzu, dass auch der Entwurf des Europäischen Verfassungsvertrags auf eine substantielle Schärfung der Kompetenzausübungsregeln verzichtet, vgl. hierzu *Nettesheim*, EuR 2004, S. 536.

Maßnahmen werden damit grundsätzlich in eine Rechtmäßig- beziehungsweise Verhältnismäßigkeitskontrolle gezwungen, obwohl dies dem – auch anhand von Art. 151 EG erkennbaren - Ziel einer begrenzten Gemeinschaftszuständigkeit im Kulturbereich möglicherweise widerspricht.

Dieser Umstand rechtfertigt die Überlegung, ob neben den zuvorgenannten Strukturprinzipien nicht bereits auf der Ebene der Kompetenzverteilung Modelle für eine interessensgerechte sowie praktikable Zuordnung von Zuständigkeiten für das vorliegend relevante Konfliktfeld zwischen funktionaler Gemeinschaftsbefugnis und mitgliedstaatlichen, sektoralen Hoheitsbereichen existieren. Während, wie zuvor festgestellt, die Frage der Zuordnung positiver Regulierungsbefugnisse insbesondere im Zuge der Normierung der Kompetenzausübungsschranken gemäß Art. 5 Abs. 2 und 3 EG im Schrifttum bereits vielfältig Beachtung gefunden hat, wirft die Problematik der Grenzen der unmittelbar anwendbaren Verbotsnormen noch vielfältige Fragen auf.[898] Dies gilt insbesondere hinsichtlich der Frage, ob überhaupt und, bejahendenfalls, in welcher Form andere Vorschriften des Gemeinschaftsprimärrechts, wie die vorliegend interessierende sachbezogene Kompetenznorm Art. 151 EG, Auswirkungen auf die Anwendung einer Grundfreiheit haben kann.[899]

Im Schrifttum finden sich nur vereinzelt Modelle, die eine Abgrenzung der gemeinschaftlichen und mitgliedstaatlichen Hoheitsbereiche bereits auf der Ebene der Kompetenzverteilung vornehmen. Hierzu gehört der Vorschlag einer Zuordnung von Zuständigkeiten im Wege der sogenannten Organentscheidung (vgl. hierzu sogleich Teil 2 E.II.), das Prinzip der nationalen Repräsentation (Teil 2 E.III.) sowie der Vorschlag einer Abgrenzung der dem Regelungsschwerpunkt (Teil 2 E.IV.) einer Maßnahme.

II. Die Abgrenzung von Hoheitssphären nach dem Grundsatz der Organentscheidung?

Nach einem vereinzelt im Schrifttum vertretenen Vorschlag, für die Abgrenzung zwischen gemeinschaftlichen und mitgliedstaatlichen Kompetenzbereichen auf eine Organentscheidung zu rekurrieren, kommt es auf die zentrale Stellung des

---

898 Vgl. die verschiedenen Ansätze im Schrifttum beispielsweise *Ress*, Kultur, S. 48 ff, *Dörr/Beucher/Eisenbeis/Jost*, S. 52 ff.; *Everling*, EuR 1987, S. 220 f. u. 232 ff.; *Ipsen*, FS Geck, S. 353; *Klein* VVDStRL 50 (1991), S. 65 ff. und 73 ff

899 *Jarass*, EuR 1995, S. 226, weist zu Recht darauf hin, dass die Frage der Beeinträchtiung von Grundfreiheiten durch kollidierendes Vertragsrecht bis dato kaum erörtert wurde.

Rates im Prozess der gemeinschaftlichen Normsetzung an.[900] Hiernach soll entscheidend sein, ob ein einstimmiger Ratsbeschluss vorliegt. Der Ansatz stellt also auf ein ausschließlich formales Abgrenzungskriterium ab. Ihm liegt die Erwägung zugrunde, dass es die Mitgliedstaaten selbst sind, die durch die jeweiligen Ratsbeschlüsse ein Eindringen der Gemeinschaft gegebenenfalls sogar in Bereiche, die ihr bisher nicht unterstanden haben, ermöglichen.

An dieser Überlegung ist zwar zutreffend, dass ein einstimmiger Ratsbeschluss eine maßgebliche Staatenpraxis bei der Interpretation des Gemeinschaftsvertrages darstellt und sogar eine stillschweigende Vertragsänderung bewirken kann. Allerdings können aber auch Ratsbeschlüsse rechtswidrig sein.[901] Andernfalls hätte der EuGH einstimmige Ratsbeschlüsse immer zu bestätigen. Zu berücksichtigen ist auch, dass im Rat nur die jeweiligen nationalen Regierungen vertreten sind.[902] Diese können sich mit ihrer Entscheidung in Diskrepanz zu dem Willen anderer zentraler Organe in den Mitgliedstaaten befinden.[903] Mitunter wird es auch nicht ausgeschlossen sein, dass sich der Rat, insbesondere im Rahmen sogenannter „package deals", im Einzelfall mehr von politischen als von Sach- bzw. Legitimitätsgesichtspunkten leiten lässt.[904] Zudem hat im Zuge der Erweiterung der Gemeinschaft das Mehrheitsprinzip immer stärkeren Einzug in den Gemeinschaftsvertrag gehalten, so dass der auf einer einstimmigen Ratsentscheidungen aufbauende Ansatz bereits vor dem Hintergrund der faktischen Entwicklung der Gemeinschaft überholt ist.[905]

Neben diesen Gesichtspunkten, die schon aus grundsätzlichen Gründen gegen die Instrumentalisierung eines entsprechenden formalen Abgrenzungskriteriums sprechen, ist für den untersuchungsgegenständlichen Kontext jedoch ausschlaggebend, dass es vorliegend für die Einwirkung in den mitgliedstaatlichen Ho-

---

900 Vgl. *Everling*, EuR 1987, S. 232 ff.

901 *Ress*, Kultur, S. 50; *Dörr/Beucher/Eisenbeis/Jost*, S. 53; Vgl. beispielsweise auch die Entscheidung des Rates im Fall der *Tabakwerbeverbotsrichtlinie*, die der Rat auf die Art. 100a, 57 Abs. 2, 66 a.F. EGV gestützt hatte, obwohl die binnenmarktbezogene Zielsetzung der Richtlinie erkennbar nur vorgeschoben und tatsächlich ein gesundheitspolitischer Ansatz verfolgt worden war, hierzu *Kreile/Rahn*, ZUM 1998, S. 825.

902 Zum weithin beklagten Demokratiedefizit der Gemeinschaft vgl. unten Teil 3 B.IV.2.

903 Hierzu ausführlicher *Dörr/Beucher/Eisenbeis/Jost*, S. 53.

904 Vgl. zu dem Phänomen des intergouvernementalen Aushandelns *Hans-Jürgen Papier*, Präsident d. BVerfG, FAZ vom 31.01.2003, S. 8 („Reform an Haupt und Gliedern").

heitsbereich keiner weiteren, jedenfalls keiner exekutiven Entscheidung durch ein Gemeinschaftsorgan bedarf. Art. 49 EG ist unmittelbar anwendbares Gemeinschaftsrecht. Seine Bedeutung für die mitgliedstaatliche Rechtsordnung wird ausschließlich durch Auslegung und insofern durch die seitens der Judikative zu ermittelnde Weite seines Anwendungsbereichs bestimmt.

Ein Ansatz, der für die Frage der Zuordnung von Zuständigkeiten auf einen weiteren Exekutivakt abstellt, ist daher vorliegend abzulehnen.

III. Das Prinzip der nationalen Repräsentation ?

Eine andere Auffassung rekurriert auf das sogenannte Prinzip der nationalen Repräsentation, um die mitgliedstaatlichen Kompetenzräume insbesondere im kulturellen Bereich gegen die der Gemeinschaft abzugrenzen.[906] Ausgangspunkt dieses Ansatzes ist die Überlegung, dass reziprok-proportional zur Ausweitung der Gemeinschaftstätigkeit die Handlungsspielräume für nationale Kulturpolitik nach und nach eingeschränkt werden.[907] Kulturpolitik habe jedoch seit jeher zu den bevorzugten Formen staatlicher Selbstdarstellung gehört. Sie sei nicht nur Selbstzweck, sondern auch Instrument zur Förderung nationaler Zusammengehörigkeit und Mittel zur Stiftung von Identität. Ohne ein Mindestmaß an Identität sei der staatliche Zusammenhalt auf Dauer nicht möglich. Insofern sei eine öffentliche Kulturpolitik nicht nur fakultativ, sondern notwendig.

Ließe das Gemeinschaftsrecht diesen Zusammenhang zwischen staatlicher Kulturpolitik und staatlich-gesellschaftlicher Identität außer Acht, wäre die Akzeptanz gemeinschaftlicher Politik auf Dauer ebenso gefährdet wie die staatliche Konsistenz der Mitgliedstaaten. Da das EG-Integrationskonzept aber erkennbar von dem Fortbestehen eigenständiger Mitgliedstaaten ausgeht, dürfe die Gemeinschaft jene Handlungsmöglichkeiten nicht antasten, die die Staaten benötigen, um ihre nationale kulturelle Identität als wesentliches Element ihrer Staatlichkeit aufrechtzuerhalten und auszugestalten.[908] Maßnahmen nationaler Kulturpolitik seien hiernach also in bestimmten Fällen zulässig, obwohl sie im Widerspruch zu Einzelbestimmungen des Vertrages stehen oder zu stehen schei-

---

905 Darauf weisen *Ress*, Kultur, S. 50 sowie *Dörr/Beucher/Eisenbeis/Jost*, S. 53 zu Recht hin.

906 vgl. hierzu *Ress*, Kultur, S. 50 ff.

907 Vgl. zu dem nachfolgendem *Ress*, Kultur, S. 50 ff.

908 So *Ress*, ibidem. Fn. 906

nen.[909] Das Gemeinschaftsrecht sei durch eine entsprechende Auslegung mit dem Grundsatz der nationalen Repräsentation in Einklang zu bringen.[910]

Faktisch führt der Ansatz im Kollisionsfall zu einer einschränkenden Auslegung des sachlichen Anwendungsbereichs des Gemeinschaftsrechts. Gestützt wird die Auffassung dabei im wesentlichen auf eine Entscheidung des EuGH zur Freizügigkeit von Berufssportlern. Im Rahmen dieser Entscheidung hat der Gerichtshof gewisse Restriktionen für Berufssportler in Bezug auf die Nationalmannschaft akzeptiert,[911] obwohl er ansonsten auch die sportliche Betätigung grundsätzlich dem Gemeinschaftsrecht unterstellt.[912]

Bei näherer Betrachtung der EuGH-Entscheidung ist aber fraglich, ob sich die genannten Schlussfolgerungen im Sinne der These von der nationalen Repräsentation überhaupt auf diese Judikatur stützen lassen. Der Gerichtshof hat im Rahmen der Entscheidung festgestellt, dass die Freiheiten des Vertrages einer Regelung nicht entgegenstehen, die ausländische Spieler "von der Mitwirkung bei bestimmten Begegnungen aus nicht-wirtschaftlichen Gründen ausschließt, die mit dem besonderen Charakter und Rahmen dieser Begegnung zusammenhängen und deshalb ausschließlich den Sport betreffen, wie dies z.B. bei Begegnungen zwischen Nationalmannschaften der Fall ist."[913] Die zitierten Ausführungen sprechen dafür, dass das Gemeinschaftsrecht in Fällen wie dem vorliegenden von vornherein keinen Anwendungsanspruch erhebt, da mangels ausreichenden Binnenmarktbezugs bereits kein ausreichender Anknüpfungspunkt für dessen Anwendung vorliegt.

Selbst wenn der Gerichtshof jedoch wegen der besonderen Umstände des Falles tatsächlich von einer Schutzbereichsbegrenzung ausgegangen sein sollte, dürfte der Gedanke der nationalen Repräsentation über den zitierten Einzelfall hinaus kaum verallgemeinerungsfähig sein[914] und für den Kulturbereich somit keine brauchbare Abgrenzungsmethodik liefern. Die zur Abgrenzung stehenden Fallkonstellationen dürften in den seltensten Fällen tatsächlich Spielräume betreffen, die "die Staaten benötigen, um ihre nationale kulturelle Identität als wesentliches

---

909 *Ress*, ibidem, Fn. 906

910 *Ress*, ibidem, Fn. 906.

911 EuGH Rs. 13/76 (Dona/Mantero), Slg. 1976, 1333, 1340.

912 Vgl. hierzu beispielsweise EuGH Rs. 36/74 (Walrave), Slg. 1974, 1405.

913 EuGH Rs. 13/76 (Dona/Mantero), Slg. 1976, 1333, 1340.

Element ihrer Staatlichkeit aufrechtzuerhalten und auszugestalten."[915] Nicht nur die Entwicklung von brauchbaren Kriterien, wann eine Maßnahme zur Aufrechterhaltung und Ausgestaltung der Staatlichkeit erforderlich ist, dürfte sich *in praxi* als schwierig erweisen. Vielmehr sind zahlreiche Gemeinschaftsmaßnahmen denkbar, die unzulässigerweise in mitgliedstaatliche Kompetenzräume vordringen, lange bevor die hohe Schwelle der kulturellen Identität als wesentliches Element der Staatlichkeit erreicht worden ist.

Die Entwicklung eines allgemeinen Abgrenzungsmodells aus dem Gedanken der nationalen Repräsentation gestaltet sich darüber hinaus noch aus weiteren Gründen problematisch. Als Voraussetzung für die Anerkennung eines entsprechenden Prinzips müssten sich dessen Grundelemente im Gemeinschaftsrecht selbst nachweisen lassen. Die Kulturklauseln gemäß Art. 3, Abs. 1, lit. q), 87, Abs. 3, lit. d) EG sowie Art. 151 EG können jedoch aus den bereits genannten Gründen nicht zu diesem Zwecke herangezogen werden.[916]

Schließlich wurde im Zuge der Maastrichter Beschlüsse zwar weiterhin durch Art. 6 Abs. 3 EUV auch die Achtung der nationalen Identität der Mitgliedstaaten ausdrücklich im Gemeinschaftsrecht verankert.[917] Auch wenn der Bestimmung insgesamt ein rechtlich verbindlicher Charakter zuerkannt wird,[918] ist sie jedoch gemäß Art. 46 EUV nicht justitiabel. Selbst wenn also unter dem Topos der nationalen Identität auch eine nationale *kulturelle* Identität verstanden werden könnte,[919] bietet sich ein entsprechender Grundsatz vor dem Hintergrund der fehlenden Justitiabilität kaum als geeignetes Instrument dafür an, um in einem normativen Kontext verlässliche und nachprüfbare Abgrenzungsergebnisse auf der Ebene der Kompetenzverteilung zu erzeugen. Zudem zeigt sich aus dem Zusammenspiel von Art. 6 Abs. 3 EUV mit Art. 2, 5. Spiegelstrich EUV, nach dem der sogenannte *acquis communautaire* zu wahren ist, dass zur nationalen Identität nur hinreichend fundamentale Gegenstände und Prinzipien gezählt werden

---

914 So auch *Dörr/Beucher/Eisenbeis/Jost*, S. 56 f.

915 *Ress*, Kultur, S. 50 f.

916 Vgl. hierzu Teil 2 C.I.

917 Vgl. nunmehr auch Titel I, Art. 1, Abs. 2 des Vorentwurfs eines europäischen Verfassungsvertrags („Die Union achtet die nationale Identität ihrer Mitgliedstaaten".); zum Vorentwurf, ibidem, Fn. 882.

918 *Pechstein/Koenig*, Rdn. 116.

919 Vgl. zu Art. 6 Abs. 3 EUV ausführlicher unter Teil 3 B.IV.1.

können.[920] Damit stellte das Prinzip der nationalen Repräsentation zwangsläufig nur ein sehr grobes Raster zur Verfügung, welches dem Ziel einer angemessenen Abgrenzung der jeweils betroffenen Interessen kaum ausreichend Rechnung tragen könnte.[921]

Das Prinzip der nationalen Repräsentation kommt daher als hinreichend operables Abgrenzungsmodell im Ergebnis für die vorliegenden Zwecke nicht in Frage.

IV. Abgrenzung nach Schwerpunktgesichtspunkten

Mangels expliziter gemeinschaftsrechtlicher Vorgaben, wie die skizzierten Kompetenzkonkurrenzen zwischen Gemeinschaft und Mitgliedstaaten bereits auf Kompetenzverteilungsebene zu lösen sind,[922] wird von einem Teil des Schrifttums vorgeschlagen, auf allgemeine Zuordnungs- und Abgrenzungskriterien zurückzugreifen.[923] Da auch die Europäische Union föderale Züge aufweist,[924] biete sich die aus der bundesstaatlichen Ordnung bekannte Lehre vom Regelungsschwerpunkt[925] für solche Regelungsgegenstände an, die hinsichtlich ihrer kompetenziellen Zuordnung umstritten sind.[926] Da das Schwerpunktkriteri-

---

920 Vgl. die Nachweise unter Teil 3 B.IV.1.

921 Vgl. hierzu ausführlich und im Ergebnis ablehnend *Frese*, S. 20 ff.: bei dem Begriff "kulturelle Identität" im Bereich des Rundfunkrechts handele es sich um einen "Strategiebegriff, eingesetzt mit dem Ziel, den Schutz einheimischer Rundfunkreservate kulturpolitisch aufzuladen und gegen Kritik zu immunisieren, ibidem., S. 31.

922 Vgl. die Ausführungen unter Teil 2 E.I.

923 *Ossenbühl*, Rundfunk, S. 32; *Klein*, VVDStRL 50 (1991), S. 65 f.; *Dörr/Beucher/Eisenbeis/Jost*, S. 60 ff.; *Ress*, Kultur, S. 47 ff.

924 Unterstreichung des föderalen Charakters beispielsweise auch durch *Klein*, VVDStRL 50 (1991) S. 72; *Mosler*, Diskussionsbeitrag, VVDStRL 21 (1964), S. 138 f.; ausführlicher *Nettesheim*, in: v. Bogdandy, Europäisches Verfassungsrecht, S. 418 ff. („Integrationsverbund als Föderation"); *Everling*, EuR 1989, S. 220, formuliert vorsichtig, dass umso mehr für einen Staatenbund, der sich noch nicht zu einem Bundesstaat verfestigt habe, gelten müsse, was für einen Bundesstaat gelte; *ders.*, in: FS f. Doehring, S. 179 ff. („das föderale Prinzip" als „ein wesentliches Element der Gemeinschaftsverfassung", ibidem, S. 197).

925 Vgl. hierzu die Ausführungen bei *Ossenbühl*, Rundfunk, S. 28 ff. m.w.N.

926 *Dörr*, Die Spartenkanäle, S. 44 f.; *ders*, K&R 1999, S. 99; *Dörr/Beucher/Eisenbeis/Jost*, S. 60 f.; *Rosenthal*, S. 81; *Klein*, VVDStRL 50 (1991), S. 65 f.; *Ossenbühl*, Rundfunk, S. 30 ff.; *Kopp*, in: Schwarze/Becker (Hrsg.), Geistiges Eigentum, S. 87 f.; vorsichtig in diese Richtung auch *Bleckmann*, Europarecht, Rdn. 1507 ff.; *Tomuschat*, EuR 1990, S. 360.

um zudem kein spezifisch bundesdeutsches Verfassungsprinzip darstelle und unabhängig von dem konkreten Zuschnitt der föderalen Ordnung sei, liege es nahe, es auch im Verhältnis von Gemeinschaft und Mitgliedstaaten zueinander fruchtbar zu machen.[927]

Von einer strukturell ähnlich gelagerten Prämisse gehen die Vertreter des Schrifttums aus, nach denen die Grundfreiheiten nur solche Maßnahmen erfassen, die in den Anwendungsbereich des Vertrages fallen. Aus dem Verbot der Grundfreiheiten müssten dabei die Bereiche ausgeklammert werden, für die die Verbote nach anderen Vorschriften des Gemeinschaftsvertrags sowie seinem Sinn und Zweck entsprechend nicht gelten sollen.[928] Da der Gemeinschaft beispielsweise in der Konjunktur- und Wirtschaftspolitik beziehungsweise der Sozialpolitik lediglich Koordinierungs- beziehungsweise Förderaufgaben zukämen, existierten in diesen Bereichen Freiräume zugunsten der Mitgliedstaaten. Diesen im Rahmen des EG verankerten sachlichen Freiräumen könne entnommen werden, dass die entsprechenden Sachbereiche den Art. 28 ff. EG vorgehen.[929]

Der zitierte Ansatz hält also eine Modifikation der grundfreiheitlichen Anwendungsbereiche mit Blick auf solche Sachbereiche, die dem regulierenden Gemeinschaftsrecht weitgehend vorbehalten sind, für denkbar. Indem die gewissermaßen an konkreten Sektoren orientierte teleologische Reduktion der grundfreiheitlichen Schutzbereiche danach fragt, ob eine Angelegenheit entweder zum Bereich des Binnenmarktes oder einem anderen Sachbereich zuzuordnen ist, ähnelt sie insofern der an Schwerpunktgesichtspunkten orientierten Kompetenz-

---

927 *Dörr/Beucher/Eisenbeis/Jost*, S. 61; *Dörr*, Die Spartenkanäle, S. 45; *Kopp*, in: Schwarze/Becker (Hrsg.), Geistiges Eigentum, S. 86 f.

928 *Bleckmann*, Europarecht, Rdn. 1507, der allerdings zugleich die Schwierigkeiten einer solchen Vorgehensweise nicht negiert, ibidem, Rdn. 1508; in eine ähnliche Richtung *Oppermann*, Europarecht, Rdn. 1297, unter Verweis auf EuGH Rs. 155/80 (Oebel), Slg. 1981, 1993 ff, nach dem außerhalb des Verbots von Art. 28 EG und zwar trotz einfuhrdämpfender Wirkung solche Maßnahmen anzusiedeln seien, die nach spezielleren anderen Vorschriften der Verträge beurteilt werden müssten, wie zum Beispiel sozial- oder konjunkturpolitische Maßnahmen. Wie im Rahmen von Teil 2 E.IV.6.c) (3) dargelegt wird, ist dieses Judikat allerdings im Hinblick auf die spätere *Keck*-Rechtsprechung überholt.

929 *Bleckmann*, Europarecht, Rdn. 1507 ff.; vorsichtig in diese Richtung *Ipsen*, GS Geck, S. 348, in Zustimmung zu *Schwarze*, in: Schwarze, Rundfunk und Fernsehen, S. 142, der im Hinblick auf die gemeinschaftlichen Grundrechte ausführt, dass der Gerichtshof angedeutet habe, er werde bei einem erkennbaren Schutzbedürfnis für das Grundrecht der Meinungsfreiheit die Auslegung der Vertragsvorschriften im Lichte dieser Notwendigkeit vornehmen.

abgrenzung. Wäre dieses Verständnis zutreffend, müsste es gleichermaßen für den Kulturbereich gelten, da der Gemeinschaft hier ebenfalls nur die beschriebenen eingeschränkten Befugnisse zustehen.

Dass bestimmte Freiräume im Gemeinschaftsrecht explizit verankert worden sind, sagt aber noch nichts darüber aus, in welcher Form den Freiräumen bei der Anwendung des Gemeinschaftsrechts Rechnung zu tragen ist.[930] Zudem besteht zwischen der Reichweite der grundfreiheitlichen Verbotsnormen sowie den gemeinschaftlichen Regulierungsbefugnissen keine notwendige Kongruenz.[931] Während der Kontrollradius der Grundfreiheiten im Interesse eines funktionierenden Binnenmarkts potentiell die gesamte Staatstätigkeit in all ihren Sachbereichen umfasst,[932] besitzt die Gemeinschaft bis heute in diversen Sektoren noch keinerlei nennenswerte Regelungskompetenzen.[933]

Was die grundsätzlicheren Überlegungen im Hinblick auf operable Ordnungsprinzipien im Rahmen von föderalen Gemeinwesen anbelangt, ist zunächst zutreffend, dass, versteht man Föderalismus als ein staatstheoretisches Modell kooperativer, abgestufter Konfliktbereinigung,[934] auch die europäische Gemeinschaft föderale Züge aufweist, unabhängig von der sonstigen Einordnung ihrer besonderen Verfasstheit als supranationaler Gemeinschaft.[935] Bei dem Schwerpunktmodell handelt es sich zudem um ein pragmatisches Orientierungsinstrumentarium, welches seine Rechtfertigung aus seiner generellen, d.h. über die konkrete einzelstaatliche Ordnung hinausgehende Plausibilität bezieht. Es ist

---

930 Neben der Begrenzung der grundfreiheitlichen Anwendungsbereiche, d.h. bereits auf der Ebene der Kompetenzverteilung, ist beispielsweise auch eine Beschränkung auf der Ebene der Kompetenzausübung denkbar.

931 Die Grundfreiheiten und die Rechtsangleichungskompetenzen haben eine unterschiedliche Zielsetzung mit unterschiedlichen Voraussetzungen und unterschiedlichen Rechtsfolgen. Vgl. *Müller-Graf*, in: Groeben/Schwarze, EUV/EG, Art. 28, Rdn. 346; zu der Problematik dieser sogenannten „Asymmetrie zwischen positiver und negativer Integration“ vgl. allerdings *Kingreen*, in: v. Bogdandy, Europäisches Verfassungsrecht, S. 647 f.

932 Vgl. bspw. *Veelken*, EuR 1977, S. 324.

933 Für den Bereich der Rechtsangleichungsermächtigungen hat der EuGH zudem unmissverständlich festgestellt, dass die Anwendung der Grundfreiheiten nicht unter dem Vorbehalt einer vorherigen Angleichung der nationalen Rechtsvorschriften steht. EuGH Rs. 193/80 (Kommission/Italien), Slg. 1981, 3019, Rdn. 17.

934 *Zippelius*, Staatslehre, S. 403 f., 414 f.

935 Ausführlich zu den Einzelheiten der Qualifikation der Europäischen Gemeinschaft *Pechstein/Koenig*, Rdn. 56 ff.

insbesondere dem Bestreben verpflichtet, jedem der beteiligten Hoheitsträger das ihm Zustehende an Zuständigkeiten zuzuordnen.[936] Dem kann nicht entgegengehalten werden, dass es im Hinblick der Bindung der Gemeinschaft an Art. 5 Abs. 1 EG gar keine Kompetenzkonflikte zwischen derselben und den Mitgliedstaaten geben könne.[937] Die explizite Aufnahme von Kompetenzausübungsregeln wie Art. 5 Abs. 2 und Abs. 3 EG hat gezeigt, dass es für eine angemessene Kompetenzabgrenzung nicht ausreicht, auf das Prinzip der begrenzten Einzelermächtigung zu rekurrieren. Gerade die spezifische Struktur der integrativen Gemeinschaftsbefugnisse, die regelmäßig zu Überlagerungen von unterschiedlichen Kompetenzsphären führt, würde ohne weitere Abgrenzungsregelungen ein zu weitgehendes Aufgreifen von Sachverhalten ermöglichen. Darüber hinaus findet das Prinzip der begrenzten Einzelermächtigung für das hier interessierende primäre Gemeinschaftsrecht aus den eingangs dargestellten Gründen ohnehin keine unmittelbare Anwendung.[938]

Da auch nach Aufnahme der Maastrichter Kulturklauseln die Zuständigkeit für die Kultur ganz überwiegend bei den Mitgliedstaaten verblieben ist,[939] könnte dieser Ansatz also tatsächlich ein geeignetes Kriterium dafür liefern, um bei Angelegenheiten, die neben Fragen des Binnenmarkts auch den kulturellen Bereich berühren, zu einer sachgerechten Kompetenzabgrenzung zu führen.[940] Sofern also eine Angelegenheit schwerpunktmäßig im Bereich des Binnenmarkts liegt, fiele sie hiernach in die Kompetenz der Gemeinschaft. Liegt sie dagegen im kulturellen Bereich, bliebe der Mitgliedstaat zuständig.[941]

Ein entsprechender Ansatz hätte zur Folge, dass Maßnahmen, die den Binnenmarkt nur ganz entfernt oder mittelbar betreffen, dafür aber im Kern zentrale Fragen mitgliedstaatlicher Zuständigkeiten berühren, schon von vornherein aus dem Anwendungsbereich der Grundfreiheiten herausfielen. Dies hätte den Vorteil, dass nicht mehr jedwede nationale Vorschrift auf ihre Vereinbarkeit mit dem Gemeinschaftsrecht überprüft werden müsste, obwohl der Gemeinschafts-

---

936 *Ossenbühl*, Rundfunk, S. 32.

937 So aber *Tietje*, in: Grabitz/Hilf, EUV, Art. 95, Rdn. 58.

938 Vgl. hierzu Teil 2 E.I.

939 Vgl. hierzu die Ausführungen unter Teil 2 B.VI. und Teil 2 C.VI.

940 *Dörr*, Die Spartenkanäle, S. 45.

941 *Dörr*, K&R 1999, S. 99; *Dörr/Beucher/Eisenbeis/Jost*, S. 61; *Klein*, VVDStRL 50 (1991), S. 65; *Klein/Beckmann*, DÖV 1990, S. 187; *Hailbronner*, JZ 1990, S. 153 f.

bezug nachweislich marginal ist. Auf diese Weise könnte ein Missbrauch der Grundfreiheiten als Deregulierungsinstrument mitgliedstaatlicher Normsetzung vermieden werden und dem EuGH käme nicht die Funktion einer Superrevisionsinstanz gegenüber der legislatorischen Tätigkeit des nationalen Gesetzgebers zu. Im übrigen grenzt der EuGH im Fall der Kollision verschiedener regulativer Befugnisse, d.h. bei horizontalen Kompetenzkonflikten, auch nach dem Regelungsschwerpunkt ab.[942] Auch dies könnte dafür sprechen, dieses Abgrenzungskriterium ebenfalls für die Frage der vertikalen Kompetenzabgrenzung heranzuziehen.[943]

Die Zuordnung einer Angelegenheit nach ihrem Schwerpunkt wirft jedoch im Rahmen der Abgrenzung einer sektoralen Kompetenz von einer Grundfreiheit verschiedene Fragen auf. Gegen die Operationalisierung der Schwerpunktmethodik könnte dabei zum einen der Normcharakter von Art. 49 EG selbst sprechen, der jedenfalls vordergründig keine gemeinschaftliche Kompetenznorm sondern ein Abwehrrecht zugunsten des Marktbürgers beinhaltet (vgl. hierzu Teil 2 E.IV.2.-6.). Gegen die Anwendbarkeit des Schwerpunktmodells im Kontext der Abgrenzung der Gemeinschaftsrechtsordnung von den mitgliedstaatlichen Hoheitsbereichen wurde zudem immer wieder der Querschnittscharkater der Grundfreiheiten angeführt (vgl. hierzu sogleich Teil 2 E.IV.1.).

1. Der Querschnittscharakter von Art. 49 EG als Hinderungsgrund gegen eine vertikale Schwerpunktabgrenzung?

Einige Autoren sehen in dem Querschnittscharakter der Dienstleistungsfreiheit ein zentrales Argument gegen die Heranziehung der Methode der Schwerpunktabgrenzung im Rahmen von vertikalen Kompetenzkonflikten.[944] Die Schwerpunkttheorie könne den Konflikt nicht befriedigend lösen, da es sich bei den Grundfreiheiten, um Zielverwirklichungsbefugnisse handele, die zwangsläufig in konkreten Sachbereichen realisiert werden müssten. Da ein nicht unerheblicher Teil der Sachgebiete nach wie vor in den Zuständigkeitsbereich der Mitgliedstaaten falle, würde die Theorie vom Regelungsschwerpunkt dazu führen,

---

942 Vgl. hierzu Teil 2 C.IV.

943 *Rosenthal*, S. 81; vgl. weitere Nachweise bei *Tietje*, in: Grabitz/Hilf, EUV, Art. 95, Rdn. 58.

944 Beispielsweise *Ress*, Kultur, S. 48; die Bedenken insoweit teilend *Dörr/Beucher/Eisenbeis/Jost*, S. 62; *Everling*, EuR 1987, S. 221; ebenso für die Rechtsangleichungskompetenz Art. 95 *Tietje*, in: Grabitz/Hilf, EUV, Art. 95, Rdn. 59.

dass der Anwendungsbereich der Grundfreiheiten eine in dieser Form nicht beabsichtigte einschränkende Modifizierung erfahre.[945]

Wie jedoch bereits im Rahmen der Untersuchung zur horizontalen Kompetenzabgrenzung gezeigt wurde,[946] ist die aus der Kollision einer funktionalen mit einer sachbereichsspezifischen Gemeinschaftskompetenz entstehende Konfliktlage ebenfalls nach Schwerpunktgesichtspunkten zu lösen.[947] Im Hinblick auf die strukturelle Situation, d.h. die Kollision zwischen funktionaler und sachbereichsspezifischer Kompetenz, kann es aber keinen grundsätzlichen Unterschied machen, ob die Sachkompetenz der Gemeinschaft selbst oder einem Mitgliedstaat zusteht. Gerade in letzterem Fall gilt der Grundsatz, dass sich die Gemeinschaft einen nicht in ihre Kompetenz fallenden Regelungsbereich mit Verweis auf den funktionalen Charakter ihrer Befugnisse nicht vollumfänglich erschließen können darf. Der sachbereichsunabhängige, funktionale Charakter der Gemeinschaftsbefugnisse steht somit auch einer vertikalen Abschichtung der Zuständigkeitsbereiche nach dem Kriterium des Schwerpunkts nicht prinzipiell entgegen.

Die Operationalisierung des Schwerpunktmodells im untersuchungsgegenständlichen Zusammenhang würde jedoch bedeuten, dass die Wertungen des Art. 151 EG bereits bei der Definition des Schutzbereichs des Art. 49 berücksichtigt werden müssten. Die Rechtswirkungen, die von einer bestimmten, im schwerpunktmäßig kulturellen Bereich getroffenen mitgliedstaatlichen Regelung ausgehen, könnten also erst gar nicht von dem Anwendungsanspruch des Gemeinschaftsrechts erfasst werden. Eine entsprechende Schlussfolgerung wäre zwar angesichts der klaren Demonstration des mitgliedstaatlichen Willens im Hinblick auf den Kultursektor in Art. 151 EG nicht *a priori* von der Hand zu weisen.[948] Im Hinblick auf die eingangs bereits hingewiesene unterschiedliche Normfunktion sieht sich dieser Ansatz jedoch mit einem methodischen Problem konfrontiert.

---

945 *Ress*, Kultur, S. 48.

946 Vgl hierzu Teil 2 C.VI.

947 Diese Entscheidungspraxis wird auch von *Rosenthal*, S. 81, im Rahmen seiner Befürwortung des Schwerpunktkriteriums in Bezug genommen.

948 Vgl. hierzu Teil 2 B.VI. und C.VI.

2. Methodisches Problem angesichts unterschiedlicher Normfunktionen von Art. 49 EG und Art. 151 EG

Neben den zuvor dargestellten materiellen Zusatzgehalten von Art. 151 EG[949] stellt die Regelung im Hinblick auf ihren Normcharakter eine Kompetenzvorschrift dar, die die Gemeinschaft ermächtigt, bestimmte Maßnahmen im kulturellen Bereich zu treffen. Bei Art. 49 handelt es sich demgegenüber um eine Verbotsnorm, auf die sich der einzelne Marktbürger unmittelbar berufen kann. Art. 49 EG verkörpert somit eine Freiheitsverbürgung zugunsten des Einzelnen.[950] Während in dem einen Fall die Gemeinschaft zu einem Handeln ermächtigt wird,[951] wird in dem anderen der einzelne Marktbürger vor einem bestimmten, angesichts der gemeinschaftlichen Zielsetzung als unerwünscht qualifizierten staatlichen Verhalten geschützt. Die in Frage stehenden Vorschriften wenden sich damit mit unterschiedlichen Zielrichtungen an unterschiedliche Adressaten. Ihnen kommen im Rahmen des Vertragsgefüges unterschiedliche Funktionen zu.

Stellt aber Art. 49 EG tatsächlich ein Abwehrrecht des Einzelnen gegenüber unerwünschten Beschränkungen des freien Dienstleistungsverkehrs durch die Mitgliedstaaten dar,[952] fragt sich, ob und, bejahendenfalls, wie ein Abwehrrecht durch eine Kompetenznorm modifiziert und gegebenenfalls eingeschränkt werden kann. Bevor dieser Frage nachgegangen werden kann, bedarf es jedoch zunächst der näheren Betrachtung des Normcharakters von Art. 49 EG.

3. Art. 49 EG als "grundrechtsähnliche" Freiheitsverbürgung

Indem Art. 49 EG Beschränkungen des freien Dienstleistungsverkehrs innerhalb der Gemeinschaft verbietet, begründet die Vorschrift keine eigentliche „Befugnis“ im Sinne einer Handlungsermächtigung zugunsten der Gemeinschaft. Art. 49 EG stellt selbst keine Kompetenznorm dar.[953] Sie beinhaltet vielmehr eine Rechtsposition zugunsten des einzelnen Marktbürgers. Gegenüber Maßnahmen der Mitgliedstaaten, die ihn in seiner freiheitlichen Betätigung im Bereich des

---

949 Vgl. hierzu die Ausführungen unter Teil 2 B.VI. und C.VI.

950 Vgl. hierzu sogleich Teil 2 E.IV.3.

951 Dies steht nicht im Widerspruch zu den im übrigen aus Art. 151 EG zu ziehenden Wertungen, da die Vorschrift eine, wenn auch schmale Gemeinschaftskompetenz darstellt, vgl. Teil 2 B.VI.

952 Vgl. hierzu gleich unter Teil 2 E.3.

953 Vgl. *Müller-Graff*, in: Groeben/Schwarze, EUV/EG, Art. 28, Rdn. 9.

grenzüberschreitenden Dienstleistungsverkehrs beschränken, kann er sich seit Ablauf der Umsetzungsfrist[954] vor den nationalen Gerichten unmittelbar auf die Freiheitsgarantie berufen.[955]

Die Grundfreiheiten verkörpern mithin, ähnlich wie die Grundrechte,[956] subjektive Rechtspositionen[957] beziehungsweise Freiheitsrechte.[958] Als solche stimmen sie mit letzteren insofern überein, als sie gegen staatliche Eingriffe in bestimmte Bereiche gerichtet sind.[959] Die Grundfreiheiten räumen dem einzelnen die Rechtsmacht ein, sich gegenüber den verpflichteten Rechtssubjekten auf die in ihnen enthaltenen normativen Anordnungen zu berufen. Neben ihrer primären Abwehrfunktion gegenüber den Mitgliedstaaten richten sie sich auch gegen die Gemeinschaft und ihrer Organe.[960] Unter bestimmten Voraussetzungen wird so-

---

954 Vorher waren die Grundfreiheiten an die Mitgliedstaaten adressiert.

955 Vgl. zur Anerkennung der Grundfreiheiten als subjektiv-öffentliche Rechte bereits EuGH Rs. (van Gend & Loos), Slg. 1963, 1, 25, wonach die Gemeinschaft eine „neue Rechtsordnung des Völkerrechts" darstellt, „deren Rechtssubjekte nicht nur die Mitgliedstaaten, sondern auch die einzelnen sind..."; weiterhin EuGH Rs. 41/74 (van Duyn), Slg. 1974, 1337, 1347; EuGH Rs. 106/77 (Simmenthal), Slg. 1978, S. 629.

956 Vgl. hierzu *Pieroth/Schlink*, Grundrechte, Rdn. 202; *Nettesheim*, NVwZ 1996, S. 345, bezeichnet sie als „Grundrechte auf wirtschaftliche Mobilität".

957 *Frenz*, EuR 2002, S. 605 f. sowie S. 608 ff. („enge sachliche Verwandtschaft"), der zudem auf eine „gewisse tatsächliche Verbindung" zwischen Grundrechten und Grundfreiheiten verweist angesichts der Formulierung im Rahmen des vierten Erwägungsgrundes der Präambel der Grundrechte-Charta, in dem der Schutz der Grundrechte in den Zusammenhang der Sicherstellung der Grundfreiheiten gebracht wird, ibidem, S. 606; *Walter*, in: Ehlers (Hrsg.), S. 18 f., Rdn. 44 (Verwandlung in „echte wirtschaftliche Freiheitsrechte"); vgl. zur Warenverkehrsfreiheit *Müller-Graff*, in: Groeben/Schwarze, EUV/EG, Art. 28, Rdn. 1; *Kingreen*, S. 23 ff., 74 ff.

958 Laut h. M. kommt den Grundfreiheiten über den gleichheitsrechtlichen auch ein freiheitsrechtlicher Gehalt zu vgl. *Becker*, in: Schwarze, EUV, Art. 28, Rdn. 44; *Leible*, in: Grabitz/Hilf, EUV, Art. 28, Rdn. 8.; weiterhin *Ehlers*, in: ders. (Hrsg.), S. 153 ff. m.w.N.; kritisch zum freiheitsrechtlichen Gehalt *Kingreen*, S. 115 ff.; *ders.*, in: v. Bogdandy, Europäisches Verfassungsrecht, S. 658 ff.; *Jarass*, EuR 1995, S. 216 ff., der allerdings den Grundfreiheiten nunmehr aber auch Beschränkungsverbote entnimmt und somit einen freiheitsrechtlichen Gehalt einräumt, vgl. EuR 2000, S. 710 ff.

959 Vgl. *Bleckmann*, Europarecht, Rdn. 755; nach *Kühling*, S. 104, kommt den Grundfreiheiten wie den Grundrechten gleichermaßen eine freiheitssichernde Bedeutung für den Bürger zu.

960 EuGH Rs. 37/83 (REWE), Slg. 1984, 1229, Rdn. 18; EuGH Rs. C-51/93 (Meyhui), Slg. 1994, I-3879, Rdn. 11.

gar eine verpflichtende Wirkung gegenüber Privatpersonen anerkannt.[961] Die Grundfreiheiten stellen damit Werte dar, die grundsätzlich nach allen Richtungen gegen alle Eingriffe geschützt sind.[962] Hieraus wird im Schrifttum teilweise geschlossen, dass es sich bei den Grundfreiheiten um „echte" Grundrechtspositionen handelt.[963] Der Grundrechtscharakter soll sich weiterhin daraus ergeben, dass der EuGH auf die Schranken der Freizügigkeit, d.h. beispielsweise auf die Schranke der öffentlichen Sicherheit und Ordnung, die jeweils im zweiten Absatz der Art. 8 ff. EMRK festgelegten Regeln zur Anwendung bringt.[964]

Von anderer Seite wird demgegenüber ein echter Grundrechtscharakter der Grundfreiheiten abgelehnt. Angesichts der im Hinblick auf die "echten" Grundrechte existierenden strukturellen Unterschiede der Marktfreiheiten könnten letztere allenfalls grundrechtsähnliche Verbürgungen beinhalten.[965] Zum einen

---

961 Zur Problematik der sogenannten „unmittelbaren Drittwirkung" der Grundfreiheiten vgl. *Ehlers*, in: ders. (Hrsg.), S. 165, Rdn. 42 f.; *Jarass*, EuR 2000, S. 715.

962 Nach teilweise vertretener Ansicht müssen die Grundfreiheiten zudem positiv gefördert werden, vgl. *Bleckmann*, Europarecht, Rdn. 761.

963 So *Bleckmann*, Europarecht, Rdn. 755 ff., 782; *ders.*, in: GS f. Sasse, S. 666 ff.; *ders.*, EuGRZ 1994, S. 149, Fn. 4; zustimmend *Schwarze*, EuGRZ 1986, S. 293; ebenso wohl *Gornig*, NJW 1989, S. 1120 f.; wohl auch *Gerstner-Goebel*, Jura 1993, S. 628, Fn. 23 m.w.N.; *Nettesheim*, NVwZ 1996, S. 342 ff.; auch *Oppermann* rechnet zu den vom Gemeinschaftsrecht anerkannten Grundrechtspositionen die „grundlegenden Freiheiten des Gemeinsamen Marktes", Europarecht, Rdn. 490.

964 Der aus den entsprechenden Bestimmungen der EMRK abzuleitende Grundsatz besage, dass die zum Schutz der Öffentlichen Sicherheit und Ordnung vorgenommenen Einschränkungen der Grundfreiheiten nicht den Rahmen dessen überschreiten dürfe, was für diesen Schutz im Rahmen einer demokratischen Gesellschaft erforderlich ist, vgl. EuGH Rs. 36/75 (Rutili/Minister des Innern), Slg. 1975, 1219, Rdn. 32.

965 *Kühling*, S. 105; *Kirchhof*, EuGRZ 1994, S. 23 f. („marktbezogene Individualrechte", „Grundrechte im ökonomischen Sinne"); *Weber*, JZ 1989, S. 968; *Kingreen*, in: v. Bogdandy, Europäisches Verfassungsrecht, S. 635 („Ähnliches...wie die Grundrechte") und, S. 654, kritisch zum funktionalen Ausbau der ehedem zwecks Überwindung föderaler Gefährdungslagen konzipierten Grundfreiheiten zu einer zweiten Schicht mitgliedstaatlichen Grundrechte durch den EuGH; kritisch ebenfalls *Everling*, EuR 1989, S. 344; *Zuleeg*, in: Battis u.a. (Hrsg.), Das Grundgesetz, S. 240, Fn. 80; im Ergebnis so wohl auch *Schindler*, S. 149 ff.; eine Identität zu den Grundrechten ebenfalls ablehnend *Stern*, Staatsrecht, S. 286; Ein engerer Regelungsgehalt wird u.a. darin gesehen, dass Freiheitsberechtigte die Bürger aller anderen Mitgliedstaaten seien, nicht aber die Staatsangehörigen gegenüber der Staatsgewalt ihres Heimatlandes, sowie dass die Marktfreiheiten inhaltlich in erster Linie wirtschaftliche Betätigungen betreffen, so *Stern*, ibidem, S. 291; zur überwiegenden Anerkennung der Inländerdiskriminierung *Beutler/Bieber/Pipkorn/Streil*, S. 319; ebenfalls kritisch *Möstl*, EuR 2002, S. 328 ff., aller-

Fußnote fortgesetzt

würden die Grundfreiheiten mit der Begrenzung auf grenzüberschreitende wirtschaftliche Tätigkeiten einen weitaus engeren Regelungsbereich als „echte“ Grundrechte aufweisen. Den Grundfreiheiten komme neben ihrer Abwehrfunktion gegenüber mitgliedstaatlichen Beschränkungen außerdem zugleich unter anderem eine Ermächtigungsfunktion zur Verwirklichung des Gemeinsamen Marktes zu.[966] Auch wenn sie keine Kompetenznormen im eigentlichen Sinne darstellen, verkörperten sie jedoch insofern auch "Zuständigkeiten" der Gemeinschaft als sie zugleich Instrumente zur Schaffung eines gemeinsamen Marktes ohne Binnengrenzen darstellen.[967] Insofern unterschieden sich die europäischen Grundfreiheiten in diesem Punkt beispielsweise von den Grundrechten des Grundgesetzes.

Auch nach der Auffassung, die den Grundfreiheiten allenfalls den Charakter von grundrechtsähnlichen Rechtspositionen zuerkennt, besteht indessen die zentrale Funktion der Grundfreiheiten, ebenso wie bei den Grundrechten, in der Abwehr gegenüber mitgliedstaatlichen Beschränkungen.[968] Sie gewährleisten zum einen einen Schutzbereich, mit dessen Hilfe relevante Verletzungen einer subjektiven Rechtsposition durch öffentlich-rechtliche oder ihr gleichgestellte Maßnahme feststellbar sind. Diese Eingriffe sind zum anderen nur rechtmäßig, wenn sie durch hinreichend legitime Gründe getragen werden und verhältnismäßig sind.[969] Es ist gerade diese Funktion, die das zuvor geschilderte methodische Problem hervorruft. Dass den Grundfreiheiten im Vergleich zu echten Grundrechten eine zusätzliche Zuständigkeitsfunktion zukommt, macht in diesem Zusammenhang keinen Unterschied.

---

dings im Hinblick auf den Umfang der Bindungswirkung gegenüber dem Gemeinschaftsgesetzgeber; weiterhin *Weber*, NJW 2000, S. 542.

966 Zu den strukturellen Unterschieden ausführlich m.w.N. *Kühling*, S. 102 ff; *Everling*, EuR 1989, S. 344; *Jarass*, EuR 1995, S. 204; *Zuleeg*, BB 1994, S. 584.

967 Zu den Grundfreiheiten als Mittel zur Verwirklichung des Binnenmarktes vgl. beispielsweise *Steindorff*, ZHR 158 (1994), S. 162 ff.

968 Das wird auch von *Schindler*, S. 149, eingeräumt (in dem klassischen abwehrrechtlichen Verhältnis zwischen Hoheitsgewalt und Unionsbürger spiele die unterschiedliche Zielrichtung von Grundfreiheiten und Gemeinschaftsgrundrechten „keine Rolle“); Auch nach *Kühling*, S. 104, geben die bestehenden Strukturunterschiede zwischen Grundrechten und Grundfreiheiten lediglich differierende Schwerpunktsetzungen wieder, eine „Konvergenz der Strukturelemente von Grundfreiheiten und Grundrechten sei durchaus zu verzeichnen.

969 Die Parallelität dieses Grundansatzes beziehungsweise der Prüfungsreihenfolge mit den deutschen Grundrechten betont *Kingreen*, S. 75 ff.; ebenfalls *Jarass*, EuR 1995, S. 202 ff; *Frenz*, EuR 2002, S. 2002, S. 616.

Für die Zwecke der vorliegenden Untersuchung bedarf es folglich keiner abschließenden Entscheidung, ob es sich bei den Grundfreiheiten tatsächlich um "echte" Grundrechte oder nur um grundrechtsähnliche Rechtspositionen handelt. Zumindest im Hinblick auf die hier in Frage stehende Abwehrfunktion, die den Grundrechten des GG und den Marktfreiheiten des EG gleichermaßen innewohnt, weisen sowohl Grundrechte als auch Grundfreiheiten einen vergleichbaren Normcharakter auf.[970]

4. Die Problematik der Reichweite der Grundfreiheiten vor dem Hintergrund der unvollständigen Vergemeinschaftung

Wegen seiner grundlegender Bedeutung für die Europäische Gemeinschaft ist der EG immer wieder mit einer Verfassung verglichen worden.[971] Vor diesem Hintergrund müsse insbesondere auch der einheitliche Charakter des Gemeinschaftsrechts beachtet werden.[972] Die Grundfreiheiten sind also im Gesamtzusammenhang des Vertrages zu sehen.[973] Auch die Grundfreiheiten bedürfen somit einer systemkonformen, teleologischen, d.h. an ihrem Sinn und Zweck orientierten Auslegung, die dem Hintergrund einer nur begrenzten Vergemeinschaftung der mitgliedstaatlichen Befugnisse im Kontext des Gemeinschaftsvertrags Rechnung trägt.[974]

Neben ihrer zuvor erläuterten subjektiven Rechtsposition zugunsten des einzelnen Marktbürgers rückt die integratorische Funktion der Grundfreiheiten diese in das komplizierte Kräftefeld der vertikalen Verteilung von Kompetenzen zwischen Gemeinschaft und Mitgliedstaaten. Jede erfolgreiche Berufung auf eine

---

970 Vgl. *Kingreen*, S. 75 ff.; ebenfalls *Jarass*, EuR 1995, S. 202 ff; *Frenz*, EuR 2002, S. 2002, S. 616; i.E. wohl auch *Stern*, Staatsrecht, S. 286; Der Umstand, dass auch der EuGH nicht immer klar zwischen den Grundfreiheiten des Gemeinschaftsvertrags und den Grundrechten der Gemeinschaft unterscheidet (vgl. bspw. EuGH Rs. 36/75 (Rutili), Slg. 1975, 1219, Rdn. 32), unterstreicht im übrigen die große Ähnlichkeit von Grundfreiheiten und Grundrechten.

971 Vgl. beispielsweise nur *Oppermann*, Europarecht, Rdn. 472 („Primäres Gemeinschaftsrecht („Verfassung der EG")"); *Folz*, S. 159 ff.

972 *Oppermann*, ibidem.

973 *Leible*, in: Grabitz/Hilf, EUV, Art. 28, Rdn. 8; vgl. hierzu auch *Beutler/Bieber/ Pipkorn/Streil*, S. 82 ff.

974 Zur Begrenzungswirkung der gemeinschaftlichen Zielbestimmungen vgl. *Nettesheim*, in: v. Bogdandy, Europäisches Verfassungsrecht, S. 443 f.; ausführlich zur Kontextabhängigkeit subjektiver Rechte vgl. *Kingreen*, in: v. Bogdandy, Europäisches Verfassungsrecht, S. 644 ff. sowie S. 647 ff.

Grundfreiheit bewirkt einen Verlust mitgliedstaatlicher Gestaltungsfreiheit in Bereichen, die den Mitgliedstaaten im Vergleich zur Gemeinschaft zugeordnet sind.[975] Insofern wirken die Grundfreiheiten ebenenübergreifend, als die in Ausübung mitgliedstaatlicher Kompetenzen erlassene Rechtsnormen im Anwendungsbereich der Grundfreiheiten derogiert werden.[976] Die Auswirkungen auf die nationalen Rechtsordnungen können dabei gleichermaßen gravierend sein, unabhängig davon, ob eine innerstaatliche Rechtsnorm nicht mehr angewendet werden darf, weil sie mit einer Grundfreiheit kollidiert oder ob dem Mitgliedstaat eine eigene Regelungstätigkeit in Ansehung einer existierenden Gemeinschaftsregulierung verwehrt ist.[977] Der Erlass von abgeleitetem Gemeinschaftsrecht auf der Grundlage des EG als auch die Durchsetzung von gemeinschaftsprimärrechtlichen Verbotsnormen stellen also komplementäre Instrumente zur Durchsetzung der Gemeinschaftsziele dar, um derentwillen die Mitgliedstaaten eigene Hoheitsbefugnisse aufgegeben haben. Für die Mitgliedstaaten bedeuten beide Instrumentarien zur Verwirklichung des Binnenmarkts gleichermaßen einen Kompetenzverlust. Insoweit verkörpert auch eine Verbotsnorm eine, untechnisch gesprochen, Kompetenz im Sinne einer Gemeinschaftszuständigkeit.

Die Berücksichtigung dieser kompetenziellen Dimension der Grundfreiheiten[978] stellt das Vorhaben einer angemessenen Definition und Begrenzung der von ihnen erfassten Sachverhalte notwendigerweise in einen größeren Zusammenhang. Je mehr die Anwendungsbereiche der Grundfreiheiten eine Ausdehnung erfahren, desto mehr wird die Bedeutung der nationalen Rechtsordnungen für die Gestaltung der mitgliedstaatlichen Wirtschafts- und Sozialordnungen zugrückgedrängt. Insofern ist das Verständnis der Grundfreiheiten und des Umfangs ih-

---

975 Zutreffend *Kingreen*, S. 15 f.; *ders.*, in: v. Bogdandy, Europäisches Verfassungsrecht, S. 644 ff.

976 *Kingreen*, S. 16, weist zu Recht daraufhin, dass sich durch diese weitere kompetenzielle Funktion die Grundfreiheiten von den klassischen, insofern lediglich zweidimensionalen subjektiven Rechten, deren Struktur lediglich an der Bestimmung des geschützten Lebensbereichs sowie der entgegenstehenden, ebenfalls schützenswerten Individual- sowie Allgemeininteressen gekennzeichnet wird, unterscheidet; *ders.*, in: v. Bogdandy, Europäisches Verfassungsrecht, S. 644 ff. („Grundfreiheiten als Mehrebenennormen").

977 *Klein*, VVDStRL 50 (1991), S. 63; Zur Funktionalisierung des Bürgers zur Durchsetzung des Gemeinschaftsrechts vgl. auch *Kingreen*, S. 25 m.w.N.; Aus Sicht der Mitgliedstaaten macht es häufig keinen Unterschied, ob die Ziele der Gemeinschaft auf dem Weg „negativer" oder „positiver" Integration durchgesetzt werden, vgl. Teil 2 A.

978 *Zuleeg*, in: Nörr/Oppermann (Hrsg.), Subsidiarität, S. 187, spricht insoweit von einer „negativen Kompetenz" der Gemeinschaft, ohne dass hierdurch jedoch eine Kompetenzverschiebung auf die Ebene der Europäischen Gemeinschaft stattfinde.

rer Einwirkungen auf die nationalen Rechtsordnungen untrennbar mit den zentralen Fragen der Intensität der europäischen Integration und der inhaltlichen Präzisierung der durch diese zu verwirklichenden Ziele verbunden.[979] In diesem Sinne stehen also auch die Grundfreiheiten im Spannungsverhältnis zwischen Durchsetzung der Gemeinschaftsziele und den Regelungsbefugnissen, die den Mitgliedstaaten verblieben sind.[980]

In diesem Zusammenhang kann nicht unberücksichtigt bleiben, dass es sich bei dem Gemeinschaftsrecht trotz seiner „Durchschlagskraft" und Integrationsdynamik um eine "beschränkte" Rechtsordnung handelt, deren Reichweite letztlich auf die mitgliedstaatliche Kompetenzverleihung zurückzuführen ist.[981] Für die Auslegung des europäischen Rechts ist daher immer wieder eine Rückbesinnung auf die dem Integrationsprozess zugrundeliegenden Ziele notwendig,[982] will sie nicht uferlos werden und unzulässigerweise in die mitgliedstaatlichen Kompetenzreservoirs eindringen.[983] Die Auslegung der Grundfreiheiten muss also der fortbestehenden Notwendigkeit nationalem Protektionismus zu begegnen genauso Rechnung tragen, wie dem Potential der Grundfreiheiten, Systemstörungen durch Eingriffe in nationale Teilsysteme zu verursachen.[984] Der sachliche Anwendungsbereich der Grundfreiheiten muss also mit anderen Worten durch den

---

979 Zutreffend *Kingreen*, S. 17; *ders.*, in: v. Bogdandy, Europäisches Verfassungsrecht, S. 644, weist zu Recht darauf hin, dass die Grundfreiheiten wirtschaftsverfassungsrechtlich Komponenten des Binnenmarkts darstellen.

980 *Leible*, in: Grabitz/Hilf, EUV, Art. 28, Rdn. 8; *Kingreen*, in: v. Bogdandy, Europäisches Verfassungsrecht, S. 647 und S. 650 („Interdependenz zwischen transnationaler Freiheit und sozialstaatlicher Daseinsfürsorge"); die kompetenzielle Dimension der Grundfreiheiten im Spannungsfeld zwischen europäischer Marktfreiheit und nationalen Gestaltungspielräumen ist nach *Classen*, EuR 2004, S. 436,durch den EuGH bislang nur unzureichned herausgearbeitet worden.

981 *Folz*, S. 174, (keine „Verfasstheit" beispielsweise im Sinne der bundesdeutschen Verfassung; Mitgliedstaaten sind weiterhin Herren der Verträge).

982 Vgl. *Oppermann*, Europarecht, Rdn. 472 sowie Rdn. 923 (die europäische Einigung legitimiert sich aus der „Bewältigung gemeinsamer Aufgaben in der modernen technisch-industriellen Welt (Roman Herzog)").

983 Bereits *Veelken*, EuR 1977, S. 338, betont, dass die Auslegung der Grundfreiheiten nur unter Beachtung des Gesamtzusammenhangs des Gemeinschaftsvertrags, des Integrationsstandes der Europäischen Gemeinschaft sowie der den Mitgliedstaaten belassenen Kompetenzen erfolgen muss.

984 Zutreffend *Kingreen*, in: v. Bogdandy, Europäisches Verfassungsrecht, S. 652.

Anwendungsbereich des Vertrags als solchen limitiert sein.[985] Die Reichweite des Vertrag selbst wird letztlich über dessen Ziele definiert und begrenzt.[986]

Im Kontext der Vertragsziele ist zu berücksichtigen, dass neben das Binnenmarktziel das grundsätzlich gleichrangige Ziel der kulturellen Vielfalt gemäß Art. 3 Abs. 1 lit. q) EG gestellt worden ist.[987] Das Binnenmarktziel ist damit unter anderem auch durch das Ziel kultureller Vielfalt determiniert. Vor dem Hintergrund dieser Überlegungen ließe sich vertreten, dass auch der Anwendungsradius von Art. 49 EG nur soweit reichen kann, wie die Mitgliedstaaten ihre eigenen Hoheitsbefugnisse wirklich abgeben wollten. Dass diese im kulturellen Bereich keine tief greifenden Einwirkungen mit der Folge des Verlusts eigener Handlungsspielräume beabsichtigt haben, ist die normative Kehrseite und damit materieller Zusatzgehalt der in Art. 151 EG geregelten Kompetenzübertragung. Wie zuvor ausführlich dargestellt, liegt die eigentliche Bedeutung von Art. 151 EG in seiner Funktion als Kompetenzsicherung zugunsten der Mitgliedstaaten und damit in der Absicherung ihrer kulturellen Souveränitätsreserven im Gemeinschaftsprimärrecht begründet.[988] Damit stellt sich die Frage, ob nicht die Anwendungsbereiche der Grundfreiheiten von vornherein um die Bereiche "gekürzt" werden müssen, die die Mitgliedstaaten ersichtlich nicht der Gemeinschaft übertragen wollten. Bejahendenfalls könnten die eingangs geäußerten Bedenken gegen eine Schwerpunktabgrenzung von Art. 49 EG und dem durch Art. 151 EG erfassten Bereich ausgeräumt werden.[989]

Eine Abgrenzung nach Schwerpunktsgesichtspunkten würde indes, wie zuvor festgestellt, bedeuten, dass die aus Art. 151 EG zu ziehenden Wertungen bereits auf der Ebene der Kompetenzverteilung zwischen Art. 49 EG und Art. 151 EG und damit bereits im Rahmen der Bestimmung des Schutzbereichs von Art. 49 EG berücksichtigt werden müssten. Wäre eine Angelegenheit dem von Art. 151

---

985 Nach *Veelken*, EuR 1977, S. 338 f., kann deshalb nicht jede Maßnahe mit einfuhrbeschränkender Wirkung als Maßnahme im Sinne von Art. 28 EG angesehen werden, da auch die intendierten "binnenmarktähnlichen" Verhältnisse" nicht eine absolute oder nur in den Grenzen des Art. 30 EG beschränkte Handlungsfreiheit für Unternehmen beinhalten.

986 *Beutler/Bieber/Pipkorn/Streil*, S. 318; *Müller-Graf*, in: Groeben/Schwarze, EUV/EG, Art. 28, Rdn. 30.

987 Vgl. hierzu Teil 2 B.IV.4.b).

988 Vgl. hierzu die Ausführungen oben unter Teil 2 B.VI. und Teil 2 C.VI.

989 Wegen des unterschiedlichen Normencharakters als Kompetenznorm einerseits (Art. 151 EG) sowie Abwehrnorm (Art. 49 EG) andererseits vgl. zuvor Teil 2 E.IV.2.

EG in Bezug genommenen Bereich zuzuordnen, fiele sie zugleich aus dem Anwendungsbereich von Art. 49 EG heraus. Da die Ermittlung des Schwerpunkts einer Maßnahme immer ein Moment der Wertung und somit ein gewisses Maß an Unsicherheit beinhaltet,[990] bedeutete dies, dass bereits die Bestimmung des Schutzbereichs von Art. 49 EG einer einzelfallbezogenen Wertung unterliegt. Wäre eine bestimmte Maßnahme als Konsequenz einer entsprechenden Schwerpunktsermittlung bereits nicht vom Schutzbereich von Art. 49 EG erfasst, hieße dies zugleich, dass die betreffende Maßnahme als Ergebnis einer wertenden Zuordnung von vornherein nicht auf ihre Relevanz für die Dienstleistungsfreiheit überprüft werden könnte. Trotz einer bis dato nur in Grundzügen erkennbaren Dogmatik der Grundfreiheiten[991] könnte hiergegen der Charakter und die zentrale Funktion von Art. 49 EG als abwehrrechtliche Rechtsposition sprechen,[992] die den einzelnen möglichst effektiv, d.h. lückenlos gegen unzulässige Eingriffe in sein Freiheitsrecht schützen soll.[993] Soll sich eine gemeinschaftliche Kompetenznorm wie Art. 151 EG auf eine entsprechende Schutzposition auswirken, muss hierfür ein dogmatisch überzeugender „Transmissionsriemen“ gefunden werden.

5. Die Berücksichtigung materieller Zusatzgehalte des Art. 151 EG im Verhältnis zu Art. 49 EG – Heranziehung dogmatischer Ansätze aus der nationalen Grundrechtsdogmatik

Angesichts der festgestellten strukturellen Ähnlichkeiten[994] zwischen Grundfreiheiten und Grundrechten stellt sich die Frage, ob aus der Betrachtung des bundesdeutschen Verfassungsrechts Lösungsansätze für die vorliegende Problema-

---

990 Vgl. hierzu Teil 2 B.VI.

991 Vgl. hierzu *Jarass*, EuR 1995, S. 202; *Kingreen*, S. 19.

992 Zu der überragenden Bedeutung der Grundfreiheiten vgl. nur *Müller-Graff*, in: Groeben/Schwarze, EUV/EG, Vorbem. zu den Art. 28 bis 31, Rdn. 3 f. oder *Leibl*, in: Grabitz/Hilf, EUV, vor Art. 28-31, Rdn. 2.

993 Im Interesse eines möglichst umfassenden Rechtsschutzes wird teilweise davon ausgegangen, dass es der Anwendung von Abwehr- bzw. Freiheitsrechten zumeist immanent sei, ihre Schutzbereiche möglichst weit auszulegen. Dies erfolge vor dem Hintergrund, dass nur ein weit gezogener Schutzbereich die Möglichkeit schafft, ein möglichst großes Fallspektrum dem grundrechtlichen Schutz zu unterstellen und damit überhaupt erst auf seine Grundrechtsrelevanz kontrollieren zu können, vgl. beispielsweise *Frenz*, EuR 2002, S. 616.

994 So auch im Ergebnis *Stern*, Staatsrecht, S. 286.

tik gewonnen werden können.[995] Während die dogmatische „Erschließung" der europäischen Grundfreiheiten beziehungsweise die Herausarbeitung gemeinsamer Grundsätze bis dato nur unzureichend entwickelt ist,[996] ist der Bereich der allgemeinen Grundrechtslehren bereits seit geraumer Zeit Gegenstand der bundesdeutschen Verfassungswissenschaft.[997] Auch hat der EuGH im Rahmen seiner Rechtssprechung immer wieder Anleihen bei der mitgliedstaatlichen, insbesondere der deutschen Verfassungsrechtsdogmatik genommen.[998] Für die methodisch-strukturelle Durchdringung der Grundfreiheiten des Gemeinschaftsrechts können also die im Bereich der deutschen Grundrechtsdogmatik gewonnenen Erkenntnisse unter Umständen wichtige Anhaltspunkte liefern.[999]

Die Übertragung der im Rahmen des Grundgesetzes entwickelten Grundrechtsdogmatik auf die EG-rechtlichen Grundfreiheiten ist also grundsätzlich zu befürworten, sofern aufgrund einer strukturellen Parallelität der in Frage stehenden Normen oder sonstigen Rechtsfragen eine Heranziehung sinnvoll erscheint.[1000]

---

995 Die Problematik der weit gezogenen Schutzbereiche ist aus der nationalen Verfassungssituation insbesondere als Konsequenz des *Elfes*-Urteils des Bundesverfassungsgerichts, BVerfGE 6, 32 ff., hinreichend bekannt.

996 Der, soweit ersichtlich, erste umfassendere Beitrag hierzu stammt von *Jarass*, EuR 1995, S. 202 ff.; vgl. weiterhin die Untersuchungen mit dem Ziel grundsätzlicherer Systematisierungen aus der jüngeren Vergangenheit von *Hoffmann*, Die Grundfreiheiten des EG-Vertrags als koordinationsrechtliche und gleichheitsrechtliche Abwehrrechte, Baden-Baden 2000; *Kingreen,* Die Struktur der Grundfreiheiten des Europäischen Gemeinschaftsrechts, Berlin 1999; *Mojzesowicz,* Möglichkeiten und Grenzen einer einheitlichen Dogmatik der Grundfreiheiten, Baden-Baden 2001; *Ehlers*, Europäische Grundrechte und Grundfreiheiten, Berlin 2003; weitere Nachweise bei *Kingreen,* in: v. Bogdandy, Europäisches Verfassungsrecht, S. 634, Fn. 18 und 19; *ders.*, ibidem, S. 657 („dogmatisch unsicheres Gelände") und S. 675, kritisch hinsichtlich der EuGH-Rechtsprechung bis heute anhaftenden Inkonsistenz, die einer verlässlichen Grundlage für eine stringente Dogmatik der Grundfreiheiten entgegensteht.

997 Vgl. beispielsweise *Pieroth/Schlink*, Grundrechte, Rdn. 18 ff. sowie die Beiträge in: *Isensee/Kirchhof*, Handbuch des Staatsrechts, Band V.

998 Vgl. hierzu *Zuleeg*, in: Battis u.a. (Hrsg.), S. 227 ff.

999 Zutreffend *Kingreen*, S. 19; *ders.*, in: v. Bogdandy, Europäisches Verfassungsrecht, S. 634.

1000 Vgl. hierzu *Bleckmann*, Europarecht, Rdn. 755 ff.; auch *Walter*, in: Ehlers (Hrsg.), S. 18, Rdn. 44 stellt eine Anleihe der Grundfreiheiten bei der allgemeinen Grundrechtslehre fest; Angesichts einer mittlerweile beträchtlich ausdifferenzierten Grundrechtsdogmatik im innerstaatlichen Bereich allerdings kann zum gegenwärtigen Zeitpunkt sicherlich nicht jeder den nationalen Grundrechten zu entnehmende Aspekt auf die europäische Ebene übertragen werden.

Die Heranziehung der innerstaatlichen Rechtsdogmatik ist mit anderen Worten dann möglich, wenn und soweit sich aus dem Gemeinschaftsrecht angesichts vergleichbarer Fragestellungen Anhaltspunkte hierfür bieten.[1001] Daraufhin ist die nationale Grundrechtsdogmatik zunächst zu untersuchen.

a) Operationalisierbarkeit der bundesdeutschen Grundrechtsdogmatik?

Voraussetzung dafür, dass auf ein bestimmtes mitgliedstaatliches Verhalten das Verbot nach Art. 49 EG Anwendung findet, ist zunächst, dass es überhaupt von dem Schutzbereich der Dienstleistungsfreiheit erfasst wird. Dabei liegt es auf der Hand, dass je weiter der Schutzbereich von Art. 49 EG gezogen wird, desto eher ein Eingriff in denselben durch mitgliedstaatliches Handeln festgestellt werden kann und umgekehrt. Wird eine Handlung bereits vom Schutzbereich eines Grundrechts erfasst, kann anderen, von der Rechtsordnung anerkannten, schützenswerten Interessen, wie der vorliegend gemeinschaftsrechtlich anerkannten Kulturhoheit der Mitgliedstaaten, erst über entsprechende Schranken Rechnung getragen werden. Auf diese Weise wächst mit der Weite der Anwendungsbereiche der Grundrechte das Maß der potentiellen Kontrolle gegenüber hoheitlichen Maßnahmen.

Die Frage, wann für ein bestimmtes Verhalten eine Grundrechtsposition maßstäblich ist beziehungsweise wann dieses erst über die Inanspruchnahme von Schranken mit dem Abwehrrecht in Einklang gebracht werden kann, ist eine aus dem nationalen Verfassungsrecht bekannte dogmatische Problematik. Ähnlich wie bei den Grundrechten des Grundgesetzes eine differenzierte Schrankensystematik vor einer ausufernden Anwendung der Grundrechte schützt, existiert zudem auch bei den gemeinschaftlichen Marktfreiheiten ein Schrankenkanon, der allerdings im Gegensatz zu den Grundrechtsschranken im einzelnen noch weniger erforscht ist.[1002] Vom Grundsatz her korrespondiert jedoch das aus der bundesdeutschen Grundrechtslehre bekannte Problem der Grenzziehung der grundrechtlichen Schutzbereiche mit der Frage der Bestimmung des Anwendungsbereichs der europäischen Grundfreiheiten.[1003] Angesichts der konzeptio-

---

1001 *Bleckmann*, Europarecht, Rdn. 762.

1002 *Bleckmann*, Europarecht, Rdn. 770; *Weber*, NJW 2000, S. 543.

1003 So auch *Bleckmann*, Europarecht, Rdn. 781; ausführlicher zur Schutzgut-/Eingriffsdogmatik, *Hoffmann*, S. 21 f., 23 ff.; vgl. hierzu auch *Kingreen*, S. 74 ff.; *ders.*, in: v. Bogdandy, Europäisches Verfassungsrecht, S. 657; *Hirsch*, in: Schwarze/Becker (Hrsg.), Geistiges Eigentum, S. 161, weist darauf hin, dass die Rechtspre-

Fußnote fortgesetzt

nellen Ähnlichkeiten des nationalen und europäischen Rechts im Hinblick auf die vorliegend interessierende Frage ist eine Heranziehung des nationalen Verfassungsrechts somit zu befürworten.

Zu untersuchen ist daher, ob aus der Betrachtung der innerstaatlichen Grundrechtstheorie zur Eingriffs- und Schrankenproblematik Anhaltspunkte dafür gewonnen werden können, dass die in Art. 151 EG manifestierten Belange der Mitgliedstaaten bereits auf der Ebene des Schutzbereichs von Art. 49 EG angemessen zu berücksichtigen sind. Vor dem Hintergrund der so formulierten Fragestellung wird dabei deutsche Verfassungsrechtsdogmatik nur unter dem Aspekt untersucht, ob die mit einer grundgesetzlichen Kompetenznorm verbundenen materiellen Wertungen des Verfassungsgesetzgebers bereits Wirkungen für die Definition des Schutzbereichs einer Grundrechtsposition zu entfalten vermögen.

b) Die grundrechtliche Schutzbereichsbestimmung im nationalen Verfassungsrecht

Die Grundrechte des Grundgesetzes gelten verschiedenen Lebensbereichen, die in dem einen Fall eng und in einem anderen weit ausgreifend gezogen werden. Auf diese grundrechtlich geschützten Lebenssphären bezieht sich der jeweilige Schutzbereich eines Grundrechts. Dieser stellt mit anderen Worten den Bereich dar, den die Grundrechtsnorm aus der Lebenswirklichkeit als Schutzgegenstand herausschneidet.[1004] Die Existenz von Grundrechtsbegrenzungen wird aus dem Umstand der Rechtsqualität der Grundrechte abgeleitet. Grundrechtliche Freiheiten sind rechtliche Freiheiten und als solche inhaltlich bestimmt, d.h. begrenzt. Der Umstand der Grundrechtsbegrenzung impliziert die Bestimmung dieser Grenzen und damit die Festlegung der inhaltlichen Tragweite des jeweiligen Freiheitsrechts.[1005] Grundrechte müssen deshalb wie alle anderen Rechtsnormen einen definierbaren Inhalt haben.[1006]

---

chung des EuGH maßgeblich von der deutschen Grundrechtsdoktrin sowie insbesondere der Rechtsprechung des BVerfG geprägt ist.

1004 *Pieroth/Schlink*, Grundrechte, Rdn. 195 f.

1005 *Hesse*, Verfassungsrecht, Rdn. 308.

1006 Von den gegenständlichen Beschränkungen, die sich zwangsläufig aus der Inhaltsbestimmung eines Grundrechts ergeben zu trennen ist die Frage seiner darüber hinaus möglichen Beschränkbarkeit. Dies ist Gegenstand eines weiteren Prüfungsschritts, der der Konkretisierung des grundrechtlichen Schutzbereichs nachgelagert ist, *Stern*, Staatsrecht, S. 529 f.

Neben den sich aus der Inhaltsbestimmung bereits denknotwendigerweise ergebenden Beschränkungen, bedürfen die Freiheitsrechte einer weiteren Grenzziehung, da ein „wildwüchsiger" Freiheitsgebrauch zu Konflikten mit den Interessen der Allgemeinheit sowie mit Rechten Dritter führen kann. Die Grenzziehung ist sowohl bereits auf der Ebene des Schutzbereichs als auch erst auf der Schrankenebene denkbar. Je weiter der Schutzbereich eines Grundrechts verstanden wird, desto eher erscheint staatliches Handeln als Eingriff. Je enger er verstanden wird, desto weniger gerät der Hoheitsträger mit den Grundrechten in Konflikt.[1007] Da die Kategorie des „Schutzbereichs" und die des „Eingriffs" aufeinander bezogen sind, muss der Schutzbereich dabei gelegentlich schon mit Blick auf den Eingriff bestimmt, mit anderen Worten also gefragt werden, wogegen ein Grundrecht überhaupt schützen soll.[1008]

Wie die Grenzziehung im einzelnen erfolgt, hängt von der Art des Grundrechts ab. Bei Grundrechten mit einfachem oder qualifiziertem Gesetzesvorbehalt besteht für den Gesetzgeber bereits aufgrund des Vorbehalts die Möglichkeit, die Konflikte mit anderen legitimen Interessen, die durch den unbeschränkten Freiheitsgebrauch entstehen, einzudämmen. Bei vorbehaltlos gewährten Grundrechten fehlt dem Gesetzgeber eine entsprechende Möglichkeit. Um die auch in diesem Rahmen auftretenden Konfliktsituationen zu lösen, wurden von Rechtsprechung und Literatur bereits frühzeitig verschiedene Modelle entwickelt. Stellvertretend für diese seien vorliegend beispielsweise nur der Ansatz einer teleologisch reduzierten Interpretation der sachlichen Reichweite der Grundrechte, der Übertragung der Schrankentrias des Art. 2 Abs. 1 GG auf andere Freiheitsrechte oder der Ansatz des "allgemeinen Gesetzesvorbehalts" beziehungsweise des „allgemeinen Rechtsordnungsvorbehalts" genannt.[1009]

Vor dem Hintergrund der untersuchungsgegenständlichen Frage, ob sich die mit einer Kompetenznorm verbundenen materiellen Wertungen beschränkend auf den Schutzbereich eines Abwehrrechts auswirken können, ist eine Auseinandersetzung mit den vorgenannten Theorien im einzelnen nicht erforderlich.[1010] Die

---

1007 *Pieroth/Schlink*, Grundrechte, Rdn. 226.

1008 *Pieroth/Schlink*, Grundrechte, Rdn. 236.

1009 Letzterer ist in verschiedener Ausprägung vorzufinden: in Form der „Ablehnung des Privilegiencharakters der Grundrechte", des „Vorbehalts der allgemeinen Gesetze" oder des „Vorbehalts des Strafrechts".

1010 Vgl. insofern auf die ausführliche Darstellung der verschiedenen diskutierten Modelle bei *Stern*, Staatsrecht, S. 530 ff.

nachfolgenden Untersuchungen beschränken sich daher zum einen auf die von einem Teil des Schrifttums vertretene These, die unter dem Topos des „kollidierenden Verfassungsrechts" eine Begrenzung der grundrechtlichen Schutzbereiche durch verfassungsrechtliche Befugnisnormen für möglich hält (Teil 2 E.IV.5.c)). Zum anderen wird die speziell den Rundfunkbereich betreffende Grundrechtsdogmatik, die aufgrund der Wirkungsweise einer Maßnahme Zuordnungen zum relevanten Kompetenzträger vornimmt (Teil 2 E.IV.5.d)), auf ihre Relevanz im vorliegenden Zusammenhang betrachtet.

c) Die Begrenzung grundrechtlicher Schutzbereiche unter dem Topos des "kollidierenden Verfassungsrechts"?

Die Theorie vom kollidierenden Verfassungsrecht als Schutzbereichsbegrenzung legt ihrer Grundrechtsauslegung eine systematische Betrachtung der Grundrechte im Hinblick zu anderen Verfassungswerten zugrunde. Hiervon ausgehend, vertreten ihre Befürworter, dass in Ansehung anderer Verfassungsnormen ein bestimmter Freiheitsgebrauch bereits nicht durch die Reichweite des Schutzbereichs eines Grundrechts gedeckt wird, der nach anderer Meinung erst über die Anwendung verfassungsimmanenter Schranken ausscheidet. Fällt ein bestimmtes, einem anderen Verfassungswert unterfallendes Verhalten bereits nicht in den Schutzbereich eines Grundrechts, muss das entsprechende Verhalten nicht erst mittels verfassungsimmanenter Schranken vor einer Kollision mit dem Grundrecht bewahrt werden. Die These, dass sich kollidierendes Verfassungsrecht bereits auf die Schutzbereiche von Grundrechten auszuwirken vermag, führt im Ergebnis also dazu, dass diese stets nur soweit reichen, wie es ein im Sinne praktischer Konkordanz[1011] erfolgender Ausgleich mit anderen Grundrechten oder Verfassungsgütern jeweils erlaubt.[1012]

Ausgehend von einer systematischen Gesamtschau von Verfassungswerten ist in diesem Zusammenhang weiterhin auch angenommen worden, dass bundesstaat-

---

1011 Vgl. hierzu *Hesse*, Verfassungsrecht, Rdn. 72.

1012 Ein entsprechender Ansatz klingt auch in der Rechtsprechung des BVerfG an, vgl. bspw. BVerfGE 12, 45, 50: „Wenn diese Verfassungsbestimmung (Art. 73 Nr. 1 i.d.F. von 1954; Anm. d. V.) dem Bunde die ausschließliche Gesetzgebungszuständigkeit für die „Verteidigung einschließlich der Wehrpflicht für Männer vom vollendeten 18. Lebensjahr an" zuweist, so ist dies mehr als eine bloße Kompetenzbestimmung; die Verfassung stellt selbst klar, dass ein Bundesgesetz, das die allgemeine Wehrpflicht im bezeichneten Umfang einführt, ihr insoweit auch materiell nicht widerspreche."; weiterhin ohne nähere Begründung BVerfGE 28, 243, 260 f. und daran anschließend BVerfGE 32, 40, 46; aus der jüngeren Vergangenheit BVerfGE 80, 137 ff.

liche Kompetenzbestimmungen geeignet sind, Grundrechtsbeschränkungen herbeizuführen.[1013] Dies müsse umso mehr gelten, wenn man berücksichtigt, dass jede Kompetenznorm auch insoweit eine "Sachnorm" darstellt, als sie eine Aussage darüber trifft, dass der in ihr enthaltene Regelungsgegenstand einen von der Verfassung anerkannten Wert darstellt. Ihr kommt nach dieser Auffassung somit nicht nur eine kompetenzverteilende, sondern auch eine materielle und damit grundrechtsbindende „Sekundärfunktion" zu.

Die theoretische Grundlage für die Annahme entsprechender grundrechtsbeschränkender Zusatzgehalte von Kompetenzbestimmungen liegt in der Vorstellung von der Einheit der bundesdeutschen Verfassung.[1014] Diese Prämisse rechtfertigt die Annahme, dass die Verfassung nicht eine programmlose Aneinanderreihung von Vorschriften darstellt, sondern vielmehr die Verwirklichung eines in sich geschlossenen Konzepts verkörpert.[1015] Eine harmonisierende Betrachtungsweise verbiete eine Unterteilung der Verfassungsvorschriften in formelles und materielles Recht.[1016] Auch formelle und materielle Verfassungssätze, insbesondere Grundrechte und Kompetenznormen, seien aufeinander bezogen und einander zugeordnet.[1017] Ausgehend von einem unlösbaren Zusammenhang von Grundrecht und Kompetenznorm komme den Kompetenzzuweisungen im Bundesstaat eine doppelte Bedeutung zu: Gegenüber den Gliedstaaten eine Zuständigkeitsverteilung und gegenüber den Bürgern eine Kompetenzzuweisung. Dem Bund würden mit anderen Worten bestimmte materielle Aufgaben im Hinblick

---

1013 Vgl. bspw. *Ehmke*, VVDStRL 20 (1963), S. 89 f.; *Ossenbühl*, DÖV 1965, S. 657; *v. Pollern*, JuS 1977, S. 648; Dies hat das BVerfG insbesondere in der bereits zitierten Entscheidung E 28, 23, 261 ohne nähere Begründung vorausgesetzt, hieran hat es auch in der späteren Entscheidung E 69, 1, 57 (59, 60) festgehalten; vgl. aber auch die abweichenden Voten der Richter *Mahrenholz* und *Böckenförde*, die eine Begrenzung u.a. aus bundesstaatlichen Kompetenzvorschriften explizit für verfassungsrechtlich unzulässig halten.

1014 *Stern*, Staatsrecht, S. 560.

1015 *Ossenbühl*, DÖV 1965, S. 657.

1016 *Ossenbühl*, DÖV 1965, S. 657.

1017 *Ossenbühl*, DÖV 1965, S. 657; vgl. auch *Ehmke*, VVDStRL 20 (1963), S. 89, nach dem eine Verfassungsinterpretation, die die „redaktionelle Zweiteilung der Verfassung in Grundrechts- und organisatorischen Teil als eine materielle Zweiteilung mitversteht", diesen Zusammenhang verkennt.

auf die Bürger übertragen sowie die zur Durchführung dieser Aufgaben erforderliche Gewalt in Abgrenzung zur Hoheit der Länder zugewiesen.[1018]

In beiderlei Richtungen, d.h. bei der Abgrenzung des Kompetenzbereichs zwischen Bund und Ländern einerseits und bei der Regelung der Beziehungen zwischen Bürger und Staat andererseits, geht es nach diesem Verständnis um die Verteilung von Staatsgewalt.[1019] Auch die das Verhältnis des Bürgers zum Staat betreffenden Normen, d.h. insbesondere die Grundrechte seien insoweit letztlich als "Kompetenznormen" aufzufassen, als der Bund die Freiheitssphäre des Bürgers gewährleistet oder auch einschränkt und dadurch den Radius der Staatsgewalt bestimmt.[1020] Ausgehend von der so skizzierten Aufeinanderbezogenheit der in Frage stehenden Normen besteht nach dieser Ansicht also die Möglichkeit, dass sich beide Arten von "Kompetenzvorschriften" gegenseitig inhaltlich beeinflussen können.[1021]

Instrumentalisiert man diesen Ansatz sowie die hieraus gezogenen Schlussfolgerungen für die hier untersuchte Frage, ließe sich vertreten, dass eine mitgliedstaatliche Maßnahme insoweit nicht dem Schutzbereich von Art. 49 EG und somit nicht dem Anwendungsanspruch des Gemeinschaftsrechts unterfällt, als sie von der kulturellen Zuständigkeit der Mitgliedstaaten gedeckt ist. Der Anwendungsbereich von Art. 49 EG wäre um diejenigen Lebenssachverhalte zu „kürzen", die in Ansehung des materiellen Aussagehalts von Art. 151 EG ersichtlich zugunsten der Mitgliedstaaten vorbehalten bleiben sollten. In Hinblick auf die dichotomische Betrachtung bei der Zuordnung von Lebenssachverhalten zu bestimmten Verfassungswerten korrespondiert die These vom kollidierenden Verfassungsrecht als Schutzbereichsbegrenzung also mit der Schwerpunktmethode.

Der Ansatz, unter Rückgriff auf andere Verfassungsgüter bereits die Schutzbereiche der verfassungsrechtlich garantierten Grundrechte einzugrenzen, stößt allerdings auf grundsätzliche Bedenken.[1022]

1018 *Ehmke*, VVDStRL 20 (1963), S. 90 m.w.N.; *Lerche*, JZ 1972, S. 47; *Ossenbühl*, DÖV 1965, S. 657.

1019 *Ossenbühl*, DÖV 1965, S. 657; *Gabriel-Bräutigam*, Rundfunkkompetenz, S. 152.

1020 *Ehmke*, VVDStRL 20 (1963), S. 89 f.; *Ossenbühl*, DÖV 1965, S. 657.

1021 *Ossenbühl*, DÖV 1965, S. 657; im Ergebnis ebenso *Hoffmann-Riem*, Rundfunkrecht, S. 68; *Gabriel-Bräutigam*, S. 152.

1022 Auch wenn die These vom kollidierenden Verfassungsrecht ursprünglich für vorbehaltlos gewährte Grundrechte entwickelt worden ist, werden von anderer Seite ähnliche

Fußnote fortgesetzt

(1) Die Problematik des Funktionsverlusts der Gesetzesvorbehalte sowie die Gefahr einer ausufernden Grundrechtseinschränkung

Als speziell grundrechtsbezogene Erlaubnisvorschriften widerspricht bereits die Existenz von Grundrechtsvorbehalten einem Verständnis, nach dem kollidierendem Verfassungsrecht ein normativer Zusatzgehalt in der Form zukommt, dass in dem von ihm jeweils bezeichneten Bereich, das Handeln der jeweiligen Staatsgewalt erlaubt ist.[1023] Die ausdrücklich normierten Gesetzesvorbehalte der Grundrechte würden hierdurch tendenziell ihrer Funktion beraubt.[1024] Die Vorenthaltung des Grundrechts als "Verweigerungsrecht" würde erst gar nicht darauf befragt werden, ob sie durch eine Ermächtigung des Gesetzgebers gedeckt ist oder nicht. Sie müsste auch gar nicht hierauf untersucht werden, wenn die Verweigerung bereits aus dem Schutzbereich des Grundrechts herausfällt. Bei konsequenter Zugrundelegung des Ansatzes vom kollidierenden Verfassungsrecht müsste eine Maßnahme vielmehr als erstes daraufhin untersucht werden, ob sie den Schutz von anderen Grundrechten oder Verfassungsgütern bezweckt und Kollisionen vermeidet oder ausgleicht. Sofern sie das tut, wird hierdurch zunächst nur der Schutzbereich des in Frage stehenden Grundrechts definiert. Nur sofern sie das nicht tut, behielte ein ausdrücklich normierter Gesetzesvorbehalt noch seine Funktion.[1025]

Begrenzte man mittels der These vom kollidierenden Verfassungsrecht die grundrechtlich geschützten Lebenssachverhalte somit auf einen nur verhältnismäßig engen Bereich, gingen überdies die erst an das Bejahen eines Eingriffs geknüpften, rechtsstaatlichen Kautelen weitgehend ins Leere.[1026] Damit würde den verfassungsrechtlichen Kompetenzvorschriften im Ergebnis weitergehende

---

Überlegungen auch für die nur unter Vorbehalt gewährten Grundrechte angestellt. Die Frage, ob Art. 49 EG vorbehaltlos oder nur unter Vorbehalten gewährt wird, kommt daher vorliegend keine Bedeutung zu, vgl. die Ausführungen hierzu bei *Stern*, Staatsrecht, S. 522 ff. m.w.N.; Zutreffenderweise wird in diesem Zusammenhang darauf hingewiesen, dass, sofern man diesen Ansatz überhaupt befürwortet, er richtigerweise auf jedes Grundrecht, d.h. unabhängig davon ob oder ob nicht unter Vorbehalt gewährt, Anwendung finden müsse, vgl. nur beispielsweise *Pieroth/Schlink*, Grundrechte, Rdn. 323.

1023 *Stern*, Staatsrecht, S. 584.

1024 *Stern*, Staatsrecht, S. 584; *Pieroth/Schlink*, Grundrechte, Rdn. 323.

1025 *Pieroth/Schlink*, Grundrechte, Rdn. 323.

1026 Vgl. beispielsweise die Vorgaben von Art. 19, Abs. 1 GG (Verbot des einschränkenden Einzelfallgesetzes; Zitiergebot), Art. 19, Abs. 2 GG (Wesensgehaltsgarantie) oder des allgemeinen Gebots der Verhältnismäßigkeit eines grundrechtsbeschränkenden Gesetzes, vgl. hierzu *Bleckmann*, Grundrechte, § 12, Rdn. 18.

Wirkung gegenüber den Grundrechten zuerkannt als den ebenfalls kompetenziell bedeutsamen Vorbehalten.[1027] Vor dem Hintergrund, dass Grundrechte den Grundrechtsträger gegen Eingriffe von allen Seiten schützen sollen, erscheint es zudem nicht funktionsgerecht, dass ein bestimmter Lebensbereich bereits aus dem Schutzbereich eines Grundrechts ausgegliedert wird, nur weil er einem anderen Verfassungswert zugeordnet ist.

Im Ergebnis bestünde die Gefahr, dass der geschilderte Ansatz zu weitgehende Einschränkungen der Grundrechte ermöglicht, da nach dem Verständnis des BVerfG die Grundrechte ihre Schranken in allen öffentlichen und privaten Interessen, die durch die Verfassung selbst geschützt werden, finden können. Könnten die öffentlichen Interessen allen Teilen der Verfassung entnommen werden, müsste dies auch für die Kompetenzbestimmungen der Art. 77 ff. GG gelten. Da diese teilweise umfassende Regelungsvorbehalte enthalten,[1028] wäre, wollte man alle die in diesen Rahmen getroffenen Regelungen indirekt als von der Verfassung geschützt ansehen, dem Gesetzgeber fast jede Regelung vorbehaltlos möglich.[1029] Die Grundrechtspositionen würden zu bloßen „Abwägungsgesichtspunkten" neben einem breiten Arsenal anderer, mehr oder weniger klar formulierter Verfassungsanliegen degradiert.[1030]

Schließlich ist zu berücksichtigen, dass Art. 30 GG als die Grundnorm der grundgesetzlichen Kompetenzverteilung die staatlichen Befugnisse, die auf Bund und Länder verteilt werden, in umfassender Weise voraussetzt, ohne damit der Staatsgewalt alle Grundrechtsbeschränkungen zu „erlauben", die zur Erfüllung der staatlichen Aufgaben erfolgen. Vielmehr wird der Gesamtumfang der zu verteilenden Kompetenzen maßgeblich durch die Grundrechtsbestimmungen in ihrer Bedeutung als „negative Kompetenzbestimmung" mitbestimmt und eingeschränkt.[1031] Legt man in diesem Sinne den zuvor zitierten Zusammenhang von Grundrecht und Kompetenzbestimmung zugrunde, vermag jedenfalls eine

---

1027 *Stern*, Staatsrecht, S. 584.

1028 Vgl. die Regelungsbefugnis im Bereich des Straf- und Zivilrechts.

1029 Vgl. *Bleckmann*, Grundrechte, § 12, Rdn. 87; *Pieroth/Schlink*, Grundrechte, Rdn. 328, formulieren pointierter, dass, wenn alles, was im Grundgesetz einschließlich seiner Kompetenzkataloge benannt wird, Verfassungsgut ist, die Berufung auf kollidierendes Verfassungsrecht billig zu haben wäre.

1030 *Stern*, Staatsrecht, S. 582 f.

1031 *Stern*, Staatsrecht, S. 584.

generelle Anerkennung einer grundrechtsbegrenzenden Wirkung von Kompetenzbestimmungen bereits aus diesen Gründen nicht zu überzeugen.[1032]

(2) Der Verlust der Bestimmtheit der grundrechtlichen Schutzbereiche

Ein weiteres Defizit der These vom kollidierenden Verfassungsrecht als Schutzbereichsbegrenzung besteht im Verlust der Bestimmtheit der grundrechtlichen Schutzbereiche. Da Kollisionen vielfältig und verschiedengestaltig sind sowie Lösungen den konkreten Umständen des Einzelfalls Rechnung tragen müssen, wird die Reichweite der Schutzbereiche, sofern sie tatsächlich durch kollidierendes Verfassungsrecht begrenzt würden, fallabhängig. Sie könnten nicht mehr generell sondern nur noch *ad hoc* und punktuell bestimmt werden.[1033] Eine nachvollziehbare, aus sich selbst heraus verständliche Grenzziehung der Schutzbereiche wird auf diese Weise nahezu unmöglich. Im Interesse des Berechtigten der Freiheitsverbürgung muss der Gehalt seines Schutzrechts aber möglichst verlässlich bestimmbar sein. Auch dieser Gesichtspunkt spricht also gegen eine von der jeweiligen Kollisionssituation abhängige Schutzbereichskonkretisierung im Einzelfall.

Für den untersuchungsgegenständlichen Gegenstand sind die vorstehenden Bedenken in besonderem Maße zutreffend. Wie im Hinblick auf Art. 151 EG festgestellt, kommt den Mitgliedstaaten im Rahmen der gemeinschaftsrechtlichen Vorgaben eine Einschätzungsprärogative hinsichtlich dessen zu, was sie zum kulturellen Sektor zählen wollen. In Ansehung der kulturellen Vielfalt in den einzelnen Mitgliedstaaten ist es grundsätzlich denkbar, dass der Schutzbereich einer Grundfreiheit in Abhängigkeit von den divergierenden kulturellen Vorstellungen der Mitgliedstaaten in dem einen Fall enger und in dem anderen weiter zu ziehen wäre. In diesem Sinne bestünde die Gefahr, dass die Schutzbereichsbestimmung der europäischen Grundfreiheiten zu einer Funktion der mitgliedstaatlichen Kulturdefinition würde.

Was für den Kultursektor gilt, müsste zudem konsequenterweise auch für andere Bereiche gelten, in denen der Gemeinschaft durch das Gemeinschaftsprimärrecht nur eine schmale Kompetenzbasis übertragen worden ist und die Mitglied-

---

[1032] Im Ergebnis ebenso ablehnend *Dreier*, DVBl. 1980, S. 473; *Schlink*, EuGRZ 1984, S. 464; *Herbert*, EuGRZ 1985, S. 330 f.; *Heyde*, FS f. W. Zeidler, S. 1435 ff.

[1033] *Pieroth/Schlink*, Grundrechte, Rdn. 324.

staaten im übrigen ihre Souveränität behalten haben.[1034] Auch hier müssten bei einer auf den dogmatischen Erwägungen der These vom kollidierenden Verfassungsrecht basierenden Schwerpunktabgrenzung die Maßnahmen aus dem Schutzbereich der Grundfreiheiten herausgenommen werden, die in ihrem Kernbereich eine bei den Mitgliedstaaten verbliebene Hoheitssphäre berühren. Eine autonome Schutzbereichsbeschreibung wäre kaum noch vorstellbar.

Da eine Heranziehung der These vom kollidierenden Verfassungsrecht nur hinsichtlich solcher materieller Werte in Frage kommt, die eine verfassungsrechtliche Normierung erfahren haben, wäre sie übertragen auf das Gemeinschaftsrecht schließlich nur im Hinblick auf solche mitgliedstaatlichen Sachbereiche anwendbar, für die die Gemeinschaft zumindest eine parallele Zuständigkeit besitzt. Für andere Sektoren, die in keiner Weise im Gemeinschaftsprimärrecht verankert sind, ließe sie sich demgegenüber denknotwendigerweise nicht instrumentalisieren. Zwar lässt sich im Hinblick auf eine Norm wie Art. 151 EG angesichts der zahlreichen zugunsten der Mitgliedstaaten eingebauten Kautelen mit guten Gründen behaupten, dass die Mitgliedstaaten diesem Bereich gegenüber den Gemeinschaftsaktivitäten einen besonderen Stellenwert einräumen wollten. Eine hinsichtlich ihrer Auswirkungen auf die Grundfreiheiten in den Grundzügen unterscheidende, dogmatische Einstufung des Kulturbereichs gegenüber anderen mitgliedstaatlichen Hoheitsbereichen dürfte sich jedoch kaum überzeugend begründen lassen.

d) Die Kompetenzverteilung aufgrund der Wirkweise einer gesetzgeberischen Maßnahme – Ansatzpunkte im Hinblick auf die Schutzbereichs- /Schrankendogmatik des Art. 5 Abs. 1, S. 2 GG?

Basierend auf dem zuvor erläuterten Verfassungsverständnis der Einheit der Verfassung sowie der Aufeinanderbezogenheit der in ihr enthaltenen Normen, findet sich weiterhin speziell für den Bereich des Rundfunkrechts die Auffassung, dass die Art und Weise des Einwirkens einer Norm auf Art. 5 Abs. 1 S. 2 GG, Rückschlüsse auf die Zugehörigkeit der fraglichen Regelungsbefugnis zum

[1034] Neben dem hier behandelten Kulturbereich wären weiterhin beispielsweise noch zu nennen die Wirtschaftspolitik gemäß Art. 98 EG, die Sozialpolitik nach Art. 136 ff. EG, allgemeine und berufliche Bildung und Jugend nach Art. 149, 150 EG, die Gesundheitspolitik nach Art. 152 EG, den Bereich der Forschung und der technologischen Entwicklung gemäß Art. 163 ff. EG etc.

jeweiligen Kompetenzträger zulässt.[1035] Soweit sich eine Norm als ausgestaltende Regelung im Hinblick auf Art. 5 Abs. 1 S. 2 GG darstellt, begründe sie die kulturell definierte Mediengesetzgebungskompetenz der Bundesländer. Ausgestaltende Regelungen seien dabei solche, die der Verwirklichung des Kommunikationsgrundrechts dienen,[1036] womit der Kern der länderstaatlichen Rundfunkbefugnisse umschrieben sei.[1037] Soweit hingegen die Etablierung von Grundrechtsschranken nach Art. 5 Abs. 2 GG betroffen sei, gehöre dies zu der auf dem „Recht der Wirtschaft" gemäß Art. 74 Abs. 1 Nr. 11 GG basierenden Kompetenz des Bundesgesetzgebers.

Dogmatische Ansätze, die einschlägige Kompetenznorm und damit den zutreffenden Kompetenzträger mittels eines Rückgriffs auf die Wirkungsweise auf Art. 5 Abs. 1 S. 2 GG zu ermitteln, finden sich auch in der Rechtsprechung des Bundesverfassungsgerichts. In seinem Urteil zur Fernsehrichtlinie lautet beispielsweise die entsprechende kompetenzabschichtende Formulierung, dass die „Rahmenbedingungen, für welche eine Zuständigkeit der Länder besteht, solche (sind), die der Sicherung der Rundfunkfreiheit dienen."[1038] In einer anderen Entscheidung, ordnet das Gericht Vorschriften zur Pressefusionskontrolle der konkurrierenden Bundeskompetenz gemäß Art. 74 Nr. 16 GG zu, da sie sich nicht auf die den Bundesländern vorbehaltene Sicherung des publizistischen Wettbewerbs bezögen, sondern als allgemeine Gesetze nach Art. 5 Abs. 2 GG wirtschaftlichen Zwecken dienten.[1039]

Ausgehend von dem zuvor dargestellten Erfordernis, die Grundfreiheit im Gesamtkontext des Vertrags auszulegen,[1040] sowie der festgestellten Operationalisierbarkeit der Grundrechtsdogmatik für die Zwecke der vorliegenden Untersuchung,[1041] wäre es denkbar, dass, sofern aus der Schutzbereichs-/Schrankendogmatik im Zusammenhang mit Art. 5 Abs. 1 S. 2 GG Rückschlüs-

---

1035 Vgl. beispielsweise *Hoffmann-Riem*, in: Benda/Maihofer/Vogel, Handbuch des Verfassungsrechts, S. 416; *Lerche*, in: HdbStR V, § 121, Rdn. 12 m.w.N.; *Ruck*, AöR 117 (1992), S. 554; *Frese*, S. 107 f.

1036 *Hoffmann-Riem*, in: Benda/Maihofer/Vogel, Handbuch des Verfassungsrechts, S. 416 ff.

1037 *Hoffmann-Riem*, Rundfunkrecht, S. 72.

1038 BVerfGE 92, 203, 238.

1039 BVerfG NJW 1986, S. 1743 („Pressefusion").

1040 Teil 2 E.IV.4.

1041 Teil 2 E.IV.5.a).

se auf den relevanten Kompetenzträger gezogen werden, auch umgekehrt im Hinblick auf den gemäß Art. 151 EG zu bestimmenden Kompetenzträger Schlussfolgerungen für die Art. 49 EG betreffende Schutzbereichs-/Schrankendogmatik gezogen werden können. Gesteht man also den Grundrechten eine gewissermaßen kompetenzdefinierende Wirkung zu, ist mit anderen Worten zu fragen, ob nicht umgekehrt reziprok eine in Ansehung von Art. 151 EG zugunsten der Mitgliedstaaten vorgenommene kompetenzielle Zuordnung eines kulturellen Kernbereichs auch Auswirkung auf einen grundfreiheitlichen Schutzbereich haben kann. Auch hierin manifestierte sich dann die nach der Schwerpunktmethode vorausgesetzte Interdependenz von kompetenzieller Zuordnung und Schutzbereichsdefinition.[1042]

Gegen eine Instrumentalisierung der im Zusammenhang mit Art. 5 Abs. 1 S. 2 GG entwickelten Schutzbereichs-/Schrankendogmatik für die Frage des Verhältnisses zwischen Art. 49 EG und Art. 151 EG spricht jedoch, dass erstere, d.h. der Rückgriff auf die Grundrechtsrelevanz einer Norm, als Entscheidungshilfe für die Zuordnung der fraglichen Vorschrift zu einem Kompetenzträger zu verstehen ist. Sie betrifft letztlich jedoch nicht die Frage, ob der Schutzbereich eines Freiheitsrechts in Ansehung kollidierenden Verfassungsrechts einschränkend auszulegen ist.

Zwar besteht ein enger Zusammenhang und in diesem Sinne die zuvor zitierte Aufeinanderbezogenheit[1043] zwischen der den Bundesländern zustehenden kulturellen Regelungsbefugnis und der konkreten Ausgestaltung der grundrechtlichen Rundfunkfreiheit. Zu berücksichtigen ist jedoch, dass es sich – nach der Rechtsprechung des BVerfG - bei Art. 5 Abs. 1 S. 2 GG im Gegensatz zu Art. 49 EG um eine normgeprägte Freiheitsposition handelt. Während Art. 49 EG seit Ablauf der Übergangsfrist unmittelbar anwendbar ist,[1044] bedarf die durch Art. 5, Abs. 1, S. 2 GG gewährleistete Rechtsposition für ihre Verwirklichung eines positiven Tätigwerdens des Rundfunkgesetzgebers durch entsprechende Ausgestaltungsgesetze.[1045] Das BVerfG hat dazu festgestellt, dass die Rundfunkfreiheit eine Ordnung aus materiellen, organisatorischen sowie Verfahrensregeln benö-

---

[1042] Dafür, dass sich beide Arten von Normen inhaltlich beeinflussen können sollen vgl. *Hoffmann-Riem*, Rundfunkrecht, S. 68; *Gabriel-Bräutigam*, S. 151 f.

[1043] Vgl. Teil 2 E.IV.5.d).

[1044] Vgl. hierzu die Nachweise in Fn. 955.

[1045] Vgl. nur bspw. BVerfGE 57, 295, 321; *Hesse*, Verfassungsrecht, Rdn. 303 ff.; *Pieroth/Schlink*, Grundrechte, Rdn. 241 f.

tigt, welche sicherstellt, dass die Vielfalt der bestehenden Meinungen im Rundfunk zum Ausdruck kommt.[1046] Soweit die Länder also den verfassungsrechtlichen Auftrag zur Ausgestaltung der Rundfunkfreiheit innehaben, sind sie gerade nicht befugt, diese einzuschränken.[1047] Durch ausgestaltende Normen sollen vielmehr erst die Vorbedingungen geschaffen werden, damit der Einzelne von dem Grundrecht Gebrauch machen kann.[1048] Würde der Rundfunkgesetzgeber Regelungen treffen, die jenseits der Ausgestaltung eine Beschneidung derselben bedeuten, stellten die entsprechenden Bestimmungen vielmehr Eingriffe in die Freiheitsposition dar, die wiederum an dem Grundrecht zu messen wären.[1049] Eine Regelung kann mit anderen Worten entweder, objektivrechtlichen Vorgaben folgend, die Sicherung der Rundfunkfreiheit bezwecken, oder sie stellt einen Grundrechtseingriff dar.[1050]

e) Fazit – Kollidierendes Verfassungsrecht als Eingriffsrechtfertigung

Auch wenn die zitierten Ansätze aus dem nationalen Verfassungsrecht somit ein theoretisches Fundament für den inneren Zusammenhang von Verfassungsnormen liefern, vermögen sie keine Argumentationsgrundlage für die im vorliegenden Rahmen diskutierte Schwerpunktabgrenzung zu liefern. Auch durch sie kann letztlich nicht überzeugend dargetan werden, dass eine bestimmte kompetenzielle Verortung von sektoralen Angelegenheiten zu einer potentiell eingeschränkten Definition grundfreiheitlicher Schutzbereiche führt. Im Fall der Art. 5 Abs. 1 S. 2 GG betreffenden Schutzbereichs-/Schrankendogmatik ist die Aufeinanderbezogenheit von Kompetenzgrundlage und Grundrecht Folge der Normgeprägtheit der grundrechtlichen Rundfunkfreiheit. Ebenso wenig vermögen die grundsätzlicheren Erwägungen, die der These vom kollidierenden Verfassungsrecht als Schutzbereichsbegrenzung zugrunde liegen, als allgemeiner Grundsatz zu überzeugen.

1046 BVerfGE 57, 295, 320.

1047 Ausgestaltung ist nicht gleichzusetzen mit einer Ermächtigung zur Begrenzung der Rundfunkfreiheit, vgl. BVerfGE 12, 45, 53; Die Ausgestaltung des Grundrechts stellt selbst dann kein an den Grundrechtsschranken zu messender Eingriff dar, wenn sie den Grundrechtsträger belasten, vgl. BVerfGE 57, 295, 321; E 73, 118, 166; E 74, 279, 311.

1048 Zu den normgeprägten Grundrechten vgl. *Pieroth/Schlink*, Grundrechte, Rdn. 209 ff.

1049 *Pieroth/Schlink*, Grundrechte, Rdn. 213.

1050 Das Verhältnis von Ausgestaltung und Schrankenziehung wird größtenteils als exklusiv begriffen, vgl. BVerfGE 57, 295, 321; E 73, 118, 166.

Vor dem Hintergrund der dargestellten Defizite entnimmt daher die im innerstaatlichen Verfassungsrecht wohl als herrschend zu bezeichnende Auffassung kollidierendem Verfassungsrecht nicht bereits die Funktion der Begrenzung der grundrechtlichen Schutzbereiche.[1051] Sie versteht kollidierendes Verfassungsrecht vielmehr als immanente Schranke der Grundrechte und sieht Grundrechtseingriffe lediglich als *gerechtfertigt* an, sofern diese Kollisionen mit anderen Grundrechten oder Verfassungsgütern im Sinne praktischer Konkordanz ausgleichen. Kollidierendem Verfassungsrecht kommt hiernach also erst die Funktion einer Eingriffsrechtfertigung zu.[1052] Mit dem zuvor genannten Ansatz stimmt diese Vorgehensweise in dem Verständnis und der Berufung auf die Einheit der Verfassung und deren systematische Interpretation überein. Ihr Vorzug liegt jedoch darin, dass bei gleichzeitiger Ermöglichung der Lösung von konkreten Kollisionssituationen die Bestimmtheit der Reichweite des Schutzbereichs der Grundrechte im Interesse des Grundrechtsberechtigten gewährleistet bleibt.[1053]

Selbst wenn man vorliegend also grundsätzlich die Beeinträchtigung von Grundfreiheiten mit Hilfe der aus dem nationalen Verfassungsrecht bekannten Rechtsfigur des kollidierenden Verfassungsrechts bejaht,[1054] können hieraus keine dogmatisch überzeugenden Argumente für die eingangs aufgeworfene Frage der Eingrenzung der Grundfreiheit des freien Dienstleistungsverkehrs bereits auf der Ebene des von Art. 49 EG gewährleisteten Schutzbereichs gezogen werden. Die Berücksichtigung der aus Art. 151 EG zu entnehmenden materiellen Zusatzgehalte ist hiernach vielmehr auf die Ebene der Rechtfertigung verwiesen.[1055]

[1051] Vgl. *Pieroth/Schlink*, Grundrechte, Rdn. 325; *Bleckmann*, Grundrechte, § 12, Rdn. 16.

[1052] Die Rechtsprechung des BVerfG ist hinsichtlich der dogmatischen Einordnung nicht immer eindeutig, sondern kann durchaus als schwankend bezeichnet werden. Zum Teil klingt seine Berufung auf kollidierendes Verfassungsrecht bereits mehr nach einer Schutzbereichsbegrenzung, zum Teil mehr nach einer Eingriffsrechtfertigung, vgl. hierzu *Pieroth/Schlink*, Grundrecht, Rdn. 328.

[1053] Kritisch ist allerdings auch im Hinblick auf diesen Ansatz, dass auch hier die Funktion der Gesetzesvorbehalte zumindest unklar bleibt, vgl. hierzu *Pieroth/Schlink*, Grundrechte, Rdn. 328.

[1054] Befürwortend beispielsweise *Jarass*, EuR 1995, S. 226; *ders.*, EuR 2000, S. 716, Fn. 74; ablehnend *Kingreen*, S. 162.

[1055] Ebenso *Jarass*, EuR 1995, S. 226, im Hinblick auf kollidierendes Vertragsrecht im Verhältnis zu den Grundfreiheiten.

Ausgangspunkt für die Ermittlung des konkreten Wesengehalts eines jeden Grundrechts muss danach der sachliche Geltungsgehalt des Grundrechts selbst sein. Die Definition dieses Geltungsgehalts erfolgt grundsätzlich nicht bereits mit Blick auf die mittels eines Gesetzesvorbehalts dem Grundrecht gezogene Schranke, durch eine abstrakte andere Formel oder sogar durch nicht spezifisch grundrechtsbeschränkende andere Verfassungswerte.[1056] Aus dem Erfordernis einer autonomen Schutzbereichsbestimmung darf indessen nicht die Schlussfolgerung gezogen werden, dass grundrechtliche Schutzbereiche deshalb zwangsläufig weit zu ziehen wären. Auch unter Zugrundelegung eines möglichst freiheitlichen, auf einen optimalen Schutz ausgerichtetes Staatsverständnis spricht keine generelle Vermutung dafür, die Schutzbereiche möglichst weit zu ziehen. Zwar ist nicht zu verkennen, dass sowohl die nationale Verfassungsrechtsprechung als auch die Judikatur des EuGH durchaus mitunter dieser Versuchung erlegen sind, um auf diese Weise ein Maximum staatlicher Akte auf potentielle Grundrechtsverletzungen beziehungsweise Verletzungen der Grundfreiheiten hin überprüfen zu können.[1057] Eine Überdehnung der Schutzbereiche würde aber eine verfassungsrechtliche Rechtfertigung so oft und so oft da fordern, wo sie sich von selbst versteht, dass ihrer Maßstäbe zu kleiner, „billiger" Münze verkämen.[1058] Auf der anderen Seite besteht im Interesse eines effektiven Grundrechtsschutzes ebenso wenig eine Vermutung, dass die Schutzbereiche eng ausgelegt werden müssen. Die Bestimmung des konkreten Wesensgehalts eines Grundrechts hat damit letztlich aus sich selbst heraus zu erfolgen unter Berücksichtigung der Frage, wogegen das Grundrecht schützen soll und unter Berücksichtigung der üblichen juristischen Auslegungsmethoden.

Nachdem aus der Betrachtung der deutschen verfassungsrechtlichen Dogmatik keine instrumentalisierbare Parallele für die hier interessierende Frage gewonnen werden konnte, ist der Blick wieder auf das europäische Recht zu richten. Wie bereits festgestellt, wurde der EG hinsichtlich der Frage der Abgrenzung

---

1056 *Herbert*, EuGRZ 1985, S. 331.

1057 Vgl. die sich an das *Elfes*-Urteil, BVerfGE 6, 32 ff., anschließende Grundrechtsdogmatik des BVerfG zu Art. 2, Abs. 1 GG, die aufgrund einer weiten Auslegung des Schutzbereichs von Art. 2, Abs. 1 GG zu einer Überprüfbarkeit sämtlicher Rechtsnormen auf ihre formelle und materielle Verfassungsmäßigkeit kommt und die sich seitdem, ebenso wie das Schrifttum auf der Suche nach geeigneten Eingrenzungskriterien befindet, vgl. zum kontroversen Widerhall im Schrifttum *Erichsen*, in: HdbStR VI, § 152, Rdn. 13 ff., 43; zur insoweit vergleichbaren Entwicklung der Rechtsprechung des EuGH vgl. die Ausführungen unter Teil 2 E.IV.6.

1058 *Pieroth/Schlink*, Grundrechte. Rdn. 228 ff.

zwischen gemeinschaftlichen und mitgliedstaatlichen Hoheitssphären nicht nach einer eindeutigen Dogmatik konzipiert.[1059] Für das Verständnis des Gemeinschaftsrechts ist daher die Rechtsprechung des Europäischen Gerichtshofs von maßgeblicher Bedeutung. Seine Auslegung des Gemeinschaftsrecht ist, wie zuvor festgestellt, für die Mitgliedstaaten verbindlich. Für die Frage des Verhältnisses zwischen jeweils gemeinschaftsprimärrechtlich normierter Kompetenzvorschrift und Grundfreiheit ist daher im folgenden maßgeblich auf die Rechtsprechung des EuGH abzustellen. Angesichts dessen regelmäßig geübter Zurückhaltung bei der Herausarbeitung dogmatischer Strukturen geht es dabei allerdings weniger um die Übernahme methodischer Einsichten. Vielmehr gilt es die Rechtsprechung des EuGH daraufhin zu untersuchen, ob sie einen geeigneten Rahmen für eine Operationalisierung des Schwerpunktmodells liefert.[1060]

6. Ansätze für eine sektorspezifische Reduktion grundfreiheitlicher Schutzbereiche in der Grundfreiheitsdogmatik des EuGH?

Fraglich ist damit, ob sich in der Rechtsprechung des EuGH Ansatzpunkte dafür finden lassen, dass der Gerichtshof bereits aus dem Umstand EG-primärrechtlich vorbehaltener mitgliedstaatlicher Zuständigkeiten in bestimmten Sektoren Rückschlüsse für den Anwendungsbereich und damit für die Definition des Schutzbereichs einer Grundfreiheit zieht. Mit anderen Worten müsste sich anhand der EuGH-Rechtsprechung nachweisen lassen, dass der Gerichtshof bereits dort den Anwendungsanspruch einer Grundfreiheiten zurücknimmt, wo stärkere Anknüpfungspunkte zu einer in der Kompetenzsphäre der Mitgliedstaaten befindlichen Materie als zum Binnenmarkt vorliegen und sie somit unter Schwerpunktsgesichtspunkten in den mitgliedstaatlichen Hoheitsbereich fallen müsste.

In diesem Zusammenhang verdient die Rechtsprechung zu Art. 28 EG besondere Beachtung.

a) Die besondere Bedeutung der Warenverkehrsfreiheit für die Auslegung von Art. 49 EG

Nachdem die Rechtsprechung des EuGH zunächst Anlass für die Vermutung gab, die Dienstleistungsfreiheit gemäß Art. 49 EG lasse den Mitgliedstaaten

---

1059 Teil 2 E.I.

1060 Auf die in dieser Hinsicht begrenzten Aussagefähigkeit der EuGH Rechtsprechung weist zu Recht *Jarass*, EuR 1995, S. 203, hin.

größere Freiräume[1061] als die in zahllosen Urteilen ausdifferenzierte Warenverkehrsfreiheit,[1062] ist der Gerichtshof später von dieser zunächst geübten Praxis abgerückt. In den jüngeren Urteilen legt er der Dienstleistungsfreiheit eine der Warenverkehrsfreiheit im wesentlichen ähnliche dogmatische Struktur zugrunde.[1063] Die Rechtsprechung zu den anderen Grundfreiheiten hat sich der Judikatur zu Art. 28 EG weitgehend angepasst.[1064]

Soweit sich vor dem Hintergrund der allgemein zu beobachtenden dogmatischen Zurückhaltung des EuGH überhaupt verallgemeinerungsfähige Aussagen die dogmatische Struktur der Grundfreiheiten betreffend machen lassen, ist die Betrachtung der Rechtsprechung zu Art. 28 EG hierzu also am ehesten geeignet. Ihr kommt für die Auslegung der anderen Grundfreiheiten eine grundlegende Bedeutung zu.[1065] An Art. 28 EG lässt sich die Entwicklung, die die Rechtsprechung des EuGH im Hinblick auf die Auslegung der europäischen Grundfreiheiten genommen hat, in besonderer Weise nachweisen.[1066] Aufgrund dieser Vorreiterrolle[1067] soll Art. 28 EG im Rahmen der Frage, ob eine einschränkende Auslegung des Tatbestandes der Dienstleistungsfreiheit zum Schutz des mitgliedstaatlichen kulturellen Kompetenzbereichs angenommen werden kann, daher besonders berücksichtigt werden.

1061 Vgl. bspw. EuGH Rs. 52/79 (Debauve), Slg. 1980, 833, Rdn. 11.

1062 "Überragende Praxisbedeutung" von Art. 28 EG angesichts der Häufigkeit von in diesem Zusammenhang ergangenen Entscheidungen, vgl. *Müller-Graff*, in: Groeben/Schwarze, EUV/EG, Art. 28, Rdn. 11.

1063 Bspw. EuGH Rs. C-288/89 (Gouda), Slg. 1991, I 4007, Rdn. 12 ff.; EuGH Rs. C-353/89 (Mediawet), Slg. 1991, I 4069, Rdn. 16 ff.

1064 So *Steindorff*, ZHR 158 (1994), S. 153; eine Entwicklung in Richtung einer Konvergenz der Grundfreiheiten konstatiert *Jarass*, EuR 2000, S. 706; Weiß, EuZW 1999, S. 496; *Kingreen*, in: v. Bogdandy, Europäisches Verfassungsrecht, S. 633).

1065 *Müller-Graff* in: Groeben/Schwarze, EUV/EG, Vorbem. zu den Art. 28 bis 31, Rdn. 10; *Walter*, in: Ehlers (Hrsg.), S. 17, Rdn. 41 („Konvergenz zu einer gemeinsamen Dogmatik der Grundfreiheiten"); *Kingreen*, S. 21, 40.

1066 Bis Mitte der achtziger Jahre stand die Warenverkehrsfreiheit überhaupt im Mittelpunkt des Interesses, vgl. hierzu *Rolshoven*, S. 27 m.w.N.

1067 *Müller-Graff*, in: Groeben/Schwarze, EUV/EG, Vorbem. zu den Art. 28 bis 31, Rdn. 8, 10 bezeichnet Art. 28 EG in Vergleich zu den anderen Grundfreiheiten als "Pioneerfreiheit" und spricht weiterhin von der Vorreiterrolle der Auslegung von Art. 28 ff. EG für das Verständnis auch der anderen Grundfreiheiten insbesondere der Regelungen über den freien Dienstleistungsverkehr; ebenso *Walter*, in: Ehlers (Hrsg.), S. 16, Rdn. 39 („Warenverkehrsfreiheit als Schrittmacher"), S. 39.

b) Die grundfreiheitliche Schutzbereichsausweitung infolge der *Dassonville*-Rechtsprechung

Art. 28 EG untersagt neben dem Verbot der mengenmäßigen Beschränkungen auch Maßnahmen mit gleicher Wirkung wie mengenmäßige Beschränkungen. In der sogenannten *Dassonville*-Entscheidung[1068] hat der Gerichtshof erstmals eine Definition des Begriffs der "Maßnahme gleicher Wirkung" gemäß Art. 28 EG aufgestellt, die er bis heute in ständiger Rechtsprechung für die Prüfung der Vereinbarkeit einer Maßnahme mit Art. 28 EG heranzieht.[1069]

Nach der "*Dassonville*-Formel" ist eine Maßnahme gleicher Wirkung im Sinne von Art. 28 EG "jede Handelsregelung der Mitgliedstaaten, die geeignet ist, den innergemeinschaftlichen Handel unmittelbar oder mittelbar, tatsächlich oder potentiell zu behindern."[1070] Bei dem Begriff der Handelsregelung kommt es nicht darauf an, ob sich die Regelung unmittelbar auf den Handel bezieht, sondern allein darauf, ob sie sich auf den innergemeinschaftlichen Handel auswirkt. Da weiterhin lediglich potentielle Auswirkungen vorzuliegen brauchen, muss der Nachweis einer tatsächlichen Behinderung nicht erbracht, sondern lediglich die Eignung einer Handelsbeschränkung festgestellt werden. Die Formel umfasst schließlich nicht nur die Diskriminierung von Einfuhrgütern. Sie nimmt daneben die unterschiedslos auf eingeführte und einheimische Waren anwendbaren staatlichen Regelungen ebenfalls nicht von dem Anwendungsbereich von Art. 28 EG aus. Ausgehend von dem gemeinschaftlichen Ziel der Verwirklichung des Binnenmarkts zielt der Begriff der Maßnahmen gleicher Wirkung also nicht nur auf die Vermeidung absichtlich protektionistischer Maßnahmen ab. Er dient zugleich der Verhinderung sonstiger binnenmarktspezifischer Einfuhrerschwernisse, die auch ohne Vorliegen protektionistischer Absichten marktspaltend oder wettbewerbsverfälschend wirken können.[1071]

Die *Dassonville*-Formel hatte daher vor allem die Funktion eines Trichters, der zunächst alle denkbaren Beschränkungen erfassen sollte.[1072] Gerade solche un-

---

1068 EuGH Rs. 8/74 (Dassonville), Slg. 1974, 837 ff.

1069 *Kingreen*, in: v. Bogdandy, Europäisches Verfassungsrecht, S. 639 f.

1070 EuGH Rs. 8/74 (Dassonville), Slg. 1974, 837, Rdn. 5.

1071 *Müller-Graff*, in: Groeben/Schwarze, EUV/EG, Art. 28, Rdn. 34.

1072 *Steindorff*, ZHR 158 (1994), S. 153; *Kingreen*, S. 41; zu den gemeinschaftspolitischen Hintergründen der Ausweitung der grundfreiheitlichen Anwendungsbereiche vgl. *ders.*,

Fußnote fortgesetzt

terschiedslos auf heimische und ausländische Produkte gleichermaßen anwendbaren Regelungen können allerdings Ausdruck legitimer, in nationaler Kompetenz verbliebener Befugnisse sein. Um der Gefahr zu begegnen, dass Art. 28 EG als allgemeines Deregulierungsinstrument für unliebsame nationale Regelungen missbraucht wurde,[1073] bedurfte die Formel daher der Einschränkung.[1074] Dass auch der EuGH das Bedürfnis einer angemessenen Einschränkung des in Folge der *Dassonville*-Formel ausgeweiteten Anwendungsbereichs der Grundfreiheiten erkannt hatte,[1075] manifestiert sich in der Rechtsprechung, die auf das *Dassonville*-Urteil gefolgt ist. Hier hat er sich verschiedentlich um Eingrenzungen bemüht.[1076]

c) Eingrenzungen

Das Bedürfnis, mitgliedstaatliche Schutzanliegen bei der Anwendung und Durchsetzung des Gemeinschaftsrechts zu berücksichtigen, hat zu Eingrenzungen des Anwendungsanspruchs von Art. 28 EG zunächst im Rahmen der sogenannten *Cassis-de-Dijon*-Rechtsprechung (Teil 2E.IV.6.c)(1)) geführt. Nach einigen weiteren, wenig systematisierten Versuchen, Angelegenheiten mit Blick auf ihre sachliche Zugehörigkeit zu der mitgliedstaatlichen Kompetenzsphäre sowie vor dem Hintergrund ihrer nur geringen Berührungen mit dem Binnenmarkt, gänzlich aus dem Anwendungsbereich der Warenverkehrsfreiheit herauszunehmen (Teil 2E.IV.6.c)(2)), kehrte der EuGH sodann im Zuge der *Keck*-Rechtsprechung zu einer allein am Schutzbereich der Warenverkehrsfreiheit selbst orientierten Auslegung von Art. 28 EG zurück (Teil 2E.IV.6.c)(3)).

---

in: v. Bogdandy, Europäisches Verfassungsrecht, S. 636 ff., S. 656 („Frucht der...Funktionsschwäche der Legislative bis 1987“).

1073 Vgl. zu einer entsprechenden Entwicklung *Kingreen*, in: v. Bogdandy, Europäisches Verfassungsrecht, S. 641 und kritisch *ders.*, ibidem, S. 648, zu der Herauslösung der Grundfreiheiten aus ihrer spezifisch transnationalen Schutzfunktion.

1074 *Müller-Graff*, in: Groeben/Schwarze, EUV/EG, Art. 28, Rdn. 43, 183 ff.; *ders.*, ibidem, "zu weiter Verbotskreis", Rdn. 190; vgl. auch *Ehlers*, in: ders. (Hrsg.), S. 179, Rdn. 78.

1075 *Müller-Graff*, in: Groeben/Schwarze, EUV/EG, Art. 28, Rdn. 13; *Möschel*, NJW 1994, S. 429 ("äußerste Reichweite"); vgl. hierzu auch *Kingreen*, S. 43 f.

1076 Zu dem bestehenden Konsens, "daß nicht jede den Warenverkehr hemmende staatliche Norm dem Art. 30 (Art. 28 n. F., Anm. d. V.) zum Opfer fallen darf", vgl. *Steindorff*, ZHR 158 (1994), S. 154.

(1) Die *Cassis-de-Dijon*-Rechtsprechung

Die erste bedeutende Einschränkung der *Dassonville*-Formel, die sich in der Praxis durchgesetzt hat, hat der Gerichtshof im Rahmen der sogenannten *Cassis*-Rechtsprechung vorgenommen.[1077] In dem zugrundeliegenden Sachverhalt ging es um die Frage, ob die unterschiedslos für einheimische und für eingeführte Trinkbranntweine geltende deutsche Regelung, nach der Fruchtliköre nur mit einem Mindestalkoholgehalt von 25% in den Verkehr gebracht werden durften, mit Art. 28 EG zu vereinbaren war. Der Gerichtshof erkannte in diesem Zusammenhang zunächst an, dass es in Ermangelung einer Gemeinschaftsregelung über die Herstellung und Vermarktung eines Erzeugnisses in die Zuständigkeit der Mitgliedstaaten fällt, für ihr Hoheitsgebiet alle diesbezüglich einschlägigen Vorschriften zu erlassen.[1078] Zwar ergeben sich aus der Existenz unterschiedlicher nationaler Regelungen Behinderungen für den Binnenmarkt. Diesem Problem trägt er jedoch mit der Formel Rechnung, dass derartige Handelshemmnisse hingenommen werden müssen, "soweit diese Bestimmungen notwendig sind, um zwingenden Erfordernissen gerecht zu werden, insbesondere den Erfordernissen einer wirksamen steuerlichen Kontrolle, des Schutzes der öffentlichen Gesundheit, der Lauterkeit des Handelsverkehrs und des Verbraucherschutzes"[1079] (sog. *Cassis*-Formel).

Im Rahmen der dieses Urteil bestätigenden Nachfolgerechtsprechung[1080] folgt für die Begriffsbildung einer Maßnahme gleicher Wirkung, dass eine unterschiedslos auf Waren jeder Herkunft anwendbare Regelung in einem Bereich, für den keine Gemeinschaftsregelung besteht, keine Maßnahme gleicher Wirkung darstellt, wenn sie notwendig ist, um zwingenden Erfordernissen gerecht zu werden. Der Katalog der im *Cassis*-Urteil genannten „zwingenden Erfordernisse“ ist dabei nicht abschließend („insbesondere“), sondern wurde durch den

---

1077 EuGH Rs. 120/78 (Rewe-Zentral-AG/Bundesmonopolverwaltung für Branntwein), Slg. 1979, 649.

1078 EuGH Rs. 120/78 (Rewe-Zentral-AG/Bundesmonopolverwaltung für Branntwein), Slg. 1979, 649, Rdn. 8.

1079 EuGH Rs. 120/78 (Rewe-Zentral-AG/Bundesmonopolverwaltung für Branntwein), Slg. 1979, 649, Rdn. 8.

1080 Vgl. Nachweise bei *Müller-Graff*, in: Groeben/Schwarze, EUV/EG, Art. 28, Rdn. 186, Fn. 532.

EuGH im Laufe der Zeit nach und nach ausgeweitet.[1081] Die Einschränkungen gelten auch und gerade, wenn mit einer in Frage stehenden Maßnahme einfuhrbehindernde Wirkungen im Sinne der *Dassonville*-Formel verbunden sind.

Trotz der skizzierten Eingrenzungen im Zuge der *Cassis*-Rechtsprechung bestand jedoch nach wie vor die Schwierigkeit, dass im Zuge der *Dassonville*-Formel auch eine Vielzahl unterschiedslos anwendbarer, nicht spezifisch produktbezogener Regelungen, die die allgemeinen rechtlichen Rahmenbedingungen des Produktabsatzes in den Mitgliedstaaten betrafen, in eine Rechtmäßigkeits- und damit Verhältnismäßigkeitsprüfung gezwungen wurde.[1082] Die Prüfung der Verhältnismäßigkeit wiederum führte den Gerichtshof unweigerlich zu einer Würdigung der Zweckmäßigkeit der nationalen Gesetzgebung.[1083] Um sich dieser Prüfungsnotwendigkeit zu entziehen, unternahm der EuGH in der Folge weitere Versuche, den Anwendungsbereich von Art. 28 EG einzugrenzen.

(2) Einschränkungen aufgrund nur geringen Binnenmarktbezugs

In der Folge der *Cassis*-Rechtsprechung entschied der EuGH eine Reihe von Fällen, in denen er ebenfalls bereits den Charakter einer Regelung als Maßnahme gleicher Wirkung verneinte.[1084] Trotz deren tatsächlicher oder vermuteter Auswirkung auf den Warenverkehr versuchte der Gerichtshof bereits im Vorfeld der *Cassis*-Kriterien die Anwendbarkeit von Art. 28 EG zu vermeiden. Die entschiedenen Fälle wiesen dabei insoweit Gemeinsamkeiten auf, als die Bezüge der fraglichen Maßnahmen zum Binnenmarkt insgesamt gering waren, auch wenn ihnen tatsächliche oder potentielle Wirkungen auf den Gemeinsamen Markt nicht abgesprochen werden konnten. Zudem handelte es sich bei den zu beurteilenden einzelstaatlichen Maßnahmen um sektorenspezifische Regulie-

---

[1081] Vgl. beispielsweise für den Umweltschutz EuGH Rs. 240/83 (ADBHU), Slg. 1985, 531, Rdn. 13, für den Schutz von Kulturgütern EuGH Rs. 60 u. 64/84 (Cinéthèque), Slg. 1985, 2605, Rdn. 23.

[1082] Vgl. *Möschel*, NJW 1994, S. 430; *Müller-Graff*, in: Groeben/Schwarze, EUV/EG, Art. 28, Rdn. 237.

[1083] *Joliet*, GRUR Int. 1994, S. 980; *Kingreen*, in: v. Bogdandy, Europäisches Verfassungsrecht, S. S. 642.

[1084] Vgl. den ausführlichen Überblick über die der *Keck*-Rechtsprechung vorausgehenden Urteile bei *Joliet*, GRUR Int. 1994, S. 983, dazu dass diesen Entscheidungen das Anliegen des EuGH zugrunde lag, Freiräume für unterschiedliche Gesellschaftskulturen anzuerkennen vgl. *Steindorff* ZHR 163 (1999), S. 422 f.

rungen, die nach dem jeweils in Frage stehenden materiellen Gegenstand in die Zuständigkeit der Mitgliedstaaten fiel.[1085]

In der Rechtssache *Oebel*[1086] ging es beispielsweise um ein in den Bereich der nationalen Wirtschaft- und Sozialpolitik fallendes Nachtarbeitsverbot für Bäckereien und Konditoreien. Dieses fand nach objektiven Kriterien auf sämtliche in Deutschland ansässigen Unternehmen des betreffenden Sektors Anwendung, ohne nach der Staatsangehörigkeit der Wirtschaftsteilnehmer zu differenzieren. Neben der Produktionsbeschränkung war eine zeitliche Verkaufsbeschränkung Gegenstand der Regelung. Diese bezog sich gleichermaßen auf eingeführte Ware. Zwar stand außer Frage, dass von unterschiedlichen, nationalen Regelungen die Wettbewerbsbedingungen insbesondere von grenznahen Gebieten beeinträchtigt werden konnten.[1087] Der Gerichtshof nahm die deutsche Regelung gleichwohl mit Blick auf die sachliche Kompetenzsituation, d.h. unter Hervorhebung des in die mitgliedstaatliche Zuständigkeit fallenden Bereichs der Wirtschafts- und Sozialpolitik, bereits aus dem Anwendungsbereich der in diesem Fall einschlägigen Art. 28, 29 EG heraus. Nach dem EuGH sei die Maßnahme von den Vertragszielen gedeckt und beziehe sich nicht auf die Einfuhr oder die Ware selbst sondern nur auf bestimmte Absatz- oder Verwendungsziele.[1088] In anderen Entscheidungen stellte der Gerichtshof zum Teil darauf ab, dass die betreffenden Regelungen in Wahrheit keine Beziehung zur Einfuhr hätten oder dass eine beschränkende Wirkung der geprüften mitgliedstaatlichen Regelung nicht nahe liege oder nicht unmittelbar eintrete.[1089] Dies stand im deutlichen Wi-

---

1085 *Steindorff*, ZHR 158 (1994), S. 156, bezeichnet die staatlichen Maßnahmen, die Anlas späterer, auf dieser Grundlage getroffenen Entscheidungen waren als "auf nationaler oder regionaler Tradition oder politischer Wertentscheidung beruhende staatliche Normen".

1086 EuGH Rs.155/80 (Oebel), Slg. 1981, 1993, 2007 f. unter Bezugnahme auf das Urteil EuGH Rs. 15/79 (Groenveld), Slg. 1979, 3409, 3415.

1087 Vgl. Schlussanträge des Generalanwalts *Capotorti*, ibidem,. Fn. 1086, S. 2013, 2016 f.

1088 EuGH Rs. 155/80 (Oebel), Slg. 1981, 2007, Rdn. 15 f.

1089 EuGH Rs. 75/81 (Blesgen), Slg. 1982, 1211, Rdn. 9 („in Wirklichkeit in keinem Zusammenhang mit der Einfuhr der Waren"); EuGH Rs. 23/89 (Quietlynn), Slg. 1990, I-3059, Rdn. 11 („in Wirklichkeit in keinem Zusammenhang mit dem innergemeinschaftlichen Handelsverkehr"); EuGH Rs. 69/88 (Krantz), Slg. 1990, 583, Rdn. 11 (Die Wirkung der in Frage stehenden Regelung auf die Bürger anderer Mitgliedstaaten sei „so ungewiß und von nur mittelbarer Bedeutung, dass eine nationale Regelung ..., nicht als geeignet angesehen werden kann, den Handel zwischen den Mitgliedstaaten zu behindern."); Der Gerichtshof machte dabei freilich stets deutlich, dass als zusätzliche Voraussetzung dafür, dass die Maßnahmen nicht an den Grundfreiheiten zu messen waren,

Fußnote fortgesetzt

derspruch zur *Dassonville*-Formel, die das Kriterium der Unmittelbarkeit gerade für unerheblich erklärt hatte.[1090]

In der Rechtssache *Cinéthèque* führte der EuGH sogar ein finales Element ein. Hier ging es um die Vereinbarkeit einer französischen Regelung mit den Grundfreiheiten. Die betreffende Regelung unterwarf die anderweitige Verwertung von Filmwerken während deren Vorführung in Filmtheatern einer zeitlichen Beschränkung. Wiederum stellte der EuGH ausdrücklich fest, dass es den Mitgliedstaaten überlassen sei, selbst über den Erlass derartiger Regelungen zu entscheiden.[1091] Eine unterschiedslos geltende mitgliedstaatliche Regelung, die keine Lenkung der Handelsströme bezwecke und nicht die inländische Produktion begünstige, falle, so die einschlägigen Ausführungen des Gerichts, bereits nicht in den Anwendungsbereich von Art. 28 EG.[1092]

Zusammenfassend lässt sich feststellen, dass der EuGH in den genannten Fällen die betreffenden Angelegenheiten bereits aus dem Anwendungsbereich der Warenverkehrsfreiheit herausnahm, ohne auf zwingende Erfordernisse im Sinne der *Cassis*-Rechtsprechung oder Gründe des Art. 30 EG abzustellen.[1093] Er untersuchte die nationalen Maßnahmen daraufhin, ob sie einen ausreichenden Anknüpfungspunkt zu einer durch das Gemeinschaft geregelten Materie aufwiesen. Auch wenn der Gerichtshof dabei in der Sache regelmäßig keine komparative Abwägung dergestalt vornahm, ob eine Maßnahme eher den Belangen des Binnenmarkts oder nationalen Regelungszielen zuzurechnen war, könnte den zitierten Judikaten Ansätze für eine zumindest schwerpunktähnliche Betrachtung entnommen werden. Aus der Feststellung, dass sich eine Bestimmung in Wirklichkeit in keinem ausreichenden Zusammenhang mit dem Binnenmarkt befindet beziehungsweise diesen nur ganz mittelbar betrifft, ergibt sich als zwangsläufige Schlussfolgerung, dass die in Frage stehende Maßnahme dann eine größere Nähe zu dem Regelungsziel aufweist, welches der Mitgliedstaat mit der Regulierung ursprünglich verfolgt hat. Vor dem Hintergrund, dass der Gerichtshof die

---

die Maßnahmen nicht diskriminierend sein durften, es sich um ein von der Gemeinschaft oder den mitgliedstaatlichen Rechtsordnungen anerkanntes Ziel handelte und die eingesetzten Mittel verhältnismäßig waren, vgl. hierzu *Müller-Graff*, in: Groeben/Schwarze, EUV/EG, Art. 28, Rdn. 260.

1090 Vgl. die Nachweise unter Teil 2 E.IV.6.b).

1091 EuGH Rs. 60 u. 64/84 (Cinéthèque), Slg. 1985, 2605, Rdn. 20.

1092 EuGH Rs. 60 u. 64/84 (Cinéthèque), Slg. 1985, 2605, Rdn. 24.

1093 Vgl. Nachweise bei *Müller-Graff*, in: Groeben/Schwarze, EUV/EG, Art. 28, Rdn. 260; ebenso *Kingreen*, S. 46.

fraglichen Bestimmungen bereits nicht am Schutzbereich der Warenverkehrsfreiheit gemessen hat, obwohl nicht auszuschließen war, dass von ihnen handelsbeschränkende Wirkungen ausgingen,[1094] sind die geschilderten Überlegungen methodisch nicht weit von einem Schwerpunktansatz entfernt.[1095]

Auch wenn das Bemühen um eine Begrenzung der Tragweite von Art. 28 EG grundsätzlich durchweg gebilligt wurde, bildete die zitierte Rechtsprechung jedoch den Gegenstand vielfacher Kritik.[1096] Angesichts ihrer Einzelfallbezogenheit wurden ihr methodische Schwächen und innere Widersprüche vorgeworfen. Ferner wurde beanstandet, dass die Entscheidungen zu sehr von pragmatischen als von nachvollziehbaren systematischen Gesichtspunkten getragen gewesen seien.[1097] Die geschilderte Kritik führte in der Folge dazu, dass der Gerichtshof, seine Bemühungen um die Begrenzung der grundfreiheitlichen Anwendungsbereiche systematisierte.

(3) Die *Keck*-Rechtsprechung

Mit der sogenannten *Keck*-Rechtsprechung[1098] wollte der Gerichtshof der Kritik, die an seiner vorherigen Entscheidungspraxis geäußert worden war, ersichtlich Rechnung tragen.[1099] Gegenstand des Verfahrens war ein in Frankreich bestehendes Verbot, Produkte zum Verlustpreis weiterzuverkaufen. Der EuGH entschied, dass "entgegen der bisherigen Rechtsprechung" die Anwendung nationaler Bestimmungen, die bestimmte "Verkaufsmodalitäten" beschränken oder verbieten, auf Erzeugnisse aus anderen Mitgliedstaaten" nicht geeignet (ist), den Handel zwischen den Mitgliedstaaten im Sinne des Urteils *Dassonville* unmittelbar oder mittelbar, tatsächlich oder potentiell zu behindern, sofern diese Bestimmungen für alle betroffenen Wirtschaftsteilnehmer gelten, die ihre Tätigkeit im Inland ausüben, und sofern sie den Absatz der inländischen Erzeugnisse und

---

1094 *Leibl*, in: Grabitz/Hilf, EUV, Art. 28, Rdn. 27.

1095 Dazu, dass Kriterien der Sachnähe, Intensität oder des Hauptziels einer Maßnahme keine qualitativen Unterschiede gegenüber dem Kriterium des Schwerpunkts beinhalten vgl. die Nachweise oben unter Teil 2 B.VI.

1096 Vgl. *Leibl*, in: Grabitz/Hilf, EUV, Art. 28, Rdn. 27; *Müller-Graff*, in: Groeben/Schwarze, EUV/EG, Art. 28, Rdn. 261, jeweils mit weiteren Nachweisen.

1097 Ausführlich hierzu vgl. insbesondere die Schlussanträge von Generalanwalt *Tesauro* in EuGH Rs. C-292/92 (Hünermund), Slg. 1993, 6787, 6810 ff.

1098 EuGH verb. Rs. C-267/91 u. C-268/91 (Keck u. Mithouard), Slg. 1994, I-6097.

1099 Vgl. *Joliet*, GRUR Int. 1994, S. 979; *Rolshoven*, S. 239; *Steindorff*, ZHR 158 (1994), S. 159 m.w.N.

der Erzeugnisse aus anderen Mitgliedstaaten rechtlich wie tatsächlich in der gleichen Weise berühren.[1100]

Nach den Differenzierungen der *Keck*-Rechtsprechung fallen somit staatliche Regelungen unter folgenden Voraussetzungen bereits nicht in den Anwendungsbereich von Art. 28 EG: Zum einen muss es sich um eine unterschiedslos anwendbare Regelung handeln, d.h. sie darf nicht im Hinblick auf Herkunft, Staatsangehörigkeit oder ähnliches diskriminieren. Die Regelung muss weiterhin rechtlich wie tatsächlich die gleiche Wirkung auf den Absatz inländischer und eingeführter Erzeugnisse haben, d.h. sie darf den Marktzugang für eingeführte Erzeugnisse nicht versperren oder stärker als für einheimische Erzeugnisse behindern. Im Gegensatz zu der *Cassis*-Rechtsprechung, die sich auf produktbezogene Regelungen bezog, zielt die *Keck*-Rechtsprechung dabei also auf eine Einschränkung der Konsequenzen der *Dassonville*-Formel hinsichtlich solcher staatlicher Vorschriften, die die räumlichen, zeitlichen oder sonstigen Bedingungen oder Umstände betreffen, unter denen eine Wirtschaftstätigkeit betrieben beziehungsweise Waren vertrieben werden.[1101]

Konkret bedeutet diese Judikatur, dass der Gerichtshof eine Vielzahl von Fällen, die er bislang auf staatliche Regulierungen hin überprüft und der *Cassis*-Rechtsprechung entsprechend letztlich hingenommen hat, nach den *Keck*-Grundsätzen bereits aus dem Anwendungsbereich der Norm herausnimmt,[1102] ohne dass sie einer Rechtfertigung durch einen höheren Grund des Allgemeininteresses bedürfen beziehungsweise auf ihre Verhältnismäßigkeit überprüft werden.[1103] Zugleich hat der EuGH mit der *Keck*-Rechtsprechung[1104] von seinen zuvor unternommenen Versuchen, den ausufernden Anwendungsbereich von Art. 28 EG mit Blick auf bestimmte Sachbereiche einzugrenzen, ausdrücklich Ab-

---

1100 EuGH verb. Rs. C-267/91 u. C-268/91 (Keck u. Mithouard), Slg. 1994, I-6097, Rdn. 16.

1101 *Leible*, in: Grabitz/Hilf, EUV, Art. 28, Rdn. 28.

1102 *Möschel*, NJW 1994, S. 430.

1103 Vgl. *Joliet*, GRUR Int. 1994, S. 983.

1104 Vgl. auf der Grundlage der Entscheidung *Keck und Mithouard* ergangene weitere Urteile bspw. EuGH Rs. C-292/92 (Hünermund), Slg. 1993, I-6787; Rs. C-230/93 (Ortscheid), Slg. 1994, I-5243; Rs. C-412/93 (Leclerc-Siplec), Slg. 1995, I-179.

stand genommen.[1105] Die zuvor zitierten Urteile[1106] müssen damit im Ergebnis als überholt bezeichnet werden.

Damit fragt sich nunmehr, welche Schlussfolgerungen aus der beispielhaft zu Art. 28 EG skizzierten EuGH-Rechtsprechung im Hinblick auf die Auslegung der grundfreiheitlichen Schutzbereiche gezogen werden können.

d) Fazit

In der dargestellten Rechtsprechung manifestiert sich zunächst das Bestreben des EuGH, mitgliedstaatliche Maßnahmen in größtmöglichen Umfang auf protektionistische oder aus sonstigen Gründen gemeinschaftswidrige Effekte überprüfen zu können.[1107] Aus gemeinschaftsrechtlicher Perspektive war daher die zunächst erfolgte Ausdehnung im Zuge der *Dassonville*-Formel geboten, um die in vielfältiger Gestalt auftretende Förderung heimischer Industrien durch die Mitgliedstaaten der Gemeinschaftskontrolle zu unterwerfen.[1108] Durch die *Dassonville*-Rechtsprechung hat sich der EuGH die Möglichkeit eröffnet, grundsätzlich alle Belastungen grenzüberschreitender wirtschaftlicher Betätigung am Maßstab der Grundfreiheiten zu messen.[1109]

In ihrer Konsequenz bedeutete diese Rechtsprechung jedoch eine tendenziell uferlose Anwendung von Art. 28 EG, zumal es für den Gerichtshof für das Merkmal der Behinderung weder auf das tatsächliche Eintreten einer Behinderung noch auf ein Kriterium der Spürbarkeit ankommt.[1110] Konsequenterweise

---

1105 Auch die *Keck*-Rechtsprechung hat jedoch deutliche Kritik erfahren, vgl. *Müller-Graff*, in: Groeben/Schwarze, EUV/EG, Art. 28, Rdn. 247 f. m.w.N.; *Rolshoven*, S. 239 m.w.N.

1106 Vgl. die unter Teil 2 E.IV.6.c)(2) zitierten Urteile.

1107 Generalanwalt *Tesauro* spricht davon, dass der EuGH die *Dassonville*-Formel "nicht mechanisch" angewandt hat, Schlussanträge des Generalanwalts, EuGH Rs. C-292/92 (Hünermund u.a.) Slg. 1993, I- 787, 6806.

1108 *Möschel*, NJW 1994, S. 430; nach *Veelken*, EuR 1977, S. 338, ist die allgemeine Definition als ein "Ausgangspunkt" zu betrachten, der in seiner Weite verhindert, dass von den Mitgliedstaaten von vornherein Freiräume geschaffen werden.

1109 So beispielsweise *Kingreen*, S. 73, kritisch zu dieser aus der Not der legislativen Rechtsangleichung der 70er Jahre geschaffenen Flexibilität vor dem Hintergrund einer nunmehr gänzlich anderen gemeinschaftsverfassungsrechtlichen Realität *ders.*, in: v. Bogdandy, Europäisches Verfassungsrecht, S. S. 641.

1110 EuGH Rs. 16/83 (Prantl), Slg. 1984, 1299, Rdn. 4 ("Eine spürbare Beeinträchtigung des innergemeinschaftlichen Handels ist nicht erforderlich"); hierauf weist auch *Jarass*,

Fußnote fortgesetzt

hat der EuGH in der Folge Eingrenzungen vorgenommen, um eine normzweckübergreifende Ausdehnung des Anwendungsbereichs von Art. 28 EG zu verhindern.[1111] Inwiefern diesen Eingrenzungen jedoch Ansätze entnommen werden können, die sich hinsichtlich Anliegen und Methodik als geeigneter Rahmen für die Entwicklung einer Schwerpunktdogmatik heranziehen lassen, ist problematisch. Aufgrund der ausdrücklichen Aufgabe des Ansatzes in den Rechtssachen *Oebel*, *Blesgen*, *Krantz* oder *Quietlynn*, in denen er letztlich die Nähe einer nationalen Maßnahme zu den Belangen des Binnenmarkts untersucht hat,[1112] kann hierauf trotz der skizzierten gewissen methodischen Ähnlichkeit zu einer Schwerpunktabgrenzung jedenfalls nicht rekurriert werden.

Aber auch die *Cassis*-Rechtsprechung ist von Teilen des Schrifttums als eine Beschränkung bereits der grundfreiheitlichen Schutzbereiche interpretiert worden.[1113] In der Sache wird eine Reduktion bereits der grundfreiheitlichen Anwendungsbereiche durch die im Rahmen der zwingenden Erfordernisse anerkannten Allgemeinwohlerwägungen unter anderem damit begründet, dass die Gruppe von Einwirkungen, die im Ergebnis grenzüberschreitende Vorgänge schlechter stellen, außerordentlich weit sei und somit weite Teile des nationalen Rechts erfasse.[1114]

EuR 2000, S. 713, hin; vgl. die kritischen Stimmen hierzu bei *Kingreen*, in: v. Bogdandy, Europäisches Verfassungsrecht, S. 661, Fn. 131; Während der EuGH also für die Anwendung der Grundfreiheiten keine spürbare Beeinträchtigung verlangt, stellt er jedoch als Voraussetzung für das Eingreifen der binnenmarktorientierten Regulierungskompetenzen ausdrücklich auf das Vorliegen spürbarer Wettbewerbsverzerrungen ab, vgl. EuGH C-376/98 (Tabakwerbeverbotsrichtlinie), Slg. 2000, I-8419, Rdn. 106 ff.; Gleiches gilt für die anderen Grundfreiheiten, die strukturell auf Art. 28 EG aufbauen, vgl. *Möschel*, NJW 1994, S. 429.

1111 Kritisch zu der dogmatischen Vorgehensweise vgl. beispielsweise *Kingreen*, in: v. Bogdandy, Europäisches Verfassungsrecht, S. 671.

1112 Vgl. Teil 2 E.IV.6.c)(2).

1113 *Möschel*, NJW 1994, S. 430; so auch *Steindorff*, ZHR 158 (1994), S. 156; *ders.*, ZHR 163 (1999), S. 421 m.w.N.; *Müller-Graff*, in: Groeben/Schwarze, EUV/EG, Art. 28, Rdn. 184, 190; gebräuchlich sind auch die Bezeichnungen als „negative Tatbestandsmerkmale“ bzw. „immanente Begrenzungen“, vgl. beispielsweise *Sparr*, S. 78 f.; *Petersen*, Rundfunkfreiheit, S. 113 f.

1114 *Müller-Graff*, in: Groeben/Schwarze, EUV/EG, Art. 28, Rdn. 183; auch *Kingreen*, in: v. Bogdandy, Europäisches Verfassungsrecht, S. 657, befürwortet bereits eine Reduktion des Tatbestands wegen des Zielkonflikts mit den mitgliedstaatlichen Rechtsetzungskompetenzen.

Träfe die These zu, dass im Hinblick auf legitime nationale Regelungsanliegen bereits der grundfreiheitliche Schutzbereich eine Grenzziehung in der Weise erfährt, dass bei vergleichsweise geringem Binnenmarktbezug die betreffende Maßnahme bereits nicht vom Anwendungsbereich der Grundfreiheiten erfasst wird, könnten auch hierin wieder Parallelen zu einer Schwerpunktabgrenzung entdeckt werden. Wie zuvor ausgeführt, würde auch die Anwendung des Schwerpunktmodells zu einer Begrenzung bereits des grundfreiheitlichen Anwendungsbereichs führen, sofern die Lösung des Widerstreits zwischen den Anforderungen des Binnenmarkts einerseits und den im nationalen öffentlichen Interesse liegenden Regelungsbedürfnissen andererseits zu der Zuordnung einer Angelegenheit zu letztern führt. Zudem korrespondiert die seitens des Gerichtshofs im Rahmen der zwingenden Erfordernisse eingeräumte Befugnis der Mitgliedstaaten, ihre im innerstaatlichen öffentlichen Interesse gebotenen und gemeinschaftsrechtlich anerkannten Schutzziele selbständig zu verfolgen[1115] mit dem Anliegen des Schwerpunktmodells, in einem gegliederten Gemeinwesen jedem der Hoheitsträger das Seine an Zuständigkeiten zuzuordnen.

Der Auffassung, dass den „zwingenden Erfordernissen" eine tatbestandsbegrenzende Funktion zukommt, wird jedoch zu Recht entgegengehalten, dass der Gerichtshof unabhängig von der in diesem Zusammenhang verwendeten Begrifflichkeit[1116] die nationalen Maßnahmen regelmäßig am Grundsatz der Verhältnismäßigkeit misst.[1117] Die Frage der Vereinbarkeit einer Regulierung, die ein Mitgliedstaat aus Allgemeinwohlerwägungen vornimmt, mit dem Gemeinschaftsrecht ist somit maßgeblich durch das Verhältnismäßigkeitsprinzip geprägt. Eben hierin liegt aber regelmäßig das entscheidende Kriterium der Prü-

---

1115 *Müller-Graff*, in: Groeben/Schwarze, EUV/EG, Art. 28, Rdn. 183; bereits *Veelken*, EuR 1977, S. 339, stellt hierzu fest, dass nicht jede Maßnahme mit einfuhrbehindernder Wirkung als eine Maßnahme gleicher Wirkung anzusehen ist, "da auch die intendierten "binnenmarktähnlichen" Verhältnisse nicht eine absolute oder nur in den Grenzen des Art. 36 (Art. 30 n. F., Anm. d. V.) beschränkte Handlungsfreiheit der Unternehmen beinhalten".

1116 Der EuGH ist in der Verwendung seiner Begrifflichkeit uneinheitlich, vgl. EuGH Rs. 120/78 (Rewe-Zentral-AG/Bundesmonopolverwaltung für Branntwein), Slg. 1979, 649, Rdn. 5 ff. (Tatbestandsmerkmale) sowie EuGH Rs. C-368/95 (Vereinigte Familiapress), Slg. 1997, I-3689, Rdn. 18 und EuGH verb. Rs. C-34/95, C-35/95 u. C- 36/95 (De Agostini und TV-Shop), Slg. 1997, I-3843, Rdn. 46 (Rechtfertigung); weitere Rechtsprechungsbeispiele hierzu bei *Kingreen*, S. 52.

1117 Beispielsweise *Jarass*, EuR 1995, S. 204.

fung, ob ein Eingriff in ein geschütztes Rechtsgut gerechtfertigt werden kann.[1118] Vor diesem Hintergrund ist der Auffassung zuzustimmen, die die Prüfung der zwingenden Erfordernisse im Sinne der *Cassis*-Rechtsprechung erst der Rechtfertigungsebene zuordnet.[1119]

Für die Zwecke der vorliegenden Untersuchung kann jedoch unabhängig von der tatsächlichen dogmatischen Einordnung festgehalten werden, dass der EuGH im Zuge der *Cassis*-Rechtsprechung keinesfalls die Maßgeblichkeit der Grundfreiheiten für nationale Maßnahmen im Interesse nationaler Souveränitätsansprüche anheim gibt. Auch wenn er im Ergebnis die Vereinbarkeit mit dem Gemeinschaftsrecht bejaht, hält er doch auch hier den im Rahmen der *Dassonville*-Rechtsprechung zum Ausdruck gebrachten Anspruch aufrecht, grundsätzlich alle Beschränkungen des innergemeinschaftlichen Handels am Maßstab der Grundfreiheiten zu messen.[1120] Konsequenz einer Schwerpunktzuordnung ist demgegenüber, dass das Gemeinschaftsrecht, vorausgesetzt eine Maßnahme fällt ihrem Schwerpunkt nach in die mitgliedstaatliche Regelungskompetenz, seine Maßgeblichkeit für den in Frage stehenden Sachverhalt verliert.

Lediglich, wo unter keinem Aspekt ein ausreichendes Aufgreifkriterium für das Gemeinschaftsrecht existiert, nimmt der Gerichtshof im Zuge der *Keck*-Rechtsprechung ausnahmsweise bereits dessen Anwendungsanspruch durch eine eingrenzende Auslegung der grundfreiheitlichen Schutzbereiche zurück.[1121] Ausschlaggegend für die Bestimmung der Reichweite der grundfreiheitlichen Schutzbereiche ist dabei aber nicht der Blick auf die im Kompetenzbereich der Mitgliedstaaten verbliebenen Gegenstände. Dies würde Struktur und Qualität einer subjektiv-rechtlichen Abwehrnorm, deren Schutzwirkungen zugunsten des

---

1118 Zutreffend *Jarass*, EuR 1995, S. 204; auch *Kingreen*, in: v. Bogdandy, Europäisches Verfassungsrecht, S. 649, stellt fest, dass der EuGH „der Sache nach eine Rechtfertigungsprüfung" vornimmt.

1119 Beispielsweise *Ehlers*, in: ders. (Hrsg.), S. 170, Rdn. 54; *Kugelmann*, S. 217; *Schwartz*, in: Schwarze (Hrsg.), Fernsehen, S. 99 f.; *Becker*, EuR 1994, S. 166; *Rolshoven*, S. 250; *Charissé*, S. 192.

1120 *Kingreen*, S. 41, weist zu Recht darauf hin, dass der EuGH diesen Anspruch trotz aller Einschränkungen zu keinem Zeitpunkt grundsätzlich revidiert hat; *ders.*, in: v. Bogdandy, Europäisches Verfassungsrecht, S. 662.

1121 Bei der *Keck*-Rechtsprechung handele es sich um eine „echte" Tatbestandsreduzierung, vgl. *Ehlers*, in: ders. (Hrsg.), S. 174, Rdn. 66 f. m.w.N.; ähnlich *Kingreen*, in: v. Bogdandy, Europäisches Verfassungsrecht, S. 658.

Berechtigten unabhängig von Kompetenzen in bestimmten Sachbereichen definiert werden müssen, auch nicht ausreichend Rechnung tragen.[1122]

Zu Recht wird darauf hingewiesen, dass sich der besondere Charakter der Bestimmung des Anwendungsbereichs einer Grundfreiheit in Abgrenzung zur Rechtfertigungs- beziehungsweise Schrankenstufe daraus ergibt, dass die Grenzen des Anwendungsbereichs abstrakt festgelegt werden müssen und es nicht auf die Bedeutung kollidierender Rechtsgüter ankommt.[1123] Während der Anwendungsbereich damit abstrakt-generell bestimmt werden kann, erschließt sich Inhalt sowie Ergebnis der Rechtfertigungsstufe erst durch die Inblicknahme kollidierender Rechtsgüter und damit einzelfallabhängig. Im Interesse der Funktion der Grundfreiheiten, deren Träger vor binnenmarktwidrigen Hindernissen unabhängig von den Inhalten oder den mit den staatlichen Maßnahmen verfolgten Zielen zu schützen,[1124] muss deren Schutzbereich unabhängig davon festgelegt werden können, welchem Sachbereich eine Maßnahme zuzuordnen ist, unabhängig von der ihr beigelegten Funktion und ohne dass mit ihr protektionistische Absichten verfolgt werden müssen.[1125]

Während das Schwerpunktmodell von einer dichotomischen Prämisse ausgeht, d.h. also dass Inhalt und Ziel einer Maßnahme überwiegend dem einen oder anderen Bereich zugeordnet werden können,[1126] ist für die Grenzziehung der grundfreiheitlichen Anwendungsbereiche allein die Frage maßgeblich, ob das Ausmaß

1122 So auch die frühzeitige Auffassung der Kommission, zitiert von *Veelken*, EuR 1977, S. 314; ähnlich *Schwartz*, in: Schwarze (Hrsg.), Fernsehen, S. 100; ablehnend gegenüber einer Schwerpunktabgrenzung ebenso *Everling*, EuR 1987, S. 221.

1123 *Jarass*, EuR 1995, S. 222; ders., EuR 2000, S. 717; ihm folgend *Rolshoven*, S. 249 und *Kingreen*, S. 74.

1124 *Müller-Graff*, in: Groeben/Schwarze, EUV/EG, Art. 28, Rdn. 55; Dem Schutzauftrag der Grundfreiheiten entsprechend sollen auch nicht bezweckte Behinderungen des Warenverkehrs beseitigt werden, *Becker*, EuR 1994, S. 171.

1125 *Müller-Graff*, in: Groeben/Schwarze, EUV/EG, Art. 28, Rdn. 47; Entsprechend ist beispielsweise der im Vorfeld der *Cassis*-Rechtsprechung gemachte Vorschlag, unterschiedslos auf einheimische und eingeführte Waren anwendbare Regelungen generell aus dem Anwendungsbereich herauszunehmen, (einen entsprechenden Vorschlag hatte die Kommission durch die Richtlinie 70/50/EWG vom 22.12.1969 unterbreitet; in diese Richtung auch GA *Reischl*, Schlussanträge in EuGH Rs. 75/81 (Blesgen), Slg. 1982, 1211, 1235) deutlich kritisiert worden, vgl. Nachweise bei *Müller-Graff*, ibidem, Rdn. 38, 44, 185.

der Wirkungen, die von einer Maßnahme ausgehen, der Verwirklichung des Binnenmarkts entgegensteht oder nicht.[1127] Insofern ist die Feststellung zutreffend, dass der Gerichtshof bei der Prüfung der Verletzung einer Grundfreiheit als Aufgreifkriterium[1128] allein darauf abstellt, ob die von der Maßnahme ausgehenden tatsächlichen oder potentiellen Wirkungen die Tatbestandsvoraussetzungen der betreffenden Grundfreiheit erfüllen.[1129]

Je nach der Weite der Auslegung dieser Merkmale ist die Gefahr nicht von der Hand zu weisen, dass sich die Gemeinschaft dabei Angelegenheiten erschließt, die nach Ziel und Zweck der Gemeinschaftsvertrags nicht in ihre Zuständigkeit fallen.[1130] Wie bei der Schwerpunktbetrachtung, welche auf eine angemessene Zuordnung von Hoheitsbefugnissen zielt, muss also auch hier ein hinreichender Anknüpfungspunkt[1131] zum Binnenmarkt die Anwendung der Grundfreiheiten rechtfertigen.[1132] Wie sich aus der Betrachtung der *Cassis*- sowie der *Keck*-Rechtsprechung gezeigt hat, soll durch die Grundfreiheiten nicht jede Beschränkung des Binnenmarkt beseitigt werden,[1133] da die Unterschiedlichkeit der

---

1126 Vgl. hierzu die Ausführungen oben unter Teil 2 E.IV.; *Degenhart*, ZUM 1992, S. 952, bezeichnet die Notwendigkeit, dass eine unter zwei Kompetenzbereiche fallende Angelegenheit der einen oder anderen Materie zugeschlagen werden muss, als unbillig.

1127 Dies darf nicht mit der Intensität der Auswirkungen einer Maßnahme verwechselt werden, da nach der Rechtsprechung des EuGH auch geringfügige Behinderungen der Anwendung der Grundfreiheiten nicht entgegenstehen, vgl. hierzu die Ausführungen des Generalanwalt *Tesauro*, Schlussanträge des Generalanwalts, EuGH Rs. C-292/92 (Hünermund u.a.) Slg. 1993, 6787, 6810.

1128 Zum Begriff vgl. *Steindorff*, ZHR 158 (1994), S. 158.

1129 Vgl. *Müller-Graff*, in: Groeben/Schwarze, EUV/EG, Art. 28, Rdn. 37, 38, 162; vgl. auch bereits *Veelken*, EuR 1977, S. 323.

1130 Dies wurde vom EuGH zuletzt mit erfreulicher Deutlichkeit im Rahmen seines Urteils zur Tabakwerbeverbotsrichtlinie festgestellt, vgl. Rs. C-376/98 (Tabakwerbeverbotsrichtlinie), Slg. 2000, I-8419, Rdn. 107; Ungeachtet dieser begrüßenswerten Klarstellung war die vom EuGH durch seine Rechtsprechung faktisch bewirkte Weite der Schutzbereiche der Grundfreiheiten von den Verfassern des Gemeinschaftsvertrags nicht vorgesehen, vgl. *Petersen*, S. 115 m.w.N.; *Jarass*, EuR 2000, S. 711.

1131 Generalanwalt *Tesauro* spricht in diesem Zusammenhang von dem erforderlichen "Kausalzusammenhang", Schlussanträge des Generalanwalts, EuGH Rs. C-292/92 (Hünermund u.a.) Slg. 1993, 6787, 6803.

1132 Vgl. *Möschel*, NJW 1994, S. 431, führt aus, durch die *Keck*-Rechtsprechung habe der EuGH Art. 28 EG wieder stärker in den unmittelbaren Zusammenhang des Binnenmarkts gebracht.

1133 Vgl. auch *Müller-Graff*, in: Groeben/Schwarze, EUV/EG, Art. 28, Rdn. 7 und Rdn. 244.

Rechtsordnungen notwendige Konsequenz einer nur partiellen Kompetenzübertragung auf die Gemeinschaft und der fortbestehenden Zuständigkeiten der Mitgliedstaaten ist.[1134] Insofern manifestiert sich hierin das Bekenntnis zu einem unvollständigen Binnenmarkt. Im Unterschied zum Schwerpunktmodell wird der Anknüpfungspunkt allerdings nicht durch den materiellen Inhalt und das Ziel einer Maßnahme sondern nur durch die mit der Maßnahme verbundenen Auswirkungen gebildet, wobei das zulässige Maß im Wege einer autonomen, d.h. nur aus der jeweiligen Grundfreiheit selbst entwickelten sowie vertragszielorientierten Auslegung der grundfreiheitlichen Tatbestandsvoraussetzungen definiert wird. Eine zu weite Ausdehnung der Schutzbereiche wird erst über Kompetenzausübungsschranken aufgefangen und der Schutz sonstiger Interessen durch Ausnahmen abgemildert.[1135]

Generalanwalt *Capotorti* hat diese Methode in seinen Schlussanträgen in der Rechtssache *Oebel* prägnant zusammengefasst und kommentiert. Die seitens des EuGH gewählte Konzeption habe den Vorteil der Klarheit und Funktionsgerechtigkeit. Die dem Verbot beigemessene weite Tragweite erlaube es, alle staatlichen Maßnahmen zu blockieren, die beschränkende Wirkung auf den Warenverkehr haben. Andererseits werde der Handlungsspielraum, der den Mitgliedstaaten zur Regelung der in ihrer Hoheitssphäre verbliebenen Gebiete zusteht, erhalten.[1136] Die Gefahren, die mit einer Einschränkung bereits der grundfreiheitlichen Anwendungsbereiche verbunden sind, hat er demgegenüber dahingehend skizziert, dass man, wenn man im Rahmen der nationalen Maßnahmen, die geeignet sind, den innergemeinschaftlichen Handel zu behindern, daran ginge, diejenigen, die in den Anwendungsbereich der Art. 28 ff. EG fallen von denjenigen zu unterscheiden, auf die diese Vorschriften in keinem Fall anwendbar sind, Gefahr liefe, für weitere derartige Maßnahmen Tür und Tor zu öffnen, ohne über geeignete Instrumente für eine genaue Abgrenzung zwischen beiden Kategorien zu verfügen. Es sei dann zu befürchten, dass diese Abgrenzung nach und nach verschoben und die Verbote der Artikel 28 ff. EG abgeschwächt würden, um bestimmten öffentlichen Interessen dieses oder jenes Mitgliedstaats Rechnung zu tragen, während bislang die entschlossene Aufrechterhaltung des Grundsatzes des freien Warenverkehrs vor allem als wirksames Mittel zum Schutz der Inte-

---

1134 Zutreffend *Kingreen*, S. 88.

1135 Dazu, was dies für die den Mitgliedstaaten im Hinblick auf nationale Regelungen eingeräumte Beurteilungsspielräume bedeutet, vgl. unten Teil 3 B.III.2. und Teil 3 B.III.5.b).

1136 Vgl. die Ausführungen des Generalanwalt *Capotorti* in der Rs. 155/80 (Oebel), Slg. 1981, 1993, 2019.

ressen der Unternehmer und Verbraucher in der Gemeinschaft verstanden wurde.[1137]

V. Ergebnis zur Auswirkung von Art. 151 EG auf den Anwendungsbereich von Art. 49 EG

Zusammenfassend kann somit festgestellt werden, dass sich die im Zusammenhang mit Art. 151 EG festgestellten materiellen Zusatzgehalte im Verhältnis zur Dienstleistungsfreiheit nicht dahingehend auswirken, dass eine Angelegenheit, die inhaltlich schwerpunktmäßig dem Kulturbereich zuzuordnen ist, aus diesem Grunde bereits aus dem Anwendungsbereich von Art. 49 EG herausfällt.[1138] Zwar ergibt sich als normative Kehrseite der schmalen Kompetenzübertragung des Art. 151 EG zugunsten der Gemeinschaft, dass die europäischen Mitgliedstaaten für den Kultursektor nach wie vor uneingeschränkt zuständig sind. Eine grundfreiheitsbegrenzende Wirkung von Art. 151 EG bereits auf der Ebene des Schutzbereichs von Art. 49 EG lässt sich hieraus angesichts dessen Normqualität und Funktion als grundfreiheitliches Abwehrrecht jedoch nicht ableiten.[1139]

Geeignete Transmissionsriemen für eine schutzbereichsbegrenzende Wirkung von Art. 151 EG lassen sich weder aus einer vergleichenden Betrachtung der nationalen Verfassungsrechtsdogmatik noch im Rahmen der EuGH-Rechtsprechung nachweisen. Der EuGH zieht die Schutzbereiche der Grundfreiheiten mit Ausnahme der Einschränkungen durch die *Cassis*- und die *Keck*-Rechtsprechung in der Regel weit und berücksichtigt legitime mitgliedstaatliche Belange erst auf der Schrankenebene. Vor dem Hintergrund seines Prüfanspruchs, die europäischen Grundfreiheiten gegen Einschränkungen von allen Seiten schützen, stellt der EuGH mitgliedsstaatliche Maßnahme nicht *a priori* von der Maßgeblichkeit des Gemeinschaftsrechts frei, nur weil sie einem bestimmten Sachbereich zuzuordnen ist. Die Grundfreiheiten schützen also gegen

---

1137 GA *Capotorti*, ibidem, 2020.

1138 Ebenso ausdrücklich *Jarass* EuR 2000, S. 707, nach dem aus der Verteilung der Sachkompetenzen zischen der Gemeinschaft und den Mitgliedstaaten, etwa im Kulturbereich zugunsten der Mitgliedstaaten, keine Schlüsse für die Anwendung der Grundfreiheiten gezogen werden können.

1139 Ebenso *Kanitz/Steinberg*, EuR 2003, S. 1021 f., im Hinblick auf die parallele Problematik im Bereich der Sozialsysteme, da ansonsten die Trennung von materieller Grundrechts- und Freiheitsgewährleistung und organisationsrechtlicher Kompetenzverteilung - auch wenn ein Zusammenhang zwischen beiden Komplexen besteht - unzulässigerweise vermischt würde.

Beschränkungen durch die Mitgliedstaaten unabhängig vom materiellen Gehalt der tatsächlichen oder potentiellen Eingriffe.

Aufgreifkriterium für die Anwendung von Art. 49 EG ist für den Gerichtshof mithin nicht die Frage, ob eine Angelegenheit nach ihrem Schwerpunkt, ihrer Sachnähe oder Zweck dem Kultursektor oder dem Bereich des Binnenmarkts zuzuordnen ist. Maßgeblich ist für den EuGH allein, ob die Tatbestandsvoraussetzungen der Grundfreiheit erfüllt sind. Im Interesse eines effektiven Schutzes des Grundfreiheitsberechtigten legt er dabei die Anwendungsvoraussetzungen der Marktfreiheiten autonom und einheitlich, d.h. aus sich selbst heraus aus und nicht mit Blick auf einzelfallbezogene kompetenzielle Zuordnungen. Da Art. 49 EG neben der Funktion als Abwehrrecht zugunsten des Marktbürgers aber zugleich auch ein zuständigkeitsverteilender Gehalt zugunsten der Gemeinschaft zukommt, kann eine ausufernde Auslegung seiner Voraussetzungen zu einem vom Gemeinschaftsgesetzgeber nicht beabsichtigten Eingriff in die den Mitgliedstaaten vorbehaltene Kompetenzsphären bedeuten. Dieser Gefahr begegnet der EuGH jedoch grundsätzlich erst durch die Heranziehung von Kompetenzausübungsschranken.

Für die untersuchungsgegenständliche Einrichtung der beiden gebührenfinanzierten Spartenkanäle bedeutet dies somit, dass diese unter Voraussetzung des erforderlichen, noch darzustellenden transnationalen Bezugs grundsätzlich an der Dienstleistungsfreiheit gemäß Art. 49 EG zu messen sind. Die mit den Sendern verfolgte kulturelle Zielsetzung lässt sie nicht bereits aus dem Anwendungsbereich der Dienstleistungsfreiheit herausfallen. Durch die grundsätzliche Anwendbarkeit wird allerdings nicht die Frage eines Verstoßes präjudiziert. Die aus Art. 151 EG zu ziehenden Wertung zugunsten der mitgliedstaatlichen Kulturkompetenz finden jedenfalls innerhalb der Schranken der Dienstleistungsfreiheit Berücksichtigung.

Teil 3 Die Vereinbarkeit der Gebührenfinanzierung von *Phoenix* und *Kinderkanal* mit der Dienstleistungsfreiheit

Nachdem nunmehr festgestellt worden ist, dass die Anwendbarkeit der Dienstleistungsfreiheit vorliegend weder daran scheitert, dass der untersuchungsgegenständliche Sachverhalt vorrangig nach dem Beihilfekapitel beurteilt werden muss[1140] noch daran, dass der Gewährleistungsbereich von Art. 49 EG um die unter die Wertungen des Art. 151 EG fallenden Sachverhalte zu kürzen ist,[1141] fragt sich nunmehr, ob die Gebührenfinanzierung der beiden Spartenkanäle im Hinblick auf Art. 49 EG mit dem Gemeinschaftsrecht vereinbar ist. Dies setzt voraus, dass die Gebührenfinanzierung entweder bereits tatbestandlich nicht von Art. 49 EG erfasst wird (Teil 3 A) oder aber ein Eingriff in die Dienstleistungsfreiheit durch entsprechende Schranken gedeckt wird (Teil 3 B).

A. Die Gebührenfinanzierung als Verstoß gegen Art. 49 EG?

Wie eingangs dargelegt,[1142] wurde im Schrifttum teilweise vertreten, dass die Gebührenfinanzierung von *Phoenix* und dem *Kinderkanal* insofern gegen die in Art. 49 EG garantierte Dienstleistungsfreiheit verstößt, als hierdurch das Eindringen in den beziehungsweise der Verbleib im deutschen Markt für Fernsehveranstalter aus dem Ausland erschwert wird.[1143] Durch die Gebührenfinanzierung würden die Wettbewerbsbedingungen zugunsten des Empfängers verzerrt und somit der zwischenstaatliche Handel beeinträchtigt. Ein ausländisches Unternehmen, das in einen solchen Markt eindringen möchte, sähe sich einer Finanzkraft gegenüber, die am Markt nicht zu verdienen sei.[1144]

Zunächst muss damit kurz dargelegt werden, dass ein konkurrierender Fernsehveranstalter aus einem anderen Mitgliedstaat für seine Tätigkeit auf dem deutschen Fernsehmarkt zutreffenderweise das Recht des freien Dienstleistungsverkehrs für sich in Anspruch nehmen kann (Teil 3 A.I.). Weiterhin muss die Gebührenfinanzierung von *Phoenix* und *Kinderkanal* eine Beschränkung im Sinne von Art. 49 EG darstellen (Teil 3 A.II.).

I. Rundfunk als Dienstleistung

Die grenzüberschreitende Verbreitung von Rundfunkprogrammen, einschließlich der Ausstrahlung von Fernsehsendungen zu Werbezwecken, stellt nach ständiger Rechtsprechung des EuGH eine Dienstleistung im Sinne der Art. 49

[1140] Teil 1 D.

[1141] Teil 2 E.V.

[1142] Vgl. die Ausführungen im Rahmen der Einleitung, S. 15 ff.

[1143] So beispielsweise *Engel*, Europarechtliche Grenzen, S. 72.

[1144] *Engel*, Europarechtliche Grenzen, S. 72.

EG ff. dar und zwar unabhängig von der Art ihrer Verbreitung.[1145] Sowohl die Nutzung von terrestrischen Frequenzen als auch die leitungsgebundene oder die satellitäre Übertragung von Fernsehsendungen fällt hiernach unter den Dienstleistungsbegriff.[1146]

Zwar war diese Einordnung anfänglich nicht unumstritten.[1147] Mittlerweile ist das Schrifttum dieser Beurteilung allerdings weitestgehend gefolgt.[1148] Nachfolgende Ausführungen können sich daher auf einige wenige Feststellungen die Frage der Grenzüberschreitung (Teil 3 A.I.1.) sowie der Entgeltlichkeit (Teil 3 A.I.2.) betreffend beschränken.

1. Das Kriterium der Grenzüberschreitung

Eine Dienstleistung im Sinne von Art. 49 EG liegt nur dann vor, wenn die Leistung grenzüberschreitend erbracht wird. Rein innerstaatliche Leistungsbeziehungen liegen außerhalb des Anwendungsbereichs der Dienstleistungsfreiheit.[1149] Das erforderliche Element der Grenzüberschreitung ist im Bereich der Rundfunkveranstaltung regelmäßig dann gegeben, wenn die Rundfunksendungen über die Grenze hinweg in das Gebiet eines anderen Mitgliedstaats verbreitet werden. Dabei ist der grenzüberschreitende Charakter terrestrischer und satellitärer Rundfunksendungen in der Regel zu bejahen,[1150] da diese an staatlichen

---

1145 EuGH Rs. 155/73 (Sacchi), Slg. 1974, 409; Rs. 52/79 (Debauve), Slg. 1980, 833; Rs-62/79 (Coditel I), Slg. 1980, 881; Rs. 352/85 (Bond van Adverteerders), Slg. 1988, 2085; Rs. C-260/89 (ERT), Slg. 1991, I-2925; Rs. C-353/89 (Kommission/Niederlande), Slg. 1991, I-4069; Rs. C-288/89 (Stichting Collectieve Antennevoorziening Gouda), Slg. 1991, I-4007; Rs. C-211/91 (Kommission/Belgien), Slg. 1992, I-6757; Rs. C-148/91 (Veronica Omroep Organisatie), Slg. 1993, I-487; Rs. C-23/93 (TV 10), Slg. 1994, I-4795; Rs. C-35/95, C- 36/95 (De Agostini und TV-Shop), Slg. 1997, I-3843.

1146 Rs. 52/79 (Debauve), Slg. 1980, 833, Rdn. 8; Rs. 352/85 (Bond van Adverteerders), Slg. 1988, 2085, Rdn. 14 ff.

1147 Vgl. hierzu die Ausführungen unter Teil 2 A.

1148 Vgl. hierzu beispielsweise nur die Darstellung bei *Ipsen*, Rundfunk, S. 84 ff; *Holznagel*, Rundfunkrecht, S. 132 ff.; *Dörr/Beucher/Eisenbeis/Jost*, S. 9 ff.; *Kugelmann*, S. 67 ff.

1149 Rs. 52/79 (Debauve), Slg. 1980, 833, Rdn. 9.

1150 Zur Kontroverse, ob die Empfangbarkeit jenseits des intendierten Sendegebiets voluntativ-zweckgerichtet sein muss oder ob die faktische Empfangbarkeit genügt vgl. *Petersen*, S. 59 ff. m.w.N.

Grenzen naturgemäß nicht Halt machen.[1151] Ein grenzüberschreitender Charakter ist ihnen gleichsam immanent.[1152]

Nicht erforderlich ist, dass sich der Erbringer der Rundfunkdienstleistung in den Mitgliedstaat des Rezipienten noch der Rezipient in den Staat des Leistungserbringers begibt. Vielmehr ist es ausreichend, dass allein die Leistung selbst die Grenze passiert.[1153]

2. Die Voraussetzung der Entgeltlichkeit der Leistungserbringung

Zentrale Voraussetzung für eine Dienstleistung im Sinne des Art. 49 EG ist die Entgeltlichkeit der Leistung.[1154] Das Tatbestandsmerkmal der Entgeltlichkeit dient dabei allein dem Zweck, diejenigen Dienstleistungen auszuschließen, die in der Regel unentgeltlich erbracht werden. Auf die Modalitäten der Finanzierung kommt es dagegen nicht an.[1155] Entsprechend wird die Entgeltlichkeit bei der Veranstaltung von Rundfunk auch dann bejaht, wenn der Empfänger der Sendungen das Entgelt wie bei gebührenfinanzierten Sendungen nicht direkt an den Empfänger oder wie bei werbefinanzierte Rundfunksendungen überhaupt keine Gegenleistung an den Veranstalter zahlt.[1156] Ausreichend ist vielmehr, dass für die Leistung eine Bezahlung in irgendeiner Form erfolgt.[1157] Sie muss jedoch nicht unmittelbar zwischen dem Leistungserbringer und dem Empfänger der Dienstleistung erfolgen.[1158]

1151 Vgl. EG-Kommission, Grünbuch „Fernsehen ohne Grenzen“, S. 113; *Ipsen*, Rundfunk, S. 84; *Schwartz*, in Schwarze (Hrsg.), Fernsehen, S. 65; vgl. auch Generalanwalt *Mancini*, Schlussanträge in der Rs. 352/85 (Bond van Adverteerders), Slg. 1988, 2102, 2115.

1152 *Herrmann*, GRUR Int. 1984, S. 578.

1153 Vgl. hierzu *Kort*, JZ 1996, S. 134.

1154 Zur Frage, ob die Tatbestandsvoraussetzung der Entgeltlichkeit mit dem Moment der Grenzüberschreitung verknüpft sein muss vgl. *Charissé*, S. 164 ff.

1155 Schlussanträge des Generalanwalts *Warner* in der Rs. 52/79 (Debauve), Slg. 1980, 833, 876; EuGH Rs. 352/85 (Bond van Adverteerders), Slg. 1988, 2085, Rdn. 16; *Mestmäcker*, in: Immenga/Mestmäcker, EG-Wettbewerbsrecht, Art. 37, 90, C. Art. 90 Abs. 1, Rdn. 38.

1156 Das war ursprünglich nicht unumstritten vgl. *Petersen*, S. 49 ff., *Kugelmann*, S. 96 ff.

1157 Für Pay-TV beantwortet sich dagegen die Frage von selbst, *Mestmäcker*, in: Immenga/Mestmäcker, EG-Wettbewerbsrecht, Art. 37, 90, C. Art. 90 Abs. 1, Rdn. 38.

1158 EuGH Rs. 352/85 (Bond van Adverteerders), Slg. 1988, 2085, Rdn. 16; *Holznagel*, Rundfunkrecht, S. 134 m.w.N.

3. Zwischenergebnis und weiterer Untersuchungsverlauf

Ein ausländischer Fernsehveranstalter, dessen Programme in Deutschland empfangbar sind, kann sich somit auf Art. 49 EG berufen unabhängig von der Art der Verbreitung der Programme oder ihrer Finanzierung[1159] und ohne dass er seinen eigenen Mitgliedstaat verlässt.[1160]

Fraglich ist damit nunmehr, ob die erschwerten Wettbewerbsbedingungen, die sich für einen ausländischen Wettbewerber daraus ergeben, dass er sich auf dem deutschen Markt mit gebührenfinanzierten Anbietern konfrontiert sieht, eine Beschränkung im Sinne von Art. 49 EG darstellen.

Dabei ist nicht nur zu berücksichtigen, dass die Spartenkanäle durch die Gebührenfinanzierung den Markzwängen enthoben und bereits hierdurch gegenüber ausländischen, marktfinanzierten Konkurrenten begünstigt sind. Die Gewährung solcher nicht im Wege der Marktmechanismen erzielten Sondervorteile wirkt sich zweifelsohne insofern verzerrend aus, als die Vorteile die Gleichheit im Wettbewerb beeinträchtigen.[1161] Die Gebührenfinanzierung ermöglicht den Spartensendern zudem ein von Werbeunterbrechungen befreites Programm. Im Wettbewerb um die relativ stabilen Fernsehnutzungszeiten der Konsumenten stellt auch dies einen Vorteil gegenüber werbefinanzierten Konkurrenten dar, da Fernsehwerbung seitens der Rezipienten nicht selten als störend oder lästig empfunden wird. Die gebührengenerierten Vorteile könnten sich somit für die ausländischen Konkurrenten als dienstleistungswidrige Marktzutrittsschranken erweisen oder jedenfalls ihre Marktverbleibchancen in gemeinschaftsvertragswidriger Weise reduzieren.

1159 In Frage kommen würde dies verständigerweise allerdings nur für aus Werbegeldern oder nutzugsentgeltfinanzierte Sender, da sich staatlich oder aus Gebühren finanzierte Veranstalter ebenso wenig über den Markt finanzieren müssen.

1160 Andernfalls käme für den ausländischen Fernsehveranstalter eher das Recht der Niederlassungsfreiheit gemäß Art. 43 EG in Frage, vgl. ausführlich hierzu *Jungbluth*, S. 35 ff. Die Niederlassungsfreiheit hat gegenüber Art. 49 EG bis dato weder in der rundfunkrechtlichen Rechtsprechung noch für die Tätigkeit des Gemeinschaftsgesetzgebers eine große Rolle gespielt, vgl. hierzu *Gundel*, ZUM 2000, S. 1047 m.w.N. Dies ist vermutlich auf die Knappheitssituation terrestrischer Übertragungskapazitäten zurückzuführen, vgl. hierzu ausführlicher *Charissé*, S. 183. Im Zuge des Urteils des EuG Rs. T-266/97 (VTM/Kommission), Slg. 1999, II-2329, ist Art. 43 EG allerdings auch für rundfunkrechtliche Sachverhalte stärker ins Zentrum der Aufmerksamkeit gerückt, vgl. *Gundel*, ibidem, S. 1046 ff.

1161 Vgl. hierzu *Weiß*, EuR 2003, S. 183.

II. Die Gebührenfinanzierung als Beschränkung im Sinne von Art. 49 EG?

Die Freiheit des grenzüberschreitenden Dienstleistungsverkehrs gemäß Art. 49 EG verpflichtet zur Aufhebung von Beschränkungen, die dem freien Austausch von Dienstleistungen entgegenstehen und untersagt den Mitgliedstaaten, die einmal erreichte Freiheit neuen Beschränkungen zu unterwerfen. Der EuGH hat den Beschränkungsbegriff schrittweise ausgebaut und der Reichweite des Art. 28 EG im Ergebnis angenähert. Einem so verstandenen Art. 49 EG entsprechend werden die nationalen Dienstleistungsmärkte insoweit dem grenzüberschreitenden Verkehr mit unternehmerischen Leistungen geöffnet, als staatliche Maßnahmen im Gewährleistungsbereich der Dienstleistungsfreiheit als verbotene Beschränkungen zu qualifizieren sind.[1162] Art. 49 EG zielt somit darauf ab, dem Dienstleistenden aus einem Mitgliedstaat den Zugang zu einem anderen Mitgliedstaat, in dem er seine Leistung erbringen will, zu sichern sowie alle Beschränkungen, die einen solchen Zugang erschweren oder unmöglich machen zu beseitigen.[1163]

Das Verbot der Beschränkung des freien Dienstleistungsverkehrs gilt dabei also sowohl für diskriminierende als auch für sogenannte unterschiedslose nationale Maßnahmen.[1164] Zudem ist für eine Verletzung von Art. 49 EG ausreichend, dass eine Maßnahme geeignet ist, den freien Dienstleistungsverkehr zu behindern.[1165]

1162 Vgl. zu Art. 49 EG als eine Art objektivierter Verkehrsfreiheit für grenzüberschreitende Leistungen *Reich*, ZHR 153 (1989), S. 573; Ausführlich zur Tragweite des Beschränkungsverbots, vgl. *Rolshoven*, „Beschränkungen" des freien Dienstleistungsverkehrs, Berlin, 2002, der zu Recht dieses Merkmal als den am meisten umstrittenen Begriff des Dienstleistungsrechts bezeichnet, da von dessen Ausdehnung abhängt, ob mitgliedstaatlichen Regelungen von Art. 49 EG erfasst sind oder nicht, S. 28 f.; vgl. auch *Randelzhofer/Forsthoff*, in: Grabitz/Hilf, EUV, Art. 49/50, Rdn. 91, nach denen die Reichweite des Beschränkungsbegriffs noch keinesfalls geklärt ist.

1163 EuGH Rs. 279/80 (Webb), Slg. 1981, 3305, Rdn. 16; EuGH Rs. 205/84 (Kommission/Deutschland, „Versicherungen"), Slg. 1986, 3755, Rdn. 25.

1164 Dies ist spätestens seit EuGH Rs. C-76/90 (Säger), Slg. 1991, I-4221 geklärt, d.h. dass neben offenen und versteckten Diskriminierungen auch diskriminierungsfreie, sonstige Beschränkungen erfasst sind, vgl. ausführlicher hierzu *Rolshoven*, S. 121 ff., 206 ff.

1165 Bspw. EuGH Rs. C-76/90 (Säger) Slg. 1991, I-4221, Rdn. 12; zunächst hatte der EuGH noch eine *tatsächliche* Beschränkung verlangt, entsprechend beispielsweise noch EuGH Rs. C-41/90 (Höfner und Elser), Slg. 1991, I-2020, Rdn. 39.

Da von der Art der Beschränkung einer Grundfreiheit nach ständiger Rechtsprechung die Möglichkeit der Rechtfertigung abhängt,[1166] ist im vorliegenden Zusammenhang die Feststellung bedeutsam, ob die rundfunkorganisatorische Entscheidung zugunsten zweier gebührenfinanzierter Spartenkanäle gegebenenfalls bereits diskriminierenden Charakter hat (Teil 3A.II.1) oder aber eine unterschiedslose Maßnahme darstellt (Teil 3A.II.2.). Erfüllt sie demgegenüber unter keinem Aspekt die Voraussetzungen einer Beschränkung, entfällt zwangsläufig auch die Notwendigkeit einer Rechtfertigung.

1. Das Vorliegen einer relevanten Diskriminierung im Fall von inländerprivilegierenden ordopolitischen Gestaltungsentscheidungen unter besonderer Berücksichtigung von Art. 86 Abs. 1 EG?

Nach allgemeiner Meinung statuiert Art. 49 EG zunächst den Grundsatz der Inländergleichbehandlung.[1167] Das bedeutet, dass jede Art der Diskriminierung im Hinblick auf die Erbringung einer Dienstleistung, die an der Unterschiedlichkeit der Staatsangehörigkeit anknüpft, verboten ist.[1168] Nach der Rechtsprechung des EuGH sind als diskriminierend all jene innerstaatlichen Vorschriften anzusehen, "die nicht unterschiedslos auf alle Dienstleistungen ohne Rücksicht auf deren Ursprung anwendbar sind."[1169]

Das Diskriminierungsverbot umfasst dabei nicht nur formale, offene Ungleichbehandlungen, d.h. solche, die ausdrücklich an der Staatsangehörigkeit oder dem Ursprung der Dienstleistung ansetzen.[1170] Neben diesen offensichtlichen Schlechterstellungen sind auch alle Formen versteckter Diskriminierung verbo-

---

1166 Eine Rechtsprechung, die allerdings zunehmend in die Kritik gerät, vgl. hierzu beispielsweise *Müller-Graff*, EuR 2002/Beiheft 1, S. 53 ff.

1167 Nach einer verbreiteten Auffassung in der Literatur liegt hierin der Kern der Vertragsvorschrift über die Dienstleistungsfreiheit, vgl. *Randelzhofer/Forsthoff*, in: Grabitz/Hilf, EUV, Art. 49/50, Rdn. 11; *Petersen*, Rundfunkfreiheit, S. 105; *Beutler/Bieber/Pipkorn/Streil*, S. 318 f.; *Nicolaysen*, Europarecht II, S. 177 f.

1168 Vgl. nur beispielsweise *Nicolaysen*, Europarecht II, S. 177 ff.

1169 Ausweitung des zunächst auf die Person des Leistungserbringers beschränkten Diskriminierungsbegriffs gemäß EuGH Rs. 352/85 (Bond van Adverteerders), Slg. 1988, 2085, Rdn. 32.

1170 Diese spielen in der Rechtsprechung des EuGH eine eher untergeordnete Bedeutung, vgl. *Rolshoven*, S. 152.

ten,[1171] also solche Regelungen, die Ungleiches gleich behandeln und deren diskriminierende Auswirkung somit erst auf den zweiten Blick offenbar wird.[1172] Eine versteckte Diskriminierung macht zwar bei formaler Betrachtung keinen Unterschied zwischen In- und Ausländern. Sie führt aber faktisch zu einer Benachteiligung ausländischer Staatsangehöriger, da die ihr zugrundeliegenden Anforderungen, Vorgaben etc. von Inländern in der Regel kraft ihrer Inländereigenschaft, "gleichsam automatisch" oder "typischerweise"[1173] erfüllt werden können.[1174]

Im untersuchungsgegenständlichen Fall werden in Bezug auf ausländische Sendeunternehmen keine besonderen Anforderungen gestellt. Ihnen werden keine Erschwernisse bei der Erbringung ihrer Rundfunkdienstleistung zugemutet, die diese im Hinblick zu den innerstaatlichen Wettbewerbern stärker belasten. Ausländischen Wettbewerbern wird durch die rundfunkorganisatorische Entscheidung des deutschen Rundfunkgesetzgebers weder der Zugang zum deutschen Markt grundsätzlich verwehrt, noch wird der Zugang von der Erfüllung bestimmter dienstleistungs- und/oder unternehmensbezogener Voraussetzungen abhängig gemacht. Eine formale Diskriminierung scheidet damit aus.

Aus Sicht eines ausländischen Rundfunkunternehmens könnte sich aber der Umstand, dass ausschließlich deutsche öffentlich-rechtliche Rundfunkveranstal-

---

1171 Die Terminologie ist weder in der Literatur noch in der Rechtsprechung einheitlich. Gebräuchlich sind auch die Bezeichnungen der „mittelbaren", „indirekten" , „materiellen", „faktischen", „praktischen", „tatsächlichen", „heimlichen", „verdeckten" oder „verschleierten" Diskriminierung, vgl. zu den unterschiedlichen Begriffen mit jeweils weiteren Nachweisen *Rolshoven*, S. 153; kritisch zu dieser Differenzierung beispielsweise *Müller-Graff*, EuR 2002/Beiheft 1, S. 53 f. m.w.N., nach dem nur solche Fälle in den Kreis der „unterschiedlichen Behandlungen" einbezogen werden sollten, in denen die Erschwerung bezweckt oder mangels anderer plausibler Gründe zumindest darauf ausgerichtet erscheint.

1172 *Hakenberg*, in: Lenz, EG, Art. 60, Rdn 24.

1173 *Grabitz*, in: Grabitz/Hilf, EUV, Art. 7, Rdn. 10.

1174 Versteckt diskriminierende Maßnahmen sind von den sogenannten unterschiedslosen Maßnahmen nicht immer leicht zu unterscheiden. Auch die Rechtsprechung des EuGH liefert keine trennscharfe Abgrenzungsdogmatik, vgl. *Hakenberg*, in: Lenz, EG, Art. 60, Rdn. 27; *Randelzhofer/Forsthoff*, in: Grabitz/Hilf, EUV, Art. 49/50, Rdn. 85; zur uneinheitlichen Terminologie vgl. auch *Rolshoven*, S. 135 m.w.N. sowie zur Problematik der Tatbestandsgrenzen der versteckten Diskriminierung *ders.*, ibidem, S. 165 ff. und S. 166, S. 172 ff. (weite Ausdehnung der materiellen Diskriminierung durch die Rechtsprechung).

ter in den Genuss der Gebührenfinanzierung kommen, als eine zumindest versteckt diskriminierende Benachteilung darstellen.[1175]

Dem könnte allerdings entgegenstehen, dass auch deutsche private Veranstalter keine Finanzierung aus dem Gebührenaufkommen beanspruchen können. Der ausländische Wettbewerber sieht sich also ebenso wie der deutsche private Spartenprogrammbetreiber mit dem Anbieter von gebührenfinanzierten Spartenprogrammen konfrontiert. Die hierdurch hervorgerufene verschärfte Wettbewerbssituation, die die Veranstaltung von werbefinanzierten Konkurrenzprogrammen erschwert, ist somit zumindest vordergründig nicht an die mitgliedstaatliche Herkunft eines konkurrierenden Senders geknüpft. Die Benachteiligung derjenigen Veranstalter, die nicht von der Gebühr profitieren, ist vielmehr die Konsequenz einer Systementscheidung des deutschen Rundfunkgesetzgebers. Auch der inländische Wettbewerber befindet sich in der identischen Situation eines verschärften Wettbewerbs als Folge der fraglichen rundfunkpolitischen Entscheidung.[1176] Insoweit wirkt die Maßnahme unterschiedslos.[1177]

Selbst wenn ein ausländisches Unternehmen sich aber bereit erklären sollte, sich sämtlichen vergleichbaren Programmauflagen und sonstigen an die öffentlich-rechtlichen Sender gerichteten Erfordernissen zu unterwerfen, wäre eine Aufnahme in den Kreis der durch die Gebühr Begünstigten ausgeschlossen. Gleiches gilt allerdings wiederum auch für den inländischen privaten Wettbewerber. Auch seine Bereitschaft, die mit der Gebühr verbundenen Pflichten zu erfüllen, verschafft ihm nicht die Möglichkeit, an dem Gebührenaufkommen zu partizipieren.

1175 So beispielsweise die Kommissionsentscheidung zum flämischen Fernsehwerbemonopol, in dem sie in der Monopolisierung zugunsten eines einzigen inländischen Unternehmens eine versteckte Diskriminierung zu Lasten ausländischer Wettbewerber sieht, vgl. Entscheidung vom 26.6.1997, ABl. EG 1997, Nr. L 244 vom 6.9.1997, S. 18 ff., Rdn. 12 („Hier wird unbestreitbar mit Bedacht eine protektionistische Wirkung erzeugt“); vgl. auch *Engel*, Europarechtliche Grenzen, S. 72; zum diskriminierenden Charakter einer Monopolisierung vgl. weiterhin *Roth*, FS f. Steindorff, S. 1331, nach dem eine Diskriminierung schon dann zu bejahen ist, wenn die ausländischen Unternehmen nicht dem „bestgestellten“ Inländer – also dem Monopolträger – gleich gestellt werden; ähnlich *Ehlermann*, EuR 1991, S. 325.

1176 *Gundel*, ZUM 2000, S. 1049.

1177 Vgl. hierzu *Fesenmair*, Öffentliche Dienstleistungsmonopole, S. 84 ff.; *Müller*, Dienstleistungsmonopole, S. 165 f.

Damit reduziert sich die Frage auf die kontrovers diskutierte Problematik, ob ein auf einer nationalen Systementscheidung beruhendes, rechtlich gesichertes Monopol oder eine sonstige Vorzugsstellung eine Diskriminierung darstellt, da hierdurch ein einziges beziehungsweise ausgesuchte inländische Unternehmen vor allen Anbietern aus anderen Mitgliedstaaten privilegiert wird.[1178] Kennzeichnend für die in Frage stehenden nationalen Regulierungen ist also, dass regelmäßig nur inländische Unternehmen von entsprechenden ordopolitischen Systementscheidungen profitieren.

Zunächst ist in diesem Zusammenhang zu beachten, dass eine relevante Diskriminierung nicht etwa bereits deshalb ausgeschlossen ist, weil die Bevorzugung nur einem Teil der inländischen Unternehmen zugute kommt.[1179] Voraussetzung für das Vorliegen einer Diskriminierung ist nicht, dass sämtliche Unternehmen eines Mitgliedstaats gegenüber ausländischen Unternehmen bevorzugt werden. Es genügt vielmehr, dass eine geschaffene Vorzugsregelung nur einem einzigen inländischen Erbringer von Dienstleistungen zugute kommt.[1180]

Eine Diskriminierung lässt sich bei einem abstrakten Vergleich eines inländischen Monopolisten oder in sonstiger Weise Privilegierten mit der Position eines ausländischen Anbieters, der unter keinen Umständen in den Genuss der mitgliedstaatlich gewährten Vorteile zu kommen vermag, nicht von der Hand weisen.[1181] Allerdings kommt es im vorliegenden Zusammenhang nicht auf eine abstrakte Betrachtungsweise an. Vielmehr ist ausschlaggebend, wie sich eine Situation aus der Perspektive des Gemeinschaftsrechts darstellt. Hier spricht die Existenz von Art. 86 Abs. 1 EG gegen die Annahme einer relevanten Diskriminierung.

Der Hauptzweck von Art. 86 Abs. 1 EG besteht zwar darin, die Verbindlichkeit des Vertrages, insbesondere der Wettbewerbsvorschriften, auch für öffentliche

---

[1178] Eine Diskriminierung befürwortend beispielsweise *Roth*, in FS f. Steindorff, S. 1327, Fn. 78; *Engel*, in: Dauses, Handbuch des EU-Wirtschaftsrechts, E.V, Rdn. 71; *Jungbluth*, S. 155; Müller, Dienstleistungsmonopole, S. 135; *Schwartz*, in: Schwarze (Hrsg.), Fernsehen, S. 54 f., Fn. 15; Nach *Heinemann*, S. 96, ist das Vorliegen einer Diskriminierung zweifelhaft, aber möglich.

[1179] *Müller-Graf*, in: Groeben/Schwarze, EUV/EG, Art. 28, Rdn. 158.

[1180] EuGH Rs. C-353/89 (Kommission/Niederlande), Slg. 1991, I-4069, Rdn. 25 f.

[1181] Hierauf weist *Roth*, in: Dauses, Handbuch des EU-Wirtschaftsrechts, E. I, Fn. 371, hin.

und Monopolbetriebe klarzustellen.[1182] Gemäß Art. 86 Abs. 1 EG dürfen die Mitgliedstaaten hinsichtlich ihrer mit besonderen Rechten ausgestatteten Unternehmen keine Maßnahmen vornehmen, die gegen Art. 12 EG und damit das allgemeine Diskriminierungsverbot verstoßen. Auch solche Unternehmen erfahren also gerade keine Freistellung von dem Diskriminierungsverbot.[1183]

Zugleich wird aber mit Art. 86 Abs. 1 EG implizit zum Ausdruck gebracht, dass das Gemeinschaftsrecht die Befugnis der Mitgliedstaaten voraussetzt, Unternehmen besondere oder ausschließliche Recht zu gewähren und sie insoweit im Wettbewerb zu privilegieren oder diesem überhaupt zu entziehen. Die Formulierung der Vorschrift verdeutlicht, dass die Konstituierung entsprechender Unternehmen, d.h. der Akt der Übertragung besonderer Rechte auf inländische Unternehmen beziehungsweise deren Existenz als solche aus Sicht des Gemeinschaftsgesetzgebers nicht bereits *per se* schon eine im Rahmen des Vertragskontextes relevante Diskriminierung oder einen sonstigen Vertragsverstoß darstellt.[1184] Entsprechende Privilegierungen sind aus Gemeinschaftssicht nicht grundsätzlich abzustellen[1185] sondern unter bestimmten Voraussetzungen hinzunehmen. Die Maßnahme der Privilegierung kann also mit anderen Worten nicht gleichzeitig eine nach Art. 86 Abs. 1 EG verbotene Maßnahme darstellten.[1186] Insofern kann sie als solche auch nicht vom allgemeinen Diskriminierungsgebot erfasst werden.

Die Existenz von Monopol- oder monopolartigen Unternehmen ist somit nicht etwa schon *per se* mit dem Vertrag unvereinbar.[1187] Dies trägt dem Gemein-

---

1182 *Hochbaum*, in: Groeben/Thiesing/Ehlermann, EUV/EG, Art. 90, Rdn. 4; *Pernice/Wernicke*, in: Grabitz/Hilf, EUV, Art. 86, Rdn. 5.

1183 Ausführlicher hierzu *Bauer*, Wettbewerbsbeschränkungen, S. 164 ff.

1184 *Mestmäcker*, in: Mestmäcker/Immenga, Art. 37, 90, C. Art. 90 Abs. 1, Rdn. 42; *Kluth*, in: Calliess/Ruffert, EUV/EG, Art. 50, Rdn. 71; ebenso *Charissé*, S. 172 ff.; vgl. ebenfalls *Ipsen*, Rundfunk, S. 65; *Schwarze*, in: ders., (Hrsg.), Fernsehen, S. 35; vgl. aber auch *Ehricke*, EuZW 1993, S. 213, nach dem bereits die Ausübung von ausschließlichen oder besonderen Rechten, die einem Unternehmen übertragen worden sind, eine missbräuchliche Ausnutzung einer beherrschenden Stellung im Sinne von Art. 82 EG darstellt.

1185 Vgl. allerdings die besondere Vorschrift für Handelsmonopole gemäß Art. 31 EG.

1186 *Bauer*, Wettbewerbsbeschränkungen, S. 176 m.w.N.

1187 *Mestmäcker*, in: Immenga/Mestmäcker, EG-Wettbewerbsrecht, Art. 37, 90, C. Art. 90 Abs. 1, Rdn. 24; ausführlich hierzu *Bauer*, Wettbewerbsbeschränkungen, S. 176 ff.; sehr weitgehend, allerdings primär auf öffentliche Unternehmen im Sinne von Art. 86

Fußnote fortgesetzt

schaftsziel Rechnung, zwar eine Verschmelzung der mitgliedstaatlichen Märkte herbeizuführen, nicht aber durch die hiermit verbundene Marktöffnung *de facto* eine Deregulierung der im mitgliedstaatlichen Hoheitsbereich verbliebenen Sektoren zu betreiben.

Dieses Verständnis wird auch durch die Rechtsprechung des EuGH bestätigt.[1188] Bereits aus der *Sacchi*-Entscheidung folgt, dass der Gerichtshof Art. 86 Abs. 1 EG die grundsätzliche Berechtigung zugunsten der Mitgliedstaaten entnimmt, entsprechende Monopole zu unterhalten. Der Gerichtshof führt in der Entscheidung aus, dass "ein Unternehmen, das ein Monopol für Fernsehwerbesendungen besitzt, nicht schon durch seine Existenz den Grundsatz des freien Warenverkehrs" verletzt[1189] sowie dass Art. 86 Abs. 1 EG "es den Mitgliedstaaten unter anderem (gestattet, Hinzuf. d. Verf.), Unternehmen besondere oder ausschließliche Rechte zu gewähren."[1190] Allein die Verleihung ausschließlicher oder besonderer Rechte zugunsten von inländischen Unternehmen durch einen Mitgliedstaat stellt hiernach also noch keine Diskriminierung im Sinne des Gemeinschaftsrechts dar.[1191]

Diese Rechtsprechung bestätigt der EuGH in der Rechtssache *Telemarketing*[1192] und konkretisiert sie weiter im *ERT*-Urteil.[1193] Auch hier sieht er in der Schaffung einer Vorzugsstellung zugunsten eines inländischen Unternehmens nicht bereits eine relevante Diskriminierung. Unter anderem hat er in Bezug auf das griechische Fernsehmonopol festgestellt, "dass es für sich genommen keine Maßnahme mit gleicher Wirkung wie eine mengenmäßige Beschränkung im Sinne von Art. 30 EGV[1194] darstellt, wenn einem einzigen Unternehmen ausschließliche Rechte im Bereich der Ausstrahlung von Fernsehsendungen einge-

---

Abs. 1 EG fokussiert, *Burgi*, EuR 1997, S. 274; *Frey*, Fernsehen, S. 132 ff. m.w.N., der zu Recht darauf hinweist, dass Art. 86 EG damit gemeinsam mit Art. 295 EG die Zurückhaltung des EG gegenüber der wirtschaftsverfassungsrechtlichen Grundentscheidungen der Mitgliedstaaten zum Ausdruck bringt.

1188 Ebenso *Heinemann*, S. 128; Vgl. weiterhin ausführlich hierzu *Müller*, Dienstleistungsmonopole, S. 144 ff.

1189 EuGH Rs. 155/73 (Sacchi), Slg. 1974, 409; Rdn. 7.

1190 EuGH Rs. 155/73 (Sacchi), Slg. 1974, 409, Rdn. 14.

1191 EuGH Rs. 155/73 (Sacchi), Slg. 1974, 409, Ziff. 10 des Urteilstenors.

1192 EuGH Rs. 311/84 (Telemarketing), Slg. 1985, 3261, Rdn. 17.

1193 EuGH Rs. C-260/89 (ERT), Slg. 1991, I-2925.

1194 Art. 28 n. F EG.

räumt werden und ihm zu diesem Zweck die ausschließliche Befugnis verliehen wird, die zur Verbreitung der Sendungen erforderlichen Materialien und Erzeugnisse einzuführen, zu vermieten oder zu verbreiten."[1195]

In der Folge hat der Gerichtshof immer wieder festgestellt, dass Art. 86 Abs. 1 EG das Vorhandensein von Unternehmen voraussetzt, die über bestimmte besondere oder ausschließliche Rechte verfügen.[1196] Auch in der jüngeren Vergangenheit hat der EuGH diese Einordnung von privilegierten Unternehmen in den Gemeinschaftsvertragskontext nochmals ausdrücklich bekräftigt. Im Rahmen der Rechtssache *Läärä*[1197] ging es beispielsweise um ein nationales Monopol für den Betrieb von Glücksspielautomaten. Diesbezüglich hat der Gerichtshof ausgeführt, dass die fragliche Monopolisierung "keine Diskriminierung aus Gründen der Staatsangehörigkeit (darstellt), da jedem anderen als der zugelassenen Vereinigung der Betrieb dieser Apparate untersagt ist."[1198] Die beherrschende Stellung beziehungsweise die Vorzugstellung, die ein Unternehmen innehat, weil ein Mitgliedstaat ihm ausschließliche oder besondere Rechte im Sinne von Art. 86 Abs. 1 EG verliehen hat, führt also *per se* noch nicht zwangsläufig zu einer Diskriminierung oder sonstigen Gemeinschaftsrechtswidrigkeit.[1199]

1195 EuGH Rs. C-260/89 (ERT), Slg. 1991, I-2925, 2958, Rdn. 15.

1196 Vgl. beispielsweise die Entscheidung *Telekommunikationsendgeräte*, EuGH Rs. C-202/88 (Frankreich/Kommission), Slg. 1991, I-1223, Rdn. 22 und das Urteil zum niederländischen Mediengesetz (Mediawet), EuGH Rs. C-353/89 (Kommission/Niederlande), Slg. 1991, I-4069, Rdn. 34; vgl. auch die Rechtsprechung zu den Monopolen im Energiesektor EuGH Rs. C-157/94 (Kommission/Niederlande), Slg. 1997, I-5699, Rdn. 27; EuGH Rs. C-158/94 (Kommission/Italien), Slg. 1997, I-5789, Rdn. 38; EuGH Rs. C-159/94 (Kommission/Frankreich), Slg. 1997, I-5815, Rdn. 44; vgl. weiterhin die Entscheidung des EuG Rs. T-266/97 (VTM/Kommission), Slg. 1999, II-2329, Rdn. 106.

1197 EuGH Rs. C-124/97 (Läärä), Slg. 1999, I-6067.

1198 EuGH Rs. C-124/97 (Läärä), Slg. 1999, I-6067, Tz. 28; im übrigen hat das europäische Gericht erster Instanz in der Rechtssache *VTM* in ausdrücklicher Abweichung vom Ansatz der Kommission, die insoweit von einer versteckten Diskriminierung ausging, die Frage des Vorliegens von diskriminierenden Auswirkungen durch das flämische Fernsehwerbemonopol offengelassen, EuGH Rs. T-266/97 (VTM), Slg. 1999, II-02329, Tz. 114.

1199 So ausdrücklich EuGH Rs. C-179/90 (Merci convenzionali porto di Genova SpA), Slg. 1991, I-5889, Rdn. 16.

Die entgegengesetzte Schlussfolgerung lässt sich auch nicht, wie teilweise vertreten,[1200] auf die Rechtssache *Bond van Adverteerders* stützen. Hier hatte der Gerichtshof in der verfahrensgegenständlichen Bestimmungen der niederländischen *Kabelregeling* lediglich deshalb eine Diskriminierung gesehen, da die konkrete Ausgestaltung des existierenden Monopols für die Verbreitung von Werbemitteilungen dazu führte, dass ausländische Anbieter gänzlich vom Zugang zum niederländischen Publikum ausgeschlossen waren, während dies inländischen Unternehmen über den Monopolisten gestattet war.[1201] Anknüpfungspunkt für den Gerichtshof war mithin auch hier nicht die Monopolisierung als solche sondern deren struktureller Zuschnitt mit dem Ziel einer jenseits der Monopolisierung liegenden Benachteiligung von ausländischen Konkurrenten.

Aus dem zuletzt genannten Verfahren wird deutlich, dass die Befugnis der Mitgliedstaaten, einzelne Unternehmen durch die Zuordnung besonderer Rechte dem Wettbewerb zu entziehen, jedoch nicht bedeutet, dass ihnen dies in beliebiger Weise gestattet ist.[1202] Der Gerichtshof hat von Anfang an unmissverständlich klargestellt, dass eine privilegierte Marktposition nicht dazu missbraucht werden darf, Wettbewerber aus anderen Mitgliedstaaten zu diskriminieren.

Bereits in der Entscheidung *Sacchi* hat der Gerichtshof ausgeführt, dass die Einräumung einer Vorzugsstellung auf Gründen basieren muss, "die im öffentlichen Interesse liegen."[1203] Im Urteil *ERT* wiederholt er unter Bezugnahme auf das Verfahren *Sacchi*, dass die Gesetzgebung durch im öffentlichen Interesse liegende Gründe „nichtwirtschaftlicher Art" gekennzeichnet sein müsse, damit eine Monopolisierung mit den Vorgaben des Gemeinschaftsrechts gemäß Art. 86 Abs. 1 EG vereinbar ist.[1204] In dem Urteil zum niederländischen *Mediawet* spezifiziert er diese Rechtsprechung weiter dahingehend, dass das in Art. 86 EG ver-

---

[1200] Hierauf hatten sich aber zum Teil die Befürworter einer Diskriminierung gestützt vgl. *Engel*, in: Dauses, Handbuch des EU-Wirtschaftsrechts, E.V., Rdn. 71; wie hier *Mestmäcker*, in Immenga/Mestmäcker, EG-Wettbewerbsrecht, C. Art. 90 Abs. 1, Rdn. 42.

[1201] EuGH Rs. 352/85 (Bond van Adverteerders), Slg. 1988, 2085, Rdn. 26.

[1202] Ausführlich hierzu *Heinemann*, S. 87 ff.; ebenso *Müller*, Dienstleistungsmonopole, S. 144 ff.

[1203] EuGH Rs. 155/73 (Sacchi), Slg. 1974, 409, Rdn. 14. Im deutschen Text der amtlichen Sammlung fehlt dabei aufgrund eines redaktionellen Versehens der Vorbehalt, dass die fraglichen Gründe „nichtwirtschaftlicher Art" sein müssen, vgl. *Mestmäcker*, in Immenga/Mestmäcker, EG-Wettbewerbsrecht, Art. 37, 90, C. Art. 90 Abs. 1, Rdn. 24.

[1204] EuGH Rs. C-260/89 (ERT), Slg. 1991, I-2925, Rdn. 12.

briefte Recht, Unternehmen bestimmte besondere oder ausschließliche Rechte zu gewähren, nicht dazu führt, dass "alle besonderen oder ausschließlichen Rechte notwendigerweise mit dem EWG-Vertrag vereinbar sind." Ob dies tatsächlich der Fall ist, sei "anhand der verschiedenen Vorschriften zu prüfen, auf die Artikel 90 Absatz 1 EG[1205] verweist."[1206] In der sich anschließenden Untersuchung prüft er sodann, ob die durch die Einräumung einer Vorzugsstellung hervorgerufenen Beschränkungen des freien Dienstleistungsverkehrs durch "Gründe des Allgemeininteresses gerechtfertigt sein können."[1207]

Die Untersuchungen, die der Gerichtshof im Fall einer mitgliedstaatlich eingeräumten Vorzugstellung vornimmt, beinhalten somit nicht nur die Überprüfung, ob die konkrete Ausgestaltung einer privilegierten Stellung beziehungsweise deren Ausübung andere Wettbewerber diskriminiert. Diese Gefahr eines diskriminierenden Missbrauchs einer privilegierten Marktsituation hatte er beispielsweise in der Sache *ERT* festgestellt.[1208] Die Systementscheidung des griechischen Rundfunkgesetzgebers, nach der in der Hand des Monopolisten nicht nur das ausschließliche Recht zur Ausstrahlung eigener Sendungen, sondern auch das Recht zum Empfang und zur Übertragung von Sendungen aus anderen Mitgliedstaaten gebündelt war, begründete für den Gerichtshof eine strukturell begründete Missbrauchsgefahr.[1209] Auch in der Rechtssache *Porto di Genova* stellt der EuGH die Unvereinbarkeit einer Vorzugsstellung mit dem Gemeinschaftsrecht vor dem Hintergrund fest, dass durch den Mitgliedstaat eine Lage geschaffen worden war, in der sich das privilegierte Hafenunternehmen unter dem Schutz der ausschließlichen Rechte missbräuchlich verhalten konnte und dies im

---

1205 Art. 86 n. F EG.

1206 EuGH Rs. C-353/89 (Kommission/Niederlande), Slg. 1991, I-4069, Rdn. 34; vgl. insbesondere auch EuGH Rs. C-202/88 (Telekommunikations-Endgeräte), Slg. 1991, I-1223, Rdn. 22; ebenso EuGH Rs. T-266/97 (Vlaamse Televisie Maatschapij), Slg. 1999, II-2329, Rdn. 106.

1207 EuGH Rs. C-353/89 (Kommission/Niederlande), Slg. 1991, I-4069, Rdn. 35.

1208 Hier führte der Gerichtshof aus, dass die "Modalitäten der Ausgestaltung und Ausübung eines solchen Monopols" weder gegen die Grundfreiheiten noch gegen die Wettbewerbsvorschriften verstoßen dürften, vgl. EuGH Rs. C-260/89 (ERT), Slg. 1991, I-2925, Rdn. 12 und 20.

1209 EuGH Rs. C-260/89 (ERT), Slg. 1991, I-2925, Rdn. 21 ff.

Ergebnis auch tat, ohne dass der Mitgliedstaat im Rahmen seiner Aufsichtsmöglichkeiten dies unterband.[1210]

Darüber hinaus muss auch der Wettbewerbsentzug der betroffenen Unternehmen als solcher aufgrund eines öffentlichen, mit dem Gemeinschaftsrecht zu vereinbarenden Interesses vorgenommen worden sein.[1211] Die Einräumung besonderer oder ausschließlicher Rechte muss also am gesamten Vertrag gemessen werden.[1212] Diese Einschränkungen bei der Bewertung der Zulässigkeit einer Monopolisierung durch einen Mitgliedstaat ähneln den Schranken der Grundfreiheiten in auffallender Weise, d.h. solchen "Allgemeininteressen", die der Gerichtshof in ständiger Rechtsprechung im Rahmen der Rechtfertigung einer nicht diskriminatorischen Beschränkung des Dienstleistungsverkehrs anerkennt.[1213]

Auch dieser Umstand, d.h. dass der EuGH im Kontext der Vereinbarkeit von Monopolisierungen auf das aus dem Zusammenhang mit den unterschiedslosen Maßnahmen bekannte Kriterium der Allgemeininteressen zurückgreift, spricht dafür, dass der Gerichtshof in dem bloßen Vorhandensein von Monopolstellun-

---

1210 EuGH Rs.C-179/90 (Merci conventionali porto di Genova SpA), Slg. 1992, I-5889, Rdn. 19.

1211 Nähere Ausführungen dazu, dass im Ausnahmefall bereits der Wettbewerbsentzug durch die Gewährung und Aufrechterhaltung besonderer Rechte zu einem Wettbewerbsverstoß führen kann vgl. bei *Mestmäcker*, in: Immenga/Mestmäcker, EG-Wettbewerbsrecht, Art. 37, 90, C. Art. 90 Abs. 1, Rdn. 51 ff. m.w.N.

1212 Vgl. hierzu ausführlich *Heineman*, S. 90 ff.

1213 Dies erscheint vor dem Hintergrund der komplementären Funktionen von Verkehrsfreiheiten und Wettbewerbsrecht auch nur stringent. Während der Zweck der Grundfreiheiten auf die Errichtung eines Marktes ohne Binnengrenzen gerichtet ist, dienen die Wettbewerbsregeln dem Ziel, die Unternehmen und die Mitgliedstaaten daran zu hindern, den aus der Öffnung der Märkte entstandenen Wettbewerb wieder einzuschränken oder zu verfälschen, vgl. hierzu *Mestmäcker*, in: Immenga/Mestmäcker, EG-Wettbewerbsrecht, Art. 37, 90, B. Art. 90 im System des EG-Vertrags, Rdn. 4. Soweit das Gemeinschaftsrecht aber anerkennt, dass sich ein bestimmtes mitgliedstaatliches Interesse gegenüber den Grundfreiheiten und insoweit eine mitgliedstaatliche Regulierung gegenüber der Marktöffnung durchsetzt, erscheint es nur folgerichtig, dass sich die entsprechenden Interessen auch gegenüber dem Prinzip des freien, unverfälschten Wettbewerbs behaupten. Vgl. hierzu *Heinemann*, S. 100, Fn. 508 und S. 146 ff.; *Bauer*, Wettbewerbsbeschränkungen, S. 246 ff.; *Frey*, Fernsehen, S. 91 und S. 134 zieht aus dieser Parallelität zu Recht die Schlussfolgerung, dass die Wettbewerbsbeschränkungen durch Unternehmen, denen besondere oder ausschließliche Rechte gewährt worden sind, durch die gleichen zwingenden Gründe im Allgemeininteresse gerechtfertigt werden müssen wie Beschränkungen der Dienstleistungsfreiheit; ebenso *Müller*, Dienstleistungsmonopole, S. 146.

gen noch keine diskriminierende Beschränkung des Dienstleistungsverkehrs sieht.[1214] Nach der herkömmlichen Dogmatik[1215] des Gerichtshofs können diskriminierende Maßnahmen nämlich grundsätzlich nur durch die vertraglich normierten Schrankenvorbehalte,[1216] nicht jedoch unter Rückgriff auf Gründe des Allgemeininteresses gerechtfertigt werden.[1217]

Zusammenfassend lässt sich damit festhalten, dass nicht bereits die Systementscheidung für eine Monopolisierung oder die Übertragung ausschließlicher oder besonderer Rechte zugunsten eines inländischen Unternehmens als solche, d.h. nicht bereits das *ob* einer Privilegieneinräumung eine gemeinschaftsrechtlich relevante Diskriminierung darstellt.[1218] Vielmehr muss die konkrete Ausgestaltung, also das *wie* darauf überprüft werden, ob hiervon diskriminierende oder sonstige Wirkungen ausgehen, die mit den übrigen Vertragsbestimmungen nicht vereinbar sind.[1219] Das Vorgesagte gilt allerdings mit der Einschränkung, dass die Gründe für die Privilegierung mit dem Gemeinschaftsrecht vereinbar sein müssen.

Für den Untersuchungsgegenstand bedeutet dies, dass somit allein in dem Umstand, dass einem ausländischen Wettbewerber die Partizipierung an dem Gebührenaufkommen verwehrt bleibt und ausschließlich inländische öffentlich-rechtliche Anstalten in den Genuss der Gebühr kommen, aus gemeinschaftsrechtlicher Perspektive keine Diskriminierung liegt. Damit stellt sich nunmehr

---

1214 So auch die Auslegung des Generalanwalts *Lenz* in seinen Schlussanträgen zu der Rs. C-260/89 (ERT), Slg. 1991, I-2925, Rdn. 9; ebenso *Heinemann*, S. 128 sowie S. 139 f. („Auf die Tatsache, dass durch ein staatliches Monopol zumindest *ein* inländisches Unternehmen bevorzugt wird, kommt es demnach nicht an; entscheidend ist vielmehr die Perspektive, dass durch das staatliche Monopol in- und ausländische Unternehmen in gleicher Weise vom Markt ausgeschlossen werden.").

1215 Vgl. hierzu aber die neueren Entwicklungen unter Teil 3B.I.

1216 Im Fall einer Verletzung der Dienstleistungsfreiheit wären dies also die Art. 45, 46 EG, die über die Verweisungsnorm nach Art. 55 EG auch für den Dienstleistungsbereich anwendbar sind. Diese werden seitens des EuGH aber nicht erwogen.

1217 Vgl. hierzu sowie zu den gegenwärtig in diesem Zusammenhang bestehenden verschiedenen Deutungen des Anwendungsbereichs der ungeschriebenen Rechtfertigungsgründe ausführlicher unter Teil 3 B.I.

1218 *Kluth*, in: Calliess/Ruffert, EUV/EG, Art. 50, Rdn. 71; ebenso *Gundel*, ZUM 2000, S. 1053 f. unter Bezugnahme auf EuG Rs. T-266/97 (VTM/Kommission), Slg. 1999, II-2329; *Roth*, in: Dauses, Handbuch des EU-Wirtschaftsrechts, E. I, Rdn. 132; *Bauer*, Wettbewerbsbeschränkungen, S. 176.

1219 Hierzu ausführlicher *Müller*, Dienstleistungsmonopole, S. 198 ff.

die Frage, ob der Umstand der Gebührenfinanzierung die Dienstleistungsfreiheit in sonstiger relevanter Weise einschränkt.

2. Die aus der Gebührenfinanzierung resultierende Vorzugsstellung als unterschiedslos wirkende Beschränkung von Art. 49 EG

Im Zuge des Bedeutungswandels des Art. 49 EG von einer ursprünglich personenbezogenen, den Freizügigkeitsrechten verwandten zu einer mehr produktorientierten Grundfreiheit ist mittlerweile anerkannt, dass auch unterschiedslos wirkende Maßnahmen als Beschränkung angesehen werden können.[1220] Unterschiedslose Maßnahmen sind solche, die fremde Staatsangehörige zwar nicht schlechter stellen, welche aber dennoch den Dienstleistungsverkehr behindern.[1221] Die Ansätze für den Bedeutungswandel entstanden nahezu zeitgleich und in Übereinstimmung mit der *Dassonville*-Rechtsprechung zur Warenverkehrsfreiheit.[1222] Ihnen liegt die gleiche Zielrichtung wie der Rechtsprechung zu Art. 28 EG zugrunde.

Der EuGH hält demnach Beschränkungen des freien Dienstleistungsverkehrs selbst dann für möglich, wenn sie für einheimische Dienstleistende wie für Dienstleistende anderer Mitgliedstaaten gelten. Eine Beschränkung liegt bereits dann vor, wenn nationale Vorschriften "geeignet sind, die Tätigkeit des Dienstleistenden, der in einem anderen Mitgliedstaat ansässig ist und dort rechtmäßig ähnliche Dienstleistungen erbringt, zu unterbinden oder zu behindern."[1223] Art. 49 EG zielt damit in der vom EuGH vorgenommenen Auslegung darauf ab, Eingriffe schlechthin zu untersagen, die Dienstleistungen erschweren oder unmöglich machen beziehungsweise die, ohne dass sie protektionistische Absich-

---

1220 Vgl. hierzu oben Teil 3 A.II.

1221 Zu der Fallgruppe der Beschränkungen ohne Schlechterstellung (sog. „core restrictions“) vgl. *Jarass*, EuR 2000, S. 71.

1222 Ständige Rspr. des EuGH seit der Rs. 33/74 (van Binsbergen), Slg. 1974, 1299, Rdn. 10/12; aus der umfangreichen Literatur vgl. hierzu bspw. nur *Hakenberg*, in: Lenz, EG, Art. 60, Rdn. 20.

1223 EuGH, Rs. C-76/90 (Säger), Slg. 1991, S. I-4221, Rdn. 12; in der Rs. C-55/94 (Gebhard), Slg. 1955, I-4165, Rdn. 37, bezeichnet der EuGH alle solche Regelungen als Eingriff, die die Ausübung der Grundfreiheiten „behindern oder weniger attraktiv machen können“; vgl. *Kluth* in: Calliess/Ruffert, EUV/EG, Art. 50, Rdn. 38; *Rolshoven*, S. 238 (Beschränkungsbegriff heute nahezu ähnlich weit wie der Begriff der Maßnahme gleicher Wirkung gemäß Art. 28 EG).

ten verfolgen, marktspaltend oder wettbewerbsverfälschend[1224] wirken,[1225] wobei gerade auch der bloß potentielle Marktzutritt durch Art. 49 EG geschützt wird.[1226]

Die Tätigkeit eines ausländischen Unternehmens auf dem deutschen Markt kann durchaus durch die Veranstaltung der öffentlich-rechtlichen Spartenangebote erschwert werden.[1227] Dabei geht es nicht darum, dass sich ein ausländischer Konkurrent auf dem relevanten Markt überhaupt mit weiteren Wettbewerbern konfrontiert sieht.[1228] Die öffentlich-rechtlichen Anbieter sind aber gegenüber den privaten Konkurrenten dadurch begünstigt, dass sie infolge staatlicher ordnungspolitischer Entscheidung dem wirtschaftlichen Wettbewerb enthoben sind, während sich der private Veranstalter seine Finanzierungsgrundlagen am Markt erst verdienen muss. Diesbezüglich ist er von seinem Erfolg im Wettbewerb um die begrenzten Fernsehkonsumkontingente der Zuschauer abhängig. Im Kampf um den Fernsehzuschauermarkt steht er in direkter Konkurrenz mit den öffentlich-rechtlichen Anbietern, die ihrerseits von den Marktzwängen befreit sind. Insofern besteht ein hinkender Wettbewerb zulasten privater ausländischer Konkurrenten, der sich marktspaltend beziehungsweise wettbewerbsverzerrend auswirken kann. Die hierdurch bedingten erschwerten Wettbewerbsbedingungen auf dem deutschen Fernsehmarkt könnten somit eine Beschränkung im Sinne von Art. 49 EG bedeuten.

Die erschwerten Wettbewerbsbedingungen für einen ausländischen Wettbewerber resultieren vorliegend jedoch daraus, dass der deutsche Rundfunkgesetzgeber bestimmte rundfunkpolitische Ziele verfolgt. Hierzu schöpft er die ihm auch aus gemeinschaftsrechtlicher Perspektive zustehenden sektoralen Befugnisse

---

1224 Zur Heranziehung von Wettbewerbsmomenten vgl. *Leible*, in: Grabitz/Hilf EUV, Art. 28, Rdn. 16.

1225 Vgl. *Müller-Graff*, in: Groeben/Schwarze, EUV/EG, Art. 28, Rdn. 34; vgl. zu dem weiten Beschränkungsverbot auch *Schroeder*, EuGRZ 1994, S. 373 ff.; *Kort*, JZ 1996, S. 132 ff.; weiterhin *Mojzesowicz*, S. 66 f.

1226 *Reich*, ZHR 153 (1989), S. 580.

1227 Nach den Ausführungen der Beschwerdeführer der Spartenbeschwerde musste ein mit dem Kinderkanal konkurrierender, werbefinanzierte Sender den Betrieb in Folge des verschärften Wettbewerbs sogar gänzlich einstellen, vgl. Kommissionsentscheidung - Staatliche Beihilfen Nr. NN 79/98 – Deutschland (Kinderkanal und Phoenix) vom 24.02.1999, Ziff. 6.3.

1228 Die Ermöglichung und Sicherung eines grenzüberschreitenden Wettbewerbs ist ja gerade Ziel der Grundfreiheiten.

aus, ohne dabei protektionistische Absichten zu verfolgen. Damit fragt sich, ob die hiervon ausgehenden Behinderungen des innergemeinschaftlichen Handels bereits vom Schutzbereich von Art. 49 EG erfasst werden.

Bei der Prüfung, ob eine nationale Maßnahme unter das Beschränkungsmerkmal im Sinne von Art. 49 EG fällt, ist zu berücksichtigen, dass, ähnlich wie bereits im Hinblick auf Art. 28 EG festgestellt, nicht jedes auf nationalen Vorschriften beruhende Erschwernis für die Ausführung einer Tätigkeit bereits einen Verstoß gegen Art. 49 EG darstellen kann. Andernfalls bestünde auch hier die Gefahr der Überdehnung des Anwendungsbereichs von Art. 49 EG und einer zu starken Beschneidung mitgliedstaatlicher Regelungsräume. Die Grundfreiheiten dürfen aber, wie bereits festgestellt, nicht als Instrument der Deregulierung der nationalen Wirtschaftssysteme und Rechtsordnungen missbraucht werden.[1229] Dies wäre jedoch der Fall, sofern jeder Reflex auf den innergemeinschaftlichen Handel ausreichen würde, um einen Verstoß gegen eine Grundfreiheit zu begründen.

Eine Einschränkung des Tatbestands der Dienstleistungsfreiheit muss jedoch bei den Vorgaben der EuGH-Rechtsprechung ansetzen, die, wie bereits dargestellt, einer autonomen, d.h. von Fragen der sektorenspezifischen Zuordnung unabhängigen Schutzbereichsdogmatik folgt.[1230] Angesichts der strukturellen Ähnlichkeit zwischen Warenverkehrs- und Dienstleistungsfreiheit kommt eine Übertragung der *Keck*-Rechtsprechung zum Zwecke einer weiteren Konturierung des Beschränkungsbegriffs im Rahmen von Art. 49 EG in Frage (Teil 3 A.II.2.a)). Kann ein entsprechender Transfer auf Art. 49 EG befürwortet werden, fragt sich sodann, ob die hiermit einhergehende Schutzbereichseingrenzung zur Folge hat, dass der hier interessierende Sachverhalt bereits aus dem Anwendungsbereich von Art. 49 EG fällt (Teil 3 A.II.2.b)).

a) Teleologische Reduktion des Anwendungsbereichs von Art. 49 EG infolge sinngemäßer Anwendung der *Keck*-Rechtsprechung?

Für eine Übertragung der *Keck*-Grundsätze auf die Dienstleistungsfreiheit spricht insbesondere der Umstand, dass die mit der *Keck*-Entscheidung eingelei-

---

1229 *Joliet*, GRUR Int. 1994, S. 987, beschreibt das mit den Worten, dass die Grundfreiheiten "keine Waffe im Kampf der Unternehmen gegen die Regelungen unterschiedlichster Art, die in jedem unserer Staaten ihrer geschäftlichen Tätigkeiten beherrschen. Dies ist die Lektion des Urteils Keck und Mithouard."; in diesem Sinne auch *Möschel*, NJW 1994, S. 431.

1230 Vgl. hierzu oben Teil 2 E.IV.6.d).

tete Rechtsprechungsänderung letztlich auf die Konsequenzen der *Dassonville*-Formel zurückzuführen ist, in deren Zuge der Anwendungsbereich von Art. 28 EG zunächst übermäßig ausgeweitet wurde.[1231] Da die *Dassonville*-Formel auch für Art. 49 EG herangezogen wird, erscheint es nur folgerichtig, die auf dieser Grundlage als erforderlich angesehenen Einschränkungen der *Keck*-Rechtsprechung auch auf die Dienstleistungsfreiheit zu übertragen.[1232]

Auch im Schrifttum wird die Übertragung grundsätzlich befürwortet.[1233] Allerdings wird zu Recht darauf hingewiesen, dass eine Übertragung nur bei Überwindung gewisser Schwierigkeiten möglich ist.[1234] Während die ursprünglich für die Warenverkehrsfreiheit entwickelte *Keck*-Formel nämlich eine Abgrenzbarkeit zwischen Produktanforderungen und Vertriebsmodalitäten voraussetzt, ist eine entsprechende klare Trennung im Dienstleistungsbereich häufig nicht möglich.[1235] Bei nichtkörperlichen Leistungen ist das "Produkt" der Dienstleistung nicht selten untrennbar mit dessen Vertriebsmodalität verbunden.[1236]

Der EuGH hat sich mit dieser Frage erstmals in der Angelegenheit *Alpine Investments* aufgrund eines entsprechenden Vortrags der beteiligten Regierungen beschäftigt. Zwar hat der Gerichtshof keine expliziten Ausführungen zur Übertragbarkeit der Rechtsprechung gemacht. Er hat jedoch im Rahmen seiner Erwägungen die Voraussetzungen der *Keck*-Formel erörtert.[1237] Dies spricht dafür, dass er die Grundsätze prinzipiell für übertragbar hält, auch wenn er sich nicht auf eine verbindliche Formel für die Dienstleistungsfreiheit einlässt.[1238] In ähnli-

---

1231 Vgl. hierzu oben Teil 2 E.IV.6.b).

1232 So auch *Charissé*, S. 179 f. ; ebenso *Mojzesowicz*, S. 108.

1233 Bspw. *Ehlers*, in: ders. (Hrsg.), S. 175, Rdn. 69; *Mojzesowicz*, S. 104 ff. mit vorheriger Literaturauswertung, S. 98 ff.; *Kingreen*, S. 63; vgl. weiterhin den umfangreichen Überblick bei *Randelzhofer/Forsthoff*, in: Grabitz/Hilf, EUV, Art. 49/50, Rdn. 92-98; kritisch *Kort*, JZ 1996, S. 137 ff.; *Pache*, in: Ehlers (Hrsg.), S. 284, Rdn. 52.

1234 *Randelzhofer/Forsthoff*, in: Grabitz/Hilf, EUV, Art. 49/50, Rdn. 96; *Ahlt*, Europarecht, S. 119 und *Kort*, JZ 1996, S. 136; aus diesem Grunde eine Übertragung der Formel ablehnend, allerdings die hinter der *Keck*-Entscheidung stehende *ratio decidendi* auch für den Dienstleistungsbereich befürwortend *Rolshoven*, S. 240.

1235 Zutreffend *Mojzesowicz*, S. 107 m.w.N:

1236 Hierauf weist zu Recht *Kort*, JZ 1996, S. 136, hin.

1237 EuGH Rs. C-384/93 (Alpine Investments), Slg. 1995, I-1141, Rdn. 32-38.

1238 Ähnlich *Randelzhofer/Forsthoff*, in: Grabitz/Hilf, EUV, Art. 49/50, Rdn. 93; *Kingreen*, S. 62; *Rolshoven*, S. 239 f.; *Kingreen*, S. 63; laut *ders.*, in: v. Bogdandy, Europäisches

Fußnote fortgesetzt

cher Weise ist der EuGH auch in Rahmen des *Bosman*-Urteils verfahren, in dem er sich mit der Frage der Freizügigkeit von Berufsfußballspielern beschäftigt hat.[1239]

Soweit ersichtlich, existiert somit noch keine eindeutige Feststellung des EuGH, in welcher Weise die Differenzierung der *Keck*-Formel zwischen solchen Fällen, die in den Anwendungsbereich von Art. 28 EG fallen und solchen, die außerhalb dessen anzusiedeln sind, auf die anderen Grundfreiheiten übertragen werden kann.[1240] Um die Grundgedanken für die vorliegend interessierende Dienstleistungsfreiheit fruchtbar zu machen, ist es daher erforderlich, auf die der formalen Unterscheidung zwischen "Produktregelung" und "Vertriebsmodalität" zugrundeliegende *ratio decidendi* abzustellen.[1241]

Wie zuvor dargestellt, hat der EuGH im Zuge der *Keck*-Rechtsprechung nationale Bestimmungen über Verkaufsmodalitäten unter bestimmten Voraussetzungen bereits dem Anwendungsbereich von Art. 28 EG entzogen.[1242] Liegen die seitens des EuGH geforderten Voraussetzungen vor, so seien die nationalen Maßnahmen nämlich bereits nicht geeignet, "den Marktzugang für diese (ausländischen) Erzeugnisse zu versperren oder stärker zu behindern, als sie dies für inländische Erzeugnisse tut."[1243] Als ausschlaggebendes Moment für die seitens des EuGH getroffene Unterscheidung zwischen produktbezogenen und vertriebsbezogenen Maßnahmen erscheint somit der Test, ob sich eine Maßnahme für ausländische Marktteilnehmer *de facto* als ein Marktzugangshindernis erweist, obwohl sie

---

Verfassungsrecht, S. 632 sowie S. 643 ist die Übertragbarkeit der *Keck*-Formel auf die anderen Grundfreiheiten bis heute nicht geklärt.

1239 EuGH Rs. C-415/93 (Bosman), Slg. 1995, I-4921, Rdn. 103.

1240 Vgl. *Randelzhofer/Forsthoff*, in: Grabitz/Hilf, EUV, Art. 49/50, Rdn.92; *Ehlers*, in: ders. (Hrsg.), S. 175, Rdn. 69; *Mojzesowicz*, S. 108 (Anwendbarkeit der *Keck*-Einschränkung noch nicht eindeutig geklärt).

1241 *Mojzesowicz*, S. 105; vgl. auch den letztlich eine *petitio principi* darstellenden Vorschlag von *Nettesheim*, NVwZ 1996, S. 344, nach dem eine zum "offenen wirtschaftlichen Ordnungsrahmen" gehörende mitgliedstaatliche Regelung dann nicht an den Grundfreiheiten zu messen ist, wenn sie keine Eignung zur Abschottung des nationalen Marktes aufweist.

1242 Vgl. hierzu die Ausführungen unter Teil 2 E.IV.6.c)(3).

1243 EuGH verbundene Rs. C-267/91 und C-268/91 (Keck und Mithouard), Slg. 1993, I-6097, Rdn. 17.

inländische und ausländische Wettbewerber gleichermaßen betrifft.[1244] Durch die Formel soll auf diese Weise verhindert werden, dass die Warenverkehrsfreiheit gemäß Art. 28 EG als Deregulierungsinstrument missbraucht wird.[1245]

Das bedeutet für eine Instrumentalisierung der *Keck*-Grundsätze für Art. 49 EG, dass nach der Ratio der *Keck*-Rechtsprechung also zum einen Maßnahmen, die in Form einer echten Marktzugangssperre zur Folge haben, dass eine Leistung aus einem anderen Mitgliedsstaat bereits am Marktzutritt gehindert wird, an der Dienstleistungsfreiheit gemessen werden müssen. In den Schutzbereich von Art. 49 EG fallen des weiteren solche Maßnahmen, die im Rahmen eines wertenden Vergleichs zwischen den Wirkungen auf inländische Leistungen einerseits und Leistungen aus anderen Mitgliedsstaaten andererseits, letztere faktisch im Ergebnis härter treffen.[1246] Für eine Anwendbarkeit der Grundfreiheiten reicht es dabei nicht aus, dass sich eine nationale Vorschrift nur mittelbar bzw. ganz entfernt auf den Absatz eines Produkts oder einer Dienstleistung in einem Markt auswirkt und diesen einzuschränken vermag.[1247]

Liegen die vorgenannten Voraussetzungen nicht vor, fallen innerstaatliche Bestimmungen, die einen Rechtsrahmen für den Absatz von Dienstleistungen etc. bilden, bereits nicht in den Anwendungsbereich von Art. 49 EG. Das gilt selbst dann, wenn der Binnenmarkt somit angesichts des Fortbestand von Rechtsunterschieden durch gewisse normative Hindernissen für die gewerbliche Handlungsfreiheit gekennzeichnet ist,[1248] solange diese Hindernisse nicht den zwischenstaatlichen Verkehr betreffen. Eingeführte Waren, Dienstleistungen etc. dürfen also nicht mehr beeinträchtigt werden als der Vertrieb von einheimischen Produkten.[1249] Die nationalen Vorschriften dürfen mit anderen Worten keinen ab-

---

1244 *Randelzhofer/Forsthoff*, in: Grabitz/Hilf, EUV, Art. 49/50, Rdn. 98; *Ehlers*, in: ders. (Hrsg.), S. 175, Rdn. 68; ähnlich *Mojzesowicz*, S. 105 m.w.N. (besondere Hervorhebung der Voraussetzungen des Marktzugangs); ebenso *Kingreen*, S. 54 („marktaufsplitternde Wirkung“); *Kingreen*, in: v. Bogdandy, Europäisches Verfassungsrecht, S. 658 (Grundfreiheiten als „Marktzugangsrechte“ als hinter der *Keck*-Rechtsprechung „verallgemeinerbare Werkidee“).

1245 *Mojzesowicz*, S. 105.

1246 So zutreffenderweise *Charissé*, S. 181.

1247 *Becker*, EuR 1994, S. 172.

1248 *Steindorff*, ZHR 158 (1994), S. 160, spricht insofern von einem Bekenntnis zum Paradigma eines "unvollkommenen Binnenmarkts".

1249 *Joliet*, GUR Int. 1994, S. 985, führt dazu aus, dass der Irrtum der früheren Rechtsprechung darin bestand, "dort zu einer Kontrolle der Verhältnismäßigkeit überzugehen, wo

Fußnote fortgesetzt

sichtlich oder unabsichtlich protektionistischen Charakter haben und keine Wettbewerbsvorteile für die heimische Industrie schaffen.[1250] Die durch der *Keck*-Rechtsprechung bewirkte Einschränkung der grundfreiheitlichen Schutzbereiche besteht folglich darin, dass es nicht genügt, dass eine nationale Regelung auf irgendeine Weise den innergemeinschaftlichen Handel mit Produkten, Dienstleistungen etc. berührt.[1251]

Damit stellt sich im folgenden die Frage, ob die Anwendung der *Keck*-Grundsätze auf die vorliegende Konstellation einer rundfunkorganisatorischer Entscheidung wie der Einrichtung von gebührenfinanzierten Spartenkanälen, dazu führt, dass entsprechende Maßnahmen bereits nicht in den Schutzbereich von Art. 49 EG fallen. Nach der Ratio der *Keck*-Rechtsprechung wäre dies der Fall, wenn die ausländischen Spartenbetreiber durch die fragliche nationale Maßnahme für die Erbringung ihrer Dienstleistungen auf dem deutschen Markt nicht stärker beeinträchtigt wären als ihre inländischen Konkurrenten beziehungsweise letzteren hierdurch keine Wettbewerbsvorteile zukämen.

b) Auswirkungen der Schutzbereichsbegrenzung für die Frage der Tatbestandsmäßigkeit der Gebührenfinanzierung?

Wendet man die zuvor herausgearbeitete, der *Keck*-Rechtsprechung zugrundeliegende Ratio, auf den vorliegenden Sachverhalt an, lässt sich zunächst feststellen, dass der Marktzugang für ein ausländisches Unternehmen weder grundsätzlich versperrt noch stärker behindert wird als für einen heimischen privaten Spartenveranstalter.[1252]

Die Tatsache der Existenz der gebührenfinanzierten Spartenkanäle mag die Entscheidung eines ausländischen Rundfunkunternehmens, seine Tätigkeit auf den deutschen Markt auszudehnen, unter dem Gesichtspunkt beeinflussen, ob der Zielmarkt ein für eine entsprechende Expansion ausreichendes Marktpotential

---

die Regelung genau dieselben Wirkungen für eingeführte wie für einheimische Produkte hatte."

1250 Verschleierte Zugangsbarrieren oder Absatzhindernisse sind damit auch nach der durch die *Keck*-Rechtsprechung bewirkten Tatbestandseingrenzung nach wie vor nicht dem Anwendungsbereich entzogen vgl. *Möschel*, NJW 1994, S. 430; *Joliet*, GRUR Int. 1994, S. 984 f.; nach *Veelken*, EuR 1977, S. 330, ist zu fragen nach der rechtlichen oder tatsächlichen Einschränkung unternehmerischer Handlungsmöglichkeiten durch ungünstigere Gestaltung der Wettbewerbsbedingungen.

1251 Vgl. *Joliet*, GRUR Int. 1994, S. 985.

1252 Den "Marktzugang" hebt *Becker*, EuR 1994, S. 173, als wesentliches Kriterium hervor.

aufweist. Insofern sieht es sich allerdings mit keinen anderen Überlegungen konfrontiert als ein inländisches Unternehmen, das eine entsprechende Geschäftsaufnahme im heimischen Markt erwägt. Weder das ausländische Unternehmen selbst noch seine Tätigkeit als solche wird mit Bedingungen konfrontiert, die es im Ergebnis schlechter stellen als die inländischen privaten Konkurrenten.

Für die Frage, ob die heimische Industrie Wettbewerbsvorteile vor den ausländischen Konkurrenten genießt, sind allerdings nicht nur die inländischen privaten Spartenveranstalter in die Vergleichsbetrachtung miteinzubeziehen. Vielmehr müssen auch die Marktteilnehmer Berücksichtigung finden, die von der Maßnahme tatsächlich begünstigt werden. Wie bereits festgestellt, ist es für den Tatbestand einer Behinderung nämlich unerheblich, dass die korrespondierende Begünstigung nur einem Teil der auf dem betreffenden Markt tätigen Unternehmen zugute kommt und die anderen inländischen Unternehmen ebenfalls nicht an der Bevorzugung partizipieren.[1253]

Entsprechend hat sich auch der EuGH in dem Verfahren *Kommission./. Niederlande* nicht auf das Vorbringen der niederländischen Regierung eingelassen. Diese hatte den Standpunkt vertreten, dass die in Frage stehende Vorzugsstellung des begünstigten Unternehmens ihre beschränkende Wirkung in gleichem Maß gegenüber den in den Niederlanden und den in anderen Mitgliedstaaten niedergelassenen Unternehmen entfalte und daher letztere nicht härter treffe.[1254] Der Gerichtshof führte dazu aus, dass dieser Umstand "keinesfalls geeignet (ist, Hinzufügung d.Verf.), die Vorzugsregelung, die zugunsten des *Bedrijf* besteht, vom Anwendungsbereich des Artikels 59[1255] EWG-Vertrag auszuschließen."[1256]

Bezieht man vorliegend *Kinderkanal* und *Phoenix* in die Betrachtungen ein, ist nicht von der Hand zu weisen, dass die beiden Spartenkanäle angesichts ihrer Gebührenfinanzierung gegenüber ihren ausländischen Konkurrenten eine Bevorzugung erfahren, die letztere im Wettbewerb benachteiligt. Zwar beinhaltet die Spartenentscheidung, die als ordnungspolitischer Rahmen die deutschen Rundfunklandschaft prägt, keinerlei Anforderungen an einen ausländischen Wettbewerber oder seine Tätigkeit selbst.

1253 Vgl. Teil 3 A.II.1.

1254 EuGH Rs. C-353/89 (Kommission/Niederlande), Slg. 1991, I-4069, Rdn. 24.

1255 Nach Änderungen durch den Amsterdamer Vertrag jetzt Art. 49 EG.

1256 EuGH Rs. C-353/89 (Kommission/Niederlande), Slg. 1991, I-4069, Rdn. 25.

Die Dienstleistungsfreiheit schützt aber nicht nur vor Benachteiligungen, die aus der Notwendigkeit resultieren, für eine Tätigkeit auf dem Zielmarkt bestimmte unternehmens- oder tätigkeitsbezogene Anforderungen erfüllen zu müssen. Gleichermaßen umfasst sind die auf staatlichen Maßnahmen beruhenden Vorteile für einzelne Unternehmen oder Branchen.[1257] Eine solche Situation des hinkenden Wettbewerbs, die durch die Begünstigung einzelner nationaler Unternehmen hervorgerufen wird, vermag im Ergebnis abschreckender und damit im Ergebnis marktspaltender wirken, als andere unterschiedslos wirkende Maßnahmen, die ausländische Unternehmen mit der Notwendigkeit konfrontiert, bestimmte unternehmens- oder tätigkeitsbezogene Anforderungen zu erfüllen.

Entsprechend hat der Gerichtshof die Konstellation der selektiven Begünstigung einheimischer Unternehmen in keiner Weise anders beurteilt als die der intendierten oder faktischen Behinderung ausländischer Unternehmen. In der Entscheidung *Buy Irish* bewertete der EuGH beispielsweise eine staatlich initiierte Werbekampagne zur Förderung des Absatzes nationaler Produkte als Beeinträchtigung des Handels zwischen Mitgliedstaaten.[1258] In der ähnlich gelagerten Rechtssache *Campus Oil* entschied der Gerichtshof, dass eine Vorschrift, die einheimische Unternehmen dazu verpflichtet, einen gewissen Prozentsatz ihres Bedarfs bei einer inländischen Firma zu decken, eine Maßnahme gleicher Wirkung wie eine mengenmäßige Beschränkung darstellt.[1259]

Diese Linie hat der Gerichtshof auch in Bezug auf die Dienstleistungsfreiheit konsequent fortgeführt. In der zuvor erwähnten Entscheidung *Kommission./. Niederlande*[1260] hat er in der Verpflichtung einer Rundfunkanstalt, sich ganz oder teilweise der von einem inländischen Unternehmen angebotenen technischen Hilfsmittel zu bedienen, eine Schutzwirkung zugunsten dieses Unternehmens und eine gleichzeitige Benachteiligung der ausländischen Anbieter gesehen.[1261] Nicht anders judizierte er in der Angelegenheit *Distribuidores cinematográficos* hinsichtlich einer Bestimmung, nach welcher die Erteilung einer Synchronisationslizenz für ausländische Filme von dem Verleih einheimischer Filme abhän-

---

1257 Vgl. *Müller-Graff*, in: Groeben/Schwarze, EUV/EG, Art. 28, Rdn. 167 ff.; *v. Bogdandy*, EuZW 1992, S. 9.

1258 EuGH Rs. 249/81 (Kommission/Irland), Slg. 1982, 4005, Rdn. 28 ff.

1259 EuGH Rs.72/83 (Campus Oil), Slg. 1984, 2727, Rdn. 20.

1260 EuGH Rs. C-353/89 (Kommission/Niederlande), Slg. 1991, I-4069.

1261 EuGH, Rs. C-353/89 (Kommission/Niederlande), Slg. 1991, I-4069, Rdn. 23.

gig gemacht wurde.[1262] In der hierin liegenden Bevorzugung inländischer Filmproduzenten sah er einen relevanten Eingriff in die innergemeinschaftlichen Handelsströme.

Die Begründung für eine Beeinträchtigung des innergemeinschaftlichen Handels mit Produkten oder Dienstleistungen, die der EuGH in den vorgenannten Entscheidungen angenommen hatte, lag jeweils in der Schutzwirkung, die die fraglichen staatlichen Maßnahmen zugunsten der einheimischen Erzeugnisse bzw. Unternehmen entfalteten.[1263] Für die Frage der Schutzwirkung macht es aber keinen Unterschied, ob ein Mitgliedstaat ein einheimisches Unternehmen im Wettbewerb zu Konkurrenzunternehmen dadurch selektiv fördert, dass er andere Unternehmen beispielsweise einer Abnahmeverpflichtung unterwirft oder ob er ein Unternehmen durch die Sicherstellung der erforderlichen Finanzierungsgrundlagen bereits dem Wettbewerb um die Finanzierung als solchem entzieht. Auch diese Form der Förderung entfaltet eine Schutzwirkung zugunsten der begünstigten Unternehmen auf der einen Seite und bedeutet im gleichen Maß einer Benachteiligung derjenigen Unternehmen, denen die Begünstigung nicht zugute kommt.

Aus welchen Gründen ein Mitgliedstaat seinen heimischen Unternehmen eine Vorzugsstellung einräumt, spielt für den Gerichtshof bei der Frage, ob der Anwendungsbereich einer Grundfreiheit tangiert ist oder nicht, regelmäßig keine Rolle. In der Sache *Kommission/Niederlande* hatte sich die niederländische Regierung für die streitgegenständlichen Bestimmungen beispielsweise auf zwingende Erfordernisse ihrer Kulturpolitik im Rundfunksektor berufen. Diese Politik solle die Meinungsfreiheit der verschiedenen gesellschaftlichen, kulturellen, religiösen und geistigen Strömungen in den Niederlanden schützen.[1264]

Entsprechende Zielsetzungen berücksichtigt der EuGH jedoch erst bei der Frage, ob eine hierdurch bewirkte Beschränkung der Grundfreiheit gerechtfertigt werden kann.[1265] Auch wenn ein Mitgliedstaat also berechtigte innerstaatliche Interessen verfolgt, deren Regelung ihm kraft sektorieller Zuständigkeit grundsätzlich obliegt, bedeutet dies nicht, dass die betreffenden Angelegenheiten bereits

---

[1262] EuGH Rs. C-17/92 (Distribuidores cinematográficos), Slg. 1993, 2239, Rdn. 15.

[1263] So beispielsweise der EuGH ausdrücklich in der Rs. C-353/89 (Kommission/Niederlande), Slg. 1991, I-4069, Rdn. 23.

[1264] EuGH Rs. C-353/89 (Kommission/Niederlande), Slg. 1991, I-4069, Rdn. 29.

[1265] Vgl. hierzu ausführlicher unten Teil 3 B.III.3.

aus den grundfreiheitlichen Schutzbereichen fallen.[1266] Etwas anderes lässt sich auch nicht aus der Ratio der *Keck*-Rechtsprechung herleiten.

Dass der EuGH nationale Systementscheidungen, die durch Monopolisierung oder Verleihung besonderer Rechte zu einer Vorzugsstellung heimischer Unternehmen führen, nicht bereits aus dem Anwendungsbereich der Grundfreiheiten herausnimmt, ergibt sich schließlich daraus, dass er entsprechende Maßnamen daraufhin untersucht, ob die eingeräumten Privilegien durch Gründe des Allgemeininteresses gerechtfertigt werden können.[1267] Das gilt, obwohl er, wie zuvor ausgeführt, die Existenz von entsprechend privilegierten Marktteilnehmern vor dem Hintergrund einer nur begrenzten Vergemeinschaftung, wie sie sich in Art. 86 Abs. 1 EG manifestiert hat, grundsätzlich anerkennt.[1268]

Im Ergebnis bedeutet dies, dass auch innerstaatliche Maßnahmen rundfunkorganisatorischer Natur wie die untersuchungsgegenständliche Spartenentscheidung, die eine selektiv begünstigende Wirkung für die heimischen Rundfunkanstalten entfalten, nicht bereits aus dem Anwendungsbereich der Dienstleistungsfreiheit herausgenommen werden können. Dass die zuvor festgestellte, auf § 19 Abs. 2 RStV basierende Einrichtung der beiden gebührenfinanzierten Spartenkanäle eine Beschränkung der Dienstleistungsfreiheit darstellt, bedeutet indes nicht, dass damit im Ergebnis auch ein Verstoß gegen Art. 49 EG vorliegt.

Wird eine mitgliedstaatliche Maßnahme von dem Schutzbereich einer Grundfreiheit erfasst, kann sie durch das Eingreifen grundfreiheitlicher Schranken nichtsdestotrotz mit dem Gemeinschaftsrecht vereinbar sein. Damit ist nunmehr zu prüfen, inwiefern die kulturellen Zielsetzungen und Regelungsinteressen der Mitgliedstaaten, wie sie auch § 19 Abs. 2 RStV zugrunde liegen, auf der Ebene der Schranken der Grundfreiheiten Berücksichtigung finden.

[1266] Anders und insofern kritisch gegenüber der Rechtsprechung *Kingreen*, in: v. Bogdandy, Europäisches Verfassungsrecht, S. 662 ff., 665, nach dem Maßnahmen mit „(nur) marktregulierenden Wirkungen", die nicht zugleich marktsegmentierend wirken, bereits aus dem Schutzbereich der Grundfreiheiten genommen werden müssen.

[1267] Vgl. Teil 3 A.II.1.

[1268] Vgl. hierzu ebenfalls Teil 3 A.II.1.

B. Die gemeinschaftsrechtliche Vereinbarkeit der gebührenfinanzierten Spartenkanäle durch Eingreifen von Schrankenvorbehalten

Das gemeinschaftliche Ziel der mitgliedstaatlichen Marktöffnung und der gegenseitigen wirtschaftlichen Durchdringung wird unter anderem mittels der Instrumente der sachgebietsunabhängigen Querschnittsbefugnisse[1269] verfolgt. Diese Konzeption liegt gerade den Grundfreiheiten sowie dem europäischen Wettbewerbsrecht zugrunde. Doch das Prinzip der freier Märkte gilt nicht absolut und ist kein Selbstzweck.[1270] Eine Deregulierung nationaler Vorschriften zwecks Verschmelzung der Märkte ist dort unzulässig, wo der Gemeinschaft keine entsprechenden Kompetenzen zustehen.

Dem Normcharakter der Querschnittsbefugnisse ist es jedoch immanent, dass Auswirkungen auf den Kompetenzbestand der Mitgliedstaaten geradezu typisch sind.[1271] Da es insbesondere infolge der integrationsfreundlichen Auslegung des EuGH auf Tatbestandsebene kein brauchbares Kriterium mit Filterwirkung gibt, müssen die Rechtfertigungsgründe ausgedehnt werden.[1272] Den Ausnahmen und Schranken der Grundfreiheiten kommt mithin eine besondere Funktion zu. Hiernach ist stets zu fragen, ob nicht der Anwendung des Gemeinschaftsrechts im Interesse der Wahrung der Belange der mitgliedstaatlichen Kompetenzträger bestimmte Schranken gezogen sind. Erst auf der Ebene dieser Regelungsvorbehalte zeigt sich somit, wie weit die Auswirkungen der Gemeinschaftsnormen letztlich reichen und welche mitgliedstaatlichen Regelungsräume noch bestehen. Damit fragt sich, ob die vorliegend interessierende Maßnahme von den Schranken der Grundfreiheiten gedeckt ist.

I. Zur Einschlägigkeit expliziter sowie ungeschriebener Schrankenvorbehalte

Im Bereich der Grundfreiheiten können zwei Kategorien von Regelungsvorbehalten unterschieden werden: Die im Vertragstext ausdrücklich normierten Vorbehalte und Ausnahmevorschriften einerseits sowie die vom Gerichtshof richterrechtlich entwickelten ungeschriebenen Schrankenvorbehalte andererseits.[1273] Da

---

1269 Vgl. oben Teil 2 A.

1270 *Grill*, in: Lenz, EG, Vorbem. 85-90, Rdn. 5 f.

1271 *Niedobitek*, Kultur, S. 223.

1272 Zutreffend *Kingreen*, in: v. Bogdandy, Europäisches Verfassungsrecht, S. 670.

1273 Zur dogmatischen Einordnung vgl. oben Teil 2 E.IV.6.d).

nach ständiger Rechtsprechung mit den Schrankenkategorien jeweils unterschiedliche Rechtfertigungsmöglichkeiten verbunden sind, kommt dem Anwendungsbereich der Vorbehalte entscheidende Bedeutung zu.[1274]

Der Gerichtshofs geht in ständiger, allerdings nicht durchgehend einheitlicher[1275] Rechtsprechung davon aus, dass hinsichtlich offen diskriminierender Bestimmungen allein die im Gemeinschaftsvertrag explizit normierten Rechtfertigungsgründe herangezogen werden können.[1276] Bei Vorliegen von versteckten Diskriminierungen, d.h. also bei solchen Regelungen, die nicht ausdrücklich an der Staatsangehörigkeit anknüpfen, sich aber faktisch primär zum Nachteil von Angehörigen anderer Mitgliedstaaten auswirken, sowie bei unterschiedslos geltenden Beschränkungen prüft der EuGH der *Cassis*-Formel entsprechend darüber hinaus eine Rechtfertigung durch sogenannte „zwingende Gründe des Allgemeininteresses".[1277]

In der jüngeren Rechtsprechung lässt sich eine gewisse Tendenz in Richtung einer Vereinheitlichung dieser Schrankensystematik in Bezug auf diskriminierende und unterschiedslose Regelungen feststellen.[1278] Im Schrifttum wird mitunter aus grundsätzlichen Erwägungen sowie zum Teil im Hinblick auf diese Rechtsprechungstendenz geschlussfolgert, dass die zwingenden Gründe des All-

---

1274 Ebenso *Rolshoven*, S. 173 f.

1275 Vgl. zu der widersprüchlichen Judikatur des EuGH zu den einzelnen Beschränkungskategorien bspw. *Rolshoven*, S. 253.

1276 EuGH Rs. 229/83 (Leclerc) Slg, 1985, 1, Rdn. 29; EuGH verb. Rs. C-1 und C-176/90 (Aragonesa de Publicidad Exterior), Slg. 1991, I-4151, Rdn. 13; EuGH Rs. 352/85 (Bond van Adverteerders), Slg. 1988, 2085, Rdn. 32 f.; Rs. C-288/89 (Stichting Collectieve Antennevoorziening Gouda), Slg. 1991, I-4007, Rdn. 11.

1277 Zu versteckten Diskriminierungen: EuGH verb. Rs. 62/81 und 63/81 (Seco/Evi), Slg. 1982, 223, Rdn. 8 ff.; EuGH Rs. C-360/89 (Kommission/Italien), Slg. 1992, I-3401, Rdn. 11 ff.; vgl. *Holznagel*, Rundfunkrecht, S. 145; *Charissé*, S. 193; *Gundel*, ZUM 2000, S. 1055; *Ehlers*, in: ders. (Hrsg.), S. 179, Rdn. 79; zu unterschiedslosen Maßnahmen: zu Art. 49 EG vgl. bspw. EuGH Rs. 52/79 (Debauve), Slg. 1980, 833, Rdn. 12; Rs. 352/85 (Bond van Adverteerders), Slg. 1988, 2085, Rdn. 38; Rs. C-288/89 (Stichting Collectieve Antennevoorziening Gouda), Slg. 1991, I-4007, Rdn. 23 ff. Wie hier *Randelzhofer/Forsthoff*, in: Grabitz/Hilf, EUV, Art. 49/50, Rdn. 85; dies ist allerdings umstritten, vgl. *dies.*, in: Grabitz/Hilf, EUV, vor Art. 39 – 55, Rdn. 139 m.w.N.

1278 Vgl. hierzu beispielsweise EuGH Rs. 379/98 (PreussenElektra/Schleswag), Slg. 2001, I-2099, Rdn. 70 ff. Im Sinne einer zunehmenden Konvergenz der Schrankensystematik *Koenig/Kühling*, NVwZ 2001, S. 770; *Kühne*, Urteilsanm., JZ 2001, S. 760; *Gellermann*, DVBl. 2000, S. 515 f.; *Weiß*, EuZW 1999, S. 496 ff.; ähnlich *Jarass*, EuR 2000, S. 719.

gemeininteresses nunmehr sämtliche mitgliedstaatliche Maßnahmen – also auch formal diskriminierende Regelungen – zu rechtfertigen in der Lage sein müssten.[1279]

Zum einen lässt sich hieraus jedoch zum gegenwärtigen Zeitpunkt wohl kaum die Schlussfolgerung ziehen, dass der EuGH tatsächlich beabsichtigt, sich von dem doppelspurigen System der Rechtfertigungsgründe für diskriminierende und nicht diskriminierende Beschränkungen zu verabschieden.[1280] Zum anderen handelt es sich bei der untersuchungsgegenständlichen Verspartungsentscheidung nach der hier vertretenen Auffassung um eine unterschiedslose Maßnahme. Der ungeschriebene Rechtfertigungsgrund der zwingenden Allgemeininteressen kommt vorliegend folglich ohnehin als Rechtfertigungsgrund in Betracht (Teil 3B.III).[1281] Für die Zwecke des Untersuchungsgegenstands bedarf die zuvor zitierte Rechtsprechungstendenz daher keiner näheren Betrachtung.

Nicht unproblematisch ist demgegenüber die Anwendung der ausdrücklich normierten Schranken auf den vorliegenden Sachverhalt (Teil 3B.II.2).

II. Die Operationalisierbarkeit des *ordre public*-Vorbehalts gemäß Art. 46 EG?

Über den Verweis in Art. 55 EG finden die expliziten Schrankenvorbehalte nach Art. 45 und 46 EG auch auf die Freiheit des Dienstleistungsverkehrs grundsätzlich Anwendung. Im Zusammenhang mit den hier interessierenden kommunikationsspezifischen Regelungen kommt jedoch allenfalls die Heranziehung des

---

1279 *Hakenberg*, in: Lenz, EG, Art. 49, Rdn. 26; wohl auch *Weiß*, EuZW 1999, S. 493 ff.; *Müller-Graff*, EuR 2002/Beiheft 1, S. 53 ff.; für eine Rechtfertigung von ausschließlich vollkommen diskriminierungsfreien Regelungen dagegen beispielsweise *Kingreen*, S. 47 ff.

1280 Gegen eine entsprechende Überbewertung der jüngeren Rechtsprechung *Streinz*, Urteilsanm., JuS 2001, S. 597; im Ergebnis letztlich auch *Kühne*, Urteilsanm., JZ 2001, S. 760.

1281 Dies gilt auch für den Fall, dass – abweichend von der hier vertretenen Auffassung – in der Einräumung der gebührenbegründeten Vorzugsstellung eine zumindest materiell/indirekte Diskriminierung gesehen und befürwortet werden sollte, dass diskriminierende Maßnahmen nach den zuvorigen Ausführungen auch einer Rechtfertigung über die ungeschriebenen Rechtfertigungsgründe des Allgemeininteresses zugänglich sind.

Tatbestandsmerkmals der „öffentlichen Ordnung“ gemäß Art. 46 EG in Betracht.[1282]

1. Zur sachlichen Anwendbarkeit des *ordre public*-Vorbehalts

Art. 46 Abs. 1 EG eröffnet eine Rechtfertigungsmöglichkeit von mitgliedstaatliche Maßnahmen aus Gründen der öffentlichen Ordnung. Nach dem insoweit ausdrücklichen Wortlaut findet die Vorschrift allerdings nur auf "Sonderreglungen für Ausländer" Anwendung, d.h. auf solche Bestimmungen, die zum einen Ausländer und Inländer ungleich behandeln und sich mithin als diskriminierend darstellen. Zum anderen richtet sich die Norm nach ihrem Wortlaut an Personen und bezieht sich nicht auch zugleich auf Tätigkeiten. Bei Zugrundelegung einer rein grammatikalischen Betrachtung ist Art. 46 EG somit für diskriminierungsfreie, tätigkeitsbezogene Maßnahmen wie dem untersuchungsgegenständlichen § 19 Abs. 2 RStV grundsätzlich nicht einschlägig.

Eine im Schrifttum teilweise vertretene Auffassung, die unter anderem aus diesem Grund eine Aktivierung des *ordre public*-Vorbehalts für tätigkeitsbezogene Vorschriften ablehnt,[1283] sieht sich jedoch mit einer deutlich abweichenden Rechtsprechung des EuGH konfrontiert. Bereits in der Rechtssache *Bond van Adverteerders* hat er die streitigen niederländischen Werbe- und Untertitelungsverbote und damit tätigkeits- beziehungsweise leistungsbezogene Vorschriften ausdrücklich an Art. 46 EG gemessen. Nach den Worten des EuGH handelt es sich hierbei sogar um die „einzige abweichende Bestimmung, die in einem Fall wie dem vorliegenden in Betracht kommen kann“.[1284] Diese Praxis zieht sich regelmäßig auch durch die sonstige Judikatur des Gerichtshofs.[1285]

Vor dem Hintergrund der über die Verweisungsnorm des Art. 55 EG vermittelten systematischen Bezüge zur Freiheit des Dienstleistungsverkehrs wäre eine rein personenbezogene Ausrichtung von Art. 46 EG auch kaum sinnvoll be-

---

1282 Ausführlicher zur Nichteinschlägigkeit des Schrankenvorbehalts der „Ausübung öffentlicher Gewalt“ gemäß Art. 45 EG vgl. *Jungbluth*, S. 77 ff.

1283 *Ipsen*, EuR 1978, S. 213 f.; undeutlich *Kugelmann*, S. 192 f.; ausführlicher hierzu m.w.N. *Petersen*, S. 123 ff.

1284 EuGH Rs. 352/89 (Bond van Adverteerders), Slg. 1988, 2085, Rdn. 33.

1285 Vgl. beispielsweise EuGH Rs. C-288/89 (Stichting Collectieve Antennevoorziening Gouda), Slg. 1991, I-4007, Rdn. 11; EuGH Rs. C-353/89 (Kommission/Niederlande), Slg. 1991, I-4069, Rdn. 15; EuGH Rs. C-260/89 (ERT), Slg. 1991, I-2925, Rdn. 24 f.; vgl. auch EuGH Rs. C-124/97 (Läärä), Slg. 1999, I-6067, Rdn. 31.

gründbar. Art. 49 EG dient in erster Linie der Sicherung des grenzüberschreitenden Austausches von Dienstleistungen unabhängig davon, ob auch der Erbringer oder der Empfänger der Dienstleistung selbst die Grenze passiert.[1286]

Dem Recht des freien Dienstleistungsverkehrs wohnt somit über den personenbezogenen Ansatz hinaus und insofern vergleichbar mit der Art. 28 EG eine weitere Dimension inne, nach der zugleich der Inhalt der Tätigkeit selbst, d.h. unabhängig von ihrem Personenbezug, geschützt wird. Vor diesem Hintergrund wäre es systemwidrig, wenn sich eine auf Art. 49 EG anzuwendende Schrankenbestimmung nur auf eine Teilmenge des Garantiegehalts bezöge. Bedeutende Schutzanliegen der Mitgliedstaaten könnten auf diese Weise bereits *a priori* keine Berücksichtigung in wichtigen Fragen des Binnenmarkts finden.[1287] Somit muss richtigerweise und im Einklang mit der EuGH-Rechtsprechung davon ausgegangen werden, dass sich Art. 46 EG auch auf tätigkeitsbezogene Regelungen der Mitgliedstaaten bezieht.[1288]

Auch die Frage der Anwendbarkeit von Art. 46 auf diskriminierungsfreie Maßnahmen ist trotz des scheinbar klaren Wortlauts umstritten. Für die Anwendung spricht die Überlegung, dass, sofern durch die Vorschrift sogar diskriminierende Maßnahmen und damit mitgliedstaatliche Aktivitäten zulässig sein können, die das Funktionieren des Binnenmarkts in besonders intensiver Weise stören, über Art. 46 EG erst recht die Legitimierung von unterschiedslosen Regelungen möglich sein muss.[1289] Die Rechtsprechung des Gerichtshofs ist in dieser Hinsicht allerdings nicht eindeutig.[1290]

In den einschlägigen EuGH-Urteilen im Rundfunkbereich bleibt der Vorbehalt des Art. 46 EG meist unerwähnt. In der Rechtssache *Debauve* hatten sich beispielsweise sowohl die deutsche Regierung[1291] als auch der Generalanwalt *War-*

[1286] Vgl. hierzu oben Teil 3 A.I.1.

[1287] Zutreffend *Petersen*, S. 124 f.

[1288] *Petersen*, S. 125.

[1289] So beispielsweise *Ipsen*, Rundfunk, S. 92; *ders.* EuR 1978, S. 214 ff.; *Gulich*, S. 108 f.; *Kugelmann*, S. 194; a.A. *Pache*, in: Ehlers (Hrsg.), S. 286, Rdn. 56; *Rolshoven*, S. 255.

[1290] Zur Inkonsistenz der Rechtsprechung vgl. *Kingreen*, in: v. Bogdandy, Europäisches Verfassungsrecht, S. 672 f.

[1291] Erklärung der deutschen Regierung in der Rs. 52/79 (Debauve), Slg. 1980, 860, 847 f.

ner[1292] angesichts der öffentlichen Funktion des Rundfunks ausdrücklich auf die öffentliche Ordnung berufen. Der EuGH hat die unterschiedslos anwendbaren belgischen Werbeverbotsregelungen dagegen allein unter dem Aspekt des Allgemeininteresses für gerechtfertigt erklärt.[1293] Demgegenüber hat der Gerichtshof in der Sache *De Agostini* im Zusammenhang mit einer schwedischen Vorschrift, die im Verbraucherinteresse auch die Einschränkung von Fernsehwerbung ermöglichte, Art. 46 EG ausdrücklich neben den zwingenden Gründen des Allgemeininteresses als mögliche Legitimationsgrundlage erwähnt.[1294] Allerdings hat er auch die Frage, ob die Vorschrift möglicherweise stärkere Auswirkungen auf Erzeugnisse aus anderen Mitgliedstaaten hat, ausdrücklich offen- beziehungsweise der Beurteilung durch das vorlegende Gericht überlassen.[1295]

In anderen Fällen rekurriert der EuGH dagegen ausdrücklich auf Art. 46 EG neben den Gründen des Allgemeininteresses, obwohl er in dem Zusammenhang unzweifelhaft davon ausgeht, dass es sich bei den in Frage stehenden Vorschriften um keine diskriminierenden Maßnahmen handelt. So führt er beispielsweise in der Rechtssache *Läärä*, in der es um eine finnische Regelung ging, die einer öffentlich-rechtlichen Vereinigung das ausschließliche Recht zum Betrieb von Geldspielautomaten einräumte, zunächst aus, dass „eine nationale Regelung über Geldspielautomaten wie die finnische keine Diskriminierung aus Gründen der Staatsangehörigkeit (enthält)[1296], da jedem anderen als der zugelassenen öffentlich-rechtlichen Vereinigung der Betrieb dieser Apparate untersagt ist. Sie trifft insoweit unterschiedslos sowohl die in Finnland als auch die in einem anderen Mitgliedstaat ansässigen Wirtschaftsteilnehmer, die möglicherweise an einer solchen Tätigkeit interessiert sind.“[1297] Bei der Frage der möglichen Rechtfertigungsgründe erklärt er sodann neben der Heranziehung der zwingenden Gründe des Allgemeininteresses Art. 46 EG ausdrücklich für anwendbar, indem er feststellt: „Die Artikel 55 EG-Vertrag (jetzt Artikel 45 EG) und 56 EG-

---

1292 Schlussanträge des Generalanwalts *Warner* in der Rs. 52/79 (Debauve), Slg. 1980, 860, 877 ("Ich habe keinen Zweifel, daß die Kontrolle von Fernsehwerbung klar und eindeutig in den Bereich der öffentlichen Ordnung fällt.")

1293 EuGH Rs. 52/79 (Debauve), Slg. 1980, 833, 856 f., Rdn. 13.

1294 EuGH verb. Rs. C-32/95, C-35/96 und C-36/95 (De Agostini und TV Shop), Slg. 1997, I-3843, Rdn. 52.

1295 EuGH verb. Rs. C-32/95, C-35/96 und C-36/95 (De Agostini und TV Shop), Slg. 1997, I-3843, Rdn. 42 ff.

1296 Hinzufügung d. Verf.

1297 EuGH Rs. C-124/97 (Läärä), Slg. 1999, I-6067, Rdn. 28.

Vertrag, die im vorliegenden Fall aufgrund von Artikel 66 EG-Vertrag (jetzt Artikel 55 EG) anwendbar sind, lassen Einschränkungen zu, die durch den Zusammenhang mit der – auch zeitlich begrenzten – Ausübung öffentlicher Gewalt oder aus Gründen der öffentlichen Ordnung, Sicherheit oder Gesundheit gerechtfertigt sind."[1298] Diese Ausführungen sprechen dafür, dass der Gerichtshof die Legitimation auch unterschiedsloser mitgliedstaatlicher Maßnahmen durch den *ordre public*-Vorbehalt für möglich hält.[1299]

Selbst wenn man jedoch von einer Erstreckung von Art. 46 EG auch auf unterschiedslose Regelungen ausgeht, ist weiterhin unklar,[1300] ob sich die Anwendung des *ordre public*-Vorbehalts zur Rechtfertigung medienspezifischer Maßnahmen überhaupt eignet.

2. Art. 46 EG als Legitimationsgrundlage für medienspezifische Bestimmungen unter besonderer Berücksichtigung von Art. 151 Abs. 4 EG

Ob sich der Rechtsprechung des EuGH Anhaltspunkte dafür entnehmen lassen, dass auch kommunikationsspezifische Vorschriften in den Anwendungsbereich des *ordre public*-Vorbehalts fallen, wird im Schrifttum ebenfalls kontrovers diskutiert (Teil 3 B.II.1. und 2.a)). In diesem Zusammenhang stellt sich insbesondere die Frage, ob sich aus dem Gebot der kulturellen Rücksichtnahme gemäß Art. 151 Abs. 4 EG Vorgaben für die Handhabung des Art. 46 EG im Hinblick auf entsprechende Regelungsanliegen ergeben (Teil 3 B.II.2.b)).

a) Die Rechtsprechung des EuGH

Bei dem im Zusammenhang mit kommunikationsspezifischen Regelungen relevanten Tatbestandsmerkmal der "öffentlichen Ordnung" handelt es sich um einen Begriff des Gemeinschaftsrechts. Nach der Rechtsprechung des EuGH ist den Mitgliedstaaten allerdings innerhalb der durch den EG gesetzten Grenzen

---

1298 EuGH Rs. C-124/97 (Läärä), Slg. 1999, I-6067, Rdn. 31; vgl. auch EuGH Rs. 101/94 (Kommission/Italien), Slg. 1996, I-2691, Rdn. 25 f.; EuGH Rs. C-158/96 (Kohll), Slg. 1998, I-1931, Rdn. 37 ff.

1299 So beispielsweise *Kugelmann*, S. 214 ff; *Börner*, ZUM 1985, S. 585 f.; *Jarass*, EuR 2000, S. 717; *Reich*, ZHR 153 (1989), S. 582; so wohl auch *Dörr/Beucher/Eisenbeis/Jost*, S. 50 und *Seidel*, in: Schwarze (Hrsg.), Fernsehen, S. 145.

1300 Dasselbe gilt, sofern man abweichend von der hier vertretenen Auffassung davon ausgeht, dass es sich bei der in Frage stehenden Ermächtigung zum Betrieb zweier gebührenfinanzierter Spartenkanäle um eine diskriminierende Vorschrift handelt.

ein Beurteilungsspielraum zuzugestehen.[1301] Auch wenn somit die inhaltliche Konkretisierung des Begriffs grundsätzlich den Mitgliedstaaten überlassen ist, behalten sich die Gemeinschaftsorgane die Überprüfung der mitgliedstaatlichen Auslegung auf deren Vereinbarkeit mit dem Gemeinschaftsrecht vor. Diese Überprüfung wird nach der Rechtsprechung des EuGH von dem Grundsatz beherrscht, dass der *ordre public*-Vorbehalt als Ausnahmebestimmung eng auszulegen ist.[1302] Vor diesem Hintergrund ist die Anerkennung kommunikationsspezifischer Bestimmungen als Gründe der öffentlichen Ordnung problematisch.

In der Rs. *Bond van Adverteerders* hat der EuGH zunächst noch offen gelassen, ob die kulturpolitischen Anliegen eines Mitgliedstaates ein legitimes Schutzgut im Sinne des Art. 46 EG darstellen können. Wie zuvor ausgeführt, hatten sich sowohl die niederländische als auch die deutsche Regierung darauf berufen, dass Beschränkungen des grenzüberschreitenden Dienstleistungsverkehrs aus Gründen der öffentlichen Ordnung gemäß Art. 46 EG gerechtfertigt seien, sofern sie sich auf eine Regelung stützten, deren Ziel es ist, Meinungsvielfalt in Rundfunk und Presse zu sichern.[1303]

Im Rahmen seiner Entscheidung zum belgischen Kabelfernsehen[1304] musste sich der EuGH aufgrund eines entsprechenden Vorbringens der Parteien erneut mit der Anerkennung medienspezifischer Bestimmungen im Rahmen von Art. 46 EG auseinandersetzen. Gegenstand des Verfahrens war eine in der flämischen Gemeinschaft anwendbare medienpolitische Vorschrift. Hiernach war die Einspeisung von Fernsehprogrammen aus anderen Mitgliedstaaten in das inländische Kabelnetz unter anderem dann verboten, sofern die Ausstrahlung nicht in der Sprache oder einer der Sprachen des Niederlassungsstaates des Rundfunkveranstalters erfolgte. Zur Rechtfertigung der Vorschrift hatte sich die belgische Regierung auf kulturpolitische Zielsetzungen berufen.[1305] Demgegenüber stellte der Gerichtshof in diesem Zusammenhang fest, dass die von der belgischen Re-

---

1301 EuGH Rs. 41/74 (van Duyn), Slg. 1974, 1337, Rdn. 18/19; Rs. 36/75 (Rutili), Slg. 1975, 1219, Rdn. 26/28 (Die Mitgliedstaaten können "im wesentlichen frei nach ihren nationalen Bedürfnissen bestimmen, was die öffentliche Ordnung verlangt.").

1302 Vgl bspw. nur EuGH Rs. 41/74 (van Duyn), Slg. 1974, 1337, Rdn. 18/19.

1303 Erklärung der deutschen Regierung in der Rs. 352/85 (Bond van Adverteerders), Slg. 1988, 2085, 2093/2098.

1304 EuGH Rs. C-211/91 (Kommission/Belgien), Slg. 1992, I-6757 ff.

1305 Stellungnahme der belgischen Regierung in der Rs. C-211/91 (Kommission/Belgien), Slg. 1992, I-6757, 6765 ff.

gierung angeführten Zielsetzungen nicht zu den in Art. 46 EG enthaltenen Gründen gezählt werden könnten.[1306]

Aus diesen weiteren Ausführungen des Gerichtshofs wurde teilweise geschlossen, dass im Bereich der Rundfunkgesetzgebung relevant werdende kulturpolitische Regelungsanliegen schlechthin nicht als Gründe im Sinne des Art. 46 EG angesehen werden können.[1307] Die belgische Regierung hatte sich nämlich unter anderem explizit auf die Gründe der „Aufrechterhaltung einer pluralistischen Presse“ sowie der „Lebensfähigkeit der staatlichen Rundfunkanstalten“ berufen.[1308] Für den EuGH waren diese Gründe jedoch nur vorgeschoben. Nach seiner Einschätzung versteckten sich dahinter tatsächlich protektionistische Maßnahmen zugunsten der inländischen Rundfunkanstalten.[1309] Vor dem Hintergrund des protektionistischen Charakters der belgischen Regelung sei aber eine zusätzliche Feststellung zu den Gründen des Art. 46 EG für die Lösung des konkreten Falls nicht mehr notwendig gewesen.[1310]

Die weiteren Ausführungen des EuGH lassen allerdings vermuten, dass es ihm nicht um die generelle Aberkennung der Möglichkeit ging, kulturpolitische Zielsetzungen unter die Gründe von Art. 46 EG zu subsumieren. Nachdem er unter Verweis auf seine ständige Rechtsprechung zunächst klarstellt, dass bei diskriminierenden Beschränkungen der Mitgliedstaaten nur die expliziten Schrankenvorbehalte herangezogen werden können,[1311] erklärt der Gerichtshof erst, warum Art. 46 EG vorliegend nicht greift.[1312] Die belgische Regierung hatte sich zur Rechtfertigung der streitgegenständlichen Vorschrift nämlich unter anderem auf das Urteil des EuGH in der Rechtssache *Van Binsbergen* berufen. Hiernach wurde einem Mitgliedstaat der Erlass von Maßnahmen gestattet, die verhindern sollten, dass die durch Art. 49 EG gewährleistete Freiheit von einem Leistungserbringer, dessen Tätigkeit ganz oder überwiegend auf das Gebiet dieses Staats

---

1306 EuGH Rs. C-211/91 (Kommission/Belgien), Slg. 1992, I-6757, Rdn. 10.

1307 So *Charissé*, S. 195; *Petersen*, S. 130 f.; *Gundel*, ZUM 1998, 1005 m.w.N.

1308 EuGH Rs. C-211/91 (Kommission/Belgien), Slg. 1992, I-6757, Rdn. 7.

1309 EuGH Rs. C-211/91 (Kommission/Belgien), Slg. 1992, I-6757, Rdn. 9.

1310 *Charissé*, S. 195.

1311 EuGH Rs. C-211/91 (Kommission/Belgien), Slg. 1992, I-6757, Rdn. 11.

1312 Vgl. die Formulierung des EuGH Rs. C-211/91 (Kommission/Belgien), Slg. 1992, I-6757, Rdn. 12 („Das Argument, das die belgische Regierung...entnehmen zu können glaubt, nämlich dass..., greift nicht durch.“).

ausgerichtet ist, dazu genutzt wird, sich den Bestimmungen zu entziehen, die an sich für ihn gelten würden, wenn er in dem fraglichen Staat ansässig wäre.[1313] Der EuGH weist die Operationalisierung des aus dem genannten Verfahren entliehenen Arguments durch die belgische Regierung für die vorliegenden Zwecke ausdrücklich zurück. Im Gegensatz zu der Sachlage in dem Verfahren *Van Binsbergen* diente die belgische Regelung nämlich nicht der Vorbeugung eines Missbrauchs sondern im Ergebnis der Beseitigung der Dienstleistungsfreiheit in der betreffenden Angelegenheit überhaupt.[1314]

Zusammenfassend lässt sich festhalten, dass sich der EuGH für die Feststellung der mangelnden gemeinschaftsrechtlichen Vereinbarkeit zwar damit hätte begnügen können, auf den protektionistischen Charakter der belgischen Regelung hinzuweisen. Die Urteile des EuGH sind auch nicht selten durch eine gewisse Kürze und Knappheit in der Begründung gekennzeichnet. Auf der anderen Seite lässt sich in den Judikaten auch nicht die generelle Abwesendheit von Hilfserwägungen konstatieren, so dass aus der bloßen Existenz weiterer Ausführungen noch keine Rückschlüsse gezogen werden können. Die Ausführungen des Gerichtshofs zu Art. 46 EG in dem Verfahren *Kommission/Belgien* eignen sich daher bei näherer Betrachtung nicht für eine grundsätzliche Ablehnung kulturpolitischer Zielsetzungen im Rahmen des *ordre public*-Vorbehalts.[1315]

b) Berücksichtigung des kulturellen Rücksichtnahmegebots gemäß Art. 151 Abs. 4 EG

Dafür, dass kulturpolitischer Anliegen im Rahmen von Art. 46 EG angemessene Berücksichtigung finden müssen, spricht auch das kulturelle Rücksichtnahmegebot[1316] gemäß Art. 151 Abs. 4 EG.[1317] Hiernach ist die Gemeinschaft bei ihrer Tätigkeit verpflichtet, die Kompetenzordnung im kulturellen Bereich insbesondere im Interesse der Vielfaltswahrung zu respektieren.[1318] Dies könnte auch Auswirkungen auf die Anwendung der Grundfreiheiten einschließlich deren

1313 EuGH Rs. 33/74 (Van Binsbergen), Slg. 1974, 1299, Rdn. 13.

1314 EuGH Rs. C-211/91 (Kommission/Belgien), Slg. 1992, I-6757, Rdn. 12.

1315 Im Ergebnis ebenso *Rosenthal*, S. 71; *Holznagel*, Rundfunkrecht, S. 142 f.

1316 Ausführlich hierzu Teil 2 B.IV.4.

1317 So wohl *Rosenthal*, S. 106.

1318 Teil 2 B.IV.4.b).

Schranken haben. Angesichts der Formulierung „bei ihrer *Tätigkeit*[1319] aufgrund anderer Bestimmungen dieses Vertrages", stellt sich bei grammatikalischer Betrachtung allerdings die Frage, ob sich die Verpflichtung des Art. 151 Abs. 4 EG überhaupt auf die hier interessierende Auslegung des Gemeinschaftsprimärrechts beziehen kann. Diesbezüglich ließe sich argumentieren, dass es sich hierbei nicht um eine Tätigkeit der Gemeinschaft im eigentlichen Sinne handelt.[1320]

Allerdings ist zu berücksichtigen, dass das Rücksichtnahmegebot eine kulturspezifische Ausprägung des allgemeinen Grundsatzes der Gemeinschaftstreue darstellt.[1321] Die Loyalitätspflicht gegenüber den legitimen Interessen der Mitgliedstaaten muss sich grundsätzlich auf sämtliche Gemeinschaftsorgane, d.h. auch auf den Gerichtshof, beziehen.[1322] Bedeutsam für die Souveränitätsbereiche der Mitgliedstaaten ist weiterhin nicht nur das sekundäre Gemeinschafts- sondern ebenso das Gemeinschaftsprimärrecht sowie hier insbesondere die Grundfreiheiten. Überdies besteht die Ratio von Art. 151 Abs. 4 EG gerade darin, die im Gemeinschaftsrecht angesichts dessen querschnittorientierten Zuschnitts strukturell angelegten Kollisionen mit dem mitgliedstaatlichen Kulturbereich inhaltlich in der geschilderten Weise zu determinieren. Gerade die Grundfreiheiten sind durch einen bereichsunabhängigen Charakter geprägt. Dieser Umstand führt in Verbindung mit ihrer unmittelbaren Anwendbarkeit zu einem Deregulierungspotential, welches für die mitgliedstaatlich Regelungsspielräume mindestens ebenso bedeutsam sein kann wie positive Regulierungen. Die Grundfreiheiten aus dem Relevanzspektrum von Art. 151 Abs. 4 EG herauszunehmen, bedeutete demzufolge den *effet utile* der Vorschrift in erheblicher Art und Weise zu beeinträchtigen.

Nach einer den Sinn und Zweck des kulturellen Rücksichtnahmegebots berücksichtigenden Auslegung kann daher auch die Tätigkeit des Europäischen Gerichtshofs im Rahmen seiner Auslegung und Anwendung des Gemeinschaftsrechts als Tätigkeit im Sinne der Formulierung des Art. 151 Abs. 4 EG verstan-

---

1319 Hervorhebung d. V.

1320 Vgl. zu der parallelen Kontroverse im Hinblick auf das Tatbestandsmerkmal des Tätigwerdens im Rahmen von Art. 5 Abs. 2 EG, vgl. Teil 3 B.V.2.

1321 Vgl. hierzu oben Teil 2 B.IV.4.a).

1322 Der EuGH spricht in diesem Zusammenhang schlechthin von den Gemeinschaftsorganen, vgl. EuGH Rs. 230/81 (Luxemburg/EP), Slg. 1983, 255, Rdn. 37; EuGH Rs. 2/88 (Zwartveld), Slg. 1990, I-3365, Rdn. 17; ausdrücklich für die Maßgeblichkeit von Art. 151 EG auch für die Judikatur des EuGH vgl. *Gasse*, S. 49; vgl. hierzu auch die Ausführungen unter Teil 3 B.V.2.

den werden. Der Auftrag gemäß Art. 151 Abs. 4 EG, die kulturelle Kompetenzverteilung gerade im Interesse der kulturellen Vielfalt zu wahren, muss sich mithin auch und gerade auf Auslegung und Anwendung der Grundfreiheiten sowie der hierauf bezogenen Schrankenvorbehalte als solche beziehen.[1323]

Hiervon ausgehend lässt sich mit einem Teil der Literatur vertreten, dass die Aufrechterhaltung und Sicherung einer funktionsfähigen nationalen Rundfunkorganisation sowie die Gewährleistung eines der Meinungsvielfalt verpflichteten Programmangebots als kulturpolitische Zielsetzung im Rahmen von Art. 46 EG legitimierbar ist.[1324] Die besondere Aufgabenstellung des Rundfunks in Deutschland ergibt sich aus verfassungsrechtlichen Erfordernissen.[1325] Die zur Verwirklichung der Rundfunkfreiheit ausgestaltete institutionelle Ordnung dient auch der individuellen und öffentlichen Meinungsbildung. Die Gewährleistung eines entsprechenden Meinungsbildungsprozess ist für ein freiheitlich demokratisches Staatswesen und damit für die öffentliche Ordnung konstitutiv.[1326]

Zu berücksichtigen ist jedoch zum einen, dass die Bindung der Gemeinschaft an das Gebot, den kulturellen Aspekten Rechnung zu tragen, nicht zu einer Abweichung von bestehendem Gemeinschaftsrecht führen kann.[1327] Das Tatbestandsmerkmal der öffentlichen Ordnung kann somit nicht etwa durch ein weiteres im Sinne eines Merkmals der Kommunikationsordnung oder ähnliches ergänzt oder erweitert werden. Zum anderen erfordert die Systematik des Gemeinschaftsrechts im Hinblick auf den Ausnahmecharakter von Art. 46 EG, dass die Vorschrift eng ausgelegt wird. Entsprechend verlangt der EuGH für die Berufung

---

1323 Im Ergebnis ebenso *Ress/Ukrow*, in Grabitz/Hilf, EUV, Art. 151, Rdn. 108, die eine Bedeutung von Art. 151 Abs. 4 EG bei Kontrollbefugnissen der Gemeinschaft bejahen; *Charissé*, S. 204.

1324 Vgl. *Kugelmann*, S. 214; *Börner*, ZUM 1985, S. 585; *Jarass*, EuR 1986, S. 85; *Holznagel, Rundfunkrecht*, S. 142 f.; *Rosenthal*, S. 71; *Degenhart*, EuGRZ 1983, S. 214; *Gulich*, S. 116 ff.; *Hermann*, GRUR Int. 1984, S. 584; ebenso Generalanwalt *Warner* in der Rs. 52/79 (Debauve), Slg. 1980, 833, 877.

1325 Vgl. hierzu oben Teil 2 D.IV. und Teil 3 B.IV.; vgl. hierzu auch , S. 113 ff.

1326 Vgl. hierzu ausführlicher unter Teil 3B.IV.1.a).

1327 So ausdrücklich der EuGH in der Rs. C-11/95 (Kommission/Belgien), Slg. 1996, I-4115, Rdn. 50, im Hinblick auf die sekundärrechtlichen Vorschriften der Fernsehrichtlinie; vgl. hierzu auch *Ress/Ukrow*, in Grabitz/Hilf, EUV, Art. 151, Rdn. 70.

auf Art. 46 EG eine "tatsächliche und hinreichend schwere Gefährdung, die ein Grundinteresse der Gesellschaft berührt."[1328]

Angesichts des fundamentalen Interesses eines demokratischen Staatswesens an einer an Pluralismusgesichtspunkten orientierten, funktionierenden Rundfunkordnung, dürften nationale Regulierungsmaßnahmen, die diesem Ziel dienen, zwar vom Grundsatz her unter den Begriff der öffentlichen Ordnung subsumierbar sein.[1329] Angesichts des strengen Maßstabs, den der EuGH als Voraussetzung für das Eingreifen von Art. 46 EG anlegt, kann jedoch nicht jede Beeinträchtigung einer kommunikationsspezifischen Regelung eine Gefährdung darstellen, die ein gesellschaftliches Grundinteresse tangiert.[1330] An die Zulässigkeit von Regelungen zur Sicherung der öffentlichen Aufgabe Rundfunk sind hohe Anforderungen zu stellen.[1331] Es kommt hierfür folglich nur ein Grundstock an Vorschriften in Frage, der unentbehrlich ist, um die Rundfunkfreiheit in diesem Sinne aufrechtzuerhalten.

Angesichts des in Deutschland existierenden vielfältigen Programmangebots lässt sich eine hinreichend schwere Beeinträchtigung des Meinungsbildungsprozesses für den Fall, dass die Gemeinschaftswidrigkeit der Gebührenfinanzierung von *Phoenix* und *Kinderkanal* festgestellt werden sollte, nicht vertreten. Im Ergebnis scheidet damit vorliegend eine Berufung auf Art. 46 EG aus. Allerdings kommt eine Rechtfertigung der Gebührenfinanzierung im Rahmen der ungeschriebenen Schrankenvorbehalte des Allgemeininteresses in Frage.

III. Zwingende Gründe des Allgemeininteresses als Legitimationsgrundlage

Für die Rechtfertigung von Beschränkungen des freien Dienstleistungsverkehrs hat der EuGH in Anlehnung an die *Cassis*-Rechtsprechung[1332] zur Warenver-

---

1328 EuGH Rs. 30/77 (Bouchereau), Slg. 1977, 1999, Rdn. 33/35; Rs. 115 und 116/81 (Adoui), Slg. 1982, 1665, Rdn. 8.

1329 Ebenso *Frey*, Fernsehen, S. 80.

1330 Ähnlich *Frey*, Fernsehen, S. 81 und S. 85, nach dem die Konstellation, in denen Art. 46 EG im Ergebnis durchgreifen könnte, gegen Null gehen.

1331 *Jungbluth*, S. 117 m.w.N.

1332 Teil 2 E.IV.6.c)(1).

kehrsfreiheit den ungeschriebenen Schrankenvorbehalt der „zwingenden Gründe des Allgemeininteresses" entwickelt.[1333]

1. Grundsätzliches

Mit Hilfe der Formel des Allgemeininteresses können mitgliedstaatliche, unterschiedslos anwendbare Regelungen gerechtfertigt werden.[1334] Danach sind Abweichungen vom Grundsatz des freien Dienstleistungsverkehrs zulässig, wenn nachgewiesen ist, „dass im Hinblick auf die betreffende Tätigkeit zwingende Gründe des Allgemeininteresses bestehen, die Beschränkungen des freien Dienstleistungsverkehrs rechtfertigen, dass dieses Interesses nicht bereits durch die Vorschriften des Niederlassungsstaats gewahrt ist und dass das gleiche Ergebnis nicht durch weniger einschränkende Bestimmungen erreicht werden kann."[1335]

Die Entwicklung des Regelungsvorbehalts der zwingenden Gründe des Allgemeininteresses ist letztlich eine Konsequenz der EuGH-Praxis, bei gleichzeitig enger Auslegung der explizit normierten Ausnahmetatbestände die Anwendungsbereiche der Grundfreiheiten weit zu ziehen.[1336] Die Formel von den Allgemeininteressen ermöglicht dem Gerichtshof eine Abwägung zwischen der vom Vertrag geforderten Liberalisierung des grenzüberschreitenden Dienstleistungsverkehrs und den legitimen Anliegen der Mitgliedstaaten, die Erbringung von bestimmten, in ihrem öffentlichen Interesse liegenden Dienstleistungen selbst zu reglementieren.[1337] Mittels der Konzeption der ungeschriebenen Schrankenvorbehalte versetzt sich der EuGH somit in die Lage, die nationalen

---

1333 Die ungeschriebene Ausnahme geht auf das Verfahren EuGH verb. Rs. 110 und 111/78 (van Wesemael), Slg. 1979, 35, Rdn. 28, zurück.

1334 Nach der hier vertretenen Auffassung gehören auch solche Maßnahmen dazu, die zwar unterschiedslos anwendbar sind, sich faktisch jedoch zum Nachteil ausländischer Angehöriger auswirken, vgl. Teil 3 A.II.1.; zu der Frage der dogmatischen Einordnung der Allgemeininteressen bereits auf Tatbestands- oder erst auf Rechtfertigungsebene vgl. oben Teil 2 E.IV.6.d) und *Rolshoven*, S. 248 m.w.N.

1335 EuGH Rs. 205/84 (Kommission/Deutschland – „Versicherungen"), Slg. 1986, 3755, Rdn. 29; EuGH Rs. C-76/90 (Säger), Slg. 1991, I4221, Rdn. 15.

1336 *Rolshoven*, S. 243; ebenso *Kingreen*, in: v. Bogdandy, Europäisches Verfassungsrecht, S. 670.

1337 *Petersen*, S. 116; die Konkretisierung des Begriffs des Allgemeininteresses erfolgt deshalb im Einzelfall auch durch die jeweiligen nationalen Behörden bei gleichzeitiger gemeinschaftsrechtlicher Überprüfungsmöglichkeit, vgl. *Pache*, in: Ehlers (Hrsg.), S. 287, Rdn. 57.

Rechtsordnungen nicht grundsätzlich in Frage stellen zu müssen und somit die Grenze zu einer unzulässigen Vertragsänderung zu überschreiten.[1338]

2. Mitgliedstaatliche Konkretisierungsspielräume bei der Zieldefinition und gemeinschaftlicher Plausibilitätstest

Der Gerichtshof verwendet die Formulierung der „zwingenden Gründe des Allgemeininteresses", ohne den Begriff abschließend zu definieren und damit den Radius der möglichen Allgemeininteressen endgültig festzulegen. In seiner bisherigen Rechtssprechung[1339] hat er die unterschiedlichsten mitgliedstaatlichen Zielsetzungen als zwingende Gründe im Sinne des Schrankenvorbehalts angesehen.[1340]

Umstritten ist, ob den Mitgliedstaaten hinsichtlich der Bestimmung dieser Schutzziele ein eigener Konkretisierungsspielraum zusteht. Nach einer von einem Teil des Schrifttums sowie seitens der europäischen Kommission vertrete-

---

1338 *Petersen*, S. 115.

1339 Vgl. hierzu die Übersicht in EuGH Rs. C-288/89 (Stichting Collectieve Antennevoorziening Gouda), Slg. I-1991, 4007, Rdn. 14.

1340 Beispielsweise bestimmte Berufsregelungen, EuGH Rs. 33/74 (van Binsbergen), Slg. 1974, 1299, Rdn. 10/12; Vorschriften zum Schutz von Dienstleistungsnehmern, EuGH Rs. 110 u.111/78 (van Wesemael), Slg. 1979, 35, Rdn. 28; der Schutz des geistigen Eigentums, EuGH Rs. 62/79 (Coditel I), Slg. 1980, 881, Rdn. 15; der Schutz vor Erteilung von Rechtsrat durch beruflich oder persönlich nicht hinreichend qualifizierte Personen, EuGH Rs. C-76/90 (Säger), Slg. 1991, I-4221, Rdn. 17; sowie der Arbeitnehmer-, EuGH Rs. 279/80 (Webb), Slg. 1981, 3305, Rdn. 19 und Verbraucherschutz, EuGH Rs. 205/84 (Kommission/Deutschland), Slg.1986, 3755, Rdn. 30. Ferner hat er die Erhaltung des nationalen historischen und künstlerischen Erbes, EuGH Rs. C-180/89 (Kommission/Italien), Slg. 1991, I-709, Rdn. 20, die Aufwertung der historischen, künstlerischen und archäologischen Reichtümer EuGH Rs. C-198/89 (Kommission/Griechenland), Slg. 1991, I-727, Rdn. 21 sowie die bestmögliche Verbreitung von Kenntnissen über das künstlerische und kulturelle Erbe eines Landes, EuGH Rs. C-154/89 (Kommission/Frankreich), Slg. 1991, I-659, Rdn. 17, als im Allgemeininteresse liegende Gründe bestätigt. Nahezu alle zuvor angeführten Entscheidungen sind dadurch gekennzeichnet, dass der EuGH die „Besonderheiten bestimmter Dienstleistungen" hervorhebt, die die entsprechenden mitgliedstaatlichen Anforderungen an den Dienstleistungserbringer rechtfertigen können. In der Rs. *Webb*, ibidem, Rd. 18, sowie dem sogenannten „Versicherungs"-Urteil, Rs. 205/84, ibidem, Rdn. 30, spricht der EuGH sogar von einem „besonders sensiblen Bereich". Ob hieraus zu schließen ist, dass dies als Anwendungsvoraussetzung für die ungeschriebenen Rechtfertigungsgründe angesehen werden muss, muss jedoch bezweifelt werden. Zu Recht wird darauf hingewiesen, dass prinzipiell in allen nicht vollständig harmonisierten Wirtschaftsbereichen ein Regelungsinteresse der Mitgliedstaaten besteht, vgl. *Charissé*, S. 196.

nen Auffassung ist der Begriff des Allgemeininteresses streng europarechtlich zu interpretieren und insoweit auf einen bestimmten Kreis von „europäischen“ Schutzgütern beschränkt.[1341] Einem anderen Verständnis zufolge sind die Mitgliedstaaten in den vom Gemeinschaftsrecht gesetzten Grenzen selbst in der Lage, die zwingenden Gründe des Allgemeininteresses inhaltlich auszufüllen.[1342]

Wie zuvor festgestellt, wurden die ungeschriebenen Rechtfertigungsgründe durch den EuGH entwickelt, um den Übergriffen auf den Kompetenzbestand der Mitgliedstaaten Schranken zu setzen. Berücksichtigt man diesen Ausgangspunkt, spricht viel dafür, die zwingenden Gründe mit Blick auf die mitgliedstaatlichen Interessen, die die Mitgliedstaaten eben gerade nicht in den Integrationsprozess einbinden wollten beziehungsweise die in den jeweiligen Mitgliedstaaten mit dem Begriff des „öffentlichen Interesses“ verknüpft sind, zu entwickeln. Dies setzt grundsätzlich eine mitgliedstaatliche Perspektive voraus.[1343]

Selbst im Rahmen der ausdrücklichen *ordre public*-Vorbehalte gesteht der EuGH den Mitgliedstaaten zudem vor dem Hintergrund einer insoweit fehlender Vergemeinschaftung einen Beurteilungsspielraum bei der Definition ihrer öffentlichen Interessen zu.[1344] Konsequenterweise erkennt er zusätzlich an, dass diese Interessen von Mitgliedsstaat zu Mitgliedstaat divergieren können. Wie bereits ausgeführt, ist anerkannt, dass die Vorbehalte eng auszulegen sind.[1345] Steht den Mitgliedstaaten aber hinsichtlich der Schrankenvorbehalte selbst bei

---

1341 Kommission, Grünbuch, Fernsehen ohne Grenzen, S. 167; *Engel*, Europarechtliche Grenzen, S. 74; vgl. auch *Reich*, ZHR 153 (1989), S. 584; vgl. auch *Schwartz*, in: Schwarze (Hrsg.), Fernsehen („eng zu verstehen“), S. 106, *Deringer*, ZUM 1985, S. 232.

1342 *Petersen*, Rundfunkfreiheit, S. 144; *Niedobitek*, Kultur, S.160; *Kugelmann*, S. 219; *Sparr*, S. 47, 49.

1343 Vgl. hierzu u.a. EuGH Rs. C-159/94 (Kommission/Frankreich), Slg. 1997, I-5815, Rdn. 56 ff.

1344 EuGH Rs. 41/74 (van Duyn), Slg. 1974, 1337, Rdn. 18/19 („Dennoch können die besonderen Umstände, die möglicherweise die Berufung auf den Begriff der öffentlichen Ordnung rechtfertigen, von Land zu Land verschieden sein, so dass insoweit den zuständigen innerstaatlichen Behörden ein Beurteilungsspielraum innerhalb der durch den Vertrag gesetzten Grenzen zuzubilligen ist“); EuGH Rs. 36/75 (Rutili), Slg. 1975, 1219, Rdn. 26/28 („Die Mitgliedstaaten können auch weiterhin kraft des Vorbehalts des Artikels 48 Absatz 3 (Art. 39 Abs. 3 n. F .) im wesentlichen frei nach ihren nationalen Bedürfnissen bestimmen, was die öffentliche Ordnung verlangt.“).

1345 EuGH Rs. 41/74 (van Duyn), Slg. 1974, 1337, Rdn. 18/19; EuGH Rs. 36/75 (Rutili), Slg. 1975, 1219, Rdn. 26/28.

Diskriminierungen ein Beurteilungsspielraum zu, muss dies unter Berücksichtigung der eingangs erläuterten Ratio für die Entwicklung für die ungeschriebenen Schrankenvorbehalte umso mehr bei den unterschiedslosen Maßnahmen gelten. Den Mitgliedstaaten stehen somit hinsichtlich der Allgemeininteressen eigene Konkretisierungsspielräume zu.[1346]

Allerdings sind der Möglichkeit, mitgliedstaatliche Allgemeininteressen zu definieren, europarechtliche Grenzen gesetzt. Das Allgemeininteresse darf nicht die Funktion einer Schutzklausel annehmen. Insofern lässt der Gerichtshof zum einen eine pauschale, schlagwortartige Berufung auf bestimmte anerkannte Allgemeininteressen nicht ausreichen, um mitgliedstaatliche Regulierungen zu legitimieren.[1347] Zum anderen muss sich die Berufung der Mitgliedstaaten auf bestimmte nationale Allgemeininteressen stets an den Zielen und Grundsatzbestimmungen des EG messen lassen. Vor diesem Hintergrund können mitgliedstaatliche Bestimmungen mit primär wirtschaftlicher oder marktabschottender Zielsetzung[1348] keinen anerkennenswerten Vorbehalt für die Durchsetzung des Gemeinschaftsrechts darstellen.[1349] Andernfalls würden die Vertragsziele selbst

---

1346 Vgl. *Pache*, in: Ehlers (Hrsg.), S. 287, Rdn. 57, nach dem die Konkretisierung des Begriffs des Allgemeininteresses im Einzelfall durch die jeweiligen nationalen Behörden bei gleichzeitiger gemeinschaftsrechtlicher Überprüfungsmöglichkeit erfolgt; weiterhin *Petersen*, Rundfunkfreiheit, S. 144; *Niedobitek*, Kultur, S.160; *Kugelmann*, S. 219; *Sparr*, S. 47, 49.

1347 Stets wird seitens des Gerichtshofs auf die konkret von den Mitgliedstaaten vorgetragenen Gründe Bezug genommen. Für den Kulturbereich vgl. beispielsweise die Formulierungen „eine *so* verstandene Kulturpolitik", EuGH Rs. C-288/89 (Stichting Collectieve Antennevoorziening Gouda), Slg. 1991, I-4007, Rdn. 23; Rs. C-353/89 (Kommission/Niederlande), Slg. 1991, I-4069, Rdn. 30, oder „*solche* Ziele der Kulturpolitik", EuGH Rs. C-148/91 (Veronica Omroep Organisatie), Slg. 1993, I-487, Rdn. 10.

1348 *V. Wilmowsky*, ZHR 155 (1991), S. 564, führt anhand der EuGH-Rechtsprechung zutreffend aus, dass die seitens des EuGH verwendete Terminologie der „nichtwirtschaftlichen" Regelungszwecke, die allein Eingriffe in die Warenverkehrs- und Dienstleistungsfreiheiten zu rechtfertigen vermögen, missverständlich ist und besser durch „nichtprotektionistische" Regelungszwecke ersetzt werden sollte.

1349 Der EuGH beschreibt diesen Umstand regelmäßig mit der Formel, dass „einem Mitgliedstaat ...nicht gestattet werden (kann), sich den Wirkungen der im Vertrag vorgesehenen Maßnahmen unter Berufung auf die wirtschaftlichen Schwierigkeiten zu entziehen, die durch die Beseitigung der Behinderung des innergemeinschaftlichen Handels entstehen", EuGH Rs. 72/83 (Campus Oil), Slg. 1984, 2727, Rdn. 35 m.w.N.; vgl. auch EuGH Rs. C-353/89 (Kommission/Niederlande), Slg. 1991, I-4069, Rdn. 47; EuGH Rs. C-288/89 (Stichting Collectieve Antennevoorziening Gouda), Slg. 1991, I-4007, Rdn. 29; EuGH Rs. C-203/96 (Chemische Afvalstoffen Dusseldorp), Slg. 1998, I-4075, Rdn. 44; ausführlicher hierzu *Petersen*, S. 144 ff.

zur Disposition gestellt. Nur in diesem Sinne ist es also zutreffend, dass die von den Mitgliedstaaten vorgetragenen Gründe einer strengen gemeinschaftsrechtlichen Überprüfung unterliegen.[1350]

Die Kontrolle des Gerichtshofs bezieht sich somit zum einen darauf, ob die seitens der Mitgliedsstaaten vorgetragenen Allgemeininteressen schon *per se* mit den Gemeinschaftszielen nicht vereinbar sind, weil sie beispielsweise wirtschaftliche oder protektionistische Ziele offen benennen. Im Rahmen einer Art Plausibilitätskontrolle[1351] prüft er darüber hinaus, ob die Staaten hinter an sich legitimen Zwecken nicht *de facto* gemeinschaftswidrige Absichten verbergen.[1352] Im übrigen legt der EuGH regelmäßig den Schwerpunkt seiner Prüfung auf den Grundsatz der Verhältnismäßigkeit.[1353] Die geschilderte Systematik trägt der Verschränkung der nationalen Rechtsordnungen mit dem Gemeinschaftsrecht Rechnung. Sie stellt sicher, dass die Gemeinschaft nicht mehr Kompetenzen an sich zieht als ihr im Rahmen der Integration zugestanden worden sind, ohne dass die Mitgliedstaaten die Effektivität der Integration durch Maßnahmen, die einer Missbrauchskontrolle nicht mehr zugänglich sind, zu torpedieren vermögen.

Zu den zwingenden Gründen des Allgemeininteresses zählt der Gerichtshof auch kulturpolitische Zielsetzungen, die einer bestimmten Rundfunkpolitik verpflichtet sind.

1350 Auch *Frenz*, EuR 2002, S. 610 weist darauf hin, dass die Prüfung, ob eine legitime Zielsetzung vorliegt, unter dem Aspekt gegebenenfalls kaschierter wirtschaftlicher Zwecke regelmäßig sorgfältig erfolgt.

1351 Nach der hier vertretenen Auffassung ist die missbräuchliche Instrumentalisierung eines *eo ipso* zulässigen Rechtfertigungsgrundes ein von der Geeignetheit einer konkreten Maßnahme zu differenzierendes Prüfungsmoment. Allerdings sind die Grenzen zwischen der Prüfung einer missbräuchlichen Inanspruchnahme von an sich legitimen Rechtfertigungsgründen und der Geeignetheit einer Maßnahme fließend, vgl. hierzu *Koch*, S.207 (Nutzung des Eignungskriteriums zur Abwehr missbräuchlicher I-nanspruchnahmen von Rechtfertigungsgründen) und unten Teil 3 III.5.a)(1).

1352 Vgl. Beispielsweise EuGH Rs. C-353/89 (Kommission/Niederlande), Slg. 1991, I-4069, Rdn. 45 („In diesem Zusammenhang ist zunächst hervorzuheben, dass die Beschränkung von Werbemitteilungen ...durch zwingende Gründe des Allgemeininteresses gerechtfertigt sein können.") und Rdn. 47 („Sie haben damit zur Folge....,dass die Einnahmen der STER geschützt werden...); wie hier *Petersen*, S. 144 ff.; *Rosenthal*, S. 72 f.; ähnlich *Classen*, EuR 2004, S. 432 ff.

1353 Vgl. hierzu unten Teil 3 B.III.5.

3. Kultur- und medienpolitische Regelungen als zwingende Gründe des Allgemeininteresses

Zu dem Kreis von Dienstleistungen, die aus Gründen des Allgemeininteresses beschränkt werden können, zählt bereits seit der Rechtssache *Debauve* auch die „Ausstrahlung und Übertragung von Fernsehsendungen“.[1354] Gegenstand des Verfahrens war ein totales Werbeverbot in Belgien. Nach dem Gerichtshof liegt „in Ermangelung einer Harmonisierung der geltenden Vorschriften“ ein derartiges Verbot „im Rahmen der jedem Mitgliedstaat belassenen Zuständigkeit, Fernsehwerbung in seinem Hoheitsgebiet aus Gründen des Allgemeininteresses Rechtsvorschriften zu unterwerfen, zu beschränken oder sogar völlig zu verbieten.[1355]

Nähere Feststellungen zum Begriff des Allgemeininteresses sind den Ausführungen des Gerichtshofs an dieser Stelle noch nicht zu entnehmen. Zumindest in abstrakter Weise stellt der EuGH jedoch bereits hier klar, dass die Mitgliedstaaten auf dem Gebiet des Rundfunks eine eigene Regelungskompetenz besitzen sowie dass ihre Normsetzungstätigkeit in diesem Bereich grundsätzlich aus Gründen des Allgemeininteresses gedeckt sein kann.[1356] Auch in der Rechtssache *Bond van Adverteerders*, die wiederum eine angeblich aus Gründen des Allgemeininteresses erfolgte Reglementierung der Ausstrahlung von Fernsehsendungen zum Gegenstand hatte, sind die Ausführungen des Gerichtshofs nach wie vor ähnlich allgemein gehalten.[1357]

In den zwei ersten Entscheidungen zum niederländischen Rundfunkgesetz (*Mediawet*)[1358] geht der EuGH erstmals näher auf die Frage ein, welche konkreten kulturellen Interessen Beschränkungen des freien Dienstleistungsverkehrs zu rechtfertigen vermögen. In beiden Verfahren ging es zunächst um Bestimmungen der *Mediawet*, wonach die Weiterverbreitung von ausländischen Programmen mit speziell an das niederländische Publikum gerichteten Werbemitteilun-

---

[1354] EuGH Rs. 52/79 (Debauve), Slg. 1980, 833, Rdn. 12.

[1355] EuGH Rs. 52/79 (Debauve), Slg. 1980, 833, Rdn. 15.

[1356] Zutreffend *Schwarze*, in: ders. (Hrsg.), Fernsehen, S. 33.

[1357] In dem Verfahren ging es um das Verbot der speziell an das niederländische Publikum gerichteten Fernsehwerbung sowie um das Verbot der Untertitelung entsprechender ausländischer Programme, EuGH Rs. 352/85 (Bond van Adverteerders), Slg. 1988, 2085, Rdn. 38.

[1358] EuGH Rs. C-288/89 (Stichting Collectieve Antennevoorziening Gouda), Slg. 1991, I-4007 und Rs. C-353/89 (Kommission/Niederlande), Slg. 1991, I-4069.

gen mittels niederländischer Kabelnetze nur dann erlaubt wurde, sofern eine Reihe von veranstalter- und programmbezogene Voraussetzungen erfüllt waren. Hierzu gehörten unter anderem die Erfordernisse, dass das ausländische Unternehmen die Werbung einer von ihr unabhängigen juristischen Person zu übertragen hatte, die Werbeeinnahmen im vollen Umfang in das Programm zu reinvestieren waren, es Dritten nicht ermöglicht werden durfte, Gewinne zu erzielen und das Werbevolumen nicht mehr als fünf Prozent der gesamten Sendezeit in Anspruch nehmen durfte. In dem Verfahren *Kommission/Niederlande* ging es zudem um die den niederländischen Rundfunkveranstaltern auferlegte Verpflichtung, sich bei der Produktion von Hörfunksendungen im vollen Umfang und bei der Herstellung von Fernsehsendungen in Höhe von 75 Prozent der technischen Dienstleistung einer niederländischen Anstalt zu bedienen.[1359]

Die niederländische Regierung hatte in beiden Rechtssachen vorgetragen, dass die fraglichen Bestimmungen durch „zwingende Erfordernisse ihrer Kulturpolitik im Rundfunksektor" gerechtfertigt seien. Diese Politik diene dem Schutz der Meinungsfreiheit der verschiedenen gesellschaftlichen, kulturellen, religiösen und geistigen Strömungen in den Niederlanden, wie sie sich in der Presse, im Hörfunk oder im Fernsehen müsse entfalten können.[1360] Die zugunsten der niederländischen Anstalt verankerte Verpflichtung zur Abnahme von technischen Dienstleistungen diene dem Fortbestand einer pluralistischen und nichtkommerziellen Rundfunkordnung.[1361]

Zwar sah der Gerichtshof die in Frage stehenden Vorschriften im Ergebnis nicht als gerechtfertigt an. Vom Grundsatz her folgte er jedoch der Argumentation der niederländischen Regierung. Er stellt hierzu ausdrücklich fest, „eine so verstandene Kulturpolitik" könne „einen zwingenden Grund des Allgemeininteresses darstellen, der eine Beschränkung des Dienstleistungsverkehrs rechtfertigt." Der Gerichtshof begründet dies im wesentlichen damit, dass „die Aufrechterhaltung eines pluralistischen Rundfunkwesens, die diese niederländische Kulturpolitik gewährleisten soll (...) nämlich in einem Zusammenhang mit der durch Artikel 10 der Konvention zum Schutze der Menschenrechte und Grundfreiheiten ga-

---

1359 EuGH Rs. C-353/89 (Kommission/Niederlande), Slg. 1991, I-4069, Rdn. 2.

1360 EuGH Rs. C-288/89 (Stichting Collectieve Antennevoorziening Gouda), Slg. 1991, I-4007, Rdn. 22; Rs. C-353/89 (Kommission/Niederlande), Slg. 1991, I-4069, Rdn. 29.

1361 EuGH Rs. C-353/89 (Kommission/Niederlande), Slg. 1991, I-4069, Rdn. 29.

rantierten Meinungsfreiheit, die zu den von der Gemeinschaftsrechtsordnung geschützten Grundrechten gehört" steht.[1362]

Die Anerkennung von mitgliedstaatlichen Regelungen, die der Verfolgung einer bestimmten Kulturpolitik im Rundfunkbereich dienen, als im Allgemeininteresse liegende Gründe zieht sich auch durch die spätere Judikatur des Gerichtshofs. In der Rechtssache *Veronica*[1363] ging es erneut um eine Regelung des niederländischen Mediengesetzes. Hiernach war es einer in den Niederlanden niedergelassenen Rundfunkeinrichtung verboten, sich am Kapital einer in einem anderen Mitgliedstaat gegründeten oder zu gründenden Rundfunkgesellschaft zu beteiligen, wenn die Sendetätigkeit dieser Gesellschaft insbesondere für das Hoheitsgebiet der Niederlande bestimmt war. Unter Bezugnahme auf seine vorangegangenen Urteile zu der niederländischen *Mediawet* bekräftigt der Gerichtshof erneut, dass die Schaffung eines pluralistischen und nicht-kommerziellen Hörfunk- und Fernsehwesens als Teil einer dem Schutz der Meinungsfreiheit verschriebenen Kulturpolitik ein Ziel darstelle, welches im Allgemeininteresse liege und welches der Mitgliedstaat durch entsprechende Ausgestaltung seiner Regelungen für die Sendeanstalten verfolgen dürfe.[1364] Mit zum Teil gleichlautenden Formulierung bestätigte der Gerichtshof in der *TV 10*-Entscheidung, dass eine der Meinungsfreiheit verpflichtete Rundfunkpolitik sowie die hierauf basierenden nationalen Regelungen im Allgemeininteresse liegende Gründe darstellen können.[1365]

Zusammenfassend lässt sich feststellen, dass der EuGH in gefestigter Rechtsprechung die Aufrechterhaltung einer der Meinungsfreiheit verpflichteten Medienvielfalt als zwingendes Allgemeininteresse anerkennt.[1366] Vermag ein entsprechendes Anliegen Beschränkungen von Art. 49 EG zu rechtfertigen, bedarf es zunächst der Feststellung, dass der Errichtung von *Phoenix* und dem *Kinderkanal* als gebührenfinanzierten Spartensendern überhaupt das Ziel der Aufrechter-

---

[1362] EuGH Rs. C-288/89 (Stichting Collectieve Antennevoorziening Gouda), Slg. 1991, I-4007, Rdn. 23; Rs. C-353/89 (Kommission/Niederlande), Slg. 1991, I-4069, Rdn. 30.

[1363] EuGH Rs. C-148/91 (Veronica Omroep Organisatie), Slg. 1993, I-487 ff.

[1364] EuGH Rs. C-148/91 (Veronica Omroep Organisatie), Slg. 1993, I-487, Rdn. 9/10.

[1365] EuGH Rs. C-23/93 (TV 10 SA), Slg. 1994, I-4795, Rdn. 18/19; vgl. hierzu auch *Trautwein*, ZUM 1995, S. 324 ff.

[1366] Vgl. beispielsweise EuGH Rs. C-368/95 (Vereinigte Familiapress), Slg. I-3689, Rdn. 18 in Bezug auf die Warenverkehrsfreiheit; vgl. auch EuG T-266/97 (VTM), Slg. 1999, II-

Fußnote fortgesetzt

haltung eines pluralistischen Rundfunkwesens zugrunde liegt. Des weiteren dürfen sich dahinter *de facto* keine anderen gemeinschaftswidrigen Zielen erkennen lassen. Das bedeutet mit anderen Worten, dass die Verspartung in einem plausiblen Zusammenhang mit dem an sich legitimen Ziel der Aufrechterhaltung eines pluralistischen Rundfunkwesens im Sinne der EuGH-Rechtsprechung stehen muss.

4. Plausible Maßnahme/Ziel-Relation zwischen den Spartenprogrammen und dem Allgemeininteresse der Aufrechterhaltung einer meinungsfreiheitsverpflichteten Medienvielfalt

Die in Deutschland existierende duale Rundfunkordnung ist Ergebnis der verfassungsrechtlichen Forderung nach Schaffung einer positiven Ordnung, die dem Ziel der Gewährleistung der freien Meinungsbildung dient.[1367] Der öffentlich-rechtliche Rundfunk ist innerhalb dieser Ordnung in besonderem Maße der Sicherung der Meinungsfreiheit- und Meinungsvielfalt verpflichtet.[1368]

Unter anderem vor dem Hintergrund ehedem unbekannter Übertragungskapazitäten ist die Medienlandschaft heute im Gegensatz zu früher durch eine tendenzielle Verspartung, gekennzeichnet. Hand in Hand mit der Verfügbarkeit von sogenannten *single interest*-Programmen kann festgestellt werden, dass sich Zuschauergewohnheiten und Mediennutzung als solche ändern.[1369] Dies hat zu einem relativen Zuschauerverlust der Vollprogramme zugunsten von Spartenprogrammen geführt. Insofern besteht eine nicht von der Hand zu weisende Gefahr, dass immer weniger Menschen durch die öffentlich-rechtlichen Vollprogramme erreicht werden.

Die Veranstaltung der beiden öffentlich-rechtlichen Spartenprogramme stellt die Reaktion des deutschen Rundfunkgesetzgebers auf diese Entwicklung dar. Nach der amtlichen Begründung zu § 19 Abs. 2 Rundfunkstaatsvertrag soll mit den Fernsehspartenprogrammen auch dem öffentlich-rechtlichem Rundfunk die Möglichkeit eingeräumt werden, an der Ausdifferenzierung des Programmangebots teilzuhaben. Dies trage der verfassungsrechtlichen Entwicklungsgarantie

---

2329, Rdn. 108; vgl. zur EuGH Rechtsprechung auch *Hirsch*, in: Schwarze/Becker (Hrsg.), Geistiges Eigentum, S. 159 ff.

1367 BVerfGE 57, 295, 320; E 73, 118, 153; E 83, 238, 296.

1368 Vgl. beispielsweise BVerfGE 73, 118, 157; E 74, 297, 324.

1369 Ausführlich hierzu *Holznagel/Vesting*, S. 21 ff.

des öffentlich-rechtlichen Rundfunks Rechnung.[1370] Die Verspartungsentscheidung dient also dem Ziel, die besondere Aufgabe des öffentlich-rechtlichen Rundfunks für die Aufrechterhaltung der Meinungsvielfalt auch unter veränderten Rezipientenbedingungen sicherzustellen. Dass sich die tatsächlichen Voraussetzungen für die Realisierung eines im allgemeinen Interesse stehenden Auftrags mit der Zeit verändern können, wurde bereits seitens der Kommission anerkannt.[1371] Die seitens des deutschen Rundfunkgesetzgebers angegebene Begründung für die Verspartungsmaßnahme ist somit grundsätzlich von der Rechtsprechung des EuGH zu den zwingenden Gründen des Allgemeininteresses gedeckt.

Aber auch eine nähere Betrachtung der Maßnahme unter Plausibilitätsgesichtspunkten lässt keine Anhaltspunkte dafür erkennen, dass die Verspartungsentscheidung tatsächlich nicht dem angeblich verfolgtem Ziel dient.[1372] Bei dem *Ereignis- und Dokumentationskanal*, der im wesentlichen Hintergrund- und Zusatzinformationen zu aktuellen Vorgängen sowie zu Ereignissen des Zeitgeschehens liefern soll, liegt die besondere Eignung, einen Betrag für die Meinungsbildung zu liefern, auf der Hand. Aber auch der *Kinderkanal*, der besonders einem werbe- und gewaltfreien Programm sowie einem Programm mit pädagogischen Lerninhalten verschrieben ist, kann einen wichtigen Beitrag für die Sicherung von Meinungsvielfalt und Meinungsfreiheit liefern. Zwar nehmen Kinder am Meinungsbildungsprozess, der im Hinblick auf die Wahrung einer demokratischen Grundordnung relevant ist, noch nicht unmittelbar selbst teil. Es entspricht jedoch der allgemeinen Lebenserfahrung, dass die Möglichkeit, sich in einen entsprechenden Prozess der Meinungsbildung einzubringen, in nicht unerheblichen Maß bereits im Vor-Erwachsenenalter geprägt wird. Dies gilt insbesondere im Hinblick auf den Umstand, dass Kinder vom Vorschulalter bis zur Beendigung der Schulzeit in hohem Maße fernsehen.[1373]

[1370] Zitiert bei *Betz*, Media Perspektiven 1997, S. 2 f.

[1371] Vgl. die Kommissionsentscheidung zum EBU/Eurovisions-System, ABl. EG, 1993, Nr. L 179/23, 36f., Rdn. 79 allerdings im Zusammenhang mit Art. 86 Abs. 2 EG; Siehe auch Kommission, Mitteilung vom 11. September 1996 über Leistungen der Daseinsvorsorge in Europa, KOM/96/443 endg., ABl. C 281 vom 26.9.1996, S. 3, Rdn. 21.

[1372] Im Ergebnis ebenso die Kommission in ihrer Spartenentscheidung Staatliche Beihilfen Nr. NN 79/98 – Deutschland (Kinderkanal und Phoenix) vom 24.02.1999, Ziff. 6.3, wobei diese die Mittel-Ziel-Relation allerdings im Rahmen von Art. 86 Abs. 2 EG prüft.

[1373] Vgl. hierzu auch die weiteren Nachweise unter Teil 1C.II.3.a).

Beide Programme bewegen sich somit in Bereichen, die für die Gewährleistung von Meinungspluralismus bedeutsam sind. Sie stehen in einem nachvollziehbaren Zusammenhang zu dem Ziel der Sicherung eines pluralistischen Rundfunksystems, das der Sicherung der Meinungsfreiheit der verschiedenen gesellschaftlichen und kulturellen Strömungen in Deutschland dient.[1374] Versteckt protektionistische oder aus sonstigen Gründen gemeinschaftswidrige Absichten sind nicht erkennbar. Der Betrieb der beiden Spartenkanäle kann aus europarechtlicher Sicht somit als Teil einer Kulturpolitik verstanden werden, die die Aufrechterhaltung eines pluralistischen Rundfunkwesens gewährleisten soll und die somit einen zwingenden Grund des Allgemeininteresses darstellt.[1375]

Die von dem Betrieb der Spartenkanäle ausgehenden Beschränkungen für den freien Dienstleistungsverkehr müssen für ihre gemeinschaftsrechtliche Vereinbarkeit aber weiterhin auch als verhältnismäßig angesehen werden können.

5. Anforderungen des Verhältnismäßigkeitsprinzips an mitgliedstaatliche Maßnahmen

Der Prüfung der Verhältnismäßigkeit kommt in der Rechtsprechung des EuGH entscheidende Bedeutung zu.[1376] In Art. 5 Abs. 3 EG ist der Grundsatz mittlerweile gemeinschaftsprimärrechtlich verankert worden.[1377] Auch wenn gemäß Art. 5 Abs. 3 EG nur Maßnahmen der Gemeinschaft ausdrücklich in Bezug genommen werden, ist das Prinzip auch von entscheidender Relevanz für die hier

---

1374 A.A. *Engel*, Europarechtliche Grenzen, S. 74.

1375 Ob die dieser Maßnahme zugrundeliegenden Erwägungen tatsächlich zutreffen und eine Reaktion in Form der beiden Spartenprogramme auch tatsächlich erforderlich machen, ist eine Frage der Verhältnismäßigkeit der Maßnahme und daher in diesem Zusammenhang zu prüfen, vgl. unter Teil 3 B.III.5.

1376 Ausführlich hierzu *Koch*, S. 158 ff.; weiterhin *Ipsen*, Europäisches Gemeinschaftsrecht, S. 512 f.

1377 Die Anwendung des Verhältnismäßigkeitsgrundsatzes wird dabei nicht nur zur Sicherung privater Rechtspositionen, sondern auch kompetenziell, d.h. zum Schutz der mitgliedstaatlichen Ebene angeordnet, vgl. v. *Bogdandy/Nettesheim*, in: Grabitz/Hilf, EUV, Art. 3 b, Rdn. 48; *Zuleeg*, JZ 1995, S. 676; Seine Anwendung in kompetenzrechtlicher Hinsicht, d.h. zwischen Hoheitsträgern wurde in der Vergangenheit bestritten, so beispielsweise *Niedobitek*, Kultur, S. 229; die Anwendung befürwortend *Ossenbühl*, Rundfunk, S. 47; *Delbrück*, Die Rundfunkhoheit, S. 57.

interessierende Überprüfung von mitgliedstaatlichen Maßnahmen mit dem Gemeinschaftsrecht.[1378]

a) Inhaltliche Konkretisierung

Die vom Gerichtshof verwendete Terminologie im Zusammenhang mit dem Verhältnismäßigkeitsprinzip ist uneinheitlich.[1379] Regelmäßig geprüft werden durch den EuGH die aus dem deutschen Verfassungsrecht bekannten Kriterien der Geeignetheit sowie der Erforderlichkeit (Teil 3B.III.5.a)(1)). Unklar ist jedoch, ob eine mitgliedstaatliche Maßnahme auch unter dem Aspekt des aus dem nationalen Verfassungsrecht[1380] geläufigen dritten Prüfelements der Angemessenheit untersucht werden muss (Teil 3B.III.5.a)(2)).

(1) Geeignetheit und Erforderlichkeit

In der jüngeren EuGH-Rechtsprechung hat der EuGH das Verhältnismäßigkeitsprinzip häufiger mit der Formulierung umschrieben, dass eine Regelung „geeignet sein (müsse),[1381] die Verwirklichung des mit ihr verfolgten Ziels zu gewährleisten und sie darf nicht über das hinausgehen, was zur Erreichung dieses Ziels erforderlich ist".[1382] Ausdrücklich benannt sind damit die Kriterien der Geeignetheit sowie der Erforderlichkeit einer Maßnahme.

Das Element der Geeignetheit enthält eine Zweck-Mittel-Kontrolle dahingehend, dass eine mitgliedstaatliche Regelung überhaupt in der Lage sein muss, die Verwirklichung des mit ihrer Hilfe angestrebten Ziels zu erreichen.[1383] Die Grenzen zwischen der Geeignetheitsprüfung sowie der Untersuchung, ob ein plausibler Zusammenhang zwischen ergriffener Maßnahme und verfolgtem Ziel existiert, sind oft fließend. Wie zuvor dargestellt, prüft der EuGH im Rahmen

---

[1378] Vgl. *Ossenbühl*, Rundfunk, S. 47; *Delbrück*, Rundfunkhoheit, S. 57; *Meinel*, Rundfunkrechtssetzung, S. 152 ff.

[1379] Vgl. ausführlich hierzu *Koch*, S. 204 ff. m. w. N.; Rechtsprechungsübersicht auch bei *Rosenthal*, S. 100, Fn. 354.

[1380] Vgl. bspw. nur *Hesse*, Verfassungsrecht, Rdn. 317 ff., 325 ff.

[1381] Hinzufügung d. V.

[1382] Beispielsweise EuGH Rs. C-124/97 (Läärä), Slg. 1999, I-6067, Rdn. 31; Rs. C-19/92 (Kraus), Slg. 1993, I-1663, Rdn. 32; Rs. C-55/94 (Gebhard), Slg. 1995, I-4165, Rdn. 37; Rs. C-384793 (Alpine Investment), Slg.1995, I-1141, Rdn. 45; auch bereits Rs. C-288/89 (Stichting Collectieve Antennevoorziening Gouda), Slg. I-1991, 4007, Rdn. 15.

[1383] EuGH Rs. C-288/89 (Stichting Collectieve Antennevoorziening Gouda), Slg. 1991, I-4007, Rdn. 15; Rs. C-353/89 (Kommission/Niederlande), Slg. 1991, I-4069, Rdn. 19.

einer Art Plausibilitätstest, ob das vorgegebene Ziel nicht nur der Verschleierung der wahren Absichten dient und die Berufung auf das Allgemeininteresse bereits aus diesem Grund ausscheidet.[1384] Befinden sich aber hinter der angeblichen Zielsetzung keine gemeinschaftswidrigen und deshalb missbräuchlichen Motivationen, ist in der Regel von einem tatsächlichen Zusammenhang zwischen Maßnahme und Ziel und damit auch von der Geeignetheit der Maßnahme auszugehen. Dies wird nur dann nicht der Fall sein, wenn die Maßnahme, obwohl ihr keine verschleierten protektionistischen Motivationen zugrunde liegen, ausnahmsweise trotzdem für die Zielerreichung untauglich ist.

Weiterhin muss die Regelung im Hinblick auf das Ausmaß und die Intensität der Beeinträchtigung der zu schützenden Rechtsposition erforderlich sein.[1385] Besteht eine Wahlmöglichkeit zwischen mehreren im Hinblick auf das zu verwirklichende Ziel gleichermaßen effizienten Maßnahmen, gebietet das Kriterium der Erforderlichkeit grundsätzlich, dass das Mittel gewählt werden muss, welches das fragliche Rechtsgut am wenigsten einschränkt. Geht die Maßnahme über das Erforderliche hinaus, stellt sie eine unverhältnismäßige und somit im Ergebnis nicht zu rechtfertigende Beschränkung der Grundfreiheit dar.

Die vom EuGH verwendete, eingangs zitierten Formel gibt allerdings keinen Aufschluss darüber, ob eine Maßnahme zusätzlich noch das Element der Angemessenheit erfüllen muss.

(2) Angemessenheit

Ein Teil des Schrifttums hat aus diesem Umstand die Schlussfolgerung gezogen, dass es auf eine Prüfung der Angemessenheit einer Maßnahme nicht ankommt.[1386]

Gegen einen grundsätzlichen Verzicht auf das Element der Angemessenheit spricht jedoch, dass der Gerichtshof in einigen Fällen zu der Prüfung der Geeig-

---

1384 Vgl. hierzu Gliederungsziffer Teil 3 B.III.; *Koch*, S. 205, 207, weist zu Recht darauf hin, dass sich das Kriterium der Geeignetheit besonders bei der Abwehr von (offensichtlich) missbräuchlichen Inanspruchnahme von Rechtfertigungsgründen bewährt habe. Entsprechend finde sich das Kriterium auch oft in der seitens des Gerichtshofs geprüften Formel von der „offensichtlichen Ungeeignetheit“ einer Maßnahme.

1385 EuGH Nachweise unter Fn. 1382, sowie EuGH Rs. C-76/90 (Säger), Slg. 1991, I-4221, Rdn. 15/17; Auf die Frage der Erforderlichkeit einer Maßnahme legt der Gerichtshof regelmäßig das Schwergewicht seiner Prüfung, vgl. *Petersen*, Rundfunkfreiheit, S. 150.

1386 Ausführlich zu dem Meinungsstreit *Koch*, S. 217 ff.

netheit und Erforderlichkeit einer Maßnahme zusätzliche Erwägungen in dem Sinne anstellt, dass eine Maßnahme „nicht außer Verhältnis zu dem verfolgten Ziel“ stehen dürfe.[1387] Dies stellt nichts anderes als eine Prüfung der Verhältnismäßigkeit im engeren Sinne dar, wonach das gemeinschaftliche Interesse an der Durchsetzung des Gemeinschaftsrechts mit dem mitgliedstaatlichen Interesse an der Vornahme der in Frage stehenden Regulierung abgewogen werden muss.[1388] In Konstellation, in denen es ihm erforderlich erscheint, rekurriert der EuGH also durchaus auf eine dritte Prüfkategorie im Rahmen der Verhältnismäßigkeit.

Dass die Frage der Angemessenheit einer Maßnahme in der zuvor zitierten Formel nicht vorkommt,[1389] mag sich zudem daraus erklären, dass die vom Gerichtshof überprüften Akte häufig entweder bereits an einem plausiblen Zusammenhang zwischen Maßnahme und verfolgtem Ziel oder an dem Kriterium der Erforderlichkeit scheitern. Entsprechend erübrigen sich weitere Ausführungen zu der Frage der Proportionalität. Weiterhin wäre auch kaum nachzuvollziehen, warum sich der Gerichtshof für solche Fälle grundsätzlich eines weiteren Prüfkriteriums begeben sollte, in denen Geeignetheit und Erforderlichkeit einer Maßnahme zwar bejaht werden können, das Mehr an hierdurch bewirkter mitgliedstaatlicher Zielerreichung jedoch in keinem Verhältnis zu der zugleich bewirkten Beeinträchtigung von Gemeinschaftsinteressen steht.[1390] Im Ergebnis muss daher davon ausgegangen werden, dass der Gerichtshof einen pragmatischen Ansatz verfolgt und sich für Fälle eines entsprechenden Missverhältnisses auch die Untersuchung der mitgliedstaatlichen Maßnahme mit Hilfe des Kriteriums der Angemessenheit vorbehält.[1391]

Von entscheidender Bedeutung für die Spielräume, die den Mitgliedstaaten für die Ausgestaltung ihrer Rundfunkordnungen verbleiben, ist die Frage, welchen Maßstab der EuGH bei der Untersuchung der Verhältnismäßigkeit einer mitgliedstaatlichen Maßnahme anlegt.

[1387] Beispielsweise EuGH Rs. C-384/93 (Alpine Investment), Slg. 1995, I-1141, Rdn. 54 f.; Rs. C-19/92 (Kraus), Slg. 1993, I-1663, Rdn. 41; Rs. C-34/95, C-35/95, C-36/95 (De Agostini und TV-Shop), Slg. 1997, I-3843, Rdn. 52; Rs. 368/95 (Vereinigte Familiapress), Slg. 1997, I-3689, Rdn. 19.

[1388] Zutreffend *Charissé*, S. 198.

[1389] Vgl. Die Ausführungen unter Teil 3 B.III.5.a)(1).

[1390] Vgl. *Sparr*, S. 62.

[1391] Im Ergebnis ebenso *Charissé*, S. 199.

b) Die Problematik der Kontrolldichte bei medienspezifischen Maßnahmen der Mitgliedstaaten

Der Kontrollmaßstab, der bei der Überprüfung mitgliedstaatlicher Maßnahmen im allgemeinen und im Kultur- beziehungsweise Medienbereich im besonderen zugrundezulegen ist, ist im Schrifttum jeweils unter Verweis auf die vermeintlich einschlägige EuGH-Rechtsprechung umstritten (Teil 3B.III.5.b)(1)). Was kommunikationsspezifische Regelungen anbelangt, ergeben sich aus dem Gemeinschaftsprimärrecht für die zugrunde zu legende Kontrolltiefe gewisse inhaltliche Vorgaben (Teil 3B.III.5.b)(2))

(1) Grundsätzliches

Im Schrifttum wird bezogen auf die medienspezifischen Regulierungskompetenzen der Mitgliedstaaten teilweise, insbesondere was die Erforderlichkeit von Maßnahmen anbelangt, von einem zugunsten der Mitgliedstaaten existierenden eigenen Prognose- und Gestaltungsspielraum ausgegangen.[1392]

In der einschlägigen Rechtsprechung zu medienrechtlichen Regulierungen der Mitgliedstaaten finden sich allerdings Ausführungen des Gerichtshofs, die jedenfalls *prima vista* für eine durchaus sehr eingehende Prüfung des EuGH im Hinblick auf die Erforderlichkeit der jeweils in Frage stehenden Normen sprechen könnten.[1393] Unter Bezugnahme auf diese Judikatur wird deshalb von anderer Seite die Auffassung vertreten, dass der Gerichtshof einen strengen Maßstab in Bezug auf die Verhältnismäßigkeit mitgliedstaatlicher Maßnahmen anlegt und deren Vorliegen verneint, wenn der Mitgliedstaat den Nachweis der Erforderlichkeit seiner Regulierung nicht erbringt.[1394]

1392 Vgl. *Schwarze*, in: ders. (Hrsg.), Fernsehen, S. 32 f.; *Petersen*, Rundfunkfreiheit, S. 162 f.; *Kugelmann*, S. 260; *Bleckmann*, Europarecht, Rdn. 773.

1393 Vgl. bspw. die Formulierungen des EuGH „Um ein pluralistisches Rundfunkwesen zu sichern, ist es nämlich *keineswegs unerläßlich*, daß das innerstaatliche Recht den in anderen Mitgliedstaaten niedergelassenen Sendeanstalten vorschreibt, ...“, Rs. C-288/89 (Collectieve Antennenvoorziening Gouda), Slg. 1991, I-4007, Rdn. 24 und wortgleich Rs. C-353/89 (Kommission/Niederlande), Slg. 1991, I-4069, Rdn. 42.

1394 So beispielsweise *Engel*, Europarechtliche Grenzen, S. 74; *Bremer/Esser/Hoffmann*, S. 97 („strengen Verhältnismäßigkeitsprüfung“) sowie 99 f.; gegen die Anerkennung eines weiten kulturpolitischen Ermessensspielraum ebenfalls *Koch*, S. 447; strenge Bindung an das Verhältnismäßigkeitsprinzip auch nach *Degenhart*, K&R 2000, S. 53 und *Bartosch*, ZUM 1998, S. 211.

Ob aus der zitierten Rechtsprechung tatsächlich derart weit reichende Konsequenzen gezogen werden können, ist bei genauerer Betrachtung der einschlägigen Urteile indes zweifelhaft. In der Rechtssache *Kommission/Niederlande* stellte der Gerichtshof zwar beispielsweise fest, dass die den inländischen Rundfunkorganisationen auferlegte Verpflichtung im Hinblick auf die Erreichung des angestrebten Ziels, nämlich dem Schutz der Meinungsfreiheit, unverhältnismäßig sei.[1395] Bei der beurteilten Verpflichtung ging es, wie zuvor dargestellt, unter anderem insbesondere darum, dass die betroffenen heimischen Sendeanstalten ihre Programme teilweise bzw. für den Hörfunkbereich ausschließlich bei einem inländischen Unternehmen, der *Nederlandse Omroepproduktie Bedrijf* (im folgenden *Bedrijf*), produzieren lassen sollten.

Tatsächlich bestand aber schon kein plausibler Zusammenhang zwischen der in Frage stehenden Verpflichtung und dem von der niederländischen Regierung vorgetragenen angeblichen Ziel einer Kulturpolitik, welches einem pluralistischen Rundfunkwesen dienen solle. Schon der Grundgedanke einer Verpflichtung zum Bezug einer Leistung aus ausschließlich einer Hand läuft einem Vielfaltpostulat zuwider. Es liegt auf der Hand, dass eine Produktionsverpflichtung zugunsten eines inländischen Unternehmens mit Pluralismuszielen in keinerlei tatsächlichem Zusammenhang steht.[1396] Die Verpflichtung diente vielmehr dem wirtschaftlichen Überleben des *Bedrijf* und damit ökonomischen Zwecken,[1397] was die niederländische Regierung im übrigen auch selbst einräumte.[1398] Dass es tatsächlich bereits an einem plausiblen Zusammenhang zwischen Maßnahme und Ziel und damit an einem der eigentlichen Verhältnismäßigkeitsprüfung vor-

---

1395 EuGH Rs.C-353/89 (Kommission/Niederlande), Slg. 1991, I-4069, Rdn. 31 f.

1396 So die Einschätzung der Kommission gemäß Sitzungsbericht zu der Rs. C-353/89 (Kommission/Niederlande), Slg. 1991, I-4067, 4081.

1397 So auch der Generalanwalt *Tesauro*, Schlussanträge zu der Rs. C-353/89 (Kommission/Niederlande), Slg. 1991, I-4067, 4087 und der Rs. C-288/89 (Stichting Collectieve Antennevoorziening Gouda), Slg. 1991, I-4007, 4030, Ziffer 8. Die anderen seitens des *Bedrijf* wahrgenommenen, eigentlichen kulturellen Aufgaben, wie beispielsweise die Unterhaltung einer Phonothek, eines Filmarchivs sowie eines Rundfunkorchesters wurden aber, wie auch von der niederländischen Regierung eingeräumt, vollumfänglich staatlich finanziert. So konnte auch nicht vertreten werden, dass die durch die Produktionsverpflichtung generierten Einnahmen wiederum für originäre kulturelle Zwecke eingesetzt würden.

1398 Vgl. Sitzungsbericht zur Rs. C-353/89 (Kommission/Niederlande), Slg. 1991, I-4067, 4082.

gelagerten Element fehlte,[1399] verdeutlichte der Gerichtshof unmissverständlich durch die Formulierung „Die Meinungsvielfalt im Rundfunksektor eines Mitgliedstaats kann nämlich *in keiner Weise*[1400] dadurch beeinträchtigt werden, dass den einzelnen landesweit tätigen Sendeanstalten die Möglichkeit gegeben wird, sich an in anderen Mitgliedstaaten ansässige Erbringer von Dienstleistungen zu wenden."[1401] Eine Prüfung der Verhältnismäßigkeit im eigentlichen Sinne musste durch den EuGH daher nicht mehr vorgenommen werden

Auch was die drei veranstalterbezogenen Voraussetzungen der *Mediawet* anbelangt, beschäftigte sich der EuGH nur vordergründig mit Fragen der Verhältnismäßigkeit. Den fraglichen Bestimmungen zufolge durften ausländische, in den Niederlanden weiterverbreiterte Sender weder in eigener Gewinnerzielungsabsicht noch in Gewinnerzielsabsicht für Dritte tätig sein. Sie mussten weiterhin die Durchführung der Werbung einer unabhängigen juristischen Person überlassen und die hierdurch generierten Werbeeinnahmen vollumfänglich in das Programm reinvestieren.[1402] Um eine pluralistische Rundfunkordnung sicherzustellen, befand der Gerichtshof, sei es keineswegs unerlässlich, die in anderen Mitgliedstaaten niedergelassenen Rundfunkveranstalter zu verpflichten, sich dem niederländischen Modell anzupassen, wenn sie Programme mit Werbemitteilungen ausstrahlen wollen, die für das niederländische Publikum bestimmt sind. Vielmehr könnten die entsprechenden Anforderungen auf die inländischen Rundfunkanstalten beschränkt werden.[1403]

Auch hier fehlt es bei näherer Betrachtung bereits an der Plausibilität, d.h. dem notwendigen Zusammenhang, dass eine pluralistische Rundfunkordnung nur gewährleistet werden kann, wenn neben dem inländischen Angebot ausschließ-

---

1399 Vgl. hierzu die Ausführungen oben unter Teil 3 B.III.2.

1400 Hervorhebung d. V.

1401 EuGH Rs. C-353/89 (Kommission/Niederlande), Slg. 1991, I-4067, Rdn. 31; Den protektionistischen Charakter der Vorzugsregelung zugunsten des *Bedrijf* unterstricht der EuGH weiterhin mit der Formulierung, dass die Regelung eine „Schutzwirkung zugunsten eines im Inland niedergelassenen Dienstleistungsunternehmens" habe und „in gleichem Maß in anderen Mitgliedstaaten niedergelassene gleichartige Unternehmen" benachteilige, vgl. EuGH Rs. C-353/89 (Kommission/Niederlande), Slg. 1991, I-4067, Rdn. 23.

1402 EuGH Rs.C-353/89 (Kommission/Niederlande), Slg. 1991, I-4069, Rdn. 39 f.; ebenso in Rs. C-288/89 (Stichting Collectieve Antennevoorziening Gouda), Slg. 1991, I-4007, Rdn. 24 f.

1403 EuGH Rs.C-353/89 (Kommission/Niederlande), Slg. 1991, I-4069, Rdn. 42.

lich ausländische Rundfunkprogramme weiterverbreitet werden, die den skizzierten Strukturanforderungen genügen. Die Erstreckung von veranstalterstrukturbezogenen Anforderungen auf ausländische Unternehmen dürfte auf diese vielmehr häufig einen abschreckenden Effekt im Hinblick auf ein Eindringen in den niederländischen Markt haben. Im Ergebnis beinhalten entsprechende Maßnahmen folglich die Gefahr der Marktabschottung.[1404] Berücksichtigt man, dass ein Mitgliedstaat seine Pluralismusvorstellungen bereits dadurch realisieren kann, dass er seinen inländischen Sendeanstalten bestimmte Verpflichtungen auferlegt, kann die zusätzliche Weiterverbreitung von ausländischen Sendern, selbst wenn diese nicht die inländischen Strukturanforderungen erfüllen, an sich nur einen Pluralismuszugewinn bedeuten. Schlimmstenfalls, d.h. bei ausländischen Sendungen mit geringer Meinungsrelevanz, kann durch deren Weiterverbreitung im Inland dem Vielfaltziel jedenfalls kein Abbruch getan werden.

Auch Generalanwalt *Tesauro* konstatierte, dass die Bestimmungen „letzten Endes die Übertragung von Programmen aus anderen Mitgliedstaaten im Kabelnetz unmöglich“ machten und damit „in Wahrheit in keinem Zusammenhang mit dem verfolgten Ziel“ des Pluralismus standen. Durch den Abschottungseffekt zu lasten der ausländischen Unternehmen werde letztlich vielmehr der heimische Markt geschützt.[1405] Den fehlenden Zusammenhang zwischen Maßnahme und vorgeblichen Pluralismusschutz bestätigte ebenfalls der Gerichtshof, indem er ausführte, es gebe „keinen notwendigen Zusammenhang zwischen einer solchen Kulturpolitik und den die Struktur der ausländischen Sendeanstalten betreffenden Voraussetzungen.[1406]“ In Wahrheit werden mit den fraglichen Bestimmungen somit auch hier protektionistische beziehungsweise wirtschaftliche und nicht kulturelle Ziele verfolgt.[1407]

1404 Dieser Auffassung war auch die Kommission, vgl. Sitzungsbericht zur der Rs. C-353/89 (Kommission/Niederlande), Slg. 1991, I-4067, 4084.; vgl. ebenfalls *Rolshoven*, S. 225, der entsprechende Anforderungen als einen typischen Fall der Diskriminierung bezeichnet.

1405 Schlussanträge des Generalanwalts *Tesauro* in der Rs. C-353/89 (Kommission/Niederlande), abgedruckt zusammen mit der Rs. C-288/89 (Stichting Collectieve Antennevoorziening Gouda), Slg. 1991, I-4007, 4022, 4030.

1406 EuGH Rs. C-353/89 (Kommission/Niederlande), Slg. 1991, I-4069, Rdn. 42.

1407 Nichts anderes galt für die werbebezogenen Voraussetzungen. Auch diesbezüglich stellte er fest, dass hierdurch der heimische Markt geschützt werde und bestätigte damit ihren protektionistischen Charakter, vgl. EuGH Rs. C-353/89 (Kommission/Niederlande), Slg. 1991, I-4069, Rdn. 47 („Sie haben damit ... zur Folge, dass die Einnahmen der

Fußnote fortgesetzt

Anhaltspunkte für eine grundsätzlich strenge Prüfung der Erforderlichkeit mitgliedstaatlicher Maßnahmen können auch nicht, wie teilweise vertreten,[1408] der Entscheidung des Gerichtshofs in der Rechtssache *Kommission/Belgien*[1409] entnommen werden. Hintergrund dieses Verfahrens war eine Klage der Kommission gegen Belgien, da nach belgischem Recht unter anderem die Weiterverbreitung von Fernsehprogrammen aus anderen Mitgliedstaaten der vorherigen Genehmigung der belgischen Exekutive bedurfte. Zu dieser Anforderung hat der Gerichtshof zwar ausgeführt, dass die belgische Regierung nicht in hinreichendem Maße und im einzelnen bewiesen habe, dass das Verfahren einer vorherigen Genehmigung erforderlich und verhältnismäßig ist.[1410] Zu beachten ist jedoch, dass die Frage der Weiterverbreitung von ausländischen Programmen bereits mit Hilfe der Fernsehrichtlinie[1411] gemeinschaftsrechtlich geregelt worden war. Gemäß Art. 2 Abs. 2 der Richtlinie waren die Mitgliedstaaten also grundsätzlich verpflichtet, den freien Empfang sowie die Weiterverbreitung von Fernsehsendungen zu gewährleisten und nicht zu behindern.

Nur weil es der Gerichtshof dahinstehen lässt, ob der Fernsehrichtlinie im Hinblick auf die in Frage stehenden Bestimmungen ein abschließender Charakter zukommt,[1412] gelangt er überhaupt dazu, die hilfsweise vorgetragenen Erwägungen der belgischen Regierung weiter zu prüfen. Diese hatte sich auf zwingende Gründe des Allgemeininteresses berufen, die im Interesse eines pluralistischen Rundfunksystems angeblich einen entsprechenden Genehmigungsvorbehalt erforderlich machten.[1413]

Zwar entspricht es der gängigen EuGH-Rechtsprechung, dass, soweit eine bestimmte Angelegenheit keine gemeinschaftsrechtliche Regulierung erfahren hat, es den Mitgliedstaaten frei steht, den entsprechenden Bereich für ihr eigenes

---

STER geschützt werden,..."); ähnlich *Rolshoven*, S. 181 ff., 184, der auch von dem Vorliegen einer versteckten Diskriminierung ausgeht.

1408 *Engel*, Europarechtliche Grenzen, S. 74; *Charissé*, S. 201 f.

1409 EuGH Rs. C-11/95 (Kommission/Belgien), Slg. 1996, I-4115.

1410 EuGH Rs. C-11/95 (Kommission/Belgien), Slg. 1996, I-4115, Rdn. 55.

1411 Richtlinie 89/552/EWG des Rates vom 3.10.1989 zur Koordinierung bestimmter Rechts- und Verwaltungsvorschriften der Mitgliedstaaten über die Ausübung der Fernsehtätigkeit, ABl. EG Nr. L 298, S. 23.

1412 EuGH Rs. C-11/95 (Kommission/Belgien), Slg. 1996, I-4115, Rdn. 55.

1413 EuGH Rs. C-11/95 (Kommission/Belgien), Slg. 1996, I-4115, Rdn. 54.

Hoheitsgebiet zu regeln.[1414] Vorliegend hatte die Gemeinschaft mit Hilfe der erwähnten Fernsehrichtlinie aber die freie Empfangbarkeit von Programmen mit dem Ziel der Aufhebung aller Beschränkungen der Sendetätigkeit zum Gemeinschaftsgrundsatz erhoben. Es liegt auf der Hand, dass die belgische Regierung angesichts der bereits erfolgten gemeinschaftsweiten Regulierung hätte näher darlegen müssen, welche Fragen nach ihrer Meinung in diesem Zusammenhang noch nicht abschließend erfasst worden waren und warum das Allgemeininteresse ausgerechnet einen weiteren Genehmigungsvorbehalt erforderlich machen sollte. Dies hatte sie jedoch nicht getan. Die zuvor zitierten apodiktischen Ausführungen des Gerichtshofs, die belgische Regierung habe die Erforderlichkeit einer vorherigen Genehmigungsvorbehalts nicht in hinreichenden Maße und im einzelnen bewiesen, sind daher über den konkreten Sachverhalt hinaus nicht verallgemeinerungsfähig. Die Entscheidung kann somit nicht zur Stützung der These eines strengen Verhältnismäßigkeitsmaßstabs herangezogen werden.

Zusammenfassend lässt sich feststellen, dass die Entscheidungen, aus denen sich vermeintlich eine strenge Verhältnismäßigkeitsprüfung ergibt,[1415] überwiegend protektionistische Maßnahmen der Mitgliedstaaten betrafen.[1416] Die angeblich im Allgemeininteresse liegenden Gründe fungierten in den jeweiligen Zusammenhängen überwiegend als Schutzbehauptung, um die wahren Motivationen zu verschleiern. Da der Abbau von entsprechend motivierten Marktabschottungen aber ein grundlegendes Gemeinschaftsziel darstellt, untersucht der EuGH, wie zuvor festgestellt,[1417] stets sehr genau, ob eine mitgliedstaatliche Maßnahme in Wirklichkeit protektionistische Ziele verfolgt. Eine tiefenscharfe Prüfung mit-

---

[1414] Vgl. bspw. EuGH Rs. 52/79 (Debauve), Slg. 1980, 833, Rdn. 13; vgl. auch EuGH Rs. C-3/95 (Reisebüro Broede), Slg. 1996, I-6511, Rdn. 37; zu den mitgliedstaatlichen Spielräumen, sofern keine gemeinschaftliche Regulierung besteht, vgl. Mitteilung der Kommission – Leistungen der Daseinsvorsorge in Europa vom 20.9.2000, KOM (2000) 580 endg., S. 11, Rdn. 22.

[1415] Die weitere für die Frage des Meinungspluralismus relevante Entscheidung des EuGH in der RS. C-385/95 (Vereinigte Familiapress), Slg. 1997, I-3689, die *prima vista* eingehende Verhältnismäßigkeitserwägungen anstellt, ibidem, Rdn. 27 ff., kann auch nicht zum Beleg angeführt werden, da hier die Besonderheit vorlag, dass die fragliche nationale Maßnahme die gemeinschaftsrechtlich geschützte Meinungsfreiheit gemäß Art. 10 EMRK beeinträchtigte, vgl. hierzu *Kühling*, EuGRZ 1997, S. 296 ff.

[1416] Dazu dass der EuGH im Rahmen seiner Rechtsprechung Fälle der versteckten Diskriminierung nur selten als solche benennt, tatsächlich aber häufig davon ausgeht vgl. *Rolshoven*, S. 164 ff.

[1417] Teil 3 B.III.2.

gliedstaatlicher Regulierungen ist insoweit auch notwendig, damit sich die Mitgliedstaaten nicht beliebig den Verpflichtungen des EG entziehen können.

Die seitens des EuGH geübte Praxis, sich hinter an sich legitimen Zielen versteckende protektionistische Maßnahmen der Mitgliedstaaten aufzudecken, darf allerdings nicht dahingehend missverstanden werden, dass den Mitgliedstaaten in den fraglichen Bereichen keine eigenen Beurteilungsspielräume zustehen.[1418] Betrachtet man die Rechtsprechung, in der der EuGH Ausführungen zur Verhältnismäßigkeit von Maßnahmen macht, die weder protektionistisch waren noch Bereiche betrafen, gemeinschaftsrechtlich geregelt waren, spricht vielmehr viel dafür, dass er den Mitgliedstaaten sehr wohl eigene signifikante Beurteilungsspielräume einräumt.[1419]

So bekräftigt der EuGH immer wieder, dass die Mitgliedstaaten frei sind, diejenigen Angelegenheiten für ihr Hoheitsgebiet zu regeln, die keine gemeinschaftsrechtliche Regulierung erfahren haben.[1420] Dies beinhaltet nicht nur, dass es den Mitgliedstaaten freisteht, in den Grenzen des Gemeinschaftsrechts hinsichtlich nicht vergemeinschafteter Bereiche autonome Politikziele als zwingende Gründe

---

1418 Auch *Koch*, S. 207 f., 213 f., räumt grundsätzlich ein, dass die Beurteilung der Geeignetheit sowie der Erforderlichkeit häufig komplexer Prognoseentscheidungen der betreffenden Organe bedarf.

1419 Anders können auch nicht die sogenannten, als Beleg für eine eingehende Verhältnismäßigkeitsprüfung zitierten „Fremdenführerurteile" verstanden werden, vgl. EuGH Rs. C-154/89 (Kommission/Frankreich), Slg. 1991, I-659, Rdn. 17 ff.; Rs. C-180/89 (Kommission/Italien), Slg. 1991, I-709, Rdn. 20 ff.; Rs. C-198/89 (Kommission/Griechenland), Slg. 1991, I-727, Rdn. 21 ff. Der Gerichtshof befand in den genannten Fällen, dass zum einen die seitens der jeweiligen Regierung befürchtete Gefahr für den Kulturgüterschutz schon nicht bestand, da bereits der auf dem Markt zu verzeichnende Konkurrenzdruck zu einer Positivauslese unter den Fremdenführern führe. Zum anderen seien die nationalen Maßnahmen für die Touristen aus verschiedenen Gründen eher von Nachteil. Der Gerichtshof wertet die Regelungen im Ergebnis daher eher als kontraproduktiv im Hinblick auf das Ziel des Kulturschutzes. Auch hier darf man daher bereits an einem plausiblen Zusammenhang zweifeln; wie hier *Frenz*, EuR 2002, S. 611, der hinsichtlich der Einräumung weiter Einschätzungsspielräume insbesondere bei wirtschaftsbezogenen Sachverhalten auf die Parallele zur Rechtsprechung des BVerfG verweist, das dem Gesetzgeber ebenfalls einen breiten Gestaltungsspielraum zugesteht; anders *Charissé*, S. 201.

1420 Vgl. beispielsweise EuGH Rs. 52/79 (Debauve), Slg. 1980, 833, Rdn. 13; vgl. auch EuGH Rs. C-3/95 (Reisebüro Broede), Slg. 1996, I-6511, Rdn. 37; EuGH Rs. C-108/96 (Mac Quen u. a.), Slg. 2001, I-837, Rdn. 24.

des Allgemeininteresses zu formulieren.[1421] Wie bereits dargelegt, überprüft der EuGH in diesem Zusammenhang nur dezidiert, ob sich diese Ziele in den gemeinschaftsrechtlichen Rahmen einbetten lassen.[1422]

Vorstehendes impliziert darüber hinaus, dass die Mitgliedstaaten ein legislatorisches Ermessen dahingehend besitzen, selbst zu beurteilen, *welche* Maßnahmen notwendig sind, um die angestrebten Ziele zu erreichen. Dies hat der EuGH ausdrücklich zu so unterschiedlichen Bereichen wie die Veranstaltung von Lotterien und Glückspielen,[1423] der Notwendigkeit der Hinzuziehung professioneller Rechtsberatung,[1424] des Anlegerschutzes beziehungsweise der Aufrechterhaltung des guten Rufs eines nationalen Finanzsektors[1425] oder des Ziels einer kontinuierlichen Energieversorgung[1426] festgestellt. Nach dem Gerichtshof beinhaltet

---

1421 Vgl. die Ausführungen des EuGH zur französischen Politik im Energiesektor allerdings im Zusammenhang mit Art. 86 Abs. 2 EG, Rs. C-159/94 (Kommission/Frankreich), Slg. 1997, I-5815, Rdn. 56 („Unter Berücksichtigung dieses Interesses der Mitgliedstaaten kann es diesen nicht verboten sein,...,die eigenen Ziele ihrer Politik zu berücksichtigen und diese vermittels von Verpflichtungen und Beschränkungen zu verwirklichen suchen, die sie den fraglichen Unternehmen auferlegen.“).

1422 D.h. sie dürfen insbesondere weder protektionistisch noch diskriminierend sein.

1423 EuGH Rs. C-275/92 (Schindler), Slg. 1994, I-1039, Rdn. 61 („Diese Besonderheiten rechtfertigen es, dass die staatlichen Stellen über ein ausreichendes Ermessen verfügen, um festzulegen, welche Erfordernisse sich bezüglich der Art und Weise der Veranstaltung von Lotterien, der Höhe der Einsätze sowie der Verwendung der dabei erzielten Gewinne aus dem Schutz der Spieler und allgemeiner nach Maßgabe der soziokulturellen Besonderheiten jedes Mitgliedstaats aus dem Schutz der Sozialordnung ergeben....“); ebenso EuGH Rs. 124/97 (Läärä), Slg. 1999, I-6067, Rdn. 35 („Die Entscheidung, wie weit ein Mitgliedstaat in seinem Gebiet den Schutz bei Lotterien und anderen Glückspielen ausdehnen will, ist jedoch dem Ermessen der staatlichen Stellen überlassen, ... Diesen kommt nämlich die Beurteilung zu, ob es im Rahmen des angestrebten Ziels notwendig ist, derartige Tätigkeiten vollständig oder teilweise zu verbieten oder nur einzuschränken und dazu mehr oder weniger strenge Kontrollformen vorzusehen.“) sowie, ibidem, Rdn. 39.

1424 EuGH Rs. C-3/95 (Reisebüro Broede), Slg. 1996, I-6511, Rdn. 41 („Die Beurteilung der Notwendigkeit, die geschäftsmäßige gerichtliche Einziehung von Forderungen Rechtsanwälten vorzubehalten, fällt beim gegenwärtigen Stand des Gemeinschaftsrechts in die Zuständigkeit der Mitgliedsstaaten.“).

1425 EuGH Rs. C-384/93 (Alpine Investment), Slg. 1995, I-1141, Rdn. 48 f. (“Denn der Mitgliedstaat, von dem aus der Telefonanruf vorgenommen wird, ist am ehesten in der Lage, das „cold calling“ zu regeln... Folglich kann ein Verbot des „cold calling“,...., nicht als ungeeignet zur Verwirklichung des Ziels der Gewährleistung der Integrität dieser Finanzmärkte angesehen werden.“)

1426 EuGH Rs. C-159/94 (Kommission/Frankreich), Slg. 1997, I-5815, Rdn. 56.

überdies die Existenz milderer Mittel anderer Mitgliedstaaten, auf die sich Verfahrensbeteiligte verschiedentlich zum Beleg der fehlenden Notwendigkeit einer Regelung berufen hatten, kein Indiz für die Unverhältnismäßigkeit einer innerstaatlichen Regulierung. Nach seinen Ausführungen „kann allein der Umstand, dass ein Mitgliedstaat ein anderes Schutzsystem als ein anderer Mitgliedstaat gewählt hat, keinen Einfluss auf die Beurteilung der Notwendigkeit und der Verhältnismäßigkeit der einschlägigen Bestimmungen haben."[1427]

Dieser Ansatz ist auch nur konsequent, vergegenwärtigt man sich, dass der Gemeinschaftsrechtsordnung das Bekenntnis zu einem unvollständigen Binnenmarkt zugrunde liegt, der von dem Fortbestand divergierender mitgliedstaatlicher Rechtsordnungen ausgeht.[1428] Berücksichtigt man in diesem Zusammenhang die Entwicklung der Rechtsprechung des EuGH zur Auslegung der Grundfreiheiten, stößt die These von einem strengen Verhältnismäßigkeitsmaßstab zudem auf grundsätzliche dogmatische Bedenken. Wie zuvor skizziert,[1429] hat die begriffliche Weite der *Dassonville*-Formel dazu geführt, dass nahezu jede grenzüberschreitende Tätigkeit auf den Prüfstand des Gemeinschaftsrechts gehoben werden konnte. Der Gerichtshof hat dabei aber nicht auf einem generellen Prüfungsanspruch bestanden, um sich auf diese Weise zu einer übergeordneten sachlichen Superrevisionsinstanz gegenüber dem sachlich zuständigen nationalen Gesetzgeber aufzuschwingen. Dass er die Grundfreiheiten nicht zu einer vertragszweckübergreifenden Deregulierung im Hinblick auf die nationalen Rechtsordnungen einzusetzen beabsichtigt, manifestiert sich in seinen diversen Eingrenzungsbemühungen.[1430] Um nicht einer grundsätzlichen Überprüfungsmöglichkeit hinsichtlich protektionistischer oder sonst gegen die Vertragsziele verstoßende Maßnahmen verlustig zu gehen, hat er aber die an sich die angemessenen Begrenzung des Tatbestands betreffende Frage faktisch auf die Ebene der Rechtfertigung verlagert.[1431] Im Unterschied zu diskriminierenden Maßnahmen, bei denen im Einklang mit den gemeinschaftlichen Zielsetzung eine gene-

---

1427 EuGH Rs. C-67/98.(Zenatti), Slg. 1999, I-7289, Rdn. 34; EuGH Rs. C-108/96 (Mac Quen u.a.), Slg. 2001, I-837, Rdn. 34; EuGH Rs. 124/97 (Läärä), Slg. 1999, I-6067, Rdn. 36; ebenso EuGH Rs. C-3/95 (Reisebüro Broede), Slg. 1996, I-6511, Rdn. 42; EuGH Rs. C-384/93 (Alpine Investment), Slg. 1995, I-1141, Rdn. 51; vgl. hierzu auch *Ehlers*, in: ders. (Hrsg.), S. 182, Rdn. 85 und *Classen*, EuR 2004, S. 435 f.

1428 Vgl hierzu oben Teil 2 A. und unten Teil 3 B.IV.1.

1429 Vgl. hierzu oben Teil 2 E.IV.6.b).

1430 Teil 2 E.IV.6.c).

1431 Zutreffend *Rolshoven*, S. 240.

rell strenge Verhältnismäßigkeitsprüfung geboten ist, muss bei nicht diskriminierenden Maßnahmen vor dem geschilderten Hintergrund großzügiger verfahren und den Mitgliedstaaten ein ausreichender Beurteilungsspielraum im Hinblick auf die Geeignetheit und Erforderlichkeit ihrer Maßnahmen eingeräumt werden.[1432]

Die Verlagerung der Berücksichtigung der gesetzgeberischen Einschätzungsprärogative und nationalen Beurteilungsspielräume, die mit der Ausübung eigener Souveränität notwendigerweise verknüpft sind, auf die Rechtfertigungsebene darf aber nicht dazu führen, dass diese im Wege der Prüfung der Verhältnismäßigkeit durch das Ermessen des EuGH ersetzt werden.[1433] Dies führte zu einer Deregulierung mitgliedstaatlicher Bestimmungen und zu einer Nivellierung bestehender Vielfalt über den Hebel der Verhältnismäßigkeitsprüfung.

Bestätigung findet dieses Verständnis durch einen Vergleich mit einer parallelen Praxis auf Gemeinschaftsebene. Hier gesteht der Gerichtshof den Gemeinschaftsorganen insbesondere bei komplexen Abwägungen regelmäßig einen weiten Prognosespielraum zu.[1434] Die Ausübung entsprechender Gemeinschaftsbefugnisse kann gerichtlich nur daraufhin überprüft werden, ob ein offensichtlicher Irrtum oder ein Ermessensmissbrauch vorliegt oder ob das Organ die Grenze seines Ermessens offenkundig überschritten hat."[1435]

Was an Prognose- und Einschätzungsspielräumen im Bereich von eigenen Gemeinschaftsaufgaben zugestanden wird, muss gleichermaßen für solche Sektoren gelten, die in der Souveränität der Mitgliedstaaten verblieben sind. In Anbetracht von Art. 151 Abs. 4 EG gilt dies in besonderem Maße für den Kulturbereich, zu dem, wie gezeigt, aus gemeinschaftsrechtlicher Perspektive auch der vorliegend interessierende Rundfunkbereich gezählt werden kann.[1436]

1432 Zutreffend *Jarass*, EuR 1995, S. 224; *ders.*, EuR 2000, S. 723; *Rolshoven*, S. 240; im Ergebnis ebenso *Classen*, EuR 2004, S. 435 f.

1433 Im Ergebnis ebenso *Kingreen*, in: v. Bogdandy, Europäisches Verfassungsrecht, S. 656 ff., der angesichts der kompetenziellen Dimension der Grundfreiheiten allerdings bereits eine Rückführung der grundfreiheitlichen Tatbestände auf tatsächlich bestehende „föderale Gefährdungslagen“ fordert mittels Einbau eines „spezifisch transnationalen Elements“ in den grundfreiheitlichen Tatbestand.

1434 So zu Recht *Charissé*, S. 204.

1435 Beispielsweise EuGH Rs. C-84/94 (Großbritannien und Nordirland/Rat der Europäischen Union), Slg. 1996, I-5755, Rdn. 58.

1436 Vgl. Teil 2 D.V.

(2) Das Gebot der Rücksichtnahme auf kulturelle Belange gemäß Art. 151 Abs. 4 EG als zu berücksichtigendes kollidierendes Vertragsrecht

Wie bereits dargestellt, handelt es sich bei dem Kultur- und Rundfunksektor trotz komplementärer Ergänzungsbefugnisse der Gemeinschaft um ureigenes Terrain der Mitgliedstaaten. Diese Tatsache hat in Art. 151 EG seine explizite Verankerung im Gemeinschaftsprimärrecht erfahren.[1437] Sind die Mitgliedstaaten innerhalb der Grenzen des Gemeinschaftsrechts grundsätzlich frei in der Regulierung nicht vergemeinschafteter Angelegenheiten,[1438] muss dies im besonderen Maße für Angelegenheiten gelten, die mittels primärrechtlicher Anordnung der Vergemeinschaftung entzogenen sind. Dies ist gemäß Art. 151 Abs. 5 EG für den Bereich der Kultur der Fall.[1439]

Gemäß Art. 151 Abs. 4 EG ist die Gemeinschaft bei ihrer Tätigkeit zudem verpflichtet, diese Kompetenzordnung insbesondere im Interesse der Vielfaltswahrung zu respektieren.[1440] Aufgrund des Querschnittscharakters der sogenannten Kulturverträglichkeitsklausel zieht sich dieser Auftrag quer durch sämtliche Gemeinschaftsbereiche. Wie zuvor dargelegt, gilt er auch und gerade hinsichtlich der Auslegung der Grundfreiheiten und ihrer Schrankenvorbehalte.[1441]

In diesem Zusammenhang ist der Auftrag gemäß Art. 151 Abs. 4 EG insbesondere im Rahmen der Verhältnismäßigkeitsprüfung zu berücksichtigen. Gerade das Verhältnismäßigkeitsprinzip stellt ein geeignetes Instrumentarium dafür dar, Konkordanz zwischen konfligierenden Zielvorgaben zu schaffen.[1442] Hierbei muss den sich gegenüberstehenden Interessen jeweils möglichst optimal Rechnung getragen werden.

Das zuvor entwickelte Verständnis von dem Verhältnis von Art. 49 EG sowie Art. 151 EG wird durch eine Berücksichtigung des Grundsatzes bestätigt, wo-

---

1437 Vgl. hierzu die Ausführungen oben unter Teil 2 B.VI.

1438 Vgl. hierzu die Nachweise in Fn. 1420 und 1423.

1439 Vgl. hierzu Teil 2 B.V.

1440 Vgl. hierzu Teil 2 B.IV.4.

1441 Vgl. hierzu Teil 3 B.II.2.b); i. E. ähnlich, allerdings ohne nähere Begründung *Frey*, Fernsehen, S. 87, nach dem aus Art. 151 Abs. 4 EG im Hinblick auf den freien Dienstleistungsverkehr abzuleiten sei, dass Art. 49 EG im Lichte eventuell betroffener kultureller Aspekte auszulegen sei.

1442 Vgl. *Engel*, ZUM 1992, S. 281 f.; für den Grundrechtsbereich ist dies allgemein anerkannt, vgl. bspw. *Hesse*, Verfassungsrecht, Rdn. 318.

nach kollidierendes Verfassungsrecht als Rechtfertigung einer Beeinträchtigung eines anderen Verfassungswerts herangezogen werden kann. Aus den an anderer Stelle dargelegten Gründen kann kollidierendem Vertragsrecht zwar nicht bereits die Wirkung einer Einschränkung der grundfreiheitlichen Schutzbereiche beigemessen werden.[1443] Zu Recht wird jedoch darauf hingewiesen, dass die Grundfreiheiten Teile des EG darstellen und somit grundsätzlich den gleichen Rang wie andere Vertragsnormen besitzen.[1444] Wenn daher die Anforderungen der Grundfreiheiten mit den Anforderungen anderer Normen des Vertrags nicht zu vereinbaren sind, muss für einen Ausgleich gesorgt werden. Weder den Grundfreiheiten noch den kollidierenden Vertragsnormen kommt dabei von vorneherein der Vorrang zu. Unter der Voraussetzung, dass alle anderen in diesem Zusammenhang gegebenenfalls relevanten Gesichtspunkte angemessene Berücksichtigung finden, kann jedoch hiervon ausgehend die Beeinträchtigung einer Grundfreiheit durch eine andere Vertragsnorm gerechtfertigt werden.[1445]

Aus dem Vorgesagte kann nicht die Schlussfolgerung gezogen werden, dass die Mitgliedstaaten bei der Ausgestaltung ihrer Rundfunkordnungen von der Beachtung des Gemeinschaftsrechts im allgemeinen und der Grundfreiheiten im besonderen entbunden sind. In diese Richtung tendierte allerdings der Vortrag der belgischen Regierung in der Rechtssache *Kommission/Belgien.* Belgien hatte in dem Verfahren ausführt, dass der von ihm eingeführte, zusätzliche Genehmigungsvorbehalt für die Weiterverbreitung ausländischer Programme gerechtfertigt sei, da die diese Fragen regelnde Fernsehrichtlinie im Lichte des Art. 151 EG auszulegen sei.[1446] Die Ausführungen des Gerichtshofs stellen jedoch insoweit klar, dass die in Art. 151 EG verfügte Kompetenzverteilung zugunsten der

---

1443 Vgl. oben Teil 2 E.IV.5.c)-e).

1444 So *Jarass*, EuR 1995, S. 226.

1445 *Jarass*, EuR 1995, S. 226 unter Verweis auf das Urteil zur *belgischen Abfallverbringung* EuGH Rs. 2/90 (Kommission/Belgien), Slg. 1992, I-4431, Rdn. 34 ff., in dem der EuGH eine Beeinträchtigung der Warenverkehrsfreiheit im Hinblick auf das in Art. 174 Abs. 2, S. 2 EG enthaltene Ursprungsprinzip gerechtfertigt habe; *ders.*, EuR 2000, S. 716, Fn. 74; a.A *Kingreen*, S. 162, der eine Rechtfertigung durch kollidierendes Verfassungsrecht mit der Erwägung ablehnt, dass dann die Rechtfertigung einer mitgliedstaatlichen Maßnahme von ihrer gemeinschaftsprimärrechtlichen Anerkennung abhänge, dabei aber verkennt, dass sich eine Rechtfertigung mitgliedstaatlicher Maßnahmen unter den entsprechenden Voraussetzungen auch ohne Verankerung einer Schutzvorschrift im EG möglich ist, Art. 151 EG als kollidierendes Vertragsrecht nur die so gefundenen Ergebnisse gemeinschaftsprimärrechtlich absichert und in bestimmter Weise inhaltlich determiniert.

1446 EuGH Rs. C-11/95 (Kommission/Belgien), Slg. 1996, I-4115, Rdn. 46.

Mitgliedstaaten nicht zu einer derogierenden Überlagerung anderer Bestimmungen, die Befugnisse zugunsten der Gemeinschaft enthalten, führt.[1447]

Positiv bestätigt wird durch Art. 151 Abs. 4 EG allerdings die Existenz von im Rahmen der Verhältnismäßigkeitsprüfung zu berücksichtigenden mitgliedstaatlichen Ermessensspielräumen speziell für den Kulturbereich. Vor dem Hintergrund fehlender Vergemeinschaftung im Kultursektor ist dies auch nur folgerichtig. Zu beachten ist, dass die Anerkennung der im Allgemeininteresse liegenden zwingenden Gründe die Konsequenz der Ausweitung der grundfreiheitlichen Schutzbereiche in der Rechtsprechung des EuGH darstellt.[1448] Die ungeschriebenen Rechtfertigungsgründe dienen dazu, unzulässige Übergriffe in den Kompetenzbestand der Mitgliedstaaten zu verhindern. Um andererseits auszuschließen, dass den Mitgliedstaaten über eine pauschale Berufung auf das Allgemeininteresse Umgehungsmöglichkeiten eröffnet werden, bedarf es eines weiteren Kontrollinstruments, um konfligierende mitgliedstaatliche und gemeinschaftliche Interessen in Ausgleich zu bringen. Hierzu dient die Verhältnismäßigkeitsprüfung.

Im Rahmen der in diesem Zusammenhang anzustellenden Verhältnismäßigkeitsprüfung, muss folglich darauf geachtet werden, dass die Beeinträchtigung der nationalen Kompetenzen nicht in einem Missverhältnis zum gesamtgemeinschaftlichen Nutzen steht.[1449] Wie zuvor gezeigt,[1450] kommt dabei weder dem Binnenmarktziel und damit dem Interesse an der Durchsetzung der Grundfreiheiten noch dem in Art. 3 Abs. 1 lit. q) EG verankerten Ziel der kulturellen Entfaltung *a priori* das stärkere Gewicht zu. Was die Kulturentfaltung anbelangt, muss seitens der Gemeinschaft berücksichtigt werden, dass die Verwirklichung dieses Ziel vornehmlich den Mitgliedstaaten selbst überlassen ist.[1451] Hieraus

---

1447 EuGH Rs. C-11/95 (Kommission/Belgien), Slg. 1996, I-4115, Rdn. 50 („Dieser Artikel enthält jedoch keine Ermächtigung des Empfangsstaats, Sendungen aus einem anderen Mitgliedstaat in Abweichung von der Regelung der Richtlinie 89/552 einer erneuten Kontrolle zu unterwerfen.“).

1448 Vgl. hierzu die Nachweise in Teil 3 B.III.1.

1449 *Bux*, S. 37, unter Verweis auf *Jarass*, EuR 1986, S. 93.

1450 Vgl. Teil 2 B.IV.4.b).

1451 Vgl. Teil 2 B.VI.

ergeben sich zwangsläufig Beurteilungsspielräume zugunsten der Mitgliedstaaten.[1452]

6. Fazit

Über die Anerkennung der im Allgemeininteresse liegenden zwingenden Gründe, zu denen auch die kultur- beziehungsweise medienpolitische Regelungen zählen, besitzen die Mitgliedstaaten Freiräume zur Gestaltung ihrer nationalen Medienordnungen. Solange sich ihre Maßnahmen nicht als protektionistisch oder in sonstiger Weise missbräuchlich im Hinblick auf die Gemeinschaftsziele erweisen, stehen den Mitgliedstaaten insofern weite Gestaltungsspielräume zu. Diese Freiräume haben in Art. 151 EG ihre gemeinschaftsprimärrechtliche Verankerung erfahren. Über Art. 151 Abs. 4 EG ist die Gemeinschaft im Rahmen ihrer gesamten Tätigkeit verpflichtet, die Kompetenzverteilung im Kultur- und Rundfunkbereich zu beachten. Bei Kollisionen von mitgliedstaatlichen Maßnahmen mit dem Gemeinschaftsrecht kommt Art. 151 Abs. 4 EG in diesem Zusammenhang die Funktion von kollidierendem Vertragsrecht zu, über welches die Beeinträchtigung eines anderen Vertragswerts, wie vorliegend Art. 49 EG, gerechtfertigt werden kann.

Damit obliegt es der Entscheidung der Mitgliedstaaten, wie sie die gemeinschaftsrechtlich anerkannten Pluralismusziele erreichen beziehungsweise, wie sie die nationalen Medienordnungen zur Verwirklichung bestimmter kultur- beziehungsweise rundfunkpolitischer Ziele ihren Vorstellungen entsprechend gestalten, solange sich ihre Maßnahmen weder als protektionistisch noch als diskriminierend erweisen.[1453] Es bleibt ihnen mithin beispielsweise überlassen zu bestimmen, in welcher Rechts- beziehungsweise Organisationsform die Rundfunkveranstalter betrieben werden, welche Aufgaben sie konkret zu verfolgen haben, welche Art, Inhalte, Niveau sowie gesellschaftliche Ausrichtung die aus-

---

1452 Ebenso - im Hinblick auf die Sozialsysteme - *Kanitz/Steinberg*, nach denen mitgliedstaatliche Regelungskompetenzen nicht bereits den Anwendungsbereich der Grundfreiheiten tangieren, jedoch im Rahmen der Rechtfertigungs- bzw. Verhältnismäßigkeitsprüfung im Rahmen einer vertikalen praktischen Konkordanz im Verfassungsverbund berücksichtigt werden müssen, EuR 2003, S. 1032.

1453 Vgl. *Bleckmann*, Europarecht, Rdn. 773, nach dem die Mitgliedstaaten bei Festlegung der öffentlichen Interessen und bei Beurteilung der Verhältnismäßigkeit einen breiten Ermessensspielraum haben; *Schwarze*, in: ders. (Hrsg.), Rundfunk und Fernsehen, S. 147, spricht von einer „Kompetenzgarantie mit einer gemeinschaftlichen Ausübungskontrolle".

zustrahlenden Programme besitzen müssen und ähnliches mehr.[1454] Wie bereits ausgeführt, spielt es für die Bewertung der Verhältnismäßigkeit einer Maßnahme auch keine Rolle, ob ein oder mehrere andere Mitgliedstaaten vergleichsweise mildere Mittel zur Verwirklichung ihrer rundfunkpolitischen Vorstellungen einsetzen.[1455]

Demgegenüber dürfte sich die Erstreckung entsprechender Struktur- oder sonstiger Anforderungen auf ausländische Wettbewerber in der Regel als marktabschottend erweisen. Unter Berücksichtigung der dargestellten Rechtsprechung spricht viel dafür, dass sich eine Vorschrift, die Rundfunkunternehmen aus anderen Mitgliedstaaten auf die Anforderungen der eigenen Medienordnung verpflichtet, häufig als letztlich also *de facto* protektionistisch erweisen wird.

IV. Die Bedeutung der demokratiespezifischen Funktion des Rundfunks für die gemeinschaftsrechtliche Vereinbarkeit mitgliedstaatlicher Regulierung

Eine Deregulierung nationaler rundfunkpolitischer Entscheidungen wie der Untersuchungsgegenständlichen könnte sich weiterhin unter dem Aspekt der demokratischen Funktion des Rundfunks als problematisch darstellen. Neben der zuvor behandelten kulturellen Dimension des Rundfunks kommt ihm nach der ständigen Rechtsprechung des Bundesverfassungsgerichts eine besondere Bedeutung für ein demokratisches Staatswesen zu.[1456] Dieser Aspekt könnte sich als weitere Schranke im Zusammenhang mit dem unionsprimärrechtlich verankerten Gebot der Achtung der nationalen Identität gemäß Art. 6 Abs. 3 EUV einerseits (vgl. Teil 3 B.IV.1.) und zum anderen im Hinblick auf das nach wie vor bestehende gemeinschaftliche Demokratiedefizit (Teil 3 B.IV.2.) andererseits erweisen.

1. Die Relevanz des Art. 6 Abs. 3 EUV für rundfunkspezifische Freiräume der Mitgliedstaaten

Wie zuvor ausgeführt, basiert das System der Europäischen Union auf der politischen Entscheidung des Fortbestands der Mitgliedstaaten als grundsätzlich au-

---

[1454] *Bux*, S. 37.

[1455] Teil 3 B.III.5.b)

[1456] Vgl. hierzu sogleich die Nachweise unter Teil 3 B.IV.1.a).

tarke Einheiten.[1457] Diese Grundsatzentscheidung impliziert die Verpflichtung zur Achtung der nationalen Identität ihrer Mitgliedstaaten, wie sie nunmehr gemäß Art. 6 Abs. 3 EUV ausdrücklich normiert ist.[1458] Bei Eingriffen in die nationale Identität würde die von den Gemeinschaftsverträgen vorausgesetzte Autarkie in Frage gestellt. Instrument zur Durchsetzung dieser Verpflichtung ist der Grundsatz der loyalen Zusammenarbeit gemäß Art. 10 EG.[1459]

Die nationale Identität der Mitgliedstaaten wird durch Art. 6 Abs. 3 EUV zwar nicht als unverletzlich bezeichnet.[1460] Auch ist die Vorschrift selbst gemäß Art. 46 EUV nicht justitiabel. Angesichts des klaren Wortlauts ist allerdings davon auszugehen, dass sich die Bestimmung mit einem rechtlich verpflichtenden Auftrag an die Union richtet.[1461] In Art. 6 Abs. 3 EUV manifestiert sich damit - neben den grundlegenden Strukturprinzipien des Art. 5 Abs. 1 und 2 EG – die Tatsache, dass die Ausübung des Gemeinschaftsrecht Schranken unterworfen ist. Ein Eingriff in die gewachsenen Strukturen der Mitgliedstaaten, die zu deren unverwechselbaren Eigenart wesentlich beitragen, mit dem Ziel, uniforme Gemeinschaftslösungen herbeizuführen, ist gemäß Art. 6 Abs. 3 EUV nicht statthaft.[1462] Die Gemeinschaft trifft insoweit eine Pflicht zur Rücksichtnahme.[1463] Im Falle einer Kollision von Gemeinschaftsinteressen mit Verfassungsprinzipien der Mitgliedstaaten kann die Gemeinschaft an einer unbeschränkten Ausübung ihrer Befugnisse gehindert sein.[1464] In diesem Sinne ist das Gebot der Achtung

---

1457 Teil 2 A.

1458 Zum fortgeschrittenen Entwicklungsstand als Hintergrund für die Aufnahme der Verpflichtung, vgl. *Rosenthal*, S.108; Zur Entstehungsgeschichte des Vorgängerartikels Art. F Abs. 1 EUV ausführlich *Hilf*, in: GS. f. Grabitz, S. 160 ff.

1459 Vgl. *Puttler*, in: Calliess/Ruffert, EUV/EG, Art. 6 EUV, Rdn. 190, 196; *Kahl*, in: Calliess/Ruffert, EUV/EG, Art. 10, Rdn. 52; *Calliess*, S. 176.

1460 *Hilf*, in: Grabitz/Hilf, EUV, Art. F, Rdn. 4.; *ders.*, in: GS. f. Grabitz, S. 164.

1461 *Pechstein/Koenig*, Rdn. 116.; *Pechstein*, in: Streinz, EUV/EG, Art. 6 EUV, Rdn. 26 (Justitiabilität über Art. 10 EG); *Hilf*, in: GS. f. Grabitz, S. 165.

1462 *Oppermann*, Deutsche Rundfunkgebühren, S. 76; *Dörr*, Die Spartenkanäle, S. 54.

1463 *Pechstein*, in: Streinz, EUV/EG, Art. 6 EUV, Rdn. 25; *Calliess*, S. 175 (keine unmittelbare Bindung an nationale Verfassungsprinzipien, aber Bestätigung des Gebots der Rücksichtnahme auf dieselben); *Unruh*, EuR 2002, S. 64 f. (Kompetenzausübungsschranke).

1464 Vgl. hierzu insbesondere BVerfGE 89, 155, 174 (*Maastricht*-Entscheidung), in der das BVerfG hervorgehoben hat, dass die Gemeinschaft bei der Ausübung und Durchsetzung ihres Rechts auf Verfassungsprinzipien und darüber hinaus sogar auf elementare Interessen der Mitgliedstaaten Rücksicht nehmen muss.

der nationalen Identität der Mitgliedstaaten auf eine Begrenzung der gemeinschaftlichen Kompetenzen angelegt.[1465]

Voraussetzung dafür, dass die Vorschrift aber überhaupt eine Bedeutung für die zuvor skizzierten mitgliedstaatlichen Freiheitsräume sowie für die untersuchungsgegenständliche Maßnahme zu entfalten vermag,[1466] ist zum einen, dass die bundesdeutsche Rundfunkordnung in der durch die rundfunkspezifische Verfassungsrechtsprechung geprägten Form als zur nationalen Identität gehörig qualifiziert werden kann (Teil 3 B.IV.1.a)). Als problematisch erweisen könnte sich im vorliegenden Zusammenhang außerdem Art. 2, 5. Spiegelstrich EUV. Durch die Vorschrift wird klargestellt, dass die im Rahmen des Maastrichtvertrages beschlossenen Bestimmungen für den bisherigen gemeinschaftlichen Besitzstand keinen Rückschritt bedeuten dürfen. Der bisherige *acquis communautaire* ist vielmehr zu wahren. Auch das Gebot der Wahrung der nationalen Identität steht damit unter der Prämisse der Wahrung des gemeinschaftlichen Besitzstands. Art. 6 Abs. 3 EUV vermag mit anderen Worten dem gemeinschaftlichen Zugriff keine nationalen Sachverhalte zu entziehen, die ihm bereits vor dessen Einführung unterlagen. Als weitere Voraussetzung ergibt sich somit zum anderen, dass die bundesdeutsche Rundfunkordnung verfassungsgerichtlicher Prägung, selbst wenn eine Zugehörigkeit zur nationalen Identität aus mitgliedstaatlicher Sicht zu bejahen ist, nicht durch vorrangiges Gemeinschaftsrecht überlagert wird und somit eine Aktivierung von Art. 6 Abs. 3 EUV für die aufgeworfene Fragestellung bereits aus diesem Grunde ausscheidet (Teil 3 B.IV.1.b)).

a) Die duale Rundfunkordnung mit einem funktionsfähigen öffentlich-rechtlichen Rundfunk als Gegenstand nationaler Identität

Zwar handelt es sich bei dem Begriff der nationalen Identität um einen Begriff des Gemeinschaftsrechts. Ähnlich wie beim Kulturbegriff[1467] muss aber auch

---

1465 *Ukrow*, in: Europäischen Medienrecht, S. 103; *Stumpf*, in: Schwarze, EUV, Art. 16, Rdn. 42, stellt ausdrücklich den Zusammenhang von Art. 6 Abs. 3 EUV mit dem Subsidiaritätsprinzip und Art. 151 Abs. 1 EG heraus; ebenso *Puttler*, in: Calliess/Ruffert, EUV/EG, Art. 6 EUV, Rdn. 190, allerdings differenzierend im Hinblick auf Art. 47 EUV (keine unmittelbaren Schranken), vgl. Rdn. 196.

1466 Vgl. aber *Pechstein/Koenig*, Rdn. 116 (keine Hindernisse für die Grundfreiheiten aus Art. 6 Abs. 3 EUV).

1467 Vgl. hierzu Teil 2 D.V.

hier gelten, dass sich die Bestimmung dessen, was zur nationalen Identität gehört, grundsätzlich nach den Mitgliedstaaten richtet.[1468]

Bereits dem Wortsinn des Art. 6 Abs. 3 EUV ist dabei zu entnehmen, dass sich die Vorschrift kaum auf das gesamte Verfassungsrecht eines Mitgliedstaats beziehen kann. Das Merkmal der nationalen Identität impliziert, dass es sich hierbei nur um so grundlegende Verfassungsprinzipien handeln kann, dass das Staatswesen durch sie tatsächlich wesentlich geprägt wird. Zudem ist nicht zu verkennen, dass die Anerkennung mitgliedstaatlicher Verfassungsprinzipien die Gefahr der Beeinträchtigung von Einheitlichkeit und Funktionsfähigkeit der gemeinschaftlichen Rechtsordnung mit sich bringt.[1469] Im Interesse der gemeinschaftlichen Handlungsfähigkeit kann sich die Verpflichtung zur Rücksichtnahme also nicht auf das gesamte Verfassungsrecht beziehen. Allerdings darf auf der anderen Seite das Argument der Einheitlichkeit und Funktionsfähigkeit nicht so weit getrieben werden, dass der in Art. 6 Abs. 3 EUV zum Ausdruck kommende Gedanke der Souveränitätsschonung entgegen dem Grundsatz des *effet utile* wieder aufgegeben wird. Somit ist davon auszugehen, dass sich die aus Art. 6 Abs. 3 EUV erwachsende Verpflichtung nur auf schwerwiegende Eingriffe in elementare Verfassungsprinzipien bezieht.[1470] Abstrakt lässt sich damit sagen, dass zur nationalen Identität der Mitgliedstaaten neben der Wahrung ihrer Staatlichkeit grundsätzlich diejenigen Prinzipien ihrer Verfassung gehören, die sich als die sie konstituierenden Strukturen darstellen.[1471]

1468 Ebenso *Hilf*, in: GS. f. Grabitz, S. 163; ähnlich *Beutler*, in: Groeben/Schwarze, EUV/EG, Art. 6 EU, Rdn. 201.

1469 *V. Bogdandy*, in: Grabitz/Hilf, EUV, Art. 5, Rdn. 82 m.w.N.; zu der Problematik der Achtung der nationalen Identität vgl. auch *Beutler*, in: Groeben/Schwarze, EUV/EG, Art. 6 EU, Rdn. 198; *Roider*, S. 83; *Rosenthal*, S. 110.

1470 *V. Bogdandy*, in: Grabitz/Hilf, EUV, Art. 5, Rdn. 82; *Kahl*, in: Calliess/Ruffert, EUV/EG, Art. 10, Rdn. 52 m.w.N.; *Dörr/Beucher/Eisenbeis/Jost*, S. 59 f.; *Rosenthal*, S. 110 m. w. N.

1471 *Hilf*, in: Grabitz/ders., EUV, Art. F EUV, Rdn. 15 ff; *Pechstein*, in: Streinz, EUV/EG, Art. 6 EUV, Rdn. 27 (Grundprinzipien der Verfassungsordnung in organisatorischer und inhaltlicher Hinsicht); *Beutler*, in: Groeben/Schwarze, EUV/EG, Art. 6 EU, Rdn. 200 f., nach dem nationale Identität insbesondere aber zugleich mehr als Verfassungsidentität bedeutet; ähnlich *Puttler*, in: Calliess/Ruffert, EUV/EGV, Art. 6 EUV, Rdn. 213; *Kahl*, in: Calliess/Ruffert, EUV/EG, Art. 10. Rdn, 52 f.; *Pechstein/Koenig*, Rdn. 116; *Roider*, S. 82 m.w.N.; im Hinblick auf die Kultur vgl. *Steindorff*, ZHR 163 (1999), S. 411.

Wegen ihrer überragenden Bedeutung für das demokratische Gemeinwesen gehört die Rundfunk- und Informationsfreiheit nach Auffassung eines Teils des Schrifttums zu den elementaren nationalen Verfassungsprinzipien und damit zur nationalen Identität[1472] Die Vertreter dieser Auffassung verweisen hierzu auf die ständige Rechtsprechung des Bundesverfassungsgerichts, nach der die freie und umfassende Meinungsbildung für ein demokratisches Staatswesen schlechthin konstituierend[1473] sowie der Rundfunk als „Medium und Faktor" in diesen verfassungsrechtlich geschützten Willensbildungsprozesses eingebunden ist.[1474]

Der Ansatz von der demokratiekonstituierenden Funktion des Rundfunks beruht auf der Erkenntnis, dass ein demokratisches Staatswesen den informierten Staatsbürger voraussetzt, der sich über die wichtigen Angelegenheiten des Gemeinwesens ein eigenes Urteil bildet.[1475] Die öffentliche Meinungsbildung führt zugleich zu einer Vorformung des politischen Willens, indem in diesem Rahmen Probleme gewichtet und Lösungsansätze diskutiert werden. Das demokratische Strukturprinzip, nach dem sich der politische Wille des Volkes in allgemeinen, unmittelbarer, freier, gleicher und geheimer Wahlen formuliert, wird seinerseits nur realisiert, wenn diesem Prozess eine freie öffentliche Meinungsbildung vorausgeht.[1476] Die erforderliche öffentliche Meinungsbildung vollzieht sich also in einem Prozess der Kommunikation.[1477] Weiterhin stellt die öffentliche Meinungsbildung ein gewisses Korrektiv zu Art. 20 Abs. 2, S. 2 GG dar,[1478] da sich

---

1472 So beispielsweise *Dörr/Beucher/Eisenbeis/Jost*, S. 59 f.; *Oppermann*, Deutsche Rundfunkgebühren, S. 75 f.; nach *Ukrow*, in: Europäisches Medienrecht, S. 104 f. gehören hierzu u.a. insbesondere die Entscheidung zu binnen- oder außenpluralen Strukturen sowie zur Etablierung eines öffentlich-rechtlichen Rundfunks zwecks Sicherung der Meinungsvielfalt; im Ergebnis wohl auch *Kopp*, in: Schwarze/Becker (Hrsg.), Geistiges Eigentum, S. 92; zur Frage, ob ein Zugriff der Gemeinschaft auf den Rundfunkbereich wegen der damit verbundenen Kompetenzen der deutschen Bundesländer elementar in das föderalistische Verfassungsgefüge der Bundesrepublik eingreifen würde, vgl. *Roider*, S. 85 ff.

1473 Ständige Rspr. seit BVerfGE 7, 198, 207 f.

1474 BVerfGE 12, 205, 260; E 57, 295, 320; E 73, 118, 152; E 74, 297, 323; E 83, 238, 296.

1475 Vgl. ausführlicher hierzu beispielsweise *Kirchhof*, Die kulturellen Voraussetzungen der Freiheit, S. 1, 24 ff.; *Dörr/Schiedermair*, Die Deutsche Welle, S. 19 ff.; *Hesse*, JZ 1993, S. 548.

1476 *Hesse*, Verfassungsrecht, S. 145 ff.; *A. Hesse*, BayVBl. 1997, S. 134.

1477 *Ricker*, in: Ricker/Schiwy, Rundfunkverfassungsrecht, Kapitel B, S. 82 m.w.N.

1478 Hiernach gilt der Grundsatz, dass das Staatsvolk nur in Wahlen und Abstimmungen an der Ausübung der Staatsgewalt teilnimmt; ebenso *Hesse*, BayVBl. 1997, S. 134 m.w.N.

die Regierung auch zwischen den Wahlen der öffentlichen Kritik stellen muss. Die öffentlich Meinungsbildung ist schließlich für das Funktionieren eines demokratischen Gemeinwesens auch deshalb von besonderer Bedeutung, da sie beziehungsweise das Einwirken auf die öffentliche Meinungsbildung das wichtigste Mittel für die Minderheit darstellt, um die jeweilige an der Regierung befindliche Mehrheit bei den nächsten Wahlen abzulösen. In diesem Sinne lässt sich sagen, dass demokratische Willens- und öffentliche Meinungsbildung in einem untrennbaren Zusammenhang stehen. Ist der Rundfunk als Medium und Faktor[1479] in diesem Prozess unentbehrlich, um die Bürger über alle Vorgänge und Meinungen in dem Gemeinwesen zu unterrichten, steht er in engem sachlichen Zusammenhang mit dem Prozess der Meinungsbildung und übt insofern selbst eine essentielle Funktion für die demokratische Ordnung aus.[1480] Diese Mitwirkung an der Meinungs- und politischen Willensbildung wurde in der Rechtsprechung des BVerfG auch als klassischer Auftrag des Rundfunks bezeichnet.[1481] Die Rundfunkfreiheit hat also im Hinblick auf die Informationsfreiheit dienenden Charakter.[1482]

In einer dualen Rundfunkordnung obliegt die Aufgabe der unerlässlichen Grundversorgung dem öffentlich-rechtlichen Rundfunk.[1483] Damit die Grundversorgung der Bevölkerung gewährleistet ist, trifft nach dem BVerfG den Gesetzgeber die Pflicht, die erforderlichen technischen, organisatorischen, personellen und finanziellen Voraussetzungen für den öffentlich-rechtlichen Rundfunk zu sichern. Insofern sind seitens des Staates Rahmenbedingungen zu schaffen, die sowohl den Bestand des öffentlich-rechtlichen Rundfunks als auch seine zukünftige Entwicklung gewährleisten. Aus dem Gebot, die Funktionstüchtigkeit des öffentlich-rechtlichen Rundfunks zu erhalten, folgt eine Bestands- und Entwicklungsgarantie sowie eine Finanzierungsgarantie zugunsten des öffentlich-rechtlichen Rundfunks.[1484]

[1479] Ibidem, Fn. 1474.

[1480] Bspw. BVerfGE 73, 118, 157; ausführlicher hierzu *Ricker*, in: Ricker/Schiwy, Rundfunkverfassungsrecht, Kapitel B, S. 83 ff.; zu dieser Funktion des öffentlich-rechtlichen Rundfunks auch unter veränderten technischen Bedingungen beziehungsweise dem Wegfall der sog. Sondersituation des Rundfunks vgl. *Hesse*, BayVBl. 1997, S. 134 ff.

[1481] BVerfGE 73, 118, 158; E 74, 297, 324; E 87, 181, 199; E 90, 60, 92.

[1482] BVerfGE 57, 295, 319 f.; E 83, 238, 295 f.; E 87, 181, 197; E 90, 60, 87.

[1483] BVerfGE 83, 238, 297 ff; E 73, 118, 157.

[1484] BVerfGE 90, 60 91; E 83, 238, 298 f.; 74, 297, 350 ff.

Im vorliegenden Zusammenhang ist zu berücksichtigen, dass der Unionsvertrag selbst in Art. 6 Abs. 1 EUV das Demokratieprinzip zu einer der Grundlagen der Union zählt. Nach seinem letzten Halbsatz ist es allen Mitgliedstaaten gemeinsam. Durch die Herausstellung der Demokratie neben anderen fundamentalen Prinzipien wie der Achtung der Menschenrechte oder der Rechtsstaatlichkeit wird deutlich, dass das Demokratieprinzip auch aus Sicht des Gemeinschaftsrechts zu den fundamentalen Verfassungswerten gehört, die die nationale Identität eines Mitgliedstaats ausmachen.[1485] Ist nun aber die freie Meinungsbildung für das demokratische Staatswesen schlechthin konstituierend und der Rundfunk hierfür seinerseits von essentieller Bedeutung, muss bereits aus diesem Grunde davon ausgegangen werden, dass auch die Rundfunkfreiheit also solche zu den grundlegenden Verfassungsprinzipien gehört. Auch ihr kommt demnach ein identitätsstiftender Charakter zu.

Allerdings schreibt Art. 5 Abs. 1 S. 2 GG in der Auslegung durch das BVerfG weder ein bestimmtes Modell zur Verwirklichung und Gewährleistung der Rundfunkfreiheit vor, noch existiert ein Zwang zur Systemkohärenz, ist die Entscheidung für ein bestimmtes Rundfunkmodell einmal getroffen.[1486] Hieraus könnte geschlossen werden, dass zwar die Rundfunkfreiheit als solche nicht aber deren Ausprägung in einer bestimmten Form und damit auch nicht die duale Rundfunkordnung mit dem öffentlich-rechtlichen Rundfunk als einer ihrer zwei Säulen ein fundamentales Prinzip der bundesdeutschen Verfassung darstellt.

Eine entsprechende Argumentation würde allerdings verkennen, dass die Rundfunkfreiheit im Unterschied zu anderen unmittelbar anwendbaren Verfassungsgrundsätze zu ihrer Gewährleistung der Ausgestaltung bedarf.[1487] Den Rundfunkgesetzgeber trifft insoweit eine Ausgestaltungspflicht. Nur ein Prinzip, das sich in der Verfassungswirklichkeit tatsächlich niedergeschlagen hat, d.h. eine

---

1485 Vgl. hierzu auch die Vorschrift in der Fassung des Maastricht-Vertrags, d.h. Art. F Abs. 1 EUV, die das Demokratieprinzip als einem essentialen Bestandteil der nationalen Ordnungen herausstellt; Auch an anderer Stelle betont das Gemeinschaftsrecht die demokratische Funktion des Rundfunks, vgl. bspw. das Amsterdamer Protokoll, ausführlicher hierzu unter Teil 4 G; wie hier *Puttler*, in: Calliess/Ruffert, EUV/EG, Art. 6 EUV, Rdn. 192.

1486 BVerfGE 57, 295, 321; vielmehr ist allein die Erfüllung des klassischen Rundfunkauftrags ausschlaggebend, vgl. ebenfalls BVerfGE 73, 118, 152 f.; E 74, 297, 324; 83, 238, 296; als mögliche Modelle nennt das BVerfG beispielhaft die „organisatorische Binnenpluralität" (E 74, 297, 330) oder außenpluralistische Strukturen (E 57, 295, 325; E 73, 118, 153).

1487 BVerfGE 57, 295, 320; E 73, 118, 153; E 83, 238, 296; E 90, 60, 88.

bestimmte Gestalt angenommen hat, kann aber für ein Staatswesen identitätsstiftend sein, nicht hingegen eine theoretische Möglichkeit, von der *in praxi* kein Gebrauch gemacht wurde. Nicht die hypothetische Wahlmöglichkeit zwischen verschiedenen Rundfunkmodellen prägt mithin die vorliegend relevante Verfassungswirklichkeit, sondern erst die tatsächliche Konkretisierung und Umsetzung des Ausgestaltungsauftrags nach Art. 5 Abs. 1 S. 2 GG. Nichts anderes lässt sich aus dem fehlenden Zwang zur Beibehaltung eines einmal gewählten Modells herleiten. Hält der nationale Gesetzgeber tatsächlich an dem gewählten Modell fest, bewegt sich die Frage, ob die verfassungsrechtliche Topographie auch durch ein anderes System hätte ausgeformt werden können, notwendigerweise im Bereich des Hypothetischen.

Somit ist davon auszugehen, dass auch Art. 5 Abs. 1, S. 2 GG in der konkreten Ausformung, die er in der dualen Rundfunkordnung unter Einbeziehung des öffentlich-rechtlichen Rundfunks erfahren hat, zu den grundlegenden Strukturprinzipien der bundesdeutschen Verfassungswirklichkeit zählt, die es nach Art. 6 Abs. 3 EUV zu respektieren gilt.[1488] Angesichts des eingangs skizzierten Spannungsfelds zwischen Funktionsfähigkeit der Gemeinschaft und nationaler Identität, können aber auch hier nur die grundlegenden Elemente der dualen Rundfunkordnung Berücksichtigung finden. Die verfassungsrechtlich gebotene Vielfaltssicherung im Rundfunk und damit die für die Demokratie konstitutive freie Meinungsbildung müsste nachhaltig gefährdet und somit ein elementares Verfassungsprinzip schwerwiegend verletzt werden.

Während dies im Hinblick auf Gemeinschaftsmaßnahmen, die der verstärkten grenzüberschreitenden Tätigkeit von Rundfunkunternehmen und somit der Möglichkeit eines Vielfaltzugewinns sowie der Herausbildung eines europäischen Bewusstseins dienen, wohl in der Regel verneint werden kann, gestaltet sich dies hinsichtlich Maßnahmen die internen Rundfunkorganisationsstrukturen betreffend problematischer. Angesichts der Notwendigkeit, die Funktionsfähigkeit des öffentlich-rechtlichen Rundfunks im Rahmen einer dualen Rundfunkordnung zu erhalten, dürften jedenfalls die seitens der Verfassungsrechtsprechung entwickelten Bestands- und Entwicklungs- sowie die Finanzierungsgarantie zu den fundamentalen Elementen der Rundfunkordnung zu zählen sein. Es liegt auf der Hand, dass ein auf einem bestimmten Status Quo festgeschriebener

---

[1488] *Hilf*, in: GS f. Grabitz, S. 168 (Kompetenz zur Ausgestaltung der nationalen Rundfunkordnung als „elementares Interesse der Mitgliedstaaten"); *Dörr/Beucher/Eisenbeis/Jost*, S. 59 f.; *Dörr*, Die Rolle des öffentlich-rechtlichen Rundfunks, S. 18 ff.; *Oppermann*, Deutsche Rundfunkgebühren, S. 75 f.; *Ukrow*, in: Europäisches Medienrecht, S. 103 f.

öffentlich-rechtlicher Rundfunks gerade in der schnellen Entwicklungen unterworfenen Medienwelt nicht überlebensfähig wäre. Als elementares nationales Verfassungsprinzip führt die Rundfunkfreiheit in der zuvor skizzierten Ausprägung somit dazu, dass es der Gemeinschaft verwehrt ist, in einer Weise von ihren Zuständigkeiten Gebrauch zu machen, die sich in Widerspruch zu der durch die Rundfunkfreiheit vorgegebene Funktion des öffentlich-rechtlichen Rundfunks einschließlich seiner Entwicklungs- und Finanzierungsgarantie setzt.[1489]

Allerdings wird im Schrifttum teilweise darauf hingewiesen, dass die existierende Rundfunkordnung verfassungsrechtlicher Prägung vor dem Eindruck des Gemeinschaftsrechts der Neuorientierung bedürfe.[1490] Die Auffassung geht dabei ersichtlich von der Prämisse aus, dass die bestehende Rundfunkordnung aus EG-rechtlicher Perspektive bereits nicht zu einem schützenswerten Kern nationaler Identität gehört, sondern durch vorrangiges Gemeinschaftsrecht überlagert wird. Unabhängig von der nationalen Einordnung der Rundfunkordnung als zu einem Kernbestand identitätsstiftender Strukturen gehörig, müsste deren Anerkennung, wäre die zitierte Prämisse zutreffend, im Rahmen von Art. 6 Abs. 3 EUV versagt bleiben.

b) Rundfunkspezifische Verfassungsrechtsprechung unter gemeinschaftsrechtlichen Anpassungsdruck?

Mitunter wird darauf hingewiesen, dass sich die den Rundfunk betreffenden Freiheitsgewährleistungen des Gemeinschaftsrechts sowie des nationalen Verfassungsrechts grundsätzlich unterscheiden. Während dem Rundfunk vor dem Hintergrund des Art. 5 Abs. 1 S. 2 GG in seiner objektiv-institutionellen Auslegung durch das BVerfG eine dienende Funktion zukomme, beinhalteten die Freiheiten des EG lediglich subjektiv-rechtliche Abwehrrechte. Zwar seien Beschränkungen der Freiheitsgarantien im nationalen Pluralismusinteresse zulässig. Diese seien aber im deutlich stärkeren Maße am Grundsatz der Verhältnismäßigkeit zu messen als dies innerstaatlich der Fall sei. Eine Sonderrolle des Rundfunks mit Bestands- und Entwicklungsgarantien in der skizzierten Form vertrage sich mit den gemeinschaftsrechtlichen Vorgaben vor diesem Hinter-

---

1489 *Dörr/Beucher/Eisenbeis/Jost*, S. 59 f.

1490 So bspw. *Degenhart*, K&R 2000, S. 53 ff.

grund nicht.[1491] Vielmehr sei eine Neuorientierung unter Berücksichtigung der gemeinschaftsrechtlichen Vorgaben unter Aufgabe der Konzeption der dienenden Funktion des Rundfunks erforderlich. Ein Verständnis der grundgesetzlichen Rundfunkfreiheit, die der gemeinschaftsrechtlichen Konzeption zuwiderlaufe, könne nicht dauerhaft aufrechterhalten werden.[1492] Angesichts der ständigen Rechtsprechung des EuGH, nach der der Rundfunk als Dienstleistung im Sinne des EG zu qualifizieren ist, könne auch keine Zweifel an der Zuständigkeit der Gemeinschaft für den Rundfunk bestehen.[1493]

Zwar ist die Feststellung, dass die Verfassungsaussagen des Grundgesetzes gemeinschaftskonform ausgelegt werden müssen[1494] im Ansatz zutreffend.[1495] Nach ständiger Rechtsprechung des EuGH kommt dem Gemeinschaftsrecht gegenüber innerstaatlichem Recht jeglicher Hierarchiestufe Vorrang zu.[1496] Der Gerichtshof betont, dass sich die Mitgliedstaaten den Pflichten des Gemeinschaftsrechts nicht unter Berufung auf innerstaatliche Schwierigkeiten, mögen diese

---

1491 *Degenhart*, K&R 2000, S. 53; auch nach *Schmittmann*, K&R 1998, S 394, ist die duale Rundfunkordnung in Ansehung des europäischen Wettbewerbsrechts nicht zukunftsfähig.

1492 *Degenhart*, K&R 2000, S. 54.

1493 *Degenhart*, K&R 2000, S. 53.

1494 *Degenhart*, K&R 2000, S. 52.

1495 Vgl. aber auch die Feststellungen des BVerfG in der *Maastricht*-Entscheidung, ibidem, Fn. 1464.

1496 Ständige Rspr. seit EuGH Rs. 6/64 (Costa/ENEL), Slg. 1964, 1251, 1269 (Schaffung einer eigenen Rechtsordnung durch den EWGV; Unzulässigkeit einseitiger Maßnahmen der Mitgliedstaaten im Interesse der Funktionsfähigkeit der Gemeinschaft); EuGH Rs. 11/70 (Internationale Handelsgesellschaft), Slg. 1970, 1125, Rdn. 3 (Kein Vorrang von wie auch immer gearteter innerstaatlichen Rechtsvorschriften: „Daher kann es die Gültigkeit einer Gemeinschaftshandlung nicht berühren, wenn geltend gemacht wird, die Grundrechte in der ihnen von der Verfassung dieses Staates gegebenen Gestalt oder die Strukturprinzipien der nationalen Verfassung seien verletzt"); EuGH Rs. 106/77 (Simmenthal), Slg. 1978, 629, Rdn. 17/18; vgl. auch *Zuleeg*, NJW 2000, S. 2847; Pflicht zur Rücksichtnahme auf die elementaren Verfassungsprinzipien beispielsweise nach *Dörr/Beucher/Eisenbeis/Jost*, S. 59 f; *Bleckmann*, Europarecht, S. 180; *v. Bogdandy*, in: Grabitz/Hilf, EUV, Art. 5, Rdn. 82; *Lenz*, in: Lenz, EG, Art. 5, Rdn. 7; *Hailbronner*, JZ 1990, S. 152; ähnlich *Rosenthal*, S. 109; vgl. auch BVerfGE 89, 155, 184 (Maastricht), nach dem das Mehrheitsprinzip gemäß dem aus der Gemeinschaftstreue folgendem Gebot wechselseitiger Rücksichtnahme eine Grenze in den Verfassungsprinzipien und elementaren Interessen der Mitgliedstaaten findet."; BVerfGE 37, 271, 279 („Solange I": keine Aufgabe der Identität der geltenden Verfassungsordnung der Bundesrepublik Deutschland durch Einbruch in ihr Grundgefüge, in die sie konstituierenden Strukturen.).

auch Verfassungsrang haben, entziehen können.[1497] Ein Vorrang zugunsten des Gemeinschaftsrechts setzt allerdings voraus, das zwischen europäischem und nationalem Recht überhaupt miteinander konkurrierende Anwendungsansprüche im Hinblick auf den gleichen Lebenssachverhalt existieren.

Im Hinblick auf den Rundfunkbereich lässt sich, wie gezeigt, ein entsprechender Anwendungsanspruch nicht pauschal unter Hinweis auf Art. 49 EG begründen. Zwar ist zutreffend, dass auch Rundfunkangelegenheiten in Ansehung des funktionalen Charakters der Dienstleistungsfreiheit vom Gemeinschaftsrecht erfasst werden können.[1498] Die Kompetenz zur Regelung des Rundfunksektors liegt aber nach wie vor primär in den Händen der Mitgliedstaaten.[1499] Hierin spiegelt sich insoweit die Verschränkung der gemeinschaftlichen mit den mitgliedstaatlichen Rechtsordnungen.[1500] Der Gemeinschaft ist es somit sowohl untersagt, Regelungen mit schwerpunktmäßig rundfunkpolitischen Charakter zu erlassen[1501] als auch über den Weg einer extensiven Auslegung des unmittelbar anwendbaren Gemeinschaftsprimärrechts die mitgliedstaatlichen Kompetenzen *de facto* an sich zu ziehen. Dem stünde, wie bereits gezeigt sowohl Art. 151 Abs. 4 EG[1502] als auch, wie noch zu zeigen sein wird, Art. 16 EG[1503] sowie die auslegenden Bestimmungen des Amsterdamer Protokolls[1504] entgegen. Im Rahmen der Anwendung der Dienstleistungsfreiheit hat der EuGH den Mitgliedstaaten ausreichende Gestaltungs- und Ermessensspielräume für die Gestaltung ihrer nationalen Medienordnungen über die Anerkennung der zwingenden Gründe des Allgemeininteresses eingeräumt.[1505]

1497 EuGH Rs. 100/77 (Kommission/Italien), Slg. 1978, 879, Rdn. 21/22; Rs. 102/79 (Kommission/Belgien), Slg. 1980, 1473, Rdn. 15 (Verbot, sich „auf interne Schwierigkeiten oder Bestimmungen ihres innerstaatlichen Rechts, auch wenn diese Verfassungsrang haben, (zu) berufen, um die Nichteinhaltung der sich aus den Gemeinschaftsrichtlinien ergebenden Verpflichtungen und Fristen zu rechtfertigen").

1498 Vgl. die Ausführen zur ständigen EuGH-Rechtsprechung unter Teil 2 A und Teil 3 A.I.

1499 Teil 2 D.V.

1500 Vgl. hierzu *Zuleeg*, NJW 2000, S. 2849.

1501 Teil 2 C.VI.

1502 Teil 2 B IV.4.b).

1503 Teil 4 E.I.2.

1504 Teil 4 G.

1505 Teil 3 B.III.6. und Teil 3 B.VI.

Angesichts dieser Kompetenzverteilung kommt dem Gemeinschaftsrecht zwar ein Vorrang im Hinblick auf Angelegenheiten zu, die Fragen der Sicherstellung des freien Dienstleistungsverkehrs betreffen. Dieser Vorrang kann sich jedoch nicht pauschal auch auf die Frage der Gestaltung der nationalen Rundfunksysteme als solche beziehen, soweit diese nicht, wie zuvor gezeigt, protektionistisch oder in sonstiger Weise missbräuchlich ausgestaltet worden sind.[1506] Insofern besteht auch kein Anpassungsdruck der bundesverfassungsgerichtlichen Rechtsprechung im Hinblick auf die nationale Rundfunkordnung. Diese bewegt sich vielmehr in einem gemeinschaftsrechtlich anerkannte Gestaltungsfreiraum, der nicht vom Gemeinschaftsrecht überlagert wird. Der Anerkennung der Rundfunkfreiheit in ihrer bundesverfassungsgerichtlich geprägten Ausformung im Rahmen von Art. 6 Abs. 3 EUV, steht somit insoweit kein prioritär anwendbares Gemeinschaftsrecht entgegen.[1507]

2. Die fehlende demokratiespezifische Zuständigkeit sowie das nach wie vor bestehende Demokratiedefizit der Gemeinschaft

Zuvor wurde festgestellt, dass die demokratiespezifische Funktion des Rundfunks im Hinblick auf die unionsrechtlichen Verpflichtung zur Achtung der nationalen Identität gemäß Art. 6 Abs. 3 EUV bedeutsam ist. Die demokratiesichernde Funktion des Rundfunks könnte aber auch unter dem Aspekt einer fehlenden Gemeinschaftszuständigkeit für die Gewährleistung demokratischer Strukturen sowie weiterhin eines nach wie vor bestehenden Demokratiedefizits von Relevanz sein. Dieser Umstand könnte im Zusammenhang mit dem Grundsatz der loyalen Zusammenarbeit dazu führen, dass die Gemeinschaft nicht nur bei ihrer rechtssetzenden Tätigkeit[1508] sondern im umfassenden Sinn, d.h. auch bei der Anwendung des Gemeinschaftsrecht darauf zu achten hat, dass sie die demokratiespezifischen Strukturen der Mitgliedstaaten nicht nachteilig beeinträchtigt.

In diesem Zusammenhang ist zu berücksichtigen, dass in der Europäischen Gemeinschaft vor dem Hintergrund ihrer staats- und völkerrechtlichen Sonderstellung auch die demokratischen Prozesse durch Besonderheiten gekennzeichnet

---

1506 Teil 3 B.III.2. und Teil 3 B.III.6.

1507 Auf die Auswirkungen des Art. 10 EMRK kann im Rahmen der vorliegenden Untersuchung aus Platzgründen nicht eingegangen werden, ausführlicher hierzu *Martin Stock*, Medienfreiheit in der EU-Grundrechtscharta: Art. 10 EMRK ergänzen und modernisieren!, Frankfurt 2000.

1508 Vgl. hierzu umfassender *Ress/Bröhmer*, S. 63 ff.

sind.[1509] Hierzu gehören bekanntlich unter anderem die Struktur des Ministerrats als Hauptgesetzgebungsorgan, der aus Vertretern der nationalen Regierungen zusammengesetzt ist sowie das Europäische Parlament, welches gemäß Art. 189 EG eine „Vertretung der Völker der in der Gemeinschaft zusammengeschlossenen Staaten" nicht aber eine klassische Volksvertretung darstellt und zudem über nach wie vor eingeschränkte legislative Befugnisse verfügt.[1510] Diese in institutioneller Hinsicht hinter echter demokratischer Gewährleistung zurückbleibenden Strukturen sind häufig unter dem Begriff des Demokratiedefizits kritisiert worden.[1511]

Zu Recht wird im Schrifttum des weiteren darauf hingewiesen, dass neben den institutionellen Defiziten auch bestimmte vorrechtliche Voraussetzungen innerhalb der Europäischen Union fehlen, ohne die ein demokratisches Staatswesen, soll es nicht lediglich formales Zurechnungsprinzip bleiben, nicht denkbar ist.[1512] Hierzu gehört ein Prozess ständiger freier Auseinandersetzung zwischen sich begegnenden sozialen, Interessen und Ideen, in dem sich politische Ziele klären, wandeln und dem heraus eine öffentliche Meinung den politischen Willen vorformt.[1513] Hierzu gehört ebenfalls, dass die jeweils verfolgten politischen Ziel-

---

1509 Vgl. *Ress/Bröhmer*, S. 63 ff.

1510 Zum Prozess der zunehmenden Stärkung der Position des europäischen Parlaments vgl. *Frey*, Fernsehen, S. 45 f.; vgl. hierzu die *Maastricht*-Entscheidung des BVerfG, das hieraus geschlossen hat, dass die demokratische Legitimation des Handelns der Gemeinschaft „zuvörderst" über die nationalen Parlamente erfolgen müsse und über die parlamentarische Verantwortlichkeit der im Ministerrat abstimmenden Regierungsmitglieder vermittelt werde, E 89, 155, 184 ff.

1511 Vgl. die Analyse des Ausschusses für konstitutionelle Fragen des Europäischen Parlaments vom 7. 6. 2001, unter Ziff. II des Arbeitsdokuments über die Beziehungen zwischen dem Europäischen Parlament und den einzelstaatlichen Parlamenten im Hinblick auf den Aufbau Europas, der die Gültigkeit des *Neyts-Uyttebroek*-Berichts, der die konkreten Elemente des demokratischen Defizits im einzelnen analysiert hatte, ausdrücklich bestätigt; ausführlich hierzu *Lehnert*, Das Demokratiedefizit und die Legitimationskrise der Europäischen Union, Heidelberg 1997; ausführlich hierzu *Hrbek*, in: GS. f. Grabitz, S. 171 ff.; weiterhin *Folz*; S. 100 ff m.w.N., S. 108; *Ress/Bröhmer*, S. 63 ff. m.w.N.; *Ukrow*, in: Europäisches Medienrecht, S. 99; ähnlich *Hesse*, JZ 1993, S. 548; im Ergebnis ebenso *Frey*, Fernsehen, S. 44 ff.; *Simma/Weiler/Zöckler*, S. 25; *Häberle*, EuGRZ 1992, S. 432.

1512 *Ress/Bröhmer*, S. 63 ff m.w.N.; *Ukrow*, S. 99; *Folz*, S. 109; ähnlich *Hesse*, JZ 1993, S. 548.

1513 Die genannten vorrechtlichen Voraussetzungen betont das BVerfG in ständiger Rechtsprechung vgl. E 69, 315, 344 ff; E 89, 155, 185; weiterhin bspw. *Lecheler*, S. 84 (Fehlen einer europäischen Öffentlichkeit).

vorstellungen sowie die Entscheidungsverfahren der Hoheitsgewalt ausübenden Organe allgemein sichtbar und verstehbar sind.[1514] Der Mangel eines europäischen Bewusstseins, das für die demokratische Funktion des Meinungsbildungsprozesses erforderlich wäre, beziehungsweise das Fehlen eines Europa-Volkes, dessen Meinungsbildung sich im Rahmen des skizzierten Prozesses überhaupt formieren könnte,[1515] scheint an verschiedenen Stellen des Gemeinschafts- sowie des Unionsvertrags durch.[1516] Das Gemeinschaftsrecht geht somit also selbst davon aus, dass die entsprechenden demokratierelevanten, vorrechtlichen Bedingungen bis dato nur in Ansätzen vorhanden sind.

Die Gemeinschaft vermag aber nicht nur mangels tatsächlicher vorrechtlicher sowie institutioneller Voraussetzungen die Gewährleistung für die demokratischen Strukturen ihrer Mitgliedstaaten zu übernehmen. Nach dem derzeitigen Stand des Gemeinschaftsrechts besitzt sie auch nicht die erforderlichen Kompetenzen für spezifisch demokratiesichernde Maßnahmen.[1517] Zwar bekennt sich auch die Union gemäß Art. 6 Abs. 1 EUV ausdrücklich zu demokratischen Grundsätzen.[1518] Darüber hinaus ist sie gemäß Art. 6 Abs. 2 EUV dazu verpflichtet, die gemeinschaftlich geltenden Grundrechte bei ihrer Tätigkeit zu beachten. An einer wie auch immer gearteten Förder- oder Unterstützungskompetenz fehlt es jedoch nicht nur im gesamten Gemeinschaftsvertrag. Die Absicherung einer demokratischen Grundausrichtung ist auch ebenso wenig in den Aufgaben- und Zielkatalogen der Art. 2 und 3 EG enthalten. In Ansehung des europäischen Strukturprinzips der begrenzten Einzelermächtigung kann jedoch einem bloßen Bekenntnis zu demokratischen Grundwerten keine kompetenzbegründende Wir-

---

1514 BVerfGE 89, 155, 185.

1515 Laut *Frey*, Fernsehen, S. 52, ist das Referenzgebiet, in dem eine pluralistische Medienlandschaft eine herausragende Rolle für die demokratische Legitimation von Hoheitsgewalt einnehmen könnte, nach wie vor vor allem das Territorium eines jeden Mitgliedstaates.

1516 Vgl. beispielsweise Art. 191 EG (Beitrag der politischen Parteien, „ein europäisches Bewusstsein *herauszubilden*...“); 1. Erwägungsgrund der Präambel des EG („immer engeren Zusammenschluss der europäischen Völker“); Art. 189 EG („Das Europäische Parlament besteht aus Vertretern der *Völker*...“); 5. und 12. Erwägungsgrund der Präambel des EUV („in dem Wunsch ‚die Solidarität zwischen ihren *Völkern*...“ und „Schaffung einer immer engeren Union der *Völker* Europas“); Art. 1 Abs. 2 EUV („...neue Stufe bei der Verwirklichung einer immer engeren Union der *Völker* Europas...“).

1517 A.A. wohl *Mastroianni*, in: Europäisches Medienrecht, Schriftenreihe des Instituts für Europäisches Medienrecht, Band 18, S. 68.

kung entnommen werden.[1519] Ebenso wenig folgt im Gemeinschaftsrecht aus einem etwaigen Bedürfnis eine Aufgabe der Gemeinschaft. Zwar kann nach dem Zuvorgesagten im Hinblick auf die Bedeutung eines gesamteuropäischen Bewusstseins beziehungsweise einer europäischen Öffentlichkeit die integrationspolitische Funktion gerade von Rundfunk und Presse nicht unterschätzt werden. Mangels entsprechender Aufgabenzuweisung kann indessen auch hieraus keine Zuständigkeit zugunsten der Gemeinschaft begründet werden.

Aus dem gleichen Grund können auch weder Art. 6 Abs. 1 EUV noch Art. 10 EMRK Anhaltspunkte für eine gemeinschaftsrechtliche Kompetenz zur Pluralismussicherung entnommen werden.[1520] Zwar wird auch im nationalen Verfassungsrecht die Aufgabe, die Funktionsfähigkeit der öffentlichen Kommunikation zu gewährleisten aus dem in Art. 20 GG niedergelegten demokratischen Prinzip[1521] beziehungsweise die Pflicht zur Schaffung einer positiven Ordnung zwecks Gewährleistung von Rundfunk- und Informationsfreiheit aus Art. 5 Abs. 1 S. 2 GG hergeleitet. Mangels Allzuständigkeit der Gemeinschaft kann jedoch aus einer entsprechenden Verpflichtung keine Ermächtigung hergeleitet werden.[1522]

Findet damit die Gewährleistung demokratischer Prozesse nach derzeitigen Stand des Gemeinschaftsrecht mangels vorrechtlicher, institutioneller sowie kompetenzieller Voraussetzungen noch ganz überwiegend im nationalen Kontext statt, ist die Gemeinschaft angesichts des Grundsatzes der loyalen Zusammenarbeit dazu gehalten, bei ihrer Tätigkeit insofern Zurückhaltung zu üben, als hierdurch die demokratiespezifischen Strukturen der Mitgliedstaaten in abträglicher Weise tangiert werden könnten.[1523] Dies gilt umso mehr als sich die Gemeinschaft, wie zuvor ausgeführt, selbst zum Demokratieprinzip bekennt. Der dem Grundsatz der loyalen Zusammenarbeit sonst üblicherweise entgegengehaltene Einwand, die Funktionsfähigkeit der Gemeinschaft dürfe durch die Aner-

---

1518 Vgl. ebenfalls den 3. Erwägungsgrund der Präambel des EUV.

1519 *Ukrow*, in: Europäisches Medienrecht, S. 101.

1520 *Holznagel/Grünwald*, S. 100, die über eine entsprechende Auslegung von Art. 10 EMRK als dienender Freiheit eine gemeinschaftsrechtliche Kompetenz zur Pluralismussicherung erwägen.

1521 Vgl. *Herzog*, in: Maunz/Dürig, GG, Art. 5, Rdn. 231.

1522 Im Ergebnis ebenfalls ablehnend *Ukrow*, in: Europäisches Medienrecht, S. 100.

1523 *Hesse*, JZ 1993, S. 548.

kennung mitgliedstaatlicher Prinzipien nicht beeinträchtigt werden,[1524] gilt insofern vorliegend von vornherein nicht. Angesichts des oben geschilderten engen Zusammenhangs zwischen Rundfunk und dem Prozess der Meinungs- und politischen Willensbildung,[1525] muss die geschilderte Zurückhaltung auch hinsichtlich des Rundfunks gelten, soweit[1526] dieser in seiner demokratierelevanten Funktion betroffen ist. Bei Fragen der Gestaltung der positiven Ordnung, die nach verfassungsgerichtlicher Rechtsprechung zur Sicherung der Rundfunk- und Informationsfreiheit gemäß Art. 5 Abs. 1 S. 2 GG zu schaffen ist, wird dies regelmäßig der Fall sein.

3. Fazit

Die Europäische Gemeinschaft ist aufgrund von Art. 6 Abs. 3 EUV im Rahmen ihrer Tätigkeit gehalten, auf die fundamentalen nationalen Verfassungsprinzipien Rücksicht zu nehmen. Wegen ihrer demokratiespezifischen Funktion gehört hierzu auch die Rundfunkfreiheit in ihrer durch die Verfassungsrechtsprechung gewonnenen Ausprägung, mit anderen Worten also die Kernpunke der dualen Rundfunkordnung. Diese werden auch nicht durch vorrangiges Gemeinschaftsrecht überlagert. Es besteht insofern kein Anpassungsdruck an die gemeinschaftsrechtlichen Freiheitsgarantien. Hinzu kommt, dass die Gemeinschaft weder eigene Zuständigkeiten für die Sicherung demokratischer Strukturen besitzt noch sich auf Gemeinschaftsebene ausreichende Strukturen für die Gewährleistung demokratischer Prozesse herausgebildet haben. Auch unter diesem Gesichtspunkt muss die Gemeinschaft Zurückhaltung üben, sofern entsprechende innerstaatliche demokratierelevante Strukturen betroffen sind.

Als zusätzlicher kompetenzschützender Grundsatz könnte sich weiterhin das Subsidiaritätsprinzip erweisen.

V. Das Subsidiaritätsprinzip als kompetenzschützender Auslegungstopos

Gemäß Art. 5 Abs. 2 EG darf die Gemeinschaft im Hinblick auf Bereiche, die nicht in ihre ausschließliche Zuständigkeit fallen, nur dann tätig werden, sofern und soweit die mit einer Maßnahme verfolgten Ziele nicht ausreichend auf mitgliedstaatlicher Ebene und daher wegen ihres Umfangs oder ihrer Wirkung bes-

---

[1524] Vgl. Nachweise oben unter Fn. 1469.

[1525] Teil 3 B.IV.1.a).

[1526] *Hesse*, JZ 1993, S. 548.

ser auf Gemeinschaftsebene realisiert werden können.[1527] Angesichts des Normziels, die Mitgliedstaaten vor einer unangemessenen Aushöhlung ihrer autonomen, mitgliedstaatlichen Handlungsspielräume zu schützen und Regelungszuständigkeiten möglichst bei der jeweils unteren Ebene zu belassen,[1528] kommt eine Aktivierung des Subsidiaritätsgrundsatz, der nach heute wohl überwiegender Auffassung als Kompetenzausübungsregel verstanden wird,[1529] auch für den untersuchungsgegenständlichen Sachverhalt in Frage.[1530]

Umstritten ist allerdings zunächst, ob der Bereich der Grundfreiheiten zu den nicht-ausschließlichen Gemeinschaftszuständigkeiten gehört, hinsichtlich derer Art. 5 Abs. 2 EG ausweislich seines expliziten Wortlauts nur Anwendung finden kann (Teil 3B.V.1).[1531] Problematisch ist weiterhin, ob Art. 5 Abs. 2 EG für die Auslegung unmittelbar geltenden Gemeinschaftsprimärrechts überhaupt herangezogen werden kann (Teil 3B.V.2.). Im Gegensatz zu der unproblematisch an Art. 5 Abs. 2 EG zu messenden Frage der normzweckübergreifenden Rechtssetzungstätigkeit der Gemeinschaft, geht es im Rahmen der vorliegenden Konstellation um die Problematik, ob der Gerichtshof selbst bei der Auslegung des Pri-

---

1527 Der Grundsatz der Subsidiarität gemäß Art. 5 Abs. 2 EG wurde im Zuge der Maastrichter Vertragsreform dem Gemeinschaftsvertrag hinzugefügt; zu den historischen sowie geistesgeschichtlichen Grundlagen vgl. beispielsweise *Lecheler*, S. 29 ff. sowie ausführlich *Moersch*, S. 23 ff.

1528 Vgl. die Schlussfolgerungen des Vorsitzes des Europäischen Rates (Edinburgh) vom 11./12.12.1992, nach denen das Subsidiaritätsprinzip zur nationalen Identitätswahrung und Befugniserhaltung beitragen soll sowie dass Beschlüsse so bürgernah wie möglich getroffen werden, Text abgedruckt bei Merten (Hrsg.), Die Subsidiarität, S. 138 ff.; *v. Bogdandy/Nettesheim*, in: Grabitz/Hilf, EUV, Art. 3 b, Rdn. 19; *Beutler/Bieber/Pipkorn/Streil*, Rdn. 120; *Brunner*, in: Merten (Hrsg.), Die Subsidiarität, S. 10; *Lecheler*, S. 65; *Kingreen*, S 107; *Calliess*, S. 84; zur vielfältigen Kritik an der Kompetenzüberschreitung, die u.a. zur Aufnahme von Art. 5 Abs. 2 EG geführt hat, vgl. *Stein*, in: Merten (Hrsg.)., Die Subsidiarität, S. 79 m.w.N.

1529 So *Zuleeg*, in: Groeben/Schwarze, EUV/EG, Art. 5, Rdn. 26; *Calliess*, in: Calliess/Ruffert, EUV/EG, Art. 5, Rdn. 2; *v. Bogdandy/Nettesheim*, in: Grabitz/Hilf, EUV, Art. 3b, Rdn. 19; *Langguth*, in: Lenz, EG, Art. 3b, Rdn. 3; *Geiger*, EG, Art. 3b, Rdn. 6; *Beutler/Bieber/Pipkorn/Streil*, Rdn. 130; *Rohe*, RabelsZ 61 (1997), S. 30; *Müller-Graff*, ZHR 159 (1995), S. 47; *Jarass*, EuGRZ 1994, S. 213; *Schwartz*, AfP 1993, S. 411; *Hirsch*, S. 13; *Stauffenberg/Langenfeld*, ZRP 1992, 255; *Kingreen*, S. 106; a.A. dagegen *Merten*, in: Merten (Hrsg.), Die Subsidiarität, S. 81.

1530 Die h. L. geht von der Justitiabilität der Vorschrift aus, vgl. *Zuleeg*, in: Groeben/Schwarze, EUV/EG, Art. 5, Rdn. 26; a.A. hingegen *Lienbacher*, in: Schwarze, EUV, Art. 5, Rdn. 30 („Programmnorm").

1531 Zu den Ursachen der Zuordnungsproblematik vgl. eingehender *Moersch*, S. 293 f.

märrechts als Maßstab für mitgliedstaatliches Handeln an das Subsidiaritätsprinzip gebunden ist.

1. Art. 49 EG als ausschließliche Gemeinschaftskompetenz?

Art. 5 Abs. 2 EG hat mit dem Begriff der „ausschließlichen Zuständigkeit" eine neue Terminologie in den EG eingeführt, die sich bei näherer Betrachtung als höchst problematisch erweist.[1532] Es kennzeichnet die Natur einer ausschließlichen Kompetenz, dass sie schon aufgrund ihrer Existenz die Ordnung eines Sachbereichs einem Kompetenzträger vorbehält und ein Handeln des jeweils anderen Kompetenzträgers ausschließt.[1533]

Wie an anderer Stelle ausgeführt,[1534] ist dem Text des EG bis dato regelmäßig nicht zu entnehmen, in welcher Form eine Gemeinschaftszuständigkeit konzipiert ist. Ihr Charakter als ausschließlicher oder nicht ausschließlicher Norm muss daher durch Auslegung unter Berücksichtigung der Strukturprinzipien des Vertrags ermittelt werden.[1535] Maßgeblich hierfür sind zum einen die Einheitlichkeit und Wirksamkeit der gemeinschaftlichen Rechtsordnung sowie zum anderen eine sachgemäße Problemlösung auch im Hinblick auf die Erhaltung mitgliedstaatlicher Regelungsspielräume.[1536] Vor diesem Hintergrund muss sich die Kategorisierung einer Kompetenz als ausschließlicher durch eine funktionelle Notwendigkeit belegen lassen.[1537]

Nach einer insbesondere auch von der Europäischen Kommission[1538] aber auch von Teilen des Schrifttums[1539] vertreten Ansicht gehören die Grundfreiheiten zu

---

1532 *Calliess*, EuZW 1995, S. 693.

1533 *Nettesheim*, in: v. Bogdandy, Europäisches Verfassungsrecht, S. 446.

1534 Vgl. hierzu oben Teil 2 E.I.

1535 *Beutler/Bieber/Pipkorn/Streil*, Rdn. 125; *Calliess*, in: Calliess/Ruffert, EUV/EG, Art. 5, Rdn. 25; *Klein*, VVDStRL 50 (1991), S. 63.

1536 Vor dem Hintergrund des Grundsatzes des Vorrangs des Gemeinschaftsrechts einerseits sowie andererseits der Notwendigkeit der Erhaltung mitgliedstaatlicher Regulierungsräume bis zum Erlass entsprechender Gemeinschaftsmaßnahmen erweist sich dabei die konkurrierende Kompetenz als Regeltypus, vgl. *v. Bogdandy/Nettesheim*, in: Grabitz/Hilf, EUV, Art. 3 b, Rdn. 16.

1537 *V. Bogdandy/Nettesheim*, in: Grabitz/Hilf, EUV, Art. 3 b, Rdn. 16.

1538 Kommission, Das Subsidiaritätsprinzip, Mitteilungen an den Rat und das EP vom 27.10.1992, Dok. SEK (92) 1990 endg., Anhang II.1.

den ausschließlichen Gemeinschaftskompetenzen. Die Zuständigkeit, das Maß, den Grad und die Gestalt der seitens des Primärrechts geforderten Marktintegration zu definieren, könne nur die zu den jeweiligen rechtspolitischen Maßnahmen befugten Gemeinschaftsorgane treffen.[1540] Art. 14 EG richte den zwingend formulierte Auftrag an die Gemeinschaft, den Binnenmarkt, d.h. ein Raum, in dem die Verwirklichung der Grundfreiheiten gewährleistet ist, innerhalb einer bestimmten Frist zu verwirklichen. Die hierzu erforderlichen Maßnahmen seien allein seitens der Gemeinschaft zu treffen, woraus sich ihr Charakter als ausschließlicher Kompetenznormen ergebe. Nach anderer Auffassung stellen die Binnenmarktkompetenzen nicht ausschließliche Gemeinschaftszuständigkeiten dar.[1541]

Die Ablehnung einer ausschließlichen Gemeinschaftszuständigkeit im Bereich der Grundfreiheiten mag man bereits auf die terminologische Erwägung stützen, dass Art. 5 Abs. 2 EG von „Bereichen", nicht aber von „Erforderlichkeiten"

1539 *Frohne*, in: Schwarze/Becker (Hrsg.), Geistiges Eigentum, S. 107; Vgl. *Langguth*, in: Lenz, EG, Art. 3b, Rdn. 18 ohne nähere Begründung; laut *Lienbacher*, in: Schwarze, EUV, Art. 5, Rdn. 14, rechne die h. L. den Binnenmarktbereich der ausschließlichen Gemeinschaftskompetenz zu; weiterhin *Schwartz*, AfP 1993, S. 414; *Müller-Graff*, ZHR 195 (1995), S. 66 f.; i.E. ebenso *ders.*, in: Groeben/Schwarze, EUV/EG, Art. 28, Rdn. 9 m.w.N. („keine Kompetenznorm"); *Heinemann*, S. 48; ähnlich *Möschel*, NJW 1993, S. 3026; vgl. auch die weiteren Vertreter zitiert bei *Moersch*, S. 286, Fn. 339; vgl. auch *Roider*, S. 107 ff, 111, 112, die zwar die pauschale Qualifizierung der Binnenmarktkompetenzen als ausschließliche Kompetenzen zutreffend ablehnt, jedoch dann den ausschließlichen Charakter von Art. 47 Abs. 2 i.V.m. Art. 55 EG mit dem gleichen tautologischen Ansatz begründet, dass es sich hierbei um einen Sachbereich handele, für den die Europäische Gemeinschaft ausschließlich zuständig sei, so dass das Subsidiaritätsprinzip für diese zentrale Kompetenzvorschrift im Rundfunkbereich keine Anwendung finde; vgl. auch die Schlussanträge des Generalanwalt *Fennelly* in der EuGH Rs. C-376/98 (Tabakwerbeverbot), Slg. 2000, I-8419, Rdn. 134 ff.

1540 *Müller-Graff*, ZHR 195 (1995), S. 68.

1541 *Zuleeg*, in: Groeben/Schwarze, EUV/EG, Art. 5, Rdn. 7 (keine Ausschließlichkeit bei „zielgerichteten Kompetenzen"); *v. Bogdandy/Nettesheim*, in: Grabitz/Hilf, EUV, Art. 3b, Rdn. 29 f.; *Nettesheim*, in: v. Bogdandy, Europäisches Verfassungsrecht, S. 446 f.; *Calliess*, S. 83 ff.; *ders.*, EuZW 1995, S. 700; *Bleckmann*, Europarecht, Rdn. 118; *Ress*, DÖV 1992, S. 948; *Lecheler*, S. 15; *Stein*, in: Merten (Hrsg.), S. 33; *Burgi*, in: Henneke, S. 96, m.w.N.; *Möstl*, EuR 2002, S. 344 f.; so wohl auch *Colneric*, EuZW 2002, S. 713; in diesem Sinne wohl bereits *Dörr/Beucher/Eisenbeis/Jost*, S. 62; vgl. auch die enge Interpretation der Bundesregierung in ihrem Memorandum zum Subsidiaritätsprinzip, abgedr. in: Merten (Hrsg.), Die Subsidiarität, S. 130 ff.; vgl. weiterhin *Lenz*, EuGRZ 1993, S. 62.

spricht.[1542] Zutreffend ist auch das Argument, dass die Kommission mit dem zuvor skizzierten Ansatz versuche, den Charakter einer Zuständigkeit auf der Basis vertraglicher Aufgabenzuweisungen zu bestimmen, was den kategorialen Unterschied zwischen Aufgabe und Kompetenz übergehe und insbesondere im Hinblick auf Art. 5 Abs. 1 EG nicht überzeugen könne.[1543] Ausschlaggebend sind indes insbesondere systematische und teleologische Gesichtspunkte.

Zunächst ist zu berücksichtigen, dass die Verwirklichung des Binnenmarkts eines der zentralen Anliegen der Gemeinschaft darstellt. Wollte man alle zu diesem Tätigkeitsfeld zählenden Maßnahmen aus dem Anwendungsbereich herausnehmen, wäre eines der Hauptbetätigungsfelder der Gemeinschaft der Kontrolle durch das Subsidiaritätsprinzip entzogen. Zu diesem Ergebnis steht die Bedeutung, die dem Subsidiaritätsprinzip durch seine Aufnahme in Art. 5 EG im Rahmen der Grundsätze der Gemeinschaft zuerkannt worden ist, im Widerspruch. Die durch die systematische Verankerung unterstrichene Allgemeingültigkeit des Prinzips wird auch durch den letzten Absatz des Art. 2 EUV herausgestellt, wo die Ziele der Union und das Subsidiaritätsprinzip auf gleicher Stufe erwähnt werden. Die Unionsziele, also auch die Schaffung eines gemeinsamen Raumes ohne Binnengrenzen gemäß Art. 2, 1. Spiegelstrich EUV, sollen hiernach ausdrücklich unter Beachtung von Art. 5 Abs. 2 EG erreicht werden. Hierin ist zu Recht eine Beschränkung eben auch des Binnenmarktziels bereits auf Primärebene erkannt worden, die die Herstellung von Konkordanz zwischen beiden Gemeinschaftsanliegen erfordert.[1544]

Die Zugrundelegung der ausschließlichen Zuständigkeit als der geradezu typischen Form gemeinschaftlicher Befugnisse wird auch der Topographie der in vielerlei Hinsicht verflochtenen beziehungsweise verschränkten gemeinschaftlichen und mitgliedstaatlichen Rechtsordnungen nicht gerecht.[1545] Das insbesondere in den Querschnittskompetenzen angelegte Konfliktszenario zwischen gemeinschaftlicher und nationaler Rechtsordnung bedingt, dass sowohl Maßnah-

---

[1542] Hierdurch soll eine Inbezugnahme der Grundfreiheiten, bei denen wohl eine Zuordnung zu einzelnen Bereichen aufgrund deren Normcharakter ausscheidet, nicht in Frage kommen, vgl. *v. Bogdandy/Nettesheim*, in: Grabitz/Hilf, EUV, Art. 3b, Rdn. 29; zustimmend *Calliess*, S. 83; ebenso *Roider*, S. 109.

[1543] Zu Recht ablehnend *Frey*, Fernsehen, S. 241; *Nettesheim*, in: v. Bogdandy, Europäisches Verfassungsrecht, S. 446 f.

[1544] So *Rohe*, RabelsZ 61 (1997), S. 31, 37.

[1545] Vgl. *Dörr*, Media Perspektiven 1996, S. 91, für den Rundfunkbereich; vgl. auch *Calliess*, S. 83.

men der Gemeinschaft als auch der Mitgliedstaaten jeweils unter dem Postulat der Verhältnismäßigkeit stehen. Die Handlungsmöglichkeiten der Mitgliedstaaten existieren solange und soweit bis die Gemeinschaft mittels Rechtsangleichung eine abschließende Regelung im Hinblick auf die betreffende Materie getroffen hat. Dieser Mechanismus ist gerade für konkurrierende Zuständigkeiten typisch.[1546] Die Sperrwirkung einer Kompetenzausübung ist immer nur dann vorstellbar, wenn die jeweiligen Zuständigkeiten der beiden Kompetenzträger miteinander konkurrieren. Besteht demgegenüber in einem bestimmten Bereich eine ausschließliche Zuständigkeit, ist jegliche Aktivität des anderen Souveräns bereits *a priori* ausgeschlossen.[1547]

Entscheidend ist jedoch, dass, schließt man sich dem Verständnis der Binnenmarktkompetenzen als ausschließliche Zuständigkeiten an, wegen der Offenheit und Funktionsbezogenheit dieser Kompetenzen sich die exklusiv der Gemeinschaft vorbehaltenen Aufgabenbereiche thematisch und sachlich nicht mehr eingrenzen lassen. Dies führte konsequenterweise zu einem umfassenden Ausschluss nationaler Gestaltungs- und Rechtssetzungsbefugnisse, wobei das Ausmaß der Sperrwirkung vom jeweiligen Stand der Integration abhängig wäre.[1548] Der Grundsatz der Subsidiarität würde in diesem zentralen Gemeinschaftsbereich seiner Wirksamkeit beraubt und liefe hierdurch nahezu leer.[1549] Dieser Befund stünde nicht nur zu der Art. 5 Abs. 2 EG inhärenten Regel-Ausnahme-Struktur im Widerspruch, nach der die Geltung der Subsidiarität die Regel sowie die Exemtion von deren Anwendbarkeit im Fall von ausschließlichen Zuständigkeiten die Ausnahme darstellen muss. Ihm stünde insbesondere der auf Limitierung der Gemeinschaftszuständigkeit gerichtete Telos des gesamten Art. 5 EG in eklatanter Art und Weise entgegen.

Auch wenn der EuGH seit der vertraglichen Normierung des Subsidiaritätsprinzips Stellungnahmen zur Klärung dessen Anwendung und Bedeutung eher ge-

---

1546 Vgl. bspw. *Maunz*, in: Maunz/Dürig/Herzog/Scholz, GG, Art. 72, Rdn. 2 ff.; *Calliess*, S. 98; ebenso *v. Bogdandy/Nettesheim*, in: Grabitz/Hilf, EUV, Art. 3 b, Rdn. 29; *Möstl*, EuR 2002, S. 345.

1547 Zutreffend *Rosenthal*, S. 86.

1548 Zutreffend *Moersch*, S. 287; *Calliess*, EuZW 1995, S. 695; *Jarass*, EuGRZ 1994, S. 210; ähnlich *v. Bogdandy/Nettesheim*, in: Grabitz/Hilf, EUV, Art. 3 b, Rdn. 29 und *Zuleeg*, in: Groeben/Schwarze, EUV/EG, Art. 5, Rdn. 7; zum hohen Maß der Unbestimmtheit des Binnenmarktziels vgl. auch *Rohe*, RabelsZ 61 (1997), S. 30 ff.

1549 *Calliess*, S. 76; *ders.*, in: Calliess/Ruffert, EUV/EG, Art. 5, Rdn. 24; *Jarass*, EuGRZ 1994, S. 210; *v. Borries*, EuR 1994, S. 275.

mieden zu haben scheint,[1550] erweckt er nunmehr den Anschein, dem zuvor stehend entwickelten Verständnis zu folgen. In seinem Urteil zur *Biopatentrichtlinie* 98/44/EG hat der Gerichtshof geprüft, ob das Subsidiariätsprinzip gewahrt worden war.[1551] Er bejahte dies mit der Begründung, das Ziel der Richtlinie im Bereich des Schutzes biotechnologischer Erfindungen hätte durch Maßnahmen auf der Ebene allein der Mitgliedstaaten nicht erreicht werden können. Da das Ausmaß dieses Schutzes unmittelbare Auswirkung auf den innergemeinschaftlichen Handel habe, liege es auf der Hand, dass das fragliche Ziel auf Grund des Umfangs und der Wirkung der in Betracht gezogenen Maßnahmen besser auf Gemeinschaftsebene erreicht werden konnte.[1552] Da die Richtlinie gestützt auf die Binnenmarktkompetenz des Art. 95 EG[1553] erlassen worden war, kann aus den zitierten Subsidiaritätserwägungen nur geschlossen werden, dass der Gerichtshof diesbezüglich von nicht ausschließlichen Kompetenzen ausgeht.

Im Ergebnis ist daher von auszugehen, dass es sich bei den Grundfreiheiten und somit auch bei Art. 49 EG um nicht ausschließliche Gemeinschaftszuständigkeiten handelt.[1554]

1550 *V. Bogdandy/Nettesheim*, in: Grabitz/Hilf, EUV, Art. 3b, 15; Ausführungen des EuGH zu ausschließlichen Gemeinschaftszuständigkeiten wie beispielsweise in der gemeinsamen Handelspolitik, Rs. 41/76 (Donckerwolcke), Slg. 1976, 1921, Rdn. 32, der Erhaltung der Fischbestände, verb. Rs. 3, 4 und 6/76 (Cornelis Kramer u.a.), Slg. 1976, 1279, die Agrarmarktpolitik, das interne Organisationsrecht sowie die Festlegung des Zolltarifs und das materielle Zollrecht, Rs. 27/70 (Hauptzollamt Hamburg), Slg. 1979, 1035, 1045, datieren von vor der Einführung von Art. 5 Abs. 2 EG.

1551 EuGH Rs. C-377/98 (Biopatentrichtlinie), Slg. 2001, I-7079, Rdn. 31 ff.

1552 EuGH Rs. C-377/98 (Biopatentrichtlinie), Slg. 2001, I-7079, Rdn. 32.

1553 Ehedem Art. 100a EG.

1554 Vgl. die Nachweise in Fn. 1541; in diesem Sinne nunmehr auch die Zuordnung nach Teil I, Titel III, Art. 13 Abs. 2 des Entwurfs des europäischen Verfassungsvertrags, ibidem Fn. 882. Die Sorge, dass gerade in dem für die Gemeinschaft zentralen Anliegen der Verwirklichung des Binnenmarkts, diese nunmehr nur noch „ersatz- und hilfsweise" tätig werden könne, vgl. bspw. *Schwartz*, AfP 1993, S. 413 ff, überzeugt dagegen nicht. Überall dort, wo eine gemeinschaftliche Regulierung zwecks Vereinheitlichung der nationalen Rechtssysteme zur Verwirklichung des Binnenmarkts erforderlich ist, ist die Gemeinschaft nach wie vor – nunmehr allerdings unter entsprechender Darlegungslast - nicht gehindert, die notwendigen Maßnahmen zu ergreifen; wie hier bspw. *Rosenthal*, S. 86 f.

2. Das Subsidiaritätsprinzip als Auslegungsmaxime für das primäre Binnenmarktrecht

Trotz der umfangreichen Literatur zu Art. 5 Abs. 2 EG finden sich zu der Frage, ob auch die Auslegung des Gemeinschaftsprimärrechts, d.h. also auch der Grundfreiheiten, als solches an das Subsidiaritätsprinzip gebunden sind, im Schrifttum bis dato nur vereinzelte Stellungnahmen. Teilweise wird eine Maßgeblichkeit des Subsidiaritätsprinzips bei der Auslegung der Grundfreiheiten mit dem Hinweis abgelehnt, dass es sich bei der Auslegung des Gemeinschaftsprimärrechts nicht um eine Tätigkeit im Sinne von Art. 5 Abs. 2 EG handele.[1555] Bejahe man aber den Tätigkeitscharakter der Auslegungshandlung als solcher, müsse diese zumindest als ausschließlich im Sinne der Vorschrift angesehen werden. Werde der Gerichtshof in zulässiger Weise zur Entscheidung angerufen, könne sich im Interesse des gemeinschaftsrechtlich installierten Rechtsschutzes die Frage des volitiven Tätigwerdens des EuGH überhaupt nicht stellen.[1556]

Ein Verständnis, dass den Begriff der Tätigkeit allein auf den Prozess der Rechtssetzung reduziert, wird aber bereits durch eine grammatikalische Betrachtung nicht zwingend vorgegeben. Wortlaut und Stellung des Art. 5 Abs. 2 EG sprechen vielmehr dafür, dass die Vorschrift für sämtliche Gemeinschaftsorgane bindendes Recht beinhaltet und somit auch an den Europäischen Gerichtshof einschließt.[1557] Rechtssetzung und Rechtsanwendung können somit grundsätzlich gleichermaßen als Tätigkeit im Sinne von Art. 5 Abs. 2 EG verstanden werden. Dagegen lässt sich nicht einwenden, der EuGH sei aber für die ihm zugewiesenen Streitigkeiten ausschließlich zuständig. Ein entsprechender Einwand verkennt, dass zwischen der Zuweisung *zur* Streitentscheidung auf der einen und den materiellen Maßstäben *bei* der Streitentscheidung auf der anderen Seite dif-

---

1555 *Müller-Graff*, ZHR 159 (1995), S. 73 f.; i.E. ebenso allerdings unter Bezugnahme auf den Begriff der „Maßnahmen" *Calliess*, S. 102 ff.; *ders.*, in: Calliess/Ruffert, EUV/EG, Art. 5, Rdn. 34 („niemals jedoch Kontrolltätigkeiten"); *Zuleeg*, in: Groeben/Schwarze, EUV/EG, Art. 5, Rdn. 34 (ausschließlich „politischen Organe" als Adressat).

1556 *Hirsch*, S. 8.; ebenso *Zuleeg*, in: Nörr/Oppermann, (Hrsg.), S. 204; *ders.*, in: Groeben/Schwarze, EUV/EG, Art. 5, Rdn. 34; i.E. ähnlich *Streinz*, in: Streinz, EUV/EG, Art. 5, Rdn. 34.

1557 Ebenso *v. Bogdandy/Nettesheim*, in: Grabitz/Hilf, EUV, Art. 3b, Rdn. 26; *Lienbacher*, in: Schwarze, EUV, Art. 5, Rdn. 15 („alle Organe der Gemeinschaft"); *Streinz*, in: Streinz, EUV/EG, Art. 5, Rdn. 32; *Langguth*, in: Lenz, EG, Art. 3b, Rdn. 17; so auch *Hirsch*, S. 7 f.; *Kingreen*, S. 109; *Konow*, DÖV 1993, S. 410 (Anwendung auch auf Durchführungs- und Kontrollmaßnahmen); *Schmidhuber/Hitzler*, NVwZ 1992, S. 721; *Müller-Graff*, ZHR 159 (1995), S. 56.

ferenziert werden muss.[1558] Zutreffend ist zwar, dass gemäß Art. 220 EG in institutioneller Hinsicht allein dem Gerichtshof zur Wahrung des Rechts bei Auslegung und Anwendung des EG berufen ist. Bei dieser Tätigkeit ist er selbst jedoch auch an die materiellen Vorgaben des Gemeinschaftsrechts gebunden. Es wäre mit anderen Worten also nicht zulässig, dass der EuGH im Wege der Auslegung in die mitgliedstaatlichen Rechtsordnungen eingreift, die dem Gemeinschaftsgesetzgeber im Hinblick auf das Subsidiaritätsprinzip verwehrt wäre.[1559]

Weiterhin wird eine Operationalisierung von Art. 5 Abs. 2 EG für die Auslegung primären Gemeinschaftsrechts mit dem Argument abgelehnt, dass es bei der Abgrenzung der Erfordernisse der Marktintegration und denen des nationalen Schutzes anderer Rechtsgüter um einen inhaltlichen Zielkonflikt gehe. In diesem Zusammenhang könne aber die von einer gleichförmigen Zielrichtung ausgehende Frage des Art. 5 Abs. 2 EG, d.h. ob „die Ziele der in Betracht gezogenen Maßnahmen auf Ebene der Mitgliedstaaten nicht ausreichend...und...besser auf Gemeinschaftsebene erreicht werden können", nicht sinnvoll gestellt werden.[1560]

Berücksichtigt man, dass das Subsidiaritätsprinzip, wie vorliegend gezeigt, auch im Bereich der binnenmarktbezogenen Handlungsermächtigungen anzuwenden ist, vermag auch dieser Gesichtspunkt nicht zu überzeugen. Betrifft eine Gemeinschaftsmaßnahme zur Harmonisierung mitgliedstaatlicher Rechts- und Verwaltungsvorschriften einen nicht ohnehin bereits vergemeinschafteten Sektor, steht auch eine betreffende Gemeinschaftsvorschrift regelmäßig im Zielkonflikt zu mitgliedstaatlichen sektoralen Regelungsanliegen. Während nämlich die Angleichungsmaßnahme in ihrem Schwerpunkt die Verwirklichung des Binnenmarkts in einem spezifischen Bereich zum Gegenstand hat, verfolgen die der Angleichung unterworfenen mitgliedstaatlichen Normen ihre jeweiligen sektora-

---

1558 Zutreffend *Kingreen*, S. 109.

1559 Ebenso *Kingreen*, S. 109; auch *Streinz*, in: Streinz, EUV/EG, Art. 5, Rdn. 34, Fn. 119, räumt immerhin ein, dass der Subsidiaritätsgedanke für die (Selbst-)Beschränkung des EuGH eine Rolle spielen kann.

1560 Vgl. *Müller-Graff*, EuR 2002, Beiheft 1, S. 32, 39 f.; *ders.*, ZHR 159 (1995), S. 75; *ders.*, in: Groeben/Schwarze, EUV/EG, Art. 28, Rdn. 245; ebenfalls ablehnend *Calliess*, in: Calliess/Ruffert, EUV/EG, Art. 5, Rdn. 26, nach dem der für Legislativkompetenzen gedachte Art. 5 EG bereits sachlogisch auf primärrechtliche und damit originäre Kontrollkompetenzen der Gemeinschaft keine Anwendung finden könne; im Ergebnis ähnlich wohl *Moersch*, S. 352.

len Anliegen.[1561] Auch hier lässt sich also nicht ohne weiteres von einer gleichläufigen Zielsetzung ausgehen. Die gemeinschaftlichen Zielsetzungen sind vielmehr mehrschichtig und zumindest potentiell im Konflikt mit denen der Mitgliedstaaten.

Damit die wertende Abgrenzung zwischen der Erforderlichkeit und Effektivität gemeinschaftlicher Zielverwirklichung im Vergleich zur Zielrealisierung auf mitgliedstaatlicher Ebene aber überhaupt vorgenommen werden kann, setzt Art. 5 Abs. 2 EG voraus, dass die in Frage stehenden Ziele zumindest hypothetisch auch auf Gemeinschaftsebene erreicht werden können. Andernfalls macht der von Art. 5 Abs. 2 EG geforderte Erforderlichkeits- beziehungsweise komparativer Effizienztest keinen Sinn.[1562] Eine Realisierung sektoraler Politikziele im Wege der Durchsetzung der Grundfreiheiten scheint aber schon *a priori* ausgeschlossen. Während im Rahmen gemeinschaftlicher Harmonisierungsmaßnahmen, auch wenn deren Ziel im Schwerpunkt der Realisierung des Binnenmarkts dient, bereichsspezifische Fragen zwangsläufig gestaltet werden müssen und somit eine Regulierung erfahren, entfällt dieser Aspekt bei den im Interesse des Abbaus von binnenmarktwidrigen Hindernissen allein auf Deregulierung zielenden Grundfreiheiten. Die Erreichung sektoraler Politikziele steht damit im Zusammenhang mit den Grundfreiheiten überhaupt nicht zur Debatte.

Damit reduziert sich die vorliegende Problematik auf die Frage, ob die Anwendbarkeit von Art. 5 Abs. 2 EG konzeptionell schon deshalb ausgeschlossen sein muss, weil ein bestimmtes sektorales Politikziel, wie vorliegend das Ziel des Medienpluralismus, schon denknotwendigerweise nicht im Wege der Durchsetzung der Grundfreiheiten verfolgt werden kann. Ausgehend von einer überwiegend an grammatikalischen Gesichtspunkten orientierten Auslegung lässt sich vor diesem Hintergrund mit guten Gründen vertreten, dass Art. 5 Abs. 2 EG

[1561] So dient die Richtlinie 89/552/EWG des Rates vom 3. Oktober 1989 zur Koordinierung bestimmter Rechts- und Verwaltungsvorschriften der Mitgliedstaaten über die Ausübung der Fernsehtätigkeit (Fernsehrichtlinie), ABl. Nr. L 298 v. 17/10/1989, S. 23 ff, der Sicherstellung eines Mindestmaßes zur Verwirklichung des freien Sendeverkehrs und somit der Verwirklichung der Dienstleistungsfreiheit in diesem Bereich, während die hierdurch harmonisierten mitgliedstaatlichen Regelungen kulturelle, medienspezifische bzw. verbraucherschutzorientierte Anliegen verfolgten.

[1562] Zu den einzelnen Voraussetzungen vgl. beispielsweise *Langguth*, in: Lenz, EG, Art. 3b, Rdn. 13 f.

nicht für die Auslegung Gemeinschaftsprimärrechts instrumentalisiert werden kann.[1563]

Allerdings stellt sich die Frage, ob sich dieses Ergebnis mit dem Sinn und Zweck der Aufnahme von Art. 5 Abs. 2 EG in den EG in Einklang bringen lässt. Dem Subsidiaritätsprinzip kommt als fundamentalem Prinzip der Europäischen Gemeinschaft grundsätzliche Bedeutung zu.[1564] Ausschlaggebender Anlass für die Einfügung des Subsidiaritätsprinzips war die Gefahr der Aushöhlung der nationalen Legeferierungsmacht durch die auf einen weiten Binnenmarktbegriff gestützte Tätigkeit der Gemeinschaft.[1565] Auch das auf der Regierungskonferenz von Amsterdam verabschiedete „Protokoll über die Anwendung der Grundsätze der Subsidiarität und der Verhältnismäßigkeit" stellt den limitierenden Charakter des Subsidiaritätsgrundsatzes heraus.[1566] Ein primär wortlautbasiertes Verständnis, das diesem Schutzanliegen nicht ausreichend Rechnung trägt, kann daher der Funktion des Art. 5 Abs. 2 EG kaum gerecht werden, zumal weitgehende Einigkeit darüber besteht, dass die Konzeption der Vorschrift wenig geglückt ist.[1567]

In diesem Zusammenhang ist zu berücksichtigen, dass die Notwendigkeit, nationale Regelungsspielräume vor einer vertragszielüberschießenden Kompetenzinanspruchnahme zu schützen, nicht nur im Hinblick auf positive Rechtssetzungsakte sondern auch im Hinblick auf das Instrumentarium der negativen In-

---

1563 *Müller-Graff*, EuR 2002, Beiheft 1, S. 32, 39 f.; *ders.* ZHR 159 (1995), S. 75; *ders.*, in: Groeben/Schwarze, EUV/EG, Art. 28, Rdn. 245; *Calliess*, in: Calliess/Ruffert, EUVEG, Art. 5, Rdn. 26; *Moersch*, S. 352.

1564 Vgl. hierzu ausführlich *Moersch*, S. 216 ff. und 246 („Subsidiaritätsgebot als grundlegendes Prinzip der Europäischen Gemeinschaft").

1565 Vgl. die Schlussfolgerungen des Vorsitzes des Europäischen Rates (Edinburgh) vom 11./12.12.1992, nach denen das Subsidiaritätsprinzip zur nationalen Identitätswahrung und Befugniserhaltung beitragen soll sowie dass Beschlüsse so bürgernah wie möglich getroffen werden, Text abgedruckt bei Merten (Hrsg.), Die Subsidiarität, S. 138 ff; hierauf weist ebenfalls die Kommission in ihrer Mitteilung an den Rat und das Europäische Parlament hin, ebenfalls abgedruckt bei Merten, ibidem, S. 112 ff, 116; vgl. *v. Bogdandy/Nettesheim*, in: Grabitz/Hilf, EUV, Art. 3 b, Rdn. 19 („föderaler Gegenentwurf zur Integrationsdynamik") und 30; *Brunner*, in: Merten (Hrsg.), Die Subsidiarität, S. 10; weiterhin *Moersch*, S. 295; *Lecheler*, S. 65; *Kingreen*, S. 107.

1566 Vgl. insbesondere Ziff. 5 bis 7, abgedruckt in Beck-Texte, EUV, 5. Auflage, 2001, S. 175 ff.

1567 Beispielsweise *Lienbacher*, in: Schwarze, EUV, Art. 5, Rdn. 21 („Formelkompromiss"); *Steindorff*, ZHR 163 (1999), S. 404.

tegration besteht. Hat das Anliegen, dem Einwirken in nationale Kompetenzräume eine Grenze zu setzen, vor allem in Art. 5 EG[1568] seinen Ausdruck gefunden,[1569] kann der Komplex der negativen Integration von dem Gewährleistungsbereich des Subsidiaritätsprinzips nicht gänzlich ausgespart werden. Gerade die Durchsetzung der Grundfreiheiten kann im Hinblick auf die nationalen Regelungsspielräume gleichermaßen gravierend sein kann wie eine gemeinschaftliche Normsetzungstätigkeit. Art. 5 Abs. 2 EG nicht auch für die Auslegung der Grundfreiheiten heranzuziehen hieße, dem Schutzanliegen der Vorschrift ein bedeutendes Einfalltor in die mitgliedstaatlichen Zuständigkeiten zu entziehen, zumal auch hier die Vorgabe des Art. 5 Abs. 2 EG gelten muss, dass im Bereich nicht ausschließlicher Kompetenzen die Mitgliedstaaten prioritär zuständig sind.[1570] Dieser Überlegung lässt sich nicht mit dem Argument begegnen, bei dem primären Gemeinschaftsrecht handele es sich um von den Mitgliedstaaten selbst in Kraft gesetztes materielles Recht.[1571] Auch dieses kann durch entsprechende Auslegung eine normzweckübergreifend zu weite Ausdehnung erfahren.[1572]

Von dieser Überlegung ausgehend, lässt sich argumentieren, dass die Operationalisierung des kompetenzschützenden Gehalts des Art. 5 Abs. 2 EG vorliegend nicht schon deshalb ausgeschlossen ist, da sich die Frage einer effizienteren Zielverwirklichung auf Gemeinschaftsebene im Hinblick auf die Grundfreiheiten schon aus grundsätzlichen Erwägungen nicht stellt. Die Vorgaben des Subsidiaritätsprinzips bestehen ja gerade darin, dass, sofern diese Frage nicht bejaht werden kann, es bei den Mitgliedstaaten als zuständigen Akteuren verbleibt.

Dem zuvor entwickeltem Verständnis ist weiterhin entgegengehalten worden, dass es die Funktion der Grundfreiheiten verkenne. Entsprechend wird eingewendet, bei der Bestimmung des Gewährleistungsumfangs der Grundfreiheiten ginge es zuvörderst nicht um die Frage der Abgrenzung von Zuständigkeiten oder deren Ausübung zwischen der EG und einem Mitgliedstaat, sondern um die

---

1568 Dafür dass Art. 5 Abs. 1 EG allein nicht ausreichend ist, die kompetenziellen Belange der Mitgliedstaaten ausreichend zu schützen vgl. oben Teil 2 E.I.

1569 So *Steindorff*, ZHR 163 (1999), S. 401,

1570 Vgl. zu diesem Inhalt *Langguth*, in: Lenz, EG, Art. 3b, Rdn. 13.

1571 *Müller-Graff*, EuR 2002, Beiheft 1, S. 33.

1572 Vgl. die Ausführungen unter Teil 2 E.IV.6.b)-d).

Konkretisierung des Umfangs grenzüberschreitender wirtschaftlicher Handlungsfreiheiten und deren rechtsgutlegitimierter Einschränkungen.[1573]

Hieran ist zutreffend, dass der Normcharakter der Grundfreiheiten wesentlich durch die in ihnen verkörperte subjektive Rechtsposition zugunsten des Marktbürgers gekennzeichnet ist. Wie bereits gezeigt, geht es bei der Problematik der Grenzziehung der grundfreiheitlichen Schutzbereiche aber mittelbar zugleich stets um die Frage des Umfangs der Aufgabe mitgliedstaatlicher Hoheitsbefugnisse.[1574] Die Auslegung eines subjektiv-öffentlichen Rechts kann also von kompetenziellen Fragen in einem föderal gegliederten Gemeinwesen überhaupt nicht sinnvoll getrennt werden.[1575] Berücksichtigt man diesen Aspekt, kann das zwar nicht bedeuten, dass die grundfreiheitlich gewährten Rechtspositionen mit Hilfe des Subsidiaritätsprinzips verkürzt werden dürfen. Allerdings kann Art. 5 Abs. 2 EG als Auslegungstopos dahingehend verstanden werden, dass dem Grundsatz eine Interpretation der Grundfreiheiten entgegensteht, die eine Deregulierung mitgliedstaatlicher Regelungen bedeutet, der von dem Gemeinschaftsprimärrecht bei verständiger Auslegung nicht gefordert ist und sich daher als normzweckübergreifend erweist.[1576] Diesen Gedanken aufgreifend, ist auch bereits die Rücknahme der grundfreiheitlichen Anwendungsbereiche im Zuge der *Keck*-Rechtsprechung von Teilen des Schrifttums als Auswirkung des Subsidiaritätsprinzips interpretiert worden.[1577]

1573 So aber *Müller-Graff*, ZHR 159 (1995), S. 74; *ders.*, EuR 2002, Beiheft 1, S. 40 (Mit dem Versuch, die Auslegung der die Grundfreiheiten gewährleistenden Normen mit dem Rückgriff auf Kompetenzkategorien zu lösen, werde das trinanguläre Spannungsverhältnis des primären Binnenmarktrechts (Stichworte: subjektive Rechte, mitgliedstaatliche Regelungshoheit, gemeinschaftliche Regelungshoheit) auf ein bilaterales Verhältnis zwischen Gemeinschaft und Mitgliedstaaten verkürzt).

1574 Vgl. hierzu oben Teil 2 E.IV.4.

1575 *Kingreen*, S. 110.

1576 Im Ergebnis so wohl auch die Schlussfolgerungen von *Kingreen*, S. 110 f.; *Streinz*, in: Streinz, EUV/EG, Art. 5, Rdn. 34, Fn. 119, hält eine Operationalisierung des Subsidiaritätsgedanken zum Zwecke der (Selbst-)Beschränkung des EuGH für möglich; Nach *Ress*, Kultur, S. 49, entspräche es dem objektiven Ziel und Zweck der Gemeinschaft, dass bestehende funktionelle Gemeinschaftsbefugnisse dort nicht voll ausgeübt werden, wo der zusätzliche Integrationsgewinn minimal, der Eingriff in die verbliebenen Zuständigkeiten der Mitgliedstaaten jedoch gravierend ist; ähnlich *Dörr/Beucher/Eisenbeis/Jost*, S. 67.

1577 Beispielsweise *Rohe*, RabelsZ 61 (1997), S. 12 ff.; *Bermann*, Colm.L.Rev. 402 (1994), S. 94.

Soweit ersichtlich, steht auch die Rechtsprechung des EuGH dem zuvor entwickelten Verständnis nicht grundsätzlich entgegen. Zwar hat er zu der vorliegend interessierenden Frage noch nicht explizit Stellung genommen.[1578] Seine Ausführungen im Fall *Bosman*[1579] deuten jedoch in die hier vertretene Richtung. In dem Verfahren ging es unter anderem um die Frage der Vereinbarkeit einer nationalen Regelung mit dem Grundsatz der Arbeitnehmerfreizügigkeit. Insbesondere die deutsche Regierung hatte sich für die Zulässigkeit der in Frage stehenden Regelungen auf das Subsidiaritätsprinzip berufen.[1580] Nach dem Gerichtshof dürfe „das Subsidiaritätsprinzip in der ihm von der deutschen Regierung gegebenen Auslegung, ...nicht dazu führen, dass die Autonomie, über die die privaten Verbände beim Erlass von Sportregelungen verfügen, die Ausübung der einem einzelnen durch den Vertrag verliehenen Rechte einschränkt".[1581] Diese Feststellungen impliziert, dass der Gerichtshof die Anwendung von Art. 5 Abs. 2 EG auf Art. 39 EG als einer gemeinschaftsprimärrechtlichen Verbotsnorm jedenfalls nicht *a priori* ausschließt, solange der Gewährleistungsbereich der Grundfreiheit nicht in vertragswidriger Form eingeschränkt wird.

3. Fazit

Nach der hier vertretenen Auffassung stellen die Binnenmarktkompetenzen zum einen keine ausschließlichen Gemeinschaftszuständigkeiten dar. Art. 5 Abs. 2 EG ist damit grundsätzlich auch im Hinblick auf die Dienstleistungsfreiheit anwendbar. Zum anderen kann das Subsidiaritätsprinzip auch im Rahmen des primären Gemeinschaftsprimärrechts als kompetenzschützender Auslegungstopos herangezogen werden. Im Ergebnis kann daher das Subsidiaritätsprinzip im Rahmen der Grundfreiheiten unter dem Gesichtspunkt der „Wertungsstimmigkeit" bei der Auslegung der gerechtfertigten mitgliedstaatlichen Hindernisse berücksichtigt werden.[1582]

1578 EuGH Rs. C-11/95 (Kommission/Belgien), Slg. 1996, I-4115, Rdn. 51 ff., wo er zum ersten Mal das Subsidiaritätsprinzip prüft, ohne jedoch näher auf dessen Funktion oder dessen Voraussetzungen einzugehen; zu den spärlichen Äußerungen des EuGH zum Subsidiaritätsprinzip vgl. auch *Colneric*, EuZW 2002, S. 713.

1579 EuGH Rs. C-415/93 (Bosman), Slg. 1996, I-4115.

1580 EuGH Rs. C-415/93 (Bosman), Slg. 1996, I-4115, Rdn. 72.

1581 EuGH Rs. C-415/93 (Bosman), Slg. 1996, I-4115, Rdn. 81.

1582 Im Ergebnis ebenso *Rohe*, RabelsZ 61 (1997), S. 39 ff.; *Kingreen*, S. 110.

Unter Beachtung der zuvor erläuterten, mitgliedstaatliche Freiheitsräume sichernden Aspekte fragt sich nunmehr, wie die Spartenkanäle im Hinblick auf ihre gemeinschaftsrechtliche Vereinbarkeit zu bewerten sind.

VI. Ergebnis - Die Einrichtung der gebührenfinanzierten Spartenkanäle als verhältnismäßige Maßnahme mitgliedstaatlicher Rundfunkordnungsgestaltung

Im untersuchungsgegenständlichen Fall hat der deutsche Rundfunkgesetzgeber mit der Etablierung zweier gebührenfinanzierter Spartenkanäle auf eine sich verändernde Medienlandschaft sowie auf die damit einhergehenden modifizierten Zuschauergewohnheiten reagiert. Ziel der Spartenkanäle ist, die Zuschauer trotz der skizzierten Veränderungen nach wie vor im Hinblick auf bestimmte meinungsrelevante Programminhalte zu erreichen und unter anderem hierdurch den Erhalt eines pluralistischen Rundfunkwesens zu gewährleisten.[1583]

Wie bereits festgestellt, besteht zwischen den gebührenfinanzierten Spartenkanälen *Phoenix* und *Kinderkanal* und dem Ziel der Aufrechterhaltung einer pluralistischen Medienordnung ein plausibler Zusammenhang.[1584] Es wurde ebenfalls dargelegt, dass in der Regel auch die Geeignetheit einer Maßnahme bejaht werden kann, sofern im Rahmen des Plausibilitätstests keine *de facto* protektionistischen Absichten des Mitgliedsstaats zu Tage treten.[1585] Dies wird nur dann nicht der Fall sein, wenn sich das eingesetzte Mittel trotz Vorliegens einer nachvollziehbaren Maßnahme-/Zielrelation ausnahmsweise als zum Zwecke der Zielerreichung untauglich erweist.[1586] Anhaltspunkte hierfür sind vorliegend jedoch nicht ersichtlich. *Phoenix* bewegt sich seinem Programmkonzept zufolge geradezu im klassischen Bereich meinungsrelevanter Inhalte. Eine Tauglichkeit im

---

1583 Teil 3 B.III.4.

1584 Teil 3 B.III.4.

1585 Teil 3 B.III.2. und Teil 3 B.III:5.a)(1).

1586 Die Tauglichkeit einer nationalen Regelung könnte beispielsweise problematisch sein, wenn der deutsche Rundfunkgesetzgeber auf die geschilderte Ausdifferenzierung der Medienlandschaft mit der Einrichtung eines gebührenfinanzierten Popmusik- oder Gameshowspartensenders reagiert hätte. Zwar haben unterhaltende Elemente auch im Rahmen eines öffentlich-rechtlichen Vollprogramms ihre Berechtigung, vgl. BVerfGE 83, 238, 297 f.; E 74, 297, 325 f. Ein Zusammenhang im Hinblick auf das Pluralismusziel kann ihnen daher nicht grundsätzlich abgesprochen werden. Als gebündelte Inhalte in Form von *single interest*-Programmen dürfte jedoch das Maß an meinungsrelevanten Inhalten gering und damit ihre Geeignetheit im Hinblick auf das Ziel eines pluralistischen Rundfunkwesens fragwürdig sein.

Hinblick auf das angestrebte Ziel kann aus den bereits dargelegten Gründen auch für den *Kinderkanal* bejaht werden.[1587]

Die Untersuchungen haben weiterhin ergeben, dass es grundsätzlich der Einschätzungs- und Gestaltungsprärogative des deutschen Rundfunkgesetzgebers überlassen bleibt, ob er eine bestimmte Maßnahme wie die hier in Frage stehende Verspartungsentscheidung für die Gewährleistung eines pluralistischen Rundfunkwesens als erforderlich ansieht oder nicht. Das Vorgesagte gilt unter der Prämisse, dass die Maßnahmen weder diskriminierend noch protektionistisch sein dürfen. Wie gezeigt, ist dies vorliegend nicht der Fall. Insbesondere sind sie keinen besonderen programm- oder veranstalterstrukturbezogenen Anforderungen unterworfen, die sich in praxi häufig als diskriminierend beziehungsweise marktspaltend erweisen können.[1588]

Die Belastungen, mit denen sich der ausländische Marktteilnehmer im Rahmen seiner wirtschaftlichen Betätigung auf dem deutschen Zielmarkt konfrontiert sieht,[1589] sind somit ausschließlich Ergebnis der internen Gestaltung der nationalen Medienordnung. Hiervon ausgehende Erschwernisse sind als Ausdruck der Gestaltungsfreiheit des nationalen Gesetzgebers hinzunehmen, da das Gemeinschaftsrecht zwar der Marktöffnung für grenzüberschreitende Tätigkeit, nicht aber der Deregulierung von in mitgliedstaatlicher Hoheit verbliebenen Angelegenheiten dient. Ein ausländischer Wettbewerber könnte sich zudem auch nicht darauf berufen, dass andere Mitgliedstaaten im Hinblick auf ihre Rundfunkanstalten, die einem öffentlichen Auftrag verpflichtet sind, ebenfalls keine Verspartungen oder ähnliche Aktivitäten vorgenommen haben und ihre Pluralismusvorstellungen trotzdem realisieren. Ein entsprechendes Vorbringen wäre im Hinblick auf das legislatorische Ermessen, das jedem Mitgliedstaat im Hinblick auf nicht vergemeinschaftete Sektoren zusteht, irrelevant.[1590] Unter Zugrundelegung der Wertung des deutschen Rundfunkgesetzgebers ist somit von der Erforderlichkeit der Verspartung auszugehen.

1587 Vgl. zu beiden Spartenkanälen oben unter Teil 1 C.II.3.a).

1588 Entsprechende Regelungen werden daher häufig als unverhältnismäßig anzusehen sein, vgl. hierzu *Bremer/Esser/Hoffmann*, S. 99 f.; *Engel*, in: Dauses, Handbuch des EU-Wirtschaftsrecht, Rdn. 44 f., 63; *ders.*, ZUM 1992, S. 281; *Kugelmann*, AfP 1992, S. 50; *Degenhart*, K&R 2000, S. 53; *ders.*, JZ 1992, S. 1125.

1589 Teil 3 A.II.2.

1590 Vgl. die Ausführungen unter Teil 3 B.III.5.b)(1).

Die von dem Betrieb der gebührenfinanzierten Spartenkanäle ausgehenden Belastungen könnten somit nur noch unter dem Aspekt der Verhältnismäßigkeit im engeren Sinne mit dem Gemeinschaftsrecht unvereinbar sein. Bei der Frage der Verhältnismäßigkeit im engeren Sinn muss das Interesse des deutschen Rundfunkgesetzgebers an dem Ziel der Gewährleistung einer pluralistischen Rundfunkordnung einerseits mit dem gemeinschaftsrechtlichen Ziel der Verwirklichung und Aufrechterhaltung des freien Dienstleistungsverkehrs andererseits gewichtet und zueinander ins Verhältnis gesetzt werden. Dabei müssen Tiefe und Intensität berücksichtigt werden, mit denen das jeweilige Rechtsgut betroffen ist, sollte sich die nationale Maßnahme gegenüber dem Gemeinschaftsrecht oder umgekehrt das Gemeinschaftsrecht gegenüber der mitgliedstaatlichen Regulierung durchsetzen.

Diesbezüglich ist festzustellen, dass sich ein potentieller Wettbewerber infolge des Betriebs von *Phoenix* und *Kinderkanal* mit weiteren Konkurrenten auf dem ohnehin hart umkämpften deutschen Rundfunkmarkt konfrontiert sieht. Zwar findet aufgrund der Gebührenfinanzierung der Spartenkanäle kein unmittelbarer Wettbewerb um Werbeeinnahmen zwischen den Spartenkanälen und kommerziellen Wettbewerbern statt. Letztere stehen aber mit den Spartenkanälen zum einen im Wettbewerb um Zuschaueranteile. Der Erfolg im Wettbewerb um Zuschauer ist für kommerzielle Programmanbieter die grundlegende Voraussetzung, um die für ihre wirtschaftliche Existenz notwendigen Werbeeinnahmen überhaupt erst generieren zu können. Zum anderen besteht zwischen gebühren- und privatwirtschaftlich finanzierten Anbietern ein Wettbewerb auf den Programmbeschaffungsmärkten. Der Wettbewerb kann zudem als hinkender Wettbewerb bezeichnet werden, da die gebührenfinanzierten Spartenkanäle von der Notwendigkeit, ihre Finanzierungsgrundlage selbst zu erwirtschaften, enthoben sind. Andererseits muss berücksichtigt werden, dass der Marktzutritt dem ausländischen Wettbewerber nicht grundsätzlich verwehrt ist. Es steht ihm vielmehr frei, Programme mit ähnlichen Inhalten oder für dieselben Zielgruppen auf dem deutschen Markt anzubieten. Er befindet sich auf dem deutschen Rundfunkmarkt in der gleichen Situation wie seine inländischen kommerziellen Konkurrenten.

Auf der anderen Seite steht das mitgliedstaatliche Interesse an der Gewährleistung eines pluralistischen Rundfunksystems. Die Möglichkeit, auf eine veränderte Medienlandschaft sowie gewandelte Zuschauergewohnheiten durch entsprechende Maßnahmen reagieren zu können, betrifft die Organisationshoheit des deutschen Rundfunkgesetzgebers. Sie steht im Zentrum seiner Einschätzungs- und Gestaltungsprärogative, d.h. der Kompetenz nach seinem gesetzgeberischen Ermessen die eigene Rundfunklandschaft zu gestalten, um seine kultur- und rundfunkpolitischen Ziele zu verwirklichen. Diese Befugnis von gemeinschaftsrechtlicher Seite zu beschränken, bedeutete in die Organisations- beziehungsweise Programmhoheit der Mitgliedstaaten einzugreifen. Dies stellte zugleich einen Eingriff in den Kernbereich der mitgliedstaatlichen Rundfunkkompetenz dar.

Entsprechenden Beeinträchtigungen der mitgliedstaatlichen Rundfunkkompetenz stünde zudem Art. 151 Abs. 4 EG entgegen. Die gemeinschaftsprimärrechtlichen Vorgaben der Kulturverträglichkeitsklausel sind als kollidierendes Vertragsrecht auch bei der Auslegung und Durchsetzung der Grundfreiheiten durch den EuGH zu berücksichtigen.[1591] Der Grundsatz der Schonung der kulturellen Hoheitsräume der Mitgliedstaaten bedeutet zwar nicht, dass im Rahmen von Interessenkollisionen den kulturellen Aspekten grundsätzlich der Vorrang zu geben ist. Art. 151 Abs. 4 EG impliziert jedoch, dass, je geringer der gemeinschaftliche Gewinn im Zuge positiver oder negativer Integration ausfällt, desto eher hiervon Abstand zu nehmen ist, wenn hierdurch die Kulturkompetenz der Mitgliedstaaten berührt wird.[1592] Umgekehrt ausgedrückt ist, sofern eine EG-Maßnahme den Kernbereich des Kultur- beziehungsweise Rundfunksektors tangiert, dies mit den Vorgaben des Art. 151 Abs. 4 EG nur vereinbar, wenn ansonsten eine vergleichsweise schwerwiegende Beeinträchtigung der Gemeinschaftsinteressen vorläge. Vor diesem Hintergrund wird ein Eingriff in den Kernbereich der mitgliedstaatlichen Rundfunkkompetenz unter der Voraussetzung, dass die in Frage stehende mitgliedstaatliche Bestimmung weder diskriminierend noch protektionistisch ist, regelmäßig als unverhältnismäßig anzusehen sein.[1593]

Vorliegend wäre der gemeinschaftliche Zugewinn unter dem Aspekt der Integration der mitgliedstaatlichen Rundfunkmärkte gering, sollte die Veranstaltung der gebührenfinanzierten Spartenkanäle gemäß § 19 Abs. 2 RStV als mit dem Gemeinschaftsrecht für unvereinbar erklärt werden. Wie zuvor ausgeführt, steht diese Maßnahme einem Marktzutritt eines ausländischen Wettbewerbers weder grundsätzlich entgegen noch sind an den Grenzübertritt Bedingungen geknüpft, die das ausländische Unternehmen stärker belasten als den innerstaatlichen privatwirtschaftlich finanzierten Konkurrenten. Die Verspartungsmaßnahme mit

---

1591 Teil 3 B.II.2.b).

1592 Vgl. *Jarass*, EuR 1986, S. 93.

1593 Im Ergebnis ähnlich *Seidel*, NVwZ 1991, S. 125; *Epiney*, EuR 1994, S. 323; ähnlich *Bux*, S. 37; *Kewenig*, JZ 1990, S. 462, Fn. 32.

dem Gemeinschaftsrecht für unvereinbar zu erklären, bedeutete aber eine Organisations- beziehungsweise Programmentscheidung des deutschen Rundfunkgesetzgebers zu konterkarieren. Einem minimalen Integrationsgewinn stünde ein schwerwiegender Eingriff in die nationale Rundfunkhoheit gegenüber. Auch im Hinblick auf Art. 151 Abs. 4 EG kann die deutsche Regelung somit nicht als unangemessen angesehen werden.

Unterstützt wird dieser Befund unter Berücksichtigung der demokratierelevanten Aspekte mitgliedstaatlicher Rundfunkentscheidungen. Dies gilt sowohl im Hinblick auf die Vorgaben des Art. 6 Abs. 3 EUV als auch hinsichtlich der fehlenden demokratiespezifischen Zuständigkeiten der Gemeinschaft. Ein identitätsstiftendes Moment liegt zwar im Hinblick auf *Phoenix* und *Kinderkanal prima vista* nicht auf der Hand. Ausschlaggebend ist jedoch, dass die Feststellung deren gemeinschaftsrechtlichen Unvereinbarkeit einen Eingriff in die dem öffentlich-rechtlichen Rundfunk zustehende Entwicklungsgarantie bedeutete. Die Entwicklungsgarantie stellt aber neben der Bestands- und Finanzierungsgarantie eine der fundamentalen Existenzbedingungen des öffentlich-rechtlichen Rundfunks dar, ohne die ein Fortbestand des dualen Rundfunksystems auf Dauer kaum vorstellbar ist. Im dualen Rundfunksystem hat wiederum die verfassungsrechtlich garantierte Rundfunkfreiheit, die wegen ihrer konstitutiven Bedeutung für die Demokratie ebenfalls zu den fundamentalen Verfassungsgrundsätzen gehört, konkrete Gestalt angenommen. Eingriffen in dessen grundlegenden Struktur steht daher nicht nur Art. 6 Abs. 3 EUV entgegen, sondern auch der Umstand, dass die Gemeinschaft weder über die Kompetenz noch über die tatsächliche Möglichkeit verfügt, die demokratierelevanten Prozesse in den Mitgliedstaaten in hinreichenden Maße zu sichern.

Auch das Subsidiaritätsprinzip, dessen Ratio bei der Auslegung von Art. 49 EG sowie dessen Schranken zu berücksichtigen ist, unterstützt schließlich das zuvor gefundene Ergebnis. Hiernach würde es dem Gedanken des Art. 5 Abs. 2 EG widersprechen, eine nationale Maßnahme zu deregulieren, deren Ziel, d.h. vorliegend Meinungspluralismus im Rundfunkbereich sicherzustellen nach ausdrücklichem primärrechtlichen Bekenntnis des Gemeinschaftsgesetzgebers nicht von der Gemeinschaft erreicht werden kann und dessen Verwirklichung daher primär in die Hände der Mitgliedstaaten gehört.

Im Ergebnis ist daher festzuhalten, dass die gebührenfinanzierte Veranstaltung von *Phoenix* und *Kinderkanal* mit dem Gemeinschaftsrecht vereinbar ist.

Geht man im Gegensatz zu der im Rahmen der Untersuchung vertretenen Auffassung[1594] davon aus, dass die Entscheidung für die gebührenfinanzierten Spartenkanäle sogar eine Diskriminierung ausländischer Wettbewerber darstellt,[1595] würde eine Legitimierung dieser Maßnahme unter dem Aspekt der zwingenden Gründe des Allgemeininteresses zumindest nach dem gegenwärtigen Stand der EuGH-Rechtsprechung ausscheiden.[1596] Die Gebührenfinanzierung könnte dann jedoch noch gemäß Art. 86 Abs. 2 EG mit dem Gemeinschaftsrecht vereinbar sein. Art. 86 Abs. 2 EG kommt als Ausnahmevorschrift ebenfalls dann in Betracht, wenn in Abweichung von dem in Teil 1 vertretenen Ergebnis von dem Vorliegen einer unzulässigen Beihilfe auszugehen sein sollte.[1597]

Teil 4 Art. 86 Abs. 2 EG als Instrument zum Ausgleich medienspezifischer Interessen der Mitgliedstaaten mit dem Gemeinschaftsrecht

Gemäß Art. 86 Abs. 2 EG wird die Anwendbarkeit des Gemeinschaftsvertrags eingeschränkt, sofern andernfalls die Aufgabenerfüllung von Unternehmen, die mit Dienstleistungen von allgemeinen wirtschaftlichen Interesse betraut sind, rechtlich oder tatsächlich verhindert wird. Allerdings darf die Entwicklung des Handelsverkehrs hierdurch nicht in einem Ausmaß beeinträchtigt werden, das dem Interesse der Gemeinschaft zuwiderläuft. Art. 86 Abs. 2 EG hat die Funktion, einen Ausgleich zwischen den gemeinschaftlichen Interessen und dem legitimen Interesse der Mitgliedstaaten an der Erfüllung der im öffentlich Interesse liegenden Aufgaben zu schaffen.[1598] Die Vorschrift ist deshalb vor allem ein In-

---

1594 Teil 3 A.II.1.

1595 Vgl. beispielsweise *Engel*, Europarechtliche Grenzen, S. 72 f.

1596 Nach einigen Autoren ist allerdings eine Vereinheitlichung der Schrankendogmatik seitens des EuGH festzustellen, vgl. hierzu die Nachweise unter Fn. 1279.

1597 Zur nach wie vor eigenständigen Bedeutung des Art. 86 Abs. 2 EG als Legitimationsgrundlage für mitgliedstaatliche Maßnahmen neben der vom EuGH im Rahmen seiner *Ferring/ACOSS* und *Altmark T*rans-Rechtsprechung (vgl. hierzu obenTeil 1 C.II.2.) vertretenen Tatbestandslösung, vgl. *Koenig/Haratsch*, ZUM 2004, S. 122 ff.; ebenso – insbesondere unter Darstellung der jüngsten Entscheidungspraxis der Kommission im Bereich des öffentlich-rechtlichen Rundfunks infolge der vorgenannten EuGH-Rechtsprechung – *Bartosch*, EuZW 2004, S. 297 ff.

1598 Vgl. EuGH Rs. C-202/88 (Telekommunikations-Endgeräte), Slg. 1991, I-1223, Rdn. 12; EuGH Rs. C-159/94 (Kommission/Frankreich), Slg. 1997, I-5815, Rdn. 55; ausführlich zur Entstehungsgeschichte, Hintergründen etc. von Art. 86 EG vgl. *Heinemann*, S. 53

Fußnote fortgesetzt

strument, um das Gemeinschaftsrecht dort mit der Rechtsordnung der Mitgliedstaaten in Einklang zu bringen, wo die Gemeinschaft keine oder nur begrenzte Zuständigkeiten hat.[1599]

Die kultur- beziehungsweise rundfunkpolitischen Zuständigkeiten der Gemeinschaft sind, wie im Zusammenhang mit Art. 151 EG ausgeführt,[1600] nicht nur eng begrenzt. Angesichts Art. 151 Abs. 4 EG sind ihr auch Eingriffe in den Kernbereich der Rundfunkkompetenz grundsätzlich verwehrt. Dies umfasst insbesondere auch die Zuständigkeit der Mitgliedstaaten, die politisch-integrative Zielsetzungen des Rundfunks nach ihren Vorstellungen zu regeln. Vor diesem Hintergrund könnte sich die Vorschrift als Instrument dafür anbieten, die Besonderheiten des öffentlich-rechtlichen Rundfunks im allgemeinen sowie die vorliegend interessierenden Spartenkanäle im besonderen mit den Vorgaben des Gemeinschaftsrechts in Ausgleich zu bringen.

Wegen der im Hinblick auf den Ausnahmecharakter von Art. 86 Abs. 2 EG wiederholt postulierten restriktiven Auslegung[1601] sowie der bisherigen zurückhaltenden Anwendungspraxis der Gemeinschaftsorgane[1602] wird jedoch die Eignung

---

ff.; zum Bedeutungswandel der Vorschrift vgl. *Pernice/Wernicke* in: Grabitz/Hilf, EUV, Art. 86, Rdn. 3.

1599 *Hochbaum*, in: Groeben/Thiesing/Ehlermann, EUV/EG, Art. 90, Rdn. 67; *Engel*, in: Peter/Rhein, Wirtschaft, S. 263; Nach der Europäischen Kommission zählt Art. 86 Abs. 2 EG zu den zentralen Bestimmungen, in denen Gemeinschaftsziele wie Wettbewerb und Binnenmarktfreiheiten mit der Erfüllung staatlicher Aufträge in Einklang gebracht werden, vgl. Mitteilung der Kommission – Leistungen der Daseinsvorsorge in Europa vom 20.9.2000, KOM (2000) 580 endg., S. 11, Rdn. 19.

1600 Vgl. hierzu Teil 2 B.VI. und Teil 2 C.VI.

1601 Laut *Müller*, Dienstleistungsmonopole S. 237, kommt der Vorschrift vor dem Hintergrund der restriktiven Auslegung „keinerlei praktische Bedeutung" zu; laut *Hoffmann-Riem*, Rundfunkrecht, S. 199 scheidet Art. 86 Abs. 2 EG „als Transformator rundfunkrechtlicher Rücksichtnahme praktisch weitgehend aus"; *Heinemann*, S. 182, verweist darauf, dass der Gerichtshof die Vorschrift zwar schon oft geprüft, aber noch nie angewendet habe; vgl. auch *Koenig*, EuZW 1995, S. 597; *Mestmäcker*, in: Immenga/Mestmäcker, EG-Wettbewerbsrecht, Art. 90, 37, D. Art. 90 Abs. 2, Rdn. 53 weist demgegenüber darauf hin, dass dieses Phänomen nicht etwa in einer besonders restriktiven Praxis der Gemeinschaftsorgane, sondern in den jeweiligen Sachverhalten begründet lag; zum Bedeutungsverlust des systematischen Arguments des Ausnahmecharakters von Art. 86 Abs. 2 EG in Anbetracht der Entwicklung nach dem Amsterdamer Vertrag vgl. *Pernice/Wernicke* in: Grabitz/Hilf, EUV, Art. 86, Rdn. 33.

1602 Einen Überblick über die verschiedenen Schlussfolgerungen, die hieraus gezogen werden, gibt *Mestmäcker*, in: Immenga/Mestmäcker, EG-Wettbewerbsrecht, Art. 37, 90, D. Art. 90 Abs. 2, Rdn. 14; ausführlich hierzu ebenfalls *Heinemann*, S. 56 ff., der die zö-

Fußnote fortgesetzt

der Vorschrift, den kommunikationsspezifischen Belangen der Mitgliedstaaten zur Anerkennung zu verhelfen, verschiedentlich in Abrede gestellt.[1603] Fraglich ist damit, ob ein Sachverhalt wie der vorliegende mittels Art. 86 Abs. 2 EG mit dem Gemeinschaftsrecht harmonisiert werden kann, unterstellt, er fällt nicht bereits unter die zuvor untersuchten zwingenden Gründe des Allgemeininteresses. Dies wirft zunächst einige Fragen zur grundsätzlichen Anwendbarkeit von Art. 86 Abs. 2 EG im vorliegenden Fall auf (Teil 4 A.I. bis III.). Sodann sind die einschlägigen Tatbestandsmerkmale im Hinblick auf ihre Operationalisierbarkeit für kommunikationsspezifische Regelungen zu überprüfen (Teil 4 B.I. bis II.), sowie die Auslegung der übrigen Voraussetzungen zu untersuchen (Teil 4 C. bis E.).

A. Grundsätzliches zur Anwendbarkeit

Zunächst ist das Verhältnis zwischen Art. 86 Abs. 2 EG zu dem ungeschriebenen Schrankenvorbehalt der zwingenden Gründe des Allgemeininteresses zu klären (Teil 4 A.I.). Angesichts der im Zusammenhang mit der Vorschrift vorzunehmenden Wertungen könnte weiterhin problematisch sein, ob die Vorschrift überhaupt ohne vorherigen konkretisierenden Gemeinschaftsakt, d.h. unmittelbar angewendet werden kann (Teil 4 A.II.). Schließlich muss geprüft werden, ob sich Art. 86 Abs. 2 EG überhaupt dazu eignet, den vorliegend konkret in Frage stehenden gemäß Art. 49 EG von der Anwendung auszunehmen (Teil 4 A.III.).

I. Verhältnis zwischen Art. 86 Abs. 2 EG und den zwingenden Gründen des Allgemeininteresses?

Hinsichtlich des Verhältnisses zwischen den Rechtfertigungsgründen des Art. 86 Abs. 2 EG sowie den zwingenden Erfordernissen als ungeschriebene Ausnahmevorbehalte zu den Grundfreiheiten bestehen eine Reihe von Unklarheiten. Eine abschließende Klärung ist bis dato nicht erfolgt.[1604] Dies gilt sowohl hinsichtlich der Frage, ob die Erwägungen, die Einschränkungen der Grundfreiheiten im Rahmen der zwingenden Erfordernisse zu rechtfertigen vermögen, über-

---

gerliche Anwendung der Vorschrift im wesentlichen auf die bewusst unspezifisch gehaltenen Formulierungen einerseits sowie auf die zentrale Bedeutung der von Art. 86 EG betroffenen Sektoren andererseits zurückführt; auf eine noch wenig geklärte Bedeutung von Art. 86 Abs. 2 EG verweist *Ehricke*, EuZW 1993, S. 213.

1603 Vgl. beispielsweise *Holznagel*, Rundfunkrecht, S. 171 ff.; *Bux*, S. 151; *Sparr*, S. 193 ff.; *Kugelmann*, S. 243 f.; *Rosenthal*, S. 69; *Petersen*, S. 91 ff.

1604 *Fesenmair*, Öffentliche Dienstleistungsmonopole, S. 81 f., 220 ff.; *Ehricke*, EuZW 1993, S. 215; *Gundel*, ZUM 2000, S. 1050 m.w.N.

haupt im Rahmen des Art. 86 Abs. 2 EG Berücksichtigung zu finden vermögen als auch bezüglich des dogmatischen Verhältnisses der Ausnahmetatbestände zueinander.

Teilweise wird angenommen, dass die nichtwirtschaftlichen Zwecke, die einzelstaatliche Maßnahmen im Rahmen der ausdrücklichen[1605] und der zwingenden Erfordernisse im Sinne der *Cassis*-Rechtsprechung mit dem Gemeinschaftsrecht harmonisieren, im Zusammenhang mit Art. 86 Abs. 2 EG nicht nochmals herangezogen werden können.[1606] Die entsprechenden Gemeinwohlerwägungen fänden in den ausdrücklichen und ungeschriebenen Ausnahmetatbeständen, die für alle Grundfreiheiten gelten, ausreichende Berücksichtigung. Träfe diese Auffassung zu, könnten also die bereits im Rahmen der zwingenden Erfordernisse geprüften kulturpolitischen Erwägungen im vorliegenden Zusammenhang nicht erneut aufgegriffen werden.

Gegen ein entsprechendes Verständnis wird jedoch zu Recht eingewandt, dass sich sowohl in den Rechtfertigungsgründen für Grundfreiheitsbeschränkungen als auch in Art. 86 Abs. 2 EG der Umstand manifestiert, dass die Gemeinschaftsinteressen unter bestimmten Voraussetzungen gegenüber nationalstaatlichen Belangen zurückstehen müssen.[1607] Sind nach der üblichen Auslegungsmethodik keine Anhaltspunkte dafür erkennbar, warum bestimmte Erwägungsgründe nur dem einen und nicht dem anderen Rechtfertigungstopos zugeordnet werden können, spricht vor dem Hintergrund des zuvor zitierten gemeinsamen Anliegens der Ausnahmetatbestände viel dafür, die im nationalen Interesse liegenden Erwägungsgründe im Rahmen beider Rechtfertigungskomplexe zum Tragen kommen zu lassen.

Vorliegend sind weder grammatikalische, systematische noch teleologische Gesichtspunkte erkennbar, die eine Ausgrenzung kulturpolitischer Erwägungen aus Art. 86 Abs. 2 EG rechtfertigen. Eine Heranziehung entsprechender nicht-

---

1605 D. h.. beispielsweise der Art. 30, 46 EG.

1606 *Pernice/Wernicke* in: Grabitz/Hilf, EUV, Art. 86, Rdn. 35; *Heinemann*, S. 62 f. m.w.N.

1607 *Ehricke*, EuZW 1993, S. 215 f.; *Bauer*, Wettbewerbsbeschränkungen, S. 245 f.; i.E. wohl ebenso *Gundel*, ZUM 2000, S. 1050 (Gesichtspunkte der ausdrücklichen oder ungeschriebenen Rechtfertigungsgründe könnten „möglicherweise" auch für eine Rechtfertigung auf der Grundlage des Art. 86 Abs. 2 EG herangezogen werden); a.A. *Burgi*, EuR 1997, S. 277 f., der allerdings verkennt, dass es in diesem Zusammenhang nicht darum geht, die anderen Rechtfertigungsgründe als zusätzliche Anwendungsvoraussetzung des Art. 86 Abs. 2 EG einzuführen, sondern darum, deren in der Regel nichtwirtschaftliche Erwägungsgründe als Gegenstand des besonderen Auftrags zuzulassen.

wirtschaftlicher Erwägungen ist trotz Berücksichtigung im Grundfreiheitskontext nicht etwa redundant. Der Anwendungsbereich von Art. 86 Abs. 2 EG ist zugleich weiter als auch enger. Er ist insofern weiter, als er bei Vorliegen der Voraussetzungen ein Abweichen von jedweder Vertragsvorschrift zulässt. Der Anwendungsbereich ist zugleich spezifischer, da er besondere, über die grundfreiheitlichen Ausnahmevorbehalte hinausgehende Voraussetzungen für die Bindungsfreiheit unternehmerischer Staatstätigkeit normiert.[1608] Auch die Rechtsprechung des EuGH, der identische Erwägungsgründe teilweise im Rahmen der Ausnahmen von den Grundfreiheiten sowie teilweise im Rahmen von Art. 86 Abs. 2 EG geprüft hat, spricht gegen den Ausschluss von nicht-ökonomischen Regulierungsmotiven im Hinblick auf Art. 86 Abs. 2 EG.[1609]

Gegen die Heranziehung entsprechender Gemeinwohlbelange im Rahmen der besonderen Aufgaben nach Art. 86 Abs. 2 EG kann auch nicht die Formulierung herangezogen werden, dass die fraglichen Unternehmen mit Dienstleistungen von *wirtschaftlichen* Interesse betraut sein müssen. Der Begriff der Dienstleistung von allgemeinem wirtschaftlichem Interesse darf grundsätzlich nicht als Gegensatz zu Leistungen von beispielsweise sozialem oder kulturellem Interesse verstanden werden. Art 86 Abs. 2 EG würde sonst nahezu funktionslos. Machen die Mitgliedstaaten von dieser Bestimmung Gebrauch, so geschieht dies typischerweise gerade aus metaökonomischen Erwägungen.[1610]

Für die Frage der Prüfungsreihenfolge zwischen den zwingenden Gründen des Allgemeininteresses und Art. 86 Abs. 2 EG ergibt sich aus dem Umstand, dass es sich bei letzterem um einen alle anderen Normkomplexe übergreifenden Ausnahmetatbestand für die unternehmerische Staatstätigkeit beziehungsweise für privilegierte Unternehmen handelt, dass seine Prüfung den anderen Vorbehalten nachgelagert sein muss.[1611] Erst wenn die übrigen – ausdrücklich normierten oder ungeschriebenen – Ausnahmevorschriften nicht eingreifen und infolgedes-

---

1608 *Burgi*, EuR 1997, S. 277.

1609 So hat der EuGH beispielsweise den Erwägungsgrund der Versorgungssicherheit teilweise Art. 30 EG zugeordnet, vgl. EuGH Rs. 72/83 (Campus Oil), Slg. 1984, 2727, Rdn. 34 und teilweise Art. 86 Abs. 2 EG, EuGH Rs. C-159/94 (Kommission/Frankreich), Slg. 1997, I-5815, Rdn. 57; Rs. C-393/92 (Almelo), Slg. 1994, I-1508, Rdn. 46 ff.

1610 Vgl. hierzu ausführlicher unter Teil 4 B.II.1.

1611 So *Burgi*, EuR 1997, S. 277 f.; *Ehricke*, EuZW 1993, S. 214; *Pernice/Wernicke* in: Grabitz/Hilf, EUV, Art. 86, Rdn. 57; *Heinemann*, S. 185 („Subsidiarität von Art. 92 Abs. 2“); *Benesch*, S. 16; ebenso wohl *Weiß*, EuR 2003, S. 184.

sen von der Gebundenheit des Staatshandelns auszugehen wäre, greift Art. 86 Abs. 2 EG ein.[1612] Ist eine Maßnahme demgegenüber bereits aufgrund einer anderen Ausnahmebestimmung mit dem EG vereinbar, steht das Gemeinschaftsrecht bereits nicht der Aufgabenerfüllung im Sinne des Art. 86 Abs. 2 EG entgegen.[1613]

Die Anwendung von Art. 86 Abs. 2 EG auf die untersuchungsgegenständliche Fragestellung ist somit nicht ausgeschlossen. Die Prüfung der Ausnahmevorschrift im Anschluss an die zwingenden Erfordernisse für den Fall, dass eine Rechtfertigung der mitgliedstaatlichen Maßnahme vorliegend nicht schon durch diese eintritt, erfolgt aus den vorstehend skizzierten dogmatischen Erwägungen.

II. Unmittelbare Anwendbarkeit von Art. 86 Abs. 2 EG oder Beurteilungsmonopol der Kommission?

Normen des Gemeinschaftsrechts sind unmittelbar anwendbar, wenn sie klar und eindeutig, unbedingt, vollständig und rechtlich vollkommen, sowie zu ihrer Erfüllung oder Wirksamkeit von keinen weiteren Handlungen der Mitgliedsstaaten oder der Gemeinschaft abhängig sind.[1614] Angesichts des weiten Ermessensspielraums, der mit der Prüfung der Frage verbunden ist, ob ein Unternehmen durch die Anwendung des Gemeinschaftsrechts an der Erfüllung seiner besonderen Aufgabe gehindert wird, sowie mit der im Rahmen von Art. 86 Abs. 2 S. 2 verbundenen Interessensabwägung ist strittig, ob die Ausnahmevorschrift der vorausgehenden Konkretisierung durch die Kommission bedarf oder unmittelbar anwendbar ist. Die Ablehnung der unmittelbaren Anwendbarkeit der Vorschrift hätte zur Folge, dass sie erst dann Wirkungen entfalten könnte, wenn die Kom-

---

1612 Aus diesem Grunde ist auch die von *Selmer/Gersdorf*, S. 43 ff., vertretene Auffassung, Art. 86 Abs. 2 EG werde von Art. 87 Abs. 3 lit. d) verdrängt, nicht haltbar. Wie hier *Koenig/Kühling*, in: Streinz, EUV/EG, Art. 86, Rdn. 37; *Frey*, Fernsehen, S. 131; ein *lex specialis* Verhältnis ebenso ablehnend *Oppermann*, Deutsche Rundfunkgebühren, S. 54.

1613 So wohl auch *Mestmäcker*, in: Immenga/Mestmäcker, EG-Wettbewerbsrecht, Art. 37, 90, D. Art. 90 Abs. 2, Rdn. 28 sowie 47; a.A. *Gundel*, ZUM 2000, S. 1050, der sich für den *lex specialis* Charakter von Art. 86 Abs. 2 EG auf EuGH Rs. C-266/96 (Corsica Ferries), Slg. 1998, I-3949, Rdn. 59, beruft. Dogmatische Argumente für eine vorrangige Prüfung von Art. 86 Abs. 2 EG gegenüber den ungeschriebenen Rechtfertigungsgründen lassen sich aus der Entscheidung jedoch nicht entnehmen, da der EuGH aus pragmatischen Gründen die Prüfung der wettbewerbsrechtlichen Fragen vorzieht und dann im Rahmen der Prüfung von Art. 49 EG der Einfachheit halber auf die vorab gewonnenen Ergebnisse verweist.

1614 *Nicolaysen*, Europarecht I, S. 83 m.w.N., aus der Rechtsprechung.

mission zuvor von ihren Befugnissen gemäß Art. 86 Abs. 3 EG Gebrauch gemacht und die gemäß Absatz 2 umrissenen Grenzen dieser Freistellung konkretisiert hätte.[1615] Ohne entsprechende Maßnahme der Kommission wäre eine Berufung auf Art. 86 Abs. 2 EG *a priori* ausgeschlossen.

Sowohl angesichts der Formulierung als auch der Funktion der Bestimmung, innerhalb des gesamten Vertrags einen Interessensausgleich zwischen der Gemeinschaft und den Mitgliedstaaten zu schaffen, vermag ein Verständnis, das vor der Inanspruchnahme von Art. 86 Abs. 2 EG eine Konkretisierung durch die Kommission voraussetzt, nicht zu überzeugen. So führt der EG an anderer Stelle beispielsweise ausdrücklich aus, wenn er davon ausgeht, dass ein Mitgliedstaat die vorherige Genehmigung der Kommission benötigt, um von den Vertragsvorschriften abzuweichen.[1616] Hätte der Gemeinschaftsgesetzgeber Gleiches im Hinblick auf Art 86 Abs. 2 EG beabsichtigt, wäre zu erwarten gewesen, dass dies unmissverständlicher zum Ausdruck gekommen sowie entsprechende Verfahren vorgesehen worden wären.[1617] Weiterhin ist zu berücksichtigen, dass Art. 86 Abs. 2 EG im Gegensatz zu der Mehrzahl der anderen Vertragsbestimmungen nicht primär den Interessen und Zielen der Gemeinschaft, sondern denen der einzelnen Mitgliedstaaten Rechnung trägt.[1618] Die Vorschrift stellt damit gewissermaßen ein Korrelat dafür dar, dass die Kompetenzen der Europäischen Gemeinschaft trotz ihrer weit reichenden Einflussnahmemöglichkeiten nach wie vor unvollkommen sind.[1619] Dieser Funktion entspricht es, dass – unter dem Vorbehalt der gemeinschaftlichen Überprüfbarkeit - die Mitgliedstaaten und nicht die Gemeinschaft bestimmen, ob ein Unternehmen eine Aufgabe im Sinne von Art. 86 Abs. 2 EG erfüllt.[1620]

1615 Entsprechend hatte die Kommission die Auffassung vertreten, „dass sie allein – allerdings unter der Aufsicht des Gerichtshofs – befugt ist zu entscheiden, ob die in Artikel 90 Absatz 2 (Art. 86 Absatz 2 n. F., Anm. d. V.) gegebene Ausnahmeregelung anwendbar ist.“, vgl. die Leitlinien für die Anwendung der EG-Wettbewerbsvorschriften im Telekommunikationsbereich, ABl. EG 1991 Nr. C 233/2, Rdn. 23; vgl. hierzu auch *Bauer*, Wettbewerbsbeschränkungen, S. 241 f.

1616 Vgl. Art. 88 Abs. 3, Art. 134 Abs. 2 EG.

1617 *Engel*, in Peter/Rhein (Hrsg.), Wirtschaft, S. 262.

1618 Vgl. *Bauer*, Wettbewerbsbeschränkungen, S. 243 m.w.N.

1619 Zu Recht *Engel*, in Peter/Rhein (Hrsg.), Wirtschaft, S. 263.

1620 *Ipsen*, Rundfunk, S. 62; *Bauer*, Wettbewerbsbeschränkungen, S. 243 m.w.N.

Der EuGH sah zwar die Voraussetzungen für eine unmittelbare Anwendbarkeit von Art. 86 Abs. 2 EG zunächst ebenfalls als nicht erfüllt an.[1621] In seiner späteren Rechtsprechung entschied er jedoch, dass es Sache der mitgliedstaatlichen Gerichte sei zu prüfen, ob die Vertragsvorschriften wegen ihrer Wirkungen auf Unternehmen, welche mit einer besonderen Aufgabe im Sinne der Vorschrift betraut worden sind, eingeschränkt werden müssen. Dies beinhaltet die Untersuchung, welche Auswirkungen die Aufgabenerfüllung auf den Wettbewerb hat und ob sie eine Einschränkung der Vertragsvorschriften unerlässlich macht.[1622] Auch wenn der Gerichtshof seine ursprüngliche Judikatur nicht ausdrücklich aufgehoben hat, wird unter Berufung auf diese späteren Urteile zu Recht weitestgehend von der unmittelbaren Anwendbarkeit von Art. 86 Abs. 2, S. 1 EG ausgegangen.[1623]

Wegen der geforderten Abwägung zwischen dem Interesse des Mitgliedstaats an der Erbringung der Dienstleistung von allgemeinen wirtschaftlichen Interesse und dem Gemeinschaftsinteresse gestaltet sich allerdings das Bild im Hinblick auf die unmittelbare Anwendbarkeit von Art. 86 Abs. 2 S. 2 EG weniger deutlich.[1624] Zwar mag die Abwägung im Einzelfall tatsächlich schwierig sein. Allerdings erscheint die Forderung, das Gemeinschaftsinteresse müsse zuvor durch positive Akte beziehungsweise durch geeignetes Gemeinschaftsrecht konkretisiert werden, auch hier als zu weitgehend. Da es bei dem Gemeinschaftsinteresse im Sinne von Art. 86 Abs. 2 S. 2 EG um grundlegende Ziele und Grundsätze

---

[1621] EuGH Rs. 10/71 (Hafen von Mertert), Slg. 1971, 723, Rdn. 16; ebenso EuGH Rs. 172/82 (Inter-Huiles), Slg. 1983, 555, Rdn. 15; unklar und z.T. offengelassen EuGH Rs. 127/73 (BRT/Sabam), Slg. 1974, 313, 318.

[1622] St. Rspr. seit EuGH Rs. 66/86 (Ahmed Saeed Flugreisen), Slg. 1989, 803, Rdn. 56 f.; EuGH Rs. C-260/89 (ERT), Slg. 1991, I-2925, Rdn. 38; EuGH Rs. C-320/91 (Corbeau) Slg. 1993, I-2533, Rdn. 20; EuGH Rs. C-393/92 (Almelo), Slg. 1994, I-1477, Rdn. 50.

[1623] *Pernice/Wernicke* in: Grabitz/Hilf, EUV, Art. 86, Rdn. 13 m.w.N.; *Mestmäcker*, in: Immenga/Mestmäcker, EG-Wettbewerbsrecht, Art. 37, 90, D. Art. 90 Abs. 2, Rdn. 26; *Hochbaum*, in: Groeben/Thiesing/Ehlermann, EUV/EG, Art. 90, Rdn. 72 ff. mit der Einschränkung, dass die Vorschrift weiterhin nicht unmittelbar anwendbar ist, sofern sich das Gemeinschaftsinteresse nicht eindeutig ermitteln lässt; *Heinemann*, S. 69 ff.

[1624] Laut *Ehricke*, EuZW 1998, S. 747 müsse das Interesse der Gemeinschaft durch Gemeinschaftsorgane positiv definiert sein und entzieht sich damit der Bestimmung durch den nationalen Richter; vgl. auch *Bartosch*, Das Ferring/ACOSS-Urteil des EuGH – die weitere Beschneidung der EG-Beihilfenkontrolle, Der Syndikus, S. 3, abgedruckt im Internet unter http://forumrecht.com/syndikus/briefings/eu/eu_016.htm (Stand: 20.10.2003).

der Gemeinschaft geht,[1625] sind die Schwierigkeiten bei der Auslegung der Vorschriften auch ohne einschlägige sekundäre Erkenntnisquellen überwindbar. Sollten dessen ungeachtet Unklarheiten verbleiben, kann ein nationales Gericht gemäß Art. 234 EG den Gerichtshof im Wege der Vorabentscheidung anrufen. Ebenso hat ein innerstaatliches Gericht die Möglichkeit, bei der Kommission Unterstützung für die Ermittlung des Gemeinschaftsinteresses zu erlangen.[1626] Der Umstand, dass auch der EuGH für die Frage der unmittelbaren Anwendbarkeit von Art. 86 Abs. 2 EG nicht zwischen Satz 1 und 2 differenziert hat, spricht schließlich für die hier vertretene Auffassung, dass es auch für die Anwendung von Satz 2 keines vorherigen Konkretisierungsaktes bedarf.

Im Ergebnis kann daher davon ausgegangen werden, dass Art. 86 Abs. 2 EG insgesamt unmittelbar anwendbar ist.[1627]

III. Die Mitgliedstaaten als Privilegierte von Art. 86 Abs. 2 EG sowie die Derogierbarkeit der Grundfreiheiten

Art. 86 Abs. 2 EG richtet sich nach seinem Wortlaut an Unternehmen. Aus dem Wortlaut „Für Unternehmen...gelten die Vorschriften des Vertrags, insbesondere die Wettbewerbsregeln..." wird denn auch teilweise geschlossen, dass es sich bei Art. 86 Abs. 2 EG um eine Vorschrift handelt, die ausschließlich Verletzungen des Vertrages durch bestimmte Unternehmen, d.h. also unternehmensbezogene Vertragsvorschriften betrifft. Die Legitimation von Verstößen gegen sonstiges, d.h. nicht unternehmensbezogenes Gemeinschaftsrecht durch Art. 86 Abs. 2 EG wird demgegenüber in Abrede gestellt. Vertragsvorschriften, die sich unmittelbar an die Mitgliedstaaten wenden, wie beispielsweise die vorliegend interessierenden Grundfreiheiten sowie insbesondere Art. 49 EG, wären demnach vom

---

[1625] Vgl. hierzu unten Teil 4 E.I.

[1626] Vgl. die Bekanntmachung über die Zusammenarbeit zwischen der Kommission und den Gerichten der Mitgliedstaaten bei der Anwendung der Art. 85 und 86 des EWG-Vertrags, ABl. EG C-39/05.

[1627] Ebenso *Heinemann*, S. 72 sowie 186 m.w.N.; *Burgi*, EuR 1997, S. 278 („self-executing-Vorschrift"); ebenso *Pernice/Wernicke* in: Grabitz/Hilf, EUV, Art. 86, Rdn. 13; *Koenig/Kühling*, in: Streinz, EUV/EG, Art. 86, Rdn. 42, nach denen allerdings die Voraussetzungen für die Abwägung bei Art. 86 Abs. 2, S. 2 EG „offenkundig" sein müssen; nicht differenzierend *Engel*, Europarechtliche Grenzen, S. 52; gegen die unmittelbare Anwendbarkeit von Abs. 86 Abs. 2, S. 2 *Mestmäcker*, in: Immenga/Mestmäcker, EG-Wettbewerbsrecht, Art. 37, 90, D. Art. 90 Abs. 2, Rdn. 29.

Anwendungsbereich des Art. 86 Abs. 2 EG ausgenommen.[1628] Auch die Rechtsprechung des EuGH tendierte zunächst dahin, einen Verstoß gegen Vorschriften, die sich an die Mitgliedstaaten selbst wenden, nicht unter den Voraussetzungen des Art. 86 Abs. 2 EG mit dem Gemeinschaftsrecht für vereinbar erklären zu können.[1629]

Allerdings bestätigt Art. 86 Abs. 2 EG nach seinem Wortlaut neben der Gültigkeit der Wettbewerbsregeln auch ausdrücklich die Geltung aller sonstigen Vertragsvorschriften.[1630] Können sich die in Art. 86 Abs. 2 EG genannten Unternehmen auf die Vorschrift berufen mit der Folge, dass sämtliche Vertragsvorschriften, die der Erfüllung der besonderen Aufgabe entgegenstehen, nicht anwendbar sind, muss auch der „dahinter" stehende Staat dieses Vorrecht für sich in Anspruch nehmen können.[1631]

Auch die Ratio der Vorschrift spricht für eine Einbeziehung der Mitgliedstaaten. Wie bereits ausgeführt, liegt ihr Sinn und Zweck in dem Ausgleich der gemeinschaftlichen Interessen mit den Interessen der Mitgliedstaaten an der Erfüllung der im nationalen öffentlichen Interesse liegenden Aufgaben.[1632] Diese Zielsetzung liefe *ad absurdum*, wenn sich das handelnde Unternehmen auf die Nichtanwendbarkeit der Vertragsvorschriften berufen könnte, der letztlich verantwortliche Mitgliedstaat jedoch den vertraglichen Verpflichtungen weiter uneingeschränkt unterläge.[1633] Die Formulierung der besonderen Aufgaben, die zu der Privilegierung der von Art. 86 Abs. 2 EG in Bezug genommenen Unternehmen

---

1628 Noch *v. Wilmowsky*, ZHR 155 (1991), S. 556, hält dies für eine wenig geklärte Frage, im Ergebnis aber wohl gegen einen Dispens von der Warenverkehrs- und Dienstleistungsfreiheit aufgrund von Art. 86 Abs. 2 EG, ibidem, S. 557; Laut *Hochbaum*, in: Groeben/Thiesing/Ehlermann, EUV/EG, Art. 90, Rdn. 51, kann sich ein Unternehmen oder auch der betreffende Mitgliedstaat somit beispielsweise nicht auf die Notwendigkeit berufen, zwecks Erfüllung der besonderen Aufgabe die mitgliedstaatsbezogenen Beihilfevorschriften verletzen zu müssen; *Heinemann*, S. 62 m.w.N.

1629 So hat der Gerichtshof beispielsweise in der Sache EuGH Rs. 72/83 (Campus Oil), Slg. 1984, 2727, Rdn. 19, in Bezug auf die Grundfreiheiten noch festgestellt, dass Art. 86 Abs. 2 EG einen Mitgliedstaat, der einem Unternehmen entsprechende Dienstleistungen übertragen hat, nicht von der Anwendung dieser Bestimmungen befreien kann.

1630 Vgl. den Wortlaut von Art. 86 Abs. 2 EG „Für Unternehmen...gelten die *Vorschriften dieses Vertrags*, insbesondere die Wettbewerbsregeln...".

1631 Ausführlich *Bauer*, Wettbewerbsbeschränkungen, S. 232 m.w.N.; im Ergebnis ebenso *Weiß*, EuR 2003, S. 184.

1632 Vgl. die Ausführungen und Nachweise oben unter Teil 4.

1633 *Bauer*, Wettbewerbsbeschränkungen, S. 232; ähnlich *Ehricke*, EuZW 1993, S. 214.

führt, beruht regelmäßig gerade auf den jeweiligen Politikentscheidungen der Mitgliedstaaten. Dies spricht dafür, dass Art. 86 Abs. 2 EG auch für die Mitgliedstaaten die Möglichkeit der Ausnahme von den Vertragsvorschriften begründet. Letztlich wird dieses Verständnis auch durch den systematischen Zusammenhang mit Art. 86 Abs. 1 EG, der sich seinerseits ausdrücklich an die Mitgliedstaaten wendet, bestätigt.[1634] In diesem Sinne hat auch der EuGH nunmehr insbesondere im Rahmen seiner Rechtsprechung zu den Monopolen im Energiesektor geklärt, dass die Vorschrift geeignet ist, auch Eingriffe in die Grundfreiheiten zu legitimieren und somit auch den Mitgliedstaaten zur Berufung bei Vertragsverstößen offen steht.[1635]

Richtigerweise ist somit mittlerweile weitestgehend anerkannt, dass die Vorschrift zum einen auch für die Rechtfertigung staatlicher Maßnahmen herangezogen werden kann,[1636] sowie dass sie grundsätzlich ebenfalls dazu geeignet ist, jede Vorschrift des EG, insbesondere auch die hier interessierenden Grundfreiheiten von einer Anwendung auszunehmen.[1637]

B. Anwendbarkeit auf die öffentlich-rechtliche Rundfunkanstalten?

Die Anwendbarkeit von Art. 86 Abs. 2 EG auf öffentlich-rechtliche Rundfunkanstalten ist teilweise im Hinblick auf die Tatbestandsvoraussetzung einer unternehmerischen Tätigkeit (Teil 4 B.I.) sowie hinsichtlich des Merkmals einer Dienstleistung im allgemeinen wirtschaftlichen Interesse (Teil 4 B.II.) in Abrede gestellt worden.

1634 Vgl. *Müller*, Dienstleistungsmonopole, S. 238; *Burgi*, EuR 1997, S. 275 mit Verweis auf EuGH C-230/91 (Corbeau), Slg. 1993, I- 2533, Rdn. 13 f.

1635 Vgl. beispielsweise EuGH Rs. C-159/94 (Kommission/Frankreich), Slg. 1997, I-5815, Rdn. 43 ff.; EuGH Rs. C-157/94 (Kommission/Niederlande), Slg. 1997, I-5699, Rdn. 32; EuGH Rs. C-158/94 (Kommission/Italien), Slg. 1997, I-5789, Rdn. 43; vgl. weiterhin auch EuGH Rs. C-320/91 (Corbeau), Slg. 1993, I-2533, Rdn. 13 f.

1636 Beispielsweise *Mestmäcker*, in: Immenga/Mestmäcker, EG-Wettbewerbsrecht, Art. 37, 90, B. Art. 90 im System des EG-Vertrages, Rdn. 53; *Pernice/Wernicke* in: Grabitz/Hilf, EUV, Art. 86, Rdn. 53; *Bauer*, Wettbewerbsbeschränkungen, S. 234; *Frey*, ZUM 1999, S. 534; *ders.*, Fernsehen, S. 137.

1637 *Pernice/Wernicke* in: Grabitz/Hilf, EUV, Art. 86, Rdn. 53; *Petersen*, S. 80; *Gundel*, RIW 2002, S. 228 f.; Dessen ungeachtet untersucht die Mehrzahl der Autoren Art. 86 Abs. 2 EG regelmäßig im Zusammenhang mit dem europäischen Wettbewerbsrecht, vgl. bspw. *Frey*, Fernsehen, S. 132 ff.

I. Die gebührenfinanzierte Programmtätigkeit als unternehmerische Tätigkeit

Der Unternehmensbegriff des Art. 86 Abs. 2 EG entspricht im Grundsatz demjenigen der allgemeinen Wettbewerbsvorschriften der Art. 81 ff. EG.[1638] Der EuGH legt seiner Rechtsprechung zum europäischen Wettbewerbsrecht einen funktionalen und infolgedessen weiten Unternehmensbegriff zugrunde.[1639] Unternehmerisches Handeln ist hiernach jede selbstständige wirtschaftliche Tätigkeit einer Person, Gesellschaft oder staatlichen Stelle, die auf den Austausch von Waren oder gewerblichen Leistungen gerichtet ist und sich nicht auf die Deckung des privaten Verbrauchs beschränkt. Auf eine Gewinnerzielungsabsicht,[1640] die Rechtsform, die Art ihrer Finanzierung oder die Erfüllung bestimmter sektoraler Funktionen[1641] kommt es dabei nicht an.[1642]

Angesichts dieses funktionalen Verständnisses qualifizierte der Gerichtshof bereits anlässlich seiner Entscheidung im Verfahren *Sacchi* neben den privaten Rundfunkunternehmen auch die öffentlich-rechtlichen Veranstalter als Unternehmen, „soweit die Erfüllung ihrer Aufgaben Tätigkeiten wirtschaftlicher Art mit sich bringt".[1643] Auch in späteren Verfahren bestätigte er die Anwendbarkeit der Wettbewerbsvorschriften auf Rundfunkveranstalter, ohne sich mit deren kul-

---

1638 *Pernice/Wernicke* in: Grabitz/Hilf, EUV, Art. 86, Rdn. 14; *Müller*, Dienstleistungsmonopole, S. 178; *Sparr*, S. 187; *Petersen*, S. 81; *Heinemann*, S. 73 m.w.N.

1639 *Weiß*, EuR 2003, S. 167 f.

1640 *Koenig/Kühling*, in: Streinz, EUV/EG, Art. 86, Rdn. 7.

1641 Den Vortrag der Bundesrepublik sowie Italiens, die fraglichen Anstalten stellten keine Unternehmen im Sinne der Wettbewerbsvorschriften dar, da sie kulturelle und informatorische Aufgaben erfüllten, vgl. EuGH Rs. 155/73 (Sacchi), Slg. 1974, 409, Rdn. 13, hat der EuGH bereits im Rahmen dieser Rechtssache, ibidem, Rdn. 14 f. zurückgewiesen.

1642 EuGH Rs. 41/83 (Italien/Kommission), Slg. 1985, 873, Rdn. 18 ff.; EuGH Rs. C-41/90 (Höfner und Elser), Slg. 1991, I-1979, Rdn. 21 (Anerkennung der Bundesanstalt für Arbeit als Unternehmen im Sinne des europäischen Wettbewerbsrechts; u.a. die Bundesregierung hatte wegen des Vorliegens einer öffentlichen Einrichtung sowie deren unentgeltlicher Tätigkeit die Eigenschaft eines Unternehmens verneint, vgl. ibidem, Rdn. 19); vgl. auch *Hochbaum*, in: Groeben/Thiesing/Ehlermann, EUV/EG, Art. 90, Rdn. 8 ff., 14.

1643 EuGH Rs. 155/73 (Sacchi), Slg. 1974, 409, Rdn. 14.

turellen Besonderheiten näher auseinander zusetzen.[1644] Vor diesem Hintergrund besteht mittlerweile die weitgehend einhellige Auffassung, dass jedenfalls die der Programmtätigkeit vor- und nachgelagerten Aktivitäten der Rundfunkveranstalter von den Wettbewerbsvorschriften des EG und damit auch von Art. 86 Abs. 2 EG erfasst werden. Hierzu gehören die gesamte Beschaffungs- und Verwertungstätigkeit sowie programmbegleitende Maßnahmen wie die Programminformation aber auch der Verkauf von sowie die Ausstrahlung von Werbezeiten.[1645] Insofern sei ein marktbezogenes Auftreten als Anbieter beziehungsweise Nachfrager von Waren oder Dienstleistungen nicht von der Hand zu weisen.[1646]

Umstritten ist dagegen, ob die eigentliche Programmtätigkeit als solche, also die Ausstrahlung und Weiterverbreitung von Rundfunksendungen, eine unternehmerische Tätigkeit im zuvor skizzierten Sinne darstellt.[1647] Ein Teil des Schrifttums geht davon aus, dass die gebührenfinanzierten Rundfunkveranstalter hinsichtlich der Programmveranstaltung keine wirtschaftliche Tätigkeit ausüben und insofern nicht als Unternehmen angesehen werden können.[1648] Hierzu wird darauf verwiesen, dass es diesbezüglich an einer wirtschaftlichen Austauschbeziehung beziehungsweise an einer Marktbeziehung zwischen Anbietern und Rezipienten fehlt. Es liege zudem keine funktional-unternehmerische Tätigkeit vor, da der „Wettbewerb" um den Zuschauer nicht mit wirtschaftlichen Mitteln, son-

---

1644 EuGH Rs. 298/83 (CICCE), Slg. 1985, 1105, Rdn. 22 ff.; EuGH Rs. 311/84 (Télémarketing), Slg. 1985, 3261, Rdn. 17 f.; EuGH Rs. C-260/89 (ERT), Slg. 1991, I-2925, Rdn. 33.

1645 EuG Rs. T-69/89 (RTÉ), Slg. 1991, II-485, Rdn. 60; Rs. T-70/89 (BBC), Slg. 1991, II-535, Rdn. 47 ff.; Rs. T-76/89 (ITB), Slg. 1991, II-575, Rdn. 46 ff.; vgl. auch *Dörr/Beucher/Eisenbeis/Jost*, S. 94 ff.

1646 *Roth*, AfP 1986, S. 189 f.; *Deringer*, ZUM 1986, S. 634; *Emmerich*, AfP 1989, S. 438; *Schwartz*, in: Schwarze (Hrsg.), Fernsehen, S. 53. *Rosenthal*, S. 66, *Petersen*, S. 82; *Holznagel*, Rundfunkrecht, S. 162; *Jungbluth*, S. 57 m.w.N.; *Roth*, AfP 1986, S. 289 f..

1647 Die Problematik ist aus dem nationalen Kartell- bzw. Wettbewerbsrecht bekannt, dessen Anwendung entweder vollständig oder jedenfalls auf bestimmte Tätigkeiten der öffentlich-rechtlichen Rundfunkanstalten abgelehnt wurde, vgl. hierzu beispielsweise *Stock*, in: Hoffmann-Riem (Hrsg.), S. 35 ff.; *Roth*, AfP 1991, S. 507; sowie *Klaue*, in: Hoffmann-Riem (Hrsg.), S. 84 ff.

1648 *Holznagel*, Rundfunkrecht, S. 162; *Reich*, in: Hoffmann-Riem (Hrsg.), Rundfunk, S. 230 f; *Petersen*, S. 86; *Rosenthal*, S. 67; zum Erfordernis einer synallagmatischen Austauschbeziehung vgl. *Börner*, ZUM 1985, S. 578; *Sparr*, S. 192 f. (keine wirtschaftliche Tätigkeit im Sinne der Vorschrift); *Astheimer/Moosmayer*, ZUM 1994, S. 401.

dern mit der Programmqualität, die von dem gewählten Finanzierungsmodus relativ unabhängig sei, ausgetragen werde.[1649]

Da von den Vertretern der vorgenannten Auffassung eine mittelbare wirtschaftliche Austauschbeziehung als Voraussetzung des Unternehmensbegriffs nicht ausreicht,[1650] wird von ihnen die Unternehmenseigenschaft konsequenterweise nicht nur hinsichtlich der gebührenfinanzierten Programmveranstalter verneint, sondern auch hinsichtlich der werbefinanzierten Fernsehunternehmen.[1651] Bei Ersteren werde die Gebührenpflicht bereits durch das bloße Bereithalten des Rundfunkgeräts und unabhängig von der tatsächlichen Nutzung begründet,[1652] während bei letzteren die Rezipienten weder für die Werbespots noch für das Werberahmenprogramm irgendein Entgelt zahlten.[1653] Zudem bestehe zwischen privaten und öffentlichen Anbietern kein wettbewerbsrechtlich relevantes Konkurrenzverhältnis um die Rundfunkgebühren, die unabhängig von den Einschaltquoten erhoben und an denen die Privaten nicht beteiligt würden.[1654]

Bei Zugrundelegung des geschilderten Ansatzes könnte die Programmtätigkeit zwar insgesamt aus dem Anwendungsbereich der europäischen Wettbewerbsvorschriften herausgelöst werden. Wegen des im wesentlichen identischen Unternehmensbegriffs wäre aber auch eine Anwendung von Art. 86 Abs. 2 EG ausgeschlossen, der, wie gezeigt, auch sonstiges Gemeinschaftsrecht unter bestimmten Voraussetzungen außer Kraft setzen kann.

1649 *Reich*, in: Hoffmann-Riem (Hrsg.), Rundfunk, S. 231

1650 *Holznagel*, Rundfunkrecht, S. 163; *Rosenthal*, S. 67; *Petersen*, S. 86.

1651 Zwar wird eingeräumt, dass bei werbefinanzierten Programmen die Einschaltquoten und dadurch die Programmtätigkeit von Bedeutung sei, als sie Auswirkungen auf den Werbezeitenverkauf und damit auf die Werbeeinnahmen habe. Dies führe aber nur zu einer mittelbaren Beziehung zwischen Programmleistung und Einnahmen, so dass eine direkte wirtschaftliche Austauschbeziehung zwischen „Ware" und „Geld" weiter nicht vorliege und es mithin an einem zentralen Element des funktionalen Unternehmensbegriffs fehle, vgl. ibidem, Fn. 1650.

1652 *Petersen*, S. 84 f.; *Hoffmann-Riem*, Rundfunkrecht, S.112 ff.; *Reich*, in: Hoffmann-Riem (Hrsg.), Rundfunk, S. 230 f.; *Rosenthal*, S. 67.

1653 *Petersen*, S. 84 f.; *Hoffmann-Riem*, Rundfunkrecht, S.112 ff.; *Reich*, in: Hoffmann-Riem (Hrsg.), Rundfunk, S. 230 f.; *Rosenthal*, S. 67.

1654 *Holznagel*, Rundfunkrecht, S. 163; *Rosenthal*, S. 67.

Die vorgenommene Differenzierung zwischen Programmtätigkeit und sonstiger unternehmerischer Tätigkeit ist jedoch zweifelhaft.[1655] Dabei wird die mangelnde Überzeugungskraft des Ansatzes im Hinblick auf die privaten Rundfunkunternehmer besonders offenbar. Diesbezüglich kann kein vernünftiger Zweifel daran bestehen, dass diese sich auch bezüglich ihrer Programmtätigkeit in einer direkten wirtschaftlichen Austauschbeziehung befinden. Tatsächlich wird einer ökonomischen Betrachtung entsprechend davon auszugehen sein, dass hier die Austauschbeziehung zwischen dem Sendeunternehmen und dem Werbekunden und nicht dem Rezipienten erbracht wird. Die Leistung gegenüber dem Werbekunden besteht nicht nur in der Ausstrahlung der Werbespots sondern zudem in der Ausstrahlung des Programmantels, ohne den die Werbung nicht von einer nennenswerten Personenzahl empfangen würde. Die Zahlung des Werbekunden erfolgt zugleich für diese Leistung.[1656]

Selbst wenn man jedoch ausschließlich auf das Verhältnis zum Rezipienten abstellen wollte und es insofern, ebenso wie bei den öffentlich-rechtlichen Anstalten, tatsächlich an einem unmittelbaren Austausch von Leistung und Gegenleistung fehlt, scheidet die Annahme einer unternehmerischen Tätigkeit nicht aus. Der Rechtsprechung des EuGH sind nämlich keinerlei Anhaltspunkte dafür zu entnehmen, dass das Austauschverhältnis zwischen Ware beziehungsweise Leistung und Geld, wie von den Befürwortern der Unanwendbarkeit von Art. 86 Abs. 2 EG vertreten,[1657] ein unmittelbares oder direktes sein muss. Ebenso wie im Rahmen von Art. 49 EG[1658] hat der EuGH auch im vorliegenden Zusammenhang ausdrücklich festgestellt, dass es auf die Art der Finanzierung nicht an-

---

1655 Die Auffassung ist bereits deshalb zweifelhaft, weil die Frage, ob eine entgeltliche Dienstleistung im Hinblick auf die Programmtätigkeit von gebühren- oder werbefinanzierten Rundfunkanbietern vorliegt, von denselben Autoren in der Regel bejaht wird, vgl. beispielsweise *Petersen*, S. 50 ff. und *Rosenthal*, S. 68, der im Zusammenhang mit Art. 86 Abs. 2 EG die wirtschaftliche Natur der Ausstrahlung von Rundfunksendungen ohne Differenzierung zwischen Programm- und sonstiger Tätigkeit bejaht. Dieser Wertungswiderspruch wird auch von *Jarass* kritisiert, EuR 1986, S. 81.

1656 So bereits *Jarass*, EuR 1986, S. 78; vgl. auch *Simon*, S. 4 f., der den publizistischen Wettbewerb in seiner Wirkung als einen wirtschaftlichen Wettbewerb skizziert.

1657 Vgl. beispielsweise *Rosenthal*, S. 67; *Holznagel*, Rundfunkrecht, S. 163; *Petersen*, S. 86.

1658 Vgl. hierzu oben Teil 3 A.I.2.; zur Entgeltlichkeit bei der Werbefinanzierung vgl. *Degenhart*, K&R 2000, S. 53.

kommt.[1659] Andernfalls hätte der Staat durch entsprechende Ausgestaltung die Möglichkeit, wirtschaftliche Sachverhalte dem Regime des EG zu entziehen und damit über dessen Reichweite zu bestimmen.[1660] Der Hinweis auf die Unerheblichkeit der Finanzierungstechnik eröffnet demgegenüber die Möglichkeit der Einbeziehung von sich im Dreiecksverhältnis vollziehenden Austauschbeziehungen, d.h. einschließlich von gebühren- und sogar steuerfinanzierten Leistungen.[1661] Bei näherer Betrachtung der EuGH-Rechtsprechung wird deutlich, dass das Erfordernis der Existenz einer Austauschbeziehung im Rahmen des wettbewerbsrechtlichen Unternehmensbegriffs im wesentlichen der Abgrenzung zwischen wirtschaftlich-gewerblichen Aktivitäten gegenüber hoheitlichem Staatshandeln dient. Übt nämlich ein Staat Hoheitsgewalt aus, wird die damit im Zusammenhang stehende Tätigkeit nicht vom Unternehmensbegriff erfasst.[1662]

Auch der Umstand, dass die Gebührenpflicht bereits mit dem Bereithalten eines Empfangsgeräts entsteht, vermag nicht gegen eine unternehmerische Tätigkeit im Sinne des Art. 86 Abs. 2 EG zu sprechen.[1663] Dem Wirtschaftsleben ist die Begründung einer Zahlungsverpflichtung für die bloße Vorhaltung beziehungsweise Bereitstellung einer Leistung mit der Möglichkeit ihrer Inanspruchnahme und ohne dass es auf ihre konkrete Inanspruchnahme ankommt, keinesfalls fremd.[1664] Dies führt allerdings ersichtlich nicht dazu, den betreffenden Leistungserbringern den unternehmerischen Charakter abzusprechen.

Auch die Überlegungen, dass der Wettbewerb um den Zuschauer nicht mit wirtschaftlichen Mitteln sondern mittels der Programmqualität ausgetragen werden beziehungsweise dass zwischen öffentlich-rechtlichen Rundfunkanstalten und werbefinanzierten Sendeunternehmen im Hinblick auf das Gebührenaufkommen

---

1659 EuGH Rs. 41/83 (Italien/Kommission), Slg. 1985, 873, Rdn. 18 ff.; EuGH Rs. C-41/90 (Höfner und Elser), Slg. 1991, I-1979, Rdn. 21; hierzu *Koenig/Kühling*, in: Streinz, EUV/EG, Art. 86, Rdn. 7 („kein synallagmatisches Austauschverhältnis").

1660 Im Ergebnis ebenso *Kugelmann*, S. 117; *Petersen*, S. 52; *Ipsen*, Rundfunk, S. 85; zu den zahlreichen paradoxen Folgen bereits *Deringer*, ZUM 1986, S. 635.

1661 *V. Wilmowsky*, ZHR 1991, S. 548 f.; *Pernice/Wernicke* in: Grabitz/Hilf, EUV, Art. 86, Rdn. 19; vgl. auch *Bauer*, Wettbewerbsbeschränkungen, S. 202 ff.

1662 *Pernice/Wernicke* in: Grabitz/Hilf, EUV, Art. 86, Rdn. 15 f.; *v. Wilmowsky*, ZHR 1991, S. 548 f.; *Burgi*, EuR 1997, S. 265 f.

1663 Ebenso *Dörr/Cloß*, ZUM 1996, S. 113; *Petersen*, S. 52; *Deringer*, ZUM 1986, S. 636.

1664 Zu denken ist hier beispielsweise an Clubmitgliedschaften, Monatskarten für die Nutzung öffentlicher Verkehrsmittel, monatliche Anschlussgebühren an Telekommunikationsnetze o.ä.

keine wettbewerbsrelevante Konkurrenz bestehe, vermögen nicht durchzugreifen. Im Hinblick auf die erste Erwägung ist darauf hinzuweisen, dass der Wettbewerb um den Kunden in der Regel entscheidend über die Qualität des angebotenen Produkts bestimmt wird. Damit ergibt sich als dahinter stehende eigentliche Fragestellung, ob der Umstand einer gewissen Entkoppelung des Erfolgs beim Zuschauer von dem Erhalt der Finanzierungsgrundlagen den unternehmerischen Charakter entfallen lässt. Diese Frage hat der EuGH jedoch durch die vorstehend skizzierte grundsätzliche Anerkennung von aus Steuermitteln oder Gebühren finanzierten Tätigkeiten als unternehmerische Tätigkeit unzweifelhaft abschlägig beschieden.

Auch aus dem Hinweis auf den fehlenden Wettbewerb um die Gebührengelder folgt nicht, dass die öffentlich-rechtlichen Anstalten nicht unternehmerisch tätig sind. Ausschlaggebend im Sinne des funktionalen Unternehmensbegriffs ist allein, dass die Tätigkeiten der öffentlich-rechtlichen Sender auf den Austausch zwischen ihren Leistungen gegen entsprechendes Entgelt gerichtet ist. Wie zuvor festgestellt, kommt es dabei nicht darauf an, ob das Entgelt den Anstalten direkt oder mittelbar im Wege der Gebührenfinanzierung zufließt. Im übrigen betrifft die Frage des Vorliegens einer Konkurrenzsituation im Hinblick auf die Gebührengelder die Problematik der Marktabgrenzung, nicht jedoch die vorgelagerte Frage des Unternehmensbegriffs.

Zwar hatte der EuGH die Frage des unternehmerischen Charakters der Programmtätigkeit noch nicht explizit bejaht. Allerdings hat er bereits in der Rechtssache *Sacchi* die Fernsehwerbung, die zweifelsohne ein wirtschaftliches Interesse im engeren Sinne darstellt, als Sonderfall der privilegierbaren Aktivitäten von Fernsehveranstaltern hervorgehoben.[1665] Da er diese Feststellung im Zusammenhang mit der Möglichkeit der Mitgliedstaaten traf, Fernsehveranstalter als Unternehmen auszugestalten, die mit Dienstleistungen von allgemeinen wirtschaftlichen Interesse betraut sind, ist hieraus zu Recht geschlossen worden, dass der Gerichtshof in erster Linie die Programmtätigkeit der Fernsehanstalten im Auge hatte, wenn er von gemeinwohlorientierten Leistungen sprach.[1666]

1665 EuGH Rs. 155/73 (Sacchi), Slg. 1974, 409, Rdn. 15.

1666 *Frey*, Fernsehen, S. 141; vgl. hierzu auch *Schwarze*, in: Schwarze/Becker (Hrsg.), Geistiges Eigentum, S. 140.

Zudem lassen auch seine Ausführungen in der Sache *ERT*[1667] vermuten, dass er nicht zwischen der Programmtätigkeit und sonstigen unternehmerischen Aktivitäten von Rundfunkunternehmen differenziert.[1668] In dem Verfahren ging es unter anderem um die Vereinbarkeit eines gesetzlichen Doppelmonopols für die Ausstrahlung eigener und die Weiterverbreitung ausländischer Rundfunkprogramme mit den EG-Wettbewerbsvorschriften. Der Gerichtshof stellte hierzu fest, dass Art. 86 Abs. 1 EG der Einräumung eines ausschließlichen Rechts zur Ausstrahlung und Übertragung von Sendungen an ein einziges Unternehmen entgegenstehe, wenn hierdurch eine Lage geschaffen werde, in der das betreffende Unternehmen durch eine seine eigenen Programme bevorzugende diskriminierende Sendepolitik gegen Art. 82 EG verstoße.[1669] Träfe die These von der fehlenden Unternehmenseigenschaft im Hinblick auf die reine Programmtätigkeit zu, wäre zu erwarten gewesen, dass der EuGH die Möglichkeit eines Verstoßes gegen das Wettbewerbsrecht bereits wegen dessen fehlender Anwendbarkeit in diesem Punkt zurückgewiesen hätte.[1670]

Im Ergebnis ist daher auch im Hinblick auf die gebührenfinanzierte Programmtätigkeit[1671] und somit ebenfalls hinsichtlich der Ausstrahlung von *Phoenix* und *Kinderkanal* von einer unternehmerischen Tätigkeit auszugehen. Damit stellt sich die Frage, ob eine Dienstleistung von allgemeinem wirtschaftlichem Interesse vorliegt.

1667 EuGH Rs. C-260/89 (ERT), Slg. 1991, I-2925 ff.

1668 Er hat die Unternehmenseigenschaft implizit ebenso in der Rs. 155/73 (Sacchi), Slg. 1974, 409, Rdn. 14 und Rs. 311/84 (Télémarketing), Slg. 1985, 3261, Rdn. 17, bejaht, ohne zwischen den verschiedenen Tätigkeiten zu differenzieren.

1669 EuGH Rs. C-260/89 (ERT), Slg. 1991, I-2925, Rdn. 37.

1670 Auch die Europäische Kommission nimmt keine Differenzierung vor. In ihrer Entscheidung zu den Spartenbeschwerden ist sie vielmehr ohne weiteres von der Anwendbarkeit von Art. 86 Abs. 2 EG auf die gebührenfinanzierte Sendetätigkeit von *Phoenix* und *Kinderkanal* ausgegangen, vgl. Kommissionsentscheidung Staatliche Beihilfen Nr. NN 79/98 – Deutschland (Kinderkanal und Phoenix) vom 24.02.1999, Ziff. 6.3.

1671 *Engel*, in: Peter/Rhein (Hrsg.), Wirtschaft, S. 255; *Schwartz*, in: Schwarze (Hrsg.), Fernsehen, S. 53; *Deringer*, ZUM 1986, S. 634; ebenfalls nicht differenzierend *Dörr/Cloß*, ZUM 1996, S. 109; *Pernice/Wernicke* in: Grabitz/Hilf, EUV, Art. 86, Rdn. 19 (Finanzierung durch Gebühren genügt); *v. Wilmowsky*, ZHR 1991, S. 549; im Hinblick auf die Anwendung des GWB, vgl. *Roth*, AfP 1986, S. 289 f.; *Bux*, S. 149; *Deringer*, ZUM 1986, S. 634; *Emmerich*, AfP 1989, S. 438; *Sparr*, S. 187 f.; *Kugelmann*, S. 232; *Jungbluth*, S. 59; *Degenhart*, ZUM 2001, S. 370.

II. Vorliegen einer Dienstleistung von allgemeinem wirtschaftlichem Interesse

Voraussetzung für ein mögliches Eingreifen von Art. 86 Abs. 2 EG ist weiterhin, dass *Phoenix* und *Kinderkanal* „Dienstleistungen von allgemeinen wirtschaftlichen Interesse" erbringen.

1. Grundsätzliches

Hiermit sind solche wirtschaftlichen Tätigkeiten gemeint, die von den Mitgliedstaaten im öffentlichen Interesse in Dienst genommen werden.[1672] Mit Dienstleistungen sind nicht nur solche im Sinne von Art. 49 EG angesprochen, sondern die Versorgung mit Gütern jeglicher Art.[1673] Die Mitgliedstaaten bestimmen allein, welche Leistung sie als Dienstleistungen im allgemeinen öffentlichen Interesse ausgestalten wollen, mit der Folge, dass diese einer unbedingten Durchsetzung des Gemeinschaftsrechts entzogen sind.[1674] Es obliegt mit anderen Worten allein ihrer Entscheidung, wie eine gemeinwohldienliche Leistung erbracht wird, ob durch private oder öffentliche Unternehmen, zu welchen Bedingungen und welche Ziel sie damit verfolgen.[1675]

1672 *Mestmäcker*, in: Immenga/Mestmäcker, EG-Wettbewerbsrecht, Art. 37, 90, D. Art. 90 Abs. 2, Rdn. 42.

1673 So die herrschende Auffassung, vgl. nur *Pernice/Wernicke* in: Grabitz/Hilf, EUV, Art. 86, Rdn. 32.

1674 *Pernice/Wernicke* in: Grabitz/Hilf, EUV, Art. 86, Rdn. 38; nach der Kommission sind die Mitgliedstaaten primär zuständig und besitzen eine Gestaltungsfreiheit dafür, was als Dienstleistung von allgemeinen wirtschaftlichen Interesse zu dienen hat, vgl. Mitteilung der Kommission – Leistungen der Daseinsvorsorge in Europa vom 20.9.2000, KOM (2000) 580 endg., ABl. EG Nr. C 17, S. 4, 11, Rdn. 22; dazu dass die Kommission hiermit zu einer Befriedung beitragen wollte, vgl. *Schwarz*, EuZW 2001, S. 337; zu den Widersprüchlichkeiten in der Kommissionsmitteilung in diesem Zusammenhang *Albin*, DÖV 2001, S. 895; die Notwendigkeit von Spielräumen wird auch seitens Generalanwalt *Jacobs* in der EuGH Rs. 475/99 (Ambulanz Glöckner), Slg. 2001, I-8089, Rdn. 149 ff. betont, der Gerichtshof solle daher seine Kontrolle auf offensichtlich unangemessene nationale Vorschriften begrenzen; vgl. auch *Storr*, DÖV 2002, S. 363; *Hain*, MMR 2001, S. 222; *Ehricke*, EuZW 1998, S. 747; Begrenzung der Überprüfung auf offensichtliche Fehler *Koenig/Haratsch*, ZUM 2003, S. 806.

1675 EuGH Rs. C-157/94 (Kommission/Niederlande), Slg. 1997, I-5699, Rdn. 40; EuGH Rs. C-67/96 (Albany International), Slg. 1999, I-5751, Rdn. 104; EuGH verb. Rs. C-115/97 bis C-117/97 (Brentjens' Handelsonderneming), Slg. 1999, I-6025, Rdn. 104; EuGH Rs. C-219/97 (Maatschappij Drijvende Bokken), Slg. 1999, I-6121, Rdn. 94; *Weiß*, EuR 2003, S. 185; *Burgi*, in: Henneke (Hrsg.), S. 108 sowie 112; vgl. die vergleichbare Dif-

Fußnote fortgesetzt

Da es sich bei dem Begriff der Dienstleistung im allgemeinen wirtschaftlichen Interesse allerdings um einen gemeinschaftsrechtlichen Begriff handelt,[1676] obliegt der Gemeinschaft die Präzisierung seiner Konturen.[1677] Der Kommission kommt insofern eine Missbrauchskontrolle zu.[1678] Aus europarechtlicher Perspektive dient dabei das Merkmal des allgemeinen Interesses der Abgrenzung zu Leistungen, die lediglich im Privatinteresse einzelner Personen, Personenkreise oder Industriezweige erbracht werden. Erforderlich ist hingegen nicht, dass die Dienstleistung im Interesse der gesamten Gemeinschaft oder eines gesamten Mitgliedstaats liegt.

Ein allgemeines Interesse wird nach weit verbreiteter Auffassung dann bejaht, wenn das wirtschaftliche Verhalten eines Unternehmens einem rechtsverbindlich festgelegten besonderen Zweck dient und es zur Erfüllung dieses besonderen Zwecks auch dann verpflichtet sein soll, wenn sein unternehmerisches Eigeninteresse dem entgegenstünde.[1679] Die Aufgabenerfüllung muss somit unabhängig von Renditegesichtspunkten erfolgen. Die Befreiungsmöglichkeit von den Vertragsvorschriften rechtfertigt sich aus dem besonderen Charakter der Aufgaben, die den Unternehmen übertragen sind.[1680] Hierin liegt der Unterschied

---

ferenzierung im Rahmen des Begriff der „öffentlichen Unternehmen", *Burgi*, EuR 1997, S. 267.

1676 Der Begriff korrespondiert weitgehend mit dem Begriff der Daseinsvorsorge, wobei letzterer einen nationalen Charakter aufweist und nach der Definition im Gegensatz zu ersterem auch „nicht-marktbezogene" Tätigkeiten umfasst, vgl. Mitteilung der Kommission – Leistungen der Daseinsvorsorge in Europa vom 20.9.2000, KOM (2000) 580 endg., Anlage II, Definition der Begriffe, vgl. hierzu auch *Storr*, DÖV 2002, S. 358; *Albin*, DÖV 2001, S. 891.

1677 *Ehricke*, EuZW 1993, S. 214; im Ergebnis ähnlich *Pernice/Wernicke* in: Grabitz/Hilf, EUV, Art. 86, Rdn. 38.

1678 Um diese ausüben zu können, wird seitens der Kommission darauf gedrängt, den öffentlichen Auftrag möglichst präzise zu formulieren, vgl. hierzu *Hain*, MMR 2001, S. 222.

1679 Vgl. beispielsweise nur *Mestmäcker*, in: Immenga/Mestmäcker, EG-Wettbewerbsrecht, Art. 37, 90, D. Art. 90 Abs. 2, Rdn. 43; *Pernice/Wernicke* in: Grabitz/Hilf, EUV, Art. 86, Rdn. 37 m.w.N.; *Petersen*, S. 88 m.w.N.

1680 Hinsichtlich der besonderen übertragenen Aufgabe kommen grundsätzlich die gleichen Überlegungen zum Tragen, die seitens des EuGH auch hinsichtlich der Ausnahmen von den Grundfreiheiten herausgestellt werden, vgl. *Hochbaum*, in Groeben/Thiesing/Ehlermann, EUV/EG, Art. 90, Rdn. 67.

zu sonstigen beliebigen wirtschaftlichen Tätigkeiten, die von jedem Unternehmen ausgeübt werden können.[1681]

Nach dem Wortlaut von Art. 86 Abs. 2 EG muss die Tätigkeit weiterhin wirtschaftlicher Art sein. Aus dieser Formulierung ist von Seiten der Gemeinschaftsorgane und Teilen des Schrifttums teilweise geschlossen worden, dass Tätigkeiten mit sozialer, kultureller oder sonstiger nicht-wirtschaftlicher Zielsetzung nicht von Art. 86 Abs. 2 EG erfasst würden.[1682] Ausschließlich wirtschaftliche Zwecke könnten die Abweichung vom Vertrag rechtfertigen. Nichtwirtschaftlichen Zwecken würde bereits im Rahmen der Art. 30, 46 EG sowie der ungeschriebenen Schrankenvorbehalte ausreichend Rechnung getragen.[1683]

Angesichts der Existenz des Merkmals des wirtschaftlichen Interesses ist zwar davon auszugehen, dass ausschließlich politische, kulturelle oder soziale Belange für die Bejahung eines allgemeinen wirtschaftlichen Interesses allein nicht ausreichen. Allerdings wird die Betrauung von Unternehmen mit besonderen Aufgaben häufig auf meta-ökonomischen Erwägungen beruhen,[1684] d.h. auf der Verfolgung bestimmter sozio-gesellschaftlicher, kultureller oder ähnlich nichtwirtschaftlicher Zielsetzungen. Das Kriterium des wirtschaftlichen Interesses dient unter Berücksichtigung dieses Umstands also der Abgrenzung zu rein hoheitlichem Handeln. Es wiederholt im Grunde nur die Selbstverständlichkeit, dass die Vorschriften des Vertrags allein wegen der mit den Tätigkeiten verbundenen wirtschaftlichen Relevanz anwendbar sind.[1685] Die Anwendbarkeit der

---

1681 EuGH Rs. C-179/90 (Porto di Genova), Slg. 1991, I-5889, Rdn. 26 f; EuGH Rs. C-18/88 (GB-INNO-BM), Slg. 1991, I-5941, Rdn. 22 (Der EuGH hielt in dem Verfahren den Ausschluss bzw. die Beschränkung auf dem Markt für Fernsprechendgeräte nicht als durch eine Dienstleistung im allgemeinen wirtschaftlichen Interesse für legitimierbar, da die Herstellung und der Verkauf von Endgeräten „eine Tätigkeit, die jede Unternehmen ausüben können muß", sei.).

1682 Vgl. beispielsweise die ursprüngliche Auffassung der Kommission, Grünbuch vom 19. Juni 1984 Fernsehen ohne Grenzen, KOM 84 (300) endg. S. 196 f; Kommissionsentscheidung von 2.6.1971, GEMA, ABl. 1971 L 134/27.; *Hochbaum*, in: Groeben/Thiesing/Ehlermann, EUV/EGV, Art. 90, Rdn. 56; *Reich*, in: Hoffmann-Riem (Hrsg.), Rundfunk, S. 229; *Sparr*, S. 192 f.; *Ehricke*, EuZW 1993, S. 214.

1683 So beispielsweise *Pernice/Wernicke* in: Grabitz/Hilf, EUV, Art. 86, Rdn. 35.

1684 *Mestmäcker*, Europäisches Wettbewerbsrecht, S. 664 ("nahezu ausnahmslos"); *Heinemann*, S. 178; *Jungbluth*, S. 67; *Bauer*, Wettbewerbsbeschränkungen, S. 236 f.

1685 *Bauer*, Wettbewerbsbeschränkungen, S. 237 m.w.N.; vgl. auch *Heinemann*, S. 75 f., der darauf hinweist, dass die staatsbezogenen Vorschriften des Gemeinschaftsvertrags, also

Fußnote fortgesetzt

Wettbewerbsregeln auf Unternehmen kommt nur in Betracht, soweit es sich um unternehmerisches, d.h. wirtschaftliches Verhalten handelt.[1686] Verfolgt ein Mitgliedstaat also seine meta-ökonomischen Zielsetzungen mit Hilfe unternehmerischen Handelns, ist das hieran bestehende Interesse stets als wirtschaftliches anzusehen.[1687]

Im übrigen führte der Ausschluss von Tätigkeiten, die meta-ökonomischen Zielsetzungen dienen, zu dem merkwürdigen Ergebnis, dass der Gemeinschaftsvertrag den Mitgliedstaaten im Hinblick auf Unternehmen mit wirtschaftlichen Zielen einen größeren Spielraum einräumt als solchen Unternehmen, die vorrangig gemeinwohlorientierte Ziele verfolgen. Eine Privilegierung rein wirtschaftlicher Betätigungsformen wäre im Hinblick auf den Zweck des EG und gerade auch der Zielsetzung von Art. 86 Abs. 2 EG, der Ausdruck eines grundsätzlichen Vorbehalts zugunsten der öffentlichen Aufgabenerfüllung durch die Mitgliedstaaten ist, nicht nachvollziehbar.[1688] Eine Auslegung, die die Betonung auf das Merkmal des allgemeinen und nicht auf das wirtschaftliche Interesse legt, wahrt auch den systematischen Zusammenhang von Art. 86 Abs. 2 EG mit den anderen Ausnahmeregeln, wie beispielsweise Art. 30, Art. 55 i.V. mit Art. 46 EG sowie die ungeschriebenen Vorbehalte im Sinne der *Cassis*-Formel. All diesen Vertragsvorbehalten ist gemeinsam, dass sie Beschränkungen des Gemeinschaftsrechts nur aus Gründen des Allgemeininteresses vorsehen.[1689]

Die vorstehend entwickelte Auslegung stimmt auch mit der Rechtsprechung des EuGH überein. Der Gerichtshof hat bereits mehrfach festgestellt, dass die Mitgliedstaaten befugt sind, Rundfunkgesellschaften als Unternehmen auszugestalten, die mit Dienstleistungen von allgemeinem wirtschaftlichem Interesse be-

---

beispielsweise die Grundfreiheiten, bei hoheitlichem Handeln ohne den Umweg über Art. 86 EG unmittelbare Anwendung finden; ähnlich *Weiß*, EuR 2003, S. 185.

1686 *Mestmäcker*, in: Immenga/Mestmäcker, EG-Wettbewerbsrecht, Art. 37, 90, D. Art. 90 Abs. 2, Rdn. 21.

1687 *Mestmäcker*, in: Immenga/Mestmäcker, EG-Wettbewerbsrecht, Art. 37, 90; D. Art. 90 Abs. 2, Rdn.. 46; Da Art. 86 Abs. 2 EG aber ohnehin nur auf Unternehmen anwendbar ist, wird die Voraussetzung regelmäßig erfüllt sein, so dass dem Merkmal im Ergebnis wenig Bedeutung zukommt, so *Grill*, in: Lenz, EG, Art. 90, Rdn. 18; ebenso *Heinemann*, S. 179 m.w.N.

1688 So zu Recht *Jarass*, EuR 1986, S. 81; *Petersen*, S. 89; ähnlich *Bauer*, Wettbewerbsbeschränkungen, S. 237.

1689 Ebenso *Heinemann*, S. 179.

traut sind.[1690] Hieraus kann geschlossen werden, dass der EuGH die einem öffentlichen Auftrag verpflichtete Rundfunktätigkeit als Dienstleistung im Sinne von Art. 86 Abs. 2 EG anerkennt. Rundfunkveranstalter erbringen demnach Dienstleistungen im allgemeinen wirtschaftlichen Interesse, wenn sie mit ihrer wettbewerbsrelevanten Tätigkeit verbindlich festgelegte, kulturelle beziehungsweise rundfunkpolitische Aufgaben im Interesse der Allgemeinheit erfüllen.

Den deutschen öffentlich-rechtlichen Anstalten ist es aufgrund der inhaltlichen Vorgaben ihres Programmauftrags versagt, ihre Sendetätigkeit ausschließlich an Einschaltquoten auszurichten.[1691] Letztere stellen aber die zentrale Bezugsgröße für den Erfolg und damit die Refinanzierbarkeit eines kommerziell agierenden Sendeunternehmens auf dem Werbemarkt dar. Die Gebührenfinanzierung erfolgt somit überwiegend mit dem Ziel, ein umfassendes und ausgewogenes Programmangebot zu ermöglichen, das nach den reichweitenorientierten Lebensgesetzen des Marktes keinen Bestand haben könnte.[1692] Ein Programmangebot, welches die gesamte Breite gegenständlicher und meinungsbezogener Vielfalt umfasst, dient seinerseits den verfassungsrechtlichen Vorgaben der Aufrechterhaltung eines pluralistischen Rundfunkwesen, welches wiederum im Interesse einer umfassenden Meinungsbildung zu gewährleisten ist. Um die Mechanismen der Eigengesetzlichkeiten des Marktes auszuschließen und somit für die gewünschte Vielfaltqualität zu sorgen, bestehen im Hinblick auf den öffentlich-rechtlichen Rundfunk schließlich erhebliche Werberestriktionen.[1693] Der Zwang zu einem „formell" nicht marktgerechten Verhalten soll mit anderen Worten auch ein „inhaltlich" unabhängiges Ergebnis sicherstellen.[1694] Die Voraussetzung einer Dienstleistung im allgemeinen wirtschaftlichen Interesse ist daher im

---

[1690] EuGH Rs. 155/73 (Sacchi), Slg. 1974, 409, Rdn. 14; EuGH Rs. 311/84 (Télémarketing), Slg. 1985, 3261, Rdn. 17; Auch die Kommission hat ihre diesbezügliche Auffassung geändert, vgl. Kommissionsentscheidung vom 11.6.1993, ABl. EG 1993 Nr. L 179/23 (EBU).

[1691] Vgl. ausführlicher hierzu *Selmer/Gersdorf*, S. 26.

[1692] *Holzer*, ZUM 1996, S. 282.

[1693] §§ 13 ff. RStV, insbesondere §§ 16 RStV (nicht mehr Werbung als 20 Minuten täglich sowie keine Werbung nach 20 Uhr).

[1694] Vgl. *Holzer*, ZUM 1996, S. 281; *Roth*, AfP 1991, S. 506, weist auf den Zusammenhang zwischen Werbebeschränkung und der spezifischen Kulturfunktion des öffentlich-rechtlichen Fernsehens hin.

Ergebnis beim deutschen öffentlich-rechtlichen Rundfunk grundsätzlich erfüllt.[1695]

2. Die Tätigkeit der Spartenprogramme als Dienstleistung von allgemeinem wirtschaftlichem Interesse

Im konkreten Fall der Spartenkanäle *Phoenix* und *Kinderkanal* ist teilweise angenommenen worden, dass eine Berufung auf Art. 86 Abs. 2 EG ausscheidet.[1696] Den Mitgliedstaaten könne insbesondere keine unbegrenzte Definitionsmacht hinsichtlich der verfolgten Ziele zukommen. Andernfalls könnten sie über das Ausmaß des Vorbehalts und somit über die Anwendung des Gemeinschaftsrechts im Ergebnis selbst entscheiden. Eine pauschale Berufung auf die Gesamtveranstaltung Rundfunk müsse ausgeschlossen sein. Somit müsse in jedem Einzelfall an der Frage angesetzt werden, ob ein Unternehmen mit einer Dienstleistung im allgemeinen Interesse betraut ist. Unter Berufung auf die Rechtsprechung des EuGH in der Sache *Porto di Genova*[1697] sei dies jedenfalls nicht der Fall, wenn der Markt eine bestimmte Leistung genauso gut oder besser erbringen könnte. Was die Tätigkeit von *Phoenix* und *Kinderkanal* anbelangt, wurde dies bejaht.[1698]

1695 EuG Rs. T-266/97 (VTM), Slg. 1999, II-2329; Auch die Kommission rechnet den Bereich der audiovisuellen Medien/Rundfunk zum Bereich der Daseinsvorsorge, vgl. Mitteilung der Kommission – Leistungen der Daseinsvorsorge in Europa vom 20.9.2000, KOM (2000) 580 endg., ABl. EG Nr. C 17, S. 4, Anhang I, „Hörfunk und Fernsehen"; ebenso *Pernice/Wernicke*, in: Grabitz/Hilf, EUV, Art. 16, Rdn. 2; vgl. weiterhin *Geiger*, EG, Art. 90, Rdn. 9; *Hochbaum*, in: Groeben/Thiesing/Ehlermann, EUV/EG, Art. 90, Rdn. 53; *Mestmäcker*, in: Immenga/Mestmäcker, EG-Wettbewerbsrecht, Art. 37, 90, D. Art. 90 Abs. 2, Rdn. 36; *Ipsen*, Rundfunk, S. 62, 69 f.; *Oppermann*, Deutsche Rundfunkgebühren, *S. 45 ff.; Dörr/Cloß*, ZUM 1996, S. 109; *Engel*, Europarechtliche Grenzen, S. 52; *Jarass*, EuR 1986, S. 81; *Engel*, in: Peter/Rhein (Hrsg.), Wirtschaft, S. 264; *Petersen*, S. 909; *Rosenthal*, S. 68; *Kugelmann*, S. 233 f.; *Roth*, AfP 1986, S. 290; *Holznagel*, Rundfunkrecht, S. 164; *Jungbluth*, S. 70 ff.; *Gundel*, ZUM 2000, S. 1051; *Hain*, MMR 2001, S. 221; *Simon*, S. 9; a.A. *Reich*, S. 229.

1696 So *Engel*, Europarechtliche Grenzen, S. 51 ff., *Engel* hält bezüglich *Phoenix* eine Rechtfertigung durch Art. 86 Abs. 2 EG lediglich dann für möglich, wenn der Sender ausschließlich als Parlamentsfernsehen ausgestrahlt würde; *Bleckmann*, Öffentlich-rechtliche Spartenprogramme, S. 122.

1697 EuGH Rs. C-179/90 (Porto di Genova), Slg. 1991, I-5889, Rdn. 26 (Der EuGH stellte hier fest, dass er nicht erkennen könne, "dass an den Hafenarbeiten ein allgemeines wirtschaftliches Interesse besteht, das sich von dem Interesse an anderen Tätigkeiten des Wirtschaftslebens besonders unterscheidet".).

1698 *Engel*, Europarechtliche Grenzen, S. 54.

Zutreffend ist, dass sich die im Rahmen von Art. 86 Abs. 2 EG gewährte Privilegierung bestimmter Unternehmen aus der Übertragung bestimmter, im öffentlichen Interesse befindlicher Aufgaben erklärt und somit nicht jede beliebige wirtschaftliche Tätigkeit über den Vorbehalt der Anwendung des Gemeinschaftsrechts entzogen werden kann.[1699] Dies bedeutet aber nicht, dass den Mitgliedstaaten im Hinblick auf die Definition der in Art. 86 Abs. 2 EG angesprochenen besonderen Aufgaben sowie deren konkrete Ausgestaltung kein eigener Einschätzungs- und Ermessenspielraum zustünde. Zu berücksichtigen ist, dass es im Rahmen von Art. 86 Abs. 2 EG gerade um eine angemessene Integration von mitgliedstaatlichen Angelegenheiten, hinsichtlich derer der Gemeinschaft keine oder nur begrenzte Zuständigkeiten zukommen, in den Gemeinschaftskontext geht. Vor diesem Hintergrund sprechen grundsätzliche Erwägungen dafür, dass die Mitgliedstaaten über ausreichende Spielräume bei der Zieldefinition als auch bei den hiermit verbundenen Umsetzungsmaßnahmen besitzen.[1700] Demgegenüber ergeben sich aus dem EG keine Anhaltspunkte für die Notwendigkeit eines marktorientierten komparativen Effizienztests.

Von einer entsprechenden Definitionshoheit geht auch der EuGH aus. Besonders eindrucksvoll hat er das in seiner Rechtsprechung zu den Monopolen im Energiesektor bestätigt. Hier ging es unter anderem um die Vereinbarkeit ausschließlicher Ein- und Ausfuhrrechte für Elektrizität und Gas, die Frankreich einer öffentlichen Einrichtung verliehen hatte, mit dem Gemeinschaftsrecht.[1701] Im Hinblick auf die im Rahmen von Art. 86 Abs. 2 EG anerkannten, besonderen Interessen der Mitgliedstaaten stellte der Gerichtshof fest: „Unter Berücksichtigung dieses Interesses der Mitgliedstaaten kann es diesen nicht verboten sein, bei der Umschreibung der Dienstleistungen von allgemeinen wirtschaftlichen Interesse, mit denen sie bestimmte Unternehmen betrauen, die eigenen Ziele ihrer staatlichen Politik zu berücksichtigen und diese vermittels von Verpflichtungen und Beschränkungen zu verwirklichen suchen, die sie den fraglichen Unternehmen auferlegen."[1702] Unter Berufung auf diese Rechtsprechung hat auch die Kommission im Rahmen der Spartenentscheidung ausdrücklich anerkannt, dass die Mit-

---

1699 Vgl. hierzu oben Teil 4 B.II.1.

1700 Vgl. *Pernice/Wernicke* in: Grabitz/Hilf, EUV, Art. 86, Rdn. 38 („weites Ermessen); ähnlich auch *Bauer*, Wettbewerbsbeschränkungen, S. 243; ebenso *Ciresa*, S. 196, nach dem die Definition der Dienstleistungen von allgemeinem wirtschaftlichen Interesse im wesentlichen Sache der einzelnen Mitgliedstaaten ist.

1701 Vgl. beispielsweise EuGH Rs. C-159/94 (Kommission/Frankreich), Slg 1997, I-5815.

1702 EuGH Rs. C-159/94 (Kommission/Frankreich), Slg 1997, I-5815, Rdn. 56.

gliedstaaten grundsätzlich selbst bestimmen können, was als öffentlicher Auftrag im Kontext des Art. 86 Abs. 2 EG anzusehen ist.[1703]

Das bedeutet nicht, dass sich die Mitgliedstaaten beliebig der Anwendung des Gemeinschaftsrechts entziehen könnten. Vergleichbar mit der Situation der ungeschriebenen Schrankenvorbehalte der zwingenden Gründe des Allgemeininteresses[1704] unterliegen sie vielmehr der gemeinschaftlichen Missbrauchsaufsicht. Fehlt es beispielsweise bereits an einer im Hinblick auf die Vorgaben des Gemeinschaftsrechts legitimen Zielsetzung oder besteht zwischen einer an sich zulässigen Zielsetzung und der gewählten Maßnahme kein plausibler Zusammenhang, ist dem Mitgliedstaat eine Berufung auf Art. 86 Abs. 2 EG verwehrt. Eine entsprechende Kontrolle übte der Gerichtshof in dem zuvor erwähnten Fall *Porto di Genova* aus. Das Monopol zur Durchführung von Hafenarbeiten im Hafen von Genua diente ersichtlich dem Schutz der Interessen der von der Monopolisierung begünstigten Hafenarbeiter. Ein darüber hinausgehendes Allgemeininteresse wurde von den Beteiligten demgegenüber nicht nachvollziehbar dargelegt.[1705]

An einem plausiblen Zusammenhang fehlt es weiterhin, sofern das privilegierte Unternehmen nicht mehr im Rahmen seiner Sonderaufgabe sondern auf angrenzenden Märkten agiert.[1706] Wird ein privilegiertes Unternehmen auf einem Markt beziehungsweise in einem Bereich tätig, hinsichtlich dessen kein spezifisches öffentliches Interesse besteht und unterscheidet sich seine Tätigkeit somit nicht von sonstigem wirtschaftlichem Handeln, entfällt der Grund für die Privilegie-

---

1703 Kommissionsentscheidung Staatliche Beihilfen Nr. NN 79/98 – Deutschland (Kinderkanal und Phoenix) vom 24.02.1999, Ziff. 6.3. („Definition und Übertragung des öffentlichen Auftrags"); vgl. aber auch das Diskussionspapier zur Vorbereitung eines einheitlichen Ordnungsrahmens für staatliche Beihilfen im Rundfunksektor, vgl. Nachweise unter Fn. 12, welches im Ergebnis auf eine unzulässige Inhaltskontrolle hinausliefe; vgl. hierzu ebenfalls *Frey*, ZUM 1999, S. 537.

1704 Vgl. zu den diesbezüglichen mitgliedstaatlichen Spielräumen und der gemeinschaftlichen Missbrauchsaufsicht oben Teil 3 B.III.2. und Teil 3 B.III.5.b).

1705 EuGH Rs. C-179/90 (Porto di Genova), Slg. 1991, I-5889, Rdn. 27; vgl. auch die Ausführungen des Generalanwalts *van Gerven* in der Rs. C-179/90 (Porto di Genova), Slg. 1991, I-5905, Rdn. 27 sowie die Stellungnahme der Kommission laut Sitzungsbericht zu der Rs. C-179/90 (Porto di Genova), Slg. 1991, I-5891, 5903 ("Im übrigen dienten die den Unternehmen eingeräumten ausschließlichen Interessen dem Schutz der Interessen des Hafenpersonals".).

1706 Vgl. hierzu *Mestmäcker*, in: Immenga/Mestmäcker, EG-Wettbewerbsrecht, Art. 37, 90, D. Art. 90 Abs. 2, Rdn. 54.

rung. Eine Berufung auf Art. 86 Abs. 2 EG scheidet daher in einem solchen Fall ebenfalls aus.

Die Frage, ob eine kommunikationsspezifische Maßnahme gemäß Art. 86 Abs. 2 EG mit dem Gemeinschaftsrecht vereinbar ist, muss daher stets bei der Prüfung ansetzen, ob sie sich im Rahmen der Sonderaufgabe des öffentlich-rechtlichen Rundfunks bewegt. Aus gemeinschaftsrechtlicher Sicht abzulehnen ist demgegenüber das Aufstellen von inhaltlichen Anforderungen.[1707] Aber auch der Versuch, den privilegierbaren Tätigkeitsbereich des öffentlich-rechtlichen Rundfunks grundsätzlich an Programmarten beziehungsweise Sendeformen festzumachen, ist wegen des hiermit verbundenen möglichen Eingriffs in die Organisationshoheit der öffentlich-rechtlichen Sender, abzulehnen.[1708]

Wie zuvor dargestellt, besteht vorliegend unter Zugrundelegung der Programmkonzepte von *Phoenix* und dem *Kinderkanal* ein plausibler Zusammenhang zwischen den Spartenkanälen und der insbesondere dem öffentlich-rechtlichen Rundfunk obliegenden Aufgabe, ein pluralistisches Rundfunkwesen zu gewährleisten.[1709] Die Werbefreiheit beider Programme soll die Erfüllung dieser Aufgabe sicherstellen. Keine Rolle spielt dabei, ob das Programmangebot dem Bereich der Grundversorgung zugerechnet werden kann oder nicht, da es sich insoweit nicht um einen Begriff des Europarechts handelt.[1710] Mit der Darbietung der Programminhalte in Form von Spartenkanälen soll der veränderten Rundfunklandschaft Rechnung getragen werden.[1711] Diesbezüglich ist anerkannt, dass sich die Voraussetzungen für die Realisierung eines im allgemeinen Interesse stehenden Auftrags verändern und somit auch andere Maßnahmen notwendig sein können, um eine Aufgabenerfüllung sicherzustellen. Die Entscheidung, wie im einzelnen auf veränderte Rahmenbedingungen zu reagieren ist, fällt in den mit-

---

1707 Vgl: hierzu aber das Diskussionspapier der Kommission, Nachweise unter Fn. 12.

1708 So aber der Vorschlag von *Frey*, ZUM 1999, S. 538, der allerdings die Brauchbarkeit seiner Abgrenzungsmethode selbst dadurch wieder relativiert, dass er beispielsweise die Privilegierbarkeit neuer Sendeformen nicht pauschal sondern nur im Einzelfall beantwortet; demgegenüber verweisen *Pernice/Wernicke* in: Grabitz/Hilf, EUV, Art. 86, Rdn. 36, 38, im Hinblick auf die neuere Rechtsprechung auf das Bestehen eines „Organisationsermessens“ zugunsten der Mitgliedstaaten.

1709 Teil 3 B.III.4.

1710 Kommissionsentscheidung Staatliche Beihilfen Nr. NN 79/98 – Deutschland (Kinderkanal und Phoenix) vom 24.02.1999, Ziff. 6.3. („Definition und Übertragung des öffentlichen Auftrags“).

1711 Teil 3 B.III.4.

gliedstaatlichen Prognosespielraum. Eine missbräuchliche Ausnutzung der mitgliedstaatlichen Befugnis zur Bestimmung des öffentlich Auftrags kann in der Verspartungsentscheidung somit nicht gesehen werden.[1712]

Bei den Spartenkanälen handelt es sich damit im Ergebnis um Dienstleistungen im allgemeinen wirtschaftlichen Interesse.[1713]

C. Vorliegen einer Betrauung

Phoenix und der *Kinderkanal* müssten weiterhin mit der Dienstleistung im allgemeinen öffentlichen Interesse betraut worden sein. Eine Betrauung setzt nach der Rechtsprechung des EuGH voraus, dass einem Unternehmen die besondere Aufgabe kraft Gesetzes oder durch einen sonstigen Hoheitsakt der öffentlichen Gewalt übertragen worden ist.[1714] Die Erteilung einer bloßen Erlaubnis, die nicht gleichzeitig auch bestimmte öffentliche Aufgaben begründet, reicht für das Merkmal der Betrauung regelmäßig nicht aus.[1715] Ist die Erlaubnis demgegenüber mit der Erteilung konkreter Pflichten verbunden, kann von einer Betrauung im Sinne von Art. 86 Abs. 2 EG ausgegangen werden.[1716] Hierbei können auch verfassungsrechtlich begründete Rechte und Pflichten das Erfordernis hoheitlicher Betrauung erfüllen.[1717] Entsprechend steht es der Vorschrift nicht entgegen,

---

1712 Ebenso die Kommissionsentscheidung Staatliche Beihilfen Nr. NN 79/98 – Deutschland (Kinderkanal und Phoenix) vom 24.02.1999, Ziff. 6.3.

1713 Ebenso die Europäische Kommission, vgl. Entscheidung Staatliche Beihilfen Nr. NN 79/98 – Deutschland (Kinderkanal und Phoenix) vom 24.02.1999, Ziff. 6.3.

1714 EuGH Rs. 10/71 (Hafen von Mertert), Slg. 1971, 723, Rdn. 11 (von einer Betrauung kann ausgegangen werden, wenn einem Unternehmen zur Verwirklichung einer ihm gesetzlich übertragenen Aufgabe bestimmte Vorrechte gewährt worden sind und ein staatlicher Einfluss auf die Organe des Unternehmens bestehe, ibidem, Rdn. 8 ff.); EuGH Rs. 127/73 (BRT II), Slg. 1974, 313, Rdn. 19/22; EuGH Rs. 172/80 (Züchner), Slg. 1981, 2021, Rdn. 7; EuGH Rs. 66/86 (Ahmed Saeed Flugreisen), Slg. 1989, 803, Rdn. 55; EuGH Rs. C-159/94 (Kommission/Frankreich), Slg. 1997, I-5815, Rdn. 65; *Hochbaum*, in: Groeben/Thiesing/Ehlermann, EUV/EG, Art. 90, Rdn. 57; *Pernice/Wernicke* in: Grabitz/Hilf, EUV, Art. 86, Rdn. 42; Das Erfordernis eines Hoheitsakts ist nicht unumstritten vgl. *Mestmäcker*, in: Immenga/Mestmäcker, EG-Wettbewerbsrecht, Art. 37, 90, D. Art. 90 Abs. 2, Rdn. 31, Fn. 83.

1715 *Hochbaum*, in: Groeben/Thiesing/Ehlermann, EUV/EG, Art. 90, Rdn. 57; *Petersen*, S. 87.

1716 EuGH Rs. C-159/94 (Kommission/Frankreich), Slg. 1997, I-5815, Rdn. 66; *Hochbaum*, in: Groeben/Thiesing/Ehlermann, EUV/EG, Art. 90, Rdn. 57; *Petersen*, S. 87.

1717 *Mestmäcker*, in: Immenga/Mestmäcker, EG-Wettbewerbsrecht, Art. 37, 90, D. Art. 90 Abs. 2 Art. 90 Abs. 2, Rdn. 36; *Petersen*, S. 87.

dass die besondere Aufgabe, die dem öffentlich-rechtlichen Rundfunk in Deutschland zukommt, aus der institutionellen Interpretation von Art. 5 Abs. 1 S. 2 GG abgeleitet wird.[1718]

Im Hinblick auf die Spartenkanäle könnte der Übertragung einer Dienstleistung im allgemeinen wirtschaftlichen Interesse als Verpflichtung zwar *prima vista* entgegenstehen, dass nach der Formulierung von § 19 Abs. 2 RStV die Aufgabenerfüllung nicht obligatorisch sondern nur fakultativ ist. Wie bereits festgestellt, kann allerdings nach der insgesamt zu berücksichtigenden Rechtslage von einer im Hinblick auf die Spartenprogramme verbindlichen Aufgabenübertragung ausgegangen werden.[1719]

D. Verhinderung der Aufgabenerfüllung und Erforderlichkeit der Maßnahme

Eine Freistellung von den Vorschriften des Gemeinschaftsvertrags kommt nur in Frage, sofern andernfalls die Aufgabenerfüllung für die Spartenkanäle aus rechtlichen oder tatsächlichen Gründen verhindert wird.[1720]

Nach dem ausdrücklichen Wortlaut gehört das Verhältnismäßigkeitsprinzip zum Tatbestand der Norm. Das Gemeinschaftsrecht tritt nur zurück, „soweit" es für die Erfüllung der Sonderaufgaben erforderlich ist.[1721] Die Abweichung von den Vertragsvorschriften darf mit anderen Worten also nicht weiter gehen, als für die Aufgabenerfüllung erforderlich.[1722] Der zulässige Grad der Wettbewerbsbeschränkung ist damit im Lichte des Verhältnismäßigkeitsgrundsatzes zu finden.[1723] Dabei ergibt sich bereits aus dem Umstand, dass das Gemeinschaftsrecht

---

1718 BVerfGE 73, 118, 158.

1719 So auch die Kommissionsentscheidung Staatliche Beihilfen Nr. NN 79/98 – Deutschland (Kinderkanal und Phoenix) vom 24.02.1999, Ziff. 6.3; vgl. ausführlicher hierzu oben Teil 1 C.II.3.a).

1720 Vgl. bspw. bereits EuGH Rs. 155/73 (Sacchi), Slg. 1974, 409, Rdn. 15; EuGH Rs. 66/86 (Ahmed Saeed Flugreisen), Slg. 1989, 803, Rdn. 56; EuGH C-41/90 (Höfner und Elser), Slg. 1991, I-1971., Rdn. 24; EuGH Rs. C-260/89 (ERT), Slg. I-1991, 2925, Rdn. 33.

1721 *Mestmäcker*, in: Immenga/Mestmäcker, EG-Wettbewerbsrecht, Art. 37, 90, D., Rdn. 48; *Weiß*, EuR 2003, S. 187.

1722 *Pernice/Wernicke* in: Grabitz/Hilf, EUV, Art. 86, Rdn. 63.

1723 *Frey*, ZUM 1999, S. 536; *ders.*, Fernsehen, S. 143 f. m.w.N.

die Wahrnehmung öffentlicher Aufgaben durch betraute Unternehmen anerkennt, dass es nicht den Einsatz milderer Mittel *a priori* erzwingt.[1724]

Entsprechend hat der EuGH im Rahmen der Rechtssache *Corbeau* festgestellt, dass Abweichungen vom Vertrag erlaubt sind, „soweit Wettbewerbsbeschränkungen oder sogar der Ausschluss jeglichen Wettbewerbs von Seiten anderer Wirtschaftsteilnehmer erforderlich sind, um die Erfüllung der den Unternehmen, die über die ausschließlichen Rechte verfügen, übertragenen besonderen Aufgabe sicherzustellen".[1725] Das Vorgesagte gilt insbesondere dahingehend, dass die Aufgabenerfüllung zu wirtschaftlich tragbaren Bedingungen möglich sein muss.[1726] Die Mitgliedstaaten tragen die Beweislast dafür, dass diese Voraussetzungen erfüllt sind.[1727]

Gerade das Tatbestandsmerkmal der Aufgabenverhinderung sowie die Beweislastverteilung hat vor dem Hintergrund des Gebots der restriktiven Auslegung von Ausnahmetatbeständen bei einem Teil des Schrifttums zu der Überzeugung geführt, dass sich Art. 86 Abs. 2 EG nicht dazu eignet, medienspezifische Vorschriften von der Anwendung des Gemeinschaftsrechts freizustellen.[1728] Mitunter wurde gänzlich in Abrede gestellt, dass es unter Art. 86 Abs. 2 EG überhaupt zu Befreiungsmöglichkeiten kommen könnte. Insofern wurde teilweise gefordert, die Vorschrift schlechthin für obsolet zu erklären.[1729]

Auch die Kommission hat unter Berufung auf die in der Sache *Corbeau* festgestellten Grundsätze Art. 86 Abs. 2 EG äußerst restriktiv ausgelegt. So hatte sie beispielsweise Frankreich die Berufung auf die Vorschrift im Hinblick auf öf-

---

1724 *Mestmäcker*, in: Immenga/Mestmäcker, EG-Wettbewerbsrecht, Art. 37, 90, D. Art. 90 Abs. 2, Rdn. 49.

1725 EuGH Rs. C-320/91 (Corbeau), Slg. 1993, I-2533, Rdn. 14; EuGH Rs. C-393/92 (Almelo), Slg. 1994, I-1508, Rdn. 49.

1726 EuGH Rs. C-320/91 (Corbeau), Slg. 1993, I-2533, Rdn. 14.

1727 EuGH Rs. 159/94 (Kommission/Frankreich), Slg. 1997, I-5815, Rdn. 94 f.; EuGH Rs. C-203/96 (Chemische Afvalstoffen Dusseldorp), Slg. 1998, I-4075, Rdn. 67; vgl. hierzu auch *Bartosch*, EuZW 2000, S. 334 f.

1728 So beispielsweise *Holznagel*, Rundfunkrecht, S. 165; *Petersen*, S. 91 f.; *Rosenthal*, S. 69; so wohl auch *Dörr/Beucher/Eisenbeis/Jost*, S. 50; hinsichtlich einer Verhinderung insbesondere durch das Wettbewerbsrecht vgl. *Jungbluth*, S. 74 f.; *Roth*, AfP 1986, S. 290; *Reich*, in: Hoffmann/Riem (Hrsg.), Rundfunk, .S. 229; zur fehlenden praktischen Bedeutung von Art. 86 Abs. 2 EG wegen des Tatbestandsmerkmals der Verhinderung auch *Bauer*, Wettbewerbsbeschränkungen, S. 238 ff.

fentliche Unternehmen, denen zum Zwecke der flächendeckenden Energieversorgung ausschließliche Ein- und Ausfuhrrechte eingeräumt worden waren, versagt. Frankreich habe weder dargelegt, dass das wirtschaftliche Überleben des Unternehmens ohne die fragliche Privilegierung bedroht sei noch, dass keine anderen, weniger einschneidenden Mittel zur Erfüllung der öffentlichen Verpflichtung zur Verfügung stünden.[1730] Zum Nachweis der Existenz milderer Mittel, hatte die Kommission mögliche Alternativen wie beispielsweise Subventionen oder den Ausgleich der mit den Sonderlasten verbundenen Kosten in allgemeiner Form aufgeführt.[1731]

Der Gerichtshof hat jedoch ein derart restriktives Verständnis im Rahmen seiner neueren Rechtsprechung zurückgewiesen.[1732] Nach dem EuGH sind die Vorschriften des EG gemäß Art. 86 Abs. 2 EG „bereits dann nicht auf ein Unternehmen anwendbar, das mit einer Dienstleistung von allgemeinem wirtschaftlichem Interesse betraut ist, wenn ihre Anwendung die Erfüllung der besonderen Verpflichtungen, die diesem Unternehmen obliegen, sachlich oder rechtlich gefährden würde. Es ist nicht erforderlich, dass das Überleben des Unternehmens bedroht ist.“[1733] Auch die seitens der Kommission aufgestellten Anforderungen an die Beweislast, waren aus Sicht des EuGH überspannt. Hierzu hat er festgestellt, dass die Beweislast nicht so weit gehe, „dass dieser Mitgliedstaat nicht nur eingehend darlegen müsste, aus welchen Gründen in seinen Augen die Erfüllung der im allgemeinen wirtschaftlichen Interesse liegenden Aufgaben zu wirtschaftlich tragbaren Bedingungen im Falle einer Aufhebung der beanstandeten Maßnahmen gefährdet wäre, sondern darüber hinaus noch positiv belegen müsste,

---

1729 *V. Wilmowsky*, ZHR 155 (1991), S. 571.

1730 Vgl. EuGH Rs. C-159/94 (Kommission/Frankreich), Slg. 1997, I-5815, Rdn. 52, 93; auch *Heinemann*, S. 95, verlangt noch die positive Darlegung, dass im Hinblick auf das erstrebte Ziel kein milderes Mittel zur Verfügung steht.

1731 Vgl. EuGH Rs. C-159/94 (Kommission/Frankreich), Slg. 1997, I-5815, Rdn. 99; auch *Koenig/Kühling*, in: Streinz, EUV/EG, Art. 86, Abs. 62, stellen auf den objektiven Nachweis ab, dass keine wettbewerbskompatible Erbringung der Dienstleistung möglich ist; a.A. *Pernice/Wernicke* in: Grabitz/Hilf, EUV, Art. 86, Rdn. 66.

1732 Zur zurückhaltenderen Handhabung der „Verhinderungs-Prüfung“ in der neueren EuGH-Rechtsprechung vgl. *Burgi*, in: Henneke (Hrsg.), S. 112; *Koenig/Kühling*, in: Streinz, EUV/EG, Art. 86, Rdn. 58 ff.

1733 EuGH Rs. C-159/94 (Kommission/Frankreich), Slg. 1997, I-5815, Rdn. 59; EuGH Rs. C-157/94 (Kommission/Niederlande), Slg. 1997, I-5699, Rdn. 43; zu der geänderten Rechtsprechung vgl. auch *Pernice/Wernicke* in: Grabitz/Hilf, EUV, Art. 86, Rdn. 55;
Fußnote fortgesetzt

dass keine andere vorstellbare, der Natur der Sache nach hypothetische Maßnahme es erlaubte, die Erfüllung dieser Aufgaben unter solchen Bedingungen sicherzustellen."[1734]

Der Gerichtshof trägt hiermit dem Umstand Rechnung, dass das Gemeinschaftsrecht aufgrund seiner Zielverwirklichungsbefugnisse in Sektoren vordringt, die als solche nicht vergemeinschaftet wurden. Entsprechend erkennt er in diesem Zusammenhang im Hinblick auf die Erforderlichkeit von Maßnahmen Prognose- und Beurteilungsspielräume zugunsten der Mitgliedstaaten an. Die Erforderlichkeitsprüfung wird also nicht streng vorgenommen, sondern vielmehr auf das Aufdecken von offensichtlichen Ermessensfehlern beschränkt. Die Rechtsprechung des EuGH ist von einer „großzügigen Gesamtschau" geprägt.[1735]

Wie bereits festgestellt wurden die beiden Spartenkanäle vorliegend als Teil des öffentlichen Auftrags, der dem öffentlich-rechtlichen Rundfunk obliegt, konzeptioniert.[1736] Angesichts der hiermit verknüpften Werbefreiheit der Programme scheidet eine Finanzierung über den Markt aus. Die Spartenkanäle sind somit zwangsläufig auf öffentliche Gelder angewiesen. Ein Verbot der Gebührenfinanzierung würde die Erfüllung der den Spartenkanälen zugewiesenen Aufgabe tatsächlich verhindern.[1737] Im Hinblick auf die Frage, ob die zur Verfügung gestellte Finanzierungsgrundlage tatsächlich nur dem Ausgleich der Kosten dient,

---

vgl. auch *Weiß*, EuR 2003, S. 187, der dieses Verständnis durch Art. 16 EG bestätigt sieht.

1734 EuGH Rs. C-159/94 (Kommission/Frankreich), Slg. 1997, I-5815, Rdn. 100, 101; EuGH Rs. C-157/94 (Kommission/Niederlande), Slg. 1997, I-5699, Rdn. 58; EuGH Rs. C-158/94 (Kommission/Italien), Slg. 1997, I-5789, Rdn. 54; zur Neuausrichtung der Darlegungs- und Beweislast *Koenig/Kühling*, in: Streinz, EUV/EG, Art. 86, Rdn. 61.

1735 So *Storr*, DÖV 2002, S. 360; ähnlich *Pernice/Wernicke* in: Grabitz/Hilf, EUV, Art. 86, Rdn. 66; *dies.*, in: Grabitz/Hilf, EUV, Art. 16, Rdn. 20 („keine Überprüfung der wirtschaftlichen Effizienz der gemeinwirtschaftlichen Dienste oder der Zweckmäßigkeit der diesbezüglich politischen Entscheidungen, sondern Missbrauchskontrolle); Auch die Kommission sieht ihre Kontrollaufgabe in diesem Zusammenhang auf eine Überprüfung auf „offenkundige Fehler" beschränkt, vgl. Mitteilung der Kommission – Leistungen der Daseinsvorsorge in Europa vom 20.9.2000, KOM (2000) 580 endg., S. 11, Rdn. 22; zur Zielsetzung und Rechtswirkung der Kommissionsmitteilung vgl. *Albin*, DÖV 2001, S. 891.; kritisch zu den „aufweichenden Tendenzen" der Rechtsprechung *Koenig/Kühling*, in: Streinz, EUV/EG, Art. 86, Rdn. 62 ff.

1736 Teil 3 B.III.4. und Teil 3 B.VI.

1737 So auch die Kommissionsentscheidung Staatliche Beihilfen Nr. NN 79/98 – Deutschland (Kinderkanal und Phoenix) vom 24.02.1999, Ziff. 6.3 („Verhältnismäßigkeit und Erforderlichkeit").

die mit der spezifischen Aufgabenerfüllung zusammenhängen, ist auf die Rolle der KEF zu verweisen. Wie bereits dargelegt,[1738] stellt das Verfahren zur Ermittlung des Finanzbedarfs des öffentlich-rechtlichen Rundfunks durch die unabhängige KEF aus gemeinschaftsrechtlicher Sicht hinreichend sicher, dass die zur Verfügung gestellten Finanzmittel die tatsächlichen Lasten nicht überkompensieren.[1739] Im Ergebnis kann damit sowohl das Tatbestandsmerkmal der Aufgabenverhinderung als auch die Verhältnismäßigkeit der Finanzierungsmaßnahmen im Sinne von Art. 86 Abs. 2 EG bejaht werden.

E. Ausgleich zwischen mitgliedstaatlichem und gemeinschaftlichem Interesse

Nach Art. 86 Abs. 2 S. 2 EG darf die Entwicklung des Handelsverkehrs durch die Inanspruchnahme der Freistellungsklausel schließlich nicht in einem Ausmaß beeinträchtigt werden, das dem Interesse der Gemeinschaft zuwiderläuft. Das Interesse der Gemeinschaft an der Entwicklung des Handelsverkehrs und das mitgliedstaatliche Interesse an der Erbringung einer Dienstleistung von allgemeinem wirtschaftlichem Interesse stehen somit einander gegenüber. Dies macht de facto eine Abwägung zwischen dem Interesse des Mitgliedstaats an der Aufrechterhaltung seiner Regulierung mit dem Interesse der Gemeinschaft an einer Durchsetzung des Gemeinschaftsrechts erforderlich.[1740]

Beurteilungsmaßstab und Grenze für das nicht mehr hinzunehmende Ausmaß der Beeinträchtigung ist das Interesse der Gemeinschaft. Dieses steckt den Rahmen ab, innerhalb dessen das von den Mitgliedstaaten konkretisierte, allgemeine wirtschaftliche Interesse im Rahmen der Verhältnismäßigkeitsprüfung eine Ausnahme von den allgemeinen Vertragsvorschriften bewirken kann.[1741] Aus dem Wortlaut kann dabei geschlossen werden, dass eine gewisse Beeinträchtigung des Handels beziehungsweise dessen Entwicklung wegen des mit der Dienstleistung verbundenen Allgemeininteresses hingenommen werden

---

1738 Teil 1 C.I.3.b).

1739 Ebenso die Einschätzung der Kommission, vgl. die Entscheidung Staatliche Beihilfen Nr. NN 79/98 – Deutschland (Kinderkanal und Phoenix) vom 24.02.1999, Ziff. 6.3 („Verhältnismäßigkeit und Erforderlichkeit").

1740 *Grill*, in: Lenz, EG, Art. 90, Rdn. 23; *Geiger*, EG, Art. 90, Rdn. 13; ebenso die Kommission in ihrer Spartenentscheidung Staatliche Beihilfen Nr. NN 79/98 – Deutschland (Kinderkanal und Phoenix) vom 24.02.1999, Ziffer 6.3 („Abwägung zwischen Beeinträchtigung und Interesse der Gemeinschaft").

1741 Vgl. *Ehricke*, EuZW 1993, S. 215.

kann, sofern ihre Intensität nicht einen Umfang erreicht, der mit dem Interesse der Gemeinschaft nicht mehr zu vereinbaren ist.[1742] Angesichts der Rechtfertigungsfunktion von Art. 86 Abs. 2 EG kann das Gemeinschaftsinteresse insbesondere nicht schon dann verletzt sein, wenn in den Schutzbereich einer – auch grundlegenden – Vorschrift des Gemeinschaftsrechts eingegriffen wird.[1743] Der eingangs geschilderten Scharnierfunktion wird dabei eine Auslegung von Art. 86 EG gerecht, durch die beide Interessen möglichst optimal Berücksichtigung finden.[1744] Zu klären ist damit jedoch zunächst, wie das Gemeinschaftsinteresse näher spezifiziert werden kann.

I. Konkretisierung des Gemeinschaftsinteresses

Worin das Interesse der Gemeinschaft liegt, muss insbesondere den Zielen des Vertrags und den Grundprinzipien des Gemeinschaftsrechts entnommen werden.[1745] Zu ermitteln ist, ob die Nichtanwendung des Gemeinschaftsrechts geeignet ist, die Verwirklichung der Ziele des Vertrags in einem wesentlichen Teil des Binnenmarkts zu gefährden. Dabei stehen zum einen denknotwendigerweise die Ziele im Vordergrund, die von der Ausnahme gemäß Art. 86 Abs. 2 EG betroffen sind.[1746] Das sind primär die Grundfreiheiten und das System unverfälschten Wettbewerbs.[1747] Für die Frage, ob das Gemeinschaftsinteresse beeinträchtigt ist, ist somit zum einen zu untersuchen, inwiefern die Errichtung und das Funktionieren des Binnenmarkts durch die betreffenden mitgliedstaatlichen

---

1742 Kommissionsentscheidung Staatliche Beihilfen Nr. NN 79/98 – Deutschland (Kinderkanal und Phoenix) vom 24.02.1999, Ziffer 6.3. („Abwägung zwischen Beeinträchtigung und Interesse der Gemeinschaft“); *Hochbaum*, in: Groeben/Thiesing/Ehlermann, EUV/EG, Art. 90, Rdn. 65.

1743 *Pernice/Wernicke* in: Grabitz/Hilf, EUV, Art. 86, Rdn. 62.

1744 *Storr*, DÖV 2002, S. 362 m.w.N.

1745 *Mestmäcker*, in: Immenga/Mestmäcker, EG-Wettbewerbsrecht, Art. 37, 90, D. Art. 90 Abs. 2, Rdn. 63; *Benesch*, S. 17 f.; Deshalb scheint ein Verständnis von dem Gemeinschaftsinteresse als das Interesse an einer weitestgehenden Beschränkung des Wettbewerbs als zu kurz gegriffen, so zu Recht *Frey*, ZUM 1999, S. 541 f.

1746 *Mestmäcker*, in: Immenga/Mestmäcker, EG-Wettbewerbsrecht, Art. 37, 90, D. Art. 90 Abs. 2, Rdn. 63.

1747 *Mestmäcker*, in: Immenga/Mestmäcker, EG-Wettbewerbsrecht, Art. 37, 90, D. Art. 90 Abs. 2, Rdn. 63.

Maßnahmen tangiert wird und wie deren wirtschaftliche Bedeutung in diesem Zusammenhang einzuschätzen ist.[1748]

Das Gemeinschaftsinteresse kann jedoch nicht auf die vorgenannten Ziele reduziert werden. Neben dem grundfreiheitlich und wettbewerbsorientiert konzipierten Binnenmarkt sind eine Reihe anderer Ziele und Politiken getreten, die ersteren, soweit sie als Querschnittsaufgabe konzipiert sind, auch inhaltlich zu determinieren in der Lage sind. Dies entspricht dem mittlerweile erreichten Integrationsstand der Gemeinschaft, die über die wirtschaftliche Integration hinaus zunehmend andere Aufgaben übernommen hat. Im vorliegenden Zusammenhang sind dabei insbesondere das Ziel kultureller Vielfalt (Teil 4 E.I.1.) sowie die Aufgabenerfüllung durch Dienste von allgemeinen wirtschaftlichen Interesse (Teil 4 E.I.2.) von besonderer Bedeutung.

1. Das Ziel der Wahrung und Förderung der kulturellen Vielfalt

Seit den Maastrichter Vertragsänderungen existiert die Aufrechterhaltung und Förderung des kulturellen Pluralismus als *eigener*, positiv normierter Gemeinschaftsgrundsatz. Dies stellt einen bedeutsamen Unterschied zu der vorherigen Rechtslage dar, als dem Pluralismusaspekt vormals nur im Rahmen der mitgliedstaatlichen Interessen Rechnung getragen werden konnte. Der Grundsatz kultureller Vielfalt ergibt sich nicht nur aus der ausdrücklichen Zielsetzung gemäß Art. 3 Abs. 1 lit. q) EG. Insbesondere die kulturelle Querschnittsklausel gemäß Art. 151 Abs. 4 EG ist in diesem Zusammenhang von Relevanz. Art. 151 Abs. 4 EG bestimmt in diesem Sinne die Haltung der Gemeinschaft zur Frage der Bedeutung sowie der Sicherstellung des Pluralismus auch im audiovisuellen Bereich.[1749] Wie zuvor ausgeführt, beinhaltet Art. 151 Abs. 4 EG das Anerkenntnis der Gemeinschaft, dass für die Gewährleistung des kulturellen Pluralismus primär die Mitgliedstaaten zuständig sind. Durch die Querschnittsklausel ist die Gemeinschaft somit zum einen verpflichtet, die Kulturkompetenz der Mitgliedstaaten zu achten. Ist jedoch die Gemeinschaft zuständig und weist ein in Frage stehender Sachverhalt kulturelle Implikationen auf, ist sie aufgrund Art. 151 Abs. 4 EG zum anderen selbst verbindlich dazu angehalten, den Vielfaltsgrundsatz zu berücksichtigen. Wie ebenfalls dargestellt, können die aus Art. 151 hervorgehenden Wertungen des Gemeinschaftsgesetzgebers auch auf den

---

[1748] *Mestmäcker*, in: Immenga/Mestmäcker, EG-Wettbewerbsrecht, Art. 37, 90, D. Art. 90 Abs. 2, Rdn. 63.

[1749] Ebenso *Frey*, Fernsehen, S. 153.

Rundfunksektor übertragen werden.[1750] Dieser Umstand der somit auch für diesen Bereich zugunsten der Mitgliedstaaten verfügten Kompetenzverteilung bedingt, dass seitens der Gemeinschaft trotz deren marktwirtschaftlicher Orientierung kein bestimmtes Pluralismuskonzept für den Rundfunkbereich vorgegeben ist.[1751]

Aufgrund seines eigenen Querschnittscharakters bezieht sich Art. 151 Abs. 4 auch und insbesondere auf die „klassischen" Querschnittskompetenzen des Gemeinschaftsrechts, d.h. die Grundfreiheiten und das Wettbewerbsrecht. Auch die vorliegend relevante Dienstleistungsfreiheit ist damit gewissermaßen kulturell konditioniert. Eine Auslegung von Art. 49 EG, die dem Ziel der kulturellen Vielfalt Rechnung trägt, ohne dass hierdurch ein Rückschritt in der Integration der Dienstleistungsmärkte bewirkt wird, kann mit anderen Worten nicht im Gegensatz zum Gemeinschaftsinteresse stehen.[1752] Wie bereits ausgeführt, ist dies vorliegend der Fall.[1753]

Neben dem Ziel kultureller Vielfalt ist vorliegend auch der durch den Vertrag von Amsterdam eingefügte Art. 16 EG von Bedeutung.

2. Dienste von allgemeinem wirtschaftlichem Interesse gemäß Art. 16 EG

Nach Art. 16 EG tragen die Gemeinschaft und die Mitgliedstaaten im Rahmen ihrer jeweiligen Befugnisse und unbeschadet der Artikel 73, 86 und 87 EG dafür Sorge, dass die Grundsätze und Bedingungen für das Funktionieren der Dienste von allgemeinen wirtschaftlichen Interesse so gestaltet sind, dass sie ihren Aufgaben nachkommen können.[1754] Eine allgemeingültige Definition des Begriffs enthält der Vertrag zwar nicht.[1755] Der in Art 16 EG verwendete Begriff ist aber an die vorliegend relevanten Dienstleistungen von allgemeinem wirtschaftli-

---

1750 Teil 2D.

1751 Im Ergebnis zu Recht *Frey*, ZUM 1999, S. 542; *ders.*, Fernsehen, S. 134.

1752 Im Ergebnis ebenso *Frey*, ZUM 1999, S. 542; *ders.* Fernsehen, S. 153; ähnlich *Ress/Ukrow*, in: Grabitz/Hilf, EUV, Art. 151, Rdn. 33 im Hinblick auf den Begriff des „gemeinsamen Interesses" des Amsterdamer Protokolls.

1753 Teil 3 B.VI.

1754 Zu den Hintergründen der Aufnahme von Art. 16 EG in den Gemeinschaftsvertrag ausführlich *Klotz*, in: Groeben/Schwarze, EUV/EG, Art. 16, Rdn. 2 ff.; vgl. weiterhin *Jung*, in: Calliess/Ruffert, EUV/EG, Art. 16, Rdn. 5 ff.; *Frenz*, EuR 2000, S. 901 ff.

1755 *Frenz*, EuR 2000, S. 905.

chem Interesse gemäß Art. 86 Abs. 2 EG angelehnt.[1756] Art. 16 ist daher gerade bei der Auslegung von Art. 86 Abs. 2 EG zu beachten.[1757]

Vor dem Hintergrund, dass die Dienste von allgemeinem wirtschaftlichem Interesse in einem eigenen Artikel im Rahmen der Grundsätze der Gemeinschaft besonders herausgestellt worden sind, kann davon ausgegangen werden, dass das Interesse der Gemeinschaft auch dadurch definiert wird, dass die Funktionsbedingungen für die Unternehmen der Daseinsvorsorge erhalten bleiben sollen.[1758] Welche Schlussfolgerungen hieraus im Hinblick auf die Anwendung des Gemeinschaftsprimärrechts und somit auch im Hinblick auf Art. 86 Abs. 2 EG zukommt, ist allerdings strittig.[1759]

Nach einer im Schrifttum vertretenen Auffassung wird das durch Art. 86 Abs. 2 EG vorgegebene Regel-Ausnahme-Verhältnis durch Art. 16 EG zugunsten gemeinwohlorientierter Dienstleistungen verschoben.[1760] Dies ergebe sich sowohl aus dem Umstand der späteren Einfügung von Art. 16 EG in den Vertrag als auch daraus, dass im Unterschied zu dem negativ formulierten Art. 86 Abs. 2 EG der Gemeinschaft wie den Mitgliedstaaten positiv die Verpflichtung aufer-

---

1756 *Jung*, in: Calliess/Ruffert, EUV/EG, Art. 16, Rdn. 8 ff.; *Koenig/Kühling*, in: Streinz, EUV/EG, Art. 16, Rdn. 4; *Müller-Graff*, EuR 2002, S. 24; *Klotz*, in: Groeben/Schwarze, EUV/EG, Art. 16, Rdn. 13; *Schwarze*, EuZW 2001, 339; ebenso *Frenz*, EuR 2000, S. 904, der zu Recht ausführt, dass zwischen beiden Vorschriften systematische, inhaltliche und textliche Zusammenhänge bestehen.

1757 *Pernice/Wernicke*, in: Grabitz/Hilf, EUV, Art. 16, Rdn. 14, 26; *dies.*, in: Grabitz/Hilf, EUV, Art. 86, Rdn. 60; *Burgi*, in: Henneke (Hrsg.), S. 112; *Klotz*, in: Groeben/Schwarze, EUV/EG, Art. 16, Rdn. 30 (bzgl. Art. 86 Abs. 2, S. 2 EG). Dies gilt freilich auch bei der Anwendung des sonstigen Gemeinschaftsrechts, insofern wirkt Art. 16 bereichsübergreifend, vgl. *Frenz*, EuR 2000, S. 918 ff.

1758 *Pernice/Wernicke*, in: Grabitz/Hilf, EUV, Art. 16, Rdn. 24 („Funktionsgarantie"); *Weiß*, EuR 2003, S. 188.

1759 Angesichts der Formulierung „im Rahmen ihrer jeweiligen Befugnisse" scheint demgegenüber weitgehende Einigkeit dahingehend zu bestehen, dass durch Art. 16 EG keine neuen Kompetenzen zugunsten der Gemeinschaft begründet worden sind, vgl. *Schwarze*, EuZW 2001, S. 337.

1760 *Pernice/Wernicke*, in: Grabitz/Hilf, EUV, Art. 16, Rdn. 16, 26; *Schwarze*, EuZW 2001, S. 336; *Storr*, DÖV 2002, S. 361. Der Charakter einer Schutznorm wird Art. 16 EG von *Burgi*, in: Henneke (Hrsg.), S. 112 , m.w.N., beigemessen. Für die Aufwertung der Dienste von allgemeinen, wirtschaftlichen Interesse wird auch auf Art. 36 der Charta der Grundrechte der Europäischen Union verwiesen, nach dem die Union den Zugang zu Dienstleistungen von allgemeinen wirtschaftlichen Interesse anerkennt und achtet, vgl. bspw. *Schwarze*, ibidem, S. 336; ähnlich, aber ohne nähere Begründung *Ehricke*, EuZW 1998, S. 747.

legt ist, die Funktionsbedingungen der Dienste so zu gestalten, dass ihre Aufgabenerfüllung gewährleistet ist.[1761] Indem Art. 16 EG im ersten Teil des Vertrags als Grundsatz ausgestaltet sei und durch die Anerkennung der öffentlichen Dienste als Integrationsfaktoren der Gemeinschaft, werde die Regulierung des Wettbewerbs als vorherrschendes Interesse der Gemeinschaft relativiert.[1762] Angesichts der umfangreichen Regulierungen durch europäische Organe der jüngeren Vergangenheit könne die Vorschrift nur als eine „Bremsung der Gemeinschaft" verstanden werden.[1763] Das Konzept gemeinwohlorientierter Daseinsvorsorge könne vor diesem Hintergrund nicht mehr allein als rechtfertigungsbedürftiger Ausnahmefall interpretiert werden. Neben der wettbewerbsorientierten Marktwirtschaft würden vielmehr auch alternative Wirtschaftsformen akzeptiert.[1764]

Nach anderer Auffassung wird die bestehende Rechtslage durch den neuen Art. 16 EG nicht tangiert.[1765] Insofern könne weder davon gesprochen werden, dass die Gemeinwirtschaft durch Art. 16 EG zu einem gleichberechtigten Wirtschaftsmodell neben der Marktwirtschaft erhoben worden ist,[1766] noch komme der Bereich des „service public" in den Genuss einer großzügigeren Auslegung oder einer grundsätzlichen Privilegierung im Rahmen der kartellrechtlichen Missbrauchsaufsicht.[1767] Begründet wird diese Sicht vor allem mit der Formulie-

---

1761 *Schwarze*, EuZW 2001, S. 336 f.

1762 *Storr*, DÖV 2002, S. 361; *Pernice/Wernicke*, in: Grabitz/Hilf, EUV, Art. 16, Rdn. 11.

1763 *Storr*, DÖV 2002, S. 361.

1764 *Schwarze*, EuZW 2001, S. 336, der allerdings zugleich einräumt, dass dessen ungeachtet, das Wettbewerbsrecht auch im Bereich der Daseinsvorsorge nicht völlig ausgeklammert ist.

1765 *Jung*, in: Calliess/Ruffert, EUV/EG, Art. 16, Rdn. 13 („politische Absichtserklärung ...mit geringen rechtlichen Auswirkungen"); *Klotz*, in: Groeben/Schwarze, EUV/EG, Art. 16, Rdn. 26 ff.; ähnlich *Hatje*, in: Schwarze, EUV, Art. 16, Rdn. 9; *Müller-Graff*, EuR 2002/Beiheft 1, S. 26; ebenfalls der frühere Wettbewerbskommissar *van Miert*, Competition Policy Newsletter 1997, Vol. 3, Nr. 2, S. 3 f.;

1766 *Jung*, in: Calliess/Ruffert, EUV/EG, Art. 16, Rdn. 12; *Hatje*, in: Schwarze, EUV, Art. 16, Rdn. 9, der allerdings zugleich die Leistungen der Daseinsvorsorge nunmehr als eigenständiges Rechtsgut des Vertrages anerkennt (Rdn. 2); Art. 16 EG enthebe die Gemeinwirtschaft allenfalls einer eigenen politischen Rechtfertigungspflicht gegen über Art. 4, *Müller-Graff*, EuR 2002/Beiheft 1, S. 26.

1767 Vgl. *Jung*, in: Jung/Ruffert, EUV, EG, Art. 16, Rdn. 12, der allerdings im Widerspruch hierzu an anderer Stelle eine Beeinflussung der Auslegung von Art. 86 Abs. 2 EG im Sinne einer weniger strikten Anwendung des Wettbewerbsrechts für möglich hält, vgl. ibidem, Rdn. 13; *Müller-Graff*, EuR 2002/Beiheft 1, S. 26; *Weiß*, EuR 2003, S. 186.

rung, dass Art. 16 EG „unbeschadet der Artikel 73, 86 und 87" gelte.[1768] Damit behalte der Grundsatz nach wie vor Gültigkeit, dass auch Dienste von allgemeinem wirtschftlichem Interesse gemäß den Bedingungen des unverfälschten Wettbewerbs zu erbringen sind und Ausnahmen gemäß Art. 86 Abs. 2 EG nur unter den dort genannten Voraussetzungen gerechtfertigt werden können.[1769] Art. 16 EG stelle mithin keinen überlagernden Ausnahmegrund dar, der Art. 86 Abs. 2 EG vorgehen könnte.[1770] Insofern blieben auch die mit Art. 86 Abs. 2 EG verbundenen Begründungs- und Nachweiserfordernisse für die Nichtgeltung des Gemeinschaftsrechts unberührt[1771]

Während also nach letzterer Auffassung Art. 16 EG keine Änderungen bei der Anwendung von Art. 86 Abs. 2 EG mit sich brächte,[1772] müsste nach ersterer Ansicht die Aufwertung der Gemeinwohlbelange auch im Hinblick auf die Anwendung von Art. 86 Abs. 2 EG ihren Niederschlag finden.

Zwar ist zutreffend, dass Art. 16 EG durch die Unbeschadetheitsklausel ausdrücklich die Geltung des Art. 86 EG auch im Bereich der Daseinsvorsorge vorsieht. Die Vorschrift vermag daher in der Tat nicht die Voraussetzungen des Art. 86 EG zu überlagern oder die Gemeinwirtschaft etwa über das Prinzip des Wettbewerbs zu stellen. Angesichts des erheblichen Störpotentials für das Funktionieren des Gemeinsamen Markts, das mit Leistungen der Daseinsvorsorge verbunden sein kann, sofern diese nicht klar definiert und unter transparenten Bedingungen erbracht werden, hätte eine weitergehende Lösung jedoch auch überrascht.[1773]

1768 *Klotz*, in: Groeben/Schwarze, EUV/EG, Art. 16, Rdn. 27; *Koenig/Kühling*, in: Streinz, EUV/EG, Art. 16, Rdn. 8; *Müller-Graff*, EuR 2002/Beiheft 1, S. 26; *Weiß*, EuR 2003, S. 186.

1769 *Weiß*, EuR 2003, S. 186.

1770 *Koenig/Kühling*, in: Streinz, EUV/EG, Art. 16, Rdn. 9 (keine „derogierende Wirkung"); *Weiß*, EuR 2003, S. 186.

1771 *Müller-Graff*, EuR 2002/Beiheft 1, S. 26.

1772 Vgl. allerdings *Weiß*, EuR 2003, S. 186, der einräumt, dass durch Art. 16 EG der Stellenwert der fraglichen Dienste im Rahmen der Verhältnismäßigkeitsprüfung erhöht werden könnte.

1773 Vgl die zahlreichen politischen Forderungen zur Aufwertung der öffentlichen Daseinsvorsorge im Vorfeld von Amsterdam, zitiert bei *Jung*, in: Jung/Ruffert, EUV/EG, Art. 16, Rdn. 13.

Hieraus zu schließen, Art. 16 EG könne bei der Anwendung des Gemeinschaftsprimärrechts im allgemeinen sowie im Hinblick auf Art. 86 Abs. 2 EG im besonderen ignoriert werden, greift indessen zu kurz. Art. 16 EG keinen angemessenen Stellenwert bei der Vertragsauslegung zuzugestehen und auf eine politische Wohlwollenserklärung reduzieren zu wollen, widerspricht zunächst in der Tat der Umstand, dass Art. 16 EG nachträglich in den Bereich der Gemeinschaftsgrundsätze aufgenommen worden ist. Zudem ist die Vorschrift bei aller Weite der Formulierung verpflichtend formuliert. Im Hinblick auf den Verweis auf die Unbeschadetheitsklausel ist weiterhin zu berücksichtigen, dass, auch wenn es zutreffend ist, dass Art. 86 Abs. 2 EG als Ausnahmevorschrift grundsätzlich eng auszulegen ist, es falsch wäre, diesbezüglich von einer Art Optimierungsgebot oder einer relativen Vorrangregel zugunsten des Eingreifens der gemeinschaftsrechtlichen Bindungsvorschriften auszugehen.[1774] Vielmehr sind die Vertragsvorschriften gerade suspendiert, wenn die Tatbestandsvoraussetzungen erfüllt sind. Gerade Art 86 Abs. 2 EG verkörpert damit die gemeinschaftsprimärrechtlich verankerte Anerkennung, dass sich unter bestimmten Voraussetzungen andere Interessen und Werte gegenüber dem Wettbewerbsprinzip durchsetzen können. Hinsichtlich der Auslegung der Tatbestandsmerkmale hat die zuvorige Analyse der Rechtsprechung zudem gezeigt, dass die Mitgliedstaaten im Bereich der Daseinsvorsorge über ausreichende Spielräume hinsichtlich des „ob“ und des „wie“ der Ausgestaltung bestimmter Aufgaben als Dienstleistungen von allgemeinem wirtschaftlichem Interesse innehaben.

Die Unbeschadetheitsklausel führt somit mit anderen Worten also nicht zu einer „Entwertung“ des Aussagegehalts des Art. 16 EG.[1775] Insbesondere gehen die Feststellungen, dass Art. 16 EG nicht das Regel-Ausnahme-Prinzip des Art. 86 EG beseitige noch zu einer Gleichgewichtigkeit zwischen Wettbewerbsprinzip und Gemeinwohlorientierung geführt haben, von einer verfehlten Fragestellung aus. Diesbezüglich ist zu beachten, dass mit Art. 16 EG, auch wenn insoweit der Gemeinschaft keine neuen Kompetenzen eingeräumt worden sind,[1776] die Sicherstellung des Funktionierens der Dienste von allgemeinem wirtschaftlichem Interesse zu einem eigenen Gemeinschaftsgrundsatz und somit auch zu einem eige-

---

1774 So zutreffend *Burgi*, EuR 1997, S. 277.

1775 *Pernice/Wernicke*, in: Grabitz/Hilf, EUV, Art. 16, Rdn. 18.

1776 *Schwarze*, EuZW 2001, S. 337; *Pernice/Wernicke*, in: Grabitz/Hilf, EUV, Art. 16, Rdn. 19.

nem Gemeinschaftsinteresse erhoben worden ist.[1777] Konnten Belange der Daseinsvorsorge somit früher im Rahmen der gemäß Art. 86 Abs. 2 EG vorzunehmenden Abwägung nur auf Seiten der mitgliedstaatlichen Interessen eingestellt werden, führt die Berücksichtigung ebenso auf Seiten der Gemeinschaftsinteressen zu einer Akzentverschiebung zugunsten der Daseinsvorsorge.

Betrifft eine Angelegenheit zugleich Fragen des Binnenmarkts als auch der Daseinsvorsorge muss zunächst das Gemeinschaftsinteresse durch Abwägung der gegenüberstehenden Gemeinschaftsinteressen ermittelt werden. Da an diesem Prüfungspunkt nicht von einem *a priori* unterschiedlichen Rangverhältnis der verschiedenen Gemeinschaftswerte ausgegangen werden kann,[1778] kann sowohl in Hinblick auf konfligierende Gemeinschaftsinteressen als auch hinsichtlich miteinander streitender mitgliedstaatlicher und gemeinschaftlicher Interessen die Operationalisierung des Interpretationsprinzips der praktischen Konkordanz zu

---

1777 So ausdrücklich *Pernice/Wernicke* in: Grabitz/Hilf, EUV, Art. 86, Rdn. 60 („spezifisches Gemeinschaftsinteresse"); *Pernice/Wernicke*, in: Grabitz/Hilf, EUV, Art. 86, Rdn. 35; auch *Koenig/Kühling*, in: Streinz, EUV/EG, Art. 16, Rdn. 10, räumen ein, dass Art. 16 EG nunmehr im Rahmen der Abwägung der konkret verfolgten Zwecke mit dem Ausmaß der Handelsbeeinträchtigung zu beachten ist; vgl. weiterhin *Hatje*, in: Schwarze, EUV, Art. 16, Rdn. 7 („Aufgabe der Gemeinschaft").; vgl. nunmehr auch das Weißbuch der Kommission über die Dienstleistungen von allgemeinem Interesse vom 12.05.2004, KOM (2004) 374, im Volltext abgedruckt unter http///europa.eu.int/comm/secretariat_general/services_general_interests/docs/comm2004_374_de.pdf.

1778 Im Rahmen der in diesem Zusammenhang vorzunehmenden Abwägung wurde bereits das Prüfungsraster des Vorliegens einer besonderen Dienstleistung im Sinne des Art. 86 Abs. 2 EG, der Betrauung, der Aufgabenverhinderung beziehungsweise der Erforderlichkeit für die Aufgabenerfüllung durchlaufen; vgl. auch *Pernice/Wernicke*, in: Grabitz/Hilf, EUV, Art. 16, Rdn. 16 („keine Vorrangaussagen mehr" zugunsten des Wettbewerbs); ibidem, Rdn. 26 und *dies.*, in: Grabitz/Hilf, EUV, Art. 86, Rdn. 3 („gleichrangige Gemeinwohlbelange"); ebenfalls *Frenz*, EuR 2000, S. 917; a.A. *Koenig/Kühling*, in: Streinz, EUV/EG, Art. 16, Rdn. 9; vgl. auch *Kingreen*, in: v. Bogdandy, Europäisches Verfassungsrecht, S. 649 unter Verweis auf die Kommissionsmitteilung „Leistungen der Daseinsvorsorge in Europa", ABl. Nr. C 281/ S. 3 ff. vom 26/0971996, S. 5; vgl. auch die Kommissionsmitteilung „Leistungen der Daseinsvorsorge in Europa" vom 20.9.2000, KOM (2000) 580 endg., ABl. EG Nr. C 17, S. 4, Ziff. 3 („Dienste von allgemeinem wirtschaftlichen Interesse, Binnenmarkt und Wettbewerbspolitik....ergänzen einander bei der Verfolgung der grundlegenden Ziele des Vertrags."); in diese Richtung wohl nunmehr auch das Weißbuch der Kommission über die Dienstleistungen von allgemeinem Interesse vom 12.05.2004 KOM (2004) 374, Ziff. 3.2, vgl. Fn.1777 sowie *Deuster*, EuZW 2004, S. 528.

einer angemessenen Lösung führen.[1779] Sind die miteinander wettstreitenden Interessen gleichermaßen tangiert, müssen sie hiernach zu einem möglichst schonenden Ausgleich gebracht werden.[1780] Stellte eine Maßnahme dagegen einen gravierenden Eingriff in die Funktionsbedingungen für Leistungen der Daseinsvorsorge dar, während der Binnenmarkt nur marginal tangiert wäre, wäre das Gemeinschaftsinteresse zugunsten der Gemeinwohlbelange zu formulieren. Trifft eine ebenfalls im Interesse der Daseinsvorsorge ergriffene mitgliedstaatliche Maßnahme auf ein solchermaßen artikuliertes Gemeinschaftsinteresse, stehen diese von vornherein nicht im Widerspruch zu einander. Sie wären vielmehr gleichläufig. Insofern kann von einer Neuaustarierung der Gewichte zwischen Wettbewerbsprinzip und Gemeinwirtschaftlichkeit gesprochen werden.

Damit fragt sich nunmehr, was das im Hinblick auf das mitgliedstaatliche Interesse an der Aufrechterhaltung der die Spartenkanäle betreffende Regulierung bedeutet.

II. Die Spartenkanäle und das Gemeinschaftsinteresse

Wie zuvor ausgeführt, wird die bereits große Zahl von Rundfunkprogrammen auf dem deutschen Markt durch die beiden Spartenprogramme weiter erhöht. Ein ausländisches Rundfunkunternehmen sieht sich somit hier nicht nur einem verschärften Wettbewerb ausgesetzt. Das Unternehmen befindet sich darüber hinaus in einer Situation eines hinkenden Wettbewerbs, da es sich im Gegensatz zu den gebührenprivilegierten Anstalten seine Finanzierungsgrundlagen über den Markt erst verdienen muss. Hinzu kommt, dass sich die Werbefreiheit eines Programmangebots in der Regel als weiterer Wettbewerbsvorteil gegenüber kommerziell operierenden Konkurrenzveranstaltern erweist. Die Tätigkeit eines ausländischen Fernsehveranstalters auf dem deutschen Rundfunkmarkt erfolgt insofern unter erschwerten Bedingungen.

Allerdings wurde ebenfalls bereits festgestellt, dass nach Art. 86 Abs. 2 S. 2 EG eine gewisse Beeinträchtigung des innergemeinschaftlichen Austausches hingenommen werden kann, sofern nicht ein im Gemeinschaftskontext nicht mehr hinnehmbares Ausmaß erreicht wird. In diesem Zusammenhang ist zu berück-

---

[1779] Auch *Schwarze*, EuZW 2001, S. 339, befürwortet die Instrumentalisierung dieses Prinzips im Hinblick auf Konflikte zwischen Gemeinschaftsinteressen und mitgliedstaatlichen Interessen.

[1780] *Pernice/Wernicke*, in: Grabitz/Hilf, EUV, Art. 16, Rdn. 18 („schonender Ausgleich") bzw. ibidem, Rdn. 16 („Optimierungsgebot").

sichtigen, dass durch die Veranstaltung von *Phoenix* und *Kinderkanal* ausländischen Konkurrenten nicht grundsätzlich der Zugang zum deutschen Markt versperrt wird. Sie sind weder grundsätzlich daran gehindert, ähnliche Programminhalte für ähnliche Zielgruppen im Inland anzubieten; die Spartenkanäle erhöhen nicht die Konkurrenz um die Werbeeinnahmen, noch treffen sie besondere Anforderungen im Ergebnis härter als die innerstaatlichen privaten Konkurrenten.[1781] Auch wenn somit das wettbewerbliche Umfeld für einzelne Marktteilnehmer durch die gebührenfinanzierten Spartenkanäle nachträglich beeinträchtigt sein mag, sind doch die Dienstleistungsfreiheit und das Funktionieren des gemeinsamen Marktes im Fernsehbereich als solche nur geringfügig tangiert.[1782]

Auf der anderen Seite ist im vorliegenden Kontext jedoch insbesondere zu berücksichtigen, dass der deutsche Rundfunkgesetzgeber mit der Einrichtung der Spartenkanäle zum einen eine Maßnahme getroffen hat, die eine Dienstleistung von allgemeinem wirtschaftlichem Interesse betrifft. Diese unterstehen vorbehaltlich der gemeinschaftlichen Missbrauchskontrolle der nationalen Regelungshoheit. Deren ungestörte Aufgabenerfüllung liegt seit der Einfügung von Art. 16 in den EG überdies im eigenen Gemeinschaftsinteresse.[1783] Zum anderen dient die Maßnahme der Ausgestaltung und Sicherstellung einer pluralistischen Rundfunkordnung. Auch das Ziel der Aufrechterhaltung und Förderung des kulturellen Pluralismus, zu dem, wie gezeigt, auch der audiovisuelle Pluralismus gezählt werden kann, ist jedoch ein eigenes Anliegen der Gemeinschaft. Die aus Sicht des Gemeinschaftsrechts ohnehin schon nur geringfügige Beeinträchtigung des Binnenmarkts wird somit durch den Umstand, dass mit der mitgliedstaatlichen Maßnahme zugleich anerkannte Gemeinschaftsziele verfolgt werden, nochmals

---

1781 Vgl. zu der Abwägung zwischen den verschiedenen Interessen auch die Kommissionsentscheidung Staatliche Beihilfen Nr. NN 79/98 – Deutschland (Kinderkanal und Phoenix) vom 24.02.1999, Ziffer 6.3. („Abwägung zwischen Beeinträchtigung und Interesse der Gemeinschaft").

1782 Im Ergebnis ebenso die Kommission, ibidem, Fn. 1781, Ziffer 6.3 („Abwägung zwischen Beeinträchtigung und Interesse der Gemeinschaft"); Im übrigen waren die wirtschaftlichen Schwierigkeiten, die für Spartenveranstalter (i.e. das Kinderspartenprogramm *Nickelodeon* sowie ein weiterer Wetter-Spartenkanal) nach der Einrichtung der öffentlich-rechtlichen Spartensender auftraten, nach Ansicht der Kommission direkte Folge der bevorrechtigten Einspeisung in das Kabelnetz und nicht der Gebührenfinanzierung).

1783 Laut Mitteilung der Kommission über die Anwendung der Vorschriften über staatliche Beihilfen auf den öffentlich-rechtlichen Rundfunk, abgedruckt in epd medien Nr. 57 v. 21.7.2001, S. 21 ff., Ziff. 9, wird die Rolle des öffentlich-rechtlichen Rundfunks in Art. 16 EG anerkannt.

zugunsten der Spartenkanäle relativiert. Eine Verletzung des Gemeinschaftsinteresse in einem nicht mehr hinnehmbaren Ausmaß kann somit im Ergebnis nicht festgestellt werden.[1784]

F. Fazit

Im Ergebnis kann somit festgestellt werden, dass sich Art. 86 Abs. 2 EG durchaus dafür eignet, kommunikationsspezifische Bestimmungen der Mitgliedstaaten mit dem Gemeinschaftsrecht zu harmonisieren.[1785] Auch der Umstand, dass die Schranken-Schranke gemäß Art. 86 Abs. 2 S. 2 EG wegen der Besorgnis des Gemeinschaftsgesetzgebers aufgenommen wurde, die Kontrolle des öffentlichen Sektors könnte mittels Art. 86 Abs. 2 EG weitgehend ausgehöhlt werden,[1786] spricht dafür, dass die Vorschrift tatsächlich ein Instrumentarium beinhaltet, mitgliedstaatliche Regulierungen trotz Verstoßes gegen das Gemeinschaftsrecht

---

1784 Im Hinblick auf die Veranstaltung von öffentlich-rechtlichen Spartenkanälen abstrakt ebenso im Ergebnis bejaht, *Frey*, Fernsehen, S. 146, hinsichtlich der Finanzierungsgrundlagen, vgl. *Frey*, Fernsehen, S. 148 f.

1785 Vgl. hierzu die – in Folge der *Ferring/ACOSS* und *Altmark Trans*-Rechtsprechung des EuGH ergangene – bei *Bartosch*, EuZW 2004, S. 297 f., Fn. 18 ff. zitierte, jüngste Entscheidungspraxis der Kommission im Bereich des öffentlich-rechtlichen Rundfunks: Kommissionsentscheidung Staatliche Beihilfe Nr. N 37/2003 (BBC Digital Curriculum) vom 1.10.2003, Kommissionsentscheidung Staatliche Beihilfen Nr. C 85/2001 (RTP) vom 15.10.2003, Kommissionsentscheidung Staatliche Beihilfe Nr. C 62/99 (RAI) vom 15.10.2003 und Kommissionsentscheidung Staatliche Beihilfe Nr. C 60/99 (France 2/France 3) vom 10.12.2003. Nach *Frey*, ZUM 1999, S. 537 sowie *ders.*, Fernsehen, S. 144, handelt es sich bei Art. 86 Abs. 2 EG sogar um die „entscheidende Norm für alle Konflikte, die aufgrund der Sonderrechte und des autonomen Marktverhaltens der öffentlich-rechtlichen Fernsehanstalten mit den allgemeinen Wettbewerbsregeln entstehen können"; Unter Berufung auf die Rechtssache *Almelo* (Rs. C-393/92, Slg. 1994, I-1508), in der der Gerichtshof ausdrücklich die Berücksichtigung der wirtschaftlichen Voraussetzungen der im öffentlichen Interesse stehenden Tätigkeit für die Abwägung nach Art. 86 Abs. 2 EG gefordert habe, schließe dies auch die staatliche oder staatlich veranlasste Finanzierung ein, vgl. S. 145.; nach *Burgi*, in: Henneke, S. 112 sind die Spielräume noch nicht ausgeschöpft; zu der – in Folge der EuGH-Rspr. - gewachsenen Bedeutung von Art. 86 Abs. 2 EG für die Freiräume zur Gestaltung von Dienstleistungen von öffentlichem Interesse vgl. auch *Ehricke*, EuZW 1998, S. 747; weiterhin *Kube*, EuR 2004, S. 244 ff.;insgesamt zum Bedeutungswandel von Art. 86 Abs. 2 EG, der nunmehr auch eine Schnittstelle zwischen staatlicher Intervention im Lichte des modernen Verständnisses des Staats als Gewährleistungsstaat einerseits und den wirtschaftsverfassungsrechtlichen Verpflichtungen der Mitgliedstaaten andererseits *Pernice/Wernicke*, in: Grabitz/Hilf, EUV, Art. 86, Rdn. 3 und *Koenig/Kühling*, in: Streinz, EUV/EG, Art. 86, Rdn. 58 ff.; a.A. *Roider*, S. 284.

1786 Vgl. *Mestmäcker*, in: Immenga/Mestmäcker, EU-Wettbewerbsrecht, Art. 37, 90, D. Art. 90 Abs. 2, Rdn. 61.

nicht nur in einem ganz vernachlässigenswerten Umfang zu legitimieren. Die wesentliche Funktion der Norm liegt also in dem Zwang zur Begründung und damit zur Rationalität beim Einsatz von öffentlichen oder sonst privilegierten Unternehmen.[1787] Zu berücksichtigen ist in diesem Zusammenhang, dass die Autoren, die Art. 86 Abs. 2 EG für die Rechtfertigung kommunikationsspezifischer Vorschriften in der Vergangenheit für ungeeignet gehalten haben, in der Mehrzahl Maßnahmen vor Augen hatten, mit denen Mitgliedstaaten ihrer eigene Rundfunkvorschriften auf ausländische Unternehmen zu erstrecken suchten. Die Legitimation solcher Bestimmungen, die regelmäßig marktabschottende Wirkung haben, dürfte aber auch über Art. 86 Abs. 2 EG in der Tat kaum möglich sein.[1788] Wie gezeigt, ist dies jedoch bei der Verspartungsmaßnahme nicht der Fall.

Im Rahmen der Amsterdamer Regierungskonferenz haben sich die Staats- und Regierungschefs über die Verabschiedung des „Protokolls über den öffentlich-rechtlichen Rundfunk in den Mitgliedstaaten"[1789] geeinigt. Die Verständigung auf einige zentrale Aussagen den öffentlich-rechtlichen Rundfunk betreffend erfolgte vor dem Hintergrund divergierender Finanzierungsmodi in den einzelnen Mitgliedstaaten und mit der Absicht, die gemeinschaftsweite Bedeutung der mit dem Rundfunk verbundenen Interessen heraus- und klarzustellen.[1790] Somit fragt sich abschließend, ob die im Rahmen der vorliegenden Untersuchung gefundenen Ergebnisse mit dem Protokollinhalt in Übereinstimmung stehen.

G. Das Amsterdamer Protokoll über den öffentlich-rechtlichen Rundfunk in den Mitgliedstaaten

Die aus dem Protokoll gezogenen Schlussfolgerungen sind durchaus kontrovers.[1791] Nach einer teilweise vertretenen Auffassung führt das Protokoll nicht zu

---

1787 *Weiß*, EuR 2003, S. 184, 189; ähnlich *Frenz*, EuR 2000, S. 925 (substantielle Darlegung des öffentlichen Interesses).

1788 Insbesondere stellt *Storr*, DÖV 2002, S. 364, zutreffend fest, dass Art. 86 Abs. 3 EG entgegen gewichtiger Stimmen in der Literatur keine Kompetenzgrundlage zugunsten der Kommission für umfassende Deregulierungs- und Privatisierungsmaßnahmen darstellt.

1789 Abgedruckt in EU-Vertrag, Beck-Texte, 5. Auflage, München 2001.

1790 Vgl. *M. Oreja*, Address to the Spanish Parliamentary Subcommittee, abrufbar unter http://europa.eu.int/comm/avpolicy/legis/key_doc/subcomrtv_en.htm

1791 Hierzu ausführlicher *Schardt*, in: Schwarze/Becker (Hrsg.), Geistiges Eigentum, S. 95 ff.; *Schwarze*, ZUM 2000, S. 796 f.

der Notwendigkeit einer Kurskorrektur im Hinblick auf die beanspruchte insbesondere beihilferechtliche Prüfkompetenz der Gemeinschaft hinsichtlich des öffentlich-rechtlichen Rundfunks sowie seiner Finanzierung.[1792] Eine andere Meinung sieht sich durch die Erklärung in ihrer Auffassung bestätigt, dass die Gebührenfinanzierung mit dem Gemeinschaftsrecht im Einklang steht sowie insbesondere nicht als Beihilfe im Sinne des Art. 87 EG angesehen werden kann.[1793]

I. Rechtsnatur und Wirkungen des Protokolls

Es handelt sich bei der Amsterdamer Erklärung um ein Protokoll nach Art. 311 EG. Die gemäß Art. 311 EG im gegenseitigen Einvernehmen der Mitgliedstaaten dem Gemeinschaftsvertrag beigefügten Protokolle stellen integrale Vertragsbestandteile dar.[1794] Als solche haben die Protokolle daher grundsätzlich den gleichen Rang wie die Bestimmungen des EG selbst.[1795] Bei der Anwendung und Auslegung sind sie somit wie Bestimmungen des EG zu behandeln.[1796]

Ausweislich des Textes handelt es sich bei der Erklärung um eine auslegende Bestimmung. Kommt dem Protokoll aber ein lediglich auslegender Charakter zu, erfahren die von ihm in Bezug genommenen Vorschriften des Gemein-

---

[1792] Vgl. bspw. die Mitteilung der EU-Kommission über die Anwendung der Vorschriften über staatliche Beihilfen auf den öffentlich-rechtlichen Rundfunk, abgedr. in epd medien vom 21.7.2001, Nr. 57, S. 21 ff., nach der die Kommission trotz des Amsterdamer Protokolls nach wie vor das Prüfungs- sowie Alleinentscheidungsrecht hinsichtlich eventueller Ausnahmen reklamiert; vgl. auch *Schardt*, in: Schwarze/Becker (Hrsg.), Geistiges Eigentum, S. 95 („materiell wenig Neues") und S. 106 (Die Finanzierung des öffentlich-rechtlichen Rundfunks unterliegt auch in Ansehung des Protokolls einer umfassenden Prüfung durch die Europäische Kommission.); vgl. weiterhin *Degenhart*, K&R 2000, S. 54, wonach dem Protokoll nicht die generelle Unbedenklichkeit der Gebührenfinanzierung entnommen werden könne.

[1793] Vgl. die deutsche Bundesregierung, die das Protokoll im Sinne einer Kompetenzklärung zugunsten der Mitgliedstaaten versteht, BR-DR 784/97, S. 163, Nr. 9; ebenso die Rundfunkfachliche Stellungnahme der Länder zu dem vorgenannten Entwurf, abgedruckt in epd medien vom 25.7.2001, S. 20 ff.; in diesem Sinne wohl auch *Schwarze*, ZUM 2000, S. 796.

[1794] *Vedder*, in: Grabitz/Hilf, EUV, Art. 239, Rdn. 5.

[1795] Eine Verletzung des Inhalts eines Protokolls gemäß Art. 311 EG ist mit einer Verletzung der EG-Vorschriften gleichbedeutend, *Hilf*, in: Groeben/Thiesing/Ehlermann, EUV/EG, Art. 239, Rdn. 9.

[1796] *Vedder*, in: Grabitz/Hilf, EUV, Art. 239, Rdn. 5.

schaftsprimärrechts keine Modifizierung.[1797] Die Erklärung hat vielmehr allein dahingehend klarstellenden Charakter, wie die Mitgliedstaaten als Herren der Verträge die Anwendung der Vertragsbestimmungen im Fall des öffentlich-rechtlichen Rundfunk verstanden wissen wollen.[1798] Durch den Inhalt der Erklärung wird eine verbindliche Auslegungsmaxime für die Anwendung des Gemeinschaftsrechts im Hinblick auf die Finanzierung des öffentlich-rechtlichen Rundfunks vorgegeben. Insofern müssten die im Rahmen der vorherigen Untersuchung gefundenen Ergebnisse durch den Inhalt des Protokolls ihre Bestätigung finden.

II. Inhalt des Protokolls

Nach dem Protokoll lassen die Bestimmungen des Vertrages die Befugnis der Mitgliedstaaten unberührt, „den öffentlich-rechtlichen Rundfunk zu finanzieren, sofern die Finanzierung der Rundfunkanstalten den öffentlich-rechtlichen Auftrag, wie er von den Mitgliedstaaten den Anstalten übertragen, festgelegt und ausgestaltet wird, dient und die Handels- und Wettbewerbsbedingungen in der Gemeinschaft nicht in einem Ausmaß beeinträchtigt, das dem gemeinsamen Interesse zuwiderläuft, wobei den Erfordernissen der Erfüllung des öffentlichen-rechtlichen Auftrags Rechnung zu tragen ist."

Kernaussage des Protokolls ist damit die Finanzierungsbefugnis des öffentlich rechtlichen Rundfunks durch die Mitgliedstaaten. Sie wird unter der Voraussetzung von zwei Prämissen bejaht, die kumulativ vorliegen müssen. (vgl. Teil 4 G.II.1. und Teil 4 G.II.2.).

1. Mittel-Ziel-Relation zwischen Finanzierung und öffentlich-rechtlichem Auftrag

Nach dem Protokoll wird die Finanzierungsbefugnis nicht durch die Vertragsbestimmungen berührt, „sofern die Finanzierung...dem öffentlich-rechtlichen Auf-

---

1797 Vgl. beispielsweise *Dörr/Eckl*, NJW 1999, S. 1928; *Frey*, ZUM 1999, S. 541 („keine neue Kategorie"); *ders.*, Fernsehen, S. 123; *Hain*, MMR 2001, S. 220 („nur eine Auslegungsmaxime"); Demgegenüber sind die Ausführungen von *Müller-Graff*, EuR 2002, S. 27, missverständlich, als er feststellt, dass die sektorale Befugnis der Mitgliedstaaten zur Finanzierung des öffentlich-rechtlichen Rundfunks einem Sonderregime unterstellt worden sei, das alle Vorschriften des Gemeinschaftsrechts überlagere.

1798 *Dörr/Eckl*, NJW 1999, S. 1928; *Dörr*, in: Schriftenreihe des Instituts für Europäisches Medienrecht, Band 18, S. 16; *Kopp*, in: Schwarze/Becker (Hrsg.), Geistiges Eigentum, S. 91.

trag dient". Erforderlich ist damit also eine direkte Mittel-Ziel-Relation zwischen Finanzierung und öffentlich-rechtlichem Auftrag. In diesem Zusammenhang ist von besonderem Interesse, wo die Grenzen der mitgliedstaatlichen Definitions- und Ausgestaltungsbefugnis im Hinblick auf den öffentlichen Auftrag liegen (Teil 4 G.II.1.a)) sowie welche Schlussfolgerungen aus der Notwendigkeit der Auftragsbezogenheit der Finanzierung für die Einordnung der Gebührenfinanzierung in den Vertragskontext gezogen werden können (Teil 4 G.II.1.b)).

a) Die Befugnis zur Festlegung, Ausgestaltung und Übertragung des öffentlich-rechtlichen Auftrags

Das Recht der Mitgliedstaaten, bestimmten Unternehmen im Bereich des öffentlich-rechtlichen Rundfunks öffentliche Aufgaben zu übertragen und deren Finanzierung in angemessenen Umfang sicherzustellen, wird durch das Protokoll ausdrücklich festgestellt.[1799] Den Mitgliedstaaten kommt nach dem ausdrücklichen Wortlaut in diesem Zusammenhang sowohl die Definitions- als auch die Ausgestaltungshoheit im Hinblick auf den öffentlich-rechtlicher Auftrag zu. Dabei geht das Protokoll ausweislich des vorangestellten Erwägungsgrunds davon aus, dass die Mitgliedstaaten ihre Kompetenz in diesem Bereich dazu nutzen, den öffentlich-rechtlichen Rundfunk im Interesse der demokratischen, sozialen, kulturellen sowie medienpluralistischen Bedürfnisse ihrer Gesellschaften auszugestalten.[1800]

Aus dem Zusatz, dass die Finanzierung nicht die Handels- und Wettbewerbsbedingungen beeinträchtigen darf, wird teilweise geschlossen, dass die Mitgliedstaaten bei der Definition des öffentlich-rechtlichen Auftrags im Rundfunkbereich keine freie Hand haben, beziehungsweise „nicht absolut unabhängig sind".

1799 Dem Umstand, dass der Text von einer Festlegung etc. des öffentlich-rechtlichen Auftrags nicht in der Vergangenheit (etwa: "dem öffentlich-rechtlichen Auftrag, wie er von den Mitgliedstaaten...übertragen, festgelegt und ausgestaltet *wurde*") sondern in der Gegenwart ausgeht ("*wird*"), kann schließlich eine dynamische Komponente entnommen werden. Ähnlich wie die Rechtsprechung des BVerfG, vgl. Nachweise unter Fn. 1484, das bereits frühzeitig erkannt hat, dass die spezifische Funktion des öffentlich-rechtlichen Rundfunks angesichts permanenter technischer und gesellschaftlicher Veränderungen nur durch das Zugeständnis einer Entwicklungsgarantie erfüllt werden kann, kann vor diesem Hintergrund für die Gemeinschaft davon ausgegangen werden, dass sie sich einer Interpretation des öffentlich-rechtlichen Auftrags, welche dem Bedürfnis der Entwicklungsoffenheit des Begriffs Rechnung trägt, nicht verschließt.

1800 *Schardt*, in: Schwarze/Becker (Hrsg.), Geistiges Eigentum, S. 98.

Wenn nämlich alle Programme öffentlich-rechtlicher Anstalten in den Mitgliedstaaten automatisch der Erfüllung des öffentlich-rechtlichen Auftrags dienten, sei, so die zitierte Auffassung, der Zusatz hinsichtlich der Handels- und Wettbewerbsbedingungen überflüssig.[1801] Die Einschränkung der Definitionshoheit soll sich außerdem mittelbar daraus ergeben, dass die Ausgestaltung des Auftrags in großem Maße den Finanzierungsbedarf vorbestimmt und die Finanzierung wiederum am Beihilferegime zu messen sei.[1802]

Über das Tatbestandsmerkmal der Handels- und Wettbewerbsbedingungen die Definitions- und Ausgestaltungsbefugnis der Mitgliedstaaten relativieren zu wollen, bedeutet jedoch nicht nur, sich in Widerspruch zu dem insofern unzweideutigen Wortlaut des Protokolls zu setzen. Wie bereits ausgeführt, beruft das Protokoll ausdrücklich nur die Mitgliedstaaten dazu, den öffentlich-rechtlichen Auftrag festzulegen, auszugestalten und den Anstalten zu übertragen. Das zuletzt genannte Argument ignoriert zudem, dass das Amsterdamer Protokoll auf die zuvor kontrovers diskutierte Frage der Maßgeblichkeit des Beihilferegimes eine Antwort zu geben beabsichtigt hat.[1803]

Die nähere Betrachtung zeigt zudem, dass sich die Aufnahme des Verbots, die Handels- und Wettbewerbsbedingungen zu beeinträchtigen, keinesfalls nur in der zitierten Weise rechtfertigen lässt, d.h. andernfalls redundant wäre. Angesichts des Umstands, dass das Protokoll die Bestimmung des Funktionsbereichs des öffentlich-rechtlichen Rundfunks ausschließlich in die Hände der Mitgliedstaaten legt, könnte ohne den zitierten Zusatz einer potentiellen Missbrauchsgefahr der Definitionshoheit nicht entgegengetreten werden. Gerade weil das Protokoll die Bedeutung der Vertragsvorschriften im Hinblick auf den öffentlich-rechtlichen Rundfunk erschöpfend interpretiert, könnte also mit anderen Worten ohne die Schranke der Handels- und Wettbewerbsbedingungen keine gemeinschaftsrechtliche Kontrolle über gegebenenfalls missbräuchliche Festlegungen oder Ausgestaltungen ausgeübt werden. Die Instrumentalisierung nationaler

---

1801 Bspw. *Wichmann*, S. 29 f. m.w.N.; ähnlich *Schardt*, in: Schwarze/Becker (Hrsg.), Geistiges Eigentum, S. 100 f., der aus diesem Zusatz schließt, dass eine Maßnahme auch denn einer Prüfung der Vereinbarkeit mit den Bestimmungen des EG bedarf, wenn sie eindeutig durch einen klar definierten öffentlich-rechtlichen Rundfunkauftrag veranlasst ist.

1802 *Wichmann*, S. 29.

1803 Diesen historischen Beweggrund des Protokolls räumt auch *Schardt*, in: Schwarze/Becker (Hrsg.), Geistiges Eigentum, S. 95 ff. ein; vgl. hierzu auch die Ausführungen weiter unten auf S. 348 f.

Kompetenzen für protektionistische oder sonst missbräuchliche Zielsetzungen wird nach der Gesamtkonzeption des Vertrags, aber auch sonst regelmäßig nicht toleriert.[1804] Das muss auch und gerade für den besonders wichtigen Bereich gemeinwirtschaftlicher Dienstleistungen gelten. Mangels Bereichsausnahme zugunsten des öffentlich-rechtlichen Rundfunks gilt ebenfalls nichts anderes für diesen Sektor.

Aus der Tatsache, dass sich die Gemeinschaft eine Missbrauchskontrolle vorbehält, darf aber nicht geschlossen werden, dass die Mitgliedstaaten diesseits der Missbrauchsgrenze bei der Bestimmung des *ob* und des *wie* der Verwirklichung des öffentlich-rechtlichen Auftrags im Rundfunkbereich grundsätzlich keine freie Hand haben.[1805] Angesichts der klaren Kompetenzzuweisung hat sich die Gemeinschaft in diesem Bereich einer wie auch immer gearteten Inhaltskontrolle zu enthalten. Der Versuch, aus dem Zusatz der Nichtbeeinträchtigung der Handels- und Wettbewerbsbedingungen eine wie auch immer geartete eingeschränkte Kompetenz der Mitgliedstaaten bei Formulierung und Ausgestaltung des öffentlich-rechtlichen Auftrags abzuleiten, ist daher zurückzuweisen. Dem Zusatz kommt ausschließlich die klarstellende Funktion zu, dass die Mitgliedstaaten ihre Kompetenz wie auch sonst nicht missbräuchlich einsetzen dürfen.

Die Feststellung, dass die Mitgliedstaaten weiterhin die Zuständigkeit besitzen, den Aufgabenbereich des öffentlich-rechtlichen Rundfunks zu bestimmen, bestätigt dabei sowohl das bereits aus Art. 151 EG abgeleitete Ergebnis[1806] sowie die Vorgaben des Art. 86 Abs. 2 EG.[1807]

b) Die Bedeutung der Auftragsbezogenheit der Finanzierung für deren EG-rechtlichen Einordnung

Aus dem Amsterdamer Protokoll, insbesondere aber aus dem Erfordernis, dass die Finanzierung dem öffentlich-rechtlichen Auftrag zu dienen hat, ist weiterhin geschlossen worden, dass sich das Protokoll an die Bestimmung des Art. 87 EG anlehnt. Durch Art. 87 EG wird die grundsätzliche Unzulässigkeit von staatli-

---

1804 Teil 3 B.III.2. und Teil 3 B.III.5.b).

1805 So ist aber wohl *Wichmann*, S. 29 f. sowie *Schardt*, in: Schwarze/Becker (Hrsg.), Geistiges Eigentum, S. 95 f. zu verstehen.

1806 Vgl. oben Teil 2 D.V.; *Dörr/Eckl*, NJW 1999, S. 1928; ebenso *Dörr*, in: Schriftenreihe des Instituts für Europäisches Medienrecht, Band 8, S. 16.

1807 Vgl. die Ausführungen unter Teil 4 B.II. und Teil 4 E.

chen Beihilfen konstituiert.[1808] Das Protokoll diene der Einstufung der Gebührenfinanzierung als mögliche Beihilfe im Sinne des EG und beende eine bis dato geführte Diskussion um den gemeinschaftsrechtlichen Status dieser Zuwendungen durch eine primärrechtliche Vorgabe.[1809] Aus der beihilferechtlichen Überprüfbarkeit sei dem Protokoll die Vorgabe zu entnehmen, dass der öffentlich-rechtliche Rundfunk nur so weit finanziert werden dürfe, als es zur Erfüllung seines Auftrags unbedingt notwendig sei.[1810] Dies sei beispielsweise nicht der Fall, wenn die gesendeten Sparteninhalte über den Werbemarkt finanziert werden könnten.[1811]

Bereits die Heranziehung des Wortlauts sowie der systematischen Bezüge liefert keine überzeugende Stütze für die These, das Protokoll diene primär der Feststellung der Anwendbarkeit des Beihilfekapitels. Weder nimmt das Protokoll auf die Beihilfevorschrift Bezug, noch greift es deren Struktur auf. Während das Protokoll ausdrücklich die Vereinbarkeit der Gebührenfinanzierung mit dem EG-Recht schlechthin unter zwei Prämissen feststellt, betrifft Art. 87 EG den systematisch entgegengesetzten Ansatz eines präventiven Verbots mit Erlaubnisvorbehalt. Überhaupt ähnelt das Protokoll in seiner Struktur Art. 86 Abs. 2 EG,[1812] d.h. einer Vorschrift, die vertragsübergreifend dem Ausgleich von Ge-

---

1808 Vgl. oben Teil 1 C.

1809 So beispielsweise *Damm*, S. 168; nach *Wichmann*, S. 42, liege *der* wesentliche Beitrag des Protokolls in der Klarstellung der Anwendbarkeit des Beihilferegimes auf die mitgliedstaatliche Finanzierung des öffentlich-rechtlichen Rundfunks; ähnlich *Schardt*, in: Schwarze/Becker (Hrsg.), Geistiges Eigentum, S. 101, nach dem sich die Kompatibilität der Finanzierung des öffentlich-rechtlichen Rundfunks nicht aus dem Protokoll, sondern erst nach Vornahme einer Abwägung im Einzelfall , welche vom Amsterdamer Protokoll verlangt werde, ergibt.

1810 *Schardt*, in: Schwarze/Becker (Hrsg.), Geistiges Eigentum, S. 100 ff.

1811 *Wichmann*, S. 38 f. und S. 44, die in diesem Zusammenhang auf das von *Selmer/Gersdorf*, S.85, vorgeschlagene Zerlegungsmodell zurückgreifen will, wonach nur diejenigen Programminhalte in den Genuss der Gebührenfinanzierung kommen sollen, die nicht über den Markt finanziert werden können; selbst die Kommission räumt jedoch in ihrer Mitteilung – Leistungen der Daseinsvorsorge in Europa vom 20.9.2000, KOM (2000) 580 endg., ABl. EG Nr. C 17, S. 4, Anhang I, „Hörfunk und Fernsehen" ein, dass die Entscheidung über die Finanzierungsmodalitäten des öffentlich-rechtlichen Rundfunks allein bei den Mitgliedstaaten liegt und sich somit aus dem Europarecht mit anderen Worten keine Vorgaben für eine Marktfinanzierung herleiten lassen.

1812 Insbesondere das Erfordernis, dass die Finanzierung „die Handels- und Wettbewerbsbedingungen in der Gemeinschaft nicht in einem Ausmaß beeinträchtigt, das dem gemeinsamen Interesse zuwiderläuft" korrespondiert mit der Anforderung des Art. 86 Abs. 2, S. 2 EG; vgl. auch die Gemeinsame Stellungnahme von ARD und ZDF zum EU-

Fußnote fortgesetzt

meinschafts- und mitgliedsstaatlichen Interessen im Bereich der Dienstleistungen von allgemeinem wirtschaftlichem Interesse dient. Auch das Protokoll nimmt ausdrücklich sämtliche Vertragsvorschriften in Bezug und richtet sich nicht etwa nur auf das Wettbewerbs- oder Beihilferecht.[1813] Das Protokoll stellt also eine Auslegungsmaxime dafür zur Verfügung, wie die scheinbar entgegengesetzten Interessen miteinander in Einklang gebracht werden können.[1814]

Hierfür spricht auch der im Rahmen des Protokolls vorangestellte Erwägungsgrund. Bestünde die Funktion des Protokolls tatsächlich im wesentlichen darin, die Anwendbarkeit der Wettbewerbs- beziehungsweise Beihilfevorschriften festzustellen, wäre die Hervorhebung der besonderen Bedeutung des öffentlich-rechtlichen Rundfunks für die mitgliedstaatlichen Gesellschaften[1815] nicht nur sinnlos, sondern sogar kontraproduktiv: Es nicht zu erwarten, dass die Bestätigung der Anwendung einer Regelbestimmung wie dem Beihilfeverbot auf einen Sachverhalt mit dessen Besonderheiten begründet wird sondern vielmehr mit dem Fehlen besonderer Herausstellungsmerkmale. Die Aufnahme des Erwägungsgrunds erklärt sich demgegenüber unschwer, wenn man mit der hier vertretenen Auffassung davon ausgeht, dass sich in dem Protokoll bereits selbst das Ergebnis der nach den Vertragsvorschriften vorzunehmenden Abwägungen manifestiert. Es enthält bereits selbst eine eigene Auslegung dahingehend, wie die Mitgliedstaaten die Anwendung der Vertragsvorschriften auf den öffentlich-rechtlichen Rundfunk verstanden wissen wollen.[1816] In diesem Zusammenhang kommt dem Erwägungsgrund die Funktion zu, das Ergebnis der vorgenommenen Abwägungen argumentativ zu unterlegen.

Prüfungsanspruch bei unerlaubten Beihilfen, abgedruckt in epd medien vom 28.7.2001, Nr. 59, S. 22 ff.

1813 Die Erklärung gilt also nicht etwa nur im Hinblick auf das Wettbewerbs- und Beihilferecht, welches die Diskussion um die Bedeutung des Protokolls maßgeblich geprägt hat. Dies wird auch von *Schardt*, in: Schwarze/Becker (Hrsg.), Geistiges Eigentum, S. 97, eingeräumt; die Ansicht *Freys*, ZUM 1999, S. 541, nach der das Protokoll zum Amsterdamer Vertrag eine Interessenabwägung zwischen dem gemeinsamen Interesse und dem öffentlich-rechtlichen Programmauftrags im Sinne von Art. 86 Abs. 2 EG vorsieht, ist vor diesem Hintergrund im Kern zutreffend, insgesamt aber insofern zu eng.

1814 Vgl. auch den Bericht der Hochrangigen Gruppe für Audiovisuelle Politik, abrufbar unter http://europa.eu.int/comm/avpolicy/legis/key_doc/hlg3_en.htm.

1815 Vgl. Bericht der Hochrangigen Gruppe für Audiovisuelle Politik („vital role"), abrufbar unter http://europa.eu.int/comm/avpolicy/legis/key_doc/hlg3_en.htm.

1816 Ebenso *Frey*, ZUM 1999, S. 541, der nach der hier vertretenen Ansicht das Ergebnis der Interessensabwägung allerdings in zu enger Weise auf Art. 86 Abs. 2 EG fokussiert.

Schließlich sprechen auch teleologische Argumente dagegen, das Amsterdamer Protokoll in dem eingangs zitierten Sinne zu verstehen. Dies ergibt sich aus der Überlegung, dass, wäre die Finanzierung nochmals vollständig anhand der Beihilfevorschriften zu prüfen, durch das Protokoll nichts gewonnen wäre, außer der Erkenntnis, dass auch zugunsten des öffentlich-rechtlichen Rundfunks keine Bereichsausnahme von Art. 87 EG existiert. Zu berücksichtigen ist, dass sich die in den Mitgliedstaaten sowie auf europäischer Ebene geführte Debatte über die Finanzierung des öffentlich-rechtlichen Rundfunks im Kern darum drehte, ob diese eine verbotene Beihilfe im Sinne von Art. 87 EG darstellt oder nicht. Die These einer Bereichsausnahme zugunsten des öffentlich-rechtlichen Rundfunks wurde hingegen infolge der Rechtsprechung der europäischen Gerichte nicht mehr ernsthaft vertreten.[1817] Vor diesem Hintergrund wäre das Amsterdamer Protokoll seiner klarstellenden Funktion im wesentlichen beraubt.

Im Ergebnis ist daher das Amsterdamer Protokoll dahingehend zu verstehen, dass die Rundfunkfinanzierung weder eine Beihilfe gemäß Art. 87 EG darstellt noch im Widerspruch zu den sonstigen Vertragsvorschriften steht, sofern sie dem öffentlich-rechtlichen Auftrag dient.[1818] Das bedeutet nicht, dass dem öffentlich-rechtlichem Rundfunk eine grundsätzliche Bereichsausnahme von dem Beihilfekapitel oder sonstigen EG-Vorschriften zugute kommt. Vielmehr ist davon auszugehen, dass, soweit eine Zweck-Mittel-Relation zwischen Finanzierung und Auftrag besteht, bereits der Tatbestand einer Beihilfe nicht erfüllt ist. Erst jenseits öffentlicher Aufgabenerfüllung liegende Finanzierungen, d.h. solche, die faktisch nicht dem fraglichen oder einem missbräuchlich definierten und somit gemeinschaftsrechtlich unzulässigem Auftrag dienen oder als überkompensatorisch anzusehen sind, werden damit voll von den Bestimmungen des EG, insbesondere also von den Wettbewerbs- und Beihilfevorschriften sowie den Grundfreiheiten erfasst. Weitergehende Konsequenzen, wie beispielsweise, dass die Definition und Alimentation des Rundfunkauftrags unter dem Vorbehalt der Erforderlichkeit der betreffenden Maßnahme, was wiederum von den

---

[1817] Die These von der Bereichsausnahme des Kulturbereichs wurde beispielsweise noch vertreten seitens des Deutschen Bundesrates, vgl. Beschluss des Bundesrates zum Vorschlag einer EG-Rundfunkrichtlinie, Media Perspektiven Dokumentation I/87, S. 78 und ibidem, II/1987, S. 143.

[1818] Ebenso *Dörr/Eckl*, NJW 1999, S. 1928; *Dörr*, in: Schriftenreihe des Instituts für Europäisches Medienrecht, Band 18, S. 16.

Gemeinschaftsorganen zu überprüfen sei, lassen sich aus dem Kriterium der Auftragsbezogenheit nicht herleiten.[1819]

Dieses Verständnis des Amsterdamer Protokolls deckt sich auch mit den untersuchungsgegenständlichen Ausführungen im Hinblick auf die fehlende Einschlägigkeit des Art. 87 EG für die Finanzierung der Spartenkanäle,[1820] mit dem Ergebnis zu der Frage der Vereinbarkeit mit Art. 49 EG[1821] sowie mit der Auslegung und Anwendung von Art. 86 Abs. 2 EG auf den vorliegenden Sachverhalt.[1822] Wie im Folgenden zu zeigen sein wird, eröffnet dieses Verständnis auch nicht die Möglichkeit des Missbrauchs zugunsten der Mitgliedstaaten.

2. Kein Vorliegen einer relevanten Beeinträchtigung der Handels- und Wettbewerbsbedingungen

Nach der zweiten Prämisse für die Zulässigkeit der Rundfunkfinanzierung dürfen die Handels- und Wettbewerbsbedingungen nicht in einem Ausmaß beeinträchtigt werden, das dem gemeinsamen Interesse zuwiderläuft. Eine gewisse Beeinträchtigung der Handels- und Wettbewerbsbedingungen im Interesse der öffentlich-rechtlichen Aufgabenerfüllung ist demgegenüber aus Gemeinschaftssicht also hinzunehmen. Der Passus ist an die Formulierungen der Art. 86 Abs. 2 S. 2 EG beziehungsweise Art. 87 Abs. 3 lit. d) EG angelehnt. Durch ihn wird zunächst einmal der Selbstverständlichkeit Ausdruck verliehen, dass auch zugunsten des öffentlich-rechtlich Rundfunks keine grundsätzliche Bereichsausnahme von den Verpflichtungen des Vertrags existiert.[1823]

Angesichts der grammatikalischen Ähnlichkeiten kann im Hinblick auf den Begriff des gemeinsamen Interesses auf die Ausführungen zu Art. 86 Abs. 2 S. 2 EG rekurriert werden.[1824] Das gemeinsame Interesse wird mit anderen Worten

---

1819 So aber wohl *Schardt*, in: Schwarze/Becker (Hrsg.), Geistiges Eigentum, S. 101 ff.

1820 Teil 1 D.

1821 Teil 3 B.VI.

1822 Teil 4 F.

1823 Insofern zutreffend *Schardt*, in: Schwarze/Becker (Hrsg.), Geistiges Eigentum, S. 99 und 102

1824 Vgl. hierzu oben Teil 4 E.I.; zum Begriff des „gemeinsamen Interesses" gemäß Art. 87 Abs. 3, lit. d) EG vgl. *Rawlinson*, in: Lenz, EG, Art. 92, Rdn. 33 sowie *v. Wallenberg*, in: Grabitz/Hilf, EUV, Art. 92, Rdn. 84, die ebenfalls auf die Notwendigkeit verweisen, die kulturellen Zielsetzungen der Gemeinschaft in diesem Zusammenhang zu berücksichtigen.

nicht nur durch die handels- und wettbewerbspolitischen Gemeinschaftsziele, sondern auch durch die anderen Gemeinschaftspolitiken unter Einschluss der im vorliegenden Zusammenhang besonders relevanten kulturellen Ziele gemäß Art. 3 lit. q), 151 sowie des Art. 16 EG konstituiert.[1825]

Die Besonderheit der Feststellungen des Protokolls liegt vorliegend in dem Umstand, dass sie die Abwägung zwischen mitgliedstaatlichen und gemeinschaftlichen Interesse in einem bestimmten Umfang inhaltlich determiniert, indem sie herausstellt, dass „den Erfordernissen der Erfüllung des öffentlich-rechtlichen Auftrags Rechnung zu tragen“ ist. Aus der Verwendung des juristischen Imperativs („ist Rechnung zu tragen“) kann geschlossen werden, dass nach Auffassung des Gemeinschaftsgesetzgebers das, was zur Erfüllung des öffentlich-rechtlichen Auftrags erforderlich ist, grundsätzlich auch mit dem gemeinsamen Interesse vereinbar ist. Worin jedoch die Erfordernisse der Erfüllung des öffentlichen-rechtlichen Auftrags im einzelnen bestehen, obliegt ausweislich der klaren Kompetenzzuweisung dem Beurteilungs- und Prognosespielraum der Mitgliedstaaten.

Der letzte Halbsatz des Amsterdamer Protokolls enthält in diesem Sinne nach deutscher verfassungsrechtlicher Terminologie eine Schranken-Schranke der Finanzierungsbefugnis des öffentlich-rechtlichen Rundfunks. Durch die Schranken-Schranke wird verdeutlicht, dass für die Annahme einer relevanten Beeinträchtigung der Handels- und Wettbewerbsbedingungen kein Raum ist, sofern die Definition des öffentlich-rechtlichen Auftrags nicht missbräuchlich vorgenommen wurde, die Finanzierung tatsächlich der Aufgabenerfüllung dient und schließlich keine Anhaltspunkte für eine Überkompensation vorliegen. Bewegt sich die Finanzierung des öffentlich-rechtlichen Rundfunks mit anderen Worten im Rahmen des mitgliedstaatlich formulierten Auftrags, so steht sie im Einklang mit dem gemeinsamen Interesse. Zahlungen jenseits der Funktionserfüllung dürften demgegenüber die Handels- und Wettbewerbsbedingungen in relevanter Weise beeinträchtigen, da sie nicht durch die Erfordernisse der öffentlich-rechtlichen Aufgabenerfüllung gerechtfertigt werden können. Insofern würde das Interesse an der Aufrechterhaltung ungestörter Handels- und Wettbewerbsbedingungen im Rahmen des gemeinsamen Interesses überwiegen.

[1825] Dies wird von *Schardt*, in: Schwarze/Becker (Hrsg.), Geistiges Eigentum, S. 104 f., nach dem bereits jeglicher Beeinträchtigung der Handels- und Wettbewerbsbedingungen des EG einen Widerspruch zum gemeinsamen Interesse konstituiert, verkannt; vgl. hierzu auch oben Teil 4 E.I.1. und Teil 4 E.I.2.

Auch dieses Verständnis des Protokolls bestätigt die im Rahmen der Untersuchung zuvor gezogenen Schlussfolgerungen hinsichtlich der Anwendung der Vertragsvorschriften auf die Gebührenfinanzierung der Spartenkanäle. Dies gilt insbesondere im Hinblick auf die Bedeutung der zwingend zu berücksichtigenden kulturellen Aspekte nach der Kulturverträglichkeitsklausel gemäß Art. 151 Abs. 4 EG[1826] sowie dem ebenfalls querschnittsmäßig zu berücksichtigenden Art. 16 EG im Rahmen der Ermittlung des gemeinsamen Interesses.

3. Fazit

Das Amsterdamer Protokoll unterstreicht somit im Ergebnis die Befugnis der Mitgliedstaaten, den Auftrag des öffentlich-rechtlichen Rundfunks zu definieren, die organisatorisch-gestalterischen Vorkehrungen für die Erfüllung des Auftrags festzulegen sowie die sich hieraus ergebenen Aufgabenstellungen bestimmten Unternehmen zu übertragen und ihre Finanzierung zu regeln. Die nach mitgliedstaatlichen Ermessen gestaltete Verfolgung der mit dem Rundfunk zusammenhängenden Aufgaben in programmlich-inhaltlicher, sowie organisatorisch-administrativer Hinsicht wird gemeinschaftsrechtlich anerkannt.

Vorstehendes gilt unter der Prämisse, dass die Mitgliedstaaten keine missbräuchliche Definition des öffentlichen Auftrags vornehmen, dass zwischen eingesetztem Mittel und verfolgtem Ziel der erforderliche Zusammenhang besteht sowie dass sich die Finanzierung im Hinblick auf die Aufgabenerfüllung schließlich nicht als überkompensatorisch darstellt. Durch die grundsätzliche Anwendbarkeit des Gemeinschaftsrechts wird die Existenz einer Missbrauchsgrenze bekräftigt, die verhindert, dass die Mitgliedstaaten unter Vorgabe öffentlicher Aufgabenerfüllung gemeinschaftskonträre Ziele verfolgen. Die Erklärung stellt durch den letzten Halbsatz weiterhin klar, dass das gemeinsame Interesse inhaltlich bereits dergestalt definiert ist, dass sich eine an die genannten Prämissen haltende Rundfunkfinanzierung von vornherein in die Vertragssystematik einpasst.

Die bereits zuvor festgestellte Vereinbarkeit der Spartenkanäle mit dem Gemeinschaftsrecht[1827] wird daher durch die Analyse des Protokolls bestätigt. Insofern unterstreicht das Protokoll vollumfänglich die durch Auslegung der einschlägigen Vertragsbestimmungen gefundenen Ergebnisse.

[1826] Teil 2 B.IV. und Teil 2 B.VI.

[1827] Teil 3 B.VI.

Teil 5 Zusammenfassung der Ergebnisse

A. Die EG-beihilferechtliche Beurteilung von *Phoenix* und *Kinderkanal*

1. Die den Spartenkanälen zur Verfügung stehenden Rundfunkgebühren stellen keine öffentlichen Mittel im Sinne von Art. 87 Abs. 1 EG dar. Nicht ausreichend ist, dass der Staat Gelder, die der privaten Sphäre entstammen, aus Gründen des öffentlichen Interesses durch Gesetz auf Dritte umleitet.[1828] Voraussetzung einer staatlichen Zurechnung von Finanzmitteln ist vielmehr, dass der Staat Kontrolle über die Mittel als solche erlangt.[1829] Hierzu müssen die Gelder zumindest vorübergehend Bestandteil eines öffentlichen beziehungsweise eines der öffentlichen Hand zurechenbaren Haushalts geworden sein.[1830]

2. Dies ist bei den Rundfunkgebühren nicht der Fall. Die Gebühren werden zu keinem Zeitpunkt Bestandteil eines staatlichen Haushalts.[1831] Ein ggf. zu berücksichtigender staatlich zurechenbarer Nebenhaushalt scheidet im Hinblick auf die vorliegend in Frage kommenden Einrichtungen aus. Die GEZ ist als eine zum Zwecke des Gebühreneinzugs gleichsam ausgelagerte, administrative Einheit der Rundfunkanstalten allenfalls letzteren, nicht jedoch dem Staat zurechenbar.[1832] Der KEF obliegt als unabhängigem Sachverständigengremium allein die Ermittlung des angemessenen Finanzbedarfs der Rundfunkanstalten. Die Gelder fließen jedoch zu keinem Zeitpunkt in einen eigenen Haushalt der KEF.[1833]

3. Die Gebührenfinanzierung führt darüber hinaus zu keiner beihilferechtlich relevanten Begünstigung. Nach der jüngsten EuGH-Rechtsprechung stellt

---

1828 Vgl. hierzu den Überblick über den Streitstand in Teil 1C.I.1.

1829 Vgl. insbesondere EuGH Rs. C-379/98 (PreussenElektra/Schleswag), Slg. 2001, I-2099.

1830 Teil 1C.I.2. sowie Teil 1C.I.3.a).

1831 Vgl. den Überblick in Teil 1C.I.3.b).

1832 Teil 1C.I.3.c).

1833 Teil 1C.I.3.c).

der finanzielle Ausgleich für gemeinwirtschaftliche Sonderlasten bereits keine Begünstigung im Sinne von Art. 87 Abs. 1 EG dar.[1834]

4. Die Berücksichtigung von im Allgemeininteresse erbrachten Sonderleistungen bereits auf Tatbestandsebene wird seitens des EuGH unter der Voraussetzung einer klaren Aufgabendefinition, einer tatsächlichen Betrauung mit der gemeinwirtschaftlichen Aufgabe sowie objektiver und transparenter Parameter für die Berechnung des zu zahlenden Ausgleichs befürwortet. Die gewährte Kompensationsleistung muss dabei zumindest einer marktorientierten, hypothetischen Kostenrechnung standhalten.[1835]

5. Die zuvor genannten Voraussetzungen für die Berücksichtigungsfähigkeit von Ausgleichsleistungen liegen hinsichtlich der vorliegend interessierenden Rundfunkgebühren vor.[1836]

6. Dabei hängt die gemeinschaftsrechtliche Anerkennung gemeinwirtschaftlicher Leistungen nicht von deren Qualifizierung im mitgliedstaatlichen Kontext ab. Die Frage des Grundversorgungscharakters von *Phoenix* und *Kinderkanal* ist folglich für die europarechtliche Bewertung ohne Belang.[1837] Ausschlaggebend ist allein, dass die mit der Aufgabenerfüllung zusammenhängende Zielsetzung mit dem Gemeinschaftsrecht vereinbar ist. Dies kann für die Spartenkanäle insbesondere im Hinblick auf die durch das Amsterdamer Protokoll gemeinschaftsrechtlich anerkannte Aufgabenstellung des öffentlich-rechtlichen Rundfunks bejaht werden.[1838] Darüber hinaus ist die Aufgabendefinition hinreichend klar.[1839] Ebenso liegt die erforderliche Betrauung der Spartenkanäle mit der Aufgabenerfüllung vor.[1840]

7. Für die Bejahung eines kompensatorischen Ausgleichscharakters der Gebührengelder ist nicht ausschlaggebend, dass zwischen Rundfunkgebühr und

---

1834 Vgl. EuGH Rs. C-53/00 (Ferring/ACOSS), Slg. 2001, I-9067 und EuGH Rs. C-280/00 (Altmark Trans), Slg. 2003, I-7747, sowie den Überblick über den bisherigen Streitstand in Teil 1C.II.1.

1835 Teil 1C.II.2.

1836 Teil 1C.II.3.

1837 Teil 1C.II.3.a).

1838 Teil 1C.II.3.a).

1839 Teil 1C.II.3.a).

1840 Teil 1C.II.3.a).

Programmleistung ein synallagmatischer Leistungsaustausch vorliegt oder eine Rezeption des Programmangebots tatsächlich erfolgt. Aus europarechtlicher Perspektive müssen die Zahlungen allein die im Zusammenhang mit der Sonderaufgabe verursachten Kosten tatsächlich ausgleichen.[1841] Dies ist bei der Rundfunkgebühr zu bejahen.[1842]

8. Die rundfunkstaatsvertraglichen Vorgaben über die Ermittlung der Rundfunkgebühren genügen den Anforderungen an eine marktorientierte Wirtschaftlichkeitsrechnung. Hierfür sorgen die Vorschriften über die Auswahl und die Kontrollkompetenzen der KEF-Mitglieder sowie die von ihnen zu beachtenden Parameter bei der Kostenermittlung. Aus EG-rechtlicher Sicht wird der Gefahr einer Überkompensation durch verfahrensrechtliche Vorgaben hinreichend Rechnung getragen.[1843]

9. Mangels Beihilfequalität der Gebührenfinanzierung von *Phoenix* und *Kinderkanal* ergibt sich eine Überprüfungsnotwendigkeit des Sachverhalts anhand der Grundfreiheiten.[1844]

B. Die Bedeutung von Art. 151 EG für die Maßgeblichkeit der Dienstleistungsfreiheit für gebührenfinanzierte Spartenkanäle

I. Die spezifische Struktur des EG-Vertrages und dessen Anwendbarkeit auf den Rundfunksektor vor Aufnahme der Maastrichter Kulturklauseln

10. Bereits vor Übertragung expliziter Kulturkompetenzen war der Europäischen Gemeinschaft ein Zugriff auf Angelegenheiten mit kulturellen oder rundfunkpolitischen Aspekten aufgrund ihres besonderen strukturellen Zuschnitts nicht verschlossen. Hierfür sorgten insbesondere ihre integrationsorientierten Querschnittsbefugnisse wie beispielsweise Art. 49 EG.[1845]

1841 Teil 1C.II.3.b).

1842 Teil 1C.II.3.b).

1843 Teil 1C.II.3.c).

1844 Teil 1B.

1845 Teil 2A.

II. Die Kompetenzverteilung zwischen Gemeinschaft und Mitgliedstaaten unter besonderer Berücksichtigung von Art. 151 EG

11. Auch nach Inkorporation kulturspezifischer Vorschriften in den EG handelt es sich bei dem Kultursektor nach wie vor primär um einen Zuständigkeitsbereich der Mitgliedstaaten.[1846]

12. Art. 151 EG sind sowohl positive wie auch negative Rechtswirkungen zu entnehmen: Die positiven Rechtswirkungen liegen - neben der schmalen kulturellen Kompetenzübertragung zugunsten der Gemeinschaft im Rahmen von Art. 151 EG - insbesondere in einer bestimmten inhaltlichen Determinierung sämtlicher Gemeinschaftsakte mit Kulturbezug.[1847] In negativer Hinsicht weist Art. 151 EG als normative Kehrseite und somit materieller Zusatzgehalt der zurückhaltenden Kompetenzeinräumung einen Schutzcharakter zugunsten der mitgliedstaatlichen kulturellen Hoheitsräume auf. Aus kompetenzieller Sicht liegt in der Absicherung der mitgliedstaatlichen kulturellen Souveränitätsreserven im Gemeinschaftsprimärrecht die eigentliche Bedeutung der Kulturvorschrift.[1848]

13. Die bloße Komplementarität gemeinschaftlicher Kulturzuständigkeit ergibt sich aus der zur Umschreibung der gemeinschaftlichen Aufgaben verwendeten Termini („Beitrag“[1849], „fördert“, „unterstützt“[1850], „ergänzt“[1851], „erforderlichenfalls“[1852]), der Anerkennung der an die Existenz unterschiedlicher Mitgliedstaaten geknüpften kulturellen Vielfalt („Kulturen der Mitgliedstaaten“[1853]) sowie der Absage an die Herausbildung einer europäischen Einheitskultur („Wahrung ihrer nationalen und regionalen Vielfalt“[1854]). Die strenge Anknüpfung an die mitgliedstaatlichen Politikvorgaben für den Kultursektor kann weder über den Umweg der Hervorhebung des gemeinsamen

---

[1846] Teil 2B.VI.

[1847] Teil 2B.VI.

[1848] Teil 2B.VI.

[1849] Teil 2B.I.1.

[1850] Teil 2B.II.1.

[1851] Teil 2B.II.2.

[1852] Teil 2B.II.3.

[1853] Teil 2B.I.1.

[1854] Teil 2B.I.1.

kulturellen Erbes[1855] noch über die kulturellen Außenkompetenzen[1856] durch eigene gemeinschaftliche Ziele konterkariert werden.

14. Durch Art. 151 Abs. 4 EG wird der Umfang der kulturellen Gemeinschaftskompetenz nicht erweitert.[1857] Über die Kulturverträglichkeitsklausel werden die kompetenzschützenden Gehalte des Art. 151 EG vielmehr in die anderen EG-Handlungsbefugnisse transportiert.[1858] Die Vorschrift erlegt der Gemeinschaft so das Gebot auf, auf die kulturellen Belange der Mitgliedstaaten im Rahmen ihrer anderweitigen Tätigkeit Rücksicht zu nehmen.[1859] Das Rücksichtnahmegebot hat zur Folge, dass im Fall einer Kollision von kulturellen Anliegen mit anderen Gemeinschaftsinteressen, die kollidierenden Interessen im Rahmen des Verhältnismäßigkeitsprinzips zu einem optimalen Ausgleich gebracht werden müssen. Hierbei kann weder dem einen noch dem anderen Wert a priori ein Vorrang eingeräumt werden.[1860]

15. In Art. 151 Abs. 5 EG haben die aus Art. 151 Abs. 1 bis 3 EG zu entnehmenden materiellrechtlichen Vorgaben ihre verfahrensrechtliche Absicherung erfahren. In der Beschränkung des gemeinschaftlichen Handlungsinstrumentariums, dem expliziten Ausschluss von Harmonisierungsmaßnahmen die mitgliedstaatlichen Rechts- und Verwaltungsvorschriften betreffend sowie der Aufnahme weiterer verfahrensrechtlicher Kautelen manifestiert sich die Absicht des Gemeinschaftsgesetzgebers, von einer Integration im Kulturbereich abzusehen.[1861]

III. Die Reichweite des Anwendungsbereichs von Art. 151 EG im Kontext der gemeinschaftsrechtlichen Abgrenzungsdogmatik

16. Die Art. 151 EG immanente Schutzfunktion zugunsten der mitgliedstaatlicher Kulturzuständigkeit wird nicht durch das Verhältnis zu anderen Gemeinschaftsbefugnissen – einschließlich der binnenmarktorientierten Querschnittskompetenzen – relativiert. Art. 151 EG kommt im Rahmen des EG

[1855] Teil 2B.I.2.

[1856] Teil 2B.III.

[1857] Teil 2B.IV.3.

[1858] Teil 2B.IV.2 und Teil 2B.IV.4.a).

[1859] Teil 2B.IV.4.a).

[1860] Teil 2B.IV.4.b).

ein angemessener Anwendungsbereich zu mit entsprechender Konsequenz für die über die Kulturvorschrift vermittelten Schutzgehalte.[1862]

17. Die binnenmarktorientierten Handlungsbefugnisse können keine wie auch immer geartete, insbesondere nicht auf Art. 151 Abs. 4 EG gestützte Priorität gegenüber Art. 151 EG beanspruchen.[1863] Allerdings lässt sich dem EG auch kein Vorrang von Art. 151 EG gegenüber den Binnenmarktvorschriften - etwa einem Grundsatz „der bestmöglichen Kulturentfaltung“ entsprechend - entnehmen.[1864] Ein Rückgriff auf Art. 308 EG ist nach Aufnahme von Art. 151 EG nicht mehr möglich.[1865]

18. Unter Berücksichtigung, dass die sektorale Kulturkompetenz grundsätzlich gleichberechtigt neben den binnenmarktorientierten Handlungsbefugnissen steht, muss eine Gemeinschaftsmaßnahme unter Ermittlung ihres jeweiligen Schwerpunkts der einen oder anderen Norm zugeordnet werden.[1866] Dies ist mittlerweile, wenn auch teilweise unter Verwendung einer inkonsistenten Terminologie, gefestigte EuGH-Rechtsprechung.[1867] Hierdurch wird das Handlungsinstrumentarium der Gemeinschaft im Vergleich zu der Situation vor Einfügung der Kulturvorschriften nicht beschnitten. Allerdings erfolgt eine Rückführung auf dessen eigentlichen Kern.

IV. Der Kulturbegriff von Art. 151 EG

19. Die für den Kulturbereich dem EG entnommenen Wertungen lassen sich auf den Rundfunksektor übertragen.[1868]

20. Mangels gemeinschaftsrechtlichen Kulturbegriffs[1869] steht den Mitgliedstaaten eine Einschätzungsprärogative hinsichtlich dessen zu, was aus ihrer Sicht

---

1861 Teil 2B.V.

1862 Teil 2C.VI.

1863 Teil 2C.II.

1864 Teil 2C.I.

1865 Teil 2C.V.

1866 Teil 2C.VI.

1867 Teil 2C.IV.

1868 Teil 2D.V.

1869 Teil 2D.I.

zum Bereich der Kultur zählt.[1870] Dieser Beurteilungsspielraum existiert innerhalb der gemeinschaftsrechtlichen Vorgaben und unterliegt der Missbrauchsaufsicht der Gemeinschaft.

21. Die Betrachtung des Gemeinschaftsrechts zeigt, dass es für die mitgliedstaatliche Wertung, nach der der Rundfunk zum Bereich der Kultur gerechnet wird, wie es nach deutscher Auffassung der Fall ist,[1871] offen ist. Die Mitgliedstaaten sind dabei nicht auf die Einbeziehung einer wie auch immer gearteten Hochkultur in den Kulturbegriff beschränkt.[1872]

22. Das Vorgesagte gilt auch unter Berücksichtigung der EuGH-Rechtsprechung sowie der Praxis der sonstigen Gemeinschaftsorgane.[1873]

V. Auswirkungen der materiellen Zusatzgehalte von Art. 151 EG auf den Anwendungsbereich des Art. 49 EG

23. Die Abgrenzung der mitgliedstaatlichen von der gemeinschaftlichen Hoheitssphäre (vertikale Kompetenzabgrenzung) ist gemeinschaftsprimärrechtlich nur unbefriedigend gelöst. Vor diesem Hintergrund besteht ein Bedarf nach einer weitergehenden Abgrenzungsdogmatik, um Übergriffe in mitgliedstaatliche Kompetenzreservoirs durch normzweckübergreifende Auslegung des Gemeinschaftsrechts zu vermeiden.[1874]

24. Die im Schrifttum im Zusammenhang mit der vertikalen Kompetenzabgrenzung vereinzelt vorgeschlagenen Modelle des „Prinzips der nationalen Repräsentation“ oder eine Abgrenzung der Hoheitssphären nach dem Grundsatz der Organentscheidung scheiden als brauchbare Abgrenzungsinstrumente aus.[1875]

25. Unter Berücksichtigung der auch im Verhältnis von Gemeinschaft zu den Mitgliedstaaten feststellbaren föderalen Strukturen kommt einer Kompetenzabgrenzung nach Schwerpunktgesichtspunkten, die, wie gezeigt,[1876]

[1870] Teil 2D.II.

[1871] Teil 2D.IV.

[1872] Teil 2D.III.1.

[1873] Teil 2D.III.2 und Teil 2D.III.3.

[1874] Teil 2E.I.

[1875] Teil 2E.II und Teil 2E.III.

[1876] Vgl. hierzu Thesenziffer 19.

auch der horizontalen Befugnisabgrenzung zugrunde liegt, prima vista die höchste Plausibilität zu.[1877] Eine Angelegenheit mit schwerpunktmäßig kulturellen Aspekten wäre hiernach nicht Art. 49 EG sondern Art. 151 EG zuzuordnen mit den entsprechenden Konsequenzen für die mitgliedstaatlichen Freiräume.

26. Die im Rahmen von Art. 151 EG gemeinschaftsprimärrechtlich verankerten kulturellen Schutzgehalte zugunsten der Mitgliedstaaten führen jedoch nicht dazu, dass Art. 49 EG, gemeinschaftsrechtliche Bezüge vorausgesetzt, als Prüfungsmaßstab für nationale kulturelle Maßnahmen ausscheidet:[1878]

27. Die Grundfreiheiten stellen von ihrem Normencharakter her subjektive Freiheitsrechte dar. Dies gilt ungeachtet der Tatsache, dass ihnen angesichts ihrer integrationistischen Funktion im Kräftefeld zwischen Gemeinschaft und Mitgliedstaaten auch eine kompetenzielle Dimension innewohnt.[1879] Für die Modifizierung des Schutzbereiches einer subjektiven Rechtsposition durch eine Kompetenzvorschrift als Konsequenz einer Schwerpunktabgrenzung lassen sich keine überzeugenden „Transmissionsriemen" finden:

28. Es ergeben sich keine Ansätze aus dem nationalen Verfassungsrecht. Dessen Heranziehung wird befürwortet, sofern Gemeinschaftsrecht und nationales Recht vergleichbare Fragestellungen aufwerfen.[1880] Die vorliegend interessierende Problematik der Auswirkung einer materiellen Kompetenznorm auf ein subjektives Freiheitsrecht wird dort unter dem Topos des „kollidierenden Verfassungsrechts“ thematisiert.[1881] Die Berücksichtigung der mit einer Kompetenznorm zusammenhängenden materiellen Wertungen wird jedoch mit überzeugender Begründung erst auf der Ebene der Rechtfertigung eines Eingriffs in die geschützte Grundrechtsposition befürwortet.[1882]

29. Nichts anderes lässt sich aus der EuGH-Rechtsprechung ableiten. Diese ist - von einigen, mittlerweile als überholt anzusehenden Ansätzen abgesehen[1883] - durch eine weite, autonome Auslegung der grundfreiheitlichen Schutzbe-

---

[1877] Teil 2E.IV.

[1878] Teil 2E.V.

[1879] Teil 2E.IV.2, Teil 2E.IV.3und Teil 2E.IV.4.

[1880] Teil 2E.IV.5.a) und Teil 2E.IV.5.b).

[1881] Teil 2E.IV.5.c).

[1882] Teil 2E.IV.5.e).

[1883] Teil 2E.IV.6.c)(2).

reiche geprägt. Die Frage der Kompetenzverteilung spielt für die Absteckung der Schutzbereiche im Interesse des effektiven Schutzes der Grundfreiheitsberechtigten keine Rolle.[1884] Auf diese Weise behält sich der EuGH vor, Maßnahmen der Mitgliedstaaten lückenlos aufzugreifen und auf protektionistische oder sonst gemeinschaftswidrige Wirkungen zu untersuchen. Möglichen Übergriffen in mitgliedstaatliche Souveränitätsreservoirs trägt er erst auf der Ebene der Rechtfertigung Rechnung.[1885]

30. Die Überprüfung der europarechtlichen Zulässigkeit der gebührenfinanzierten Verspartungsentscheidung anhand Art. 49 EG scheitert mithin nicht an der Kulturrelevanz von Phoenix und *Kinderkanal*.

C. Die Vereinbarkeit der Gebührenfinanzierung von *Phoenix* und *Kinderkanal* mit der Dienstleistungsfreiheit

I. Die Gebührenfinanzierung von *Phoenix* und *Kinderkanal* als Verstoß gegen Art. 49 EG?

31. Die grenzüberschreitende Veranstaltung von Rundfunkprogrammen wird nach ständiger EuGH-Rechtsprechung als eine Dienstleistung im Sinne von Art. 49 EG angesehen. Die Veranstaltung der beiden in Frage stehenden Spartenprogramme fällt damit grundsätzlich in den Anwendungsbereich der Dienstleistungsfreiheit.[1886]

32. Der EuGH legt den für die Einschlägigkeit von Art. 49 EG zentralen Begriff der Beschränkung weit aus. Eine Beschränkung ist nicht nur dann zu bejahen, wenn von ausländischen Konkurrenten Anforderungen zu erfüllen sind, die diese explizit oder faktisch benachteiligen. Eine Beschränkung ausländischer Marktteilnehmer liegt, entsprechende transnationale Bezüge vorausgesetzt, auch bei einer nicht protektionistischen, selektiven Begünstigung einzelner inländischer Unternehmen vor.[1887]

33. Vor diesem Hintergrund erfüllt die Gebührenfinanzierung das Merkmal der Beschränkung nach Art. 49 EG. Das Gebührenprivileg der öffentlich-rechtlichen Spartenkanäle führt zu einer Situation des hinkenden Wettbe-

---

[1884] Teil 2E.IV.6.b), Teil 2E.IV.6.c).

[1885] Teil 2E.IV.6.d).

[1886] Teil 3A.I.

[1887] Teil 3A.II.

werbs, durch den die Refinanzierung der Programmtätigkeit ausländischer Wettbewerber auf dem inländischen Markt zumindest potentiell erschwert wird.[1888]

34. Eine sinngemäße Übertragung der Grundsätze der Keck-Rechtsprechung auf Art. 49 EG, die zu einer teleologischen Reduktion dessen Anwendungsbereichs führt, ändert nichts an dieser Einordnung.[1889]

35. Allerdings führt die Gebührenfinanzierung von Phoenix und *Kinderkanal* nicht zu einer diskriminierenden Beschränkung ausländischer Konkurrenten. Nach den gemeinschaftsvertraglichen, insbesondere Art. 86 Abs. 1 EG zu entnehmenden Wertungen erfüllt die Einräumung besonderer oder ausschließlicher Rechte nicht eo ipso den Tatbestand einer Diskriminierung.[1890]

II. Die gemeinschaftsrechtliche Vereinbarkeit der Gebührenfinanzierung durch das Eingreifen von Schrankenvorbehalten

36. Für die Rechtfertigung einer kommunikationsspezifischen Regelung wie der vorliegenden kommt aus der Reihe der ausdrücklichen Schrankenbestimmungen allein der *ordre public*-Vorbehalt gemäß Art. 46 EG in Betracht. Dies gilt ungeachtet des Umstands, dass es sich bei der Gebührenfinanzierung um eine unterschiedslose Maßnahme handelt.[1891]

37. Für die Berücksichtigung kulturpolitischer Erwägungen im Rahmen von Art. 46 EG spricht auch das kulturelle Rücksichtnahmegebot gemäß Art. 151 Abs. 4 EG. Es ist auch und gerade bei der Auslegung des Gemeinschaftsprimärrechts zu berücksichtigen.[1892]

38. Angesichts des Ausnahmecharakters von Art. 46 EG ist für dessen Eingreifen eine „hinreichend schwere Gefährdung" eines „Grundinteresses der Gesellschaft" erforderlich. Eine entsprechend schwere Gefährdung liegt im Fal-

---

[1888] Teil 3A.II.2.

[1889] Teil 3A.II.2.a) und Teil 3A.II.2.b).

[1890] Teil 3A.II.1.

[1891] Teil 3B.II.1 und Teil 3B.II.2.a).

[1892] Teil 3B.II.2.b).

le einer Verhinderung der Programmveranstaltung von *Phoenix* und *Kinderkanal* nicht vor.[1893]

39. Die Gebührenfinanzierung der Spartensender ist jedoch im Rahmen des ungeschriebenen Schrankenvorbehalts der zwingenden Gründe des Allgemeininteresses gerechtfertigt.[1894] Mitgliedstaatliche Regelungen, die wie vorliegend der Verfolgung einer bestimmten Kulturpolitik im Rundfunkbereich dienen, werden vom EuGH in ständiger Rechtsprechung als im Allgemeininteresse liegende zwingende Gründe anerkannt.[1895]

40. Der EuGH räumt den Mitgliedstaaten ausreichende Freiräume zur Gestaltung ihrer nationalen Medienordnungen bzw. zur Verwirklichung ihrer kultur- bzw. medienspezifischen Zielsetzungen ein.[1896] Die seitens der Staaten eingesetzten Maßnahmen unterliegen keiner strengen Verhältnismäßigkeitsprüfung.[1897]

41. Sie sind grundsätzlich dann als erforderlich anzusehen, sofern sie sich auf die Gestaltung der innerstaatlichen Strukturen beziehen. Auswirkungen auf ausländische Wettbewerber, die aus der internen Gestaltung der eigenen Rundfunkordnung resultieren, müssen hingenommen werden, sofern der Marktzutritt hierdurch nicht grundsätzlich versperrt wird noch Anforderungen der eigenen Ordnungspolitik auf Dritte erstreckt werden.[1898]

42. Die Einräumung weiter Gestaltungsspielräume berücksichtigt die Tatsache der fehlenden Vergemeinschaftung des Kultursektors. Sie trägt des weiteren dem Umstand Rechnung, dass die Rechtsprechung den Radius der grundfreiheitlichen Schutzbereiche im Interesse eines effizienten Grundfreiheitsschutzes weit zieht. Nur durch eine korrespondierende Ausweitung der einschlägigen Schrankenvorbehalte kann ein Übergriff in die den Mitgliedstaaten verbliebenen Hoheitsräume sowie eine unzulässige Deregulierung der

---

[1893] Teil 3B.II.2.b).

[1894] Teil 3B.III.6 und Teil 3B.VI.

[1895] Teil 3B.III.3.

[1896] Teil 3B.III.2, Teil 3B.III.6.

[1897] Teil 3B.III.5.b)(1)

[1898] Teil 3B.III.5.b).

damit in Zusammenhang stehenden Gestaltungsvorschriften vermieden werden.[1899]

43. Das Erfordernis der Zurückhaltung gegenüber innerstaatlichen kulturellen Gestaltungsvorschriften ergibt sich darüber hinaus aus dem Gebot der kulturellen Rücksichtnahme. Bei einer Kollision zwischen den mit einer Grundfreiheit verfolgten Belangen und den durch Art. 151 EG geschützten kulturellen Interessen der Mitgliedstaaten muss Art. 151 Abs. 4 EG als kollidierendes Vertragsrecht im Rahmen der Verhältnismäßigkeitsprüfung berücksichtigt werden.[1900] Hieraus ergibt sich die Notwendigkeit, für einen möglichst optimalen Ausgleich zwischen den kollidierenden Vertragswerten zu sorgen. Hierbei kommt weder der Kultur noch dem anderen, in der Regel binnenmarktorientierten Gemeinschaftsinteresse *a priori* ein Vorrang zu.

44. Im Unterschied zu den zuvor festgestellten Gestaltungsspielräumen unterzieht der EuGH die staatlichen Maßnahmen regelmäßig einer strengen Missbrauchskontrolle im Hinblick auf die EG-rechtliche Vereinbarkeit der mitgliedstaatlichen Zielsetzung sowie dahingehend, ob die gewählten Mittel tatsächlich die vorgeblichen Ziele oder *de facto* protektionistische Ziel verfolgen.[1901] Dieser Ansatz entspricht dem Anliegen der EG, protektionistische und sonstige gemeinschaftszielabträgliche Marktabschottungen abzubauen, ohne dabei legitime mitgliedstaatliche Politikentscheidungen zu deregulieren.[1902]

45. Im Ergebnis gestaltet sich der Eingriff in Art. 49 durch die gebührenfinanzierten Spartenkanäle als verhältnismäßig. Die Beeinträchtigung des freien Dienstleistungsverkehrs ist vergleichsweise gering. Einem minimalen Integrationsgewinn im Falle der europarechtlichen Unzulässigkeit der gebührenfinanzierten Verspartung stünde ein Eingriff in den Kernbereich der nationalen Rundfunkorganisationshoheit gegenüber.[1903]

46. Das zuvor gefundene Ergebnis wird durch Art. 6 Abs. 3 EUV gedeckt, wonach die Gemeinschaft auf die fundamentalen, nationalen Verfassungsprin-

---

1899 Teil 3B.III.1 und Teil 3B.III.5.b)(1).

1900 Teil 3B.III.5.b)(2).

1901 Teil 3B.III.2 und Teil 3B.III.5.b)(1).

1902 Teil 3B.III.5.b)(1).

1903 Teil 3B.III.4 und Teil 3B.VI.

zipien Rücksicht nehmen muss.[1904] Hierzu gehört auch die Rundfunkfreiheit in ihrer durch die verfassungsrechtliche Rechtsprechung gewonnenen Ausprägung.[1905] Diese steht nicht unter Anpassungsdruck an die EG-rechtlichen Freiheitsgarantien.[1906] Im übrigen bedarf es der gemeinschaftlichen Zurückhaltung, sofern mitgliedstaatliche demokratierelevante Strukturen betroffen sind, da die Gemeinschaft weder über die zur Demokratiesicherung erforderlichen Kompetenzen noch über hierzu ausreichende Strukturen auf Gemeinschaftsebene verfügt.[1907]

47. Die Zulässigkeit der gebührenrelevanten Verspartungsentscheidung wird schließlich durch das Subsidiaritätsprinzip gestützt.[1908] Art. 5 Abs. 2 EG ist auch im Bereich der Grundfreiheiten anwendbar, da es sich hierbei um nicht ausschließliche Gemeinschaftsbefugnisse handelt.[1909] Als kompetenzschützender Auslegungstopos kann der Grundsatz der Subsidiarität ebenfalls im Rahmen der Auslegung primären Gemeinschaftsrechts herangezogen werden.[1910]

D. Art. 86 Abs. 2 EG als Instrument zum Ausgleich medienspezifischer Interessen der Mitgliedstaaten mit dem Gemeinschaftsrecht

48. Art. 86 Abs. 2 EG ist als übergeordneter Ausnahmetatbestand ebenfalls dazu geeignet, kommunikationsspezifische Regelungen der Mitgliedstaaten wie die untersuchungsgegenständliche, gebührenhonorierte Verspartungsentscheidung mit dem Gemeinschaftsrecht in Einklang zu bringen.[1911]

49. Auch die Mitgliedstaaten können sich auf Art. 86 Abs. 2 EG berufen und zwar auch im Hinblick auf eine Verletzung der Grundfreiheiten.[1912] Die Vorschrift ist insgesamt unmittelbar anwendbar. Es bedarf keiner vorherigen

---

[1904] Teil 3B.IV.1 und Teil 3B.IV.3.

[1905] Teil 3B.IV.1.a).

[1906] Teil 3B.IV.1.b).

[1907] Teil 3B.IV.2.

[1908] Teil 3B.V.3.

[1909] Teil 3B.V.1.

[1910] Teil 3B.V.2.

[1911] Teil 4F.

[1912] Teil 4A.III.

Konkretisierung einzelner Tatbestandsmerkmale durch die Europäische Kommission.[1913]

50. Metaökonomische Gemeinwohlerwägungen, wie sie üblicherweise dem Rechtfertigungsgrund der Allgemeininteressen zugrunde liegen, können im Rahmen von Art. 86 Abs. 2 EG erneut aufgegriffen werden. Die Vorschrift kommt allerdings erst dann zum Tragen, wenn eine Maßnahme nicht bereits aufgrund anderer – auch ungeschriebener Rechtfertigungsgründe – mit dem Gemeinschaftsrecht vereinbar ist.[1914]

51. Angesichts des Art. 86 Abs. 2 EG zugrundeliegenden funktionalen Unternehmensbegriffs ist die Vorschrift auf die Tätigkeit des öffentlich-rechtlichen Rundfunks insgesamt und nicht nur auf die der Programmveranstaltung vor- und nachgelagerten Tätigkeiten anwendbar. Eine unternehmerische Tätigkeit muss nicht zwangsläufig auf ein unmittelbares Austauschverhältnis zwischen Leistung und Gegenleistung gerichtet sein. Die Gebührenfinanzierung steht der Bejahung einer unternehmerischen Tätigkeit der Spartenkanäle im Sinne von Art. 86 Abs. 2 EG also auch im Hinblick auf deren Programmveranstaltung nicht entgegen.[1915]

52. Die Mitgliedstaaten besitzen die Definitionshoheit darüber, welche Aufgaben sie als Dienstleistungen im allgemeinen wirtschaftlichen Interesse im Sinne von Art. 86 Abs. 2 EG ausgestalten und welche Mittel sie zu deren Verwirklichung einsetzen. Weder sind metaökonomische Zielsetzungen von der Privilegierung ausgeschlossen, noch ergibt sich aus dem EG die Notwendigkeit für einen marktorientierten „Besser-Test“.[1916] Der Gemeinschaft obliegt lediglich eine Kontrollfunktion im Hinblick auf eine gegebenenfalls missbräuchliche Ausnutzung der Definitions- und Ausgestaltungsspielräume. Diese darf allerdings nicht den Charakter einer das mitgliedstaatliche Ermessen ersetzende Inhaltskontrolle annehmen.[1917]

53. Bei den öffentlich-rechtlichen Rundfunkanstalten liegen die Voraussetzung einer Dienstleistung im öffentlichen Interesse grundsätzlich vor. Auch die

---

[1913] Teil 4A.II.

[1914] Teil 4A.I.

[1915] Teil 4B.I.

[1916] Teil 4B.II.1, Teil 4B.II.2.

[1917] Teil 4B.II.2.

mit den Spartenkanälen verfolgte Zielsetzung bewegt sich im Rahmen der dem öffentlich-rechtlichen Rundfunk obliegenden Sonderaufgabe.[1918] Auch von einer verbindlichen Aufgabenübertragung gegenüber den Spartenkanälen im Sinne des Merkmals der Betrauung kann ausgegangen werden.[1919]

54. Im Hinblick auf das Tatbestandsmerkmal der Verhinderung der Aufgabenerfüllung sowie die Anforderungen an die mitgliedstaatliche Beweislast ist die neuere EuGH-Rechtsprechung von einer großzügigen Gesamtschau geprägt, die sich auf das Aufdecken offensichtlicher Missbrauchsfälle beschränkt. Der Mitgliedstaat muss nicht positiv belegen, dass keine andere, hypothetisch denkbare Maßnahme die Erfüllung der Aufgaben hätte sicherstellen können. Ausreichend ist, dass die Aufgabenerfüllung bei Durchsetzung des Gemeinschaftsrechts sachlich oder rechtlich gefährdet wäre. Dies ist vorliegend zu bejahen.[1920]

55. Bei der nach Art. 86 Abs. 2 S. 2 EG erforderlichen Bestimmung des Gemeinschaftsinteresses als Grenze des nicht mehr hinnehmbaren Maßes der Beeinträchtigung des Handelsverkehrs ist Art. 151 Abs. 4 EG zu berücksichtigen. Im Unterschied zur früheren Rechtslage stellt der Grundsatz des kulturellen Pluralismus ein eigenes Gemeinschaftsinteresse dar.[1921] Eine Auslegung der vorliegend tangierten Dienstleistungsfreiheit, die dem Anliegen der kulturellen Vielfalt Rechnung trägt, ohne dass ein entsprechender Rückschritt in der Integration der Dienstleistungsmärkte bewirkt wird, entspricht daher bereits dem eigenen Interesse der Gemeinschaft.

56. Auch die Sicherstellung der Funktionsfähigkeit der Dienste von allgemeinem wirtschaftlichem Interesse gemäß Art. 16 EG, zu denen auch die hier interessierende Rundfunktätigkeit zählt, muss bei der Bestimmung des Gemeinschaftsinteresse gemäß Art. 86 Abs. 2 S. 2 EG berücksichtigt werden. Da im Hinblick auf das Wettbewerbsprinzip und die Anliegen der Daseinsvorsorge nicht von unterschiedlichen Rangverhältnissen ausgegangen werden kann, führt die Berücksichtigung der Erfordernisse der Daseinsvorsorge

---

[1918] Teil 4B.II.2.

[1919] Teil 4C.

[1920] Teil 4D.

[1921] Teil 4E.I.1, Teil 4E.I.2.

im Rahmen der Formulierung des Gemeinschaftsinteresses zu einer Akzentverschiebung zugunsten letzterer.[1922]

57. Vor diesem Hintergrund sind die Spartenkanäle als mit dem Gemeinschaftsinteresse vereinbar anzusehen. Eine ohnehin nur verhältnismäßige geringfügige Beeinträchtigung der Dienstleistungsfreiheit wird durch den Umstand, dass mit der mitgliedstaatlichen Maßnahme auch gemeinschaftseigene Interessen verfolgt werden, nochmals zugunsten der gebührenfinanzierten Spartenkanäle relativiert.[1923]

E. Das Amsterdamer Protokoll

58. Die durch die Auslegung des EG sowie unter Heranziehung der einschlägigen EuGH-Rechtsprechung gefundenen Ergebnisse werden durch den Inhalt des Amsterdamer Protokolls bestätigt.[1924] Dieses fungiert als verbindliche Auslegungsmaxime für die Frage der gemeinschaftsrechtlichen Vereinbarkeit der Gebührenfinanzierung des öffentlich-rechtlichen Rundfunks.[1925]

59. Dem Protokoll lässt sich keine Bereichsausnahme von den EG-Vorschriften zugunsten des öffentlich-rechtlichen Rundfunks entnehmen. Ebenso wenig folgt aus ihm etwa eine Klarstellung dahingehend, dass die öffentlich-rechtliche Gebührenfinanzierung grundsätzlich am Beihilferegime zu messen ist oder sogar grundsätzlich eine Beihilfe im Sinne von Art. 87 Abs. 1 EG darstellt. Die Amsterdamer Erklärung beinhaltet vielmehr bereits selbst das Ergebnis der Anwendung des Gemeinschaftsrechts einschließlich der hiernach vorzunehmenden Interessensabwägungen auf die öffentlich-rechtliche Rundfunkfinanzierung. In diesem Sinne bestätig das Protokoll deren gemeinschaftsrechtliche Vereinbarkeit.[1926] Dies gilt allerdings unter zwei Prämissen:

60. Die Finanzierung der Rundfunkanstalten muss tatsächlich der öffentlich-rechtlichen Aufgabenerfüllung dienen. Die Definitions- und Ausgestaltungshoheit im Hinblick auf den öffentlich-rechtlichen Auftrag liegt ausschließ-

---

[1922] Teil 4E.I.2.

[1923] Teil 4E.II.

[1924] Teil 4G.II.3.

[1925] Teil 4G.I.

[1926] Teil 4G.II.1.b).

lich in den Händen der Mitgliedstaaten. Hierzu gehört auch die Bestimmung dessen, was für die Aufgabenerfüllung erforderlich ist. Aus dem Verweis auf die Nichtbeeinträchtigung der Handels- und Wettbewerbsbedingungen kann keine Relativierung dieser Definitions- und Ausgestaltungsspielräume hergeleitet werden.[1927]

61. In dem Verweis auf die Handels- und Wettbewerbsbedingungen manifestiert sich die Selbstverständlichkeit, dass auch zugunsten des öffentlich-rechtlichen Rundfunks keine Bereichsausnahme existiert und die Gemeinschaft insofern wie auch sonst eine Missbrauchskontrolle ausübt. Aus der Schranken-Schranke der „Erfordernisse öffentlich-rechtlichen Auftragserfüllung" ergibt sich, dass nach der Wertung des Gemeinschaftsgesetzgebers das, was für die Funktionserfüllung des öffentlich-rechtlichen Rundfunks erforderlich ist, grundsätzlich auch mit dem gemeinsamen Interesse vereinbar ist. Worin die entsprechenden Erfordernisse bestehen, obliegt angesichts der expliziten Kompetenzverteilung dem Beurteilungsspielraum der Mitgliedstaaten innerhalb der gemeinschaftlichen Missbrauchskontrolle.[1928]

[1927] Teil 4G.II.1.a).

[1928] Teil 4G.II.2.

Studien zum deutschen und europäischen Medienrecht

Herausgegeben von Dieter Dörr
mit Unterstützung der Dr. Feldbausch Stiftung

Band 1 Peter Charissé: Die Rundfunkveranstaltungsfreiheit und das Zulassungsregime der Rundfunk- und Mediengesetze. Eine verfassungs- und europarechtliche Untersuchung der subjektiv-rechtlichen Stellung privater Rundfunkveranstalter. 1999.

Band 2 Dieter Dörr: Umfang und Grenzen der Rechtsaufsicht über die Deutsche Welle. 2000.

Band 3 Claudia Braml: Das Teleshopping und die Rundfunkfreiheit. Eine verfassungs- und europarechtliche Untersuchung im Hinblick auf den Rundfunkstaatsvertrag, den Mediendienste-Staatsvertrag, das Teledienstegesetz und die EG-Fernsehrichtlinie. 2000.

Band 4 Dieter Dörr, unter Mitarbeit von Mark D. Cole: *Big Brother* und die Menschenwürde. Die Menschenwürde und die Programmfreiheit am Beispiel eines neuen Sendeformats. 2000.

Band 5 Martin Stock: Medienfreiheit in der EU-Grundrechtscharta: Art. 10 EMRK ergänzen und modernisieren! 2000.

Band 6 Wolfgang Lent: Rundfunk-, Medien-, Teledienste. Eine verfassungsrechtliche Untersuchung des Rundfunkbegriffs und der Gewährleistungsbereiche öffentlich-rechtlicher Rundfunkanstalten unter Berücksichtigung einfachrechtlicher Abgrenzungsfragen zwischen Rundfunkstaatsvertrag, Mediendienstestaatsvertrag und Teledienstegesetz. 2001.

Band 7 Torsten Schreier: Das Selbstverwaltungsrecht der öffentlich-rechtlichen Rundfunkanstalten. 2001.

Band 8 Dieter Dörr: Sport im Fernsehen. Die Funktionen des öffentlich-rechtlichen Rundfunks bei der Sportberichterstattung. 2000.

Band 9 Dieter Dörr (Hrsg.): www.otello.de. Klassik nur noch im Internet oder per pay? Symposium aus Anlass des 85. Geburtstages von Professor Dr. Heinz Hübner. 2000.

Band 10 Markus Nauheim: Die Rechtmäßigkeit des Must-Carry-Prinzips im Bereich des digitalisierten Kabelfernsehens in der Bundesrepublik Deutschland. Illustriert anhand des Vierten Rundfunkänderungsstaatsvertrages. 2001.

Band 11 Stefan Sporn: Die Ländermedienanstalt. Zur Zukunft der Aufsicht über den privaten Rundfunk in Deutschland und Europa. 2001.

Band 12 Christian Ebsen: Fensterprogramme im Privatrundfunk als Mittel zur Sicherung von Meinungsvielfalt. 2003.

Band 13 Dieter Dörr / Stephanie Schiedermair: Rundfunk und Datenschutz. Die Stellung des Datenschutzbeauftragten des Norddeutschen Rundfunks. Eine Untersuchung unter besonderer Berücksichtigung der verfassungsrechtlichen und europarechtlichen Vorgaben. 2002.

Band 14 Dieter Dörr (Hrsg.): Rundfunk über Gebühr. Die Finanzierung des öffentlich-rechtlichen Rundfunks im Zeitalter der technischen Konvergenz. 3. Mainzer Mediengespräch. 2003.

Band 15 Dieter Dörr / Stephanie Schiedermair: Die Deutsche Welle. Die Funktion, der Auftrag, die Aufgaben und die Finanzierung heute. 2003.

Band 16 Frauke Blechschmidt: Das Instrumentarium audiovisueller Politik der Europäischen Gemeinschaft aus kompetenzrechtlicher Sicht. 2003.

Band 17 Christine Jury: Die Maßgeblichkeit von Art. 49 EG für nationale rundfunkpolitische Ordnungsentscheidungen unter besonderer Berücksichtigung von Art. 151 EG. Eine Untersuchung am Beispiel öffentlich-rechtlicher Spartenkanäle. 2005.

www.peterlang.de

Kolibri 360 GmbH
Ferdinand-Jühlke-Straße 7
99095 Erfurt, Deutschland
produktsicherheit@kolibri360.de

Druck:
CPI Druckdienstleistungen GmbH
im Auftrag der
Kolibri 360 GmbH
Ferdinand-Jühlke-Str. 7
99095 Erfurt